U0783444

乡土法学文丛 ❶

国家出版基金项目
NATIONAL PUBLICATION FOUNDATION

高其才　池建华
陈寒非　李亚冬　著
王丽惠　高成军

走向乡村善治
乡村治理体系研究

ZOUXIANG XIANGCUN SHANZHI
XIANGCUN ZHILI TIXI YANJIU

中国政法大学出版社
2021·北京

声　明　　1. 版权所有，侵权必究。

2. 如有缺页、倒装问题，由出版社负责退换。

图书在版编目（CIP）数据

走向乡村善治：乡村治理体系研究/高其才等著. —北京：中国政法大学出版社，2021.12
ISBN 978-7-5764-0196-7

Ⅰ.①走… Ⅱ.①高… Ⅲ.①农村－群众自治－研究－中国 Ⅳ.①D638

中国版本图书馆 CIP 数据核字(2021)第 269252 号

出　版　者	中国政法大学出版社
地　　　址	北京市海淀区西土城路 25 号
邮寄地址	北京 100088 信箱 8034 分箱　邮编 100088
网　　　址	http://www.cuplpress.com (网络实名：中国政法大学出版社)
电　　　话	010-58908586(编辑部) 58908334(邮购部)
编辑邮箱	zhengfadch@126.com
承　　　印	固安华明印业有限公司
开　　　本	720mm×960mm　　1/16
印　　　张	40.5
字　　　数	700 千字
版　　　次	2021 年 12 月第 1 版
印　　　次	2021 年 12 月第 1 次印刷
定　　　价	159.00 元

作者简介

高其才，男，1964年9月出生，浙江慈溪人。法学博士，清华大学法学院教授。著有《村规民约传承习惯法研究》《通过村规民约的乡村社会治理》《野行集》《跬步集》《法理学（第三版）》《中国习惯法论（第三版）》《中国少数民族习惯法研究》《瑶族习惯法》《多元司法：中国社会的纠纷解决方式及其变革》《习惯法的当代传承与弘扬》《法社会学》《司法制度与法律职业道德（第二版）》等，主编"中国司法研究"书系、"乡土法杰丛书""习惯法论丛"，第一总主编《南方主要少数民族乡规民约与社会治理研究丛书》。

池建华，男，1989年4月出生，山东费县人。法学博士，公共管理学博士后，南京农业大学人文与社会发展学院法律系副教授，兼任中国农业农村法治研究会理事。主要从事法理学、法社会学研究。主持国家社科基金青年项目1项、中国博士后科学基金面上项目1项。出版专著《南方主要少数民族村规民约与生态环境保护》，在《农业经济问题》等核心期刊上发表论文10余篇，学术成果获得科研奖励7项。

陈寒非，男，1984年9月出生，湖南岳阳人。法学博士，首都经济贸易大学法学院副教授，主要从事法理学（法律社会学）研究。曾在《现代法学》《清华法学》《中国法律评论》等核心刊物上发表学术论文30余篇；出版《"讨个说法"：礼法传统中的"细故"纠纷解决机制》《南方主要少数民族村规民约与纠纷解决》等著作；主持国家社科基金项目、北京市社科基金项目、司法部、中国法学会等科研项目多项。

李亚冬，女，1990年10月出生，河南汝南人。清华大学法学院2018级博士研究生。主要研究方向为法学理论，侧重法社会学、法人类学。在期刊与丛书上共发表文章9篇。参与两项国家社科项目。曾赴德国弗莱堡大学交流，现任《清华法律评论》副主编。

王丽惠，女，1987年5月出生，江苏连云港人。清华大学法学博士，加州大学伯克利分校联合培养博士生，南京师范大学法学院讲师、中国法治现代化研究院专职研究员。从事法社会学、法理学的教学和研究工作，主要研究方向为基层治理、农村土地、纠纷解决等。在《中国农村观察》《法律和社会科学》《甘肃政法大学学报》等中文核心期刊上发表论文十余篇，获得国家社科基金青年项目立项 1 项。

高成军，男，1981 年 6 月出生，甘肃武威人。甘肃政法大学副教授、硕士研究生导师，清华大学法学院博士研究生。现任《甘肃政法大学学报》《西部法学评论》副主编。主持在研国家社科基金项目 1 项，主持完成国家社科基金项目、教育部人文社会科学研究基金项目等各类科研项目 5 项；在专业期刊公开发表学术论文 20 余篇；合著/参编出版专著 6 部；参编教材 1 部；获甘肃省哲学社会科学优秀成果奖等各类奖励 9 项。

一

　　中国的法学研究需要关怀中国民众的日常生活，离不开中国的社会实践，为中国的政治、经济、文化、历史条件所制约。费孝通先生在《乡土中国》中提出了"乡土中国"的概念，对中国基层社会的性质进行了探讨。[1]我在三十多年的田野调查和研究中感到当今的中国社会本质上仍然属于乡土社会，[2]中国法学的产生和发展与这一社会环境息息相关。

　　如果中国法学可以根据城市、农村等不同区域研究对象而进行区分的话，显然我的主要兴趣点不在城市法学、都市法学领域，而集中关注乡土法学、乡村法学、农村法学领域的调查和研究。在三十年经历的基础上，我在《哈尔滨工业大学学报（社会科学版）》2015年第6期上以《乡土法学初论》为题谈了自己的一些认识，并在学院组织教师出版自选集时将自选集命名为《乡土法学探索》（法律出版社2015年版）。在此基础上，近些年我逐渐萌生了编辑一套《乡土法学文丛》的想法，比较集中地表达我们学术共同体有关

　　　　　　　　　　
　　〔1〕《乡土中国》是费孝通先生在20世纪40年代后期，根据他在西南联大和云南大学所讲"乡村社会学"课程的内容写成的，1947年结集出版。《乡土中国》围绕着中国基层社会的乡土性质，以"乡土本色""文字下乡""再论文字下乡""差序格局""系维着私人的道德""家族""男女有别""礼治秩序""无讼""无为政治""长老统治""血缘和地缘""名实的分离""从欲望到需要"等14篇短小的论文从不同角度与层次勾画乡土社会的面貌，全面地展示了中国传统社会的状况，提炼出了一些至今仍被广泛引用的"乡土社会""差序格局""礼治秩序""长老统治"等基本概念。详见费孝通：《乡土中国》，生活·读书·新知三联书店1985年版。
　　〔2〕　在我看来，当今的中国社会虽然工业文明有了一定的发展，商业文明也有了某种程度的体现，但是从社会结构、治理体系、思维方式等方面整体衡量，当代中国社会从本质上仍为乡土社会。

乡土法学的思考,希冀展示我们同道人在乡土法学领域的学术成果,体现我们关注中国乡土规范和乡土秩序的一份社会责任。

二

乡村是具有自然、社会、经济特征的地域综合体,兼具生产、生活、生态、文化等多重功能,与城镇互促互进、共生共存,共同构成人类活动的主要空间。乡村兴则国家兴,乡村衰则国家衰。我国人民日益增长的美好生活需要和不平衡不充分的发展之间的矛盾在乡村最为突出,我国仍处于并将长期处于社会主义初级阶段的特征在很大程度上表现在乡村。[1]

以乡村、乡民、农业为研究对象的乡土法学具有中国法学特质,为中国法学的重要构成部分。中华文明是循着自己的独立途径成长起来的,中国法学需要摆脱西方历史模式的影响,思考中国社会现实发展中的法律问题,揭示中国社会规范和秩序变动的独特过程和方式。乡土法学是中国法学主体性的重要表现,关注乡土法学是"法学中国化"的自觉与体现。

乡土法学是对中国固有法学的接续和发展,对于弘扬中华法系优秀内容、传承中华优秀法文化是有积极意义的。中华文明根植于农耕文化,乡村是中华文明的基本载体。乡土法学对乡村规范、乡民社会秩序的研究,深入挖掘农耕文化蕴含的优秀法思想、法观念、法规范、法制度,结合时代要求在传承、弘扬的基础上创造性转化、创新性发展,有助于完整理解中国社会的法规范,把握中华法文化的特质,广泛传承和弘扬我国固有法观念,全力推进中华文明的复兴。

深入进行乡土法学研究有助于推进当代中国的国家法治建设。当代中国的法治建设具有移植为主、自上而下、政府主导、立法推进等特点,在一定意义上缺少社会内在生发动力,因此法治建设需要不断培育社会条件和社会土壤。通过乡土法学的调查、研究,对乡土法、乡村规范与秩序的运作机制进行全面的把握,探寻其与现代法治的共同点、相洽处,不断推进乡村地区的建设,推进乡村地区的治理能力和治理体系的现代化,从而推进中国的法治社会、法治国家建设,这无疑是极有意义的工作。

---

[1] 《乡村振兴战略规划(2018–2022年)》(中共中央、国务院2018年9月26日印发)。

三

乡土法学以乡土法、乡村法为研究对象，涵括乡土法、乡村法的观念、规范、运行、秩序等层面。乡土法、乡村法是乡土社会成员在日常的生产、生活过程中，逐渐内生形成的权利、义务规范，依赖乡土社会成员的信守和一定的社会强制力保障实施。

乡土法、乡村法具有这样一些特征：（1）乡土法、乡村法是在乡村地区内生形成的行为规范，在乡土社会共同体内部萌发、生成并发展、完善。乡土法、乡村法的产生与成长是一个长期而缓慢的过程，因而民众具有更为持久的内心确信和实际遵从性。（2）乡土法、乡村法是农业文明、农耕文明、乡村社区的产物，与自给自足的小农经济密切相关。乡土法、乡村法对乡民的日常生产、生活进行全面的规范，满足乡民生存、安全、发展的需要。（3）乡土法、乡村法既有国家法律，也表现为非国家法意义上的习惯法，通常表现为不成文法的形式，但成文性的乡土法也占有重要地位。（4）乡土法、乡村法具有地域特色，表现了某一乡土区域的历史特点、地理特征、生产状况和文化样貌。（5）乡土法、乡村法为身边的法。乡土法为乡土社会成员生活中的法，为乡土社会成员最为优先选择的行为规范，具有极强的拘束力。（6）乡土法、乡村法具有文化性，体现了某一乡土区域的民情、社会特质，为这一群体、组织的成员的智慧累积。乡土法、乡村法的表现形式十分多样，包括村规民约、自治规章、社区惯例等，既有成文形式的规范，也有不成文形式的规范。格言、谚语、警句等也可能表达了乡土法、乡村法的某种观念、规范。

乡土法学的内容较为广泛，包括乡土公共生活法学、乡土民事法学、乡土调处法学、乡土处罚法学等。具体而言，乡土法学具体的研究对象包括乡土法观念、乡土法规范、乡土法行为、乡土法人物、乡土法物件等方面，涉及应然、实然各个层面。

四

进行乡土法学研究需要对我国法学进行批判性反思。乡土法学不是一个简单的概念提出，是在反思我国法学基础上对未来法学发展方向的思考。我国的法学需要多元发展,既要求"洋",更要求"土",需要回应我国社会的需要、分析我国法律实践提出的问题。法学的发展需要树立"本根"观念,我国法学的发展必须建立在固有文化、传统文明的基础上。我们需要认真思考法学发展与文化、历史的关系,使我国法学具有坚实的价值支撑、具有明晰的主体性。

进行乡土法学研究要求研究者眼睛向下。乡土法学要求研究者进一步认识乡土法、乡村法的客观存在,正视乡土法、乡村法的实际社会意义和现实价值。法学研究应当眼睛向下,从生活中寻求研究的动力。当代中国进行现代化建设,需要理解历史的中国,准确把握国情和国民性,从中国社会的发展中把握中国社会的特质和发展趋向。特别是中国基层社会,对当代中国社会的发展具有真实、潜在、深刻、广泛的影响。乡土法学能够更恰当地理解我国法律与社会的关系,关注社会生活中的规范与秩序建构。

进行乡土法学研究需要丰富法学研究方法。法学界应该重视田野调查,了解乡土法、乡村法的实际状况,努力总结乡土法、乡村法的特质,探讨和概括乡土法、乡村法的内在规律,不断提升乡土法学的理论概括性和指导力,逐渐形成乡土法学的概念和理论体系。

五

《乡土法学文丛》为开放性的系列作品汇集,举凡与中国乡村、乡民、农业相关的法学作品均宜收入其中。

根据稿件情况,《乡土法学文丛》每年推出若干作品,积少成多逐渐形成规模,促进乡土法学的发展。

《乡土法学文丛》欢迎法学、乡村学、管理学、社会学、民俗学、政治学、历史学等各领域作者的作品,尤其欢迎年轻作者的力作。

《乡土法学文丛》作品形式不限于研究专著,调查实证报告、田野观察记述、事件案例分析等都可纳入其中。

高其才谨识

2020 年 12 月 28 日于楙然斋

简 目

中　篇　多元规范优化合治

下　篇　多重环节系统融治

目 录

中　篇　多元规范优化合治

下　篇　多重环节系统融治

导　论

　　乡村治理是我国国家治理、社会治理、基层治理的重要组成部分，是发展农业、稳定农村、保护农民权利、维护乡村秩序、推进乡村发展的保障。中华人民共和国成立后，特别是改革开放四十多年来，我国在长期实践的基础上逐渐形成了一条适合我国国情的中国特色乡村治理体制，探索了党组织领导的自治、法治、德治相结合的乡村治理体系，为走向乡村善治奠定了坚实的基础。

　　我国第一次提出"法治、德治、自治融合"议题的是中共中央、国务院于 2017 年 6 月 12 日印发并实施的《关于加强和完善城乡社区治理的意见》。这一意见指出城乡社区是社会治理的基本单元，为了促进城乡社区治理体系和治理能力现代化，必须注重发挥基层群众性自治组织的基础作用，充分发挥自治章程、村规民约、居民公约在城乡社区治理中的积极作用，弘扬公序良俗，促进法治、德治、自治有机融合。

　　党的十九大报告则明确提出了"健全自治、法治、德治相结合的乡村治理体系"。2017 年 10 月 18 日，习近平总书记在代表第十八届中央委员会向中国共产党第十九次全国代表大会作的报告《决胜全面建成小康社会 夺取新时代中国特色社会主义伟大胜利》中创造性地提出"加强农村基层基础工作，健全自治、法治、德治相结合的乡村治理体系"。这是中国特色乡村治理体制理论创新和实践创新的结果，标志着中国特色乡村治理体制的形成。

　　中共中央、国务院《关于实施乡村振兴战略的意见》（2018 年 1 月 2 日公布并实施）更指出："乡村振兴，治理有效是基础。必须把夯实基层基础作为固本之策，建立健全党委领导、政府负责、社会协同、公众参与、法治保障的现代乡村社会治理体制，坚持自治、法治、德治相结合，确保乡村社会充满活力、和谐有序。"这进一步强调了乡村治理"坚持自治、法治、德治相结合"。

2019年6月，中共中央办公厅、国务院办公厅印发的《关于加强和改进乡村治理的指导意见》进行了进一步的完善："坚持把治理体系和治理能力建设作为主攻方向，坚持把保障和改善农村民生、促进农村和谐稳定作为根本目的，建立健全党委领导、政府负责、社会协同、公众参与、法治保障、科技支撑的现代乡村社会治理体制，以自治增活力、以法治强保障、以德治扬正气，健全党组织领导的自治、法治、德治相结合的乡村治理体系，构建共建共治共享的社会治理格局，走中国特色社会主义乡村善治之路，建设充满活力、和谐有序的乡村社会。"

2019年10月31日中国共产党第十九届中央委员会第四次全体会议通过的《中共中央关于坚持和完善中国特色社会主义制度 推进国家治理体系和治理能力现代化若干重大问题的决定》提出构建基层社会治理新格局；健全党组织领导的自治、法治、德治相结合的城乡基层治理体系。

2020年10月29日中国共产党第十九届中央委员会第五次全体会议通过的《中共中央关于制定国民经济和社会发展第十四个五年规划和二〇三五年远景目标的建议》要求："完善社会治理体系，健全党组织领导的自治、法治、德治相结合的城乡基层治理体系，完善基层民主协商制度，实现政府治理同社会调节、居民自治良性互动，建设人人有责、人人尽责、人人享有的社会治理共同体。"

2020年12月7日中共中央印发的《法治社会建设实施纲要（2020-2025年）》强调："坚持法治、德治、自治相结合；坚持社会治理共建共治共享。"

本导论主要从走向乡村善治的角度，总结健全党组织领导的自治、法治、德治相结合乡村治理体系的提出历程，讨论健全党组织领导的自治、法治、德治相结合乡村治理体系的重要价值目标，探讨健全党组织领导的自治、法治、德治相结合乡村治理体系的构成要素，分析健全党组织领导的自治、法治、德治相结合乡村治理体系的内在特质，提出健全党组织领导的自治、法治、德治相结合乡村治理体系的现实挑战，把握健全党组织领导的自治、法治、德治相结合乡村治理体系的关键议题，思考健全党组织领导的自治、法治、德治相结合乡村治理体系的制度完善，探究健全党组织领导的自治、法治、德治相结合乡村治理体系的实践路径，从总体上理解健全党组织领导的自治、法治、德治相结合的乡村治理体系，把握当代中国乡村融治的乡村治理体制，走向中国乡村的善治之路。

一、健全自治、法治、德治相结合乡村治理体系的提出历程

健全党组织领导的自治、法治、德治相结合的乡村治理体系，是在总结我国乡村治理实践基础上提出的，有着深刻的历史、社会、政治、法律因素，是我国乡村社会治理从政策管理式到依法自治式再到自治、法治、德治"三治"结合式发展的结果，是走向乡村善治的必要途径。

中国固有社会是一个有着独特治理结构的社会，[1]国家的治理结构由皇权为中心自上而下的正式官僚组织体系和以地方士绅、宗族族首为中心的民间权威系统这两种权威和力量维系。在这一由"绅权和皇权主导的乡村治理格局中，乡村社会有自身的治理规则、治理领域和治理逻辑，是一个完全意义上的乡村政治系统"。[2]国家官僚体系的统治力量没有完全沉入乡村社会，"正式的皇权统辖只施行于都市地区和次都市地区……出来城墙之外，统辖权威的有效性便大大地减弱，乃至消失"。[3]乡村社会的治理与秩序主要依靠乡绅、宗族等民间权威进行自治。这些"地方权威并不经由官方授权，其所依赖的支持系统主要来自于地方社会，由一系列相互配套的地方性制度保证"。[4]

中国于清末民初开始了近代乡村治理变革。在这一时期，在富国强兵目标的指引下，国家力图建立一整套全新的组织系统来进行乡村治理，以乡地保甲、区乡行政、地方自治为主要内容的新政运动使固有的乡村治理体系受到了根本性的冲击和改变。现代国家的逐步建构和全面深入乡村面对的是一个传承已久的乡村治理体系和乡村秩序。因此，国家为了完成政治整合、资源汲取、社会动员、身份认同等宣示国家在场的建构任务，必将通过建制化

---

[1] 对中国固有的乡村社会，有的论者指为"吏民社会"。参见秦晖："传统中华帝国的乡村基层控制：汉唐间的乡村组织"，载黄宗智主编：《中国乡村研究》（第1辑），商务印书馆2003年版，第2~39页。有的论者指为"官督绅办"社会。参见项继权："中国乡村治理的层级及其变迁——兼论当前乡村体制的改革"，载《开放时代》2008年第3期。

[2] 徐勇：《中国农村村民自治》（增订版），生活·读书·新知三联书店2018年版，第279页。

[3] ［德］马克斯·韦伯：《儒教与道教》，洪天富译，江苏人民出版社2010年版，第93页。

[4] 张静：《基层政权：乡村制度诸问题》，浙江人民出版社2000年版，第26页。

的政治手段推动国家权威的组织及制度在乡村的嵌入。[1]"国家政权建设是指国家通过官僚机构的下沉,加强对基层社会的渗透和控制,从而将分散、多中心的、割据性的权威体系逐步转变为一个以现代国家组织为中心的权威结构的过程。"[2]随之,我国的乡村治理呈现出了全新的样态。

1949 年中华人民共和国成立后,乡村治理进入了政策管理式的崭新历史阶段。在中华人民共和国成立初期,在农村地区主要根据党和国家的政策进行土地改革,其后主要进行合作化的探索和实践,经历了一个从互助组到初级农业生产合作社、高级农业生产合作社,再到人民公社的历史演变过程。[3]乡村治理可以概括为"政社合一"的模式,治理结构体现为"人民公社—生产大队—生产队",是"以乡为单位的农村集体经济组织,与乡政府的合一,实际上就是乡政府行使管理农村经营活动的权力"。[4]人民公社体制的形成是新中国社会主义建设探索的一部分。中共中央于 1958 年 8 月颁布的《关于在农村建立人民公社问题的决议》确立了"政社合一"的乡村治理模式,其措施为小社并大、转为人民公社,要求"组织军事化、行动战斗化、生活集体化成为群众性的行动"。[5]根据这一决议,全国各地很快就建立了人民公社。从 1958 年到 1978 年,我国乡村治理以人民公社体制为核心,以"一大二公"为特征。[6]

1978 年,党的十一届三中全会开启了农村围绕经济体制的改革,确立和推行家庭联产承包责任制、统分结合的双层经营体制。从经济改革开始的乡村改革也从事实上改变了原有"政社合一"的乡村体制。

1982 年,我国的乡村治理进入了一个新的依法自治的历史阶段。1982 年 12 月 4 日《宪法》[7]修订后所确立的基层群众自治制度,明确以"村民自治"的形式将乡村"政社分设"的探索予以宪法化、规范化和制度化。自此,

---

〔1〕 高成军:"国家的空间再造与社会边界:乡村治理中的基层政权建设",载《贵州大学学报(社会科学版)》2019 年第 4 期。

〔2〕 张静:《基层政权:乡村制度诸问题》,浙江人民出版社 2000 年版,第 44 页。

〔3〕 高其才、池建华:"改革开放 40 年来中国特色乡村治理体系:历程·特质·展望",载《学术交流》2018 年第 11 期。

〔4〕 陈锡文等:《中国农村制度变迁 60 年》,人民出版社 2009 年版,第 17 页。

〔5〕 《关于在农村建立人民公社问题的决议》(1958 年 8 月 29 日)。

〔6〕 "一大二公"是指人民公社第一规模大、第二公有化程度高。

〔7〕 《宪法》,即《中华人民共和国宪法》,为表述方便,本书中涉及的我国法律直接使用简称,省去"中华人民共和国"字样,全书统一,后不赘述。

村民自治成了"政社分设"后的乡村治理模式。扩大农村基层民主，实行村民自治，是中国共产党领导亿万农民建设有中国特色社会主义民主政治的伟大创造。[1]

为具体落实宪法关于村民自治的规定，1987 年 11 月 24 日第六届全国人民代表大会常务委员会第二十三次会议通过并于 1988 年 6 月 1 日起试行《村民委员会组织法（试行）》。这为乡村治理的村民依法自治提供了直接的法律保障。该法明确规定农村村民实行自治，由村民群众依法办理群众自己的事情；村民委员会是村民自我管理、自我教育、自我服务的基层群众性自治组织，办理本村的公共事务和公益事业，调解民间纠纷，协助维护社会治安，向人民政府反映村民的意见、要求和提出建议。在全面总结改革开放 20 年来乡村治理的实践经验和《村民委员会组织法（试行）》实施 10 年来的村民自治实践经验的基础上，第九届全国人民代表大会常务委员会第五次会议于 1998 年 11 月 4 日修订通过并于公布之日起实施了《村民委员会组织法》。该法强调村民委员会实行民主选举、民主决策、民主管理、民主监督。此后，以推进村民自治为目标，全国各地根据实际情况制定了《村民委员会组织法》的实施办法，也专门制定了村民委员会的选举办法。进入 21 世纪后，乡村社会发生了较大的变化。为此，第十一届全国人民代表大会常务委员会第十七次会议于 2010 年 10 月 28 日对《村民委员会组织法》进行了修订。修订后的《村民委员会组织法》对乡村治理进行了进一步的完善。《村民委员会组织法》对于发展农村基层民主、维护村民的合法权益具有重要意义，从法律上为我国乡村治理提供了保障。

此后，我国不断探索乡村依法自治的进一步完善。2012 年 11 月，党的十八大报告再一次明确指出乡村治理的目标是"健全基层党组织领导的充满活力的基层群众自治机制"。2012 年中共中央国务院发布的《关于加快发展现代农业 进一步增强农村发展活力的若干意见》（2012 年 12 月 31 日公布）进一步明确为"建立健全符合国情、规范有序、充满活力的乡村治理机制"，从而为我国乡村治理进一步指明了完善的方向。

针对乡村的发展变化，浙江省桐乡市于 2013 年率先提出了推进社会管理

---

[1] 关于改革开放四十多年来中国特色乡村治理体制，参见高其才、池建华："改革开放 40 年来中国特色乡村治理体制：历程·特质·展望"，载《学术交流》2018 年第 11 期。

"德治、法治、自治"建设，并于2014年推向了浙江全省。[1] 从2015年开始，中央有关农村的文件在重视"自治"的基础上，更加强调"法治""德治"在乡村治理中的积极作用。2015年的《关于加大改革创新力度加快农业现代化建设的若干意见》在"围绕做好'三农'工作，加强农村法治建设"部分专门强调推进农村法治建设。2016年的《关于落实发展新理念加快农业现代化实现全面小康目标的若干意见》更是明确将"法治"与"自治"结合起来，必须"依法开展村民自治实践，探索村党组织领导的村民自治有效实现形式。深化农村社区建设试点工作，完善多元共治的农村社区治理结构"，积极发挥村规民约在乡村治理中的积极作用。此外，这一规范性文件还明确提出了加强"德治"在乡村治理中的功能和作用。由此，我国的乡村治理进入了自治、法治、德治"三治"结合的新阶段。

2017年6月12日，中共中央、国务院发布的《关于加强和完善城乡社区治理的意见》进一步强调了法治、德治、自治的有机融合。这一意见指出城乡社区是社会治理的基本单元，为了促进城乡社区治理体系和治理能力现代化，必须注重发挥基层群众性自治组织的基础性作用，充分发挥自治章程、村规民约、居民公约在城乡社区治理中的积极作用，弘扬公序良俗，促进法治、德治、自治有机融合。

中国特色社会主义进入新时代，我国社会主要矛盾已经转化为人民日益增长的美好生活需要和不平衡不充分的发展之间的矛盾。2017年10月，党的十九大报告创造性地提出"加强农村基层基础工作，健全自治、法治、德治相结合的乡村治理体系"，[2]这是中国特色乡村治理体制理论创新和实践创新的结果，标志着中国特色乡村治理体制的形成。在此基础上，中共中央办公厅、国务院办公厅于2019年6月印发的《关于加强和改进乡村治理的指导意见》又进一步完善为"健全党组织领导的自治、法治、德治相结合的乡村治理体系"。2019年10月31日中国共产党第十九届中央委员会第四次全体会议通过的《中共中央关于坚持和完善中国特色社会主义制度　推进国家治理体系和治理能力现代化若干重大问题的决定》也强调"健全党组织领导的自治、

---

[1] 参见《中共桐乡市委桐乡市人民政府关于推进社会管理"德治、法治、自治"建设的实施意见》（2013年9月30日，桐委发〔2013〕42号）。

[2] 关于健全自治、法治、德治相结合的乡村治理体系研究，参见李亚冬："新时代'三治结合'乡村治理体系研究回顾与期待"，载《学术交流》2018年第12期。

法治、德治相结合的城乡基层治理体系"。

从中华人民共和国成立，特别是改革开放以来，我国实事求是，从农村实际情况出发，不断总结乡村治理的实践经验，在依法治国的背景下尊重农民的主体地位，强化乡村制度建设，注重提升村民道德素养，逐渐探索、形成了党组织领导的自治、法治、德治相结合的乡村治理体制并不断予以健全，为乡村振兴、乡村社会发展、走向乡村善治提供坚实的制度保障和体制保障。

二、健全自治、法治、德治相结合乡村治理体系的价值目标

农业、农村、农民问题是关系国计民生的根本性问题。近年来，我国在推进乡村治理体系和治理能力现代化方面成效显著，以党组织为核心的农村基层组织建设进一步加强，乡村治理的体系进一步完善，乡村治理的手段不断创新，乡村治理的内容逐步充实。不过，当今我国乡村社会结构在变动、乡村利益格局在调整，发展不平衡、不充分问题在乡村最为突出，乡村治理存在体制机制不完善、村民参与不足问题，[1]乡村治理的理念、乡村治理的方式等都需要变革、创新、完善，乡村治理体系和治理能力亟待强化。

健全党组织领导的自治、法治、德治相结合的乡村治理体系是构建共建共治共享的社会治理格局，走中国特色社会主义乡村善治之路的必然途径。这是一种以全面实施乡村振兴战略为方向，以聚焦农业、农村、农民问题为导向，以实现"产业兴旺、生态宜居、乡风文明、治理有效、生活富裕"为总要求的现代乡村治理体系。这是完善乡村治理体系、巩固党在农村的执政基础、满足村民美好生活需要、实现乡村全面振兴的内在要求，具有十分重要的意义；在提升乡村治理水平、提高村民生活水准、推进乡村社会进步、实现国家均衡发展等方面具有积极价值，是实现乡村善治的重要目标。

健全党组织领导的自治、法治、德治相结合的乡村治理体系是完善乡村治理体系、构建共建、共治、共享的乡村社会治理格局的创新实践。在国家治理体系与治理能力现代化中，乡村治理体系现代化是基础，也是短板。针对我国乡村社会的特点，总结七十多年来我国乡村治理的实践，吸取乡村治理的经验教训，从抓住关键、打好基础、补齐短板出发，我国创新性地提出了健全党组织领导的自治、法治、德治相结合的乡村治理体系。这就明确了乡村治理的核心目标，明晰了乡村治理的主要难点，融合了乡村治理的各种

---

[1]　魏后凯："乡村善治决定乡村振兴的成败"，载《群众》2018年第4期。

方式,指明了乡村治理的基本途径。自治、法治、德治相结合的乡村治理体系,既坚持了村民自治这一基本制度,强调了乡村治理的民主化,又体现了乡村治理方式的法治化,表现出乡村治理结构的开放性,并突出对我国乡村治理的良善传统的弘扬和承继。健全党组织领导的自治、法治、德治相结合的乡村治理体系,建立健全党委领导、政府负责、村民主体、社会协同、法治保障的现代乡村社会治理体制。这强化了村民自治制度,加强和创新了乡村社会治理,适应了现代乡村发展的要求,符合我国社会整体发展的趋势,在新时代进一步完善了我国的乡村治理体系,从而加快推进我国乡村治理体系和治理能力的现代化,走中国特色社会主义乡村善治之路。[1]

健全党组织领导的自治、法治、德治相结合的乡村治理体系是巩固党在农村执政基础的内在要求。农业、农村、农民问题一直是党和国家重点解决的重大问题。党通过有效的乡村治理发展农村经济,提高农村生产力,提高农民的生活水平,保障和改善农村民生,保护农民的权益,得到了广大村民的支持和拥护,这是巩固党在农村的执政基础的根本。健全党组织领导的自治、法治、德治相结合的乡村治理体系,切实加强了对乡村干部的组织领导和监督管理,扩大了选任渠道,优化了队伍结构,建立、完善了激励保障机制,把那些守信念、讲奉献、重品行,尤其是观念新、能力强、懂经营、会管理、有本领且能够带领村民致富的优秀党员、村民选拔到乡村工作岗位上来,并发挥党员在乡村治理中的先锋模范作用,保持党同村民的密切联系,使乡村组织从单一性向多元化发展,乡村组织体系得以完善,政权组织和村民自治组织得以加强。这就提高了党在乡村的执政能力,巩固了党在农村执政的政治基础。党以建设充满活力、和谐有序的乡村社会为目标,不断增强广大农民的获得感、幸福感、安全感。这表明,党从代表和实现最广大村民的根本利益出发,从农民和农村发展的实际需要出发,夯实了党在农村执政的合法性基础,巩固了党在乡村的执政地位。

健全党组织领导的自治、法治、德治相结合的乡村治理体系是满足村民对美好生活需要、实现村民幸福生活的重要保障。党的十九大报告指出,新时代我国社会主要矛盾已经转化为人民日益增长的美好生活需要和不平衡不

---

[1] 何显明:"以自治、法治和德治的深度融合推进乡村治理体系创新",载《治理研究》2018年第6期。

充分的发展之间的矛盾。传统的乡村治理模式导致乡村的公共产品供给不足、村民参与乡村治理的意愿不高，难以适应乡村社会开放、流动背景下的发展。随着乡村社会经济政治的不断发展，村民在解决脱贫致富、满足温饱生活并对物质生活提出更高要求的基础上，对平等、民主、公平、正义、安全、法治、环境等方面的需求也在不断增长。村民对美好生活的向往呈现全方位的样态，更突出地希望决定乡村公共事务、参与乡村社会治理、保障自身合法权益、满足精神心理需要等。健全党组织领导的自治、法治、德治相结合的乡村治理体系，构建共建、共治、共享的社会治理格局，广大村民在党的领导和政府指导之下共同参与乡村社会建设和社会治理，共同分享社会建设和乡村社会治理的成果，能够满足村民在平等、民主、法治等方面的现实需求，努力回应时代诉求，解决村民日益增长的美好生活需要和不平衡不充分发展之间的矛盾，保障村民对幸福生活的追求，满足村民在新时代的多元化需求，[1]建设充满活力、和谐有序的乡村社会。

　　健全党组织领导的自治、法治、德治相结合的乡村治理体系是实现乡村全面振兴的主要途径。治理有效是乡村振兴的基础，乡村振兴离不开和谐、稳定的社会环境。乡村治理是国家治理、社会治理、基层治理的重要组成部分。实施乡村振兴战略是决胜全面建成小康社会、全面建设社会主义现代化国家的重大历史任务，需要把乡村善治作为固本之策，产业兴旺、生态宜居、乡风文明、生活富裕等乡村振兴的要求都需要以乡村治理有效为前提，通过有效的乡村治理实现乡村的产业兴旺、生态宜居、乡风文明、生活富裕，通过乡村治理推动农业全面升级、农村全面进步、农民全面发展，全面实现乡村振兴。同时，健全党组织领导的自治、法治、德治相结合的乡村治理体系也有助于建立健全城乡融合发展体制机制和政策法律体系，缩小城乡差别，建立健全城乡基本公共服务均等化的体制机制，促进城乡的双向流动和一体化发展，加快形成工农互促、城乡互补、全面融合、共同繁荣的新型工农城乡关系，推进乡村的全面发展和振兴，走向乡村善治。

三、健全自治、法治、德治相结合乡村治理体系的构成要素

　　对健全党组织领导的自治、法治、德治相结合的乡村治理体系具体构成

---

　　[1]　裴有度："'三治结合'乡村治理体系：内涵、意义与建设路径"，载《西昌学院学报（社会科学版）》2019年第1期。

要素的表述经历了一个逐步完善的过程。中共中央、国务院于 2017 年 6 月 12 日印发的《关于加强和完善城乡社区治理的意见》的表述为"促进法治、德治、自治有机融合";2017 年 10 月 18 日中国共产党第十九次代表大会报告的表述为"健全自治、法治、德治相结合的乡村治理体系";中共中央办公厅、国务院办公厅于 2019 年 6 月 23 日印发的《关于加强和改进乡村治理的指导意见》的表述为"健全党组织领导的自治、法治、德治相结合的乡村治理体系"。从"法治、德治、自治有机融合"到"自治、法治、德治相结合",从"健全自治、法治、德治相结合的乡村治理体系"到"健全党组织领导的自治、法治、德治相结合的乡村治理体系",这是对当代中国乡村治理体系认识不断深化的结果。

据此,笔者认为,应当从治理体系、治理方式、治理功能、治理体制、治理重点、治理目标等方面理解和把握"健全党组织领导的自治、法治、德治相结合的乡村治理体系"的构成要素。[1]

1. 治理体系方面

乡村治理体系包含自治、法治、德治三方面内容,是自治、法治、德治的结合和自治、法治、德治的融合。[2]自治属于村民的范畴,法治属于国家的范畴,德治属于社会的范畴,这三种实现乡村善治的不同治理方式是互为补充、互相衔接、相辅相成、缺一不可的。[3]

2. 治理方式方面

乡村治理体系须以自治为基、法治为本、德治为先。[4]健全党组织领导

---

〔1〕 笔者认为,从通常逻辑上讲,"自治、法治、德治"并非并列关系,而是有一定相互包容的关系,自治与他治相对,法治与人治相对;德治严格而言属于人治之一具体类型,一般从教化角度而非治理角度进行理解,表述为"德化"可能更合适一些。当然,本书的讨论遵从一般用法,仍然按照官方表述,一律使用"自治、法治、德治相结合"。

〔2〕 景跃进认为,三治融合既符合中国乡村社会的"乡情"(德治),又体现了现代社会治理的发展方向(自治和法治)。参见景跃进:"'桐乡经验'体现了中国地方创新的新特点",载《治理研究》2018 年第 6 期。

〔3〕 韩俊语。参见"国新办举行乡村治理工作新闻发布会图文实录",载 http://www.scio.gov.cn/xwfbh/xwbfbh/wqfbh/39595/40784/wz40786/Document/1657683/1657683.htm,2019 年 10 月 22 日最后访问。

〔4〕 关于自治、法治、德治三者的相互关系,2018 年 1 月中共中央、国务院印发的《关于实施乡村振兴战略的意见》的表述为"坚持自治为基""坚持法治为本""提升乡村德治水平"。而 2018 年 9 月中共中央、国务院印发的《乡村振兴战略规划(2018-2022 年)》第二十六章则明确表述为"坚持自治为基、法治为本、德治为先",较前者稍有变化。

的自治、法治、德治相结合的乡村治理体系以自治为基础，以法治为根本，以德治为引领。健全党组织领导的自治、法治、德治相结合的乡村治理体系须坚持村民自治制度。村民自治已经成为我国乡村治理体系的基础性制度，对维护村民的民主权益、保持农村社会的和谐稳定、巩固党在农村的执政基础具有重要作用。在依法治国、建设社会主义法治国家、法治社会的当代中国，乡村治理需要遵循法治原则，在法律的调整、规范、保障之下，依法保障村民的合法权益，依法调整涉农的社会关系，通过法律推进乡村发展。乡村治理以德治为引领，需要重视德化的作用，德润人心，深入挖掘熟人社会中治理的伦理资源、道德力量，加强社会公德、职业道德、家庭美德和个人品德教育，培育文明乡风、良好家风、淳朴民风，充分发挥道德在凝聚人心、教化村民、淳化民风中的重要作用。

3. 治理功能方面

乡村治理以自治增活力、以法治强保障、以德治扬正气。乡村治理以自治增活力。从健全完善村民自治的有效实现形式入手，进一步健全农村基层民主选举、民主决策、民主管理、民主监督机制；要强化农民的主人翁意识，提高农民主动参与村庄公共事务的积极性。乡村治理以法治强保障。乡村有效治理，法治是前提、是基础、是核心、是保障；要提高法治意识、树立法治思维，要全面依法治国，必须把政府各项涉农工作纳入法治化轨道，依法办事；强化法律在维护农民权益、规范市场运行、农业支持保护、生态环境治理、化解农村社会矛盾等方面的权威地位；加强农村法治宣传教育，完善农村法律服务，引导干部群众遵法、学法、守法、用法，依法表达诉求、解决纠纷、维护权益，建设法治乡村。乡村治理以德治扬正气。要重视中国固有的良善的道德力量，德、法、礼并用，通过制定村规民约、村民道德公约等自律规范，弘扬中华优秀传统文化，教育引导农民爱党爱国、向上向善、孝老爱亲、重义守信、勤俭持家，增强乡村发展的软实力。[1]

4. 治理体制方面

健全党组织领导的自治、法治、德治相结合的乡村治理体系，是要建立健全党委领导、政府负责、村民主体、社会协同、法治保障、科技支撑的现

---

[1] 参见《关于加强和改进乡村治理的指导意见》（中共中央办公厅、国务院办公厅，2019 年 6 月 23 日）和《关于实施乡村振兴战略的意见》（中共中央国务院，2018 年 1 月 2 日）有关内容。

代乡村社会治理体制。[1]村党组织领导乡村治理,村级重要事项、重大问题由村党组织研究讨论;县乡党委负农村基层党组织建设和乡村治理的主体责任。乡镇党委负乡村治理的直接责任。村民为乡村治理的主体,增强村民自治组织能力,健全党组织领导的村民自治机制,完善村民(代表)会议制度,推进民主选举、民主协商、民主决策、民主管理、民主监督实践。支持并促进多方社会主体参与乡村治理,加强妇联、团支部等组织建设,积极发挥服务性、公益性、互助性社区社会组织作用。以法治思维指导乡村治理,通过法律规范乡村治理,将政府涉农事项纳入法治化轨道。重视科学技术手段在乡村治理中的积极作用,提升乡村治理中的信息化、智能化、数字化力度。

5. 治理重点方面

健全党组织领导的自治、法治、德治相结合的乡村治理体系重点在于明确乡镇政府与村民自治组织的关系;明晰党组织领导自治、法治、德治相结合的路径;健全共建、共治、共享的治理机制;完善乡村治理的组织体系;建立现代乡村治理手段;丰富乡村治理的方式;强化村级权力监督机制;创新村民议事协商形式;形成乡村治理与经济社会协同发展的机制等。[2]健全党组织领导的自治、法治、德治相结合的乡村治理体系,核心是融合乡村治理方式,完善乡村治理体系,提升乡村治理能力,提高乡村治理水平。

6. 治理目标方面

现代乡村治理通过构建共建、共治、共享的社会治理格局,走中国特色社会主义乡村善治之路,建设充满活力、和谐有序的乡村社会。健全党组织领导的自治、法治、德治相结合的乡村治理体系,应当制定和完善涉及农村、农业、农民的良法规范,乡村法治建设努力做到科学立法、严格执法、公正司法、全民守法;积极搭建多方参与乡村治理的平台和渠道,发挥村民主体作用和社会各方力量的积极性,鼓励引导社会和公众共商、共建、共治、共享,推动政府治理、社会参与、基层群众自治实现良性互动。

---

〔1〕 中共中央办公厅、国务院办公厅于2019年6月印发的《关于加强和改进乡村治理的指导意见》的表述为"建立健全党委领导、政府负责、社会协同、公众参与、法治保障、科技支撑的现代乡村社会治理体制"。笔者认为,村民不仅仅作为公众参与乡村治理,还应该是乡村治理的主体,因此提出"建立健全党委领导、政府负责、村民主体、社会协同、法治保障、科技支撑的现代乡村社会治理体制"。

〔2〕 参见中央农村工作领导小组办公室、农业农村部、中央组织部、中央宣传部、民政部、司法部《关于开展乡村治理体系建设试点示范工作的通知》(中农发〔2019〕5号)有关内容。

　　健全党组织领导的自治、法治、德治相结合的乡村治理体系，目标是实现中国特色社会主义乡村善治。乡村善治主要包括党组织领导的乡村治理有力、法治理念深入村民人心、村民自治依法规范、文化道德形成乡村新风、乡村发展充满活力、乡村社会安定有序、村民生活富足幸福等内容。[1]

四、健全自治、法治、德治相结合乡村治理体系的内在特质

　　乡村治理问题是当代中国社会治理的一个有机组成部分和一个重要构成方面，我们应当从国家治理现代化进程、法治国家建设视角认识和把握乡村治理，理解健全党组织领导的自治、法治、德治相结合乡村治理体系的内在特质，走向乡村善治之路。

　　从一般意义上分析，乡村治理具有治理本性的内在性、治理主体的民众性、治理组织的多样性、治理规范的多元性、治理方式的广泛性、治理手段的多种性、治理目标的民生性等特性。健全党组织领导的自治、法治、德治相结合的乡村治理体系需要尊重乡村治理的这些特点。

　　不过，异于其他治理和以往的乡村治理，健全党组织领导的自治、法治、德治相结合的乡村治理体系具有自治型治理、融合式治理、整体型治理、转型态治理、合作型治理、本土化治理、嵌入性治理、发展式治理、协商性治理、共识型治理等特点。

　　1. 自治型治理

　　根据《宪法》和法律的规定，我国农村基层实行村民自治制度，农村村民实行自治，由村民依法办理自己的事情，村民通过村民委员会进行自我管理、自我教育、自我服务，实行民主选举、民主决策、民主管理、民主监督。因此，我国的乡村治理为自治型治理。健全党组织领导的自治、法治、德治相结合的乡村治理体系须以此为基础和根本。

　　2. 融合式治理

　　笔者认为，健全党组织领导的自治、法治、德治相结合的乡村治理体系

---

　　〔1〕　中共中央办公厅、国务院办公厅于 2019 年 6 月 23 日印发的《关于加强和改进乡村治理的指导意见》提出的总体目标为：到 2020 年，现代乡村治理的制度框架和政策体系基本形成，农村基层党组织更好发挥战斗堡垒作用，以党组织为领导的农村基层组织建设明显加强，村民自治实践进一步深化，村级议事协商制度进一步健全，乡村治理体系进一步完善。到 2035 年，乡村公共服务、公共管理、公共安全保障水平显著提高，党组织领导的自治、法治、德治相结合的乡村治理体系更加完善，乡村社会治理有效、充满活力、和谐有序，乡村治理体系和治理能力基本实现现代化。

强调"自治、法治、德治相结合"。这也就意味着乡村治理不再单独依靠某一方面的治理资源，而是在"三治结合""三治融合"的思路指导下整合、优化多种治理资源、治理方式，和融一体、共洽合力进行乡村治理。国家法律、执政党政策、政府规范、村规民约、地方习惯等相融相洽，合力推进乡村治理。法治与德化并行，自治与他治共存，共同服务乡村治理，以实现乡村善治。

3. 整体型治理

健全党组织领导的自治、法治、德治相结合的乡村治理体系应当确立整体性思维、树立整体型治理观念，从主体、规范和运行三个方面进行整体把握。健全党组织领导的自治、法治、德治相结合的乡村治理体系主要包括"谁来治理""依何治理"以及"如何治理"三个方面。其中，"谁来治理"指向主体维度，"依何治理"指向规范维度，"如何治理"指向运行维度。我们应从主体、规范和运行三个维度入手健全党组织领导的自治、法治、德治相结合的乡村治理体系。主体是健全党组织领导的自治、法治、德治相结合乡村治理体系的根本，规范是健全党组织领导的自治、法治、德治相结合乡村治理体系的基础，运行是健全党组织领导的自治、法治、德治相结合乡村治理体系的关键。[1]

4. 转型态治理

当代中国的乡村治理面临转型社会治理与常态社会治理双重治理问题，且转型社会治理更为突出。乡村面临实现由传统社会向现代社会的转变，乡村治理需要由传统治理向现代治理发展。现代乡村治理呈现治理主体的多元化、治理客体的立体化、治理手段的文明化、治理方式的规范化、治理能力的现代化、治理目标的人本化。乡村治理体系应当符合治理发展的客观规律，顺应治理的总体趋势。

5. 合作型治理

基于乡村治理的复杂性，健全党组织领导的自治、法治、德治相结合的乡村治理体系需要各方力量互动协同，通力合作。参与乡村治理的政府力量与民间力量、外来力量与乡村力量、村党组织与村民委员会、村务监督委员会、村各种经济组织和社会组织、村民宜统筹协调、共同参与、共同建设，按照各自职责发挥积极作用，做到协同配合、齐心合力进行乡村治理。当代乡村社会治理要发挥内部型主体与外部型主体在乡村治理中各自的积极性、

---

〔1〕 高其才："健全自治法治德治相结合的乡村治理体系"，载《人民周刊》2019年第6期。

能动性，内生规范与外来规则、村规民约与国家法律紧密配合、相辅相成，共同调整、规范乡村各项事务，推进乡村善治。

6. 本土化治理

当代中国的乡村治理奠基于中国传统，生长于具体国情，立足于乡村实际，服务于广大村民，健全党组织领导的自治、法治、德治相结合的乡村治理体系是一种本土化的治理，具有浓郁的中国特色、鲜明的地方特点、显著的时代特征。乡村治理需尊重我国村民的心理和需要，针对乡村的发展阶段，顺应我国农村现代化和治理现代化的趋势。

7. 嵌入性治理

健全党组织领导的自治、法治、德治相结合的乡村治理体系要求将现代法治观念、思维、规则等融入乡村治理的全过程，这实际上是将作为外来规则的国家法律嵌入乡村治理，将法治嵌入乡村自组织的方式及过程之中，固有乡土社会融贯外来规则，消除外来规则与内生规则之间的混乱。当代中国的乡村治理是兼具行动嵌入和规则嵌入的嵌入性治理。[1]

8. 发展式治理

当代中国乡村的核心问题为发展，因而健全党组织领导的自治、法治、德治相结合的乡村治理体系为一种以发展为中心的乡村治理模式，围绕乡村的经济发展、政治发展、法治发展、社会发展、文化发展、生态发展进行治理，通过治理提升乡村村民的发展能力。这是建立在全面发展、科学发展基础上的发展式治理。通过治理推进乡村的可持续发展、城乡的共同发展。

9. 协商性治理

健全党组织领导的自治、法治、德治相结合的乡村治理体系要求保障村民和村民委员会的主体地位，强化村民的主人翁意识，为村民主动参与村组公共事务提供平台和途径，让村民自己"说事、议事、主事、定事"，村组的事让农民协商着办、商量着办，凸显村民在乡村治理中的主体地位。现代中国的乡村治理应当体现协商性治理的特点。

10. 共识型治理

健全党组织领导的自治、法治、德治相结合乡村治理体系的目标为形成

〔1〕 关于嵌入性治理，更多的讨论可参见陈寒非："嵌入式法治：基于自组织的乡村治理"，载《中国农业大学学报（社会科学版）》2019 年第 1 期。

共同体的共识,塑造乡村的有机共同体,为村民提供丰富的公共品。村民在乡村治理中共同生活、共同行动、共同感受,逐渐形成共识,通过治理使乡村成为利益共同体、观念共同体、规范共同体、命运共同体,实现乡村善治。

五、健全自治、法治、德治相结合乡村治理体系的现实挑战

观察我国的乡村治理实践,健全党组织领导的自治、法治、德治相结合的乡村治理体系还存在着诸多现实问题,我国在走向乡村善治的过程中需要认真分析和逐步解决面临的现实挑战。

近年来,我国在推进乡村治理体系和治理能力现代化方面成效显著,以党组织为核心的农村基层组织建设进一步加强,乡村治理内容逐步充实,乡村治理手段不断创新,乡村治理体系进一步完善,农村基本公共服务显著改善,农村社会保持和谐稳定,广大农民的获得感、幸福感、安全感不断增强。但是,我国乡村治理体系和治理能力现代化水平还不高,治理理念、治理方式、治理手段还存在着许多不适应的地方,乡村治理需要解决的具体问题还不少。[1]中共中央、国务院于 2018 年 1 月 2 日发布实施的《关于实施乡村振兴战略的意见》明确指出农村基层党建存在薄弱环节,乡村治理体系和治理能力亟待强化。

从总体上观察,健全党组织领导的自治、法治、德治相结合的乡村治理体系面临乡村治理组织不完善、乡村治理能力比较弱、乡村治理体系欠健全等现实挑战。

1. 乡村治理组织不完善

在一些乡村,党组织处于软弱涣散状态,个别党组织存在青黄不接、后继无人的状况;有的村的乡村治理组织比较单一,除了村党组织、村民委员会之外没有其他组织;有的村的村民会议和村民代表会议制度不够完善;有的村的村务监督组织流于形式,没有正常开展工作;有的村的集体经济组织和农民合作组织没有发挥其应有的作用;有的村的服务性、公益性、互助性等其他经济社会组织较为缺乏,没有建立红白理事会、村民议事会、道德评议会等组织;有的村的村民委员会和村民小组在履行基层群众性自治组织功

---

〔1〕 "推进乡村治理体系和治理能力现代化取得新成效——中央农办副主任、农业农村部副部长韩俊解读《关于加强和改进乡村治理的指导意见》并答记者问",载 http://www.scio.gov.cn/xwfbh/xwbfbh/wqfbh/39595/40784/index.htm,2019 年 6 月 25 日最后访问。

能方面存在缺陷；有的村的村民自治组织成员不全，村民担任村民自治组织成员的意愿不大；一些乡村组织的规章制度不够健全，活动不多；有的村的各种乡村组织之间的关系没有理顺，没有建立既分工又合作的工作机制。

2. 乡村治理能力比较弱

面对新的乡村发展状况，不少乡村均表现出了治理能力不够强的现象，如有的村的党组织和村民自治组织增强村民自我管理、自我教育、自我服务的能力有限；有的乡村组织的规范化建设有待加强；有的村党员年龄普遍偏大，适应乡村发展变化的能力较弱；有的村干部工作积极性不高，得过且过，消极敷衍；有的村干部民主意识淡漠，独断专行；有的村干部运用现代科技手段进行乡村治理的能力不强；有的村干部减少乡村不和谐因素、维护乡村社会安定的办法不多；有的乡村党员在思想意识、党性修养、为民宗旨上出现了动摇，先锋模范作用没有发挥出来；有的村干部作风不实、漠视群众、弄虚作假、优亲厚友，造成干群党群关系紧张；有的村干部把权力当成"摇钱树"，"微腐败""雁过拔毛""小官巨贪"现象偶有发生；[1]有的村民干扰破坏村"两委"换届选举，利用宗族势力左右选举，甚至成了"村霸"和形成黑恶势力，违反国家法律、违反村规民约，危害乡村社会秩序；有的乡村消除黑恶势力活动的办法有限，效果不佳。

3. 乡村治理体系欠健全

一些乡村在治理中自治、法治、德治相结合有待深入；有的地区实施村民自治制度不到位，乡镇政府往往以行政命令方式要求村民自治组织承担有关行政性事务，对村级组织检查评比事项过多，有的甚至干预村民自治组织自治范围内的事务；有的政府工作人员依法办事的观念和能力需要提高，法治思维需要进一步树立；政府各项涉农工作纳入法治化轨道还需要努力；乡村的法治建设有待进一步推进；有的村存在讲排场、比阔气等不良风气；需要进一步重视弘扬崇德向善、扶危济困、扶弱助残、向上向善、孝老爱亲、重义守信、勤俭持家等传统美德，加强对淳朴民风的培育；有的地区通过村规民约等规范弘扬中华优秀传统文化存在一些不足；有的村乡贤的道德教化

---

〔1〕"推进乡村治理体系和治理能力现代化取得新成效——中央农办副主任、农业农村部副部长韩俊解读《关于加强和改进乡村治理的指导意见》并答记者问"，载 http://www.scio.gov.cn/xwfbh/xwbfbh/wqfbh/39595/40784/index.htm，2019 年 6 月 25 日最后访问。

功能、先进榜样作用的发挥还有欠缺。

就当前我国乡村而言，一些乡村存在班子软、产业弱、村庄乱、民心散的问题；就我国乡村治理而言，面临乡村治理组织软弱且单一、行政方式在乡村治理中突出、传统治理手段失灵、乡村治理人才缺乏等问题。一些政府官员的观念和认识还没有真正转到治理方面，仍然为"管治"观念、"控制"思维；现代乡村治理体制尚没有真正建立。

乡村治理需要应对当今乡村生产方式变动、乡村人口数量持续减少、乡村社会流动性加大、乡村组织弱化、乡村共同体减弱、固有规范失灵、乡村人际关系疏离、村民安全感缺乏等情态的全面挑战。健全党组织领导的自治、法治、德治相结合的乡村治理体系并走向乡村善治还面临着艰巨的任务，需要进行长期的努力。

六、健全自治、法治、德治相结合乡村治理体系的关键议题

走向乡村善治，需要探讨若干关键的议题，理顺乡村治理中涉及根本性的关系。健全党组织领导的自治、法治、德治相结合的乡村治理体系需要正确处理村民自治与法治的关系，发挥乡村治理的内生动力与外在力量的双重作用，重视城乡人口双向流动治理问题。

1. 正确处理村民自治与法治的关系

我国宪法和法律规定农村村民实行自治，由村民依法办理自己的事情；村民委员会是村民自我管理、自我教育、自我服务的基层群众性自治组织。我国《村民委员会组织法》第 9 条规定村民委员会应当宣传宪法、法律、法规和国家的政策，教育和推动村民履行法律规定的义务、爱护公共财产，维护村民的合法权益；第 10 条规定村民委员会及其成员应当遵守宪法、法律、法规和国家的政策；第 8 条规定村民委员会应当支持和组织村民依法发展各种形式的合作经济和其他经济，村民委员会依照法律规定，管理本村属于村农民集体所有的土地和其他财产；第 27 条第 2 款规定村民自治章程、村规民约以及村民会议或者村民代表会议的决定不得与宪法、法律、法规和国家的政策相抵触。因此，村民自治是依法进行自治，是法治之下的自治，是法律规范和保障的自治。

同时，《村民委员会组织法》第 36 条还规定了对村民自治的某种监督和制约："村民委员会或者村民委员会成员作出的决定侵害村民合法权益的，受侵害的村民可以申请人民法院予以撤销，责任人依法承担法律责任。村民委员会不依照法律、法规的规定履行法定义务的，由乡、民族乡、镇的人民政府责令改正。乡、民族乡、镇的人民政府干预依法属于村民自治范围事项的，由上一级人民政府责令改正。"

在实践中，哪些属于村民自治范围的事项并不十分清楚，自治与非自治的界限较为模糊。特别是在理解和把握《村民委员会组织法》第 5 条"乡、民族乡、镇的人民政府对村民委员会的工作给予指导、支持和帮助，但是不得干预依法属于村民自治范围内的事项。村民委员会协助乡、民族乡、镇的人民政府开展工作"具体内涵的认识上可能存在差异。政府依法"指导"村民自治，村民委员会依法"协助"政府的工作，这需要在总结村民自治实践的基础上进一步形成共识，依法确立合理、适当、可行的范围。

在依法治国、建设社会主义法治国家的当代中国，我们要将完善村民自治作为法治建设的重要组成部分，用法治理念和法治思维实行村民自治，通过法律规范和保障村民自治制度，运用法律保障村民的自治权，并依法监督村民自治，纠正村民自治中与宪法、法律、法规和国家的政策相抵触的行为，但是不能以法律的名义限制、剥夺或变相限制、剥夺村民的自治权，通过所谓的"法治"消解村民自治制度。应当通过法治保障村民自治制度、完善村民自治制度、促进村民自治，而非消解村民自治、抑制村民自治、限制村民自治，防止以法治影响自治、消解自治。

从本质上看，村民自治与法治是一致的，不存在矛盾和冲突，但是在具体实践中，由于理解和执行的问题，自治与法治可能存在某种不一致。因此，正确处理村民自治与法治的关系、坚定不移地遵循村民自治制度、尊重村民的自治权和自主发展权便成了健全党组织领导的自治、法治、德治相结合的乡村治理体系的关键议题。国家运用法律通过间接的方式从外部提供引导调整村组内部的自我治理，同时通过道德规范等非正式规则在内部协助实现自我治理，最终达成乡村治理的有效运转与乡村社会的善治。[1]

2. 发挥乡村治理的内生动力与外在力量的双重作用

健全党组织领导的自治、法治、德治相结合的乡村治理体系应以村民自

---

〔1〕　目前对村民自治与法治关系的研究主要有"有限自治说""法律介入说"和"协调与互动关系说"等观点。参见汪鑫、李渡："反思法视角下乡村治理的自治与法治之维"，载《江西财经大学学报》2019 年第 1 期。

治为基本，发挥村党组织、村民委员会、村务监督委员会、村民小组、村民等内生主体的能动作用，依靠内生动力实现乡村善治。

同时，国家、政府、社会也通过各种形式健全党组织领导的自治、法治、德治相结合的乡村治理体系。[1]特别是实施脱贫攻坚、扶贫开发政策以来，坚持县级统筹、全面覆盖，县级党委和政府统筹整合各方面驻村工作力量，根据派出单位帮扶资源和驻村干部综合能力科学组建驻村工作队，实现建档立卡贫困村一村一队。[2]同时，以政治任务安排的方式动员地方部门、国有企业，以政策倾斜的方式调动民营企业，以荣誉奖励和物质奖励等手段动员特定人群，从而利用资源丰富者的资源，动员被扶贫地区的人口，形成全社会参与的格局。[3]扶贫工作队等乡村外在力量基于扶贫参与乡村治理，在解决贫困问题的同时提升内生主体的乡村治理能力，促进乡村治理现代化。

我国各地探索从各级机关优秀年轻干部、后备干部，国有企业、事业单位的优秀人员和以往因年龄原因从领导岗位上调整下来、尚未退休的干部中选派人员到村（一般为软弱涣散村和贫困村）作为第一书记，担任党组织负责人。第一书记在乡镇党委领导和指导下，依靠村党组织、带领村"两委"成员开展工作，主要职责、任务是帮助建强乡村基层组织、推动精准扶贫、为民办事服务、提升乡村治理水平。[4]作为乡村治理的外在力量，第一书记推进了乡村善治。

2008年，我国开始选聘高校毕业生到村任职工作，[5]即"大学生村官"，主要目的是培养一大批社会主义新农村建设骨干人才、党政干部队伍后备人才、各行各业优秀人才。大学生村官主要担负宣传落实国家政策、促进乡村

---

〔1〕 高成军认为，国家通过组织嵌入及围绕组织运作的制度加持，实现了国家在乡村社会的空间再造及合法性叙事。但是，这一实践过程始终面临着国家与社会、官治与民治、集权与分权、自上而下与自下而上等紧张关系与矛盾纠结。参见高成军："国家的空间再造与社会边界：乡村治理中的基层政权建设"，载《贵州大学学报（社会科学版）》2019年第4期。

〔2〕《关于加强贫困村驻村工作队选派管理工作的指导意见》（中共中央办公厅、国务院办公厅印发，2017年12月24日）。

〔3〕 李亚冬："治理贫困的乡村治理——以'脱贫攻坚'相关的规范性文件为分析对象"，载《贵州大学学报（社会科学版）》2019年第3期。

〔4〕《关于做好选派机关优秀干部到村任第一书记工作的通知》（中共中央组织部中央农村工作领导小组办公室、国务院扶贫开发领导小组办公室，组通字〔2015〕24号）。

〔5〕 2008年4月10日，中共中央组织部、教育部、财政部、人力资源和社会保障部发布了《关于印发〈关于选聘高校毕业生到村任职工作的意见（试行）〉的通知》（组通字〔2008〕18号）。

经济发展、联系服务村民、推广科技文化、参与村务管理、加强乡村基层组织等职责。大学生村官有利于优化乡村干部队伍结构，提高乡村干部队伍整体素质，增强农村基层党组织的凝聚力、战斗力、创造力。大学生村官为乡村治理输送了年轻、有活力的新鲜血液。

此外，有的地方（如山东省）还组织了"万名干部下基层"服务队，下乡为村民服务。[1]

这些扶贫工作队、第一书记、大学生村官等乡村治理的外来力量有助于弥补乡村（特别是"弱散软"乡村）的治理力量，有其积极意义。不过，乡村治理的外来力量也可能会包办、代替乡村内生主体，使乡村治理内生主体产生依赖感、养成惰性，影响乡村治理内生主体正常功能的发挥。

因此，乡村治理的外来力量应当明确定位，消除追求短期效应、临时任务观念，避免喧宾夺主现象的发生，与内生主体相互尊重、紧密配合，在服务乡村过程中促进乡村治理内生主体的成长、成熟，帮助乡村治理内生主体提高治理能力，扶助乡村治理内生主体提升治理水平，既输血更造血，重在培育乡村治理内生主体，大力培养乡村治理内生主体的年轻力量，使乡村治理有扎实的组织基础和人才基础，确保乡村治理的连续性、持续性。

健全党组织领导的自治、法治、德治相结合的乡村治理体系需要摆脱村民自治对国家权力的过分依赖，真正确立村组、村民的主体性地位，促使乡村在自主发展中实现善治。

3. 重视城乡人口双向流动治理问题

由于市场经济的发展，我国的乡村治理出现了许多新的问题，其中城乡人口的流动问题为一突出问题。一方面，大量的农村劳动力流动到城市工作、居住，给传统的乡村治理带来了挑战；同时，也有部分外村外乡、城市的人口到农村生活、居住、就业，使乡村治理出现了新的情况。[2]

---

〔1〕 山东省委决定，在 2018 年"千名干部下基层"和选派"第一书记"的基础上，再从省、市、县三级增派 9557 名优秀干部，开展"万名干部下基层"活动。李子路、张国栋："带着初心使命去守着初心使命干检验初心使命归忠诚践行习近平新时代中国特色社会主义思想——山东省'万名干部下基层'工作动员部署会议召开"，载《支部生活（山东）》2019 年第 8 期。

〔2〕 黎红梅、文杰认为，在农村到城市、城市向农村的人口迁移现实中，农村人口因受转移后的生活成本与土地羁绊双重限制而难以融入城市；城市人口因受现行农地政策不足而缺乏有效土地供给以致难以融入农村。参见黎红梅、文杰："基于农地视角的城乡人口双向融合阻碍及影响机制分析"，载《西北人口》2019 年第 3 期。

这些在乡村长期生活、劳动的人士通常没有本乡村户籍，他们中有的是资本下乡、投资乡村产业的人士，有的是因入伍、上学、经商而将户口迁离乡村现退休回乡的原籍人士，有的是喜欢乡村生活方式、乐于田园生活的年轻人士。他们是否为"本村村民"、具有村民的资格、享有村民的权利是直接影响乡村治理和乡村发展的重要问题。[1]

根据《村民委员会组织法》第 13 条第 2 款第 3 项的规定，户籍不在本村，在本村居住 1 年以上，本人申请参加选举，并且经村民会议或者村民代表会议同意参加选举的公民应当登记并列入参加村民委员会选举的村民名单。这一规定虽然没有明确"户籍不在本村但在本村居住 1 年以上的公民"为"本村村民"，但就参加村民委员会选举而言，似可推定为"本村村民"。

不过，这些户籍不在本村但在本村居住 1 年以上的公民享有村民委员会的选举权和被选举权的前提是经村民会议或者村民代表会议同意参加选举。如果村民会议或者村民代表会议不同意其参加选举，这些在乡村长期生活、劳动的人士就不具有选举权和被选举权，而且法律没有规定对此不同意决定的异议、申诉途径。

实践中，户籍不在本村且在本村居住 1 年以上的公民真正提出申请参加选举的并不多，这对流动到乡村人员的权益保障造成了消极影响，也限制了城市户籍人口流动到乡村、外村户籍人口流动到本村的积极性，不利于实施乡村振兴战略和保持乡村的持久活力，在一定程度上影响了自治、法治、德治相结合乡村治理体系的健全。

因此，健全党组织领导的自治、法治、德治相结合的乡村治理体系需要打破城乡二元结构，从法律上消除城乡壁垒，实现城乡人口的双向流动，保障在乡村居住、生活、工作的公民的合法权益，进一步推进乡村善治。

七、健全自治、法治、德治相结合乡村治理体系的制度完善

健全党组织领导的自治、法治、德治相结合的乡村治理体系需要重视乡村治理制度建设，把行之有效的乡村治理政策法定化，完善相关的乡村治理

---

[1] 《村民委员会组织法》第 38 条规定："驻在农村的机关、团体、部队、国有及国有控股企业、事业单位及其人员不参加村民委员会组织，但应当通过多种形式参与农村社区建设，并遵守有关村规民约。村民委员会、村民会议或者村民代表会议讨论决定与前款规定的单位有关的事项，应当与其协商。"但是，这条规定没有明确这些在乡村的组织及其人员的村民资格问题、具体的法律地位。

法律制度，特别是加强乡村治理领域法律的制定和完善、规范村党组织书记兼任村民委员会主任、规范以村民小组或自然村为基本单元的村民自治试点、完善村规民约的备案制度等，为走向乡村善治提供法律保障。

1. 加强乡村治理领域法律的制定和完善

健全党组织领导的自治、法治、德治相结合的乡村治理体系需要加强乡村治理领域法律的制定和完善，强化乡村治理的法治保障。我国目前主要通过执政党政策来规范乡村治理、调整乡村治理关系，中央没有专门规范乡村治理的规范性法律文件，我国的《村民委员会组织法》仅调整乡村治理的部分社会关系。2017 年 12 月的中央农村工作会议提出要制定《乡村振兴法》，中共中央、国务院于 2018 年 1 月 2 日发布实施的《关于实施乡村振兴的意见》更是明确提出了"抓紧研究制定乡村振兴法的有关工作，把行之有效的乡村振兴政策法定化，充分发挥立法在乡村振兴中的保障和推动作用"。2018 年 7 月，全国人民代表大会常务委员会牵头启动了乡村振兴促进法的立法相关程序。"治理有效"作为乡村振兴的内容之一将在《乡村振兴促进法》中有所体现。笔者认为，我国在制定《乡村振兴促进法》的同时应及时修改和废止不适应的法律法规，特别是应当重视对《村民委员会组织法》的修改，从健全自治、法治、德治相结合的乡村治理体系角度修改、补充、完善《村民委员会组织法》的相关内容，使乡村治理有法可依。十三届全国人大立法规划将对《村民委员会组织法》的修改列为重点领域立法，需要加快进度，着力研究修改中的重点难点问题，争取尽快完成修改工作。

《关于实施乡村振兴的意见》明确提出各地可以从本地乡村发展实际需要出发，制定促进乡村振兴的地方性法规、地方政府规章。各地结合实际情况，制定了一些涉及乡村治理的法规。如《湖州市美丽乡村建设条例》（2018 年12 月）、《广西壮族自治区乡村规划建设管理条例》（2018 年 11 月）、《大理白族自治州乡村清洁条例》（2017 年 3 月）、《河北省乡村环境保护和治理条例》（2016 年 7 月）、《黑龙江省乡村建设管理办法》（2006 年 10 月修改）等。

尤其值得注意的是，新疆维吾尔自治区昌吉回族自治州制定了全国第一部乡村治理地方性法规。《昌吉回族自治州乡村治理促进条例（试行）》（2019 年 1 月 10 日昌吉回族自治州第十五届人民代表大会第三次会议通过，2019 年 3 月 28 日新疆维吾尔自治区第十三届人民代表大会常务委员会第九次会议批准，自 2019 年 5 月 1 日起施行），共 7 章 50 条，除总则、法律责任、附则外，规范了和谐稳定、乡风文明、人居环境、治理保障等促进乡村治理的内容。这部乡村治理的地方性法规强调乡村治理以村民为主体，明确了昌吉回族自治州促进乡村治理的宗旨和依据、适用范围、治理方式和目标、体制机制、职责等。《昌吉回族自治州乡村治理促进条例（试行）》规定了村规民约、诚信黑名单等村民自治内容，也规定了建立乡村干部小微权力清单制度、政务公开等规范村级权力的内容，还规定了行政村法律顾问制度，充分体现出了昌吉特色，对于依法促进乡村治理工作具有针对性和可操作性，[1]在依法推进乡村治理的过程中将发挥积极作用。

其他地区宜总结当地的乡村治理实践和经验，通过地方性法规、地方政府规章等形式就乡村治理进行全面的或者专门的规定，进一步完善和健全乡村治理的法律制度。

2. 规范村党组织书记兼任村民委员会主任

村党组织在乡村治理中具有领导地位，《村民委员会组织法》第4条明确规定了党组织的领导核心作用，领导和支持村民委员会行使职权，支持和保障村民开展自治活动。为更好地加强村党组织对乡村治理的领导，2002年中共中央办公厅、国务院发布的《关于进一步做好村民委员会换届选举工作的通知》提倡村党支部领导班子按照规定程序推选为村民委员会成员候选人，通过选举兼任村民委员会成员；《关于实施乡村振兴的意见》提出"推动村党组织书记通过选举担任村委会主任"；中共中央办公厅、国务院办公厅于2019年6月23日印发的《关于加强和改进乡村治理的指导意见》更是明确提出"村党组织书记应当通过法定程序担任村民委员会主任和村级集体经济组织、合作经济组织负责人"。

村党组织书记兼任村民委员会主任在提高乡村治理效率、减少成本、应对人才危机等方面有一定的积极效果，也能够解决党组织领导权和村委会的自治权之间的某种对立和冲突，避免某些村庄的分裂现象。但是，村党组织书记兼任村民委员会主任也可能不符合村民自治的基本原则，与民主所要求的分权和制衡相背离，导致乡村治理的民主决策和民主监督流于形式。同时，这也增加了村党组织书记的工作负担和工作压力，影响了他们为村民服务的积极性。

---

〔1〕 张璇："《昌吉回族自治州乡村治理促进条例（试行）》解读"，载 http://www.cj.gov.cn/zcjd/zyfzrjd/868764.html，2019年10月22日最后访问。

因此，笔者认为，健全自治、法治、德治相结合的乡村治理体系，需要坚持因地制宜原则开展村党组织书记兼任村民委员会主任工作。在某些软弱涣散村、空心村，可以积极推动村党组织书记通过法定程序担任村委会主任。而在某些正常发展的村庄，应尊重村民自治制度的本质、遵循村民自治的规律、尊重村民的意愿，不一定推动村党组织书记通过法定程序担任村委会主任。

即便推动村党组织书记通过法定程序担任村民委员会主任，也应当运用法治思维，使村党组织在领导村民自治中的角色、职能和责任制度化、规范化，正确规范党组织与村民自治组织的关系，防止乡村治理权力的集中对乡村民主法治、对健全党组织领导的自治、法治、德治相结合的乡村治理体系造成不良影响。同时，要重视将执政党的规范性文件的某些内容吸纳为国家法律规范，使之法定化。

3. 规范以村民小组或自然村为基本单元的村民自治试点

我国《村民委员会组织法》规定以村民委员会为村民自治基本单元，村民委员会根据村民居住状况、人口多少，按照便于群众自治，有利于经济发展和社会管理的原则设立。同时，村民委员会可以根据村民居住状况、集体土地所有权关系等分设若干村民小组；属于村民小组的集体所有的土地、企业和其他财产的经营管理以及公益事项的办理，由村民小组会议依照有关法律的规定讨论决定。这表明村民小组具有有限的自治权。

由于一些村人口过多、居住范围较广，村民利益有异，导致村民参与村民自治较为困难。[1]基于此，有的地区自发探索以村民小组或自然村为基本单元的村民自治，赋予村民小组或自然村完整的村民自治权，取得了较好的社会效果。因此，《关于实施乡村振兴的意见》提出了"继续开展以村民小组或自然村为基本单元的村民自治试点工作"。[2]

―――――――――

〔1〕　王中华、黄杰认为，以自然村、农村社区、村民小组为基本自治单元，以多层次、多类型的村民理事会为组织载体，具有很大的包容性、灵活性和适应性，基本满足了全国各地不同地区乡村治理复杂性的需求。参见王中华、黄杰："论村民自治有效实现的基本单元和组织载体"，载《山西农业大学学报（社会科学版）》2018年第4期。

〔2〕　如四川省宜宾市叙州区柏溪镇少峨村以全国村民小组自治试点为契机，建立起了小组代表会提议、小组理事会协商、小组会决策、监事会监管、股东会经营"五会一体"的新型乡村治理机制，商讨制定了《村民小组自治章程》《组规民约》《村民小组理事会章程》《村民小组监事会章程》《村民小组协商制度》等基本制度。参见"叙州区柏溪镇少峨村"，载 http://www.ybxww.com/ybly/html/2019/0506/368270.shtml，2019年8月2日最后访问。

进行以村民小组或自然村为基本单元的村民自治试点，使村民自治的基本单元多样化、多类型能够激活村民小组或自然村的自治能力，提升乡村治理的具体效果，符合健全党组织领导的自治、法治、德治相结合的乡村治理体系的基本要求，有助于根据乡村具体情况实施乡村治理。[1]

在具体试点时，需要因地制宜，避免"一刀切"，以村民参与的方便性和合作解决公共事务的能力两者之间进行平衡为基本考量，根据村民居住、历史传统、经济利益等因素确定。[2]同时，在保持以村民委员会为村民自治基本单元的基础上，需要通过立法为村民小组或自然村作为自治基本单元提供制度依据。应当通过法律规定申请、批准、审核、异议等程序。宜规定由村民小组或自然村提出申请，经村民会议讨论同意，报县级人民政府审核。试点推向全国时，需要对《村民委员会组织法》的有关条款进行修改与补充。[3]

4. 完善村规民约的备案制度

村规民约是乡村民众为了办理公共事务和公益事业、维护社会治安、调解民间纠纷、保障村民利益、实现村民自治，民主议定和修改并共同遵守的社会规范。[4]健全党组织领导的自治、法治、德治相结合的乡村治理体系，村规民约具有重要的地位和作用。《村民委员会组织法》第27条规定："村民会议可以制定和修改村民自治章程、村规民约，并报乡、民族乡、镇的人民政府备案。村民自治章程、村规民约以及村民会议或者村民代表会议的决定

---

[1] 项继权、王明为认为，广东清远以村民小组或自然村为单元进行村民自治试点具有探索性，但是此项改革不仅自身存在组织、制度、财政以及人力资源等方面的困难，也与当前农村集体经济产权改革、农村社会日益开放和流动、农村治理单元的扩大化以及基层治理的精简与效能的发展方向相违背。参见项继权、王明为："村民小组自治的实践及其限度——对广东清远村民自治下沉的调查与思考"，载《江汉论坛》2019年第3期。

[2] 有文章指出，地域相近与规模适度、利益相关与体系等同是在村民小组（自然村）一级实现自治的基本条件。参见农业农村部软科学课题组："以村民小组或自然村为单元开展村民自治试点改革经验总结和跟踪研究"，载《农村经济文稿》（内部资料）2018年第6期。

[3] 李亚冬认为，《村民委员会组织法》的完善和修改应当坚持法治理念，坚持部分修改和分类处理的原则。即坚持村民自治的基本立场，力图在行政与自治之间保持平衡，通过落实村务监督机制、促成基层协商格局等手段完善村民内部自治格局，通过增强自治权利保障和救济制度、理顺乡村关系等途径限制外部行政影响，顺应社会发展。参见李亚冬："《村民委员会组织法》的完善与修改"，载《甘肃政法学院学报》2019年第3期。

[4] 陈寒非、高其才："乡规民约在乡村治理中的积极作用实证研究"，载《清华法学》2018年第1期。

不得与宪法、法律、法规和国家的政策相抵触，不得有侵犯村民的人身权利、民主权利和合法财产权利的内容。村民自治章程、村规民约以及村民会议或者村民代表会议的决定违反前款规定的，由乡、民族乡、镇的人民政府责令改正。"据此规定，村规民约应报乡、民族乡、镇的人民政府备案。但是，如何备案却没有具体规定。

实践中，主要由民政部门、司法行政部门、乡镇人民政府对村规民约的制定、修订、实施进行指导，由法院在审判过程中对涉案的村规民约进行司法审查。在指导中，不少地方推荐了示范性村规民约供村使用；在村规民约的制定和修订的指导中干预过多，致使村规民约制定和修订中村民的意志体现不多，村规民约的地方性、独特性越来越不突出，村规民约的内容空泛，使村规民约在乡村治理中的积极作用越来越小。

为做好村规民约的指导工作、完善村规民约的备案制度，民政部、中央组织部、中央政法委、中央文明办、司法部、农业农村部、全国妇联于 2018 年 12 月 4 日发布实施了《关于做好村规民约和居民公约工作的指导意见》，从总体要求、主要内容、制定程序、监督落实和组织领导等五个方面对村规民约指导工作提出要求。其中，村规民约制定程序包括征集民意、拟定草案、提请审核、审议表决、备案公布等环节。这一指导意见对村规民约的制定进行了一定的规范，但是乡镇党委、政府的干预色彩显得过浓，如村党组织、村民委员会根据有关意见修改完善后，报乡镇党委、政府审核把关；未根据审核意见改正的村规民约不应提交村民会议审议表决；将村规民约报乡镇党委、政府备案，经乡镇党委、政府严格把关后予以公布。

笔者认为，应当在尊重村民自治制度的基础上完善村规民约的备案制度，强调村规民约制定、修订和实施过程中村民意志的核心性，乡镇党委、政府和法院宜谨慎且必要情况下进行一定的指导和提出修改意见，不能过于积极地、主动地参与甚至干预村规民约的制定和实施。乡镇人民政府不得主动审查村规民约，必须经村民建议方可审查。乡镇人民政府不可直接撤销或改变村规民约，必须重新组织重开村民会议，并经村民会议表决修改，保证村民自治不受过多行政干预。[1]绝不应将法律规定的"备案"扩张化。

---

[1]　孟钢杰："村规民约备案审查机制重述——基于诸暨市的实证考察"，载《南开法律评论》编辑部编：《南开法律评论》（第 13 辑），中国检察出版社 2019 年版，第 102~103 页。

完善村规民约的备案制度应从发挥村规民约在社会治理中的积极作用出发,坚持发扬民主,集中村民意见,最大限度地体现全体村民意愿;坚持因地制宜,充分考虑当地乡村风俗习惯、历史文化等因素。乡镇党委、政府不能通过行政命令强制性地以备案名义进行干预,对村规民约内容不得违背宪法和法律精神也宜全面地、历史地、情境地进行分析和对待。

八、健全自治、法治、德治相结合乡村治理体系的实践路径

乡村治理是一项长期的、复杂的社会治理工作,健全党组织领导的自治、法治、德治相结合的乡村治理体系要防止自治缺位、政府越位、认识错位,保障制度到位、法律就位;要避免运动式、命令式、"一刀切""一窝蜂""一阵风"等现象的发生。

在具体治理实践方面,健全党组织领导的自治、法治、德治相结合的乡村治理体系需要总结村组治理实践经验、适度推行乡村治理试点、吸纳乡村固有治理资源、重视乡村社会智慧治理、注重乡村治理共识凝聚、发挥乡村人才积极作用、大力发展乡村社会组织等。

1. 总结村组治理实践经验

健全党组织领导的自治、法治、德治相结合的乡村治理体系必须立足中国的国情、村情,实事求是,从实际出发,认真总结各地村组的乡村治理实践经验,提炼具有共同性、普遍性和规律性的内容,有针对性地进行借鉴吸收推广。

当代中国的乡村善治之路需要尊重村民的积极探索、大胆实践、勇于创新,建基于村民内生性的适合本地的乡村治理机制。应当坚持因地制宜、循序渐进的原则,科学把握乡村的差异性和发展走势分化特征,扎实推进乡村治理。

在依法治国、建设社会主义法治国家的进程中,乡村治理需要坚持法治原则,重视制度建设,注重乡村治理的规范化、制度化建构。乡村治理需要形成"靠制度管人、用制度管权、按制度办事"的长效机制,形成稳定的、连续的治理状态,避免主观随意、率性任为现象的出现。

在全面把握乡村治理实践经验的基础上,从社会治理现代化、全面推进法治国家法治政府法治社会角度进行理论思考,形成中国特色的乡村治理理论,为全球的乡村治理贡献中国智慧。

2. 适度推行乡村治理试点

2019 年中央一号文件明确提出开展乡村治理试点示范和乡村治理示范村镇创建，中共中央办公厅、国务院办公厅于 2019 年 6 月 23 日印发的《关于加强和改进乡村治理的指导意见》提出"开展乡村治理试点示范"，"组织开展乡村治理示范村镇创建活动"。为此，中央农办、农业农村部、中央宣传部、民政部、司法部等五个部门将在地方创建的基础上，在全国联合认定要选择 100 个县（市、区）乡村治理体系建设的试点单位、100 个示范乡镇和 1000 个示范村，以培育和树立一批乡村治理的先进典型，发挥其引领示范和辐射带动作用，推动中央关于乡村治理的政策在基层落地生根。

适度推行乡村治理试点、通过典型引路，对于推进党组织领导的自治、法治、德治相结合的乡村治理体系的健全是有积极意义的，有助于鼓励试点地区探索形成一批可复制、可推广的"三治"结合的新路径、新模式，加快在面上推广；通过选树宣传乡村治理的各类先进典型以营造良好的舆论氛围。

当然，适度推行乡村治理试点需要尊重客观规律，把握基本尺度。试点是基于对乡村治理某些事项的探索，并不一定成熟和可全面推广，需要允许失败和不成功。试点也非纯为树样板，通过政策、资源、人才等的倾斜投入而人为地将试点乡村"高大上"。乡村治理的试点只是扶助、引导，不能揠苗助长，过分强调政治效应、成为政绩工程。

3. 吸纳乡村固有治理资源

健全党组织领导的自治、法治、德治相结合的乡村治理体系需要重视吸纳乡村固有治理资源，传承和弘扬固有的优秀治理理念和治理规范。

我国具有历史悠久的农耕文明，中华文明根植于农耕文化，乡村是中华文明的基本载体。健全自治、法治、德治相结合的乡村治理体系，深入挖掘固有乡村社会的优秀治理制度，传承固有乡村社会的优秀治理观念，弘扬固有乡村社会的优秀治理规范，进一步实现当今的乡村善治。

推进乡村实现善治，应当深入挖掘乡村熟人社会蕴含的治理规范，弘扬重义守信、乡邻互助、和谐融洽等传统乡村治理的独特价值，建立乡村自我激励约束机制，强化优秀固有道德的教化作用，延续乡村文化血脉。

4. 重视乡村社会智慧治理

健全党组织领导的自治、法治、德治相结合的乡村治理体系的实践推进需要重视乡村社会智慧治理。党的十九大报告提出要健全自治、法治、德治相结合的乡村治理体系，并首次提出"智慧社会"的概念，强调要提高社会治理智能化水平。中共中央办公厅、国务院办公厅于 2019 年 5 月印发的《数字乡村发展战略纲要》强调立足新时代国情农情，要将数字乡村作为数字中国建设的重要方面，注重建立灵敏、高效的现代乡村社会治理体系；着力发挥信息化在推进乡村治理体系和治理能力现代化中的基础支撑作用，构建乡村数字治理新体系；明确提出到 2025 年，乡村数字治理体系日趋完善。

乡村智慧治理立基于当今科技手段和技术条件，先进的智能设备为乡村社会治理中的智慧治理创造了技术基础，网络时代的到来为乡村智慧治理、乡村数字治理体系的实现奠定了时代基础。观察浙江省龙游县的"村情通"、上海市郊区的"农民一点通"等各地乡村智慧治理的实践，乡村社会治理中的智慧治理源于村务公开的需要，用创新的思路、运用新的办法解决存在的村务公开、村民参与难题，推进乡村善治。

乡村社会治理中智慧治理的内容主要体现在智慧沟通、智慧参与、智慧监督、智慧服务等方面，具有开放、便捷、互动、合力等特点。乡村社会治理中的智慧治理体现了多元的乡村治理主体、协同的乡村治理机制、精细的乡村治理方式、规范的乡村治理手段、高效的乡村治理过程。[1]这一智慧治理形态是乡村社会治理的发展方向，有助于乡村社会治理水平的提升，并可进一步填平城乡社区之间的数字化鸿沟。

乡村社会治理中的智慧治理需要重塑治理格局、构建参与平台、完善共治设施、建立通用标准、推进数据融合。在全面总结智慧治理实践的基础上，切实改变一些乡村干部和村民思想不重视、能力有欠缺、使用推广不平衡等状况，进一步提高认识、转变观念、创造条件，完善、推进乡村社会治理中的智慧治理。[2]

5. 注重乡村治理共识凝聚

实现乡村善治，核心是凝聚乡村治理的共识，健全党组织领导的自治、法治、德治相结合的乡村治理体系建立在政府与村民在乡村治理体制、治理手段、治理形式等认识一致的基础上。

---

〔1〕 高其才："以智慧治理助推乡村'善治'目标实现"，载《国家治理》2019 年第 19 期。
〔2〕 高其才："以智慧治理助推乡村'善治'目标实现"，载《国家治理》2019 年第 19 期。

　　乡村治理需要重建乡村、重建乡村共同体，培育乡村的公共性，[1]增强乡村的凝聚力，使村民养成浓郁的家园意识、强烈的主体意识。面对村民流动带来的乡村新变化，面对村落共同体的某种离散，工作、居住在村内村外的村民需要就乡村建设、法治目标等加强交流、增进了解、广泛沟通，以凝聚人心、形成合力。政府与村民需要平等协商，对乡村发展、乡村问题、乡村治理等形成基本共识。

　　应当注重沟通平台的建设，通过微信群等途径交流信息、说事议事，进行民主决策、民主管理、民主监督，积极、广泛地参与乡村治理，推进党组织领导的自治、法治、德治相结合的乡村治理体系的健全。

　　6. 发挥乡村人才积极作用

　　乡村治理关键靠人特别是村组主要干部。健全党组织领导的自治、法治、德治相结合的乡村治理体系必须重视乡村各类人才的作用，十分重视和充分发挥乡村人才在乡村治理中的重要作用，推进乡村善治。

　　国家和政府要关心、爱护村干部，尊重他们的奉献和付出，支持他们的工作，关注他们的发展。政府、社会一方面要留住乡村现有村组干部，另一方面要吸引农村致富能手、外出务工经商人员、高校毕业生、退役军人等回村担任村组干部，为乡村治理做出贡献。既要在精神上尊重村组干部，也要在物质上尽量不亏待村组干部，保障村组干部的基本报酬。激励村组干部在乡村治理中积极担当、大胆作为，为村干部撑腰打气；大力支持村组主要干部依法自治的履职行为，对不同意见要宽容、厚待；不能让村组干部感到寒心。

　　重视村老、寨老、族老等传统权威人士在乡村治理中的重要作用，[2]通过他们进行道德教化，传承和弘扬中华民族的优秀规范，弘扬崇德向善、扶危济困、扶弱助残等传统美德，培育淳朴民风，建设文明乡风，维护乡村良善秩序。

---

　　〔1〕 黄方认为，乡村公共性的培育，有利于村民形塑集体意识与合作精神，有利于整合乡村分化利益与多元规则，组织乡村集体行动，构建乡村秩序与激发活力。参见黄方："乡村治理视阈下乡村公共性困境与重构逻辑"，载《决策探索》2019 年第 18 期。

　　〔2〕 王丽惠认为，出任新乡贤，应兼具公共性、引导性、先进性三方面的素质。乡贤应产自那些关注社区利益、有公德心、对社区有归属感的群体，且应是能够领导和引导村民参与群众自治，建设现代乡村的能人。参见王丽惠："乡村建设中的'乡土法杰'角色与功能分析"，载《贵州大学学报（社会科学版）》2019 年第 4 期。

在乡村治理中要聚合各类人才资源。强化村民的主人翁意识,保障村民的主体地位,提高村民主动参与村庄公共事务的积极性。引导教育工作者、文化工作者、科普工作者、退休人员、企业家、志愿者等各类村外人士投身乡村建设和乡村治理。

7. 大力发展乡村社会组织

健全党组织领导的自治、法治、德治相结合的乡村治理体系需要大力发展乡村社会组织,推进多元治理载体培育,发挥各类组织在走向乡村善治中的积极作用。

村组的服务性、公益性、互助性社会组织能够满足村民的生活需求,组织多种形式的团体活动和公共交往,促进乡村的公共设施建设,维系乡村的公共生活,配合、补充和监督村党组织和村民委员会的工作,强化村民之间的联系和信任,增进共同体意识和村组认同观念,凝聚村民人心,有助于走向乡村善治。

上　篇

多种主体合作共治

导　言

　　乡村治理体系主要包括"谁来治理""依何治理"以及"如何治理"三个方面。其中，"谁来治理"指向主体维度。乡村治理离不开组织、人才等各类主体的作用，主体是乡村治理体系的根本。

　　乡村治理主体可以分为内部型主体、外部型主体以及内外联合型主体三种类型。乡村治理内部型主体包括村党支部、村民委员会、村民小组、村民议事会、村民理事会、村民监事会、乡村精英（新乡贤）以及普通村民等。内部型主体是乡村治理的直接参与者，也是乡村治理规范的制定和实施者。中共中央于2019年1月印发的《中国共产党农村基层组织工作条例》规定，村党组织在乡村处于领导核心地位，领导本村的社会治理，对乡村治理起着核心作用。村民委员会在乡村社会治理中具有主体地位，起着重要的主导作用，在办理公共事务、实施公益事业、维护社会治安、调解民间纠纷、实施乡村教化等方面发挥着积极的作用。《村民委员会组织法》明确规定了村民具有自治权、选举权、被选举权、提名权、罢免权、参加村民会议权、监督权、救济权等，全面确认了村民在乡村治理中的主体地位和作用。我们需要充分尊重村民意愿，保障村民在乡村治理中的主体地位，切实发挥村民在乡村治理中的主体作用，调动亿万村民的积极性、主动性、创造性。村民会议是全体村民参加的会议，是村民参与度最广、规模最大的会议，实为全村具有决策性、决定性的最高权力组织，是本村全体村民自治权力的最高体现，在乡村治理中具有审议决定作用。村务监督机构是乡村治理村级组织体系的重要组成部分，负责村民民主理财，监督村务公开等制度的落实，在村务决策和公开、财产管理、工程项目建设、惠农政策措施落实等事项上发挥监督功能。

村义务夜防队、长生会、用水者协会等服务性、公益性、互助性社会组织在公共事务和公益事业办理、民间纠纷调解、治安维护协助、社情民意通达等方面发挥着积极作用。乡村的房族、宗族组织通过管理族众、成员互助、支持和参与村内事务、传承文化、解决纠纷等方式参与乡村治理。作为乡贤的乡土法杰在某种程度上成为新乡贤，兼具的"现代性"和"在地化"属性，在当今乡村治理中发挥着重要的作用。乡土法杰精通习惯法和国家法律，在村规民约的制定和修改过程中发挥着重要作用。乡土法杰在处理日常纠纷中灵活适用习惯法，极大地推动了村规民约的"生长"。

乡村治理外部型主体包括基层党政机关、外来企业、公益性社会组织以及外来务工经商人员等。县乡人民政府在乡村治理中具有主导的地位和全面的职责，指导、支持和帮助村组社区，保障乡村民主制度，提供乡村公共服务，维护乡村社会秩序。人民法院通过审判、执行等工作，具有服务乡村社会治理、推进建立健全现代乡村社会治理体制、助力打造充满活力和和谐有序的善治乡村的积极作用。司法行政部门充分发挥法治宣传、法律服务和法律保障的职能，全面参与乡村治理。公安部门维护乡村社会治安秩序，保护村民的人身安全、人身自由和合法财产，保护乡村公共财产，推进乡村善治。农业农村部门统筹推动乡村治理。民政部门指导乡村治理。企业通过市场行为、社会服务等方式参与乡村治理，国有企业助力乡村治理主要表现为强化乡村治理主体、落实乡村治理规范及完善乡村治理基础体系等方面。外部型主体虽然不是乡村治理的直接参与者，但是由于这些主体可以通过行政管理、投资、社会服务等方式作用于乡村治理，在很大程度上已经成了乡村治理的重要力量。内外联合型主体主要指通过资本、自然资源等媒介联结乡村内、外主体而形成的共同治理力量，其中又以"企业+农户"性质的专业合作社为典型。

乡村治理主体在我国乡村治理实践中具有内生性、多样性、地域性等特征，涉及公权主体、私权主体、自治主体等众多主体，主体来源非常广泛，涵摄多个层级，各个主体具有不同的地位和功能，治理方式的侧重点也不同。有些主体是自治型主体，强调民主基础上的村民自治，如村民委员会、乡村其他社会组织（如红白理事会、互助会等）、村民等；有些主体是德治型主体，强调治理过程中的道德权威，如传统老人（如村老、寨老）、新乡贤、乡贤理事会等；有些主体是法治型主体，强调运用法律政策手段进行治理，如乡镇党政机关等。

多元主体合作共治是乡村治理体系的主体路径，其基本内容可以概括为"自治型主体主导，法治型主体指导，德治型主体辅导"，基本要求是"分工明确、权责分明、有机融合"。应当加强农村基层党组织建设，大力培育服务性、公益性、互助性农村社会组织。各类主体之间应相互配合，构建出合作共治的治理格局。这也是党的十九大报告提出的"打造共建共治共享的社会治理格局，实现政府治理和社会调节、居民自治良性互动"在乡村治理领域中的具体体现。

第一章

村党组织在乡村治理中的领导地位和核心作用

——以《中国共产党农村基层组织工作条例》为分析对象

一、引言

村党组织是党在农村的基层组织，是党在农村全部工作和战斗力的基础，是确保党的路线方针政策和决策部署贯彻落实的基础，全面领导村的各种组织和各项工作。全国 128 万个农村基层党组织、3500 万名农村党员广泛分布在乡村大地，构成了严密的组织体系，具有团结带领亿万村民创造美好幸福生活的强大组织力。[1]

《村民委员会组织法》第 4 条规定："中国共产党在农村的基层组织，按照中国共产党章程进行工作，发挥领导核心作用，领导和支持村民委员会行使职权；依照宪法和法律，支持和保障村民开展自治活动、直接行使民主权利。"

2018 年 9 月中共中央、国务院印发的《乡村振兴战略规划（2018-2022年）》强调加强村党组织等农村基层党组织对乡村振兴的全面领导，提出以农村基层党组织建设为主线，突出政治功能，提升组织力，把农村基层党组织建成宣传党的主张、贯彻党的决定、领导基层治理、团结动员村民、推动

---

〔1〕 根据中共中央组织部的《2017 年中国共产党党内统计公报》，截至 2017 年 12 月 31 日，中国共产党党员总数为 8956.4 万名，其中农、牧、渔民 2549.9 万名；中国共产党现有基层组织 457.2 万个，其中全国 547 152 个建制村已建立党组织；2017 年发展党员的职业和分布，其中工人（工勤技能人员）12.5 万名（其中农民工 0.9 万名），农、牧、渔民 35.8 万名（其中外出务工经商人员 1.4 万名）。参见 http://news. 12371. cn/2018/06/30/ARTI1530340432898663. shtml，2019 年 1 月 11 日最后访问。

改革发展的坚强战斗堡垒。

2019 年 1 月，中共中央印发的《中国共产党农村基层组织工作条例》（以下简称《条例》）指出：[1]当前，农村改革不断深化，决战决胜脱贫攻坚、推动新时代乡村全面振兴，不断满足农民群众日益增长的美好生活需要，必须把包括村党组织在内的党的农村基层组织建设摆在更加突出的位置来抓，充分发挥党组织战斗堡垒作用和党员先锋模范作用，为农村改革发展稳定、乡村治理提供坚强的政治和组织保证。

2019 年 3 月 19 日，习近平主持召开中央全面深化改革委员会第七次会议，审议通过了《关于加强和改进乡村治理的指导意见》。该会议强调，加强和改进乡村治理，要建立健全党委领导、政府负责、社会协同、公众参与、法治保障的现代乡村社会治理体制，抓实建强基层党组织，整顿软弱涣散的村党组织，选好配强农村党组织带头人，深化村民自治实践，发挥农民在乡村治理中的主体作用，传承发展农村优秀传统文化。

本章将以《条例》为基础，分析村党组织在乡村治理中的地位，思考村党组织在乡村治理中的职责，讨论村党组织在乡村治理中的方式，对完善乡村治理体系、实现村党组织在乡村治理中的领导地位和核心作用做一初步探讨。

二、村党组织在乡村治理中的领导地位

农村工作在党和国家事业全局中具有重要的战略地位，是全党工作的重中之重。必须坚持农村基层党组织领导地位不动摇。这是坚持和加强党的全

---

〔1〕 随着农村改革发展和形势任务的变化，1999 年 2 月中共中央印发的《中国共产党农村基层组织工作条例》已不能完全适应新的要求和实践需要，需要修订完善。新修订的《条例》以习近平新时代中国特色社会主义思想为指导，贯彻党章和新时代党的建设总要求、新时代党的组织路线，是新时代党的农村基层组织建设的基本遵循。《条例》的颁布实施，对于坚持和加强党对农村工作的全面领导，打赢脱贫攻坚战、深入实施乡村振兴战略，推动全面从严治党向基层延伸，提高党的农村基层组织建设质量，巩固党在农村的执政基础具有十分重要的意义。《条例》增写了"乡村治理"与"领导和保障"两章，对其他各章都做了修改，由 8 章 34 条增加到了 10 章 48 条、字数由 3654 字增加到了 7750 字。《条例》主要内容可以概括为六个方面：一是强调了农村基层党组织的领导地位；二是规范了农村基层组织设置；三是规定了乡镇党委和村党组织的主要职责；四是明确了农村基层党组织领导经济建设、精神文明建设、乡村治理的重点任务；五是提出了加强农村基层党组织领导班子和干部队伍建设，加强党员队伍建设的明确要求；六是强化了各级党委特别是县级党委要认真履行农村基层组织建设主体责任。

面领导的内在要求，也是实现农村经济社会健康发展的根本保证。[1]《条例》强调村党组织在乡村处于领导核心地位，对乡村治理起着核心作用。[2]

村党组织全面领导包括乡村治理在内的隶属本村的各类组织和各项工作。凡是农村的重要事项和重大问题都要经党组织研究讨论，村级重大事项决策实行"四议两公开"，加强村务监督。按照《条例》的要求，既要在思想上不动摇、不含糊，又要在实践中找路径、找办法，进一步健全组织体系，完善制度机制，采取管用措施，确保村党组织的领导具体地而不是抽象地、实在地而不是空泛地落到实处。

在乡村治理现代化转型的过程中，村党组织居于乡村治理体系的领导核心地位，是乡村治理中实现党的意图、落实党的政策、维护党的权威的阵地和堡垒，是中国共产党与基层农民联系的桥梁和纽带。其功能主要体现在政治领导、利益整合、服务群众、人才集聚四个方面。[3]村党组织要担负好直接教育党员、管理党员、监督党员和组织村民、宣传村民、凝聚村民、服务村民的职责，引导广大党员发挥先锋模范作用。

---

〔1〕 我国《宪法》第1条规定："中华人民共和国是工人阶级领导的、以工农联盟为基础的人民民主专政的社会主义国家。社会主义制度是中华人民共和国的根本制度。中国共产党领导是中国特色社会主义最本质的特征。禁止任何组织或者个人破坏社会主义制度。"《中国共产党章程》"总纲"指出："中国共产党是中国工人阶级的先锋队，同时是中国人民和中华民族的先锋队，是中国特色社会主义事业的领导核心，代表中国先进生产力的发展要求，代表中国先进文化的前进方向，代表中国最广大人民的根本利益。党的最高理想和最终目标是实现共产主义。""中国共产党的领导是中国特色社会主义最本质的特征，是中国特色社会主义制度的最大优势。党政军民学，东西南北中，党是领导一切的。"第32条规定："党的基层组织是党在社会基层组织中的战斗堡垒，是党的全部工作和战斗力的基础。"第33条规定："街道、乡、镇党的基层委员会和村、社区党组织，领导本地区的工作和基层社会治理，支持和保证行政组织、经济组织和群众自治组织充分行使职权。"

〔2〕 罗干认为，现当代中国的国家政权建设过程遵循的是"政党中心主义"路径，其中构建政治秩序的关键力量是执政党，可以说，执政党的制度化水平差异能导致不同的政治后果。组织网络状况、自主性和内聚力三个方面可有效衡量政党制度化水平，在此基础上对比分析中国国民党（1924年至1949年）、中国共产党（1966年前）执政时两党乡村组织的制度化水平，发现中国政治现代化的成功经验之一在于中国共产党以其自身高水平的制度化建设，扭转了乡村政治衰朽的局面。然而执政党与国家高度同构的背景下，这一经验呈现出一定的限度。对此，中国共产党须强化组织网络的深度来增强其回应性，对社会组织的调控也应逐步向"社会法团主义"转变，以实现执政党与其他组织之间的相互赋权、相互增权。参见罗干："政党制度化水平及其政治后果：乡村治理经验与反思"，载《武汉理工大学学报（社会科学版）》2017年第5期。

〔3〕 董文兵、李寿峰、孙昌帅："乡村治理现代化进程中农村基层党组织功能定位面临的挑战及对策"，载《青岛农业大学学报（社会科学版）》2017年第2期。

三、村党组织在乡村治理中的主要职责

《条例》第10条规定了包括村党组织在内的党的农村基层组织的六方面主要职责，这些职责与乡村治理直接或者间接相关：

（1）宣传和贯彻执行党的路线方针政策和党中央、上级党组织及本村党员大会（党员代表大会）的决议。[1]

（2）讨论和决定本村经济建设、政治建设、文化建设、社会建设、生态文明建设和党的建设以及乡村振兴中的重要问题并及时向乡镇党委报告。需由村民委员会提请村民会议、村民代表会议决定的事情或者集体经济组织决定的重要事项，经村党组织研究讨论后，由村民会议、村民代表会议或者集体经济组织依照法律和有关规定作出决定。

（3）领导和推进村级民主选举、民主决策、民主管理、民主监督，推进农村基层协商，支持和保障村民依法开展自治活动；领导村民委员会以及村务监督委员会、村集体经济组织、群团组织和其他经济组织、社会组织，加强指导和规范，支持和保证这些组织依照国家法律法规以及各自章程履行职责。

（4）加强村党组织自身建设，严格组织生活，对党员进行教育、管理、监督和服务；负责对要求入党的积极分子进行教育和培养，做好发展党员工作；维护和执行党的纪律；加强对村、组干部和经济组织、社会组织负责人的教育、管理和监督，培养村级后备力量；做好本村招才引智等工作。

（5）组织群众、宣传群众、凝聚群众、服务群众，经常了解群众的批评和意见，维护群众正当权利和利益，加强对群众的教育引导，做好村民思想政治工作。

（6）领导本村的社会治理，做好本村的社会主义精神文明建设、法治宣

---

〔1〕 马建新、宋翠强调把农村基层党组织的政治功能摆在首位。改革开放四十多年来，我国农村基层党组织建设取得了历史性成就，主要表现为农村党员队伍素质不断提升，党组织体系不断完善，城乡统筹的党建新格局不断推进，党组织建设规范化程度不断提高。农村基层党组织建设带给我们的启示是：农村基层党组织建设必须紧紧围绕农村经济社会发展来进行，必须坚持思想建党与制度治党相结合，必须既注重顶层设计又尊重基层的首创精神，必须坚持目标导向与问题导向相结合。新时代农村基层党组织建设仍面临不少问题与挑战，我们要以习近平新时代中国特色社会主义思想为指引，加强农村基层党员干部思想武装，把农村基层党组织的政治功能摆在首位，集中力量打赢脱贫攻坚战，提高农村党员干部依法办事能力，把农村基层党组织建设提高到一个新的水平。参见马建新、宋翠："改革开放以来农村基层党组织建设的回顾与展望"，载《中共珠海市委党校珠海市行政学院学报》2019年第1期。

传教育、社会治安综合治理、生态环保、美丽村庄建设、民生保障、脱贫致富、民族宗教等工作。

《条例》第六章专门用 4 个条文规定了包括村党组织在内的党的农村基层组织在乡村治理中的具体任务:

(1) 村党组织应当加强对各类组织的统一领导,打造充满活力、和谐有序的善治乡村,形成共建、共治、共享的乡村治理格局。

村党组织书记应当通过法定程序担任村民委员会主任和村级集体经济组织、合作经济组织负责人,村"两委"班子成员应当交叉任职。村民委员会成员、村民代表中党员应当占一定比例。村务监督委员会主任一般由党员担任,可以由非村民委员会成员的村党组织班子成员兼任。2017 年 12 月,中共中央办公厅、国务院办公厅印发的《关于建立健全村务监督委员会的指导意见》更是强调了村务监督委员会的各项工作都要在党的领导下进行;每半年向村党组织汇报一次村务监督情况,村党组织要认真听取村务监督委员会的意见。

村级重大事项决策实行"四议两公开",即村党组织提议、村"两委"会议商议、党员大会审议、村民会议或者村民代表会议决议,决议公开、实施结果公开。

(2) 村党组织应当健全党组织领导的自治、法治、德治相结合的乡村治理体系。深化村民自治实践,制定完善村规民约,建立健全村务监督委员会,加强村级民主监督。推广新时代"枫桥经验",推进乡村法治建设,提升乡村德治水平,建设平安乡村。

依法严厉打击农村黑恶势力、宗族恶势力、宗教极端势力、"村霸",严防其侵蚀基层干部和基层政权。坚决惩治黑恶势力"保护伞"。

(3) 村党组织应当加强农村生态文明建设,组织党员、群众参与山水林田湖草系统治理,加强污染防治,保护生态环境,建设美丽乡村。

(4) 村党组织应当保障和改善民生,努力解决入园入托、上学、就业、看病、养老、居住、出行、饮水等群众最关心、最直接、最现实的利益问题,加强对贫困人口、留守儿童和妇女、老年人、残疾人、"五保户"等人群的关爱服务。投放农村的公共服务资源应当以乡镇、村党组织为主渠道,保证有资源、有能力为群众服务。注重运用现代信息技术,提升乡村治理智能化水平。

这表明,村党组织在乡村治理方面负有全面的、具体的职责,旨在不断推进乡村治理体系智慧治理能力的现代化。

四、村党组织在乡村治理中的作用方式

根据《条例》的精神，村党组织通过思想引领、组织保障、成员带动等方式在乡村治理中发挥核心作用。[1]

（一）思想引领

为推进乡村善治，村党组织要以提升组织力为重点，突出政治功能；要加强对村民的教育，做好思想政治工作，增强党组织的影响力凝聚力，使每一个农村党支部都成为实现乡村善治的坚强战斗堡垒。[2]

村党组织应当组织党员认真学习和忠实践行习近平新时代中国特色社会主义思想，推进"两学一做"学习教育常态化制度化，认真开展党内主题教育活动，学习党的基本理论、基本路线、基本方略，学习形势政策、科学文化、市场经济、党内法规和国家法律法规等知识。

村党组织应当组织村民学习习近平新时代中国特色社会主义思想，培育和践行社会主义核心价值观，开展中国特色社会主义和实现中华民族伟大复

---

[1]　面对新形势下我国农村、农业的全面深化改革，陈玲昌认为，乡村生活方式、生产关系、生产方式和利益格局已然发生重大变革。农村基层党组织作为推动农村经济社会发展的领导力量，是乡村社会各种组织的领导核心。不断提升其乡村治理能力，发挥其引领作用，对于加强党对农村工作的领导、推进乡村建设、实现农业农村现代化具有重要意义。参见陈玲昌："乡村振兴背景下农村基层党组织的挑战与对策"，载《天水行政学院学报（哲学社会科学版）》2018 年第 6 期。在朱天义看来，科层制逻辑与社会治理逻辑是左右农村基层党组织行动的两种关键行动思维。在理想情景中，农村基层党组织有充足的时间与精力来满足科层制与乡村社会的双重期待。然而，在现实的党建创新实践中，农村党组织往往更倚重于科层制逻辑。具体表现为：单向度的服务供给与多样化的需求之间存在冲突、压力型体制下信息共享不畅导致的监督失效及不信任问题、党组织与农民组织互动不足。农村基层党组织对科层制逻辑的过分倚重既有对传统科层制惯性的路径依赖，也受"官本位"文化的影响，不仅造成党组织上下级、党组织与社会信息不对称，以及党组织行动目标偏离，而且也会造成公众失语，参与不足。未来，提升农村党组织的适应性既需要重新定位基层党组织与上级党组织的关系，还需要对农村基层党组织本身的功能与角色进行重构。参见朱天义："科层制逻辑与政党适应性：农村基层党组织行动逻辑的组织机制分析"，载《青海社会科学》2017 年第 5 期。

[2]　关于党建引领乡村治理问题，张小莉、钟宪章认为，新时代基层党建引领乡村治理的内在逻辑是基层治理现代化的重要理论与实践问题。本质上，党建引领乡村治理的内在逻辑是农村基层党组织的权力重塑过程。农村基层党组织的权力重塑是指基层党组织维持和扩展党组织权力的行动过程。重塑权力与资源依赖关系是农村基层党组织权力实现的动机，适应环境与改变环境是基层党组织权力实现的行动策略。当前，党建引领乡村治理的权力实现过程，主要包括权力载体的再造、治理性权力与领导性权力的实现。在现实实践中，不同地域的基层党组织在权力重塑的能力上表现出差异性，使得基层党组织引领乡村治理的状态各不相同。新时代中国乡村振兴需要从基层党组织的动力、社会功能和组织建设等方面提升党建引领乡村治理的权力实现能力。参见张小莉、钟宪章："基层党建引领乡村治理权力重塑的理论与实践"，载《沈阳农业大学学报（社会科学版）》2018 年第 5 期。

兴的中国梦宣传教育，爱国主义、集体主义和社会主义教育，党的路线方针政策教育，思想道德和民主法治教育，引导村民正确处理国家、集体、个人三者之间的利益关系，培养有理想、有道德、有文化、有纪律的新型农民。

村党组织应当加强村民培训，通过新时代文明实践中心（所、站）、农民夜校等渠道，深入宣传教育村民，用中国特色社会主义文化、社会主义思想道德牢牢占领农村思想文化阵地。

村党组织应当改善农村人居环境，倡导文明、健康的生活方式。传承发展提升农村优秀传统文化，保护传统村落，加强农村文化设施建设，开展健康有益的文体活动。提高农民综合素质，提升农村社会文明水平。开展文明村镇、文明家庭创建活动，破除封建迷信和陈规陋习，推进移风易俗，弘扬时代新风。

村党组织应当提升农村思想道德建设力度，加强和改进思想政治工作。宣传党组织和党员先进事迹，宣传好人好事，弘扬真善美，传播正能量。了解村民思想状况，帮助解决实际困难，引导村民自觉听党话、感党恩、跟党走。

村党组织应当加强对党员、村民的无神论宣传教育，引导党员、群众自觉抵制腐朽落后文化的侵蚀，弘扬科学精神，普及科学知识。做好农村宗教工作，加强对信教村民的工作，管理好宗教活动场所，依法制止利用宗教干涉农村公共事务，坚决抵御非法宗教活动和境外渗透活动。村党组织必须在意识形态上站稳立场，旗帜鲜明地反对各种错误观点，同一切歪风邪气、违法犯罪行为做斗争。

（二）组织保障

在乡村治理中要发挥村党组织的组织优势、组织功能、组织力量。坚持把支部建在村上，实现对农村各领域的全覆盖，明确村党组织、村民委员会、村务监督机构、农村集体经济组织的职能定位及相互关系，引导和组织农民成立村民议事会、道德评议会、禁赌禁毒会、红白理事会。选好配强农村党组织书记、实行县级备案管理，建立选派第一书记长效机制，持续整顿软弱涣散村党组织，发展农村优秀青年入党，加强农村基层党员、干部教育培训，使每一个农村党支部都成为坚强的战斗堡垒。[1]

---

〔1〕 关于农村基层党组织建设存在的问题，李青文认为，在乡村振兴过程中，现有的农村基层党组织建设还存在基层组织自治性缺失、农民态度"冷漠化"等问题。为此，我国应完善农村基层党组织队伍建设、还权于基层组织，构建多元化的乡村治理格局，通过"自治、德治、法治"的形式加强农民参与乡村振兴的积极性。参见李青文："乡村振兴背景下农村基层党组织建设——以安徽省凤阳县小岗村为例"，载《池州学院学报》2018年第5期。

　　具体而言，村党组织领导班子应当由思想政治素质好、道德品行好、带富能力强、协调能力强，公道正派、廉洁自律，热心为村民服务的党员组成。村党组织书记还应当具备一定的政策水平，坚持依法办事，善于做村民工作，甘于奉献、敢闯敢拼。

　　大力推进村党组织书记通过法定程序担任村民委员会主任和集体经济组织、农民合作组织负责人，推行村"两委"班子成员交叉任职；提倡由非村民委员会成员的村党组织班子成员或党员担任村务监督委员会主任；村民委员会成员、村民代表中党员应当占一定比例。

　　在以建制村为基本单元设置党组织的基础上，创新党组织设置。[1]农村经济组织、社会组织具备单独成立党组织条件的，根据工作需要，可以成立党组织。村改社区应当同步调整或者成立党组织。在开展以村民小组或自然村为基本单元的村民自治试点的村重建农村党组织。[2]

　　严肃农村基层党内政治生活，用严以修身、严以用权、严以律己和谋事要实、创业要实、做人要实的标准要求每一个党员。满怀热情关心关爱村干部，政治上激励、工作上支持、待遇上保障、心理上关怀。重视发现和树立

---

　　〔1〕　浙江省金华市的金东区符合我国南方典型的"村多村小"格局，存在的问题很多，包括资源分散、基层组织建设强弱不均、重点项目在弱村难以推动等，村庄间的污染治理也极易引发矛盾纷争。金东区创建展开乡村区域化党建工作，将包括508个村（社区）在内的729个基层党组织整合成86个区域党委，打破了以往的单位党建壁垒，统筹整合资源力量，实行"组织共建、资源共享、党员共管、事务共商、难题共解、发展共促"。金东区的乡村区域化党建协同创新工作，是一种乡村基层社会治理的有益创新，更容易打破村村本位主义，通过区域性的党建，建立超越村庄的区域性党委。这样的架构其实是建立起村庄之间沟通的桥梁，可以增进村庄之间的互动与换位思考，有利于村村之间的交流与合作。参见 https://www.tuliu.com/read-59044.html，2019年3月21日最后访问。
　　江西省分宜县自2012年起在全县范围内推行在村民小组一级建立党支部和村民理事会，以完善新时期的乡村治理机制。通过在村民小组一级建立党支部，使党建深入到最基层，强化党对乡村的管理。在推进基层党建的同时，通过建设村民理事会来调动村民参与村庄事务管理的积极性，使得农村基层党的领导与村民自治做到有机统一。总体来看，分宜县运用"党建+"理念，既强化了农村基层组织建设，又提高了村民自治水平。参见王海侠、孟庆国："乡村治理的分宜模式：'党建+'与村民自治的有机统一"，载《探索》2016年第1期。
　　〔2〕　2015年11月2日，中共中央办公厅、国务院办公厅印发的《深化农村改革综合性实施方案》提出："在有实际需要的地方，依托土地等集体资产所有权关系和乡村传统社会治理资源，开展以村民小组或自然村为基本单元的村民自治试点；在已经建立新型农村社区的地方，开展以农村社区为基本单元的村民自治试点。"2012年起，广东清远等地以村民小组或自然村为单元开展了村民自治试点。

优秀村干部典型、彰显榜样力量。

针对乡村发展的实际情况，加强对农村流动党员的管理，使每一个农村党员都具体参加党组织的活动。加大在青年农民、外出务工人员、妇女中发展党员的力度。积极培养农村的入党积极分子。

实施村党组织带头人整体优化提升行动。加大对本村致富能手、外出务工经商人员、本乡本土大学毕业生、复员退伍军人的培养选拔力度。[1]以县为单位，逐村摸排分析，对村党组织书记集中调整优化，全面实行县级备案管理。

健全从优秀村党组织书记中选拔乡镇领导干部、考录乡镇公务员、招聘乡镇事业编制人员机制，使村党组织书记有发展前途。通过本土人才回引、院校定向培养、县乡统筹招聘等渠道，使每个村均储备有一定数量的村级后备干部。

全面向贫困村、软弱涣散村和集体经济薄弱村党组织派出第一书记，[2]

---

〔1〕 大学生村官与村党组织带头人之间的关系值得认真探讨。大学生村官制度与乡村振兴战略和乡村治理体系具有内在契合性。党的十九大提出要建设"三农"工作队伍，推进乡村治理体系建设。自 2008 年以来，福建省委组织部共选聘了 646 名大学生村官到南平市农村开展工作。许清林从南平市大学生村官中随机抽取 150 名进行抽样调查、问卷访谈，对他们在参与乡村治理过程中遭遇的问题进行了总结和分析，并提出了解决这些问题的方法、对策。当前，大学生村官参与乡村治理存在困境，亟需优化提升，加强培养，这是顺利实现乡村振兴战略的必要举措。许清林从执政基础理论、乡村振兴理论、公共管理等理论视角，采用问卷调查、行为分析、对比分析等方法，对南平市大学生村官参与乡村治理进行调查，重点研究大学生村官参与乡村治理的效用发挥模式。目前，南平市大学生村官参与乡村治理面临自身履职素质差异、客观环境条件制约、组织制度不够完善等困境。许清林在认真梳理、原因剖析的基础上，结合南平市实际，提出了一些建议：加强大学生村官培养历练，提升综合素养；改善客观条件，突出资源供给；优化组织制度，完善治理体系，最大限度发挥大学生村官作用，促进乡村有效治理，加快南平市乡村全面建成小康社会。参见许清林："南平市大学生村官参与乡村治理的困境与对策"，福建农林大学 2018 年硕士学位论文。

〔2〕 2018 年中央"一号文件"指出要"建立选派第一书记工作长效机制"，体现了第一书记在乡村振兴中的重要作用。北京市从 2015 年至 2018 年底，共为 980 个村选派了三批第一书记，他们在农村基层组织建设、经济发展、产业开发、民生改善等各方面，与村"两委"班子一起为农村经济社会发展做出了重要贡献。但是，在具体的工作实践中，第一书记也面临着诸如队伍结构不平衡、政策把握不充分、缺乏农村工作经验等一系列现实问题和困难，制约了第一书记作用的有效发挥。需要建立第一书记选派与村庄需求之间的瞄准机制，明确第一书记与乡镇政府及村"两委"之间在制度上的沟通协调机制，建立赋予第一书记更多的资源和资源配置机制，构建第一书记的有效激励机制，设计对接第一书记需要的长效培训机制。参见韩芳等："乡村振兴战略实施背景下北京市村党组织第一书记作用发挥机制研究"，载《领导科学论坛》2018 年第 23 期。据统计，近三年累计选派第一书记 45.9万名，目前在岗 20.6 万名。参见中央组织部："坚持党建统领充分发挥党组织在基层社会治理中的领导作用"，载《长安》2018 年第 12 期。其他可参阅的相关文献还有王卓、罗江月："扶贫治理视野下'驻村第一书记'研究"，载《农村经济》2018 年第 2 期；再米娜·伊力哈木："贫困村驻村第一书记如何发挥大作用"，载《人民论坛》2017 年第 36 期；刘利敏、吴凯之："充分发挥'第一书记'在美

建立长效机制。

加强农村新型经济组织和社会组织的党建工作，引导其始终坚持为农民服务的正确方向。

（三）成员带动

乡村善治需要村党组织和党员的带动。要推动村党组织和党员在乡村治理、脱贫攻坚、乡村振兴中提高威信、提升影响。要发展壮大村级集体经济，提升党组织凝聚服务村民的能力。

进一步加强农村基层服务型党组织建设，强化县、乡、村三级便民服务网络建设，多为村民办实事，贴近村民、团结村民、引导村民、赢得村民，带领村民共同脱贫致富奔小康。增强狠抓落实本领，坚持说实话、谋实事、出实招、求实效，把雷厉风行和久久为功有机结合起来，勇于攻坚克难，以"钉钉子"精神做实、做细、做好各项工作。

注重搭建农村党员发挥作用的平台和载体，全面推行党员联户、党员户挂牌、承诺践诺等做法，开展党员志愿服务、党员示范岗、党员责任区等活动，使党员在乡村治理、乡村振兴、脱贫攻坚等重大任务中有舞台、有作为。为提升党员的带头脱贫致富和乡村治理能力，2017 年，中共中央组织部从中管党费拨出 1.16 亿元，支持 832 个贫困县开展村干部和党员培训。[1]

加强农村党员教育、管理、监督，推进"两学一做"学习教育常态化制度化，教育引导广大党员自觉用习近平新时代中国特色社会主义思想武装头脑。

严格党的组织生活，全面落实"三会一课"、主题党日、谈心谈话、民主评议党员、党员联系农户等制度。注重发挥无职党员作用，使所有农村党员都发挥模范、带头作用，促进乡村社会经济文化发展。

扩大党内基层民主，推进党务公开。村党组织领导班子应当贯彻党的民主集中制，认真执行集体领导和个人分工负责相结合的制度。凡属重要问题，必须经过集体讨论决定，不允许个人或者少数人说了算。书记应当有民主作

（接上页）好乡村建设中的作用"，载《理论建设》2014 年第 5 期；钟庆君："'第一书记'在创新农村社会管理中的作用与发挥"，载《理论学习》2013 年第 3 期。

〔1〕　中央组织部："坚持党建统领充分发挥党组织在基层社会治理中的领导作用"，载《长安》2018 年第 12 期。

风,善于发挥每个委员的作用,敢于负责。委员应当积极参与和维护集体领导,主动做好分工负责的工作。党员要积极进行监督。

加强党内激励关怀帮扶工作,定期走访慰问农村老党员、生活困难党员,帮助解决实际困难。

增强农村党员教育管理针对性和有效性,稳妥、有序地开展农村不合格党员组织处置工作。对不合格党员加强教育帮助,依照有关规定,分别给予限期改正、劝其退党、党内除名等组织处置。

加强农村基层党风廉政建设,强化农村基层干部和党员的日常教育管理监督,加强对《农村基层干部廉洁履行职责若干规定(试行)》执行情况的监督检查。[1]坚持开展批评和自我批评,坚持惩前毖后、治病救人,运用监督执纪"四种形态",抓早抓小、防微杜渐。强化监督执纪问责。加强纪律教育,强化纪律执行,让党员、干部知敬畏、存戒惧、守底线,习惯在受监督和约束的环境中工作生活。弘扬新风正气,抵制歪风邪气。严肃处理违反党纪党规的行为,坚决查处挤占挪用惠农资金、侵占征地补偿款、侵吞集体资产等发生在农民身边的腐败行为,建立健全党组织领导下的村务监督机制,保持农村基层党组织的纯洁性和凝聚力。

五、结语

根据《条例》,村党组织在乡村处于领导核心地位,领导本村的社会治理,对乡村治理起着核心作用。按照《条例》的精神,村党组织通过思想引领、组织保障、成员带动等方式在乡村治理中发挥核心作用。要把村党组织建设成为宣传党的主张、贯彻党的决定、领导乡村治理、团结动员村民、推

---

〔1〕 为进一步加强农村党风廉政建设,促进农村基层干部廉洁履行职责,维护农村集体和农民群众利益,推动农村科学发展,促进农村社会和谐,中共中央办公厅、国务院办公厅于2011年7月印发了《农村基层干部廉洁履行职责若干规定(试行)》。《农村基层干部廉洁履行职责若干规定(试行)》的颁布实施,是加强反腐倡廉法规制度建设、完善农村基层干部行为规范、促进农村基层干部廉洁履行职责的重要举措。《农村基层干部廉洁履行职责若干规定(试行)》第二章"村党组织领导班子成员和村民委员会成员廉洁履行职责行为规范"规定禁止村党组织领导班子成员和村民委员会成员在村级组织选举中拉票贿选、破坏选举;禁止在村级事务决策中独断专行、以权谋私;禁止在村级事务管理中滥用职权、损公肥私;禁止在村级事务监督中弄虚作假、逃避监督;禁止妨害和扰乱社会管理秩序。《农村基层干部廉洁履行职责若干规定(试行)》第21条规定:"村党组织领导班子成员有违反本规定第二章所列行为的,视情节轻重,由有关机关、部门依照职责权限给予警示谈话、责令公开检讨、通报批评、停职检查、责令辞职、免职等处理。"

动改革发展的坚强战斗堡垒。

加强村党组织建设，确立村党组织在乡村治理中的领导地位，发挥村党组织在乡村治理中的核心作用，对于打赢脱贫攻坚战、深入实施乡村振兴战略、推进乡村善治，推动全面从严治党向基层延伸、巩固党在农村的执政基础，具有十分重要的意义。

目前，部分软弱涣散的村党组织在推进乡村善治、实现乡村振兴战略方面没有起到核心作用。基于此，我国需要及时解决个别村党组织的弱化、虚化、边缘化问题。村党组织需要大力吸引优秀青年积极加入，注重对新鲜血液的培养，防止发生村党组织的老龄化现象。同时，村党组织如何在遵循法治原则的基础上尊重村民自治制度，与村民自治组织密切配合，完成乡村治理事务是一项需要长期探索的工作。在新时代的发展阶段，村党组织需要不断探索领导乡村治理的方式，不断总结在乡村治理中核心作用发挥的手段，提升乡村善治能力。

在乡村治理实践中，村党组织要不断解决突出矛盾和问题，紧密结合农村实际，坚持问题导向，总结、借鉴和吸纳好经验、好做法，不断增强创造力、凝聚力、战斗力，推动村党组织全面进步、全面过硬，为健全党组织领导的自治、法治、德治相结合的乡村治理体系和实现乡村全面振兴提供坚强政治和组织保证，以打造充满活力、和谐有序的善治乡村，形成共建、共治、共享的乡村治理格局。

第二章

村民委员会在乡村治理中的主导作用

一、引言

我国《宪法》第 111 条规定："城市和农村按居民居住地区设立的居民委员会或者村民委员会是基层群众性自治组织。居民委员会、村民委员会的主任、副主任和委员由居民选举。居民委员会、村民委员会同基层政权的相互关系由法律规定。居民委员会、村民委员会设人民调解、治安保卫、公共卫生等委员会，办理本居住地区的公共事务和公益事业，调解民间纠纷，协助维护社会治安，并且向人民政府反映群众的意见、要求和提出建议。"2018 年 1 月 2 日中共中央、国务院发布的《关于实施乡村振兴战略的意见》指出："乡村振兴，治理有效是基础。必须把夯实基层基础作为固本之策，建立健全党委领导、政府负责、社会协同、公众参与、法治保障的现代乡村社会治理体制。"据此，村民委员会是农村基层群众性自治组织，在乡村社会治理中具有主体地位，起着重要的主导作用。

截至 2017 年底，全国共有基层群众性自治组织 66.1 万个，其中村委会 55.4 万个；村民小组 439.7 万个，村委会成员 224.3 万人。[1] 按照 2019 年第一季度的民政部《民政统计季报》，全国共有村委会 54.2 万个。[2] 这些村民委员会遵循民主选举、民主协商、民主决策、民主管理、民主监督原则，承担本村生产的服务和协调工作，管理本村属于村农民集体所有的土地和其他财

---

〔1〕 参见民政部《2017 年社会服务发展统计公报》。

〔2〕 参见 http://www.mca.gov.cn/article/sj/tjjb/qgsj/2019/201904301703.html，2019 年 5 月 28 日最后访问。

产，引导村民合理利用自然资源，保护和改善生态环境，维护村民的合法权益，发展文化教育，促进村与村之间的团结、互助，促进乡村建设，推进乡村治理。

本章将依据《宪法》《村民委员会组织法》等规范性文件的规定，对村民委员会在乡村治理中的主体地位、主导作用作一初步分析，以引起学界对这一问题的进一步探讨。

二、村民委员会在乡村治理中的主体地位

根据我国《宪法》的规定，农村实行村民自治制度，建立和完善村党组织领导的充满活力的村民自治机制。《村民委员会组织法》第 2 条明确规定："村民委员会是村民自我管理、自我教育、自我服务的基层群众性自治组织，实行民主选举、民主决策、民主管理、民主监督。村民委员会办理本村的公共事务和公益事业，调解民间纠纷，协助维护社会治安，向人民政府反映村民的意见、要求和提出建议。"据此，在乡村社会治理中，作为基层群众性自治组织的村民委员会居于主体地位。

在乡村，通常设有村民委员会与村党组织、村民会议或村民代表会议等村民议事组织、村集体经济组织、村务监督机构。村党组织领导和支持村民委员会行使职权，村民委员会组织召集村民会议或村民代表会议，村民委员会尊重并支持集体经济组织依法独立进行经济活动的自主权，村民委员会应当支持服务性、公益性、互助性社会组织依法开展活动，村民委员会接受村务监督机构的监督。同时，乡、镇人民政府对村民委员会的工作给予指导、支持和帮助，但是不得干预依法属于村民自治范围的事项。由此可知，村民委员会是村民自治的实施组织，具体落实村民自治制度，组织实施村民自治章程、村规民约，执行村民会议或村民代表会议的决定、决议，在所有村级组织中处于中心地位。因此，由遵守宪法法律法规和国家的政策、办事公道、廉洁奉公、热心为村民服务的村民组成的村民委员会义不容辞地担负着全面推进乡村治理的职责，形成民事民议、民事民办、民事民管的多层次乡村治理格局。

三、村民委员会在乡村治理中的主导作用

作为主要的内部型治理主体，村民委员会是农村地区的基层群众性自治组织，具体实施村民自治，依法办理村民自己的事情，维护村民的合法权益。

因此，村民委员会在乡村治理中担负着全面的责任，发挥着主导性作用。

按照《村民委员会组织法》第 2 条的规定，村民委员会在乡村治理中的基础作用主要体现为办理本村的公共事务和公益事业、协助维护社会治安、调解民间纠纷等方面，处理乡村事务、满足村民需要、促进乡村发展。[1]

（1）办理公共事务。根据村民的要求和愿望，从乡村实际出发，村民委员会组织村民开展社会秩序维持、生活环境改善、文化条件提高等公共事务，积极保障农村公共事务产品的有效提供，改进村民的生活方式，提高村民的生活质量，提高乡村社会治理水平。

（2）实施公益事业。传承修桥铺路、互帮互助的良善传统，村民委员会积极组织村民开展公共设施、环境维护、公共卫生、教育、灾害救助、扶残济困、村落保护、文化娱乐等公益事业，改善乡村的基础设施，维护乡村的生活环境，推动乡村社区建设，推进乡村治理。

（3）维护社会治安。乡村的社会治安与村民权益保障、乡村社会秩序稳定、乡村社会经济发展息息相关。村民委员会重视维护乡村的社会治安，通过村规民约禁偷治盗、严禁打架斗殴、不许酗酒闹事，维持良好的乡村社会秩序。许多村民委员会还组织了义务治安队等组织，保障村民权益，为村民平安地生产、生活创造良好的条件。

---

〔1〕《村民委员会组织法》没有具体规定村民委员会的职责，有的地方性法规对此有明确的规定。如《浙江省实施〈中华人民共和国村民委员会组织法〉办法》（1999 年 10 月 22 日浙江省第九届人民代表大会常务委员会第十六次会议通过，2012 年 3 月 31 日浙江省第十一届人民代表大会常务委员会第三十二次会议修订，根据 2020 年 7 月 31 日浙江省第十三届全国人民代表大会常务委员会第二十二次会议《关于修改〈浙江省村民委员会选举办法〉〈浙江省实施〈中华人民共和国村民委员会组织法〉办法〉〈浙江省村经济合作社组织条例〉的决定》修正）第 8 条规定："村民委员会的主要职责：（一）宣传宪法、法律、法规和国家的政策，教育和推动村民履行法律法规规定的义务、爱护公共财产，维护村民的合法权益；（二）办理本村的公共事务和公益事业，推动农村社区建设，加强农村基层社会管理服务；（三）支持和组织村民依法发展各种形式的合作经济和其他经济，承担本村生产的服务和协调工作，促进农村生产建设和经济发展；（四）尊重和支持集体经济组织依法独立进行经济活动的自主权，维护以家庭承包经营为基础、统分结合的双层经营体制，保障集体经济组织和村民、承包经营户、联户或者合伙的合法财产权和其他合法权益；（五）组织实施本村建设规划、兴修水利、道路等基础设施，指导村民建设住宅；（六）引导村民合理利用自然资源，保护和改善生态环境；（七）发展文化教育，普及卫生、科技知识，促进男女平等，做好计划生育工作，促进村民之间、村与村之间、民族之间的团结、互助，开展多种形式的社会主义精神文明创建活动；（八）依法调解民间纠纷，协助做好社区矫正、对刑释人员的安置帮教和维护社会治安工作，向人民政府反映村民的意见、要求，提出建议；（九）建立健全村务公开和民主管理制度；（十）向村民会议或者村民代表会议报告工作，执行村民会议和村民代表会议的决定；（十一）法律、法规规定的其他职责。"

（4）调解民间纠纷。村民委员会积极调解发生于村落共同体内部的民间纠纷，大多为村民之间的邻里纠纷、婚姻家庭纠纷等日常生活纠纷，以有利于乡村生产、生活争端的解决，恢复乡村社会秩序，实现乡村社会的和谐发展。

（5）实施乡村教化。中华民族具有讲仁崇义、爱国爱乡、尊老爱幼、家庭和谐、友邻和睦、诚实守信、勤劳节俭等传统美德，村民委员会倡导良好的社会风气、传承良善文化、促进传统美德在乡村的继承和弘扬，实现家庭和睦、邻里和谐、干群融洽。村民委员会还重视改变陈旧的风俗习惯，遏制大操大办、相互攀比、"天价彩礼"、厚葬薄养等陈规陋习，大力推进乡村的移风易俗。村民委员会弘扬公序良俗，促进自治、法治、德治的有机融合。

村民委员会在乡村治理中主导作用的实现方式包括建立相关组织、召集村民会议、制定和修改村规民约、组织社区协商、指导服务性等社会组织。

（1）为进行乡村治理，村民委员会依法成立人民调解、治安保卫、公共卫生与计划生育等委员会，通过这些组织处理有关村务，具体实现村民自治。法律规定，村民委员会成员可以兼任这些委员会的成员；人口少的村的村民委员会可以不设下属委员会，由村民委员会成员分工负责人民调解、治安保卫、公共卫生与计划生育等工作。

（2）村民会议为农村的议事机构，审议村民委员会的年度工作报告，评议村民委员会成员的工作，并有权撤销或者变更村民委员会不适当的决定，在乡村治理中具有重要作用。村民会议由村民委员会召集。在人数较多或者居住分散的村，村民委员会召集村民代表会议。法律规定，涉及村民利益的本村享受误工补贴的人员及补贴标准、从村集体经济所得收益的使用、本村公益事业的兴办和筹资筹劳方案及建设承包方案、土地承包经营方案、村集体经济项目的立项、承包方案宅基地的使用方案、征地补偿费的使用和分配方案、以借贷和租赁或者其他方式处分村集体财产等事项，经由村民委员会召集村民会议讨论决定方可办理。

（3）村规民约是农村自治的重要规范形式，在乡村治理中发挥着重要作用。[1] 村规民约是村民进行自我管理、自我服务、自我教育、自我监督的行

---

〔1〕　陈寒非、高其才："乡规民约在乡村治理中的积极作用实证研究"，载《清华法学》2018 年第 1 期。

为规范,是健全和创新党组织领导的自治、法治、德治相结合的乡村社会治理体系的重要形式。法律规定村民会议可以制定和修改村民自治章程、村规民约,而按照 2018 年 12 月民政部等七个部门发布的《关于做好村规民约和居民公约工作的指导意见》,具体是由村党组织、村民委员会广泛征求村民意见,组织村民广泛协商,根据村民意见拟定村规民约草案,报乡镇党委、政府审核把关,并提交村民会议审议讨论,根据讨论意见修订完善后提交会议表决通过并予以公布。[1]

(4) 村民协商在乡村治理中具有积极意义。村民委员会在组织社区协商、探索村民议事会、村民理事会等协商形式,以实现基层协商经常化、规范化、制度化方面扮演着重要的角色。按照 2015 年 7 月中共中央办公厅、国务院办公厅印发的《关于加强城乡社区协商的意见》的要求,涉及村公共事务和村民切身利益的事项,由村党组织、村民委员会牵头,组织利益相关方进行协商。村党组织、村民委员会在充分征求意见的基础上研究提出协商议题,确定参与协商的各类主体;通过协商无法解决或存在较大争议的问题或事项,应当提交村民会议或村民代表会议决定。需要村落实的事项,村党组织、村民委员会应当及时组织实施,落实情况要在规定期限内通过村务公开栏、村网络论坛等渠道公开,接受村民的监督。[2]

(5) 乡村治理需要各方面社会力量的积极参与。村民委员会通过支持服务性、公益性、互助性社会组织(如助学基金会、篮球队、斗牛协会等)依法开展活动,促进乡村志愿服务,推动农村社区建设,推进乡村治理。

四、结语

作为农村基层群众性自治组织,村民委员会在乡村社会治理中具有主体地位,起着重要的主导作用,在办理公共事务、实施公益事业、维护社会治安、调解民间纠纷、实施乡村教化等方面发挥着积极的作用。

---

[1] 参见 http://mzzt.mca.gov.cn/article/zt_cgmy/zcwj/201812/20181200013983.shtml,2019 年 5 月 28 日最后访问。

[2] 《村民委员会组织法》第 30 条规定:"村民委员会实行村务公开制度。村民委员会应当及时公布下列事项,接受村民的监督:(一)本法第二十三条、第二十四条规定的由村民会议、村民代表会议讨论决定的事项及其实施情况;(二)国家计划生育政策的落实方案;(三)政府拨付和接受社会捐赠的救灾救助、补贴补助等资金、物资的管理使用情况;(四)村民委员会协助人民政府开展工作的情况;(五)涉及本村村民利益,村民普遍关心的其他事项。"

　　村民委员会在乡村治理中的这种基础作用是在乡（民族乡、镇）的人民政府的指导下、在村党组织的领导下和县乡党组织的支持下具体发挥和实现的。

　　村民委员会通过民主方式进行乡村社会治理，依靠民主选举、民主决策、民主管理、民主监督，尊重村民的主人翁地位，发挥村民的主体性作用，扩大村民的有序参与，推进村务信息公开，健全议事协商，有效实现村民自治。

　　观察乡村实践，需要进一步理清村民委员会与村党组织、村民会议和村民代表会议等村民议事组织、村务监督机构的关系，明确各自的职责，既有分工又密切配合，健全体系、整合资源、增强能力，进一步完善乡村治理体制，共同在乡村社会治理中发挥最大作用。同时，依法确定乡镇政府与村民委员会的权责边界，促进基层政府与基层群众自治组织有效衔接、良性互动。

　　乡村治理需要注重内生力量。我们应当建立健全党委领导、政府负责、村民主体、社会协同、公众参与、法治保障的现代乡村社会治理体制，进一步明确村民、村民委员会在乡村治理中的主体地位和主导作用，突出村民和村民委员会在乡村治理体系中的重要性。

第三章

村民在乡村治理中的主体地位

一、引言

我国《宪法》第111条规定了"基层群众性自治制度"："城市和农村按居民居住地区设立的居民委员会或者村民委员会是基层群众性自治组织。居民委员会、村民委员会的主任、副主任和委员由居民选举。居民委员会、村民委员会同基层政权的相互关系由法律规定。"据此，《村民委员会组织法》第2条规定了"村民自治制度"："村民委员会是村民自我管理、自我教育、自我服务的基层群众性自治组织，实行民主选举、民主决策、民主管理、民主监督。"

为更好地实施村民自治制度，在总结以往实践的基础上，2017年10月18日习近平总书记在党的十九大报告中提出加强农村基层基础工作，健全自治、法治、德治相结合的乡村治理体系。中共中央、国务院于2018年1月2日发布的《关于实施乡村振兴战略的意见》明确指出："乡村振兴，治理有效是基础。必须把夯实基层基础作为固本之策，建立健全党委领导、政府负责、社会协同、公众参与、法治保障的现代乡村社会治理体制，坚持自治、法治、德治相结合，确保乡村社会充满活力、和谐有序。"我国的村民自治制度进入了新的发展阶段。

在实施村民自治制度和健全自治、法治、德治相结合的乡村治理体系过程中，村民是主体、是中心、是主力，在乡村治理中起着主要的作用。我们需要充分尊重村民的意愿，切实发挥村民在乡村治理中的主体作用，调动亿万村民的积极性、主动性、创造性。本章将以《村民委员会组织法》等法律法规为依据，对村民在乡村治理中的权利、义务做一初步探讨，具体分析村民在乡村治理中的主体地位，以引起学界对这一论题的进一步关注。

二、村民在乡村治理中的权利

为保障农村村民实行自治，由村民依法办理自己的事情，发展农村基层民主，维护村民的合法权益，我国制定了《村民委员会组织法》。[1]村民在乡村振兴中的主体作用主要体现在《村民委员会组织法》等法律法规广泛规定了村民在乡村治理中的权利。

《村民委员会组织法》明确规定了村民具有自治权、选举权、被选举权、提名权、罢免权、参加村民会议权、监督权、救济权等，全面确认了村民在乡村治理中的主体地位和作用。

（一）自治权

根据我国《宪法》的规定，《村民委员会组织法》确认了农村基层群众性自治制度，村民依法享有自治权，村民通过组织村民委员会行使自治权、实行村民自治制度，进行乡村治理，促进乡村发展。村民的自治权为村民在乡村治理中主体地位最关键的体现。

《村民委员会组织法》第 2 条明确规定："村民委员会是村民自我管理、自我教育、自我服务的基层群众性自治组织，实行民主选举、民主决策、民主管理、民主监督。"按照便于群众自治、有利于经济发展和社会管理的原则，根据村民居住状况、人口多少来设立村民委员会。

在乡村治理过程中，村民的自治权主要表现在通过民主原则自我办理本村的公共事务和公益事业，调解乡村的民间纠纷，维护乡村的社会治安，并向人民政府反映村民的意见、要求和提出建议。

村民行使自治权主要通过召开村民会议或者村民代表会议的方式民主商议、集体决定。

---

〔1〕《村民委员会组织法（试行）》于 1987 年 11 月 24 日由第六届全国人民代表大会常务委员会第二十三次会议通过，自 1988 年 6 月 1 日起试行。《村民委员会组织法》于 1998 年 11 月 4 日由第九届全国人民代表大会常务委员会第五次会议通过，自 1998 年 11 月 4 日起施行；2010 年 10 月 28 日第十一届全国人民代表大会常务委员会第十七次会议进行了修订，根据 2018 年 12 月 29 日第十三届全国人民代表大会常务委员会第七次会议《关于修改〈中华人民共和国村民委员会组织法〉〈中华人民共和国城市居民委员会组织法〉的决定》又进行了修正。

（二）选举权

根据我国《宪法》等法律法规的规定，年满 18 周岁的公民，不分民族、种族、性别、职业、家庭出身、宗教信仰、教育程度、财产状况、居住期限，都有选举权和被选举权。因此，村民享有选举权，直接选举产生村民委员会主任、副主任和委员。村民通过选举村民委员会成员在乡村治理过程中发挥自身的主体地位。例如，2019 年 3 月 23 日，北京市天通苑南街街道办事处陈营村第十届村民委员会选举大会召开，选举产生了新一届村民委员会。[1]

在选举中，村民选择那些遵守宪法法律法规和国家的政策、遵守并组织实施村民自治章程和村规民约、办事公道廉洁奉公、热心为村民服务的人为村民委员会成员。村民委员会成员须执行村民会议、村民代表会议的决定、决议，接受村民监督。

同时，村民还有权推选村民代表。《村民委员会组织法》第 25 条规定："人数较多或者居住分散的村，可以设立村民代表会议，讨论决定村民会议授权的事项。村民代表会议由村民委员会成员和村民代表组成。村民代表由村民按每五户至十五户推选一人，或者由各村民小组推选若干人。村民代表应当向其推选户或者村民小组负责，接受村民监督。"

（三）被选举权

在乡村治理中，作为主体地位的体现，村民依法享有被选举权。《村民委员会组织法》第 13 条规定："除了依照法律被剥夺政治权利的人外，年满十八周岁的村民，不分民族、种族、性别、职业、家庭出身、宗教信仰、教育程度、财产状况、居住期限，都有选举权和被选举权。"

村民可以被选举担任村民委员会主任、副主任和委员，村民可以被推选为村民代表参加村民代表会议。被选举为村民委员会成员的村民和被推选为村民代表的村民，依法履行职责，认真为村民服务，处理有关乡村公共事务，接受村民监督。

（四）提名权

为体现乡村治理中的民主原则，我国法律规定选举村民委员会，由登记

---

[1]"陈营村第十一届村民委员会选举大会圆满成功"，载 http://www.beijing.gov.cn/zfxxgk/cpq11P078/zfdt52/2019-03/30/content_ 29077210cf7b4d808d6a9b3ce14492e3.shtml，2019 年 10 月 26 日最后访问。

参加选举的村民直接提名候选人。村民提名候选人，应当从全体村民利益出发，推荐奉公守法、品行良好、公道正派、热心公益、具有一定文化水平和工作能力的村民为候选人。候选人的名额应当多于应选名额。村民选举委员会应当组织候选人与村民见面，由候选人介绍履行职责的设想，回答村民提出的问题。

作为主人翁，村民提名村民委员会的候选人，将那些热心服务村民、公道正派有能力的人作为推荐人选，这是村民参与乡村治理的重要方面。

（五）罢免权

作为乡村治理主体地位的体现，村民既然有提名权、选举权，自然也有罢免权。《村民委员会组织法》第 16 条明确规定："本村五分之一以上有选举权的村民或者三分之一以上的村民代表联名，可以提出罢免村民委员会成员的要求，并说明要求罢免的理由。被提出罢免的村民委员会成员有权提出申辩意见。罢免村民委员会成员，须有登记参加选举的村民过半数投票，并须经投票的村民过半数通过。"

经过选举担任村民委员会成员后，村民发现其没有依法依规履职，就有权依法提出罢免，以保障村民委员会的正常工作，推进乡村经济社会发展。浙江金华市婺城区箬阳乡琴坛村村民就曾于 2010 年 1 月 29 日依照法定程序罢免了该村的村委会主任，这体现了村民享有对村民委员会成员的罢免权。[1]

（六）参加村民会议权

在乡村治理过程中，村民通过参加会议沟通情况、商议方案。为此，法律规定了村民参加村民会议的权利。本村 18 周岁以上的村民组成村民会议；村民会议由村民委员会召集。有 1/10 以上的村民或者 1/3 以上的村民代表提议，应当召集村民会议。召集村民会议，应当提前 10 天通知村民；召开村民会议，应当有本村 18 周岁以上村民的过半数，或者本村 2/3 以上的户的代表参加，村民会议所作决定应当经到会人员的过半数通过。法律对召开村民会议及作出决定另有规定的，依照其规定。

同时，村民也有参加村民小组会议的权利。召开村民小组会议，应当有本村民小组 18 周岁以上的 2/3 以上村民，或者本村民小组 2/3 以上的户的代表参加，所作决定应当经到会人员过半数同意。

---

〔1〕　万润龙："村民成立委员会罢免不称职村委会主任"，载《文汇报》2010 年 2 月 2 日。

（七）决策权

针对乡村事务，作为乡村治理主体的村民依法具有决策权，村民通过村民会议或者村民代表会议进行具体的决策。《村民委员会组织法》第 23 条规定："村民会议审议村民委员会的年度工作报告，评议村民委员会成员的工作；有权撤销或者变更村民委员会不适当的决定；有权撤销或者变更村民代表会议不适当的决定。村民会议可以授权村民代表会议审议村民委员会的年度工作报告，评议村民委员会成员的工作，撤销或者变更村民委员会不适当的决定。"

法律规定，凡是涉及村民利益的事项，经村民会议讨论决定方可办理。这表明乡村治理事务的最终决策权归属于村民。

（八）监督权

村民依法享有对乡村治理事务的监督权。法律规定村民委员会实行村务公开制度，村民委员会应当及时公布下列事项，接受村民的监督：①由村民会议、村民代表会议讨论决定的事项及其实施情况；②政府拨付和接受社会捐赠的救灾救助、补贴补助等资金、物资的管理使用情况；③村民委员会协助人民政府开展工作的情况；④涉及本村村民利益，村民普遍关心的其他事项。

《村民委员会组织法》第 31 条专门强调村民委员会不及时公布应当公布的事项或者公布的事项不真实的，村民有权向乡、民族乡、镇的人民政府或者县级人民政府及其有关主管部门反映，有关人民政府或者主管部门应当负责调查核实，责令依法公布；经查证确有违法行为的，有关人员应当依法承担责任。

为落实村民的监督权，我国法律要求村应当建立村务监督委员会或者其他形式的村务监督机构，负责村民民主理财，监督村务公开等制度的落实，其成员由村民会议或者村民代表会议在村民中推选产生，其中应有具备财会、管理知识的人员。村民委员会成员及其近亲属不得担任村务监督机构成员。村务监督机构成员向村民会议和村民代表会议负责，可以列席村民委员会会议。

（九）救济权

根据法律的规定，村民具有救济权。村民委员会或者村民委员会成员作出的决定侵害村民合法权益的，受侵害的村民可以申请人民法院予以撤销，相关责任人依法承担法律责任。

三、村民在乡村治理中的义务

"从结构上看，法律权利和义务是紧密联系、不可分割的。"[1]在乡村治理过程中，作为主体的村民需要尽主人翁的相应义务，依法负有筹资筹劳的义务、关心村务的义务、遵守村规民约的义务等，为乡村的安定有序、全面发展做出自己的贡献。

（一）筹资筹劳义务

乡村的发展需要一定的资金投入，乡村的公益事业需要一定的劳力投入。因此，我国法律规定了村民在乡村治理中的筹资筹劳义务。《村民委员会组织法》第37条第2款规定："村民委员会办理本村公益事业所需的经费，由村民会议通过筹资筹劳解决；经费确有困难的，由地方人民政府给予适当支持。"

在乡村实践中，村民秉承关心公益、热心公务的传统，发扬"众人拾柴火焰高"的精神，在修桥铺路、扶老助残、抢险救灾等公益事业中投工、投劳、投钱，尽自身的力量做好乡村治理的各项事务。

（二）关心村务义务

村民应当关心村务，积极参加村民委员会成员的推选和选举，积极参加村民会议，认真参与村规民约的制定和修改，关心乡村的经济社会发展，监督村民委员会的各项工作，为乡村治理出谋划策、添砖加瓦。

（三）遵守村规民约义务

在乡村治理过程中，村民既是实施治理的主体，同时也要遵守自己参加制定的自治章程、村规民约，依法办事、依约行为，规范乡村事务，维护自身的合法权益，保障乡村的公序良俗，形成和谐的乡村秩序。

四、结语

村民是乡村的主人，村民在乡村治理中具有主体地位，是乡村治理的自我管理、自我教育、自我服务者，是乡村治理的实施者、参与者、受益者。

为突出村民在乡村治理中的主体地位，我们应当建立健全党委领导、政府负责、村民自治、民众主体、社会协同、法治保障的现代乡村社会治理体制。村民在乡村治理过程中不能仅扮演参与角色，而是应当坚持村民自治，通过具体制度真正确立其主体地位，明确其在乡村社会治理体制中的主体性。

---

〔1〕　高其才：《法理学》（第3版），清华大学出版社2015年版，第122页。

第四章

村民会议在乡村治理中的审议决定作用

一、引言

我国《宪法》第 111 条规定了"基层群众性自治制度":"城市和农村按居民居住地区设立的居民委员会或者村民委员会是基层群众性自治组织。居民委员会、村民委员会的主任、副主任和委员由居民选举。居民委员会、村民委员会同基层政权的相互关系由法律规定。"据此《村民委员会组织法》具体规定了"村民自治制度"。

村民会议为村民自治制度的重要内容,村民会议由全体村民组成。《村民委员会组织法》第 2 条第 3 款明确规定村民委员会向村民会议、村民代表会议负责并报告工作。同时,第 23 条、第 24 条又具体规定了村民会议的职责。根据法律法规的规定,村民会议在乡村治理中居于重要地位、起着审议决定的决策性作用。

依据我国法律法规的规定,本章将对村民会议在乡村治理中的地位、职责进行总结,探讨村民会议在乡村治理中的审议决定作用,以引起学界对此的进一步重视。

二、村民会议在乡村治理中的地位

按照《村民委员会组织法》的有关规定,村民会议是全体村民参加的会议,是村民参与度最广、规模最大的会议,实为全村具有决策性、决定性的最高权力组织,是本村全体村民自治权力的最高体现,是"通过群众自治实行基层直接民主"的主要形式,[1]在乡村治理中具有最重要的地位。

---

[1] 参见彭真:"通过群众自治实行基层直接民主",载《乡镇论坛》1990 年第 6 期。

村民会议由本村 18 周岁以上的村民组成，是乡村实行民主选举、民主决策、民主管理、民主监督的有效组织形态。村民会议是村民集体讨论决定涉及全村村民利益问题的一种组织形式，是村民行使自治权利的根本途径和形式，是最直接的表达村民利益和愿望、推行乡村治理的组织形式，因而也应该是最有权威性的村民自治组织形式。根据《村民委员会组织法》的规定，凡是涉及全体村民利益的重大问题，都必须由村民会议讨论、批准、同意和作出决定。村民会议体现了村民自治、乡村治理的直接民主形态，具有广泛的群众基础和直接民主性。

同时，从乡村实际情况出发，为便利村民参与乡村治理，法律规定人数较多或者居住分散的村可以设立村民代表会议，讨论决定村民会议授权的事项。村民会议可以授权村民代表会议审议村民委员会的年度工作报告，评议村民委员会成员的工作，撤销或者变更村民委员会不适当的决定。因而村民代表会议可以代行村民会议的某些职责。不过，有的法规明确了村民会议的哪些职权不能授权给村民会议。如《山西省实施〈中华人民共和国村民委员会组织法〉办法》[1]第 12 条明确规定，下列职权应当由村民会议行使：①选举、罢免村民委员会成员；②制定、修改村民自治章程、村规民约；③审议本村经济和社会发展规划、年度计划；④决定村民代表会议设立、村民代表推选办法、向村民代表会议授权事项；⑤撤销或者变更村民代表会议的不适当的决定。同时提出村民会议授权村民代表会议行使的职权可以在村民自治章程中明确。

与此相同，村民小组会议为全体村民小组成员的会议，决定村民小组范围的重大事项，为村民小组的最高权力形态。《江苏省实施〈中华人民共和国村民委员会组织法〉办法》[2]第 23 条第 2 款明确规定，村民小组会议的决定不得与村民会议、村民代表会议的决定、决议相抵触，村民会议、村民代表会议的决定、决议不得侵害村民小组的合法权益。

三、村民会议在乡村治理中的职责

根据《村民委员会组织法》等法律法规的规定，村民会议在乡村治理中

---

〔1〕　1999 年 9 月 26 日由山西省第九届人民代表大会常务委员会第十二次会议通过，2018 年 11 月 30 日山西省第十三届人民代表大会常务委员会第七次会议修订。

〔2〕　2016 年 9 月 30 日由江苏省第十二届人民代表大会常务委员会第二十五次会议通过，根据 2019 年 5 月 30 日江苏省第十三届人民代表大会常务委员会第九次会议关于修改《江苏省实施〈中华人民共和国村民委员会组织法〉办法》的决定修正。

职责全面、内容广泛、影响深远，涉及审议报告、评议工作、撤销决定、变更决定、决定重大事项、建章立约、讨论决定村发展规划、讨论同意村民小组的设立和撤销、决定村民代表会议设立等方面。

（一）审议村民委员会的年度工作报告

村民委员会是村民自我管理、自我教育、自我服务的基层群众性自治组织。村民委员会是由村民直接选举产生的，是村民实行自治的执行机构和工作机构。村民委员会的直接权力来源于本村村民组成的村民会议。作为管理性、执行性机构，村民委员会向村民会议、村民代表会议负责并报告工作。因此，我国法律规定村民会议审议村民委员会的年度工作报告。

此外，《辽宁省实施〈中华人民共和国村民委员会组织法〉办法》[1]第11条第3款还规定，村民会议审议村财务收支情况报告。

（二）评议村民委员会成员的工作

法律规定，村民会议评议村民委员会成员的工作。按照《村民委员会组织法》的规定，村民委员会由主任、副主任和委员共3人至7人组成；村民委员会及其成员应当遵守并组织实施村民自治章程、村规民约，执行村民会议、村民代表会议的决定、决议；村民委员会成员出缺，可以由村民会议或者村民代表会议进行补选。因此，村民会议有权也有责任评议村民委员会成员的工作，村民委员会成员以及由村民或者村集体承担误工补贴的聘用人员，应当接受村民会议或者村民代表会议对其履行职责情况的民主评议。民主评议每年至少进行一次，由村务监督机构主持。

有的地方性法规规定了村民会议罢免村民委员会成员、讨论决定村民委员会成员要求辞去职务事宜。如《辽宁省村民委员会选举办法》[2]第35条规

---

〔1〕 2000年3月30日由辽宁省第九届人民代表大会常务委员会第十五次会议通过，根据2012年7月27日辽宁省第十一届人民代表大会常务委员会第三十一次会议《关于修改〈辽宁省实施《中华人民共和国村民委员会组织法》办法〉的决定》进行了第一次修正，根据2019年5月30日辽宁省第十三届人民代表大会常务委员会第十一次会议《关于修改〈辽宁省实施《中华人民共和国城市居民委员会组织法》办法〉等三部地方性法规的决定》进行了第二次修正。

〔2〕 2000年7月28日由辽宁省第九届人民代表大会常务委员会第十七次会议通过，根据2003年11月28日辽宁省第十届人民代表大会常务委员会第六次会议《关于修改〈辽宁省村民委员会选举办法〉的决定》进行了第一次修正，根据2012年7月27日辽宁省第十一届人民代表大会常务委员会第三十一次会议《关于修改〈辽宁省村民委员会选举办法〉的决定》进行了第二次修正，根据2019年5月30日辽宁省第十三届人民代表大会常务委员会第十一次会议《关于修改〈辽宁省实施《中华人民共和国城市居民委员会组织法》办法〉等三部地方性法规的决定》进行了第三次修正。

定，本村 1/5 以上有选举权的村民或者 1/3 以上的村民代表联名，可以书面形式向村民委员会提出罢免村民委员会成员的要求，并报乡级人民政府；村民委员会应当在接到罢免要求之日起 30 日内召开村民会议进行无记名投票表决。提出罢免村民委员会主任、多数成员的，或者村民委员会拒不召开村民会议表决罢免要求的，由乡人民政府督促村民委员会依法组织村民投票表决；村民会议在表决罢免要求时，被要求罢免的村民委员会成员有权出席会议提出申辩意见。

同时，《辽宁省村民委员会选举办法》第 36 条规定，经村民会议表决，罢免要求未获过半数通过的，自表决之日起 6 个月内，村民以相同理由再次提出罢免要求的，由村民代表会议决定是否召开村民会议投票表决。

有的地方性法规具体明确了村民会议罢免村民委员会成员的条件。如《宁夏回族自治区村民委员会选举办法》[1] 第 39 条提出，村民委员会成员应当接受村民监督，村民会议有权罢免村民委员会成员；村民委员会成员有以下情形之一的，应当予以罢免：①以权谋私的；②违反法律法规政策规定计划外生育的；③无正当理由连续 2 个月或者 1 年内累计 3 个月以上不参加村民委员会工作的；④有其他不认真履行职责的情况的。

此外，《辽宁省村民委员会选举办法》第 37 条规定："村民委员会成员因居住变迁、工作变动或者其他原因要求辞去职务的，应当以书面形式向村民会议或者村民代表会议提出，由村民会议或者村民代表会议讨论决定。"

（三）评议村务监督机构成员的工作

我国法律规定，村应当建立村务监督委员会或者其他形式的村务监督机构，负责村民民主理财，监督村务公开等制度的落实，其成员由村民会议或者村民代表会议在村民中推选产生，其中应有具备财会、管理知识的人员。村务监督机构成员向村民会议和村民代表会议负责，可以列席村民委员会会议。据此，村民会议对村务监督机构成员负有监管之责。

不少地方性法规对此进行了明确的规定，如《江苏省实施〈中华人民共

---

〔1〕　1997 年 12 月 3 日由宁夏回族自治区第七届人民代表大会常务委员会第二十八次会议通过，2000 年 11 月 17 日宁夏回族自治区第八届人民代表大会常务委员会第十六次会议修订，2012 年 6 月 20 日宁夏回族自治区第十届人民代表大会常务委员会第三十次会议第二次修订，根据 2019 年 3 月 26 日宁夏回族自治区第十二届人民代表大会常务委员会第十一次会议《关于修改〈宁夏回族自治区商品交易市场管理条例〉等 18 件地方性法规的决定》修正。

和国村民委员会组织法〉办法》[1]第16条第1款就明确规定,村民会议评议村务监督委员会成员的工作。第33条又规定村民委员会成员应当向村民会议或者村民代表会议进行述职述廉,并接受对其履行职责情况的民主评议。

有的地方性法规则明确规定村民会议讨论决定推选村务监督委员会成员。如《上海市实施〈中华人民共和国村民委员会组织法〉办法》[2]第15条第2款规定,村民会议讨论决定推选村务监督委员会成员。

(四) 撤销或者变更村民委员会不适当的决定,撤销或者变更村民代表会议不适当的决定

从村民会议、村民代表会议与村民委员会的关系考量,基于村民委员会向村民会议、村民代表会议负责并报告工作,《村民委员会组织法》等法律法规规定村民会议有权撤销或者变更村民委员会不适当的决定,撤销或者变更村民代表会议不适当的决定。

(五) 决定重大事项

村民会议决定全村涉及村民利益的有关集体经济、财物的重大事项。我国《村民委员会组织法》第24条规定,涉及村民利益的下列事项,经村民会议讨论决定方可办理:①本村享受误工补贴的人员及补贴标准;②从村集体经济所得收益的使用;③本村公益事业的兴办和筹资筹劳方案及建设承包方案;④土地承包经营方案;⑤村集体经济项目的立项、承包方案;⑥宅基地的使用方案;⑦征地补偿费的使用、分配方案;⑧以借贷、租赁或者其他方式处分村集体财产;⑨村民会议认为应当由村民会议讨论决定的涉及村民利益的其他事项。

有的地方性法规还进行了进一步的补充、细化。如《江苏省实施〈中华人民共和国村民委员会组织法〉办法》第17条第6款规定,农村集体建设用地的使用方案也必须由村民会议讨论决定。

---

〔1〕 2016年9月30日江苏省第十二届人民代表大会常务委员会第二十五次会议通过,根据2019年5月30日江苏省第十三届人民代表大会常务委员会第九次会议关于修改《江苏省实施〈中华人民共和国村民委员会组织法〉办法》的决定修正。

〔2〕 2000年9月22日由上海市第十一届人民代表大会常务委员会第二十二次会议通过,2017年2月22日上海市第十四届人民代表大会常务委员会第三十五次会议修订,根据2020年5月14日上海市第十五届人民代表大会常务委员会第二十一次会议《关于修改本市部分地方性法规的决定》第一次修正。

同时，村民会议可以授权村民代表会议讨论决定上述规定的事项。而如法律对讨论决定村集体经济组织财产和成员权益的事项另有规定的，依照其规定。

（六）制定和修改村民自治章程、村规民约

根据《村民委员会组织法》的规定，村民会议可以制定和修改村民自治章程、村规民约，并报乡、民族乡、镇的人民政府备案。

同时，村民自治章程、村规民约以及村民会议或者村民代表会议的决定不得与宪法、法律、法规和国家的政策相抵触，不得有侵犯村民的人身权利、民主权利和合法财产权利的内容。

同时，《村民委员会组织法》规定属于村民小组的集体所有的土地、企业和其他财产的经营管理以及公益事项的办理，由村民小组会议依照有关法律的规定讨论决定，所作决定及实施情况应当及时向本村民小组的村民公布。

（七）讨论决定本村经济和社会发展规划、年度计划

从乡村治理和乡村发展全局考虑，村民会议讨论决定本村经济和社会发展规划、年度计划。如《辽宁省实施〈中华人民共和国村民委员会组织法〉办法》第11条第2款规定，村民会议讨论决定本村的发展规划和年度计划。《江苏省实施〈中华人民共和国村民委员会组织法〉办法》第16条第2款也作出了类似规定："讨论决定本村经济和社会发展规划、年度计划。"

（八）讨论同意村民小组的设立、撤销、范围调整

有的地方性法规规定村民会议讨论同意村民小组的设立、撤销、范围调整。如《江苏省实施〈中华人民共和国村民委员会组织法〉办法》第22条第2款规定："村民小组的设立、撤销、范围调整，由村民委员会提出，经村民会议或者村民代表会议讨论同意，报乡镇人民政府和县（市、区）人民政府民政部门备案。村民小组的撤销、范围调整，应当先经相关村民小组会议讨论同意。"

（九）决定村民代表会议设立、村民代表推选办法、向村民代表会议授权事项

有的地方性法规规定了村民会议决定村民代表会议设立、村民代表推选办法、向村民代表会议授权事项。如《山西省实施〈中华人民共和国村民委员会组织法〉办法》第11条有关村民会议行使职权中的第7项即为"决定村民代表会议设立、村民代表推选办法、向村民代表会议授权事项"。

四、结语

村民会议为乡村治理的内部主体。作为乡村治理的权力性组织、决策性组织，村民会议在乡村治理中居于重要的地位、具有全面的作用。在走向乡村善治的过程中应当充分认识村民会议的这一地位，进一步发挥村民会议的积极作用。

在实践中，有的村存在不依法定期召开村民会议、以村民代表会议代替村民会议、村民会议决议落实较差等问题，需要予以重视并尽力解决。

为充分发挥村民会议在乡村治理中的作用，需要进一步理顺村民会议与村民委员会的关系，完善村民会议的会议规则，明晰村民会议与村民代表会议的分工，细化村民会议决定的执行机制。

第五章

村务监督机构在乡村治理中的监督作用

一、引言

党的十九大报告指出："加强农村基层基础工作，健全自治、法治、德治相结合的乡村治理体系"，[1]由此开启了乡村治理体制机制改革的新进程。健全党组织领导的自治、法治、德治相结合的乡村治理体系，需要在坚持村民自治的基础上，强化法治的保障功能，突出德治的先导作用。《村民委员会组织法》第2条第1款规定："村民委员会是村民自我管理、自我教育、自我服务的基层群众性自治组织，实行民主选举、民主决策、民主管理、民主监督。"民主选举、民主决策、民主管理、民主监督是村民自治的四个重要环节，民主监督在乡村治理中开始明显发挥作用是从2010年《村民委员会组织法》修订增加了"村务监督机构"的相关内容开始的。中共中央办公厅、国务院办公厅于2019年6月印发的《关于加强和改进乡村治理的指导意见》提出："村务监督委员会要发挥在村务决策和公开、财产管理、工程项目建设、惠农政策措施落实等事项上的监督作用。"

针对村务监督机构在乡村治理中的重要作用，学界已有部分研究成果，多是从政治学、公共管理学的角度进行研究而较少从法学视角进行相关分析。[2]

---

〔1〕 习近平：《决胜全面建成小康社会 夺取新时代中国特色社会主义伟大胜利——在中国共产党第十九次全国代表大会上的报告》（2017年10月18日）。

〔2〕 相关成果主要有姬超："中国村务监督机制运行评价及其制度优化路径——基于21个省846个村4625个村民的调查研究"，载《农业经济问题》2017年第1期；马华、马池春："农村基层村务监督机制完善研究——基于对山西391个村2062个农户的调查与研究"，载《山西农业大学学报（社会科学版）》2016年第6期。

本章将以村务委监督委员会、村民监事会等村务监督机构为主要研究对象，具体分析村务监督机构在乡村治理中的监督作用及其实现机制。

二、村务监督机构的地位

村务监督委员会、村民监事会是当前我国乡村治理中两种主要的村务监督机构形式。全国第一个"村务监督委员会"于 2004 年 6 月 18 日在浙江省武义县后陈村经选举产生，《村民委员会组织法》也主要使用"村务监督委员会"，同时也包含"其他形式的村务监督机构"。"村务监事会"是 2007 年在广东省梅州市蕉岭县芳心村率先试点建立的。"村务监事会"在全国其他地区主要被称为"村民监事会"，2018 年中央一号文件《中共中央关于实施乡村振兴战略的意见》的表述也是"村民监事会"。因此，下文在具体论述时主要使用"村务监督机构"这一术语，在具体行文时也会指出"村务监督委员会"或者"村民监事会"。

村务监督机构在当今村组具有明确的法律地位，承担明确的法定职责。《村民委员会组织法》是我国规定村民自治、乡村治理的主要法律，村务监督机构在试点建立之初并没有明确的法律地位。1987 年《村民委员会组织法（试行）》并没有关于村务监督机构的相关表述，1998 年《村民委员会组织法》也没有相关表述。到了 2010 年，我国对《村民委员会组织法》进行修订时才增加了相关内容。《村民委员会组织法》第 32 条规定："村应当建立村务监督委员会或者其他形式的村务监督机构，负责村民民主理财，监督村务公开等制度的落实，其成员由村民会议或者村民代表会议在村民中推选产生，其中应有具备财会、管理知识的人员。村民委员会成员及其近亲属不得担任村务监督机构成员。村务监督机构成员向村民会议和村民代表会议负责，可以列席村民委员会会议。"第 33 条规定："村民委员会成员以及由村民或者村集体承担误工补贴的聘用人员，应当接受村民会议或者村民代表会议对其履行职责情况的民主评议。民主评议每年至少进行一次，由村务监督机构主持。村民委员会成员连续两次被评议不称职的，其职务终止。"第 34 条规定："村民委员会和村务监督机构应当建立村务档案。村务档案包括：选举文件和选票，会议记录，土地发包方案和承包合同，经济合同，集体财务账目，集体资产登记文件，公益设施基本资料，基本建设资料，宅基地使用方案，征地补偿费使用及分配方案等。村务档案应当真实、准确、完整、规范。"这就对村务监督机构的职责、成员、内部管理等进行了明确的规定。

　　不少地方性法规也对村务监督机构进行了明确的规定。我国各省、自治区、直辖市大都制定了《村民委员会组织法》的具体实施办法。[1]这些地方性法规（特别是 2010 年制定或者修订的实施办法或者规定）大多数都明确规定了村务监督机构的法律地位，通常是在"民主监督"部分予以规制。例如，《江苏省实施〈中华人民共和国村民委员会组织法〉办法》第五章为"民主管理、民主监督和社区服务"，其中第 31 条和第 32 条是关于村务监督委员会的地位及其职责的规定。《上海市实施〈中华人民共和国村民委员会组织法〉办法》[2]第 4 条则明确了村务监督委员会是村级治理体系的重要组成部分："本市建立健全以村党组织为核心，村民委员会为主导，村民为主体，村务监督委员会、村集体经济组织、驻村企业事业单位、群众团体、社会组织等共同参与的村级治理体系。"《青海省实施〈中华人民共和国村民委员会组织法〉办法》[3]第六章"民主监督"的第 32 条、第 33 条、第 34 条、第 35 条、第 36条、第 37 条都是关于对村务监督委员会的直接规制。这些地方性法规都在《村民委员会组织法》的基础上对村务监督机构作出了更为具体的规定。

　　除了上述法律法规之外，我国的执政党政策对村务监督委员会等村务监督机构也进行了相关规制。在当代中国规范体系中，政策或者说中国共产党的政策作为非正式法律渊源的一种发挥着重要作用。在我国，"马克思主义法学认为，法律与执政党政策在阶级本质、经济基础、指导思想、基本原则、社会目标等方面是一致的"。[4]具体到乡村治理领域，自中华人民共和国成立

　　〔1〕　全国 34 个省级行政区，除台湾、香港、澳门地区之外，其他 31 个省级行政区都根据《村民委员会组织法》等法律法规和各地方实际制定了各地方实施《村民委员会组织法》的有关办法或者规定。其中，黑龙江省第十三届人民代表大会常务委员会第三次会议于 2018 年 4 月 26 日通过决定废止了《黑龙江省实施〈中华人民共和国村民委员会组织法〉办法》，但还没有制定新的实施办法。因此截至 2019 年 6 月 22 日，全国共有 30 部专门针对《村民委员会组织法》实施的地方性法规是现行有效的。

　　〔2〕　2000 年 9 月 22 日上海市第十一届人民代表大会常务委员会第二十二次会议通过，2017 年 2月 22 日上海市第十四届人民代表大会常务委员会第三十五次会议修订，根据 2020 年 5 月 14 日上海市第十五届人民代表大会常务委员会第二十一次会议《关于修改本市部分地方性法规的决定》第一次修正，2020 年 5 月 14 日公布，自 2020 年 5 月 4 日起施。

　　〔3〕　2017 年 9 月 27 日青海省第十二届人民代表大会常务委员会第三十六次会议通过，根据 2020年 7 月 22 日青海省第十三届人民代表大会常务委员会第十八次会议《关于修改〈青海省预算管理条例〉等五十四部地方性法规的决定》修正。

　　〔4〕　高其才：《法理学》（第 3 版），清华大学出版社 2015 年版，第 406 页。

（特别是改革开放）以来，中国共产党一直极为重视村民自治事务，促进农村基层民主建设。在 2010 年《村民委员会组织法》修订之后，全国许多乡村也建立了村务监督委员会等村务监督机构，但是在具体运行过程中也遇到了一些问题。为此，2017 年 12 月 4 日，中共中央办公厅、国务院办公厅印发了《关于建立健全村务监督委员会的指导意见》，强调"村务监督委员会是村民对村务进行民主监督的机构"，并从总体要求、人员组成、职责权限、监督内容、工作方式、管理考核、组织领导等七个方面作出了具体安排。2018 年中共中央、国务院《关于实施乡村振兴战略的意见》（2018 年 1 月 2 日印发）也提出要"全面建立健全村务监督委员会，推行村级事务阳光工程。依托村民会议、村民代表会议、村民议事会、村民理事会、村民监事会等，形成民事民议、民事民办、民事民管的多层次基层协商格局"。2019 年中共中央、国务院《关于坚持农业农村优先发展做好"三农"工作的若干意见》（2019 年 1 月 3 日印发）也提出，要全面建立健全村务监督委员会，发挥在村务决策和公开、财产管理、工程项目建设、惠农政策措施落实等事项上的监督作用。

三、村务监督机构的产生

按照法律规定，村务监督委员会、村民监事会等村务监督机构的产生较为简单，一般是由村民会议或者村民代表会议推选产生，由 3 人至 5 人组成；在素质方面要求公道正派，最好能够有一定的财会管理知识，并且村委会成员及其近亲属等可能妨碍公正监督的人不得成为村务监督机构的组成人员。对此，有关《村民委员会组织法》实施办法的地方性法规一般都会有专门的规范。例如，《湖南省实施〈中华人民共和国村民委员会组织法〉办法》[1] 第 11 条规定："村应当依法建立村务监督委员会。村民委员会成员以及经村民代表会议认定可能影响公正监督的人员不得担任村务监督委员会成员。"《广西壮族自治区实施〈中华人民共和国村民委员会组织法〉办法》[2] 第 30 条规定："村应当建立村务监督委员会。村务监督委员会成员由村民会议或者村民代

---

〔1〕 2013 年 7 月 25 日经湖南省第十二届人民代表大会常务委员会第三次会议通过并公布，自 2013 年 10 月 1 日起施行。

〔2〕 2001 年 12 月 1 日广西壮族自治区第九届人民代表大会常务委员会第二十七次会议通过，2013 年 9 月 26 日广西壮族自治区第十二届人民代表大会常务委员会第六次会议修订，根据 2020 年 3 月 27 日广西壮族自治区第十三届人民代表大会常务委员会第十四会议《关于修改〈广西壮族自治区钟乳石资源保护条例〉等五件地方性法规的决定》修正。

表会议在村民中推选产生，可以连选连任。村务监督委员会与村民委员会任期相同。村务监督委员会由三至五人组成，其中应当有具备财会、管理知识的成员。村民委员会成员及其近亲属不得担任村务监督委员会成员。"《山西省实施〈中华人民共和国村民委员会组织法〉办法》[1]第 25 条也规定："村务监督委员会成员由村民会议或者村民代表会议在村民中推选产生，任期与村民委员会任期相同。村务监督委员会推选可以和村民委员会选举同步安排，也可以在新一届村民委员会选举产生后三十日内进行。村务监督委员会由三至五人组成，设主任一名。村民委员会成员及其近亲属、村财务人员、村文书、村集体经济组织负责人不得担任村务监督委员会成员。任何组织和个人不得指定、委派村务监督委员会成员。村务监督委员会成员应当遵纪守法、公道正派、坚持原则、群众公认，热心为村民服务。村务监督委员会成员出缺的，经村民会议或者村民代表会议决定，可以按照原推选得票多少的顺序依次递补或者按照原推选方式补选。"

　　除了村民委员会成员及其近亲属、村财务人员、村文书、村集体经济组织负责人不得担任村务监督委员会成员之外，有的法律法规或者规范性文件还规定了一些否定性条件，主要是有违法犯罪行为。例如，《北京市村务监督委员会工作规则（试行）》（京民基发［2013］484 号）[2]第 6 条第 2 款规定："对于违反有关法律法规、违反村民自治章程和村规民约的村民，经村民会议或村民代表会议讨论决定，不列入村务监督委员会组成人员建议名单。"另一方面，在监督中履职不力或者有违法犯罪等不适合再担任监督人员的，各地也是规定村民会议可以依照法律法规对其启动罢免程序。《北京市村务监督委员会工作规则（试行）》第 18 条规定："村民委员会成员丧失行为能力或者被判处刑罚的，其职务自行终止并由村务监督委员会依法公布。村务监督委员会应当召集村民会议或村民代表会议进行通报，并及时发布公告。"《上海市实施〈中华人民共和国村民委员会组织法〉办法》[3]第 25 条第 4 款规

---

　　[1]　1999 年 9 月 26 日山西省第九届人民代表大会常务委员会第十二次会议通过，2018 年 11 月 30日山西省第十三届人民代表大会常务委员会第七次会议修订。

　　[2]　中共北京市纪律检查委员会、中共北京市委组织部、中共北京市委农村工作委员会、北京市民政局 2015 年 5 月 21 日印发并实施。

　　[3]　2000 年 9 月 22 日上海市第十一届人民代表大会常务委员会第二十二次会议通过，2017 年 2 月22 日上海市第十四届人民代表大会常务委员会第三十五次会议修订，根据 2020 年 5 月 14 日上海市第十五届人民代表大会常务委员会第二十一次会议《关于修改本市部分地方性法规的决定》第一次修正。

定："本村五分之一以上有选举权的村民或者三分之一以上的村民代表认为村务监督委员会成员不称职或者不能履行职责的，可以按原推选方式予以罢免。"

村务监督委员会等村务监督机构在积极履行职责的同时，也应当按照法律法规的要求，承担履职义务，尽职尽责，不能有侵犯村民或者集体利益的行为。

村务监督机构应当向村民会议或者村民代表会议报告工作。村务监督机构由村民会议选举产生，自然也应当对村民会议承担报告义务。如《江苏省实施〈中华人民共和国村民委员会组织法〉办法》[1]第 31 条第 3 款规定："村务监督委员会向村民会议和村民代表会议负责并报告工作，其成员可以列席村民委员会会议。"《重庆市实施〈中华人民共和国村民委员会组织法〉办法》第 8 条第 8 款也规定，村民会议审议村务监督委员会的工作报告。

四、村务监督机构的职责

关于村务监督机构的职责，除了《村民委员会组织法》之外，我国其他法律法规中也有相关内容，此处首先从这些法律法规的文本出发，分析村务监督机构的主要职责。

总体而言，多数法律法规对村务监督机构职责的规定还是采取列举式，也有法律法规采取了概括式。例如，《重庆市实施〈中华人民共和国村民委员会组织法〉办法》第 4 条规定："村应当建立村务监督委员会，依照法律、法规和村民自治章程独立行使监督权，对村务进行监督。"这即是采取了概括式规定。在列举式方面，新疆维吾尔自治区《昌吉回族自治州乡村治理促进条例（试行）》第 38 条规定："村务监督委员会应当依法依规对村务决策公开、财务公开、服务公开、村级财产管理、乡村规划、工程项目建设、惠农政策落实等进行监督。落实村务、财务公开，一般事项每季度至少公开一次，集体财务往来较多的村按月进行公开，涉及村民利益、群众反映集中的重大事项应当全过程动态公开。所有事项公开时间不得少于十五天。"《湖北省实施

〔1〕 2016 年 9 月 30 日江苏省第十二届人民代表大会常务委员会第二十五次会议通过，根据 2019 年 5 月 30 日江苏省第十三届人民代表大会常务委员会第九次会议《关于修改〈江苏省实施《中华人民共和国村民委员会组织法》办法〉的决定》修正。

〈中华人民共和国村民委员会组织法〉办法》[1]第 26 条规定："村务监督委员会主要履行以下职责：（一）监督村级事务民主决策；（二）督促村民委员会建立健全村民自治的各项制度；（三）监督村民委员会落实村民会议或者村民代表会议决定的事项；（四）参与制定村集体的财务计划和各项财务管理制度；（五）检查、审核财务账目及相关的经济活动事项；（六）监督村集体经济负责人和财会人员执行财务制度、遵守财经纪律的情况；（七）监督本办法第二十一条所列村务公开事项的实施情况；（八）反映村民的合理意见、建议并督促村民委员会及时办理。"

总体而言，村务监督机构的主要职责是落实村民民主理财，监督村务公开。具体可以分为以下几个方面：

（1）落实村民民主理财。村民民主理财是村民自治的重要实现形式，也是村民关心的主要事务，因此村务监督机构的主要职责也是落实村民民主理财。农业部（现农业农村部）、财政部、民政部、审计署于 2013 年 6 月 27 日发布并实施的《关于进一步加强和规范村级财务管理工作的意见》（农经发［2013］6 号）也明确规定了村务监督机构的村级民主理财职责："村务监督委员会或其他形式的村务监督机构要切实加强对村级财务的民主监督，充分发挥民主理财的作用，保证农民群众对集体财务的知情权、参与权、表达权和监督权。村级组织发生各项财务活动、制定各项财务计划以及重大财务事项决策都必须履行民主程序，实行民主理财。民主理财人员要按照规定程序产生，具备财会、管理知识，并保持相对稳定，不得随意变更和撤换。民主理财人员应根据业务量按月或按季定期召开民主理财会议，开展民主理财活动，对重要财务事项要随时发生随时理财。"《青海省实施〈中华人民共和国村民委员会组织法〉办法》[2]第 35 条第 4 款也规定，村务监督委员会对"村集体资源、资产、资金管理使用情况"进行监督。《重庆市公路管理条例》第 17 条规定，在公路养护资金管理方面，"村务监督委员会应当加强自

---

[1]　2001 年 3 月 30 日湖北省第九届人民代表大会常务委员会第二十四次会议通过，2014 年 7 月 31 日湖北省第十二届人民代表大会常务委员会第十次会议修订，根据 2019 年 11 月 29 日湖北省第十三届人民代表大会常务委员会第十二次会议《关于集中修改、废止部分省本级地方性法规的决定》修正。

[2]　青海省第十二届人民代表大会常务委员会第三十六次会议于 2017 年 9 月 27 日通过并公布，自 2017 年 12 月 1 日起施行，根据 2020 年 7 月 22 日青海省第十三届人民代表大会常务委员会第十八次会议《关于修改〈青海省预算管理条例〉等五十四部地方性规则法规的决定》修正。

筹资金的监管"。《吉林省村民一事一议筹资筹劳管理办法》第 28 条规定:"乡(镇)人民政府组织相关部门和村民委员会、村务监督委员会、村民代表共同对筹资筹劳项目进行验收并出具验收报告。"《甘肃省农村集体财务管理办法》第 14 条也规定:"农村集体经济组织应当严格财务开支审批程序。原始凭证由经办人签字或者盖章,村务监督委员会或民主理财小组审核签章,农村集体经济组织负责人审批签字后,方可报销入账。"《贵州省大扶贫条例》第 81 条也规定了村务监督委员会对扶贫项目资金的监督职责:"村民会议、村民代表会议、村务监督委员会和村民有权对本村扶贫项目资金使用情况及使用效益进行监督,有关部门和单位应当创造便利条件。"

村务监督机构对村内账务的有效监督,能够提高村民委员会等组织的公信力,有利于促进村民自治。如 2014 年 2 月 2 日,广东省清远市英德市西牛镇塘面村村务监督委员会成员对该村账目公开情况进行了监督。根据记录,"村务监督事项"的内容是:"塘面村账目公开情况、透明度清晰:1. 对村中账务进行检查、监督;2. 对开具的票据进行检查;3. 对收支情况进行核实、监督。"[1]

(2)监督村务公开。此处的村务公开不仅仅包含民主理财在内的财务公开,还包含着其他诸多事项。村务监督机构对村务公开的监督是村民自治的应有之义,主要是对村民委员会的各项工作进行监督。《村民委员会组织法》第 30 条是对村务公开制度的直接规定,包含 5 项村民委员会应当主动公开的事务。[2]村民委员会是由村民民主选举产生,也应当对村民负责,受村民监督。村民的直接监督是最重要的形式,村务监督机构只是一种辅助形式,这一点也需要明确。实际上,村民委员会的所有事务都应当向所有村民公开,村民委员会是村民实现村民自治的群众性自治组织。村务监督委员会等村务监督机构是民意的集中收集和表达。《江苏省实施〈中华人民共和国村民委员

---

〔1〕 这是笔者 2018 年 7 月 18 日在该村调研时,查阅《村务监督记录簿》而知。

〔2〕《村民委员会组织法》第 30 条规定:"村民委员会应当实行村务公开制度。村民委员会应当及时公布下列事项,接受村民的监督:(一)本法第二十三条、第二十四条规定的由村民会议、村民代表会议讨论决定的事项及其实施情况;(二)国家计划生育政策的落实方案;(三)政府拨付和接受社会捐赠的救灾救助、补贴补助等资金、物资的管理使用情况;(四)村民委员会协助人民政府开展工作的情况;(五)涉及本村村民利益,村民普遍关心的其他事项。前款规定事项中,一般事项至少每季度公布一次;集体财务往来较多的,财务收支情况应当每月公布一次;涉及村民利益的重大事项应当随时公布。村民委员会应当保证所公布事项的真实性,并接受村民的查询。"

会组织法〉办法》第 32 条第 4 款规定，村务监督委员会的职责之一是"收集和受理村民对村务管理的意见、建议"。《青海省实施〈中华人民共和国村民委员会组织法〉办法》第 35 条第 3 款也规定，村务监督委员会对"村务公开情况"进行监督。

村务监督机构组成人员列席村民会议或者村民代表会议，发挥民主监督职责。例如，2013 年 9 月 27 日，福建省福州市仓山区仓山镇先锋村的村务监督委员会成员陈金水，一大早就来到村委会议室。当天，先锋村召开村民代表大会，40 多名村民代表、村务监督委员会成员以及仓山镇经管站的负责同志悉数到场，讨论该村财务计划调整情况。[1]村务监督机构组成人员列席村民会议或者村民代表会议能够从程序上和实体上保障决议、决策的公开、公正。再如，在浙江省桐乡市高桥街道越丰村的村务公开栏上，所有的公开材料既有直接负责人（村党支部书记或者村民委员会主任）的签名，也有该村村务监督委员会主任（监督小组组长）的附属签名。在公开的内容方面，涵盖"合作医疗情况公开表""征地补偿安置费用情况公开表""最低生活保障、优抚、救灾救济款物发放情况公开表""种粮直接补贴及国家其他补贴农民资助村集体情况公开表""债权债务情况公开表"等。[2]浙江省象山县西周镇土下村在"村级重大事务决策公示表"上也有"村监会意见"这一专栏，由村务监督委员会主任签字并盖村务监督委员会的公章。[3]

（3）主持民主评议。村务监督机构主持民主评议的职责是《村民委员会组织法》第 33 条明确规定的。民主评议的对象是"村民委员会成员以及由村民或者村集体承担误工补贴的聘用人员"，评议的内容是评议对象的履职情况。村务监督机构是主持民主评议，而不是由其进行民主评议，这也是符合村民自治基本原则的。村民是民主评议的主体，其他机构只能是组织或者主持。除了《村民委员会组织法》规定村务监督机构的民主评议职责之外，有的地方性法规也规定了这一职责。如《江苏省实施〈中华人民共和国村民委员会组织法〉办法》第 32 条第 2 款规定："监督村民委员会等村级组织依法履行职责的情况。"《青海省实施〈中华人民共和国村民委员会组织法〉

---

〔1〕　杨莹："仓山区仓山镇先锋村　村规民约凝聚民心"，载 http：//news.fznews.com.cn/zhengwu/2013-9-29/2013929NIuTHwNZFE205235.shtml，2019 年 6 月 23 日最后访问。

〔2〕　这是笔者 2019 年 1 月 20 日在该村进行实地调研时获得的资料。

〔3〕　这是笔者 2019 年 4 月 3 日在该村实地调研时获得的资料。

办法》第 35 条第 5 款也规定，村务监督委员会对"村民委员会成员遵纪守法、廉洁奉公、履职尽责情况"进行监督；第 6 款规定村务监督委员会"组织开展对村民委员会成员和由村民或者村集体承担误工补贴的聘用人员的民主评议"。

（4）监督村民会议和村民代表会议的决定、决议的执行。如《江苏省实施〈中华人民共和国村民委员会组织法〉办法》第 32 条第 1 款规定的村务监督委员会的主要职责即是"监督村民会议和村民代表会议的决定、决议的执行情况"。《青海省实施〈中华人民共和国村民委员会组织法〉办法》第 35 条第 2 款也规定，村务监督委员会对"村民委员会执行村民会议和村民代表会议决议、决定情况"进行监督。村民会议和村民代表会议是《村民委员会组织法》规定的两种由村民审议、决定村民自治事务的会议在村民自治中具有关键性作用，涉及村民利益的重大事项一般都需要村民会议或者村民代表会议来审议决定，否则该事务便不能在乡村实施。另一方面，村民会议或者村民代表会议通过的村民自治事务一般是由村民委员会来负责具体实施的，这时也需要村务监督机构的监督，保障在实施过程中严格按照村民会议或者村民代表会议的决定执行，不能有损害村民或者集体利益的行为。

（5）监督村民自治章程和村规民约的实施。村规民约是我国《村民委员会组织法》明确规定的保障村民自治的行为规范，在政治、经济、文化、社会和生态领域都有着积极的促进作用。[1]一般来说，村民委员会负责村规民约的实施和解释，村务监督委员会等村务监督机构则是发挥民主监督功能。村务监督机构监督村规民约实施的这一职责在大部分法律法规中并没有直接的体现，而是间接体现在总的监督职责中。不过也有个别地方性法规和民族自治地方的单行条例对此进行了专门规制。《山西省实施〈中华人民共和国村民委员会组织法〉办法》第 26 条第 6 款规定，村务监督委员会对"村民自治章程、村规民约的执行情况"进行监督。《昌吉回族自治州乡村治理促进条例（试行）》第 37 条第 3 款规定："村规民约由村务监督委员会负责监督，可聘请本地老党员、老干部、老模范、老教师、复退军人、经济文化能人等参加，监督村规民约的执行。"

---

[1] 参见陈寒非、高其才："乡规民约在乡村治理中的积极作用实证研究"，载《清华法学》2018年第 1 期。

村务监督机构在乡村治理实践中也发挥着其他职能。如河南省光山县晏河乡帅洼村村务监督委员会还参与村内的矛盾纠纷调处，并建立了专门的《村务监督委员会矛盾纠纷调处登记表》。[1]四川省西昌市的村务监督委员会在参与列席村民会议、开展村务监督的同时，也注重收集社情民意、调处矛盾纠纷。此外，在西昌市一些乡村，村务监督委员会还制定了村规民约，规范彩礼收取，将原来几十万的高彩礼降为最高限额8万元。[2]

五、村务监督机构的完善

为发挥村务监督机构在乡村治理中的监督作用，大多数村都专门制定了针对村务监督委员会等监督机构职责权限和监督内容的规定。如山东省德州市临邑县兴隆镇苗屯村即是将《村务监督委员会的职责权限和监督内容》和《苗屯村村规民约》等规范一起公示，如下：

村务监督委员会的职责权限和监督内容

一、职责权限

村务监督委员会的职责是：对村务、财务管理等情况进行监督，受理和收集村民有关意见建议。村务监督委员会及其成员有以下权利：

1. 知情权。列席村民委员会、村民小组、村民代表会议和村"两委"联席会议等，了解掌握情况。

2. 质询权。对村民反映强烈的村务、财务问题进行质询并请有关方面向村民作出说明。

3. 审核权。对民主理财和村务公开等制度落实情况进行审核。

4. 建议权。向村"两委"提出村务管理建议，必要时可向乡镇党委和政府提出建议。村务监督委员会及其成员要依纪依法、实事求是、客观公正地进行监督，不直接参与具体村务决策和管理，不干预村"两委"日常工作。

5. 主持民主评议权。村民会议或村民代表会议对村民委员会成员以及由村民或村集体承担误工补贴的聘用人员履行职责情况进行民主评议，由村务监督委员会主持。

---

〔1〕　2019年3月12日我们在该村实地调研时看到的资料。
〔2〕　参见李俊："彩礼下降背后的村务监督委员会"，载《廉政瞭望（上半月）》2018年第1期。

二、监督内容

村务监督委员会要紧密结合村情实际，重点加强以下方面的监督：

1. 村务决策和公开情况。主要是村务决策是否按照规定程序进行，村务公开是否全面、真实、及时、规范。

2. 村级财产管理情况。主要是村民委员会、村民小组代行管理的村集体资金资产资源管理情况，村级其他财务管理情况。

3. 村工程项目建设情况。主要是基础设施和公共服务建设等工程项目立项、招投标、预决算、建设施工、质量验收情况。

4. 惠农政策措施落实情况。主要是支农和扶贫资金使用、各项农业补贴资金发放、农村社会救助资金申请和发放等情况。

5. 农村精神文明建设情况。主要是建设文明乡风、创建文明村镇、推动移风易俗，开展农村环境卫生整治，执行村民自治章程和村规民约等情况。

6. 其他应当监督的事项。

村务监督委员会、村民监事会等村务监督机构在乡村治理中主要发挥监督功能，但是这种监督功能的发挥需要得到真正的实现，否则监督很容易纸面化、形式化。从理论上考察，村务监督机构的建立和运行是基于权力制衡思想。村民会议（村民代表会议）、村民委员会、村务监督机构（村务监督委员会、村民监事会）这三者是当前乡村治理实践中最为主要的三种组织，总体上是法治社会层面的制度安排。乡村治理的基础和核心是自治，即由村民共同决定村内事务，民主监督亦是其中的重要事务。所有的个体村民都有监督村务的权利，同时并非所有的村民都能有时间、有条件直接参与每一项村庄公共事务监督。根据分权制衡思想和现代治理基本原则，对权力的监督与权力的运行同等重要，村务监督委员会、村民监事会等村务监督机构也是首先由地方探索出来的组织创新。健全自治、法治、德治相结合的乡村治理体系，村务监督机构的监督功能也是不可或缺的。村务监督机构在乡村治理实践中的作用也是需要从多方面综合理解的，在强化其积极作用的同时，也要注意到某些可能制约其监督功能发挥的问题，进一步完善村务监督机构在乡村治理中的监督作用。

（一）村务监督机构发挥积极作用的多重因素

村务监督机构在乡村治理中积极作用的发挥需要多重因素的共同影响，

首先需要建立一个权责明确、人员合理的组织机构，更重要的是在运行中真正对村内事务进行有效监督。权责明确的规章制度是保证村务监督机构有效运行的规范基础，其中需要明确规定村务监督机构与村民委员会、村党组织等村级组织的关系，监督的主要对象是这些村级组织的组成人员，因此在法律法规中必须明确村务监督机构的法律地位和法定职责。村务监督机构的监督在某些乡村地区的治理实践中已经发挥了比较明显的积极作用，在民主理财、村务公开等事务中能够具体参与。但是，我们也应当注意到村务监督机构在某些地区可能存在着形式化监督的倾向，在监督上体现为附属签名，并且多是村务监督机构主任的一人签名，而在具体的决策过程中可能参与程度不够。另一方面，村务监督机构也是村级治理组织的一种，也需要相应的组成人员，为了保障其独立性，其成员要求与村民委员会组成人员不同。在当前某些乡村地区，村民委员会的年龄构成本身就是以年长者居多，能够保证有充足时间参与村级事务的村民数量本身就有限，村务监督机构组成人员的可能来源也因此比较有限。村务监督主要涉及财务、管理等问题，其中有许多是专业性事务，特别是经济发展水平较高的乡村区域，对村务监督人员的要求更高。村务监督机构的相关法律法规一般也是要求村务监督人员应当具有财会、管理知识，但是具备这种专业知识的村民数量在不同区域本身就不均衡，有的村庄甚至可能根本没有相关人员。在这种情境下，村务监督机构监督功能的有效发挥就需要其他条件因素的辅助，如乡镇人民政府的监督或者审计部门的审计。

村务监督机构是村级内部组织，其监督功能的发挥要紧密结合乡村社会的社会文化情境。"熟人社会"是对传统乡村社会结构和人际关系的恰当叙述，而村务监督机构的监督主要是对村民委员会等组成人员履职的监督。在这一过程中，监督可能因"熟人社会"这一特质而不能有效发挥。村务监督机构组成人员本身就是乡村"熟人社会"的一员，在监督过程中需要将"熟人社会"中村民之间的亲密关系与监督过程中的公共关系处理好。另一方面，根据当前的乡村治理实践，村党组织和村民委员会是当前乡村治理最主要的两种村级组织，村党组织是乡村治理的领导核心，村民委员会是法定群众自治组织。从村务监督机构的制度规范和运行实践来看，村民委员会及其组成人员是最主要的监督对象，而对于村党组织及其成员的监督权限则并没有明确规定。

（二）村务监督机构在健全乡村治理新体系中的功能

健全党组织领导的自治、法治、德治相结合的乡村治理体系，要求发挥村务监督委员会、村民监事会等各种类型村务监督机构的积极作用，这种积极作用在乡村治理实践中不仅仅体现在监督这一主要功能上，还体现在激发村民自治积极性、协助处理村民矛盾纠纷等多个方面。自治、法治、德治相结合，自治是基础，更是核心，村民自治是宪法法律明确规定的政治制度。《村民委员会组织法》的立法目的是："保障农村村民实行自治，由村民依法办理自己的事情，发展农村基层民主，维护村民的合法权益，促进社会主义新农村建设。"这里的"自治"是广义上的自治，包括作为"基层群众性自治组织"的村民委员会。村务监督机构的监督主要针对村民委员会及其组成人员，这实际上也在广义上的"自治"范畴之内。村民会议（村民代表会议）、村民委员会、村务监督机构都是村民自治的有效实现形式，此种组织结构安排也符合权力运行的一般规律，属于整体性自治的范围。村务监督机构监督功能的有效发挥是自治的重要保障，有助于规范村民委员会的运作，保障村民的合法权益不受侵犯。

全面依法治国是"四个全面"战略布局的重要组成部分，乡村治理也需要在法治的轨道上、框架下来进行，也是法治国家、法治政府、法治社会一体建设的要求。一方面，自治、法治、德治相结合，从法律规范的作用层面来说，法治是保障，依法治理是乡村治理的应有之义。我国的乡村治理已经有《宪法》《村民委员会组织法》等法律法规的明确规定，村务监督机构也是其中明确规定的内容。此外，地方性法规、部门规章等规范性文件也对村务监督机构的职权进行了规制，已做到有法可依。另一方面，从当前乡村社会法治建设的实践层面来说，村党组织、村民委员会成员应当成为乡村社会守法遵法的榜样。但是在乡村治理过程中，某些村党组织、村民委员会成员存在着决策不公正、村务不公开等违法违规行为。在村务监督机构普遍成立之前，虽然村民也可以直接行使监督权，但存在着信息不对称、渠道不多等许多制约因素，其监督效果难以保证。乡镇人民政府、人民检察院等组织或者部门在某些情况下也可以发挥监督作用，但其监督的内容一般是比较严重的违法犯罪行为，而对于可能的日常性轻微违法违规行为，这些组织或者部门并不能全部参与。村务监督委员会、村民监事会等组织是行使监督职权的专门性机构，并积极吸收拥有财会、管理类等专业知识的村民，监督的专业化、规范化又能促进村党组织、村民委员会成员依法行事。

自治、法治、德治相结合，德治或者道德教化原本就是乡村社会秩序维持的重要方式，但长期以来并没有与自治、法治一起并列。中国传统社会的道德教化在很大程度上就是自治的重要范畴。如今，我国在乡村治理中突出强调德治的地位和功能，说明我国的乡村治理水平也在稳步提升。从表面上看，村务监督机构与德治的关联度并不紧密，但结合乡村治理实际，其对于促进德教也有重要作用。《山西省实施〈中华人民共和国村民委员会组织法〉办法》第25条规定："村务监督委员会成员应当遵纪守法、公道正派、坚持原则、群众公认，热心为村民服务。""公道正派""坚持原则""群众公认"实际上都是对村务监督机构人员的道德要求。在乡村社会，有声望、有威望的大多也是有较高道德水平的人，被村民广泛认可的人进入村务监督机构意味着村民对村务监督机构人员的信赖，在一定程度上也意味着信赖村务监督机构人员对乡村公共事务进行监督。反过来，村务监督机构人员监督功能的有效发挥，也能够形成道德榜样和示范作用，进而提升乡村的德治水平。

六、结语

乡村治理是公共事务，涉及每一位村民的切身利益，需要在公平、公开、公正的治理环境下展开。村务监督委员会、村民监事会等村务监督机构即是保障和促进乡村公共事务公平、公开、公正的组织形式。

村务监督机构与村党组织、村民委员会都是乡村治理的重要村级组织。其中，村党组织是领导核心，村民委员会、村务监督机构都是村民自治机制的组织形式。村务监督机构主要对村民委员会及其组成人员的工作进行监督，同时接受村党组织的领导。乡村治理中的各类村级组织都有自己相应的职责，这是治理有效的组织前提。

村务监督机构在当前乡村治理实践中发挥着许多具体的作用，包括列席村民会议、落实民主理财、监督村务公开、参与矛盾纠纷调处等。村务监督委员会、村民监事会等村务监督机构在乡村治理实践中的功能不仅仅局限于监督，而是整个乡村治理中的一种重要村级组织。健全党组织领导的自治、法治、德治相结合的乡村治理体系，村务监督机构能够在促进村民自治、建设法治社会、提升乡村道德水平等方面发挥其积极作用。

第六章

湾长在乡村治理中的作用
——以湖北省京山市为对象

一、引言

我国农村情况复杂，环境有别，发展各异。如何针对本地乡村的特点，因地制宜地进行乡村治理是县乡政府和村民自治组织、村民都需要面对的问题。

近年来，湖北省京山市委、县政府紧紧围绕争创全国"平安建设先进县"目标，以增强村民安全感和满意度为着力点，先后打造了"湾长理事"[1]"综治绩效管理""智慧平安乡村""积分制管理""信访代理""法务室""无案村创建"等一批全省乃至全国知名的平安法治建设特色品牌，全市村民的安全感持续提升，社会治安满意率和平安创建知晓率、参与率明显提高，人民群众获得感和幸福感不断增强。

京山市位于鄂中，地处大洪山南麓、江汉平原北端。全市版图面积 3520平方公里（含屈家岭管理区 173 平方公里，太子山林场 75 平方公里），辖新市等 14 个镇和京山经济开发区、京山温泉新区，356 个村民委员会，2343 个村民小组，30 个社区居民委员会。2016 年底，全县总人口 64.59 万人，[2]常住人口 56.75 万人，总户数 20.491 万户。2016 年全县实现地区生产总值

---

〔1〕 按照学术惯例，本章中的某些人名、地名进行了化名处理，特此说明。这一"湾长理事"与治理海洋的"湾长制"不同。为强化海洋生态环境保护工作，加快推进海洋生态文明制度建设国家海洋局于 2017 年初印发相关意见，成立"湾长制"试点工作领导小组，在浙江、秦皇岛、青岛、连云港、海口一省四市先期开展了"湾长制"试点工作。参见王俊禄："浙江等各地'湾长制'试点方案出炉'湾长制'2018 年将扩大试点范围"，载《经济参考报》2018 年 5 月 17 日。

〔2〕 京山于 2018 年 8 月撤县设市。

336.03 亿元，完成地方财政总收入 186 464 万元，地方一般公共财政预算收入 150 838 万元。京山市为国家生态县、全国国土资源节约集约模范县、全国首批主要农作物生产全程机械化示范县、全国粮食生产先进单位、全国文明县城、国家园林县城、中国观鸟之乡、中国网球之乡。

从自然村落多、居住在丘陵地区较为分散等特点出发，京山市创新乡村社会治理，从 2009 年开始积极建立推广"湾长理事"制度，[1]取得了较好的治理效果。所谓"湾长"，就是由本湾村众公推一位威信高、有一定政策法规水平和管理经验的村民任湾长，开展邻里之间的互帮互助和化解邻里纠纷等工作。2018 年 6 月 19 日至 20 日，笔者到京山就湾长在乡村治理中的作用进行了专门调查。本章即为对此的初步分析，以期引起学界的进一步关注和探讨。

二、湾长是乡村治理的新探索

在京山，"湾"为村民居住的自然村落，如张家湾、桑树湾等。[2]一湾通常有几户乃至十几户、二十几户人家。一个村民小组通常由 2 个至 5 个湾组成。如孙桥镇湖坊村有 254 户、1015 人，分为 6 个村民小组，村民居住在 28 个湾。

"湾长理事"制度肇始于新市镇高岭村。2006 年 5 月，高岭村铺设贯通湾落的水泥路，铺到袁家湾 6 个农户的住宅旁，长约 200 米的土堆路基比其他地方高出了近半米。路过的村民都觉得土堆该铲平，但就是没有人动手。一天晚上，村支书程学斌经过此地，看到很多村民在议论。见书记来了，有村民直说："这事不干不行，要是有人牵个头就好了。""那你们就推举一个人，请他当湾长。"程学斌的建议赢得了一片附和声。办事公道的雷红平作为袁家湾第一个"湾长"上任了。三天后，土堆就没有了。程学斌心里琢磨：现在村干部人少事多，有时难免顾此失彼，而一些觉悟较高的村民都想参与村事管理，为公益琐事尽心出力，就是缺少一个关键时刻能"喊一声"的牵

---

〔1〕　关于京山"湾长理事"制度的讨论文章尚不多，仅有《小单元自治：湾落"小戏台"上演共治"新剧目"——基于湖北省京山市"湾长理事制"的调查与启示》（载孔浩等：《京山深改：以系统改革路径引领乡村振兴》，社会科学文献出版社 2018 年版）等文。

〔2〕　用于表示村落的"wan"，应该是"塆"。由于最早很多人在书写该字时错误地写成了"湾"，所以以讹传讹地变成了"湾"。

头人。"湾长理事"制就这样在高岭村推行开了,全村共推选了 20 个湾长。[1]京山市及时总结并推广了高岭村的这一乡村治理创新经验。

所谓湾长理事,就是以自然湾为依托,由本湾群众公推一位威信高、有一定政策法规水平和管理经验的村民任湾长,领办关系湾内村民切身利益的琐事、开展邻里之间的互帮互助和化解邻里纠纷、开展平安创建等。[2]

湾长在村党组织和村委会的领导下,通过民主恳谈会和户主协商会等形式广泛听取湾落农户意见建议,处理本湾微小公共事务。"要办什么事,不办什么事,先办什么事,怎么办事"完全由湾内村民自己说了算,充分实现了人民真正当家作主。

"湾长理事"制度由某个湾的湾长 1 名、理事 2 名至 3 名、农户若干构成。湾长、理事均由湾内农户民主推选,为义务职,没有报酬。[3]如孙桥镇花燕村何湾湾长是何国强,理事成员为何名金、谢阳、关来赋,何湾共计 13 户 53 人,其中男性 27 人、女性 26 人;16 岁以下 7 人,就读学生 7 人;种植户 11 户、养殖户 1 户、个体经营户 1 户、其他户 1 户。

目前,京山全市所有村民委员会都建立了湾长理事制,共有湾长 8106 名。湾长成了公共事务的"主事人"、化解鸡毛蒜皮的"知心人"、带动村民发展产业的"引路人"。

三、湾长在乡村治理中的职责

在乡村治理中,湾长有一定的职责。如孙桥镇湖坊村何湾湾长的职责为:①在村委会的组织、指导下开展各项活动;②组织湾内村民积极参加社会公益性的各项活动;③组织湾内村民学习时事、政治、科技,宣传党在农村的各项政策;④组织湾内村民开展有益身心健康的各种文体活动;⑤组织湾内村民开展自强自立和互助服务活动;⑥组织湾内村民搞好环境卫生,预防各类疫病;⑦组织湾内村民开展平安家庭建设、防火、防盗、防事故的联防活动;⑧及时反馈湾区的各种信息,做好各项活动的相关资料,表彰各种先进情况。

---

〔1〕 "记者走基层看湾长理事",载 http://news. 163. com/07/0711/08/3J40IMHL000 1124J. html,2007-07-11,2018 年 6 月 7 日最后访问。

〔2〕 "京山首创湾长理事制 划小自治单元延伸自治管理",载《湖北日报》2009 年 8 月 2 日。

〔3〕 孙桥镇将台村党支部副书记兼村民委员会副主任刘明认为:"湾长为在一个湾子里有点威望的、说话有人听的、有点公德心的人,年龄都比较大。"参见刘明访谈录,2018 年 6 月 19 日。

这些涉及公共事务、环境卫生、团结和谐等方面。[1]

实行湾长理事制度以来，京山市农村的面貌发生了很大的变化。新市镇高岭村3组袁家湾居住着20户农户，为了解决出行难问题，有人提出集资修一条通湾公路，但对于怎么筹资、怎么修建，村民意见不统一。湾长雷红平主动召集各户主商议，最后确定每户出资300元，出工投劳，道路于当年便顺利建成。

在推行湾长理事制后的2年里，京山市刑事发案、民事纠纷、人口犯罪率逐年下降。2008年，京山市农村立治安案件451起，同比下降9.5%；立刑事案件304起，同比下降4.7%。全县湾长共参与排查矛盾纠纷681起，调处成功率达到97%。对此，京山市市委书记郑香元认为：湾长理事制延伸了自治管理，有利于将各种矛盾和问题就地化解，把村民自治真正落到了实处。[2]

推行湾长理事制以来的实践表明，湾长在乡村治理中发挥了积极作用。如2011年开始的湖北省"三万"活动分别以万名干部"进万村""入万户""挖万塘""洁万家""惠万民""通万村"为主题开展了五轮，被誉为荆楚大地上响当当的群众工作品牌。在这一活动中，京山市探索建立三种垃圾处理模式，有户出资、村补贴、集中转运的村级处理模式，有湾集中、村转运、"一事一议"的湾长理事模式，有户收集、湾集中、村运转的农户轮流值班模式。

在2019年的村庄清洁行动中，永兴镇汀河村围绕"三清、二改、一提升"的基本原则，引导广大党员和妇女同志主动加入"全面大扫除""基础大完善""垃圾大清理""污水大整治""管理大提升""习惯大改变"六大行动。在保洁管理环节，汀河村协同发挥"湾长理事会"职能，以"三专一评"模式将全村按湾组划分为三个保洁专区，每月邀请党员和群众代表开展一次清洁评议活动，明确"合格""一般""不合格"三个等次，并将评议情况纳入积分制管理，带动广大村民养成文明的生活习惯，逐步建立长效保洁

---

〔1〕在孙桥镇湖坊村党支部书记何文斌看来，湾长平常主要在上情下达方面配合村里做些工作；环境卫生整治都要他们配合。参见何文斌访谈录，2018年6月19日。

〔2〕"京山首创湾长理事制 划小自治单元延伸自治管理"，载《湖北日报》2009年8月2日。

机制，共同打造生态、文明、美丽的乡村环境。[1]

在高岭村首创"湾长理事"的基础上，京山市历时 7 年，将"湾长理事"制度纳入农村社区建设工作范围，形成了适合本市实际的具有创造力的农村社区建设模式。全市普遍成立了由致富能手、农村"五老"（老党员、老干部、老模范、老退伍军人、老知识分子）和农民志愿者组成的农村社区志愿者协会；以自然湾落为基本单元，成立农村社区志愿者分会，实行湾长理事制，形成了"村委会—农村社区志愿者协会—湾长—基本农户"的新型农村社区自治组织机构，探索了乡村治理新形态，取得了乡村治理的良好效果。

四、结语

面对乡村发展的新特点，京山市的湾长理事制度发挥了村民自治主体性作用，集聚乡村治理力量，推进了乡村善治，也得到了政府和社会的肯定。如京山市湾长理事农村社区建设模式于 2010 年获得湖北省民政厅社区工作创新优秀奖。

2019 年，京山市人民政府工作报告提出"完善村级民主议事、湾长理事、积分制管理等机制，构建村民自治、法治、德治相结合的乡村治理体系"，湾长理事制度将在走向乡村善治中发挥更大的作用。

---

〔1〕 "京山永兴镇 5 万元奖励 6 个清洁示范村"，载 http://m. sohu. com/a/32592 4659_ 259523/html，2019 年 8 月 3 日最后访问。孙桥镇将台村党支部书记兼村民委员会主任何在栋认为小事通过湾里就处理了；原来扯皮多，纠纷多为用水、宅基地等，现在能人各带一帮人出去做事，扯皮少了，大家不太计较了。参见何在栋访谈录，2018 年 6 月 19 日。副书记兼村委会副主任刘明认为："湾（在）督促湾子里面村民保洁、卫生这方面有作用，矛盾调处这方面很少。"参见刘明访谈录，2018 年 6 月 19 日。

第七章

村志愿组织在乡村治理中的作用
——以浙江省慈溪市蒋村义务夜防队为对象 *

一、引言

浙江省慈溪市位于东海之滨，东离宁波 60 公里，北距上海 148 公里，西至杭州 138 公里。慈溪历史悠久；境内地势南高北低，呈丘陵、平原、滩涂三级台阶状向杭州湾展开。春秋时属越，秦代设县，古称"句章"，至唐开元二十六年（公元 738 年）始称慈溪，县治在今之慈城。因治南有溪，东汉董黯"母慈子孝"传说而得名。1954 年行政区域调整，现市境由原慈溪、余姚、镇海三县的北部组成（俗称"三北"），1988 年 10 月撤县设市。2016 年末，全市行政区域面积为 1361 平方公里，辖 14 个镇、5 个街道，296 个行政村、27 个居委会、59 个社区。2016 年末全市户籍人口 1 049 386 人。2018 年全市实现地区生产总值（GDP）1737.03 亿元，全市实现财政总收入 331.77亿元。慈溪为中国民营经济最发达的地区之一，为中国综合实力百强县（市）。慈溪拥有青瓷文化、围垦文化、移民文化等三大传统的区域特色文化，同时也是中国杨梅之乡。

平林镇位于慈溪市东北部，中心位置北纬 30.7 度，东经 121.3 度，距离中心市区 15 公里。地形以平原为主，地势平坦，南部地势略高于北部，面积为 23 平方公里，户籍人口有 4 万多人，有 7 个村民委员会和 1 个居民委员会。平林为家电之镇、花卉之乡，是全国小家电生产基地，全球最大的丝瓜络生

---

* 按照学术惯例，文中的地名、人名进行了化名处理。

产、加工基地，浙江省首批绿色小城镇，浙江省教育强镇，宁波市首批科技先进镇，慈溪市文明城镇。

蒋村位于平林镇中心区，与另一村两村合并而成一新的村民委员会。蒋村有 10 个村民小组、400 来户家庭，常住在册人口近 1000 人，暂住人口近 600 人，耕地面积 600 多亩。近年来，蒋村先后获颁浙江省先进基层党组织、示范村委会、巾帼示范村；宁波市坚强战斗堡垒、优秀调解委员会、四星级民主法治村、科普示范村、先进妇女组织；慈溪市先进党组织、示范人口学校、庭院整治示范村等许多荣誉。蒋村农业形成了以花卉、丝瓜络、蔬菜为主，以多种经济作物和水产养殖为辅的农业生产结构；工业形成了家用电器、金属制品、电子仪表三大支柱产业。

作为经济较为发达的东部地区、农村地区、滨海地区，浙江慈溪具有一定的典型性和代表性。针对当时乡村面临的社会治安问题，蒋村村民于 2005 年自发成立了义务联防应急事务队这一志愿组织，以维护村庄的社会治安。[1] 我们于 2015 年 10 月 17 日至 18 日对义务夜防队与社会治安维护进行了专题田野调查。我们访问了有关当事人，察看了相关文书，询问了一些村民。2016 年 4 月 1 日至 5 日、2016 年 5 月 23 日、2016 年 6 月 27 日，我们又到蒋村进行了补充调查。本章将以田野调查材料为基础，对蒋村义务夜防队的基本原则、组织规范、活动规范、经费规范等进行总结，对蒋村义务夜防队在社会治安维护中的积极作用进行初步探讨，以进一步推进当代中国乡村志愿组织在乡村治理中作用的研究。

二、村志愿组织参与乡村治理的原则

作为志愿组织，蒋村义务夜防队没有具体的成文形式的规约，主要按照不成文的规约而设立和进行日常活动。从具体活动过程分析，蒋村义务夜防队作为志愿组织参与乡村治理的原则包括民间、公益、自愿、自治、义务等方面。

蒋村的义务夜防队由一些热心村民自发成立并运转，纯为民间性、松散型组织。义务夜防队得到了镇政府的一定支持，蒋村村民委员会和党支部也在义务夜防队的设立、活动过程中进行过一定的支持，但是没有具体的、实

---

〔1〕 蒋村村民通常称"义务联防应急事务队"为"义务夜防队""夜巡队"，本章按照村民的说法以"义务夜防队"称之。

际的参与。[1]义务夜防队是一个民间的草根团体、志愿组织。

基于蒋村偷盗行为多发、社会治安恶化的状况，[2]义务夜防队为维护村庄的治安秩序、保护村民的财产权益而建立，因而这是一个维护社会治安秩序、参与乡村治理的公益组织，有着特定的目标和专门的任务。村民为公共利益而尽力。随着社会治安状况的好转，蒋村义务夜防队也就因失去了存在的价值而自然解散了，有着临时性的特点。

本着自愿的原则，蒋村义务夜防队按照"有钱出钱，有力出力"的方针，村民自愿捐款、自愿参与晚间巡逻。蒋村村民可以捐款也可以不捐款，捐款多少也基于自己的能力和意愿；在参与乡村治安方面，可以参加巡逻也可以不参加，没有任何强迫。仅有少数几户没有参加的，既不捐钱，也不参加义务巡逻。

蒋村义务夜防队为参与乡村治理的自治组织，村民自发组织、民主协商、共同讨论、队务公开、活动透明。虽然发起的村民有较多的建议权，但是没有任何村民可以独断专行、自我决定。

蒋村义务夜防队是一个参与乡村治理的义务团体，除了个别人员是被聘请的专门值班人员外，所有人员均属义务性质，没有获得一分钱报酬，也不享有任何补贴。作为村志愿组织，蒋村村民基于共同利益而积极参与义务夜防队、参与乡村治理，本着互相帮助、义务劳动、共同获益的态度而参与。

────────────

[1] 蒋村对义务夜防队一开始没有明确支持，义务夜防队召开成立大会时蒋村来人参加，表示了一定程度的支持。从某种程度上，蒋村村委会不反对但也不公开支持成立义务夜防队，害怕义务夜防队出事。附海镇也担心义务夜防队出事，如打伤人等。之后，在义务夜防队初期活动时，镇政府、镇派出所、村民委员会进行了一定的管理，给予了一定的支持。以后，其他村出事后，镇里不支持了。镇分管政法的领导对周正武说，谁组织的出事了谁就要负责，周正武等两人因为压力大、吃不消而在义务夜防队成立一年后退出，由陈发根等人接上。村民周正武告诉我们，义务夜防队准备成立时，他与镇政法书记、镇派出所所长沟通过，他们是支持的。周正武访谈录，2016年5月23日。

[2] 蒋村义务夜防队主要发起人周正武介绍了当时发生的几起事件：①2005年5月左右，贼连续三天偷了蒋村姚少武、王明春等三家。②有一外地人骑脚踏车，蒋村村民施北田没有碰到他，他自己倒下损坏了车篮，却要施北田赔他300元。外地人多，施北田没有办法只好被"敲竹杠"。周正武访谈录，2016年5月23日。村民岑如达告诉我们："当时社会治安太乱了，人走弗出去，小偷小摸太多哉，坏人太多哉。自行车什么的，只要一碰着就敲竹杠，太嚣张了。那时几乎每家都被偷，受害的太广泛了。"他介绍了当时的一些案例：①2005年下半年，高芙蓉母亲晚上在二楼睡觉时贼从一楼爬上来偷走了现金3000多元和金首饰。②大概2006年，孙天本在地里抓住了偷吃东西的贼，一定要将其送到派出所。拘留一周后贼放出来了，不久孙天本家种的丝瓜被人削掉。③2007年四五月份，高正磊晚上在屋里上厕所正面碰见贼骨头（小偷），贼骨头到楼下后抓石头扔高正磊，说你小心点。岑如达访谈录，2015年10月17日。

三、村志愿组织参与乡村治理的形式

作为志愿组织，蒋村义务夜防队参与乡村治理的组织形式较为松散。关于蒋村义务夜防队的设立，41 岁的村民岑国光回忆道："这是自己发起的，发根、老鼠（一位村民的俗称）他们。别人都有的，我们村也要有的。出气勿过的，别的村有了，我们村也应有的。"[1]岑如达告诉我，当时老百姓忍无可忍，2005 年上半年在玩麻将时陈发根、周正武、岑如达等五六人就开始商量，前后商量了十来次，于 2006 年 2 月正式成立。[2]当时有 20 多人参加成立会议。[3]发起人和主要骨干大部分为办有企业的老板。

按照约定，蒋村义务夜防队的成员由村民自愿参加，[4]发起的村民到年龄在 22 岁至 55 岁的村民家中去动员，不参与无所谓，不硬劝。如一位办厂的村民许明钊就拒绝参加，既不参加巡逻也不出钱。[5]2005 年成立时，大约有 250 人参加了义务夜防队，蒋村成年男性村民大多参加了义务夜防队。2008 年时共有 214 位村民成为义务夜防队成员。

蒋村义务夜防队设领队，负责日常管理，处理与有关方面的关系，如2008 年时陈发根等三人为领队；明确专管人，负责具体管理监控人员、经费开支，协调有关事务。专管人先为周正武后为岑如达。

蒋村义务夜防队分组进行巡逻。刚成立时 10 人一个组，后来由于蒋村夜防队参与，[6]每组减少为 8 人。2008 年时义务夜防队已经分成 35 组；每组设组长 1 人，组员为 5 人，其中有 4 个组的组员为 6 人。这样每组巡逻的间隔就会长一些，村民的负担也相应小了一些。事实上，此时村民已有某种厌烦情绪，参加巡逻的积极性已有一定的下降。

义务夜防队的组长大多由办有企业的村民担任。这些村民比较热心，也有一定的经济条件。按照约定俗成的规矩，义务夜防队每组巡逻时的夜宵往

---

〔1〕 岑国光访谈录，2015 年 10 月 17 日。

〔2〕 岑如达访谈录，2015 年 10 月 17 日。当时附近有俗称四大队的村庄已成立夜防队，此村很团结，治安方面较好，这对蒋村村民成立夜防队有极大启发。

〔3〕 这次会议在周正武工厂开开，会后大家就当场纷纷捐款。王元坤访谈录，2016 年 6 月 27 日。

〔4〕 当时在俗称的蒋村大队部召开了动员会，蒋村村民参加的超过 100 多人，为历年所罕见。周正武访谈录，2016 年 5 月 23 日。

〔5〕 村民施道风说："我门开着，也没有什么好偷的，但是别人参加我不来倒霉的、不好意思的。"岑如达访谈录，2015 年 10 月 17 日。这代表了不少蒋村村民参加义务夜防队的心态。

〔6〕 蒋村夜防队由蒋村村委会设立，聘请了一些人员维护村内社会治安。

往由组长出钱。

蒋村义务夜防队订制了"义务之家"的小牌匾，牌匾上下有"蒋村义务夜防队"小字，挂在每位义务夜防队成员家门口。这既是一个纪念，也是一个荣誉，对村民和其他外来人员也有某种警示性。

义务夜防队的每位组员都拿到了一份"蒋村义务夜防队值勤人员名单"，上面载有每位组员的联系方式。调查时，我们搜集到的 2008 年 1 月 1 日制作的"蒋村义务夜防队值勤人员名单"还确定了 2008 年每组的具体夜防时间，如第一组为 1 月 10 日、2 月 14 日、3 月 20 日、4 月 24 日、5 月 29 日、7 月 1 日、8 月 7 日、9 月 11 日、10 月 1 日、11 月 20 日、12 月 25 日，共 11 晚。这样每位义务夜防队成员都能够清楚知道自己的夜防日期，提前安排好私人事务；其他村民也能够提醒。

蒋村义务夜防队值勤人员名单

组别	组长	组员					组别	组长	组员				
领队				陈发根　施家宇　林国坤									
1	××电话	××电话	××电话	××电话	××电话	××电话	19	××电话	××电话	××电话	××电话	××电话	××电话
2	××电话	××电话	××电话	××电话	××电话	××电话	20	××电话	××电话	××电话	××电话	××电话	××电话
…	…	…	…	…	…	…	…	…	…	…	…	…	…
17	××电话	××电话	××电话	××电话	××电话	××电话	35	××电话	××电话	××电话	××电话	××电话	××电话
18	××电话	××电话	××电话	××电话	××电话	××电话							

四、村志愿组织参与乡村治理的职责

作为志愿组织，蒋村义务夜防队参与乡村治理活动的基本原则为"以防为主、以赶为主"，即采正当防卫态度，在治安巡逻时主要驱赶小偷小摸者，让蒋村村民能有安全感，每天能够睡个好觉。义务夜防队强调在巡逻时以自

身安全为主，保护自身利益，尽量避免发生直接冲突。[1]

蒋村义务夜防队参与乡村治理的具体职责主要包括小组巡逻和技术监控两方面。小组巡逻方面，按照约定，蒋村义务夜防队每天从晚上 9 点 30 分开始巡逻直至第二天凌晨 5 点 30 分，以后改为从晚上 10 点开始巡逻直至第二天天亮。义务夜防队划定了"蒋村义务夜防队巡逻示意图"，范围涉及蒋村全境，义务夜防队的各小组按此巡逻。各小组每晚巡逻 4 次至 5 次，每次在全村巡逻约 1 小时到 1 个半小时。如从监控中发现有可疑人员，巡逻小组会马上出发前去查看。

在技术监控方面，蒋村义务夜防队在村庄的主要路口安装了 40 多只摄像头，聘请了 3 人专门负责监控。监控人员实行 24 小时值班，监控全村主要路口的情况，发现可疑人员及时进行处理，或提醒，或报警。

蒋村义务夜防队约定抓住小偷时不能打，每次都是在报警后将小偷交给派出所去处理。蒋村义务夜防队的成立、巡逻更多的是向社会传达一种信号，即蒋村不是好欺负的，小偷小摸不要来蒋村，否则就要受到制裁。

在具体夜间巡逻时，有的组员可能会因临时有事而不能参加或者因身体不舒服而不能参加，蒋村义务夜防队允许村民之间进行人员替换，请其他村民顶替一下，自己再在其值夜时替换回来。随着义务夜防队的日益松散，后期出现了买工现象，即村民轮到自己巡夜时自己不亲自参加而是出钱叫他人代自己参加巡逻。对此现象，岑国光告诉我们："有的自己弗来，铜钿出几块，叫别人顶一下。这样也有的。"[2]由于事实上没有影响巡逻，蒋村义务夜防队也默许了这种情况的出现。

通过义务夜防队参与乡村治理，蒋村的社会治安明显得到好转，对小偷小摸者起到了威慑作用，村民周家聪说，"太平是比以前太平了"。[3]

随着时间的推移和社会治安状况的好转，不少村民的心态也有了变化，

---

〔1〕 按照岑如达的介绍，蒋村义务夜防队私下里相互说，如果小偷敢来蒋村就打死他，要让小偷害怕。岑如达访谈录，2015 年 10 月 17 日。

〔2〕 岑国光访谈录，2015 年 10 月 17 日。

〔3〕 周家聪访谈录，2015 年 10 月 18 日。岑如达告诉我们，蒋村义务夜防队成立并开始活动以后，抓住了不少小偷。如 2006 年下半年的一天晚上 9 时许，夜防队员从监控中发现有两人形迹可疑便出去盘问，结果这两姐妹将偷来的铜缠绕在了腰部。还抓住一个骑自行车偷铜的。有一天后半夜从监控中发现小偷，立刻打电话给主人家，主人马上出去抓，小偷跑掉了，丢下了一辆摩托车，后交给派出所。岑如达访谈录，2015 年 10 月 17 日。

逐渐有村民开始不按约参加义务夜防活动。等到组长去叫他参加巡逻时，这些村民往往会以"某人也没来"为由不参加。蒋村义务夜防队本就是一个民间自愿参加的自治组织，缺乏有约束力的规约，对不参加者除了社会舆论谴责、社会交往排斥等软性的处罚方式之外，没有特别的强制性处理手段。因此，蒋村义务夜防队极难解决这一状况，也难以防止这种情况的增多。自然而然，参加蒋村义务夜防队的村民越来越少，最终蒋村义务夜防对于 2009 年初解散、停止活动。

蒋村义务夜防队的自然解散还与监控摄像头的设置有一定关系。由于义务夜防队由发起人主导，而发起人多为办厂的老板，故监控主要被安装在捐款多者的工厂附近，有的需要设置的地方没有安装，摄像头的设置不太合理，时间久了村民就有了意见。同时，聘请的专门负责监控的值班人员的素质也影响了村民的热情。值班人员存在占便宜现象，如拿热水回家等。更令村民不满意的是值班人员利用管理监控的权力刁难村民，不让村民查监控录像。[1]村民反映给义务夜防队的专管人岑如达，岑如达一开始给值班人员讲还有些效果，以后越来越不听了。岑如达生气后就不愿意再管了，[2]又没有其他人接上。村民逐渐就有了意见，觉得没有意思了，不愿参加晚上的巡逻，蒋村义务夜防队也就慢慢"塌掉了"（岑如达语）。[3]

五、村志愿组织参与乡村治理的费用

作为村志愿组织，蒋村义务夜防队参与乡村治理活动的费用没有政府拨款，全部由蒋村村民等自愿捐款筹集，用于相关的购买物资等支出。关于费用方面的规范包括费用众集、收入透明、支出合理、账目公开、开支公议等。

蒋村义务夜防队委托制作了高约 1.2 米宽约 0.5 米的"捐献榜"，放在村里的老年活动室，以张榜公布，让村民知悉。

---

〔1〕　如村民孙长君家被偷后去蒋村义务夜防队要查监控以发现线索，值班人员不让查；报警后，派出所来查也不同意，说"我又不是管你一户人家"。孙长君非常生气，告诉周围的村民"不要去夜巡了"。在孙长君看来，义务夜防队的有些骨干素质不高。孙长君访谈录，2015 年 4 月 2 日。

〔2〕　值班人员对岑如达说："要你管什么，你有什么权?!"岑如达要求值班人员"走出"即解聘、不干，值班人员说"那你也要走出"。岑如达很生气，于是就不愿意继续管了。岑如达访谈录，2015 年 10 月 17 日。

〔3〕　2008 年下半年时，蒋村义务夜防队的监控室由租用民房拆转到蒋村队部不到一个月，蒋村队部的电线短路，监控设备就坏了，没法起作用了；筹集来的钱也用完了；专管的人也没有了。这些因素集中起来，使得蒋村义务夜防队失去了发挥作用的基础。当时岑如达曾经试着去叫一些村民来夜巡，他们都不买账，最后只好作罢。

捐 献 榜

为搞好蒋村义务夜防队巡逻工作，保护村民的生命财产安全，能有效地做好防盗防窃工作，夜防队安装相应的设备，准备保安用品，必定产生各种费用，广大村民积极响应"有钱出钱，有力出力"的号召，现将 2006 年 7 月 15 日至 2008 年 1 月 1 日捐款名单公布于下：

姓 名	捐款金额	姓 名	捐款金额	姓 名	捐款金额	姓 名	捐款金额
×××	30 000 元	×××	2000 元	×××	1000 元	××复印	500 元
……	……	……	……	……	……	……	……
……	……	……	……	……	……	……	……
……	……	……	……	……	……	××庙	500 元
×××	2000 元	×××	1000 元	×××	100 元		

感谢以上村民的慷慨解囊、无私奉献、给予事务队工作的大力支持，我们一定不会辜负村民的期望；我们会努力创造一个和睦、稳定、保证村民安居乐业的良好环境。

以上款项，取之于民，用之于民。

蒋村义务夜防队

2006 年 7 月 15 日—2008 年 1 月 1 日

从捐献榜上可知，共有 93 个家庭、一家工厂、一家复印店、一家庙总计 96 位为义务夜防队捐款、物，除了一人捐了啤酒 20 箱外，其余均捐现金。捐款最多的为 3 万元、最少的为 100 元，其中捐 3 万元的有 1 家、2 万元的有 1 家、1 万元的有 7 家、8000 元的有 1 家、6000 元的有 1 家、5000 元的有 6 家、3000 元的有 12 家、2000 元的有 12 家、1000 元的有 31 家、800 元的有 1 家、500 元的有 13 家、300 元的有 6 家、250 元的有 1 家、100 元的有 2 家。据此，义务夜防队共获得捐款 25.87 万元。捐款由蒋村义务夜防队的几个骨干去各家各户上门募集，村民自愿捐助。村民看在社会治安为共同事情和人情、面孔，根据自身经济条件而捐款。不过，在具体募捐时，募集人针对村民家庭情况和个性特点，往往半开玩笑半当真地对村民说"你总要拿多少出来"，提示一个比较明确的数额，而村民大多也比较配合，积极捐款予以支持。

为治安巡防，蒋村义务夜防队用筹集所得租屋以作为值班室并安装了 2 台空调，安装了电话和监控摄像头，购买了对讲机、雨衣、雨鞋、青柴棍、防弹衣等用品。如租两间房每年租金为 7000 多元。筹集的资金还被用于支付有关人员的工资。如支付三位专门负责监控的值班人员工资，每人每月 1300 元；由于专管人误工较多，付给专管人每月 300 元补贴。其他支出还包括维修费用、水电费用等。

义务夜防队费用的开支主要由发起人、骨干人员商量和决定。具体账目由岑如达和姚天龙经管。蒋村义务夜防队费用的具体开支没有向村民详细公开，但村民大致了解基本情况，通过各种形式进行了监督。支出总体上比较合理，没有乱花的现象出现。唯在聘请何人作为值班人员方面，虽然有考虑村内家庭经济困难者的因素，[1]但是骨干人员也有倾向于与自己关系较好者的一面，存有某些私心。

蒋村义务夜防队主要在成立之初进行了一次捐款活动。在筹集资金即将用完之际，义务夜防队的骨干成员曾经考虑过再次集资，但是村民离心的现实情况使他们没有开展实际行动。

六、结语

作为村志愿组织，蒋村义务夜防队的成立和在乡村治理中发挥的作用与社会环境、热心村民、政府态度、执法等因素密切相关。当时，由于外来人员较多，政府管理存在一定的滞后和不作为，且法律规制的效力有限，因而村民意识到需要依靠自身的力量、按照一定规约成立民间自治组织来维护社会治安、保障财产权益、维持村庄秩序、参与乡村治理，而热心村民的积极张罗使蒋村义务夜防队应运而生。[2]

依照志愿组织的规约开展全面的治安巡防活动，蒋村义务夜防队在维护

---

〔1〕　当时发起人商量聘请那些没有什么经济来源、又有一些残疾或者单身的村民作为值班人员，有些同情因素在内，属于照顾性质。

〔2〕　在调查时，岑如达对当时的执法仍有不满："小偷被抓时手上有被偷的东西才能抓，手上东西一放掉，你就没证据了。要老百姓讲证据。另外，你打小偷打伤是要赔的。你抓住他（小偷）也没有用的，派出所会放掉，小偷比你出来得还快，你还要做笔录。"岑如达访谈录，2015 年 10 月 17 日。55 岁的蒋村村民周家聪也认为："当时社会风气太坏了。你去抓小偷，小偷摔倒了也要你东家负责，没有这样的。哪有这种道理。"周家聪访谈录，2015 年 10 月 18 日。

社会治安、参与乡村治理方面发挥了积极的作用。[1]通过人防和技防,蒋村义务夜防队对小偷小摸等不法行为形成了强大的震慑力和现实的威慑性,增强了村民的安全感和村庄的向心力,有力地促进了蒋村社会治安状况的好转。[2]

为参与乡村治理,蒋村义务夜防队的规约为村民自发、约定而成,内容主要由发起的热心村民主导商定,全体村民的共同合意性较为模糊;义务夜防队规约的规范比较简单,规范性、约束力不强;义务夜防队没有明确的责任规约,对不来参加者缺乏具体的处罚办法。蒋村义务夜防队规约的实际执行和具体效力通过发起人、核心成员和具体聘请人员的能力和素质体现出来,人的因素明显影响着规约的有效性。事实表明,在蒋村义务夜防队活动的后期,人的自私自利心态、以权谋私行为等表现得更为明显,蒋村义务夜防队规约的执行存在越来越多的问题,也就出现了参与乡村治理活动的困难,志愿组织也因此呈现消解的趋势。

蒋村义务夜防队规约的这种简单性、粗糙性、不稳定性表明乡村志愿组织自治能力的不足、民主训练的缺乏。由于对共同利益认识的模糊,村民大多缺乏共同体意识,往往从自身利益、具体利益出发考虑问题,而义务付出与利益获得之间的不平衡又使得普通村民逐渐感觉到自己成了边缘人、成了客体,失去了自治的主人翁地位。时间一长,有越来越多的蒋村村民开始对义务夜防队规约产生排斥和不遵从感。这表明,义务夜防队这样的志愿组织需要更多的对话、沟通、妥协,以增加凝聚力;需要通过多种形式进行长期的实践。我国社会需要营造乡村志愿组织参与乡村治理的外部环境,为志愿组织的生长创造良好的条件。

作为志愿组织,蒋村义务夜防队参与乡村治理需要得到政府的指导、引导。对于义务夜防队这样自发成立、自我管理的民间组织,政府有关部门应该充分尊重其存在价值,认真对待、积极沟通,全面指导其规约的议定和实

---

[1] 岑如达向笔者介绍:"夜防队成立后改变情况了,贼不敢进(蒋村)来了。我们装监控了,还协助派出所破一特大案件。(那天)夜防队巡逻时发现有人在快餐店吵架,阿宇报110。警察来后发现是通缉犯,是偷电瓶车并销赃的。派出所为此得到了奖励。"岑如达访谈录,2015年10月17日。

[2] 周正武介绍,蒋村义务夜防队还帮助个别有困难的村民,如帮拿柴草;义务夜防队使村民更加团结,关系融洽了、矛盾减少了。周正武访谈录,2016年5月23日。

施，关心其健康成长。[1]政府应该改变观念，将自发性的民间组织、乡村志愿组织作为法治国家、法治社会建设的重要内容，认识其客观价值，引导其正常发展，发挥其在乡村治理中的积极作用。

---

　　[1]　周正武认为镇里引导不够，如果镇里引导一下，就可能更规范、做得更好了。由于害怕出事，镇里要求周正武解散义务夜防队、撤掉监控设备。由于无法向蒋村村民交代，周正武不想干了。大概一年后，周正武退出了义务夜防队。周正武访谈录，2016 年 5 月 23 日。蒋发根介绍，同镇的南圆村在义务夜防队成立当天就发生了义务夜防队与外地人打群架事件，因此镇里要求蒋村解散义务夜防队。蒋发根访谈录，2016 年 6 月 27 日。

第八章

村互助组织在乡村治理中的作用
——以贵州省锦屏县石川镇边竹村长生会为对象*

一、引言

贵州省黔东南苗族侗族自治州锦屏县石川镇边竹村村东南抵关岭村，西抵中茂村，北临大空山山脊与邻县接界，有7个村民小组，居住着龙、舒、杨、王、庄、罗、夏、邓等八大姓氏，共计196户，749人；苗侗少数民族占总人口的96%。

边竹村民风醇厚，诚信友善，家庭和睦，邻里团结。〔1〕为协助孝家从俭办丧事，边竹村长生会（又称老人会）作为村互助组织于1981年恢复成立并一直运行至今。〔2〕2016年9月30日、2017年8月29日，我们到边竹村就边竹村长生会在乡村治理中的作用进行了专门调查。我们查阅了长生会会章等

* 根据学术惯例，本章中的部分人名、地名进行了化名处理，特此说明。

〔1〕 这方面有许多事例。如我们于2017年8月29日在边竹村村主路的墙壁上看见了一张2017年8月19日写于红纸上的“感谢”。龙姓丈夫感谢161位村邻和石川计生协会对他患先天性心脏病妻子2016年8月24日、2017年4月1日、2017年6月12日三次手术期间给予的关心、资助。再如63岁的边竹村村民龙咸钧以“忠厚为人，勤劳立业，薄利多销，面向大众”的经营之道，通过传承忠厚文化和张扬品牌效应，把忠厚大酒店发展成集餐饮、住宿、副食批发、粮油批发养殖、种植于一体的省级诚信个体工商户。2016年5月龙咸钧一家十口荣获第十届全国五好文明家庭。又如2004年起担任边竹村村党支部书记的刘翠桃为人纯朴、善良、贤惠，勤勤恳恳干工作，带领村民谋发展，各项工作都走在全镇乃至全县全列。2012年她获得了“全国三八红旗手”称号。

〔2〕 关于边竹村长生会的恢复成立，边竹村党支部杨书记告诉我们：“当时是因为有绝户，去世的时候没有人埋葬，族人也不管。所以当时就有人提议搞个互帮互助的。”杨培群访谈录，2016年9月30日。杨培群告诉我们：“这一条街有4个长生会，平安会、长生会、兴隆会、东山会，总共有4个。”杨培群访谈录，2017年8月29日。

资料，访问了长生会会长等村民，对边竹村长生会规约有了基本的了解。

　　本章将就村互助组织参与乡村治理的原则、村互助组织参与乡村治理的形式、村互助组织参与乡村治理的成员、村互助组织参与乡村治理的内容、村互助组织参与乡村治理的费用、村互助组织参与乡村治理的处罚等做一初步探讨，以总结边竹村长生会这一乡村互助组织的规约及其运作，探讨其在乡村治理中的积极作用，弘扬中华民族共济同帮的优良传统，建设文明友善的乡风，以推进乡村善治，并引起学界对这一类乡村互助组织的关注。

二、村互助组织参与乡村治理的原则

　　1987 年 5 月 12 日修改通过的《石川边竹村长生会会章》[1]记载，"本会宗旨"为：

　　根据我地乡土风俗，本会乃群众自觉组织——长生会，它的宗旨是："一户有难，亲邻相帮"，解除"老无所终"后顾之忧，做到破旧立新，移风易俗，增强团结，互相支持，方便群众，全心全意为亡考安息，协助孝家办理丧事。

　　本会坚持"群言堂"反对"一言堂"；坚持"民主集中制"，反对"大民主"；主持"办丧从简"，反对"铺张浪费"。坚持把本会巩固、完善、健全下去，使人人安心"四化建设"加强社会主义精神文明建设。

　　由此可见，长生会作为村互助组织参与乡村治理秉持群众性、互助性、民主性、节俭性的原则。

　　（1）群众性原则。长生会为边竹村村民自发成立的互助组织，村民自我发起、自我服务、自我管理，不具有政府和官方色彩。石川镇不反对长生会的存在，且在某种程度上支持长生会的运行；边竹村村民委员会支持长生会的运行，提供了房屋作为长生会用具的存放地，于 2014 年提供了 1 万元以助增添用具。[2]总体而言，镇、村除了给予一定的指导外没有干预长生会的具体事务，尊重了长生会参与乡村治理的权利。

---

　　〔1〕《石川边竹村长生会会章》于 1982 年农历十二月廿由会员大会通过，1987 年农历四月十四做了修改，1991 年农历四月廿一又做了适当修改。每次修改的多为费用等具体条款，基本原则、主要规定一直没有变化。

　　〔2〕杨培群访谈录，2017 年 8 月 29 日。

(2) 互助性原则。长生会的成立主要为帮助孝家解决办理丧事过程中的困难，体现了"互帮互助"精神，是一种"今天你帮我、明天我帮你"的互利互惠活动，体现了相互性、互惠性的特点。

由于边竹村地区主要实行土葬，守灵、安葬需要许多人力，非一家一户所能够承担。长生会的建立和运作解决了个体小家庭的困难，推进了乡村治理。按照边竹村村党支部杨培群书记的说法，不管是穷的富的，大家一条心自觉地互相帮助料理后事。[1]

(3) 民主性原则。长生会按照民主原则进行管理，入会自愿、退会自由；会委通过会员民主投票选举产生；会务实行民主集中制进行管理，会内事情由会委会征求会员意见集体商量、讨论后作出决定；会务情况公开、透明。

(4) 节俭性原则。长生会坚持丧葬办理节俭性的原则，基于减轻孝家负担的考虑，[2]强调"办丧从简"，反对"铺张浪费"，努力做到破旧立新、移风易俗，使丧葬事务既符合固有风俗规范又与时俱进、适应社会变化，这促进了乡村善治。

在78岁退休的龙老师看来，长生会存在的原因就只有一个：为解决小家问题、为小家服务。[3]长生会这一互助组织的原则围绕此而确立，长生会也是遵照这些原则进行运行并参与乡村治理的。

三、村互助组织参与乡村治理的形式

根据《石川边竹村长生会会章》，长生会这一互助组织参与乡村治理的组织形式包括会员、会员小组、会委会等。

边竹村长生会会员是以户、家庭为单位自愿申请参加，主要为边竹村的村民，个别的为附近村寨的村民。如1993年1月3日王林前母亲去世时共有131户会员交孝家补助费，包括自然增长的一户。我们调查时共有150户会员。

根据会员的居住情况，边竹村长生会先将会员分为3个大组、6个小组，1991年4月后划为8个会员小组，便于会内事务分配和安排。每组选组长1

---

〔1〕 杨培群访谈录，2017年8月29日。

〔2〕 边竹村长生会邓会长介绍，边竹村丧葬花费主要是烟钱多，大概要80条烟；吃饭钱大概2万元。邓文炳访谈录，2016年9月30日。

〔3〕 龙文道访谈录，2017年8月29日。

人。组长无任期，如有特殊情况，由本组会员选举或会委指定会员担任。组长负责安排会员轮流到孝家守夜到登山头晚和督促会员为亡者老人送葬登山。

边竹村长生会会委会由不记名投票的民主方法选出 7 人为会领导成员，具体为正副会长各 1 人，会计、出纳、保管各 1 人，会委 2 人。最近的一次选举在 2016 年 12 月 16 日举行，选举龙治银为会长、杨德全为副会长。会委会为边竹村长生会的日常组织机构，任务是处理会内事务如主持追悼会、检查执行会章等。[1]长生会会委会通过全体会议或扩大会议讨论、决定有关事务。如 1991 年农历四月廿一长生会会委组长会 16 人出席、3 人缺席，会议记录如下：

讨论事项：

（1）购买发电机组，需 3100 元。

集资办法：会员每户集准 10 元，不足的跟私人暂借，以后逐步还清。

管理人员：王来梅、王和明、庄书魁、王前忠共 4 人。

收费问题：白喜：会内每晚出油钱外，另外出 5 元机器磨损费；会外每晚 40 元（机器磨损费）。红喜：会内 35 元（机器磨损费），会内和会外，每晚发电工资 10 元。

（2）购买发电机：龙为泰、王来梅、龙本超。

（3）通过新会章。

为更好地参与乡村治理，长生会委会成员每届任期 2 年，可连选连任 2 届。2016 年 12 月 16 日会员大会决定会委会成员每届任期为 3 年。到换届选举前，仍由上届会委主持召集由会委、组长、会员代表参加的扩大会，布置选举下届会委，再由各组长召集本组会员以无记名投票；每个会员选 7 人（如表 1 的 2014 年第十六届会委选票），各组选票集中后，仍召开扩大会开票，票多的 7 人当选。如遇有已连任 2 届的会委不再当选。如有 2/3 会员对某会委和组长有异议者，可随时改选补充，但被选的不能推诿。个别会委和组长长期外出，另选或由会委指定临时代理人。

---

〔1〕　边竹村长生会规定了追悼会仪式，共八项：①某某某追悼会开始！奏乐！鸣炮！②全体严肃立向某某某老人默哀（3 分钟），哀毕。③长生会致悼词。④来宾代表讲话。⑤会员代表讲话。⑥孝家致答谢词。⑦长生会会长讲话。⑧请道师做法事发丧。

表 8-1　边竹村长生会第十六届会委选票

序号	1	2	3	4	5	6	7
姓名							

说明：会委由 7 人组成，以得票多的当选。

如根据 2014 年 2 月 10 日边竹村"长生会委选举唱票会记录"，这次选举有效票 99 张、废票 1 张。按会章规定连续连任 2 届的会委不能再次当选，获得本届最多票的 7 人当选下次会委：龙名康 95 票、龙家强 77 票、邓光荣 74 票、龙南百 66 票、龙名立 57 票、舒福国 55 票、宋忠钊 38 票。根据参会人员意见和选举结果情况，龙家强任会长、邓光荣任副会长、龙名康任管理员、龙名立任会计，其他 3 人任委员。同时，原各组组长继续连任。

如个别会员当选会委，无正当理由不愿担任的，经过会委互相帮助后，坚决不承担会务的、对群众意见无理推脱的，由会委召开扩大会议讨论通过，认为有负众望的，予以除外处理，并且不退本人入会基金。[1]

长生会会长具体主持长生会的工作，包括修改会章、召开会议、负责每次互助事务并做好记录等。如下面这份清单：

杨光琴老孺人神仙逝清单

生于一九三一年十一月十四日吉时

殁于二○一六年二月二十二日申时去世

终年 85 岁

　2016 年 2 月 22 日起守灵安排

　22 日晚，1 组~2 组

　23 日晚，3 组~4 组

　24 日晚，5 组~6 组

　25 日早上登山

　25 日上午十一点落塘　3 组~4 组

落塘　3 组~4 组协助帮忙

---

　　〔1〕　在退休教师龙文道看来，有的村民不肯做长生会委，要退休工人做好一些，他们有时间搞。龙文道访谈录，2017 年 8 月 29 日。

收老人会费 35 元、米 2 斤 30 元

收会费人：龙名康　宋忠钊

写悼词：龙南百

到会人：龙名立　宋忠钊　龙名康　舒福国

　　　　龙名和　邓光荣

落塘　3 组~4 组

二〇一六年二月二十五日功隆辞驾登山安葬

从 1981 年 10 月到 2016 年 10 月，边竹村长生会共经过十六届会委，历任会长为龙大立（一届）、杨发加（二届）、王同品（三届）、舒中春（四届、五届）、龙为传（六届）、舒南新（七届）、龙南百（八届）、邓光荣（九届、十四届）、龙大纲（十届）、龙为根（十一届）、龙家强（十二届、十五届、十六届）、龙名康（十三届）等。他们为边竹村长生会的运行、发展做出了积极的贡献。

此外，根据在 1987 年农历四月十四修改通过的《石川边竹村长生会会章》"附则"第 1 条，边竹村长生会聘请长生会发起人龙大立、龙为刚、龙为定等三人为会务顾问，"监督建议会内一切有利事务"。以后的《石川边竹村长生会会章》则没有了此项内容。

四、村互助组织参与乡村治理的成员

作为群众性互助组织，边竹村长生会的成员实行入会自愿、退会自由原则，入会、退会需要符合一定的条件、履行一定的手续。

会员以家庭为单位，包括原始会员和新会员两类，入会条件和手续有所不同。

原始会员为 1982 年边竹村长生会初成立时加入的会员，入会程序为承认会章和缴纳基金者，由本人申请，再由会员大会讨论通过同意后成为会员。

新会员为边竹村长生会成立后在活动过程中申请加入并被批准的会员。按照 1987 年农历四月十四《石川边竹村长生会会章》的规定，边竹村长生会以巩固完善为主，慎重吸收新会员，对本会认识不足拒不吸收；如需吸收个别新会员，仅限于小寨、大乌头地区范围内。新会员必须由本人申请，经会委讨论同意后，再交会员大会或会员代表会讨论通过同意后而定。新会员入会后，先交足本会基金，另外从建会来每次丧事 2 元的补助费要补足，从

1987年农历四月十四后丧事每次以3元的标准计算。

而对会内因弟兄分家等而自然增长的会员，1987年农历四月十四《石川边竹村长生会会章》规定每增加一个会员，交一股会内基金（6元）后即算会员，不需要补交补助费。

在退会方面，会员由于搬迁或对会内有意见等原因要求退会的，由本人申请，经会委讨论后，可退本人入会基金。边竹村长生会邓会长告诉我们，由于搬走，现在有人退会了。〔1〕

同时，根据会章规定，从1991年5月1日起会内会员分家后在1年内不申请入会的，以后永不接收为会员。

五、村互助组织参与乡村治理的内容

作为村互助组织，边竹村长生会参与乡村治理的主要内容为协助孝家办理亡者安葬事宜。为实现互助组织这一宗旨，根据边竹村长生会的会章和实际运行情况，边竹村长生会的会员享有入会和退会自由、选举权和被选举权、接受帮助权等权利，同时履行缴纳入会基金、交孝家补助费、轮流值班守灵、送亡者登山安葬等义务，通过规定会员的权利义务具体参与乡村治理。

边竹村长生会的会章规定会员入会自愿申请，退会自由。每一家庭根据自己情况决定是否参加和留在长生会。

长生会的会员具有选举权和被选举权，可以根据自己的意愿选举会员担任会委会成员或组长，也可被他人选为会委会成员或者组长。

长生会会员有接受帮助的权利，包括资金上的帮助、实物上的帮助、人力上的帮助。1991年5月1日起执行的《石川边竹村长生会会章》"附则"第2条强调："本会内凡满十八岁的男女，生病故或正常死亡，本会应一视同仁，但事先征求会员家长的意见再决定。"在实际生活中，有的会员考虑亡者具体情况，放弃了接受帮助的权利，拒绝长生会予以物质、人力等方面的帮助。邓会长告诉我们："会员都不按年龄，我们年轻人的丧事也管。白喜事都希望风风光光的。年轻人的话一般尊重主家人的意愿，前两年有年轻人在外面出车祸死亡，家里人很伤心，给我们传话，我们就没有去。"〔2〕

同时，会员还有建议权、监督权。会员认为会内事务有必要改进的，可

〔1〕 邓文炳访谈录，2016年9月30日。
〔2〕 邓文炳访谈录，2016年9月30日。

善意提出建议，帮助会委和各组长搞好丧葬互助工作。会员对长生会的具体活动、基金使用等具有监督的权利。

为实现互助组织宗旨，长生会会员的义务主要表现在以下几方面：

（1）缴纳入会基金。按照《边竹村长生会会章》的规定，长生会会员需要缴纳6元会费作为入会基金。

（2）交孝家补助费。长生会会员按时为孝家提供一定的物质补助，在亡者安葬登山前交完。孝家补助费的数额由会委会根据当时的市场物价来决定执行，原则是2斤肉、2斤米。如1985年农历腊月廿五王兰芳去世时为4元钱2斤米，当时1斤肉为2元钱。边竹村长生会邓会长介绍现在由于生活水平提高了，每户需要出近30元钱的孝家补助费。[1]2016年农历二月二十二杨光琴去世时具体为会费35元或者交米2斤30元，交孝家补助费为35元。[2]

为此，长生会制作了"石川边竹村长生会会员交费名册"，内有组别、户名、米（斤）、费（元）等内容。

（3）听从分配，服从会委和组长安排到孝家轮流值班守灵，在下葬前几天晚上有2组会员值班，分别负责上、下半夜，并帮助孝家打井。出枢的一晚，一定要有男劳力参加守灵。不过考虑到实际情况，厨房的厨师（含煮饭者）可以免除坐夜和送葬义务。

我们于2017年8月29日在边竹村看到主路旁一墙壁上贴着一张"邓凰月老孺人守灵安排"大纸，长生会就8月5日邓凰月老人去世后的守灵、会费等会务进行了分配、安排，会员见此后便自觉按此行为：

邓凰月老孺人守灵安排

2017年闰六月十四日　　3组~4组
　　　　　十五日　　5组~6组
　　　　　十六日　　7组~8组
　　　　　十七日　　1组~2组

---

〔1〕 邓文炳访谈录，2016年9月30日。

〔2〕 从1981年农历十月以来，孝家补助费总体上在不断提高，不过也不尽然，如1998年农历正月十五王利莲去世时为米2斤12元，而1998年农历十一月初二龙南成去世时为米2斤8.4元，到1999年农历七月初八杨道通去世时为米2斤7.5元，2003年农历九月初八姜友桥去世时为米2斤9.5元。

十八日　落塘　1组~2组负责

收老人费　30元（交米2斤 钱25元）

收老（人）会费：龙文魁　王玉芬

2011年2月15日的《长生会公告》强调：坐夜、送葬、每户会员必须按时到住。仍实行点名制度。在家的、住外地的及外出打工的，若没有人到坐夜、送葬。必须委托请人坐夜、送葬，否则每缺一次罚款40元。

（4）送亡者老人登山安葬。亡者安葬登山日，听会内锣声通知，会员尽快自觉集中，发丧、追悼、送丧登山都要听从会委和组长的安排，并做好清点人数工作，按安排为亡者落塘。从1981年农历十月到2016年农历二月，边竹村长生会共送132位亡者登山安葬。在《石川边竹村长生会死亡人员登记表》中76位有年龄记载者中最大为98岁，最小为36岁；90岁以上的有5位。[1]

2011年2月15日的《长生会公告》规定不提倡老人过世游街、除百岁老人外，孝家要求游街的，长生会不尽游街义务。

如会内无依无靠老人逝世，又无亲友主持，长生会要求会员应一视同仁，积极以人力、物力支持，将亡者圆满安葬。

按照会章，长生会会员的义务是以家庭为单位进行承担。

六、村互助组织参与乡村治理的费用

为实现团体宗旨并为参与乡村治理提供保障，长生会规定了详细的有关费用的规范，包括会费规范、基金规范、酬金规范、租金规范、物资规范等。长生会强调财物上要民主公开、互相监督、手续清楚。由会计管账、出纳管钱、保管管物资。要求做到账款相符，账物相符，每年公布一次。如会计、财务、保管人员更换，必须将物资账据及现金手续交接清楚，办好移交、接收监交文字手续。

（1）在会费规范方面，长生会章程要求会员需要在入会时缴纳会费作为基金。

---

〔1〕《石川边竹村长生会死亡人员登记表》的"备注"栏有的标明了非正常死亡的情况：如46岁的龙南林1998年农历四月廿五"为田水被他人杀害"，龙南全2000年农历六月廿九"锦屏—天柱班车车祸"，龙星2003年农历三月十九"外地车祸"，37岁的龙国义2004年农历十月初三"在云南淘金帮人打槽不幸身亡"、36岁的龙名表2012年农历七月廿九"电鱼意外身亡"等。

（2）按照长生会的规定，当年租金的70%作会内基金，基金只能购置碗盘等与丧葬有关的必需品，不能乱拉乱借。

（3）考虑到时间、精力的实际付出，长生会规定了酬金规范，对保管员、会计、出纳给予适当报酬，即从当年租金提20%作为保管员的报酬，从当年租金各提5%作为会计、出纳的报酬，酬金共占当年租金的30%。[1]如2012年的租金收入为2517元，按照租金收入的20%付保管员酬金503元，5%付出纳酬金126元，5%付会计酬金（会长兼）126元。

从实际出发，2011年2月15日的《长生会公告》规定今后会委若需讨论事情，不论在哪家开会，每次会议补助10元。

（4）长生会所属的物资可以出租，并对租金进行了较具体的规定。①会内的白喜：租用碗盘、保温桶、棺罩、尼龙绳全部免费。如需动用发电机组则由孝家出油钱，每晚应出机器磨损费3元。会内红喜：租用碗盘一次每桌2角5分、保温桶1元；如需照明动用发电机组，除自搬外，每晚交费30元、磨损费5元。②会外红白喜事，租用碗盘一次，每桌5角、保温桶2元；如需动用发电机组，除租户自搬外，每晚付发电费40元，补发电两个人补助费8元。会外出租棺罩、塑料花亦应收费2元。

同时，由于物价增长，2011年2月15日的《长生会公告》规定餐具租金由原来会内每桌0.5元提高到每桌1元，会外由原来的1元提高到2元。除每桌配套的餐具外，[2]其他用具具体租金如下：蒸笼每格（含盖）1元、打饭用的饭桶每个1元、大中菜盆每个1元、小菜盆每个0.5元、菜刀砍刀每把1元、砧板每个1元、铝提桶每个0.5元、小板凳8个2元。

若遇红白喜事同场，其中一家白喜事没有得到本会桌子、餐具而向外租用的，由本会给予60元的补助。

根据2012年农历十二月廿五的统计，以2012年为例，餐具等出租26次，收到租金和赔偿金共计3229元，其中6户仅有赔偿金，没有租金；购置、修理等支出1585元、付杨魁母亲去世租兴隆桌碗租金100元、付保管员等三人酬金755元，共支出2455元，结余774元。加上上一年结余的3838.6元，总

---

〔1〕　而1987年农历四月十四修改通过的《石川边竹村长生会会章》规定，租金的70%作会内基金，15%为保管员的报酬，各5%为会计、出纳的报酬和会内办公用。

〔2〕　配套餐具包括：（每桌）盘子12个、大碗4个、小碗8个、调羹8个、筷子8双、汤盆一个；并包括：铁瓢、大小锅铲、肉钩、喷肉架、饭勺、称架、小锅子。

结余为4612.6元。

（5）关于物资方面的规范，长生会规定物资租借本着"先会内，后会外""先讲先租，后讲后租"原则。物资租出时，由租户检查，收回时由保管员检查，破损照价赔偿。会内尼龙绳不宜出租。为此，长生会制作了"石川边竹村长生会物资租赁清单"（如表8-2），以方便使用。

表8-2　石川边竹村长生会物资租赁清单

单位或户名：

品名	出租数	租金（元）		收回数	损失赔偿			备注	品名	出租数	租金（元）		收回数	损失赔偿			备注
		单价	金额		数量	单价（元）	金额				单价	金额		数量	单价（元）	金额	
桌面						120			蒸笼		1/格				300		
桌架						100			饭桶		1/个				60		
板凳						40			大菜盆		1/个				100		
盘子						5			中菜盆		1/个				100		
大碗						5			小菜盆		0.5/个				60		
小碗						3.5			菜刀		1/把				30		
调羹						0.5			砍刀		1/把				40		
筷子						0.5			砧板		1/个				60		
汤盆						10			铝提桶		0.5/个				30		
小铁瓢						10			小板凳		2/桌				10		
大铁瓢						10			篮子		1/个				35		
漏瓢						20			火钵		0.5/个				10		
茶盘						60			桌凳		30/次				300		
小铁铲						15			冰柜		30/次				2200		

续表

品名	出租数	租金(元)		收回数	损失赔偿			备注	品名	出租数	租金(元)		收回数	损失赔偿			备注
		单价	金额		数量	单价(元)	金额				单价	金额		数量	单价(元)	金额	
大铁铲						30			铁炉	1/个					40		
肉钩						8			纤绳	本会内专用、不向外租借							
喷肉架						200			老杠						100		
饭勺						3			扎棺绳						300		
称架						6			子杠绳						40		
小锅子						30			钢钎						200		
保温桶						250			十字镐						50		
									锄头						40		
									东北斧						60		
									圆铲						20		

说明：1. 以上部份按桌数收取租金。 2. 会内白喜不收费红喜每桌1元、会外红白喜2元。	合计金额： 元	其中	
		租金： 元	赔偿金： 元

经办人： 　　承租人： 　　租出时间： 　　归还时间：

此外，会员还需要给孝家一定的丧事补助费。这笔费用由会委或者组长收齐后直接交给孝家，长生会绝对不能截留挪用。

七、村互助组织参与乡村治理的处罚

为保障长生会的顺利运行，长生会会章规定会委、组长、会员如违反规定、出现以下情况，就按会章认真处理，予以一定的处罚：

（1）不按时交孝家的物资补助，不守灵至天明的；

（2）主劳动力在家，派妇女、小孩参加送葬或不参加的；

（3）亡者发丧追悼，有劳力不参加、不抬丧的；

（4）组长安排落塘不参加的；

（5）组长分配到孝家打井、帮厨、帮道等不来的。

以上情况如出现一次就文字提名（即书面张榜公布）；出现二次文字公布警告；出现三次文字公布批评；出现四次经会委扩大会讨论通过给予除名处理，不退入会基金。

2011年2月15日的《长生会公告》更是明确规定了罚款：在家的、住外地的及外出打工的，若没有人到坐夜、送葬，必须委托请人坐夜、送葬，否则每缺一次罚款40元。

不过，如果会委、组长、会员在上述方面有特殊情况，事先已向会委、组长通气请假的，不受此处理。

就我们调查了解所知，边竹村长生会没有出现过因为违反会规而处理会员的情况。参加长生会的村民都能够积极履行义务，出力出钱帮助孝家办理丧事。[1]

案例1

2013年冬天，80多岁的王家婆婆去世。她生有三个儿子，大儿子认为她偏向两个弟弟（小弟弟为残疾人），因此与妈妈不和，10多年前就不叫她妈了。王家婆婆去世以后，60多岁的大儿子不穿孝衣，但是抬棺材上山。别人笑话他："你孝衣不穿你来抬棺材干嘛?!"这个大儿子不当儿子当邻居。[2]

这一案例中的王家大儿子即使不尽儿子的义务也要尽邻居（即长生会会员）的义务，以免被长生会按照会规处理而被村邻看不起。

当然，这些年长生会有自动离会的。根据退休教师龙老师的介绍，有个人60多岁，外出了，长时间不来参加活动，就自动除名了。[3]

---

〔1〕 边竹村党支部书记杨培群向我们介绍："本来两家不和的、吵架了，如果碰到对方死人了，另一方必须要去的，记生不记死，否则别人要说的。"这样反而通过长生会改善了两家的关系。杨培群访谈录，2017年8月29日。

〔2〕 杨培群访谈录，2017年8月29日。

〔3〕 龙文道访谈录，2017年8月29日。

八、结语

作为村互助组织，石川边竹村长生会功能明确、组织规范、运行民主、骨干热心，因而 30 多年来一直顺利运行、健康发展，在解决村民具体困难、团结村民凝聚人心、传承中华民族优秀道德风尚、促进乡村社会和谐方面发挥了积极作用，促进了乡村善治。

边竹村长生会性质清晰、任务明确、功能单一，以丧葬互助为核心，相互帮助，共同解决经济和人力方面的困难。在人的生老病死中，死亡为其中的重要内容且为最后之事；中国有重孝厚葬的传统，而个体家庭的经济能力、人力又有限，因此长生会以丧葬互助为核心符合村民需要，解决了村民困难，具有坚实的社会基础。

同时，普遍性、相互性、长期性使得丧葬互助得以延续。每个家庭都有老人，每个人都会老去，因而每个家庭都普遍有着丧葬互助的需求。丧葬互助具有相互帮助、每家获益、先帮后受的特点，每家都尽义务、每家都享权利，权利义务方面具有对等性。由于身体条件等因素的不同，老人离世前后不一，因此丧葬互助缺乏即时性，也不可能在短时间内完结，在时间上较为长远。[1]

从组织规范上看，边竹村长生会会章等规章制度完整，组织机构健全，适时举行会议，文书材料保存齐全。[2] 长生会作为乡村互助组织能够长期存在并良好运行，重视规章制度建设、尊重制度规范、执行规章制度是重要的原因。

作为民间丧葬互助组织，石川边竹村长生会遵循"群众组织，群众拥护，群众监督，群众管理"原则，实行民主办会、民主运行，在会委会选举、费用调整等重大事务方面充分尊重会员意见，村民参与的积极性高，事务的透明化程度高，会员既愿意积极出谋献策，也自觉执行长生会决议。

在实际运作中，边竹村长生会的会长、会委起到了关键的带头作用。历

---

〔1〕　在调查时，受调查的村民一致表示长生会将一代一代地传下去。正如龙文道所言，有钱不求人、万事不求人是不可能的，还是要互相帮助。龙文道访谈录，2017 年 8 月 29 日。

〔2〕　2016 年 10 月 1 日调查时，我们从邓文炳会长的一个手提包中发现了长生会的基本材料，包括会章、公告、会议记录、死亡人员登记表〔含序号、姓名、性别、出生日期、死亡日期、享年（岁）、安葬时间地点、交费情况（户数、金额）、备注等项〕、具体互助清单等，内容完整，保存完好。

任会长、副会长热心公益，牺牲时间、精力致力于长生会的良好运行和健康发展；会委、组长认真负责、积极参与。这些富有公心的领导、骨干成员保证了长生会的顺利运行。

通过规范运作，边竹村长生会解决了孝家的困难，凝聚了会员的人心，显示了团结的力量，增加了村民的安全感，使乡村社会守望相助、和谐有序。在建设法治国家、法治社会的当代中国，全面总结边竹村长生会的规约和具体运行，对于认识和界定国家与社会关系、推进乡村社会的规范治理、运用村规民约建设文明乡风村俗、推进乡村善治具有积极的意义。

第九章

村公益组织在乡村治理中的作用

——以宁夏回族自治区吴忠市大河镇满塘村用水者协会为对象

一、引言

水利是农业的命脉。宁夏平原为我国的三大灌溉农业区之一。宁夏水利沿袭 2000 多年，除有黄河这一方便引水条件外，主要还是靠兴修水利，在特定的自然条件下创造和发展了一套独特且完整的水利技术。同时，在灌溉开发过程中，宁夏乡村人积累了丰富的治水、用水、管水经验，如成立公益性的用水者协会。[1]2019 年 7 月 21 日、22 日，笔者到位于宁夏灌溉区的吴忠市利通区大河镇满塘村和红渠村、红寺堡区西太乡金原村进行了专门调查，对用水者协会这一公益组织在乡村治理中的作用进行了专题了解。[2]

满塘村位于吴忠市利通区大河镇中心。全村有 12 个村民小组，总人口 2800 多人。全村耕地 5280 亩，以种植业为主，主要发展桑蚕、奶牛等产业。满塘村先后获得"全国植树造林千佳村""吴忠市文明村""利通区五个好村党支部""吴忠市社会主义新农村建设示范村"等荣誉称号。

满塘村用水者协会于 2005 年 3 月 28 日通过用水者代表大会选举成立，并获得了民政部门的社会团体法人登记证书。2018 年共有用水户 1095 户，[3]灌

---

〔1〕 按照学术惯例，本章中的某些人名、地名进行了化名处理，特此说明。2017 年 10 月，在墨西哥首都墨西哥城，国际灌排委员会第六十八届国际执行理事会一致通过：宁夏引黄古灌区入选第四批世界灌溉工程遗产名录。

〔2〕 关于用水方面公益组织的名称，各村并不相同，如金原村称"水务协会"、红渠村称"大河镇三号渠农民用水者协会"；满塘村的用水者协会亦称"农民用水者协会"。

〔3〕 满塘村的所有农户均为用水者协会会员，每一个农户都需要灌溉用水。

溉面积 5090.56 亩。根据章程,满塘村用水者协会由满塘村所属用水者代表组成,是农民用水者自己的管水组织,依据满塘村广大用水者的意愿和国家有关政策成立,从事满塘村供排水工程管理,属非营利性社会组织。

本章将以满塘村用水者协会为对象,对村公益组织参与乡村治理的基本条件、具体作用、实际效果进行总结,以引起学界对这一问题的进一步重视。

二、村公益组织参与乡村治理的条件

公益组织参与乡村治理,基本前提为组织完善、人员齐全、运行正常。为实现宗旨,满塘村用水者协会制定了规章制度,选举了协会管理人员,进行日常的运行。

满塘村用水者协会先后制定了协会"章程"和"执委会会长职责""执委会副会长职责""灌溉管理制度""工程管理制度""财务管理制度""奖惩制度"等规章制度,使用水者协会的运行有章可循。其中,《吴忠市大河镇满塘村农民用水者协会章程》共 8 章 45 条,内容包括总则,业务范围,会员,组织机构和负责人产生、罢免,资产管理、使用原则,章程的修改程序,终止程序及终止后的财产处理,附则,为用水者协会参与乡村治理奠定了制度基础。

为履行好灌溉用水和水利工程维护等职责,参与乡村治理,满塘村用水者协会完善了组织机构、产生了负责人。协会的最高权力机构是用水者代表大会。用水者代表大会的职权是:①制定和修改章程;②选举和罢免执委会成员;③审议执委会的工作报告和财务报告;④审查通过执委会的用水工作计划和各项管理制度;⑤审查执委会的工程建设与维护计划;⑥对违反协会章程及各项规章制度的会员作出处罚;⑦决定终止事宜;⑧决定其他重大事宜。执委会是用水者代表大会的执行机构,在闭会期间领导本团体开展日常工作,对用水者代表大会负责。其职权是:①执行用水者代表大会的决议;②选举和罢免主席、副主席、秘书长;③筹备召开用水者代表大会;④向用水者代表大会报告工作和财务状况;⑤决定会员的吸收或除名;⑥决定设立办事机构,代表机构和实体机构;⑦决定副秘书长、各机构主要负责人的聘任;⑧领导本协会各机构开展工作;⑨制定内部管理制度;⑩通过与灌区管理所、有关镇乡政府和村委会协商,制定用水计划,工程维护计划以及水利用工、筹资等工作计划，提交用水者代表大会审批；⑪督促用水者，完成水费收缴任务；⑫决定其他重大事项。

满塘村用水者协会执委会会长是协会的法定代表人，在用水者代表大会闭会期间按章程及大会通过的决议行使权力，负责协会的全面工作。其职责为向本协会会员宣传国家有关政策和水管单位的有关规定。依照代表大会的决议修改本协会章程中的有关条款和规章制度；代表协会向水管单位反映用水者的合理化建议和要求，并力争得到妥善解决；对协会的资金使用、管理全面负责，严格审批各项开支，不得违章违纪；建议召开用水户代表大会，向大会报告工作，根据新的情况决定新的工作计划及方针，并执行代表大会决议；每年年末，向用水者代表大会报告年度工作情况；负责召开执委会成员会议，安排日常工作；支持、检查副会长的工作。

副会长则按照用水者代表大会章程，负责灌溉管理工作；适时与用水协会协商制定年度和每轮供水计划；及时向水管单位报送本协会年度和每轮灌溉用水计划；安排每轮灌溉顺序、时间，并协调和记录好放水过程中用水组之间的交接；负责在灌溉过程中分段计时、测定流量，并及时计算水量，做好记录；负责组织工程设施的更新、改造、维修和养护；向会长和用水户代表大会报告灌溉和管理工作情况；按分工做好协会其他日常工作。

会长、副会长等协会人员通常由满塘村村委会提名、用水者代表大会选举产生。按天发放误工补贴，如 2018 年每天补贴 40 元或 50 元，最多的为180 天，共获补贴 7200 元；最少的为 10 天，共获补贴 500 元。满塘村用水者协会 2018 年共有 11 人获得补贴，共为 27 400 元。这些补贴从水费上交返还中支出。[1]

在满塘村村委会的支持下，满塘村用水者协会运行正常，每年都能通过区民政部门的年检。

满塘村用水者协会建立了健全的规章制度，选出了认真负责的工作人员，进行了正常的运作，这就为加强田间工程和农田灌溉管理、提高水的利用率和建设节水型社会奠定了组织基础，为参与乡村治理创造了组织条件。

---

〔1〕根据满塘村村委会主任王新猛的介绍，用水者协会一般每三年选举一次；报酬视工作量大小而定，即根据管理灌溉田的面积不同而不同。参见王新猛访谈录，2019 年 7 月 22 日。

三、村公益组织参与乡村治理的作用

作为公益组织，满塘村用水者协会参与乡村治理主要是围绕自身的业务范围展开的。《吴忠市大河镇满塘村农民用水者协会章程》第 6 条规定："本团体的业务范围：（1）全面负责制定灌溉用水计划、工程维护计划、集资兴办水利计划，及其他相关工作计划，负责本辖区内所属支斗以下水利工程设施的维修、养护和运行管理。（2）编制、实施年度配水计划，维持用水秩序；全面负责各用水户之间的灌溉调度，平衡水量，执导用水户管理本协会范围内的灌溉设施。（3）协助汉二管理所全面负责向用水或按方量及时收缴水费。（4）根据汉二管理所的要求，全面负责对本协会所辖区城内农业种植结构的调整，并执行好各种与雨水相关的政策。（5）全面负责协调本协会内外部关系，处理灌溉中的民事纠纷和决定其他重大事项。"由此可知，满塘村用水者协会在乡村治理中主要从事对灌溉水资源的分配、处理灌溉中的纠纷，维护灌溉用水秩序，促进乡村经济发展和社会安定。

在实践中，满塘村用水者协会参与乡村社会治理的作用主要表现在以下四个方面：

（1）理顺了灌溉用水秩序，促进了节约用水。为实行计划用水、节约用水、提高农业灌溉效益和供水可靠性，《满塘村农民用水者协会灌溉管理制度》规定灌溉管理主要是依据全年和阶段性供水计划，适时供水，安全输水，合理利用水资源，平衡供求关系，科学调配水量，充分发挥灌溉效益；灌溉管理实行执委会调度管理责任制，按计划供水、用水申报、合理调配、分段（片）计量的原则；每年 3 月由用水协会汇总各用水户年度用水申请表，报联合会汇总。协会与供水方协商后确定年度供水计划，报水管单位并与其签订供水合同；每轮灌溉前，由各用水户根据农作物需水情况向协会报告并办理本人灌溉用水计划，包括用水时间、流量及总水量；实行"先交款后供水，先开票后放水"的原则。严禁人情水、关系水；严禁隐瞒或转移水方；严禁以权谋私、私减水方；科学调度，合理配水，坚持"先上游后下游，上游照顾下游，局部服从全局"的原则，杜绝漫灌，做好蓄水、保水、节约用水工作；认真做好渠道安全巡护工作，放水期间各用水协会必须派人巡堤守水，分段把关。抢险堵决，由协会集中各受益用水协会力量实施；认真做好水费计收工作，灌溉面积作为分摊水费的重要依据，每年放水前，用水户与协会

应重新核实一次灌溉面积，如有变更，应在面积登记卡上进行修改。水量结算做到联合会、用水协会、用水户三方相符。严格执行水价，不擅自提高水费，水费实行专款专用，不挪用、不截留；遵守灌溉纪律，维护灌溉秩序，服从统一调度。不准偷水、抢水，不准破坏建筑物放水，不准私自截流放水，不准在渠道堤顶及坡内种植作物、取土打坝。

在灌溉高峰期，满塘村用水者协会按照水管所的指导，有计划、有秩序地进行合理配水，并坚持斗口计量、按量收费，配水到户，减少了中间环节，缩短了灌溉周期，提高了水的利用率及效益。同时，满塘村用水者协会在灌季积极调节用水户之间的用水矛盾，减少了配水的水事纠纷。

（2）落实了田间灌溉工程管护责任。《满塘村农民用水者协会工程管理制度》规定本协会辖区内干渠外的渠道及建筑物的管理权和使用权为本协会会员所共有；在灌溉期间，用水者代表、执委会成员均应巡堤护水，用水协会必须组织用水户对所辖区堤段加强检查维护，保证渠道安全行水；灌溉前协会应对渠道进行全面检查，对影响通水的渠道及建筑物应及时组织维修；每次放水结束后，用水者代表（管水员）要对协会所辖区域内渠道进行检查，发现破损、垮塌等问题应及时组织用水户修复，大的安全问题上报协会执委会组织维修；本协会的工程管理实行分级负责制，支渠及其建筑物由协会统一管理，斗渠以下渠道及其小型建物由用水组管理；支渠及其建筑物的维修或更新由协会制定方案报用水户代表大会审批后实施，所需资金按用水协会受益面积分摊；斗渠以下渠道的维修、配套、改造由用水协会制定方案。用水协会会员大会通过后实施，所需资金按用水户受益面积分摊；本协会新建灌溉工程由协会执委会负责组织规划设计，用水户代表大会审批，并与乡村领导协商实施，资金与劳务由新建工程的受益者按受益面积分摊；本协会会员有对灌溉工程进行维修的义务，任何人不得拒绝。

满塘村用水者协会克服了村、村民只注重土地承包经营、忽视渠道管理的现象，加强了对支、斗渠以下田间工程的管护，制定了具体的管护办法，落实了管护责任人，签订了管护责任合同；田间渠道划分渠段，分段包干，责任到人，改变了过去田间渠道管理不善的状态，确保了渠道的畅通和安全运行。

（3）减轻了灌区村民的负担。满塘村用水者协会是通过用水户民主选举产生的，是村民自己的公益性组织。灌溉用水具有公益色彩，满塘村用水者协会坚持"谁受益、谁管理、谁负担"的原则,加强对田间工程和农田灌溉的管理,自我服务、自主决策,努力降低灌溉成本、减轻村民负担。

通过满塘村用水者协会,灌区实行"水费公布"的廉政措施,提升了水费收缴的透明度,杜绝了搭车收费现象,减少了灌区村民的支出,使灌区村民用上了放心水,缴上了明白钱,维护了良好的乡村用水秩序。

(4)完善了灌溉管理的监督体系。满塘村用水者协会是一个具有独立法人资格的群众性社团组织,规范健全、组织有力、运行有效,且得到了村党支部和村民委员会的支持、通过了国家有关部门的年检。这一性质决定了其能够且有能力监督水管单位足量、适时配水,防止水管单位小水大配、延时配水,维护了正常的供、配水秩序,协调好了村民、用水者协会与水管单位的关系,从而保障了农业生产的顺利进行,推进了乡村振兴战略的实施,促进了乡村善治。

作为用水者组织起来而成立的协会,满塘村用水者协会能够代表村内一家一户的灌溉用水者与水务局、水管所、镇政府等单位就灌溉用水量、平价水与高价水比例、水费优惠、水利工程维护等进行沟通、交涉、商量、谈判,[1]以满足满塘村用水户的需要,最大限度地维护用水者的利益。这显示出了村民组织起来的力量,表明了满塘村用水者协会在乡村治理中的独特价值。

四、村公益组织参与乡村治理的效果

作为村公益组织,满塘村用水者协会围绕协会宗旨参与乡村治理,把公开配水、公开水量、公开收费、公开监督作为工作重点,保证了正常灌溉,为灌区农业及时、有效地得到灌溉起到了积极的推动作用,维护了良好的灌溉用水秩序,取得了良好的乡村治理效果,促进了乡村善治。

(1)在水量分配方面,满塘村用水者协会建立了透明、准确的配水机制,让村民用上了明白水。用水者协会通过召开用水户代表大会和春、夏灌动员安排大会,在充分掌握村民种植计划和用水计划的基础上,由协会将配水计

---

〔1〕如红寺堡区西太乡金原村水务协会就用水调整事宜向水务局、水管所递交了下面这一申请报告:"尊敬的水务局、水管所领导:我是红寺堡区西太乡金原村水务协会,因今年后半年雨水较多,使得我用水需要调整。现将灌水2.5寸水,根据我灌溉情况,现须用1寸水可坚持到8月停水。特此申请。金原村水务协会(金原村村民委员会章)2018.7.24(四干5支)"申请报告上还有乡人民政府的意见"属实"和盖章。

划落实到户，做到水上塬有下家、水到地头有效益。

通过建立和实施严格的灌溉用水管理制度，满塘村用水者协会调整了内部用水关系、协调了外部相关关系，严格执行轮流用水制度、杜绝人情水及违规用水并根据天气情况安排专人值班，确保用水安全。[1] 对偷水、抢水等破坏正常用水的村民或个人，按照有关规定处以一定的罚款。如面对缺水形势，满塘村用水者协会则早安排、早部署、确保种植业有效用水，减少村民的农业生产损失。

满塘村用水者协会建立灌溉管理制度、分配灌溉水量、安排灌水次序等，形成了合理的灌溉用水秩序，保障了乡村农业生产的顺利进行。

（2）在水费征收方面，满塘村用水者协会严格执行了透明、公开的收费机制，让村民缴明白钱，杜绝搭车收费。满塘村用水者协会水费收缴限时，按照用水顺序应提前预缴水费。如不按期缴费，将在下轮不予供水，后果由不缴费的村民承担，用水者协会不承担相关责任，并且不予解决。协会向灌区农户大力宣传水的商品意识，努力提高广大用水户缴费的自觉性，大大提高了水费的收缴率（收缴率达到98%）。

不过，由于个别农户的契约意识、法律观念存在一定问题，拖欠、迟交水费的情况也客观存在。[2] 随着近些年土地流转的加快，土地更多地向种植大户集中，水费收缴率将进一步提高，满塘村用水契约的履行将更为顺畅，更有利于形成良善的乡村生产秩序、社会秩序。

与此相关，满塘村用水者协会主持兴办和维修灌溉工程费用的集资分摊，要求每一个受益者都必须足额缴纳，限制向拒不交款者供水，直至停止供水。这保障了农业灌溉的正常进行，有利于农业生产的可持续发展，促进了乡村发展。

（3）在水事纠纷方面，满塘村用水者协会建立了水事纠纷调解机制，设有专职人员负责此项工作，把水事纠纷处理上升到为民办事、创造和谐生活环境的高度来认真对待，在处理过程中坚持依法办事，做到合情、合法、

---

〔1〕　金原村水务协会则具体规定：凡开垦的荒地坚决不与供水，在保证承包地供水的前提下开垦的荒地用水将提高水价（每方价0.80元）。农户承包的林带，如果种植农作物者将不予供水。严格按照灌水顺序依次淌水，杜绝人情水，如果遇下雨天轮到谁淌就是谁，如果过去，将不予供水。

〔2〕　根据满塘村委会主任王新猛的介绍，满塘村现在尚欠4万多元水费。参见王新猛访谈录，2019年7月22日。

合理。

在处理水事纠纷时，满塘村用水者协会主要根据《满塘村农民用水者协会奖惩制度》第 4 条 "凡发生争、抢水事件在用水协会范围内的，由首席代表会同代表处理，在用水协会之间的由协会处理。发生打骂事件的报乡村处理，造成经济损失和人员伤亡的交司法部门处理" 的规定来进行处理。针对漫水等引起的纠纷，满塘村用水者协会根据事实合理、合规、合法地予以解决，消解了矛盾、恢复了秩序，取得了较好的社会效果。

五、结语

作为公益性组织，满塘村用水者协会围绕协会宗旨，满足了村民的灌溉用水需要，节约了水资源，提高了水利用率，维护了正常的灌溉秩序，保障了农业生产的正常进行，为灌区农业的可持续发展做出了积极的贡献，维护了乡村的公共利益，推进了乡村治理。

作为乡村民间的组织，满塘村用水者协会秉承自我服务、自主决策的原则，不断降低灌溉用水的成本，努力减轻村民的负担。这显示出了协会在团结会员、维护利益、维持秩序方面的重要作用。

满塘村用水者协会在乡村治理中发挥积极作用，有赖于政府有关部门和村党支部、村委会的支持，更要依靠协会系统的规章制度、完善的组织机构、良好的运行状态。

为更好地履行职责、发挥作用，满塘村用水者协会需要加强自我宣传力度，使会员对协会有一个全面、正确的认识，形成一种全力支持和积极参与协会活动的良好氛围；通过强化培训，提高协会人员的素质，不断提高协会的管理水平。

第十章

村宗族组织参与乡村治理的作用
——以贵州省锦屏县南台镇九都村为对象*

一、引言

《中共中央关于全面推进依法治国若干重大问题的决定》提出全面推进依法治国，需要推进多层次、多领域依法治理；坚持系统治理、依法治理、综合治理、源头治理，提高社会治理法治化水平；深入开展多层次、多形式法治创建活动，深化基层组织和部门、行业依法治理，支持各类社会主体自我约束、自我管理；发挥市民公约、乡规民约、行业规章、团体章程等社会规范在社会治理中的积极作用。2017年10月18日中国共产党第十九次全国代表大会开幕会上，中共中央总书记习近平在代表第十八届中央委员会作报告时强调："加强农村基层基础工作，健全自治、法治、德治相结合的乡村治理体系。"贵州省黔东南苗族侗族自治州锦屏县南台镇九都村发挥宗族、房族的积极性进行乡村社会治理的实践就符合这一精神，值得认真总结。

南台镇九都村地处锦屏县九寨地区侗乡腹地，为南台镇第二大村；位于南台镇政府驻地之西3公里处，东邻南台村，南临清水江与平略镇平鳌村相望，西邻彦洞乡黄门村，北接孟佰村和圭叶村，辖堂娥、登泵、大坝、崩陆等自然寨。全村有14个村民小组，共512户2132人，其中99.3%为侗族；全村有劳动力896人。全村面积为25平方公里，林地面积1.2万亩，其中天然林

---

* 感谢陆显彬、刘光环、陆景良、王奎等的帮助。根据学术惯例，本章中的部分人名、地名进行了化名处理，特此说明。

1700 余亩;有 1200 亩地、860 亩田。九都村民俗文化多姿多彩,"桃园文化节"、鞍瓦节等民族节庆活动久享盛名,侗族"嘎花歌"等婚俗独具特色。九都人重视生态环境保护,寨周存红豆杉、银杏、米栗、枫树等古风景树 60 多株。

根据传说,明朝景泰年间,陆、刘二姓先人始结庐于距今住地 3 里处的因寨、新寨。先民们发现放牧牛群寻食到今住地后乐不思归,观其地周高中低、水丰平旷,实为宝地,便移入定居。九都村也因"犀牛引路,宝地宏开"的美传而得名,"犀引"写作"西引",侗语中的"西引"有相互引领,同往安家的含义。明清时期,九都是古侗款"九寨"之一;雍正朝后直属黎平府东北路。1914 年,九都设为联防保;1942 年,设为九寨乡第五保。中华人民共和国成立后设村,辖于南台乡,后设为大队,辖于南台公社;1984 年复设村,辖属南台镇至今。当地民谣传:"华夏有百家,九都有十姓。"陆、刘、吴为三大老姓,陈、金、徐、龙、邵、傅、任七姓于明朝中期相继迁入。其中,除陆、邵二姓,刘、陈二姓世结异姓兄弟外,其他各姓则互通姻亲。从建村之初开始,九都村就形成了房族。房族较广泛地参与村寨事务,[1]在乡村治理中具有广泛影响。

九都村现有 22 个房族,其中包括陆姓 6 个、刘姓 6 个、吴姓 2 个、龙姓 2 个、陈姓 1 个、傅姓 1 个、邵姓 1 个、任姓 1 个。房族包含的家庭多少不一,如哦先恩刘氏房族有 38 户,高步陆氏房族有 20 户。[2]房族有一个房长、2 个至 3 个或更多的副房长。[3]房长、副房长一般通过不投票的选举方式产生,条件通常为有威望、有能力、已成家、年龄 30 岁以上。房长、副房长的任期不定,有的为终身任职。[4]陆姓、刘姓、吴姓、龙姓的一些房族订有成文的《房族族规》。[5]

---

〔1〕 关于当今汉族地区的宗族情况,可参见高其才和刘舟祺著的《鄂东族老刘克龙》(中国政法大学出版社 2017 年版)的有关内容。

〔2〕 刘光环介绍:"只要他另外开一个火炉就算新一家。"刘光环访谈录,2017 年 11 月 22 日。

〔3〕 副房长称为支公,房族有几个支系就有几个支公。九都村有的房族有 5 个支公。为便于联系,九都村的许多房族建有 QQ 群和微信群。

〔4〕 调查时,哦先恩刘氏房族的刘光环告诉我们:"我 2012 到 2014 年当过房长,清明会选的,全房族人在一起。当时(我)也是村文书。2014 年他们提出来要选新房长、换个届。他们认为(我)执行得不到位。我是根据村里的(村规民约)来执行,有些不到位。他们就说更换。房族里规矩比村规民约还要严一点,表现在执行这些条款时执行力更到位、更细致。那一段时间没有什么事,就是房长主持清明会。"刘光环访谈录,2017 年 11 月 22 日。

〔5〕 2014 年九都村"两委"要求房族的规定、制度要完善,相当部分房族就制定了族规。

2017 年 8 月 27 日、11 月 22 日，我们到九都村以哦先恩刘氏房族和高步陆氏房族为对象就房族在乡村治理中的作用进行了专门调查。本章谨从房族与族众管理、房族与村民互助、房族与村内事务、房族与文化传承、房族与纠纷解决等方面进行初步总结，探讨村宗族组织参与乡村治理的作用，以引起学界对这一领域的进一步重视。

二、房族与族众管理

九都村的村民既为九都村的一个成员，也为某一房族的成员。村民委员会根据《村民委员会组织法》等国家法律法规和政策实行村民自治，办理本村的公共事务和公益事业，调解民间纠纷，协助维护社会治安，向人民政府反映村民的意见、要求和提出建议。村民委员会服务的对象为作为村民自治组织成员的村民。

同时，房族作为血缘组织也负有一定的教育、约束、管理族众的职责，解决族众的实际困难，维护族众的合法权益，在某些方面分担了村民委员会的自治事务。房族服务的对象为作为房族成员的族众。房族通常要求族众爱国爱寨、遵纪守法、重德尚和。如哦先恩刘氏房族于丙申年腊月廿九（2017年 1 月 27 日）制定的《房族族规》第 10 条就明确规定：

> 房族成员要遵纪守法，遵守规章制度，爱护国家，爱护集体，爱护村寨，爱护房族，有好的思想素质，树立大局意识，有贡献精神，讲团结，讲互助，不要有互相欺凌、排斥、记仇恨的不良心理和行为，更不能制造矛盾；内部在此前有矛盾或纠纷的自行和平化解，以后不要产生任何新的矛盾纠纷。

可见九都村的房族注重族众基本品行的引导和培养，力戒违法乱纪行为的发生，强调树立良好的社会形象。

房族对族众的要求与村民委员会对村民的要求是一致的。如哦先恩刘氏房族《房族族规》第 1 条就重申了九都村有关村规民约的内容："为厉行节俭，房族中只许办结婚、出嫁、上梁（兄弟共屋进新屋）、老人葬礼酒席，高考升学酒按村级相关规定执行，未办过婚酒的夫妇，可办一堂周岁酒，除此之外的不许办，执意要办的，房族成员可以到位帮忙，但不要送礼。"对此，九都村的文书刘光环说："房族管他们（人）的遵纪守法。已经定下来的族规必须要执行，违反的必须要执行。比如说，我今天要办一个满月酒。我们村里不允许的。你自己办可以，只要不违反放鞭炮下请帖不整个家族一起来。[1]只要请二三户，四五户，就可以办。他可以邀请孩子的外公外婆等就可以办。这个不约束。超过这个原则就要管了。这个房族处理了，不用轮到村里处理了。这样就分担了我们的工作，减轻了村里的事情。"[2]房族对族众的约束、管理客观上减少了村民委员会的事务，有利于村民自治的实现。房族的自治实际上成了村民自治的一个有机组成部分。

在清明会、解决纠纷等时节，房族房长、老人等往往会教育族内年轻人不要违法乱纪，通过具体事例劝导年轻人尊老爱幼、助人为乐、诚实守信、勤劳致富。

房族对族众的教育、管理主要通过议定族规、执行族规来进行。高步陆氏房族的陆显彬认为：

族规（是）直接接地气的条约，与他们（有）直接利益关系，比如婚姻方面的、分家方面，办婚丧喜事，还有一些纠纷（解决）的。这些在族里解决最有效。

我认为现在时代变了，族规也有改变，随法律进步而改变。有些法律规定不到的，它有保留的，它就发挥作用。像纠纷这块，法律没有人情在里面，族规就有人情在里面，它就解决得下去。按法律他不买你账，按族规就能解决了。

族、房是有作用的。族规他要求的他清楚，法律他可能不清楚。族规他有学习机会，他了解的。族规一讲他就明白的，他就懂的。[3]

---

〔1〕 九都村提倡移风易俗，避免巧立名目办酒、办酒桌数和办菜碟数增加、攀比燃放烟花爆竹等行为的发生。如九都村委员会、九都村治安联防队于2015年2月22日发布的《九都村移风易俗建议书》第1条要求："除新屋上梁（兄弟同建一幢房屋乔迁）、男婚女嫁、老人百年大事允许办酒，办酒桌数控制在30桌以下，办菜碟数在12碟以下。其余的开火炉、安大门、架楼梯、配偏厦、安神龛、小孩三朝、满月、周岁、老人大寿、寿枋竣工、坟墓立碑等不准办酒。"九都村"两委"于2015年11月10日发布的《敬告》又进一步强调："我村应该继续遵循移风易俗新风尚，不乱办酒席（包括满月酒、周岁酒、架楼梯酒、开大门酒、新购车辆酒、新店开张酒、老人大寿酒、寿枋竣工酒、立墓碑酒等花样），不攀比办酒和不燃放烟花爆竹（有人认为放花炮不在此列，其实燃放花炮的危害性更大，一则安全性更为严重，二则卫生状况更加突出）。"
〔2〕 刘光环访谈录，2017年11月22日。
〔3〕 陆显彬访谈录，2017年11月22日。

显然，房族通过族规对族众提出要求、进行约束的有效性在于房族关心族众的切身利益、解决具体的现实困难、满足日常的生活需要。房族对族众的管理具有具体性、身边性、互助性等特点，保障了族众的权益，满足了族众的安全需要。房族对族众的这种服务、管理与村民委员会对村民的关心、服务在内容、方式、手段等方面都存在不同，因而具有客观存在的价值。

房族对族众进行教育、约束，使族众遵纪守法、爱村护寨，与村民委员会一起处理村寨的公共事务，从而积极参与乡村社会治理，维持乡村社会秩序。

三、房族与村民互助

由于受个人和个体家庭力量以及社会公共服务提供现状的制约，九都村村民的日常生活、生产中的许多事务都需要他人相助。这些帮助有来自县乡政府、国家有关部门的，有来自村民委员会、村民小组的，也有来自房族等民间组织的。

九都村的各房族承继固有传统，将互助作为房族的基本职责和房族成员的主要义务，通过族规等形式规范生活、生产诸方面的互助事务，调整互助关系。如九都村高步陆氏房族 2016 年 10 月 31 日（农历十月初一）全房族集中议定、形成的《房族族规》共 6 条，其中 4 条涉及互助。具体为：

一、房族内有红白喜事时，各户户主夫妻双方必须到位帮忙（有特殊情况除外）；

二、房族清明会要求各户夫妻双方有一人到位参事；

…………

五、以后有红白喜事必须互相帮忙，外出或在家不到帮忙的，以后全房族都可以不去他（她）家帮忙；

六、房族内不能有两家同一天办喜事，如有必须要办的，房族成员只能到先议定的一家帮忙。

高步陆氏房族的《房族族规》最后还规定，"违反以上族规的，处罚人民币壹仟圆（1000 元）"，强调"各户必须遵守执行"房族族规。

而九都村哦先恩刘氏房族《房族族规》有关互助事务的规范更为全面、具体：

…………

二、红白喜事活路多，需要人员做事，要求在家成员都必须参加，外出的主要成员要回家帮忙，实在不能回家的，由户主安排一名能做事的家庭成员到位帮忙。

三、外出家中人口多的，应安排二人以上到位帮忙，能全部返回的更好。

四、参加红白喜事做事，参加人员必须主动，不能偷懒。

五、家庭主要成员都不能返回帮忙的，红喜交200元、白喜交300元以上作为房族事务经费，由房长保管，房族内部协商使用。

六、遇到别人家有事，家庭成员无故不帮忙的，到其家中有事，全体房族成员不必前往帮忙。

…………

八、60周岁以上成员不安排做事，但其本人愿意的，不予阻拦。

…………

十一、房族中不许同一天办两笔喜事，先定日子的优先，后定日子的必须改日，实在选择不了的，可以协商安排人员。

十二、白喜守夜可以通过抽签的形式，由多户轮流安排人员陪同事主。

这些族规主要规定了族人的红白喜事互助义务，对互助的时间、人员、方式以及不尽义务的处理等进行了较为详细的规定，以保证红白喜事等重大事情顺利进行。在高步陆氏房族的陆显彬看来："婚丧事帮忙是必须要去的，特别是白喜事必须要到位的，再远也必须回来。红喜有时你不来还可以原谅一下。白喜有时三四天，有时十天半个月，最少五天，看日子、看道场的日期。白喜有开明路一个晚上，上山需三五天，道场七天、九天，或以上，按那个来。帮忙时间就长了，不止房族，亲戚也来帮忙。"[1]

案例一

2017年7月，哦先恩刘氏房族有一位60多岁的老人因病去世。近50岁的刘少锋在浙江的一个工厂上班，为一条有26位工人的生产线的主管。他如果请假返回来九都帮忙，整条生产线就要停工，损失就太大了。他夫妻俩都

〔1〕 陆显彬访谈录，2017年11月22日。

在浙江，九都没有人能够参加白事帮忙。于是，刘少锋自愿按照族规的规定交了 500 元作为房族事务经费。

30 多岁的刘少田夫妻俩在广东东莞打工，因为妻子生孩子也回不来帮忙。他也按族规交了 300 元作为房族事务经费。没有出人帮忙的没有不交钱的。[1]

在其他互助事务方面，还有族人盖房时的互助义务。当房族内有人家盖房子时，房族成员都要自愿去帮忙，没有工钱。做传统木房子时，大概前后帮三天。近些年，九都村民多盖钢筋水泥房，通常要帮十天半个月。房族成员根据自己的实际情况来帮忙。而之后帮助者盖房时，被帮的族人也要来帮忙、互帮互助、友好往来。

同时，在九都村，遵循历史传统和民间习惯，一直存在坟地讨地现象，而从血缘、情谊、义务等角度考虑，讨地往往在房族内进行。下面这一《讨地书》即反映了哦先恩刘氏房族族人之间的互助关系：

讨　地　书

今有哦先恩房族刘强刘志兄弟因父亲国栋百年归世，自家山地不和其本命，特到本房族刘深魁后裔多家商量位于"登架仁"（东抵田、南抵冲、西抵新公路、北抵田经田空至新公路）山地上壹穴坟地安父，恐有不明，特立此书为据，以昭双方发达，后裔繁昌，人财发旺，富贵皆全。（注：往后如有需要，双方可以互相商量。）

讨地人：刘强（签名）刘志（签名）　　送地人：刘如贵（签名）刘如富（签名）刘如义（签名）

在场人：刘国辉（签名）　　刘国杰（签名）　　刘名龙（签名）

公元贰零壹伍年岁次乙未捌月贰拾捌日立

当然，房族成员在日常生活中的瓜菜往来、柴火互给等互助行为更为普遍。

从田野调查来看，九都村各房族除了清明祭祖外，最主要的职责和操作价值为族内互助，特别是红白喜事的互助。房族互助解决了族人的具体困难、

---

[1]　刘光环访谈录，2017 年 8 月 27 日。

保障了族人的正常生活、满足了族人的安全期待、加强了房族的团结。房族这一参与社会治理的行为为村民提供了村民自治组织和政府可能无法提供的服务，减轻了九都村村民自治组织和政府的负担，促进了国家与社会的合理分工，形成了乡村社会的正常秩序。

四、房族与村寨事务

按照《村民委员会组织法》的规定，村民委员会办理本村的公共事务和公益事业。九都村村民委员会在办理公共事务和公益事业这些村内事务时，需要全体村民的支持、参与和配合，而其中房族也担负着重要的职责。

如高步陆氏房族《房族族规》第3条规定："如遇村集体有活动需要本房族会参加的，人员由房长据实安排，如果产生费用，由各户均担。"哦先恩刘氏房族《房族族规》第9条也有类似规定。

房族参与的村内事务包括村举办节庆活动、建设公益设施等。如为传承和弘扬民俗民间文化，从2006年开始，九都村基本上每年都举办"嘎伓文化节"、[1]"桃园文化节"，内容包括迎宾、村内游行、开幕式、文艺演出、民歌比赛、斗牛比赛、篮球比赛等，项目众多、规模较大。"嘎伓文化节""桃园文化节"的村内游行、斗牛比赛、捐款、场地建设等都需要房族的参与、支持。[2]对此，一直参与"桃园文化节"筹办的九都村文书刘光环说：

村里搞活动、大型活动就以房族为单位，村里搞活动时往往以房族为单位。2007年开始桃园节，有斗牛嘛，就一个一个房族自己约定养一头牛或买一头牛或租一头牛。以房族为单位参加斗牛。每个房族看大小，大房族来几头牛。

大型活动游行时，每个房族有一杆旗或多杆旗，一杆立旗或五彩旗，或

---

〔1〕"嘎伓"即"侗族花歌"，它源于九都村婚俗。早在始祖进入九都居住之时，他们是结拜而来的，当时他们禁止通婚，九都村民的祖先都与启蒙一带的婆洞、腊洞接亲，因有清水江相隔，常常被江水隔断迎亲的路，多少对新人难成眷属，所以九都村民的始祖就跪拜祖先，祷告恩准金兰结亲，得以如愿，便能就近谈情说爱，互诉衷肠，相爱成亲。其间，他们以歌传情，以歌互勉，久而久之，"嘎伓"成了人们交流的主要方式，一代一代传唱至今。

〔2〕如九都村2013年"嘎伓文化节"活动游行队伍顺序安排：①国旗；②九都小学腰鼓队；③上级领导；④各兄弟村领导；⑤南台文艺代表队；⑥皮所代表队；⑦锦屏飞山代表队；⑧平略代表队；⑨九都村腰鼓队；⑩河南堂晚乔公老十房；⑪彭城堂桧铭公房；⑫清河堂；⑬河南堂阳发公一房；⑭河南堂七十房；⑮河南堂斗爵公房；⑯彭城堂；⑰三让堂；⑱博陵堂；⑲彭城堂（邓泵）；⑳武陵堂；㉑东海堂；㉒河南堂阳发公二房；㉓河南堂七十房；㉔河南堂阳发公三房；㉕彭城堂；㉖乐安堂。其中⑩至㉖为各房族。

者历史上的老旗帜。刘姓房族原来有一个黎平府管辖的九寨总管刘开厚，[1]他们家有旗帜，那时可展示出来。

　　村里搞建设，捐资什么的，也以房族为单位。以前是以房族为单位，今年桃源广场捐资不分房族，以村民组为单位。村民组也基本以房族为主。[2]

　　这些村内事务中，尤以斗牛比赛需要房族的参与、支持。锦屏的侗族、苗族有举行斗牛活动的传统民俗。为让观众尽情享受斗牛带来的乐趣，为节庆活动增添喜庆气氛，九都村要求房族按照传统提供斗牛，以房族名义参加斗牛比赛，为公共娱乐活动添砖加瓦。当然，这也可能产生房族之间的某种矛盾。九都村村委会副主任陆景良举例说："我房族有两头牛，你房族没有牛，我租借给你了一头，结果（比赛时）租给你了一头牛又赢了我房族的。这个（房族之间）就（可能）有些小意见了。"[3]

　　为使全村有一个良好的社会风气和舒适和谐的社会环境，在具备物质文明的同时营造一个具备精神文明的氛围，提高村民群众的整体素质，倡导村民群众共同建设文明村寨，九都村民委员会、九都村治安联防队于2015年2月22日发出了《九都村移风易俗建议书》，就办红白喜酒、燃放烟花爆竹提出了建议、进行了约定，倡导移风易俗新风尚。为更好地实施有关规范，在总结以往实践的基础上，2018年2月26日晚上，九都村"两委"组织各房族房长开会，请各房族房长担任护约小组成员，房族内的任何人办了不应该办的酒、放了不应该放的炮，都先由房族房长交相应的罚款。这表明让房族在村内的移风易俗事务方面担负起了更大的责任。

　　此外，在九都村开展村寨环境卫生大扫除，改变村容寨貌脏、乱、差的

　　　　　　　　　　　　　　　　　　

　　〔1〕　北侗九寨之一的九都村以陆、刘两姓为大姓，其中刘姓宗族的先祖刘开厚在清朝光绪、宣统年间曾长期担任九都寨保甲首领及九寨团练总理，刘开厚家族后裔至今仍然保存有大量的清代和中华民国时期的文书。其中大部分为保甲团练档案，主要是黎平府颁给九都寨或九寨侗族社区有关保甲与团练事务的公文，以及大量处理侗族社会治安和民事纠纷案件文书。这是迄今为止在侗族社区发现的最为完整、系统的保甲团练档案。参见龙泽江、傅安辉、陈洪波编：《九寨侗族保甲团练档案》，贵州大学出版社2016年版。

　　〔2〕　刘光环访谈录，2017年11月22日。

　　〔3〕　房族之间的其他矛盾包括老屋基、宅基地等，多为历史上的遗留。陆景良访谈录，2017年11月22日。曾有知情人向我们介绍，有一小姓家庭的老人去世，某大姓家不让其出殡时从自家门口经过，有某种欺负的嫌疑。调查时，刘光环认为各个房族之间有些矛盾，都是小事情，不算什么大事情。刘光环访谈录，2017年11月22日。

现象时,各房族也都大力支持、积极配合,使九都村的村寨环境卫生状况不断得到改善,脏、乱、差状况得到了很大改观。

九都村各房族爱村爱寨,积极参与斗牛比赛等村内事务,在参加村内公共娱乐活动、完善村寨基本设施、推进村内公益事业等方面出力出资,参与乡村社会治理。

五、房族与文化传承

九都村各房族重视文化传承,将尊祖、睦族、重孝、敬老、爱幼等优秀传统文化观念和规范通过祭祖、互助等活动、行为予以承继、弘扬,以进一步增进房族共识、凝聚房族力量、加强房族团结。在九都村村委会副主任陆景良看来,房族很重视清明节,大家都将祭祖记挂心上。[1]

在文化传承的具体方式方面,九都村各房族主要表现为清明会合族祭祖。

为办好清明会,各房族大多采取逐年轮值的方式确定主办户,如高步陆氏房族于2016年10月31日(农历十月初一)协商确定了清明会逐年轮值顺序,每年2户,从2017年一直到2026年,族内每户轮值一次。哦先恩刘氏房族也有清明会值年轮流单,每年轮值户为6户,从2016年一直轮排至2021年,族内每户轮值一次。这份轮值名单表每户一份,让每户都知道自己家的轮值年份。

按照规范,轮值户负责购买香、纸钱、吊花等祭祖用品,采买聚餐物品。哦先恩刘氏房族规定清明会祭祖召集人由年度轮值家庭担任,集中地点由召集人协商确定;清明会各年集中时间为大众扫墓的第二天,要求在家的成员全部于11点集中,12点扫墓后开会、就餐;集中时间如有变动,临时通知。

清明会是族内自愿参加,并非强制参加,但是一般各户都会参加。至于每年的具体祭祖活动,则看情况参与。高步陆氏房族的陆显彬说:"以前我没有参加,好几年之前我在外打工就没参加,今年(2017年)才参加。去年是我老三参加,他在凯里。我们三兄弟,有一个在江苏。今年我参加,老三没来、没参加。我只有今年参加了。"[2]

清明会所需的费用,按照房族规约主要来自于族内各户的捐资,如2017年清明会高步陆氏房族每户集资100元作为活动费用,哦先恩刘氏房族每户集资70元作为活动费用。九都村各房族重视账目清楚并公之于众,让各位族

---

〔1〕 陆景良访谈录,2017年11月22日。
〔2〕 陆显彬访谈录,2017年11月22日。

亲了解和监督。如哦先恩刘氏房族 2017 年清明会聚餐费用开支公布：

猪肉 87 斤为 1175 元；啤酒、雪碧各 2 件、炭 1 件，共 247 元；神香、纸钱、吊花，共 20 元；凉拌、菜油、小笼包等为 190 元；盐、味精共 20 元；糯米、大米为 95 元；大米 12 斤为 30 元；米酒 15 斤为 75 元；柴火 4 扛为 60 元；洗洁精、煤气为 20 元；场地 100 元；族规打印 66 元。合计 2098 元。

清明会的主要内容为祭祖，族内各户都有代表到祖先坟墓前。大家先清除杂草、添加新土，之后进行祭祀，烧香、叩拜。族众缅怀祖先的恩德，怀念先人的功绩；抚今思昔，慎终追远，祈求保佑。

祭祖之后为聚餐。合族成员欢聚在一起，吃饭喝酒，叙旧聊天，交流见闻，商量族务，增加了解，增进感情。这是房族族亲的重要联谊活动，将族亲凝聚在一起，进一步增强房族的凝聚力，显示房族的团结和齐心。

除了祭祖，清明会一般还讨论修改房族族规，进一步完善房族族规。不过，高步陆氏房族的房族族规是 2016 年 10 月 31 日（农历十月初一）全房族集中议定的；哦先恩刘氏房族的房族族规是 2017 年 1 月 27 日（农历丙申十二月廿九）召集全房族各户在家人员开会制定的。从某种角度认识，清明会实为全房族大会。[1]

除了清明会祭祖，九都村有的房族还通过提倡房族优先权等方式传承固有文化。[2] 如哦先恩刘氏房族《房族族规》中有这样的内容：

…………

十三、农事、建设要请大小工的，在能完成同等工作量的前提下，可以考虑请房族人员。

十四、族内部家庭如有山林、土地需要转让，由于政策不允许强行买卖，在同等价钱的前提下，本房族成员如有需要，可以考虑转让给本房族成员。

十五、第十三、十四条只供作参考，由事主本人考虑，不作族规执行。

哦先恩刘氏房族《房族族规》的第 13、14 条倡议在山林、土地转让和用

---

[1]　按照陆显彬的说法，清明会相当于"开人大"。陆显彬访谈录，2017 年 11 月 22 日。
[2]　房族优先权。

工等方面，在同等条件下优先考虑房族族亲。虽然非为族规没有严格的约束力，但这一倡导性内容体现了血缘的力量和价值，表明了刘氏房族对血亲关系的重视。

事实上，在出外打工、合伙经商等方面，房族成员总是成为优先考虑的对象。下面这份哦先恩刘氏房族刘国强、刘国盛兄弟签订的"合股购买挖掘机协议书"即为体现：

合股购买挖掘机协议书

今有九都村刘国强、刘国盛2人合股购买神钢140型二手挖掘机一台，为合股人实现互惠互利，共同发展，经协商同意，特签订本协议。

一、本台挖掘机总价39万元，其中刘光喜21万元，刘光环18万元。

二、挖掘机包括主机和斗勾、冲击头各一套。

三、每人均有责任寻找业务，分成按2%计收业务收入。

四、其余收入除开油料、操作工资、折旧外按比例分成，折旧按总收入的5%存入信用社开户保留。

五、如遇损坏，用折旧款修理，不足部分按股金比例凑足。

本协议一式四份，两人各一份，二份备用。

合伙人签字：刘国强（签名）　　刘国盛（签名）
2015年4月28日

在九都村，房族成员之间基于血缘关系而形成的信任一般超过了其他因地缘、学缘、业缘等而产生的信任。中国传统的血缘文化通过房族而在九都得到传承。房族的组织清明会祭祖等文化传承行为，教育了族人、提高了族人的素质并约束了族人的行为，促进了乡村社会成员共识的形成，积极参与了乡村社会的治理。

六、房族与纠纷解决

根据《村民委员会组织法》的规定，村民委员会调解民间纠纷，协助维护社会治安。九都村的各房族都要求族众团结友爱，避免矛盾的发生；如有纠纷发生，则尽快化解。如高步陆氏房族《房族族规》第4条规定："房族内部在此之前有矛盾或纠纷的自行和平化解，以后不要产生任何新的矛盾纠纷。"哦先恩刘氏房族《房族族规》第10条也为类似规定："房族成员要遵纪守法，遵守规章制度，爱护国家，爱护集体，爱护村寨，爱护房族有好的思想素质，树立大局意识，有贡献精神，讲团结，讲互助，不要有互相欺凌、排斥、记仇恨的不良心理和行为，更不能制造矛盾；内部在此前有矛盾或纠纷的自行和平化解，以后不要产生任何新的矛盾纠纷。"

如果房族内部成员之间发生纠纷，纠纷一方的房族成员可能会要求房族介入处理。此时，房长有责任会同副房长等族内老人前去了解情况，通过调解方式予以解决。如下面案例二即为纠纷一方的房族成员要求房族调解、处理而解决的典型：

案例二

哦先恩刘氏房族2017年春耕期间发生了一起上下田坎流水引起的纠纷，下雨涨水时上面田向下流水。70多岁的下面田的主人刘立富就骂上面田的40多岁的主人刘学军，双方发生争吵而引起纠纷。刘学军就去找房族。房长等族内老人去现场进行处理。房长看见刘立富后就跟他们说：这个是自然现象，你们还吵架，别人听起来没面子，整天吵架自己的形象不好。这样说他们、劝他们，纠纷就解决了，了结了这个事情。[1]

实践中，从团结角度出发，按照九都村"两委"的不成文规定，村里的村民发生了纠纷，如果双方是同一个房族的，就先由房族解决；房族里面解决不了的再交村解决。[2]实际上，有的纠纷村里解决不了而房族却能发挥自身优势予以解决。如高步陆氏房族就于2017年成功调解了一起家庭财产分配、老人赡养纠纷，并形成了下面这一份"家庭责任山责任田调解纪事"：

<h3 style="text-align:center">家庭责任山责任田调解纪事</h3>

经陆明龙、陆栋两兄弟的邀请，本着公平、公正、家庭和睦团结的原则和意愿，于2017年7月29日（农历闰六月初七）晚，在陆明龙家里由房族调解评议，两兄弟的责任山和责任田按各占五成经营管理，有当事两兄弟、父亲陆贵田及房族人等协商一致同意，达成如下协议：

---

〔1〕　刘光环访谈录，2017年8月27日。
〔2〕　刘光环访谈录，2017年11月22日。

一、责任田调解结果：

1. 陆明龙（兄长）的责任田是：老号得奔水田一丘，阴寨蚂蟥田水田一丘，阴寨木泰田水田一丘，田亚秧田靠陆俊新屋的一半幅（界已清），共计三丘半；

2. 陆栋（弟弟）的责任田是：老号青海田水田一丘，阴寨朝二毛干田三丘，田亚秧田靠陆生奎新屋的另一半幅，共计四丘半。

二、责任山的调解结果：

1. 陆明龙的责任山是：墓苗、美能、考法吴元强屋边的责任山以吴元强屋到陆如根责任田老路为界，经管靠吴元发屋这一边；美能公益林补助金从现在起由陆明龙享受。

2. 陆栋的责任山是：包马山、九迫（坳章）、考法吴元强屋边的责任山以吴元强屋到陆如根责任田老路为界，经管靠去南台方向的另一边。

3. 考法责任山现有大杉木按兄弟两人和到场人的调解结果落实：在陆明龙经管范围内标划一根由陆栋经管享受。

三、两兄弟的责任田责任山按以上调解结果，各自经营管理，不得因单方面改变主意或听信他人挑唆而有异议，视其异议无效。

四、两兄弟应尽的义务：

1. 陆明龙、陆栋两兄弟共同赡养父亲陆贵田；

2. 陆栋赡养母亲唐向芳。

五、以上协商评议事宜协议自签订之日起生效，一式五份，两兄弟各执一份，房族各祖公代表各执一份。

六、祝贺兄弟两家家和万事兴，老的添福加寿，少者财发人兴！

在场调解评议证明人签字：

陆明龙（签名）　　陆栋（签名）

陆道本（签名）　　陆道弘（签名）　　陆道川（签名）　　陆昭新（签名）

陆照立（签名）　　陆照茗（签名）　　陆照成（签名）　　陆先根（签名）

2017 年 7 月 29 日

农历丁酉年闰六月初七〔1〕

---

　〔1〕　作为这一纠纷的调解人之一，陆显彬告诉我们本来纠纷当事人想请村民委员会调解，他给当事人讲这是房族的事，房族里面先解决，房族有能力解决就不需要到村里去。房族那天晚上有十多个人参与调解，持续了近六个小时。房族让双方当事人夫妻全部到场，充分听取两兄弟夫妻的意见，再由参加调解的每个房族人发表意见和解决办法，综合起来采取合适的方案，过程民主，方案合理，效果极佳。陆显彬访谈录，2017 年 8 月 27 日。

可见，房族积极调解族内纠纷，努力化解族众矛盾，充分发挥其优势参与乡村社会治理，为维持九都社会秩序、构建和谐村寨、促进经济社会发展发挥了重要的作用。

七、结语

房族为一个血缘共同体、互助共同体、利益共同体、规范共同体、观念共同体。九都村的各房族承继和延续传统，认真管理族众、组织族众互助、支持村寨建设、传承民族文化、合理解决纠纷，较广泛地参与村寨公共事务和公益事业，在乡村社会治理中发挥了积极的作用。

观察九都村的实践，房族参与乡村社会治理，与村党支部、村民委员会存在服从、合作和分工关系。就总体而言，房族尊重依照《村民委员会组织法》成立的村民委员会的地位，遵从村民委员会和村党支部的指导。房族与村党支部、村民委员会紧密配合、密切合作又合理分工，在乡村生活治理中定准位、不越位、少缺位、补空位。九都村的房族在乡村社会治理中主要起配合、补充作用。

房族参与乡村社会治理具有明显的属人性。九都村各房族从祖先、同宗、血缘、情谊角度对族众予以关爱、教导，解决困难，约束行为，凝聚人心。房族参与乡村社会治理的成效取决于房长等核心成员的综合能力、奉献精神和道德威望。

当然，房族对乡村社会治理也有某种消极影响。在九都村，房族之间可能存在一些矛盾，引发房族间一定的竞争、暗斗，并在村民委员会成员的选举等方面有所表现。但是，九都村各房族都较为克制，因而没有出现直接有碍乡村社会治理的状况。

从乡村的发展来看，房族这一类宗族组织的存在有其必然性。我国《村民委员会组织法》第 9 条第 2 款要求村民委员会应当支持服务性、公益性、互助性社会组织依法开展活动，推动农村社区建设。2017 年 6 月中共中央、国务院印发的《关于加强和完善城乡社区治理的意见》第二部分"健全完善城乡社区治理体系"指出："大力发展在城乡社区开展纠纷调解、健康养老、教育培训、公益慈善、防灾减灾、文体娱乐、邻里互助、居民融入及农村生产技术服务等活动的社区社会组织和其他社会组织。"2017 年 10 月 18 日在中国共产党第十九次全国代表大会开幕会上，中共中央总书记习近平代表第十八届中央委员会作报告时强调"加强农村基层基础工作，健全自治、法治、德治相结合的乡村治理体系"，打造共建、共治、共享的社会治理格局，实现政府治理和社会调节、居民自治的良性互动。因此，在实施乡村振兴战略、健全自治、法治、德治相结合的乡村治理体系时，需要认真总结房族参与乡村社会治理的功能，全面规范房族参与乡村社会治理的领域，大力发挥宗族组织参与乡村治理的作用。

第十一章

乡村治理中的新乡贤
——以"乡土法杰"为对象

一、引言

探讨当今乡村治理中的新乡贤需要从我国近代乡村建设这一历史背景进行认识和把握。

乡村建设发生于近代以来的乡村破坏。乡村破坏源自现代性的政治、文化、规范、工业击碎了传统乡村秩序;"新轨之不得安立,旧辙之不能返归"[1],乡村社会碎片化。乡村建设包括乡村自救和乡村现代化两层次及愿景,前者是乡村秩序在社会变迁中的自我恢复,后者是在全球化和现代性背景下的中国乡村的发展转型。梁漱溟、杨开道、费孝通、毛泽东等都是早期乡村建设的代表人物。乡村建设主要是在三种理论下展开的。

第一种是乡村建设学派发起的乡村建设主张,以乡村的文化建设为主要内容。通过文化建设启蒙民族自觉,进而实现乡村现代民治秩序。如晏阳初认为,乡村建设因民族自觉及文化自觉的心理所推迫而出[2],农村建设就是民族再造。[3]梁漱溟也认为,中国农村破坏起于东西文化之异,受西洋文化压迫打击引起文化上的相形见绌,而急求自救。乡村建设就是要拯救被西方现代文化所裹挟而解组了的乡村社会。乡村建设学派认为乡村建设成功于乡

---

〔1〕 梁漱溟:"自述",载《梁漱溟全集》(第2卷),山东人民出版社2005年版,第21页。

〔2〕 晏阳初:"十年来的中国乡村建设",载《晏阳初全集》(第1卷),湖南教育出版社1992年版,第559页。

〔3〕 晏阳初:"农村建设要义",载《晏阳初全集》(第2卷),湖南教育出版社1992年版,第37页。

民观念的转变、新政治习惯的养成、新组织结构的塑造。[1]1930 年左右,在乡村建设学派的影响下,广泛的乡农学校、乡村教育运动兴起。但是,该学派倡导的乡村文化建设并没有成功,其所期待的"以理性兴团体"、培育新礼俗和新组织构造的目标也没有实现。[2]文化路径的乡村建设对于个体的自律性、公共道德和文化约束力的期望太高,却没有触及社会的根本性要素,如土地制度、宗族结构,是一个渐进、缓慢的乡村建设形式,无法救济当时濒临崩溃的乡村。

第二种是国家政权建设理论主张的乡村建设。查尔斯·蒂利区分了"国家政权建设"(state-making)与"民族形成"(nation-building),"国家政权建设"主要体现为政权的官僚化、渗透性、分工及对下层控制的巩固;"民族形成"则主要体现为公民对民族国家的认可、参与、承担义务及忠诚。[3]二者对应自上而下的政权建设和自下而上的建国之路。乡村建设应包含"国家政权建设"和"民族形成"两方面。孔飞力、杜赞奇将"政权建设"作为乡村变迁的动因,也是国家政治结构转型的开始。他们试图寻找一些促进中国变革的外部原因之外的内部原因,并指向了政治体制的建制化。[4]"国家政权建设"并没有提出乡村建设的理想出路,而将研究的重点放在了解释为什么晚清政府和民国政府试图统一和稳定地方的治理都是失败的,并提出了"国家政权内卷化"的概念。乡村建设失败是"国家政权内卷化"的原因,国家权力最终落入地方乡绅或者行政爪牙之手。

第三种是市民社会思潮影响下的社区自组织(self-organization)理论。自组织是指一群人基于自愿的原则结合在一起,管理集体行动而自定规则、自我治理。[5]社区自组织理论将视域置诸社群内部的结合机制,关注社会网络、精英等重点要素。自组织是社会契约理念的实践形态和机制化。

---

〔1〕 梁漱溟:"乡村建设理论",载《梁漱溟全集》(第 2 卷),山东人民出版社 2005 年版,第 389、348 页。

〔2〕 梁漱溟:"乡村建设理论",载《梁漱溟全集》(第 2 卷),山东人民出版社 2005 年版,第 280 页。

〔3〕 [美] 杜赞奇:《文化、权力与国家:1900-1942 年的华北农村》,王福明译,江苏人民出版社 2008 年版,第 2 页。

〔4〕 [美] 孔飞力:《中华帝国晚期的叛乱及其敌人———一七九六——一八六四年的军事化与社会结构》,谢亮生、杨品泉、谢思炜译,中国社会科学出版社 1990 年版,第 238 页。

〔5〕 罗家德、孙瑜、楚燕:《云村重建纪事:一次社区自组织实验的田野记录》,社会科学文献出版社 2014 年版,第 3 页。

　　总结起来，乡村建设首先是分配和平衡政府治理与社会治理的关系，即自上而下的国家建设和自下而上的国家建设之间的关系。前者是托克维尔关注的引进的政治制度如何适应普遍的、基本的民情；[1]后者是在国家建设过程中如何激发民众参与和认同，动员民众参与社会治理。二者都指向新的基层秩序的构建。近代以来，二者的分裂也导致了共同的失败，即政权"内卷化"和社会失范。如南京国民政府在广大农村推行的新生活运动不过是为了渗透政府行政的保甲和警察制度，而不是为了激发民治。[2]中国共产党组织农会最后发展成农民武装，通过土地革命组织群众，是近代乡村建设唯一普遍成功的一例，是自下而上的国家建设的代表。其次，乡村建设还是在"现代性"背景下展开的恢复乡村自治能力的运动，实为现代乡村建设或乡村治理的现代性重构。梁漱溟是要建设"新礼俗/新组织"，培育团体精神，发展现代民治，走向乡村工业化道路。[3]费孝通认为，中国传统政治结构主要由四部分权力构成，即皇权、绅权、帮权和民权。乡土重建的实现需要绅权变质而成民间的负责立法代表、对接由皇权变质而来的负责的民选中央政权，并把整个政治机构安定在底层的民权基础上。[4]

　　乡贤参与乡村建设，是指他们在乡村建设中的"角色"和"行为"。变迁社会的发生过程，决定乡贤必然是一个动态和继替的群体，有着从传统到现代的过渡和转型的特点。对于乡村建设中的"能人"学界已有较多研究。

　　乡村建设学派将乡村领袖（即"乡贤"）作为乡农学校的校长，即乡学的真正组织者和领导者。[5]奥利弗和马韦尔强调"关键群体"在社区集体行动中的作用，影响集体行动的规模。[6]罗家德提出了自组织运作过程中的能人现象，认为中国能人是一个既定社会网络的中心人物，能够动员更多社会

〔1〕　[法]托克维尔：《论美国的民主》（下卷），董果良译，商务印书馆1989年版，第700页。

〔2〕　刘文楠："规训日常生活：新生活运动与现代国家的治理"，载《南京大学学报（哲学·人文科学·社会科学）》2013年第5期。

〔3〕　梁漱溟："乡村建设理论"，载《梁漱溟全集》（第2卷），山东人民出版社2005年版，第276页。

〔4〕　费孝通："对各家批评的答复"，载《费孝通全集》（第5卷），内蒙古人民出版社2009年版，第131页；费孝通："关于乡土工业和绅权"，载《费孝通全集》（第6卷），内蒙古人民出版社2009年版，第206页。

〔5〕　梁漱溟："乡村建设理论"，载《梁漱溟全集》（第2卷），山东人民出版社2005年版，第347页。

〔6〕　Pamela E. Oliver and Gerald Marwell, 1988, "The Paradox of Group Size in Collective Action: A Theory of the Critical Mass. Ⅱ", *American Sociological Review*, Vol. 53, No 1, pp. 1~8.

资源和参与者，从而促进自组织的实现。[1]帕累托认为，精英是群族的真正统治者，精英是那些最强有力、最生气勃勃和最精明能干的人，无论好人还是坏人。精英随着时代变迁而新旧交替。[2]"乡土能人"或者"乡土精英"理论的问题在于，强调社群中特殊群体的个体能力，而忽略了他们的公共代表性。如广泛存在"富人治村"现象，缺乏公共性的经济能人不仅不能组织村民合作，反而加剧了村庄分化和分裂。自组织理论关注能人、精英基于资源交换而具有的社会网络的动员能力，认为精英权力来源于其所具有的社会资本、初始成本承担，忽略了对身份的公共性或者文化认同权威的注意。同时，乡村组织也非"个体-个体"资源交换联结的。"乡贤"是基于社区的归属、认同而产生的村民代表式人物。关注乡村建设中的乡贤，实是关注广大乡民。

二、旧乡贤的权威失落

（一）政权下沉与乡绅的退出

旧乡贤为"乡绅"。乡绅是"退任的官僚或者官僚的亲亲戚戚"。[3]乡绅是卸任的士绅，汉代司马迁在《史记》中描写的"缙绅"就是正式的官僚。[4]由于清朝实行官员回避制度，禁止官员在家乡任职，官员因此具有了双重身份：在任职地为官员，在家乡为士绅，当他卸任回乡之时就变成了"乡绅"。[5]清朝的士绅阶层由两个群体构成：①官员：包括现职、退休、罢黜官员，其中包括捐买官衔和官阶的；②有功名（或学衔）者：包括文武进士、文武举人、贡生、监生、文武生员。[6]

乡绅既没有政权也没有行政权力。皇帝是国家政权的专有者，"朕即国

---

〔1〕 罗家德等："自组织运作过程中的能人现象"，载《中国社会科学》2013年第10期。

〔2〕 ［意］维尔弗雷多·帕累托：《精英的兴衰》，刘北成译，上海人民出版社2003年版，第18页。

〔3〕 费孝通："皇权与绅权"，载《费孝通全集》（第6卷），内蒙古人民出版社2009年版，第239页。

〔4〕 （汉）司马迁：《史记·儒林列传》。

〔5〕 瞿同祖：《清代地方政府》（修订译本），范忠信、何鹏、晏锋译，法律出版社2011年版，第275页。

〔6〕 文武进士是指具有第三级功名者，即通过京师会试的人；文武举人是指具有第二级功名者，即通过各省乡试的人；贡生是指地方管学生考贡入国子监肄业者，包括捐买此衔者；监生是指国子监学生，包括捐买监生资格者；文武生员是指官学学生，第一级功名获得者，通常称为秀才。参见瞿同祖：《清代地方政府》（修订译本），范忠信、何鹏、晏锋译，法律出版社2011年版，第271～272页。

家"，官僚是辅助王权并由其雇用的"行政"群体。[1]中国是一个政治早熟的国家，在帝国时期就建立了官僚体制。乡绅的权力体现在以下几个方面：第一，乡绅是儒学知识的持有者，儒学知识规定了传统社会的人际关系准则和行为规范，乡绅因而享有了管理社会的权力，[2]支配着民间的政治和经济生活。第二，乡绅是社会的特权阶层，具有人们所公认的政治、经济和法律特权。[3]如乡绅享有司法特权，在公堂上享有与庶民不同的待遇，可以免除徒刑以下的刑罚。若庶民打伤了乡绅，将受到比伤害别的庶民重得多的刑罚。[4]乡绅并非地方涌现的自然领袖，而是基于其政权附属性而得以在民间享有治权。

　　乡绅的存在是由传统治权结构决定的，该治权结构被费孝通称为"双轨政治"。[5]费孝通认为，专制皇权用两道防线保证其统治的合法性：一道防线是自上而下的政治无为主义，如"皇权不下县"；另一道防线即是乡绅治理。在"双轨政治"下，皇权代表政治权力对民众的支配，而绅权代表社会权力对民众的支配，"事归政统，理归道统"，形成一种"上帝的归上帝，恺撒的归恺撒"之双阙治权格局。费孝通对此有更加形象而具体的描述：

　　县政府的命令是发到地方的自治单位的……自治单位是……一地方社区里人民因为公共的需要而自动组织成的团体。公共的需要是指水利、自卫、调解、互动、娱乐、宗教等。这些是地方公务……是并非政府的事务，而是由人民自理的。在这些公务之外还有一个重要任务就是应付衙门。

　　我把应付衙门这任务和其他地方公务分开来说是有原因的。在自治组织里负责的，那些被称为管事和董事等地方领袖并不出面和衙门有政务上的往来。这件事却另外由一种人担任，被称为乡约等一类地方代表。……衙门里差人到地方上把命令传给乡约。乡约是个苦差，大多是由人民轮流担任的，他并没有权势，只是充当自上而下的那道轨道的终点。他接到了衙门的公事，就得去请示自治组织里的管事，管事如果认为不能接受的话就退回去。命令

――――――――――――

〔1〕　费孝通："皇权与绅权"，载《费孝通全集》（第6卷），内蒙古人民出版社2009年版，第232页。

〔2〕　张仲礼：《中国绅士研究》，上海人民出版社2008年版，导言第1页。

〔3〕　张仲礼：《中国绅士研究》，上海人民出版社2008年版，导言第1页。

〔4〕　瞿同祖：《清代地方政府》（修订译本），范忠信、何鹏、晏锋译，法律出版社2011年版，第279页。

〔5〕　费孝通："基层行政的僵化"，载《费孝通全集》（第5卷），内蒙古人民出版社2009年版，第42页。

是违抗了，这乡约就被差人送入衙门，打屁股，甚至押了起来……另一方面，自下而上的政治活动也开始了。地方管事用他绅士的地位去和地方官以私人的关系开始接头了……

管事必须有社会地位，可以出入衙门，直接和有权修改命令的官员协商。这是中国社会中的绅士。[1]

国家政令由乡政府负责的"差人"和"乡约"转入乡贤所形成的二元治理结构就是费孝通所说的"双轨政治"。在双轨治权结构下，皇权和绅权是政治的核心骨骼，皇权持有政治权柄，绅权享有社会威权。无论是费孝通的"双轨政治"还是黄宗智的"正式权力的非正式运作""集权的简约治理"[2]都说明了晚清以前的乡村治理主要依靠民间治理而非政权的控制。

19世纪末，中国社会结构和政治结构遽变，陈寅恪称之为"千年未有之巨劫奇变"。[3]现代国家政权建设使乡绅失去了其存在的政治和制度土壤。杜赞奇揭示了晚清政府为了控制乡村而破坏文化网络，使社会失去整合能力和治权碎片化。且"国家经纪"体制加速了村庄领袖与村庄利益的分化，乡贤身份所带来的精神和物质报酬越来越少，而麻烦却越来越多。[4]乡贤逐渐逃离村庄公职，退出村庄治理的场域。南京国民政府为了控制乡村而采取的保甲制度，[5]吸收大量"爪牙"，利用下层利益和乡村混混进行社会管理，导致中国"双轨政治"格局下自下而上的那一轨道的终结，同时也破坏了乡村自治单位的完整性：[6]

最使我痛心的就是保甲成了中央法令的执行机关，而不是，也不能成为一个自治单位，在保甲的人选上……无能启发和领导地方自治工作的人去参

〔1〕 费孝通："基层行政的僵化"，载《费孝通全集》（第5卷），内蒙古人民出版社2009年版，第39页。

〔2〕 黄宗智："集权的简约治理——中国以准官员和纠纷解决为主的半正式基层行政"，载《开放时代》2008年第2期。

〔3〕 陈寅恪："王观堂先生挽词并序"。

〔4〕 ［美］杜赞奇：《文化、权力与国家：1900-1942年的华北农村》，王福明译，江苏人民出版社2010年版，第181页。

〔5〕 瞿同祖：《清代地方政府》（修订译本），范忠信、何鹏、晏锋译，法律出版社2011年版，第284页。

〔6〕 费孝通："基层行政的僵化"，载《费孝通全集》（第5卷），内蒙古人民出版社2009年版，第41页。

加，相反的，差不多成了流氓地痞的渊薮。[1]

从"乡土法杰丛书"的当代叙述中，我们仍能看到政权下沉到乡村的做法及其影响。国家行政力量对乡村的渗透，使广西金秀村盘振武难续其"头人之梦"。盘振武是石牌头人之后，是石牌头人盘公西的曾孙，对石牌制较为了解；被村民称为"瑶王"，做了三十多年村干部；热心公益，"诸凡下古陈的大大小小公共事务"，"没有不积极参与的"；[2]可谓典型的乡贤。盘振武认为：

现在不会出现像清朝、民国时候那样的头人了，因为政府干预，政府他有一个行政命令。有些比方说，他如果换一个领导来，他看不惯就干预你了，你就做不了。如果你做不了，你就不是头人了。因为你的权威是在每一次活动中……形成的。

在现在的社会制度之中，要当一个头人啊，要比以前……难得多啊。……以前呢，他法律就一种法律，好像我们瑶山就一种石牌制，它不受国家限制，主要是抓住、理解民意，顺着民意去办就行了，就是以前的头人啊。现在的头人不容易，他要方方面面，你要应付上面，要应付下面……[3]

（二）传统乡绅的主体落后性与时代性终结

乡绅具有主体落后性，因而必将退出历史舞台。乡绅是依附于专制皇权而享有治权的社会特权阶层，"乡绅并不是积极想夺取政权为己用的革命者，而是屈服于政权以谋得自己安全和分润一些'皇恩'的帮闲和帮凶，在政治命运上说，他们很早就是一个失败者了"。[4]

---

〔1〕　费孝通："再论双轨政治"，载《费孝通全集》（第5卷），内蒙古人民出版社2009年版，第51页。

〔2〕　盘振武被认同为"瑶王"及影响力，可从他担任广西大瑶山国家自然保护局聘用五指山保护站护林员看出，他做了二十多年的护林员，在盘振武担任护林员之前自然保护区也有护林员，但是做不了事情。后来林区的所长找到盘振武，盘振武赴任后，"（派出所）搞了半年多他们（砍树的人不走）"，盘振武去了一天就都走了。参见高其才：《桂瑶头人盘振武》，中国政法大学出版社2013年版，第75、67、5页。

〔3〕　高其才：《桂瑶头人盘振武》，中国政法大学出版社2013年版，第61页。

〔4〕　费孝通："皇权与绅权"，载《费孝通全集》（第6卷），内蒙古人民出版社2009年版，第265页。

乡绅由地主和官僚阶层[1]转化而来,本质上是一个寄生和食利阶层。即使是布衣出身,在成为士绅阶层以后,也会逐渐积累相当的财产和土地。[2]费孝通不以财富,而以"知识"作为传统中国社会阶层分化的标准,"文字造下了阶级"。[3]"劳心者治人,劳力者治于人;治于人者食人,治人者食于人",因此也成了"天下通义"。[4]士绅群体垄断管理社会的儒学知识,独占社会规范威权。乡绅在乡村社会中拥有司法、教育、摊派分配、族产和公产使用等权力。乡绅集经济特权和政治特权于一身,但其本身并不事生产。乡绅还利用自己的政治权势逃避国家赋税,并将赋税转移到乡民那里。[5]乡绅分为两类:许多乡绅可以在乡村治理中发挥积极作用,成为乡村的"当家人"和"保护人";然而也有许多乡绅倚仗其经济和政治权势,欺凌乡民。有的士绅以邪恶的手段从事不法活动,诬枉良善,夺人田地坟山,拷笞佃农,强暴民女,诈欺钱财等。操纵地方民团的乡绅更加滥用职权,因为他们可以任意抓人。[6]到了清朝后期,乡绅的反动性和落后性进一步加剧。彭湃在描写自己家乡广东海丰的农民运动时讲道,农民在乡绅的扇头下(农民不如地主,地主可以随便用扇头敲他)下过活。依靠军阀的乡绅横行乡里,使政府的教育局、法庭、县署形同虚设。[7]即便是乡绅中地位很低的生员也在地方拥有相当程度的势力:

> 今天下治出入公门以扰官府之政者,生员也;倚势以武断于乡里者,生员也;与胥史为缘,甚有身自为胥史,生员也;官府一弗其意,则群起而哄者,生员也……上之人欲治之而不可治也,欲锄之而不可锄也。小有所加,

---

[1] 有产业的地主阶层可以通过"捐官"的方式获得政治地位。

[2] 对士绅的收入来源有详细的描述。参见张仲礼:《中国绅士研究》,上海人民出版社2008年版,第211页以后。

[3] 费孝通:"皇权与绅权",载《费孝通全集》(第6卷),内蒙古人民出版社2009年版,第245页。

[4] 费孝通:"皇权与绅权",载《费孝通全集》(第6卷),内蒙古人民出版社2009年版,第242页。

[5] 瞿同祖:《清代地方政府》(修订译本),范忠信、何鹏、晏锋译,法律出版社2011年版,第296页。

[6] 瞿同祖:《清代地方政府》(修订译本),范忠信、何鹏、晏锋译,法律出版社2011年版,第306页。

[7] 彭湃:《海丰农民运动》,作家出版社1960年版。

则曰是杀士也，坑儒也。[1]

另外，乡绅并非平民的代表，而是高于乡民，有着独立于广大乡民的特殊利益追求。[2]乡绅积极参与地方治理是为了构建以己为核心的政治秩序，而不是为了执行民意。他们热衷地方公益的行为，是从维护自身利益的目的出发的。如乡绅大兴教育，是因为在读书人垄断仕途的体制里，可以将人力输入官僚体制，以成为保障自己在乡间地位和财富的依靠。这一点，费孝通在"皇权与绅权"里有更加清晰的描述：

传统社会……全族人合力供给一个人去上学，考上了功名，得了一官半职，一族人都享福了。在朝廷里没有人，在乡间想保持财产是困难的。像顾亭林这样德高望重的学者……为了安全和保障还是不能不派他外甥到朝廷里去侍奉异族。

……中国的官吏在做官时掩护他亲亲戚戚，做了一阵，他任务完成，就要告老还乡了，所谓"归去来兮"那一套。……这时，上面没有了随时可以杀他的主子，周围是感激他的亲戚街坊，他的财产有了安全，面团团，不事耕种而享受着农业的收益。这是"衣锦还乡"的境况，是中国专制政治之下的特权人物的享有。[3]

绅士多热衷于修志，是地方志和家族志的有力编纂者，通过修志来宣扬社会性规范："国有史，郡有志。志义述事，事以藏往，藏往以知来。是故文献足征焉，劝戒不惑焉。夫志史之翼也，君子参伍以通其变，小人法守以修其业。"[4]张仲礼通过考证发现，某地方志修撰者强调忠孝节义者传记的价值。绅士认为地方志的修撰将有助于全面维持道德规范以及他们自己的名望。因此，绅士们，特别是"正途"出身的上层绅士，尤热心于修志。[5]作为一

〔1〕　瞿同祖：《清代地方政府》（修订译本），范忠信、何鹏、晏锋译，法律出版社 2011 年版，第 284 页。

〔2〕　费孝通："关于'乡土工业'和'绅权'"，载《费孝通全集》（第 6 卷），内蒙古人民出版社 2009 年版，第 201 页。

〔3〕　费孝通："皇权与绅权"，载《费孝通全集》（第 6 卷），内蒙古人民出版社 2009 年版，第 238 页。

〔4〕　张仲礼：《中国绅士研究》，上海人民出版社 2008 年版，第 70 页。

〔5〕　张仲礼：《中国绅士研究》，上海人民出版社 2008 年版，第 70 页。

个特权阶层，士绅主要关心的是家庭和亲属的利益，这种利益往往与百姓的利益相左。只有在不损及自身切身利益的情况下，士绅才会考虑社区的共同利益，并在州县官和地方百姓之间进行调停。[1]

特权的乡绅之所以能够在传统社会与小农长期相安共存，并非基于其行为和身份中所具有的"保护性"，而是基于传统乡村工业转移了土地租佃制度施加给小农的压力。"中国的租佃制度却并不直接建筑在土地生产的剩余上，而间接地建筑在农民兼营的乡村工业上，所以乡土工业崩溃实在打击了中国'地租'的基础，注定了地主阶层的命运。"[2]近代以来外来资本和工业的入侵在击碎乡村工业、破坏小农家计的同时，也导致乡绅阶级存在的经济基础的崩溃。因此，乡绅终是被现代性淘汰的群体。

三、新乡贤的出任条件

意大利学者帕累托认为，社会变迁导致精英的兴衰；旧精英会被新精英取而代之。[3]乡绅历史性终结后，新的乡贤将会涌现。近代以来的乡村建设运动中，乡贤都被寄予厚望。梁漱溟将乡贤视为乡村建设的主力。作为梁漱溟乡村建设实施机关的"乡农学校"由四部分组成：乡长（校长）、校董会（乡公所）、教员和乡民（会议）。[4]其中的两个重要组成部分——校长和校董会皆由乡贤构成，"乡农学校也是靠乡贤的提倡才能成功的"。[5]费孝通也认为，乡贤在恢复乡村的自治能力，甚至中国政治制度的灵活性上都发挥着重要作用。[6]费孝通乡土重建理论依靠两个范畴的路径：一是乡村领袖即乡贤，二是乡村工业。

新乡贤的形成需以自身的身份转型为前提。旧式乡绅无法引领现代法治在乡村的建设。新乡贤的身份条件应包括以下几个方面：

第一，乡贤是现代"民治"的代表，"公共性"是乡贤的前提。乡贤一定产自于那些对社区共同体有归属感、对于社区文化有认同感、对于社区事务

〔1〕 瞿同祖：《清代地方政府》（修订译本），范忠信、何鹏、晏锋译，法律出版社2011年版，第289、290页。

〔2〕 费孝通："黎民不饥不寒的小康水准"，载《费孝通全集》（第5卷），内蒙古人民出版社2009年版，第71页。

〔3〕 ［意］维尔弗雷多·帕累托：《精英的兴衰》，刘北成译，上海人民出版社2003年版，第18页。

〔4〕 梁漱溟："乡村建设理论"，载《梁漱溟全集》（第2卷），山东人民出版社2005年版，第346页。

〔5〕 梁漱溟："乡村建设理论"，载《梁漱溟全集》（第2卷），山东人民出版社2005年版，第347页。

〔6〕 费孝通："再论双轨政治"，载《费孝通全集》（第5卷），内蒙古人民出版社2009年版，第49页。

有服务愿望、对社区发展有责任感的人。乡贤由凌驾于乡民之上的乡绅变质为民间负责的立法代表和村民代表。领袖必须为群众的一个分子，他一定要同情群众的要求，代表群众的意见，讲的话是群众所要讲的，做的事是群众所要做的。[1]换言之，"杰出"和"公心"两个品质的同时具备才是构成乡贤的要件。由此我们要分析当下中国乡村治理中存在的诸多"能人/精英"治村现象及其问题。经济能人是市场经济背景下乡村最杰出的群体之一，"富人治村"在全国普遍存在。经济能人被赋予承担村庄公共建设、带领乡村走出贫困、实现乡村现代化建设等诸多期望。然而，有一部分经济能人缺乏"公心"，他们成为村民自治组织的负责人后，把村庄资源当成个人攫取利益的对象，对于乡村的公共福利和乡民的福祉漠不关心。在乡村中，不同家族为了培养代表自己的政治精英而相互较量，成为村庄派性斗争的根源。因家族势力而涌现的政治精英，也普遍缺乏"公心"，他们图谋的是自己血缘共同体的利益，也不足以成为现代乡村建设的代表。

"乡土法杰丛书"描写的几位乡贤的共同之处是"热心公益"，作为经济精英代表的甘肃东塬村马永祥，甘当"乡老"和"学东"数十年，为本者麻提的各项公益事业尽心尽力。[2]马永祥只要听说哪里兴建学校，哪里修路修桥，不管是否有人找他帮忙，他都愿意出钱出力，这些年来已累计捐款二三十万元。[3]马永祥经常无偿调解纠纷，甚至出钱弥补侵权损失以化解双方矛盾。[4]干部回乡的湖南何家冲何培金被村民公认为当地百年来三大好人之一，经常无私地周济村民、复兴古街遗产、帮助村民写文书、推介本地黑茶，在村中享有极高威望。[5]云南深沟村张荣德曾被评为云南曲靖市"道德模范"，一生都在为村庄的治安调解工作服务，自己的小儿子也因公殉职，张荣德被当地人誉为"老革命""公家人"。[6]

第二，乡贤应是那些能够发动乡民参与民治、实现社会动员，并引导乡民建立现代乡村法治秩序的人。中国的政治现代化，不是要求乡民远离中央权

---

〔1〕　杨开道：《农村领袖》，世界书局1931年版，第4页。

〔2〕　高其才、马敬：《陇原乡老马伊德勒斯》，中国政法大学出版社2014年版，第160页。

〔3〕　高其才、马敬：《陇原乡老马伊德勒斯》，中国政法大学出版社2014年版，第168页。

〔4〕　高其才、马敬：《陇原乡老马伊德勒斯》，中国政法大学出版社2014年版，第195页。

〔5〕　高其才、何心：《洞庭乡人何培金》，中国政法大学出版社2013年版，第211页。

〔6〕　卢燕：《滇东好人张荣德》，中国政法大学出版社2014年版，第3、35、214页。

力，相反，应该在基层自治事务中去加强启发和领导作用。[1]乡村建设的两个核心要素是"自治/民治"和"现代性"。乡村建设首先要改变传统礼治秩序和地方家族治理，要引入现代法治和现代民治。乡村建设是在现代化背景下展开的，内容包括以团体团结取代家族团体、以民主治理取代特权控制等。乡村建设作为乡村自救运动，即在恢复价值、文化、秩序的自我生产能力的同时改良乡村组织，构建现代乡村。如梁漱溟倡导的引入"团体"的四方面精神：公共观念、纪律习惯、组织能力、法治精神。[2]乡民是乡村建设的真正主体，"自力更生"是乡村建设的共识。

乡贤首先要动员乡民建设现代乡村。作为村庄能人，乡贤可以调动更多的资源，补给乡村建设的初始成本。根据奥利弗和马韦尔"关键群体"理论的解释，能人由于拥有更广泛的社会网络和更多的社会资源，因而能够在集体行动和自组织建设中发挥关键性作用。[3]任何组织发展都有一个资源被动员的过程。[4]当下的典型新村，无论是苏南的村庄，还是欠发达地区的新农村，[5]大多是仰仗一个卡里斯玛式的村庄能人。在当下农村公共品供给主要依靠项目下乡的情况下，能够向上沟通政府、为村庄争取到项目的村庄能人尤为炙手可热。村庄的建设资金来源于乡村能人的活动能力、村庄的发展也倚赖于乡村能人。乡贤还是现代乡村建设的组织者，乡贤持执社会规范、启发乡民是非之心，完成社会规训和组织，维持村庄秩序。乡贤负有联络乡民而凝聚村庄共同体的使命。杨开道认为，民治所订立的章程、法令都只是文本性存在，要落实到实践中去，必须有组织者去调和各方面的势力并实现制裁。将一盘散沙式的村民组成一个有条理的系统。[6]

以法治国家建设为背景来恢复乡民自治、实现乡土重建已成为不二选择。

---

〔1〕 费孝通："再论双轨政治"，载《费孝通全集》（第5卷），内蒙古人民出版社2009年版，第50页。

〔2〕 梁漱溟："中国文化要义"，载《梁漱溟全集》（第3卷），山东人民出版社2005年版，第68页。

〔3〕 Pamela E. Oliver and Gerald Marwell, "The Paradox of Group Size in Collective Action: A Theory of the Critical Mass. Ⅱ", *American Sociological Review*, Vol. 53, No 1, 1988, pp. 1~8.

〔4〕 罗家德、孙瑜、楚燕：《云村重建纪事：一次社区自组织实验的田野记录》，社会科学文献出版社2014年版，第185页。

〔5〕 如安徽省宿州市的夏刘寨村。

〔6〕 杨开道：《农村领袖》，世界书局1931年版，第19、26页。

如此，"乡土法杰"正是切合现代乡村建设新秩序形态和主体身份的描述。从"乡土法杰丛书"中我们也能看到乡贤的转型和其在构建现代乡村秩序中所发挥的作用：

　　甘肃东塬村马永祥曾任两届东乡族自治县政协委员，现在还是县人大代表，为东乡地区发展出谋划策。马永祥在担任政协委员期间，有两个提案引起了地方的重视。一是要求扩建东塬中学。因场地限制，当时东塬中学学生没有活动场所，不利于正常教学活动的开展。该提案得到了政府的重视，东塬中学得以扩建，学生们也有了活动的场所。二是希望县上有关部门能来东塬地区调研，利用东塬乡距离临夏市较近这一地理优势，通过建立开发区，吸引更多企业来东塬投资，同时带动东塬乡产业发展，加快经济发展速度。……这一提案引起了县里对东塬乡的重视并及时答复了他。[1]

　　广西金秀村盘振武积极动员乡民以订立乡规民约的方式参与村民自治。金秀瑶族是石牌类型的习惯法，把有关维持生产活动、保障社会秩序和治安的原则，制定成若干具体规条，经过参加石牌组织的居民户主的集会和一致通过的程序，再以文字记录下来加以公布，是全体乡民共同遵守的一种"约法"。乡贤石牌头人为主要的执行者。下古陈村订立了两次村规民约，盘振武都是积极的参与者。第一次是1982年在县团委书记协助下，全村人都参与制定的。第二次是2002年左右，当时盘振武是村主任，主要修订内容是加重了对违约行为的处罚。盘振武还积极参与村规民约的执行，维护村规民约的效力。[2]

　　马永祥、盘振武等乡贤正符合梁漱溟的乡村建设理论所期望的，"让乡贤和农民有更多聚合的机会。在他们聚合的时候，就容易谈到他们所痛苦的问题，谈到他们本身的问题。……渐往大家齐心合作解决问题里去"。[3]费孝通在批评晏阳初时认为，农民有建设乡村的自觉，并非依赖外来的教育与灌输，"自觉的教育是现实的生活"，"教育者的责任是在帮他们排除阻碍实现他们自

---

〔1〕　高其才、马敬：《陇原乡老马伊德勒斯》，中国政法大学出版社2014年版，第173页。

〔2〕　高其才：《桂瑶头人盘振武》，中国政法大学出版社2013年版，第81~98页。

〔3〕　梁漱溟："乡村建设理论"，载《梁漱溟全集》（第2卷），山东人民出版社2005年版，第353页。

发的求生活动"。[1]

第三，乡贤应是现代技术、经济、文化、规范的代表者。费孝通受其姐姐的鼓舞，并认为他的姐姐费达生先生正是乡土重建的新乡贤代表之一。在太湖畔村庄里生活的费达生先生是改良中国丝业的重要工作员，20年来不但在技术上把中国的生丝产量提高了，而且她一直在试验怎样可以使中国现代工业最有效用地提高人民的生活水平。费孝通先生经常和她讨论问题和学习，受益良多。[2]乡贤应转变成在新秩序中有用的人物，而非继续维持特权，[3]从寄生地位转变成服务地位，通过服务得到生活报酬。[4]

乡村建设/乡土重建虽然以文化和社区共同体建设为目标，但无疑都将乡村经济、工业、科技、教育作为乡村建设的主要内容。乡村建设实指乡村现代化建设，并认为乡村现代化的实现是中国现代化的基础。乡村建设并非指，在现代国家建设过程中，不应忽略乡村，且也包括乡村的现代化建设；而是强调现代国家建设应该是自下而上的建设，乡村现代化建设决定了国家现代化建设的程度，乡村是国家现代化建设的主力之一。把乡村现代化建设作为国家现代化建设的主体而非对象是乡村建设的核心关照。乡村现代化的路径是乡村工业化，乡村工业化的利好在于乡民占有和使用自己的资源，在中国农村土地集体所有制下，基于社区集体的产权收益必将回馈社区一部分。乡村工业具有造血功能，它的兴旺，可以实现村民的就地转移，减少进城务工带来的家庭分离和城市生活成本。同时，乡村也可以享受到乡村企业的二产利润。乡村"空心化"的根本是乡村工业、乡村经济的空心化。费孝通的研究发现，在晚清衰败以前，乡村是以兼业作为主要经济支柱的，而乡村的彻底瘫痪也是因为近代工业对乡村工业的冲击。[5]这种乡村经济空心化一直持续

〔1〕 费孝通："评晏阳初《开发民力建设乡村》"，载《费孝通全集》（第6卷），内蒙古人民出版社2009年版，第272页。

〔2〕 费孝通："关于'城''乡'问题——答姜庆湘先生"，载《费孝通全集》（第6卷），内蒙古人民出版社2009年版，第197页。

〔3〕 费孝通："关于'城''乡'问题——答姜庆湘先生"，载《费孝通全集》（第6卷），内蒙古人民出版社2009年版，第197页。

〔4〕 费孝通："关于'城''乡'问题——答姜庆湘先生"，载《费孝通全集》（第6卷），内蒙古人民出版社2009年版，第199页。

〔5〕 费孝通："黎民不饥不寒的小康水准"，载《费孝通全集》（第5卷），内蒙古人民出版社2009年版，第69页。

到当下，农村进城务工导致村庄的劳动力流失，进城农民在城市要损耗生活成本，因为如果他们在乡村，稻谷、蔬菜、住房等都可以自给自足，二产收入就可以作为家庭积累。进城务工通过生活成本增加的方式隐性大幅减少了他们的收入。绝对低收入的农民工是不肯在城市定居的。而如果乡村工业发展起来，收入较高的家庭可以通过家庭积累的逐渐增加，到城市买房定居，自然流动到城市，进而实现城镇化和乡村的现代化。因此，乡村工业的回流和复兴尤为重要。乡村的经济能人在这方面具有突出的影响力和号召力。苏南一些村庄就是依赖这样的经济能人使乡村现代化稳步发展的。

乡村的工业、科技、文化领袖如何产生？一方面，城市化流动和开放社会为有能力的村民提供了自我学习的机会。另一方面，更为重要的是，要对村民进行技能培训，以培养更多的乡贤。我们在广西的调研经验显示，许多乡镇都对村干部进行了专门的法律业务培训，许多村干部因此学习了合同法、婚姻家庭法、物权法。而这些村干部会在村庄宣传法律规定，每逢过年，农民工大量返乡之时，他们就会在村庄反复广播赡养、相邻关系、劳动合同等方面的法律规定。杨开道在民国时期就主张在大学附设专修科以及其他的短期培训班等，以培训乡村领袖即乡贤。"他们一样的在大学学府训练，一样的受名师指导，也许专门的功课也相差不远；有大学生的长处，而没有大学生的短处，的确是一个补救的办法。大学正科造就的是研究人才，大学别科造就的是实用人才，把他们在大学所学习的，直接到农村去施展。"[1]虽然中国法治建设已几十年，但是却几乎没有对乡民进行正式法律培训，只有法院以国家司法的方式"送法下乡"或者法律人到乡村提供临时的"法律咨询"服务，难以在乡村收获影响和实效。湖南镇国庆村何培金身上体现了先进的农村领袖对于乡村经济、文化和社会发展所做的贡献。何培金是五个"乡土法杰"中唯一一个官员退休后回乡的，也是五个"乡土法杰"中身份特征与传统乡绅最为接近的。退休回乡后，何培金利用自己的学识保护家乡工业，助民企打官司，为家乡茶产业的振兴、发展"立有汗马功劳"；帮乡企立章程，修正了其中不符合《公司法》《合同法》《公司登记管理条例》的地方。[2]

第四，乡贤从构成上应吸纳外来先进知识分子。费孝通在英国看到许多

---

〔1〕　杨开道：《农村领袖》，世界书局1931年版，第74页。

〔2〕　高其才、何心：《洞庭乡人何培金》，中国政法大学出版社2013年版，第76、80页。

退休的公务员、医生、教师到乡村服务，在地方自治中发挥着重要的作用。费孝通将他们称为"过渡性乡贤"。[1]费孝通和潘光旦曾一同分析了915个清朝贡生、举人和地方进士的出身，发现传统中国的人才分配较均，而且乡村出身的，并不因为被科举选择出来后就离开了乡村。[2]而近代许多乡土培养出来的知识分子一方面在城市失业，另一方面却"回不了村"，新知识无法改变传统社会，是乡村衰败的重要原因。[3]梁漱溟呼吁知识分子下乡，指导乡村的发展、改造乡村。作为乡学组织四要素之一的"教员"正是从乡村之外引进的先进的知识分子，有知识、有眼光、有新的方法、新的技术的人与他人合起来方能解决乡村的问题，[4]也才能弥合城市的现代化与乡村的没落同步发生之断裂。

乡贤大多是名誉职，而非专务职。[5]乡贤的工作大多是无偿的或者报酬很低。这就意味着，从物质回报上讲，乡贤之身份很难吸引城市知识分子。但是，仍然有很多城市知识分子基于自己的关怀与对人生理想的追求，返回到乡村，带领村民共同建设乡村。北京大学毕业的34岁副县长刘涛辞职回乡务农，他在L县作副县长的时候，在分管的乡镇做了一些农村问题的调研后，认为农村若无人带头发展实业，农民没有尝到甜头，农村的人仍然会流失，农村会更加空心化。在刘涛的影响下，村庄的生产风气发生了变化，以前村民撂荒打麻将，现在村民也跟着刘涛种起了地。[6]近年来多有大学生返乡创业现象，大学生利用所习得的先进科学知识发展现代农业或者现代工业；成长起来的返乡大学生将成为未来乡贤。

应以发展的视角期待乡贤，改革开放后乡贤大致经历了以下递进发展阶段：从村庄传统内生的乡贤，再过渡到有外出务工经历，回村后能够开拓和

---

〔1〕 费孝通："再论双轨政治"，载《费孝通全集》（第5卷），内蒙古人民出版社2009年版，第49页。

〔2〕 费孝通："损蚀冲洗下的乡土"，载《费孝通全集》（第6卷），内蒙古人民出版社2009年版，第57页。

〔3〕 费孝通："再论双轨政治"，载《费孝通全集》（第5卷），内蒙古人民出版社2009年版，第60页。

〔4〕 梁漱溟："乡村建设理论"，载《梁漱溟全集》（第2卷），山东人民出版社2005年版，第351页。

〔5〕 林众可：《地方自治概论》，商务印书馆1931年版，第44~57页。

〔6〕 "副县长辞官谈种猕猴桃：国家不缺公务员"，载 http://edu.people.com.cn/n/2015/0629/c1053-27225414.html，2015年7月4日最后访问。

创业的乡贤，最后逐渐发展为由先进的知识分子、科技工作者和企业家担任的乡贤。乡贤的现代化转型就是现代乡村建设逐步推进并最终实现的过程。

四、新乡贤的角色功能

乡村建设的目标是重建乡民自治秩序。现代乡村秩序建设的新乡贤（即"乡土法杰"）可以为我们提供理解乡土习惯法与现代法治、地方性知识之治与统一国家法治之间关系的视角。"乡土法杰"成了国家法治与乡民自治秩序交接的节点式人物。"乡土法杰"所呈现的重构现代乡村的主体萌芽性并不掩盖其身份上潜在的"传统"与"现代"的张力。如前文所述，新乡贤发生于中国社会变迁，因而必然是一个动态和继替的群体。"乡土法杰"传统与保守特性是由他们的"在地化"决定的，他们身上凝聚着乡村的历史记忆和乡土惯习。因此高其才教授认为他们尽管为"乡土法杰"，却也不同于正式的"国家法律工作者"。事实上，正是"乡土法杰"兼有的"保守性"与"现代性"才有效地弥合了现代法治中的激进价值和个体化的倾向对乡村过重的击碎和侵蚀，保证了乡村转型的稳定性。作为新乡贤，"乡土法杰"所具的"现代"与"保守"的张力，即便在中国先进知识分子身上也有明显的体现。如梁漱溟主张学习西方团体精神、民主制度，但却又坚持其冷冰冰的法治并不适合中国乡村，中国乡村秩序仍应以松软、极近人情、启发人心向上的礼治价值为规范和秩序基础；坚持乡村秩序靠教化之规训而非法治之威慑。[1]费孝通总是立基于传统的社会结构和乡土性来思考中国的现代化转型的范式。"乡土法杰"是建设现代法治与历史资源的纽带，"乡土法杰"身上兼具"现代性"和"在地化"属性，为转型时期乡村治理和法治化建设提供了有效路径。

作为新乡贤，"乡土法杰"的"在地化"表现为他们是现代国家法治进乡村的"缓冲器"和"中转器"。

"乡土法杰"首先是国家法进入乡土社会的缓冲器。国家法自上而下制定，并有着现代性的价值追求，如平等、自由、公平等；从发生学上看，国家法更多地起源于业缘共同体，尤其是商业团体、市民社会等现代性组织和群体。国家法很难契合具有强烈血缘、地缘共同体色彩的乡村社会。"乡土法杰"对乡村社会结构的深度把握可以使他们成为国家法进入乡村的中介，缓

---

〔1〕梁漱溟："乡村建设理论"，载《梁漱溟全集》（第2卷），山东人民出版社2005年版，第167页。

冲国家法与乡村社会的直接冲突，协助国家法构建一种具有正当性基础的法秩序，维护国家法的合法性权威。国家法并不因其由国家制定而当然享有权威，国家法的权威来源于乡民的认同。乡村社会法治化并非要国家法被运用到社会生活的角角落落，而是只需保持底线的权威与制裁力。正如汪辉祖先生在《学治臆说》里讲的，"通情而不曲法何不可者，而必于此立威"。[1]

国家法遭遇乡村社会的"在地化"差异，缘于乡村社会特有的沿袭千年的历史传统，以及农业社区的生产生活方式。忽视历史资源或城乡差别而强行构建一个想象的社会和秩序只能是违背托克维尔所说的"民情"的无力。例如，梁漱溟和费孝通都曾强调乡村存有"尚贤"的风气，因此在乡村选举中，妓女与德高望重的老者是无论如何都不能平等地投票的，而这恰是与现代法治"平等"精神相违背的。"乡土法杰"可以防止现代国家法对乡村秩序进行过于剧烈的解构，有利于维护乡村秩序的稳定。而且，国家法具有抽象性、严格规范性，无法匹配许多乡村的地域、人文、历史等特点。"乡土法杰"在国家法的实施过程中，能够综合国家法和地方性知识，保障国家法的灵活性。从这一点来说，"乡土法杰"发挥着费孝通极力呼吁的"双轨政治"的作用，即在统一中央政权的大国中，代表着自下而上的那道政治轨道，保证了基层行政的效率和执行力，防止了基层行政的僵化。"乡土法杰"实为多元化文化的大国内统一法治的重要一环。

浙中"乡土法杰"王玉龙作为镇调解委员会委员及其调解分家析产的例子就表明了这一点。

王玉龙从村干部的岗位上退休后，被镇政府聘为镇调解委员会的委员，负责村庄的调解工作。镇调解委员会是镇政府下属的一个专门调解农村各种纠纷的机构，由一位镇副书记主管，担任主任，还有二位镇政府工作人员，作为调解委员会委员，然后是由镇政府直接从所属的行政村里任命五人担任调解委员会民间委员，担任民间委员的条件是必须曾担任过副主任以上职务、富有调解经验、为人公正无私、享有较高声望的人。[2]

据王玉龙介绍，腰岭村有着较为详细的分家析产的习惯法和规矩，许多

---

〔1〕 汪辉祖："学治臆说"，载（清）汪辉祖：《一个师爷的官场经》，赵子光注释，九州出版社1998年版，第194页。

〔2〕 高其才、王凯：《浙中村夫王玉龙》，中国政法大学出版社2013年版，第191页。

内容有其地方特色，如成家者的优先权、女儿无分家产资格，甚至父母可以根据自己的喜好、儿子的孝顺程度、谋生能力等确定不同的分配份额，适当向某个或某几个儿子倾斜。当村民在分家析产过程中出现纠纷或者矛盾时，有四级纠纷解决机制：首先，父母和分家主持人从中斡旋；其次，村民可请村干部、家中有威望的老人、长辈负责调解和处理纠纷；再次，村民可将矛盾和纠纷提交镇调解委员会；最后，村民可以请求公安派出所出面调解，或者向法院起诉。[1]

也可以伊斯兰教地区陇原乡老马永祥化解"分寺"纠纷来说明：

马有布、马阿卜杜两家有旧怨，两家共用村庄东头的清真寺。2009年，马阿卜杜以清真寺太远为由，提出分寺要求，并欲在他们家对面重修一座清真寺。寺中马阿訇和寺管委会成员都不同意分寺，马有布一家更是强烈反对。两家由此争执殴斗，马阿卜杜一家人多势众，赶跑了马阿訇并打伤了马有布家人，马有布的儿子也打伤了马阿卜杜家的人。东乡县公安局拘留了马阿卜杜及其二子、女儿还有两个侄儿，马有布的儿子也被拘留。

事发后，东塬乡党委书记打电话给马永祥，希望他出面调解，尽量让双方缓和矛盾以平息事件。马永祥实地考察情况后，把两家叫到了一起，开始做说服调解工作。马永祥认为，马阿卜杜家的老坟都在东头的清真寺旁，他们若在西面分寺对于上坟不便；而且一个村子的者麻提只能是一个教门，不能分为两个教门，按照国家政策也不能分。马永祥提出了：不分寺、互相说"赛俩目"和好、再请阿訇的调解条件，并告诉两家，如果他们能够同意，就请公安局放他们出去，如果不能同意，就只能接受法律制裁。后来双方都同意了马永祥的调解要求，两家后来一直没有纠纷。

据马永祥回忆，这起纠纷从双方群殴开始到基本平息大概经历了两个月。这起纠纷在当地具有代表性，解决了宗教善后问题，避免了宗教矛盾。当地政府对宗教矛盾难以处理，仅靠"抓人""关人"难以解决问题，还是需要乡村的领袖处理。[2]

〔1〕 高其才、王凯：《浙中村夫王玉龙》，中国政法大学出版社2013年版，第87页。
〔2〕 高其才、马敬：《陇原乡老马伊德勒斯》，中国政法大学出版社2014年版，第197页。

在王玉龙调解分家析产纠纷的四级机制遵循着由民间社会到国家法的路径。乡村生产生活中有许多地方性的规范，例如，广西金秀瑶财产先占取得的"打茅标"习惯法[1]仍具有广泛的效力。"乡土法杰"在化解纠纷的过程中更多地使用主体共同认知的知识、生活经验升华的规范，而非抽象的法律条文。当然，国家法与乡村规范发生着千丝万缕的联系，国家法更加严苛、形式理性化，而民间规范则更为松软、接近人情，只有在民间规范无法发生效力的时候"乡土法杰"才会使用国家法这一最后防线。这样，绝大部分的乡村纠纷均可以通过更加灵活的方式化解，溢出到国家法处理的则较为少数。

"乡土法杰"的在地化还表现为他们是国家法与乡村社会的"中转站"，他们通过在国家法和民间法之间游走，能够适用国家法，发挥国家法在民间纠纷解决中的效力，将国家法转换为切实有效的社会规范——传播了国家法。同时，他们也能够将民间法的内容和精神添加进国家法，丰富并补充国家法，使中国的法制更加具有本土性内容。如云南深沟村调解员张德荣包里必备的三件宝贝：雨伞、手电和农村法律知识读本。湖南镇国庆村何培金借助国家"法办"的威慑教育了乡村里的"惯偷"：

> 沈国民是"惯偷"，有时也"穷凶极恶"。他外出当扒手，专门窃取老人、妇女的金钱、包裹。但他总以不在村内行窃为由，要求"本地人别多我的事"。而且，他经常横行乡里，打街骂巷，经常把老婆打得死去活来，还对教育他的长辈施暴。何培金邀请几个年轻人在成立帮教小分队的同时，搜集他在外偷窃的证据，并放风说，"再不改邪归正就要被法办"。沈国民因惧怕本村村民不仅不做他的保护伞，还举报他、扭送他，因惧怕"法办"，就向何培金写下了《保证书》。[2]

新乡贤会更替为乡村内生或者返乡的先进知识分子，较为广泛地学习和接受现代法治知识，为乡村民治提供法律保障。这是乡贤身上的"现代性"色彩。现代乡村建设只有依赖乡贤的"现代性"到乡民的逐渐"现代性"的路径，才能最终实现乡村建设。同样，乡村的法治化路径也必然要遵循"乡土法杰"对现代国家法的学习、吸收、转化、实施和传播到广大乡民接受国

---

〔1〕 高其才：《桂瑶头人盘振武》，中国政法大学出版社2013年版，第124页。
〔2〕 高其才、何心：《洞庭乡人何培金》，中国政法大学出版社2013年版，第123页。

家法的过程。现在乡村法治建设可谓尚无头绪和着力点，只是因事而"送法""用法"，忽略了广大乡贤的法治建设和传播中的节点作用。新乡贤的现代法治水平决定了乡村法治化的水平。杨开道在《农村领袖》一书中的一些判断与呼吁依然具有警示作用。杨开道认为，通过对乡贤的分析可以发现很多弱点，这些弱点足以影响乡村的前途。[1]而对乡贤弱点的忽略则导致了对乡村问题的视而不见或无以应对。国家的法治在乡村需要具体的实施者，乡贤既是乡村的大脑，也是社会规范的适用者。乡村现代法治秩序若想实现，必须通过"乡土法杰"的作用力。

五、结语

乡村治理、乡村建设目的是解决乡村碎片化问题。在现代性背景下，解决的路径无法依赖传统的礼治、家族、绅权等，而必须植入现代法治、民治、负责制政府等。但是，自上而下的现代国家建设在乡村整合上效果不佳。移植的或者新创制的政治制度与法治如何适应普遍存在的、基本的民情？民风民情、社会结构仍然固守着传统的精神。因此，现代法治想要构建的乡村政治秩序在短时间内难以实现，必须在整合碎片化了的乡村之基础上再构建。乡村建设应以"乡民"为核心，注重对乡民的引导、教育和动员，注重自下而上的乡村建设。乡贤为齐民之首，乡民之望，[2]是乡民的代表和社区利益的"当家人"；乡村建设尤应注意发挥乡贤的作用。乡村法治建设三十年效果不佳，是因为建设路径一直忽略了关键性的要素，忽略了乡民及其代表的力量。

对于"乡土法杰"等新乡贤在当今乡村建设、乡村治理尤其是新秩序建设中作用发挥，笔者有以下建议：

第一，为自然涌现的乡贤及其维持民间秩序的权力提供一定的制度保障。自然乡贤的权威来源于乡民的认同和个人魅力。但是，自然的权威难以实现对乡民行为的现实约束。湖南镇国庆村何培金为了保护村落珍稀动物而立禁，阻止村民打鸟。尽管何培金在村庄享有很高威望，但在利益的驱使下，村民对于他的"公告"依然熟视无睹。[3]同样，广西金秀下古陈的盘振武对五指

---

〔1〕　杨开道：《农村领袖》，世界书局1931年版，第23页。

〔2〕　张仲礼：《中国绅士研究》，上海人民出版社2008年版，第34页。

〔3〕　高其才、何心：《洞庭乡人何培金》，中国政法大学出版社2013年版，第149页。

山的护林运动也是举步维艰。[1]松散的结构无法为社区自治提供秩序保障，传统所形成的地方自治也是来源于国家法律对于家长权和绅权的保障，如法律赋予他们调解纠纷、制定规范、制裁和轻微刑罚的权力。[2]对于乡贤在组织村庄公益建设、维护村庄治安、环境保护等方面的行为应给予鼓励和认可，并探索制度化保障。

第二，构建正式制度与乡贤及民间组织的衔接和对接机制。乡贤多是荣誉职，他们的目的并非获得物质回报。因此，广泛存在的乡贤是减少国家行政成本、取得良好治理效果的重要机制。如英国的治安法院就大量吸收了民间精英充当治安法官。"乡土法杰丛书"中的云南深沟村民间调解员张荣德之所以能够成为地方治安稳定的"守夜人"，很重要的一个原因是他被派出所吸纳为民间调解员，其调解行为可以对接国家司法行政。[3]当下，乡村干部往往不愿意参加村民纠纷调解。由于传统文化自我生产能力的丧失，村干部调解纠纷很难在村庄获得文化回馈；由于缺乏与国家正式司法机制的对接，村干部调解纠纷没有政治回馈。因此，村干部调解纠纷变成了出力不讨好的事情，久之，村干部再也没有调解纠纷的动力了。

第三，重视对新乡贤和乡民的先进知识培训。就现代法治建设而言，对乡村中涌现的关怀社区利益、具有公心的政治能人进行法律培训。发达地区、较为开放地区的乡村可以与高校合作，由地方高校或者科研单位对乡贤进行较为系统的、长期的培训。对于欠发达地区、较为保守的乡村应该更多地尊重当地民间法，注意国家法与地方性规范的调和、转化，对乡贤领导的地方约法之治给予认可。

第四，鼓励城市知识分子回村，特别是对那些对于农村社会有归属感、认同感，愿意融入和凝聚乡民的知识分子给予政策上的关怀和支持。

---

〔1〕　高其才：《桂瑶头人盘振武》，中国政法大学出版社 2013 年版，第 74 页。

〔2〕　瞿同祖：《中国法律与中国社会》，中华书局 1981 年版，第 5~27 页；瞿同祖：《清代地方政府》（修订译本），范忠信、何鹏、晏锋译，法律出版社 2011 年版，第 295 页。

〔3〕　卢燕：《滇东好人张荣德》，中国政法大学出版社 2014 年版，第 54 页。

第十二章

作为乡贤的乡土法杰与村规民约的"生长"

一、引言

村规民约被视为乡村治理的重要表现形式，也是基层民主政治的重要成果。村规民约是"村民根据有关法律、法规与政策，结合本村实际共同商议制定，并要求全体村民自觉遵守的行为规范，其内容主要涉及社会公德、家庭美德、村风民俗、邻里关系、公共秩序、治安管理等各方面"。[1]《村民委员会组织法》第 27 条明确规定："村民会议可以制定和修改村民自治章程、村规民约，并报乡、民族乡、镇的人民政府备案。村民自治章程、村规民约以及村民会议或者村民代表会议的决定不得与宪法、法律、法规和国家的政策相抵触，不得有侵犯村民的人身权利、民主权利和合法财产权利的内容。"可见，村规民约是根据国家法律由村民会议依照一定的程序而制定的，因而具有法律认可的效力，村规民约的内容不得违反国家法律。同时，村规民约的内容也应该尊重当地村风民俗，不能完全脱离既有的习惯法而存在。在一定程度上，村规民约日渐成为乡村社会中至关重要的规范，成为乡村治理的重要方式。

村规民约作为一种极其重要的乡村治理方式，是国家鼓励并倡导村民自治的产物，国家对村民自治以"公约"的成文形式加以固定，并通过这种方式"巧妙"地将国家法律与习惯法结合起来，成为乡土社会的基本准则，极大地维护着乡村社会秩序。正因为如此，一直以来，村规民约始终被学术界关注，已有研究成果较为丰富。

---

[1] 王禹：《我国村民自治研究》，北京大学出版社 2004 年版，第 111 页。

　　1949 年以前就已有学者对乡约制度进行研究，这个时期学者们主要考察明清乡约之历史与功能，从而为国民党所推行的乡村建设运动以及保甲制度提供依据。1949 年以后，乡约的研究大体处于停滞状态，一直到 20 世纪 90 年代才重新被学术界所关注。从现有的研究来看，关于村规民约的研究主要集中在三个方面：第一，关于村规民约的历史起源与传承演变的研究。这些学者主要从社会史、文化史的角度对村规民约进行考察，有学者指出正式成文的村规民约是北宋范仲淹于天圣八年（1030 年）为羌人立约。[1]也有学者认为，最早的乡约应该是北宋嘉祐年间的《吕氏乡约》，并对宋以降乡约的传承与演变展开了较为详尽的研究。[2]第二，关于乡约的概念、属性、职能、特点等基础理论方面的研究。古代乡约具有自发性、自治性以及自觉性，现代村规民约则在内容上具有综合性，在效力上具有倡导性，而从产生上来看属于宪法所规定的"守则公约"[3]；乡约最主要的功能是"教化"（宣谕教化、劝人向善、遵纪守法、笃行风俗）[4]，此外还有一定的司法职能[5]。第三，关于村规民约的实施研究。村规民约不是仅停留在纸面上的"具文"，更为重要的是它的实施以及对社会秩序的维持。因此，近年来不少学者逐渐

---

　　〔1〕 据《宋史·范仲淹传》记载，范仲淹于天圣八年（1030 年）为羌人立约：若仇己和断，辄私报之及伤人者，罚羊百、马二，已杀者斩。负债争讼，听告官为理，辄质缚平人者，罚羊五十、马一。贼马入界，追集不赴随本族，每户罚羊二，质其首领。贼大入，老幼入保砦，官为给食；即不入砦，本家罚羊二；全族不至，质其首领。王铭铭据此认为，地方文化贵族与乡规民约是联系在一起的，范仲淹以宰相之身份最早写出乡规民约。参见王铭铭、王斯福主编：《乡土社会的秩序、公正与权威》，中国政法大学出版社 1997 年版，第 484 页。

　　〔2〕 参见杨开道：《中国乡约制度》，山东省乡村服务人员训练处，1937 年编印；吕著清："中国乡约概要"，载《河北学刊》1936 年第 4 期；闻钧天、江士杰：《中国保甲制度·里甲制度考略》，上海书店出版社 1992 年版，据上海商务印书馆 1935 年版影印；赵秀玲：《中国乡里制度》，社会科学文献出版社 1998 年版；胡庆钧："从蓝田乡约到呈贡乡约"，载《云南社会科学》2001 年第 3 期；张广修："村规民约的历史演变"，载《洛阳工学院学报（社会科学版）》2000 年第 2 期；等等。

　　〔3〕 参见于大水："村规民约之研究"，载《社会主义研究》2001 年第 2 期。

　　〔4〕 参见谢长法："乡约及其社会教化"，载《史学集刊》1996 年第 3 期；尹钧科："明代的宣谕和清代的讲约"，载《北京社会科学》1999 年第 4 期；张中秋："乡约的诸属性及其文化原理认识"，载《南京大学学报（哲学·人文科学·社会科学）》2004 年第 5 期；王日根："论明清乡约属性与职能的变迁"，载《厦门大学学报（哲学社会科学版）》2003 年第 2 期；段自成："论清代的乡村儒学教化——以清代乡约为中心"，载《孔子研究》2009 年第 2 期；韩玉胜："中国古代乡约道德教化精神的理性审视及现代性重塑"，载《云南社会科学》2014 年第 3 期；等等。

　　〔5〕 参见段自成："明清乡约的司法职能及其产生原因"，载《史学集刊》1999 年第 2 期；杨军："浅议清代新疆乡约制度创设及司法职能"，载《思想战线》2008 年第 6 期；李菊："乡约民俗在司法调解中的应用"，载《山西师大学报（社会科学版）》2012 年第 S1 期；等等。

重点关注村规民约的具体实施问题，尤其是结合具体个案，从实证的角度对村规民约的实施以及司法适用展开研究。[1]

从学术史的角度观察，关于村规民约的重点研究主题大体包括上述三类，相关的研究成果也较为深入。值得注意的是，现有的研究并未充分注意到当代村规民约在实践中的"主体"问题。换言之，村规民约是如何实践的，又是如何不断传承发展的？村规民约在实践、传承、发展过程中由何者推动？众所周知，村规民约是由村民会议制定的，但在这个过程中需要强有力的推动者。而在乡土社会的"狭小"场域中，作为乡村精英的"乡土法杰"往往担任了这一角色。高其才教授在"乡土法杰"丛书中对"乡土法杰"进行了描述："我选择生活在中国社会底层的在世乡土精英列入本系列作为传主。他们现在或生活在农村，或生活在城镇，正直、热心、善良、能干、自信是他们的共同特点。他们非常熟悉乡土规范，广泛参与民间活动，热心调解社会纠纷。他们是乡村社会规范的创制者、总结者、传承者，是草根立法者、民众法学家。他们作风正派、办事公道、能力突出、影响深远、口碑良好。这些人是一些有着独特个性、富有担当、充满活力的人。他们给人以温暖，给社区带来温情，让弱者有安全感。他们是平凡人，自然也有自身的缺点和不足。这些有血有肉的乡土法杰深受固有规范的影响，身上流淌着华夏儿女的血液，他们的所思所为维系着中华文明的根脉。本系列力求表达民间社区法人的独特人生、民间智慧者的法事生活、特定社区的秩序维持、中国普通人的文化情怀。"[2]由此可见，"乡土法杰"在地方秩序的形成以及维持上发挥着极为重要的作用，而这具体表现为对乡土社会中的重要规范——村规民约——的认识、制定、修改以及实施等方面，村规民约正是因为有"乡土法

---

〔1〕　参见谢晖："当代中国的乡民社会、乡规民约及其遭遇"，载《东岳论丛》2004年第4期；于语和、安宁："民间法视野中的村规民约——以河北省某村的民间调查为个案"，载《甘肃政法学院学报》2005年第5期；侯猛："村规民约的司法适用"，载《法律适用》2010年第6期；钱海梅："村规民约与制度性社会资本——以一个城郊村村级治理的个案研究为例"，载《中国农村观察》2009年第2期；等等。

〔2〕　高其才：《桂瑶头人盘振武》，中国政法大学出版社2013年版，第3~4页。该丛书目前已出七本，本章主要参考前五本，分别是《桂瑶头人盘振武》《洞庭乡人何培金》《浙中村夫王玉龙》《滇东好人张荣德》以及《陇原乡老马伊德勒斯》，由中国政法大学出版社于2013、2014年出版。另还有高其才等著的《乡土法杰研究》（中国政法大学出版社2015年版）、高其才和刘舟祺著的《鄂东族老刘克龙》（中国政法大学出版社2017年版）。

杰"的推动才能不断"生长"。

鉴于此,本章的中心议题为"乡土法杰与村规民约"之间的互动关系,重点讨论乡土法杰对村规民约的认识、制定、修改以及实施等方面的问题,试图勾勒出以"乡土法杰与村规民约"为中心的当代乡村社会秩序、乡村治理之"网"。本章所使用的实证研究资料,主要来自于高其才教授于2013年以来陆续主编推出的"乡土法杰丛书",该丛书以乡土法杰的人生史(life history)为主线,为我们展示出了一幅幅生动、具体的当下乡土社会"画面"。这些素材所提供的信息十分详尽,以至于使人"身临其境",透过文字接触到"地气"。更为重要的是,由于受到时空等客观条件之局限,每个研究者都不可能任意进入所有相关的"田野",因而这种借助于他人研究材料的"学术炼金"的研究方式本身也是一种"学术再生产",值得研究者们尝试。

二、乡土法杰对村规民约的认识

根据现有法律规定,村规民约应由村民会议协商制定(村民自治的方式),而且内容不得与现行国家法律法规相违背。从法律文本表达上来看,这一点与传统中国的不同之处在于,传统中国的乡约一般由地方乡绅制定和掌握,乡绅依照地方风俗、儒家伦理以及国家法律议定出乡约之后直接颁行,可能不需要全体村民的共同参与,这被视为地方基层政权与乡绅势力共建地方秩序的表现;而现代乡约则是由全体村民参与共同制定,由村民会议进行表决,充分体现了基层民主与基层自治。然而,值得追问的是,在村民会议共同制定村规民约的过程中,乡土法杰扮演着什么样的角色?乡土法杰对村规民约有着怎样的理解和认识?村规民约的范畴是否仅限于文本上的规定?这些问题都值得我们进一步思考。

从现有的材料来看,乡土法杰对村规民约的认识和理解有两个方面值得注意:

第一,乡土法杰对村规民约范围的理解是比较宽泛的,显然不只限于村民会议依法制定的"村规民约"。在桂瑶头人盘振武看来,依国家法律制定的村规民约与传统的瑶族石牌习惯法是一致的,只不过表现形式不同而已。因为,改革开放之后"绝大部分瑶族村屯仍然按照瑶族的传统,在国家制定法指导下制定了调整本村寨社会关系的'乡规民约''村规民约'。这种乡规民约成为金秀瑶区各族人民社会生活的重要规范。从这些'乡规民约''村规民约'的内容、制定过程、实施诸方面可明显发现瑶族习惯法的痕迹和影响"。[1]由此可见，村规民约与当地习惯法在内容上基本上是一致的，村规民约是从过去的石牌习惯法继承而来，是将石牌的精神与现实情况相结合的结果。盘振武甚至认为，下古陈村于1982年10月31日议定的《下古陈村村规村约》与传统瑶族石牌习惯法的区别就在于，前者实施的层次较浅，适用范围较小，后者实施的层次较深，适用范围也较大；前者规定得较为细致，而后者则较粗略。[2]

　　随着国家权力的触角不断深入乡村基层，原本具有自发性、自觉性和自主性的乡约也受到了国家权力的干预。最为明显的例子是《村民委员会组织法》第27条规定，如村规民约与现行法律法规相抵触，则由乡、民族乡、镇的人民政府责令改正。由此可见，国家权力通过审查村规民约的合法性，对乡土社会秩序进行有效的监控和干预。在传统社会，由于国家在中央是"集权"状态，权威无法分割于相对独立的政府各部门，更没有被政府与市民社会共享，为了保证世袭主义制在中央的有效性，因而必须精简在地方的官僚力量，相应的治理模式也就是"简约化治理"。[3]因此，国家在基层社会的治理不得不依赖于地方精英，形成地方精英与地方官僚共治的局面，从而形成介于国家与社会之间的"第三领域"[4]。在这种情况之下，一般由地方士绅或宗族头人主导村规民约的议定，国家权力极少加以干预（可能会进行价值引导）。由于具有成文形式的村规民约是对习惯的"双重制度化"[5]，两者之间具有紧密的关联，因此地方士绅对于习惯法的认识和理解在一定程度上会影响到村规民约的内容。

　　与传统不同的是，近代以来的中国尤其是中国共产党建立政权之后，国

　　[1]　高其才：《桂瑶头人盘振武》，中国政法大学出版社2013年版，第84页。

　　[2]　高其才：《桂瑶头人盘振武》，中国政法大学出版社2013年版，第90页。

　　[3]　[美]黄宗智：《过去和现在：中国民事法律实践的探索》，法律出版社2009年版，第78页。

　　[4]　黄宗智从哈贝马斯的"国家/公共领域/社会"三元理论出发，描述处于政府官方和民间社会之间的"中间领域"，从而解释基层社会的"半正式治理模式"。黄氏采用的仍然是"国家—社会"二元对立视角，从而遭到了梁治平、林端等人的批评。参见[美]黄宗智：《过去和现在：中国民事法律实践的探索》，法律出版社2009年版，第77页；林端：《韦伯论中国传统法律：韦伯比较社会学的批判》，中国政法大学出版社2014年版，第95~99页。

　　[5]　[美]保罗·博汉南："法律和法律制度"，载[英]马林诺夫斯基：《原始社会的犯罪与习俗》（附录二），原江译，云南人民出版社2002年版，第125~138页。

家权力不断向基层延伸，其中最为突出的是 20 世纪 50、60 年代推行的人民公社化运动，这使得乡村社会全部"裸露"于国家权力之下。直到改革开放之后，尤其是在 2003 年至 2005 年的税费改革以及取消农业税之后，国家权力从乡土社会逐步"退场"（但未完全撤离），最终导致农村政权从汲取型向"悬浮型"转变[1]。与此同时，村规民约的制定也开始由地方精英主导逐渐转变为村民会议集体议定。国家权力一方面为村规民约设定法律限制，另一方面又不得不承认它是村民自治的结果。然而，由于乡、民族乡、镇的人民政府对于违反现行法律规定的村规民约具有"责令改正权"，因此在某些时候可能会对村规民约的自治性造成一定程度的影响。从《东塬乡东塬村村规民约》中，我们可以看到这一点。正如高其才教授指出："东塬村的这个'村规民约'涉及一些村民自治方面的内容，但我们认为还是太过空泛，宣传口号太多而具体措施太少，没有什么可操作性，基本上是一个只能贴在墙上的规定罢了。"[2]这种村规民约流于空泛的根本原因就在于，国家权力并未完全退场而原有传统基础又遭受了冲击，以至于村规民约在粗略吸收习惯的同时又加入了许多国家推行的道德规范（如社会主义核心价值观）。所以，在乡土法杰看来，村规民约是广义的，它必定不能以"贴在墙上的"规范为准，而应该是指更为宽泛、实用的习惯法。这一点至关重要，因为在考察村规民约的实践时，我们将会看到乡土法杰并不简单适用村民会议所通过的村规民约，而是更多地灵活适用没有被写入村规民约的习惯法。从这个意义上来说，乡土法杰对村规民约的理解和认识是超脱于文本的，其范畴可能更为广泛。

第二，乡土法杰对村规民约的认识途径是多样化的。村规民约的内容不仅传承了当地习惯法（这种习惯法本身也在不断变迁），而且也吸收了国家法律所倡导的行为规范，这两种社会规范都以社会物质条件为基础，因此村规民约（广义上的）的内容也就随着社会的变迁而不断发展。正因为如此，乡土法杰为了更好地理解和认识变化中的村规民约，对于村规民约的认识途径也进行了拓展，呈现出多样化趋势。如滇东好人张荣德"对村规民约的认知有五种方式：生活经验的积累、走村串户中的信息获取、纠纷调解中知悉的

---

[1] "悬浮型政权"指基层政府"没有转变为政府服务农村的行动主体，而且正在和农民脱离旧有的联系，变成了表面上看上去无关紧要，可有可无的一级政府组织"。参见周飞舟："从汲取型政权到'悬浮型'政权——税费改革对国家与农民关系之影响"，载《社会学研究》2006 年第 3 期。

[2] 高其才、马敬：《陇原乡老马伊德勒斯》，中国政法大学出版社 2014 年版，第 50 页。

传统习俗、参加司法所人民调解员经验交流或会议培训中的规范习得、观看法治节目或阅读法律期刊(如《人民调解》《法制与社会》等)自学的知识"。[1]首先,此处的村规民约显然是广义上的,包括了传统习俗、习惯以及国家法律。再者,乡土法杰面对广义的"村规民约"不得不拓宽认识渠道,因而包括了传统的生活经验渠道,同时也包括了获取现代社会信息的渠道(如电视媒体、专业期刊以及专业培训等)。

从上述讨论我们可以看出,村规民约并不是狭义的"条文",更不是"贴在墙上的口号",乡土法杰对于村规民约的理解是广义上的。在他们看来,"村规民约"理应融合习惯法和国家法律,而且村民会议所议定的村规民约只不过是习惯法的"制度化"。正如盘振武所言:"村规民约跟石牌是一条龙,村规民约是根据石牌的有些内容来的。"[2]正因为村规民约融入了习惯法,因此在乡土法杰看来,村规民约的效力与国家法律是等同的。在村规民约的具体实施过程中,乡土法杰对于村规民约的广义理解和认识起到了至关重要的作用。

三、乡土法杰与村规民约的制定和修改

如前所述,与传统社会由乡绅主导制定乡约不同,村规民约由村民会议议定通过。《村民委员会组织法》第 21 条规定:"村民会议由本村十八周岁以上的村民组成。村民会议由村民委员会召集。有十分之一以上的村民或者三分之一以上的村民代表提议,应当召集村民会议。召集村民会议,应当提前十天通知村民。"第 22 条规定:"召开村民会议,应当有本村十八周岁以上村民的过半数,或者本村三分之二以上的户的代表参加,村民会议所作决定应当经到会人员的过半数通过。法律对召开村民会议及作出决定另有规定的,依照其规定。召开村民会议,根据需要可以邀请驻本村的企业、事业单位和群众组织派代表列席。"由此可见,国家法律对村规民约的制定设定了一套非

---

[1] 卢燕:《滇东好人张荣德》,中国政法大学出版社 2014 年版,第 140 页。

[2] 从盘振武所在的下古陈村村规民约来看,国家法律与地方习惯之间的融合表现得尤其突出。《下古陈村村规约》第 1 条规定:"人人要自觉遵守国家法律、法令和政策,保护国家集体和个人的财产,敢于和坏人坏事作斗争。发现偷盗和其他违法犯罪行为,就立即汇报或扭送到村委和上级机关。见者不报,以参与违法论处。"显然,此条款体现出了国家法律的精神。该村规民约第 3 条规定:"山上蜜蜂、地龙蜂、干柴、号地等,谁先插有草标,归谁所有,他人要,以盗窃和强抢论处。"该条款充分体现出了瑶族的"打茅标"习惯法,是对地方传统习惯的吸收。参见高其才:《桂瑶头人盘振武》,中国政法大学出版社 2013 年版,第 85 页。

常严格的程序，充分体现了村民自治和基层民主。然而，值得进一步思考的是，乡土法杰在村规民约的制定与修改过程中究竟发挥着什么样的作用？换言之，乡土法杰在此过程中充当了何种角色？

通过考察《下古陈村村规村约》的议定过程，我们不难发现，乡土法杰对于村规民约的制定发挥着一定的作用。盘振武作为石牌头人兼村干部（副队长、村主任）积极参与了下古陈村村规民约的制定和修改。第一次是1982年的制定；第二次是2002年的修订。在这两次村规民约的制定和修订过程中，盘振武主要以村民的讨论为主，自己只是给予辅助和引导。

村规民约制定以大家讨论（为主）啊，第一次（的）村规民约，是82年重新修订的，县委派一个团委书记胡德才，是当时的团委书记，他来协助做；4月份，上半年。当时也是根据以前的石牌制度和治安法来定，首先是一条一条来商量的，大家一起，村民会上这样的，家家户户都有人来，搞了两个晚上。那时候我是副队长、副主任，那时候叫主任，到副主任，叫下古陈村村主任。我记得有36条，具体是哪一条我记不上。规定一个是户与户之间的林地不能跨界；还有就是不能乱破坏他人家庭，这个就是搞男女关系啊，不能乱搞；还有就是治安问题，不能偷盗，不能杀人放火；还有不能给牲畜给进他人田地啊，吃了就要赔；还有就是不能投毒，投毒主要指不能下河毒鱼，这条定得也是比较尖锐的呢，投毒如造成严重后果的要扭送公安部门处理哦，除按照村规民约处理外。（村规民约）不是一户一张的，是每个小组一张，我们这里是4个小组啊。家家户户盖手印，这个是大家认可的，执行起来比较方便啊，签过字啊。这个跟以前石牌基本一致，照着来的，效果也很好啊，大家遵守的。你个别不遵守的受到处罚了，你猪也吃了，钱也罚了，这说明在群众中是行之有效的。

第二次村规民约好像在02（2002）年，记不起来了，不是02（2002年）就是03（2003年）。那次修改不大的，那次主要是修改罚款的，更加重，主要就是这一点，其他都一样的。为什么要加重呢？比方说原来你只罚十来斤肉，10斤肉、10酒、10斤米，全村人不够吃，所以要加重，大家没有意见，通过的。加重到最小的三个"三十六"，就是36斤肉、36斤酒、36斤米还有36块钱，四个"三十六"。以前罚钱没有，已有"三个十"为什么要加罚36块钱呢，以前罚钱有，但没在一起的。这个呢是这样的，因为办事是工作人员要一定的人工，要补助啊，就是这里体现出来，就是这个36块钱作处理人员的补助。当时我是村长，这个阶段又叫村长了，有部分村民提出来要加重处罚，后来大家讨论通过，我没有意见，我要站在大多数群众方面啊。[1]

因此，在第一次制订时，县团委书记胡德才的"协助"，实际上是向村民展示国家权力的力量（基层活动应在国家权力的监督下进行），盘振武此时并没有发挥较大的作用，而是反复强调依照传统石牌习惯法来制定。在村规民约修订过程中，当违反村规民约加重处罚时，盘振武仍然尊重多数村民的意见。马永祥同样也是积极参加村民会议，并作为村民代表就村里的大小事务发表意见，帮助村里协调解决一些事情。在村规民约的制定上，他表现出的作用同样是辅助性的。除此之外，王玉龙、何培金、张荣德等人在村规民约的制定与修改上似乎也没有发挥传统乡村精英所表现出的主导性作用。

为什么会如此？对于这一现象的解释，或许需要综合考量乡村政治格局之变迁。中国共产党在建立政权之后，不断将国家权力向基层延伸和"下沉"。[2]中华人民共和国建立初期的土地改革运动，使亿万农民得以"翻身"，摆脱了传统政权、族权、神权以及夫权的束缚，[3]原有的社会结构和价值体系被打破，农民一度成为国家的主人（乡绅地主成为无产阶级专政的对象）。然而，在传统"四权"体系崩溃之后，国家政权却将农民重新纳入党国体制的控制之中，国家政权通过不断向乡村基层"下沉"权力，进而努力调动和组织农民的"身体"。[4]在人民公社集体化时期，"全能主义"国家政权

---

〔1〕　高其才：《桂瑶头人盘振武》，中国政法大学出版社2013年版，第89~90页。

〔2〕　杜赞奇所提出的"权力文化网络"为国家权力的下沉清除了障碍，国家权力得以借助诸种象征性资源不断深入基层社会。参见［美］杜赞奇：《文化、权力与国家：1900—1942年的华北农村》，王福明译，江苏人民出版社2008年版。而中华人民共和国成立后的一个首要任务就是实现国家权力下沉，将国家权力延伸到基层社会。参见郑智航："新中国成立初期人民法院的司法路线——以国家权力下沉为切入点"，载《法制与社会发展》2012年第5期。

〔3〕　毛泽东在《湖南农民运动考察报告》中认为："中国的男子普遍受到三种有系统的权力的支配，即：（一）由一国、一省、一县以至一乡的国家系统（政权）；（二）由宗祠、支祠以至家长的家族系统（族权）；（三）由阎罗天子、城隍庙王以至土地菩萨的阴间系统以及由玉皇大帝以至各种神怪的神仙系统——总称之为鬼神系统（神权）。至于女子除了受到上述三种权力的支配之外，还受男子的支配（夫权）。这四种权力——政权、族权、神权、夫权，代表了全部封建宗法的思想和制度，是束缚中国人民特别是农民的四条极大的绳索。"参见《毛泽东选集》（第1卷），人民出版社1991年版，第31页。

〔4〕　参见陈寒非："法权身体：1950年婚姻法的表达与实践"，载《妇女研究论丛》2014年第5期。

在最大程度上整合乡村社会，[1]建立起一个颇为严密的"权力组织网络"，[2]党支部广泛"覆盖"行政村即为典型例证。改革开放之后，国家权力开始退出乡村空间，随着乡村社会从"熟人社会"向"半熟人社会"转变，[3]乡村社会的个体化特征日益凸显，集体化特征逐渐消解。村民逐步转变为与市场经济自由化相适应的"原子化"个体，法律意识与权利意识也相应得到提高。[4]在此迅速转变过程中，一方面，传统乡村所具备的传统型权威受到了冲击，村庄内部新的内生性组织力量、权威性认同以及凝聚性权力并未最终形成，因此村庄权力处于"真空"状态（这也为"灰色势力"的兴起提供了条件）[5]，村庄的公共性趋于解体。在此背景之下，乡土法杰无法像传统地方精英那样主导村规民约的制定，而原子化的村民意识到可以通过村民会议行使自身权利和表达内在诉求。但是，由于国家政权所试图"输入"的新权力体系（包括对社会主义新人的塑造）并未取得预期的效果，因此在一些公共性事物上又不得不依赖于尚存传统权威的乡土法杰（在制定和实施村规民约的关键时候需要乡土法杰的积极参与）。于是，在当前乡村治理的"二重悖论"中，乡土法杰在村规民约的制定过程中只能处于辅助性地位。

四、乡土法杰与村规民约的实施

乡土法杰不同于传统社会中的乡绅等地方精英群体。首先，乡土法杰的身份是多元的。当代中国地方精英的来源日益趋向多元化，可能来自政治、经济、文化、社会、宗教、宗族、法律等领域，这与传统的来源领域单一化明显不同。乡土法杰系列著作中的五位代表性人物，分别来自于不同的领域，

---

　　[1]　"全能主义"指政治机构的权力可以随时无限制地侵入和控制社会每一个阶层和每一个领域的指导思想。参见邹谠：《二十世纪中国政治：从宏观历史与微观行动的角度看》，牛津大学（香港）出版社1994年版，第258页。

　　[2]　强世功："权力的组织网络与法律的治理化——马锡五审判方式与中国法律的新传统"，载强世功：《法制与治理：国家转型中的法律》，中国政法大学出版社2003年版，第100页。

　　[3]　贺雪峰："论半熟人社会——理解村委会选举的一个视角"，载《政治学研究》2000年第3期。

　　[4]　郑永流、高其才等人在20世纪90年代所展开的系列调研结果证明了这一点。参见郑永流等：《农民法律意识与农村法律发展》，中国政法大学出版社2004年版。

　　[5]　陈柏峰曾经考察过两湖平原乡村治理中出现的"混混"现象，这实际上是国家权力退出后导致乡村政治权力真空，从而使得农村"灰色势力"兴起。参见陈柏峰：《乡村江湖：两湖平原"混混"研究》，中国政法大学出版社2011年版。此外，相关研究还可参见黄海：《灰地：红镇"混混"研究（1981—2007）》，生活·读书·新知三联书店2010年版。

具有不同的身份。其次，乡土法杰所表现的权威类型是混合的，可能包括传统型权威、巫魅型权威、知识型权威、代理型权威以及公权型权威中的一种或几种。[1]乡土法杰身份的多元性以及权威类型的混合性使得他们在村规民约的实施过程中发挥着极为重要的作用，成了乡村社会运用村规民约解决纠纷的重要主体。

通过考察"立传"的五位乡土法杰的人生史，我们可以发现许多运用村规民约解决纠纷的例子。盘振武曾处理过一起"偷竹笋案"，基本案情简述如下：

2009年2、3月的时候，其他村的几个人到下古陈村偷竹笋（大概偷了五六十斤），偷竹笋的人被当场抓到，而帮忙架梯的赵姓夫妻则让走了（辅助作用）。后来，被偷的盘据大和盘进离两家找到盘振武，请盘振武处理。盘振武打电话给这两夫妻，建议他们依照村规民约私了，协商解决。双方都同意私了解决。依照《下古陈村村规村约》第9条的规定："偷窃香草、八角、桐油、棕衣、茶子、茶叶、香菇、木耳和各种人培植笋等，除退回原物外（没有原物按市场价格折款），香草罚款3倍，其余罚款2倍。"但是，在实际情况中，由于赵姓夫妻并不是主要偷窃者，而只是帮忙架了梯子，因而盘振武认为夫妻俩按照当地习惯拿些鸡、猪肉和酒到被偷者家里喝个酒、认个错就行了，也不用严格依照村规民约赔偿。[2]

东塬乡马永祥曾处理过一起"围堵阿訇事件"，基本案情简述如下：

东塬乡林家村有一家名为"祁家寺"的小清真寺。以祁、马和周三姓家族构成了一个大概200人的小"祁家者麻提"，聘请了一位姓马的阿訇（任职尚不足三年）。由于周家人少（30多人），平时并不到祁家寺做礼拜，因此马阿訇认为周家没有尽到穆斯林之义务，说周家"寺门不进、礼拜不做、阿訇不认"。周家获知后，对其产生怨恨。2014年2月的一个早晨，马阿訇驾车经过祁家巷口时，被周姓家族围堵了。周家要求马阿訇辞职走人，而

---

〔1〕 参见陈寒非："从一元到多元：乡土精英的身份变迁与习惯法的成长"，载《甘肃政法学院学报》2014年第3期。

〔2〕 参见高其才：《桂瑶头人盘振武》，中国政法大学出版社2013年版，第95~96页。

马阿訇认为他是整个祁家者麻提请来的阿訇，周家无权要求。双方僵持不下，乡政府穆书记请来马永祥处理。马永祥首先表明态度，马阿訇是祁家者麻提共同请来的，而不是某个家族的事情。其次，将马阿訇送回寺里，并要求周家赔偿马阿訇精神损失费3000元，双方互说"赛俩目"（问候语）。最后，在寺里时，马永祥再次向双方讲明道理，认为都是穆斯林，应该团结。[1]

从以上案例可以看出，乡土法杰在适用村规民约时表现出了一定的灵活性，并且发挥着主导性作用。乡土法杰在实施村规民约时并不是严格的"法条主义者"，而是根据具体的案情对既有的习惯法规则作出变通适用。在盘振武处理的"偷竹笋案"中，本来依照《下古陈村村规村约》的规定，偷盗人工培育笋除返还原物外，还要处2倍罚款。然而，由于赵姓夫妇只是"从犯"，而且竹笋也已经归还，因此就只依照习惯法"罚请吃"，被惩罚者拿出鸡、猪肉和酒请对方吃并赔礼道歉。在处理村规民约条文中没有规定的行为时，乡土法杰会根据具体情况进行分析，灵活适用比村规民约更为宽泛的习惯法。在马永祥处理的"围堵阿訇案"中，马永祥充分运用宗教习惯法进行处理，如"阿訇是整个祁家者麻提共同请来的，不单属于某一家族""阿訇是者麻提的灵魂人物"以及"阿訇不被敬重则容易导致寺内不团结"等。这些处理依据并未在《东源乡东塬村村规民约》中具体体现，而是存在于宗教习惯法之中，马永祥正是灵活适用这些习惯法才妥善处理了这起宗教纠纷。

此外，浙中村夫王玉龙、洞庭乡人何培金、滇东好人张荣德也在不同程度上对村规民约加以灵活运用，在地方秩序的维持上发挥着主导作用。或许，正如前文所述，在乡土法杰们看来，村规民约与习惯法之间并无太大区别，在实施的过程中秉承"实用主义"立场，只要能够化解纠纷就是好的规范。论述至此，还有一个问题值得思考：为何乡土法杰在村规民约的制定上发挥的作用只是辅助性的，而在实施的过程中却是主导性的？要想回答这个问题，或许仍然需要将视野放置整个乡村的变局之中。前文已经提及，改革开放之后，乡村政权的"悬浮型"特点日益明显。国家政权在控制乡村社会时日趋

---

〔1〕 参见高其才、马敬：《陇原乡老马伊德勒斯》，中国政法大学出版社2014年版，第193~195页。

无力，因而试图通过国家法律的"具文"来管治乡村。传统权威在中华人民共和国初期以及集体化时期受到冲击之后，已经被削弱，即便国家权力"悬浮"也无法立刻恢复到以往的地位，更无法与强大的国家权力相抗衡。再加上村民权利意识的觉醒，因此在村规民约的制定过程中并不需要乡土法杰主导。与之相反的是，在村规民约的实施过程中，一方面，乡土法杰身份多元化且权威类型混合化，而且乡土法杰往往精通国家法律以及地方习俗，懂得如何从国家权力体系中获取新的权威（如担任村干部或司法调解员）；另一方面，对于村民而言，在日常生活中乡土法杰仍然是"德高望重"的（学历、资历与阅历都超越于普通村民），除非涉及严重的刑事犯罪，否则村民一般都比较倾向于让乡土法杰介入解决纠纷。正因为如此，在传统权威日渐衰落的今天，乡土法杰在村规民约的实施过程中仍然发挥着主导性作用。

五、乡土法杰与村规民约的"生长"

从调研材料来看，村规民约是以习惯法为基础的，并结合了国家法律的精神，是两者的融合体。乡土法杰一般倾向于对村规民约作更为宽泛的理解，大多数情况下直接将其等同于习惯法。乡土法杰参与村规民约的制定、修改以及实施，虽然在村规民约的制定与修改过程中只是起辅助性作用，但在村规民约的实施过程中却发挥主导性作用。美国法律现实主义代表卡多佐曾经讨论普通法传统中的法律生长问题，认为法律主要是通过"司法过程"生长的。法官在审判中面临多种选择时，会依照一定的标准进行权衡和选择，或遵循先例，或创出新例。而随着社会变化而不断创造的新判例则是法律的生长过程。与此同时，他还划分了法律生长过程中存在的四种应当服从的力量以及应当采用的方法，即逻辑或类比的力量——哲学的方法；历史的力量——历史的方法；习惯的力量——传统的方法；正义、道德和社会幸福，即一个时代的风俗习惯——社会学方法。[1]卡多佐阐述的背景是普通法传统，在这种传统下法律的生命在于"经验"，而不是逻辑。村规民约的基础是习惯法传统，习惯法的生命同样在于"经验"而非逻辑。因此，村规民约的"生长"也是在适用过程中得以实现的，而乡土法杰与村规民约之间存在着极为紧密的联

---

〔1〕　［美］本杰明·内森·卡多佐：《法律的生长》，刘培峰、刘骁军译，贵州人民出版社2002年版，第33~36页。

系，直接推动着村规民约的"生长"。

首先，乡土法杰对村规民约的认知和理解，间接推动着村规民约的"生长"。如前所述，乡土法杰在对村规民约的认识和理解上并不是狭隘的，而是广义的。在他们看来，经过长期历史文化积淀而形成的习惯法是一种地方"小传统"，充斥在乡村生活的方方面面，时刻调整着人们的行为。即便国家权力向基层社会"下沉"，向乡村社会输入"法律"（即送法下乡），也并不妨碍这种传统在现实生活中发挥作用。他们甚至认为，在大多数时候习惯法比国家法律在维护社会秩序方面更为行之有效。因此，尽管国家法律赋予了村民会议议订村规民约的权利，但这只不过是对习惯法的"双重制度化"而已。在乡土法杰（包括大多数村民）的心中，村规民约与习惯法基本是画上等号的。换言之，村规民约只有与习惯法保持一致才具有"永恒的生命"，否则就只不过是"贴在墙上的口号"。正因为乡土法杰具有这种认识，才使得村规民约不断从习惯法中汲取"养料"，习惯法的传承与延续也就是村规民约的"生长"。

其次，乡土法杰积极参与村规民约的制定与修订，推动着村规民约的"生长"。尽管国家法律赋予村民会议议订村规民约的权利，由全体村民共同讨论确立村规民约，而作为乡村精英的乡土法杰在此过程中并没有如传统社会中的地方士绅一样发挥主导性作用，但他们仍然积极参与村规民约的制定和修改。由于他们对习惯法和乡规礼俗有着较深的理解和较全面的掌握，因此，从技术层面来说，他们对于制定和修改村规民约的作用同样也是值得注意的。在村规民约的讨论过程中，乡土法杰借助"知识-权力"结构〔1〕生产出的话语权力，使其提出的建议或意见更能获得村民的认可。再者，乡土法杰都比较精通国家法律和政策（乡土社会的"法律精英"），所以对于当代村规民约所需汲取的国家法律内容，乡土法杰也比较具有话语权。正是由于乡土法杰的积极参与，村规民约才能在制定和修改中继续保留习惯法的内核，

---

〔1〕 福柯认为，知识是可以产生权力的，权力也能促使知识的产生，这也成为他考察监狱刑罚的基点。"这种现实的非肉体的灵魂不是一种实体，而是一种因素。它体现了某种权力的效应，某种知识的指涉，某种机制。借助这种机制，权力关系造就了一种知识体系，知识则扩大和强化了这种权力的效应。围绕这种现实-指涉，人们建构了各种概念，划分了各种分析领域：心理、主观、人格、意识等。围绕着它，还形成了具有科学性的技术和话语以及人道主义的道德主张。"参见 ［法］米歇尔·福柯：《规训与惩罚》，刘北成、杨远婴译，生活·读书·新知三联书店2007年版，第32页。

才能随着社会变迁而不断"生长"。

最后，乡土法杰对习惯法的实施，推动着村规民约的"生长"。法律的真正意义在于实施，习惯法同样如此。习惯法是在长期的实践中形成的一整套约定俗成的规范，它本身就是实践的产物，实践倾向可能更为明显。正是由于村规民约与习惯法之间保持着一种天然的亲密关系，因此乡土法杰运用村规民约解决乡村社会纠纷的过程实际上就是适用习惯法的过程。乡土法杰对习惯法的运用是灵活的，会根据需要进行变通，从而不断创造出新的习惯法规则。浙江岭腰村王玉龙主持解决的一起再婚案件很好地说明了这一点。[1]根据岭腰村的再婚习惯，存在许多男女不平等的地方，通常对妇女再婚限制较多，对男子再婚则几乎没有限制。那么在本案中有一个十分重要的习惯——"一路夫妻"，即对于丧夫的妇女，如果丈夫去世时已满 50 岁，村民会认为两人算"一路夫妻"，应一路相伴，所以村里提倡和尊重这类妇女不再改嫁而应该守寡，反之，如若改嫁会遭受非议，在本村难以立足，所以即使改嫁也只能改嫁外村。但是，王玉龙在处理此案时并未严格按照固有的习惯法规则进行处理，而是通过采取"事实婚姻"（即不以法律上夫妻的身份，而只是"互相做个伴"）的方式予以灵活变通适用。由此可见，乡土法杰在运用习惯法解决纠纷时是灵活变通的，会根据具体的情况而进行适当调整，由此而催生出新的规则。这些新规则依赖于"先例"存在，久而久之逐渐被村民接受和认可，此时也就形成了新的习惯法。当一种新习惯法为乡村社会生活提供极为重要的行为准则时，该习惯法就会被村民在村民会议中加以讨论，很可能被吸纳到正式的村规民约之中。这个过程就是习惯法的成长过程，同样也是村规民约的"生长"过程。概言之，乡土法杰对习惯法的实施推动着习惯法的成长，同时也为村规民约提供了富有生命力的"基础"，从而不断推动着村规民约的"生长"。（参见图 12-1）

---

〔1〕　该案载于高其才、王凯：《浙中村夫王玉龙》，中国政法大学出版社 2013 年版，第 62~63 页。

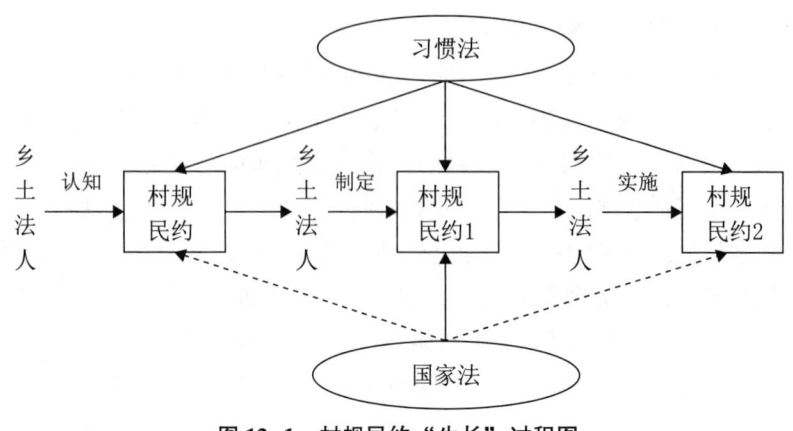

图 12-1　村规民约"生长"过程图

六、结语

通过考察发现，作为新乡贤的乡土法杰与村规民约之间存在着极为紧密的关联，乡土法杰极大地推动着村规民约的"生长"。从乡土法杰与村规民约之间的关系中，我们不仅可以清楚把握村规民约的"生长"过程，同时也能从中概括出当前通过村规民约进行乡村治理的一般性规律以及在此过程中需注意的问题。

第一，重视村规民约的制定问题，不可使其流于具文，应该充分尊重并吸收习惯法。如前所述，村规民约是以习惯法为基础的，这正是村规民约的真正生命力所在。尽管国家政权从未放弃过试图通过行政、法律等手段控制乡村社会的努力，但是这并不意味着可以置乡村社会习惯法于不顾。实际上，村规民约只有紧密结合了习惯法才能更好地在其中"植入"国家政权所推崇的价值理念和行为导向，习惯法与国家法在此场域才能实现真正的融合，从而有效地调整和维护乡村社会秩序。反之，一份不尊重习惯法的村规民约只能是"一纸具文"，一如调研团队在东塬村墙上所看到的"口号"。这一点是当前国家在乡村治理问题上需要重点注意的，基层政权应该鼓励和引导村民在村规民约的制定上合理吸收习惯法。

第二，积极适用村规民约，解决实践中存在的问题。村规民约作为村民自治的重要成果，也是村民的行为规范，应当在乡村日常生活中发挥更为重大的作用。村规民约是对习惯法的"双重制度化"，它的基础是习惯法，而习惯法的真正意义在于实践。然而，一方面，由于当前大多数村规民约没有充分吸收地方习惯法，从而使得村规民约无法在实践中得以运用；另一方面，即使有些地方的村规民约适当吸收了习惯法（如金秀瑶族自治县下古陈村的村规民约），也由于其调整范围较小而不得不放弃适用，转而适用范围更宽泛的习惯法。正是因为这些原因，使得村规民约并不受到村民们的重视，导致村民们适用的积极性不高。因此，当前通过村规民约进行乡村治理时，应该重点解决村规民约在实践中遇到的问题，特别需要注意村规民约的操作性问题。

第三，重视乡土法杰对村规民约"生长"的推动作用。即使今天的乡土法杰已经完全不同于传统的乡村精英，但是乡土法杰具备权威的混合基础，在乡村秩序的维持上发挥着不可替代的作用。从这个意义上来说，乡土法杰积极参与了村规民约的认知理解、制定修改以及实施的全部过程，尤其是在村规民约的实施中发挥着主导性作用。实际上，乡土法杰是村规民约的主要适用者，正是由于乡土法杰的参与才推动着村规民约的不断"生长"，村规民约才能更趋完善。所以，当前通过村规民约进行乡村治理时，应该充分注意到乡土法杰的作用，尤其是认真听取乡土法杰关于村规民约制定和实施方面的建议。在基层政权日益"悬浮"于乡村社会之上时，这或许可以有效加强国家对于乡村的治理和控制，遏制农村"灰色势力"的兴起与发展。

第十三章

县乡人民政府在乡村治理中的主导地位

一、引言

按照我国《宪法》的规定，县（自治县、市、区）和乡（民族乡、镇）人民政府为我国地方人民政府中的两级基层行政机关，是县乡国家权力机关的执行机关，受上级人民政府领导，对县乡人民代表大会和上级人民政府负责并报告工作。

《宪法》第 107 条规定："县级以上地方各级人民政府依照法律规定的权限，管理本行政区域内的经济、教育、科学、文化、卫生、体育事业、城乡建设事业和财政、民政、公安、民族事务、司法行政、计划生育等行政工作，发布决定和命令，任免、培训、考核和奖惩行政工作人员。乡、民族乡、镇的人民政府执行本级人民代表大会的决议和上级国家行政机关的决定和命令，管理本行政区域内的行政工作。"中共中央、国务院于 2018 年 1 月 2 日发布的《关于实施乡村振兴战略的意见》指出："乡村振兴，治理有效是基础。必须把夯实基层基础作为固本之策，建立健全党委领导、政府负责、社会协同、公众参与、法治保障的现代乡村社会治理体制，坚持自治、法治、德治相结合，确保乡村社会充满活力、和谐有序。"据此，县乡人民政府在乡村治理中居于主导地位和负有全面职责。

截至 2017 年底，全国共有县级行政区划单位 2851 个，其中市辖区 962 个、县级市 363 个、县 1355 个、自治县 117 个、旗 49 个、自治旗 3 个、特区 1 个、林区 1 个，乡级行政区划单位 39 888 个，其中区公所 2 个、镇 21 116 个、乡

9394 个、苏木 152 个、民族乡 982 个、民族苏木 1 个、街道 8241 个。[1]这些县乡人民政府通过组织领导、统筹指导、政策引导、资源整合、提供条件、督促检查、总结推广等方式，全面管理乡村事务，促进乡村发展，推进乡村治理，健全自治、法治、德治相结合的乡村治理体制。[2]

本章将对县乡人民政府在乡村治理中的主导地位和全面职责作一初步分析，以引起学界对这一问题的进一步探讨。

二、县乡人民政府在乡村治理中的主导地位

根据《宪法》的规定，我国的《地方各级人民代表大会和地方各级人民政府组织法》第 59 条规定了县级以上的地方各级人民政府行使的职权，包括执行本级人民代表大会及其常务委员会的决议，以及上级国家行政机关的决定和命令，规定行政措施，发布决定和命令；领导所属各工作部门和下级人民政府的工作；管理本行政区域内的经济、教育、科学、文化、卫生、体育事业、环境和资源保护、城乡建设事业和财政、民政、公安、民族事务、司法行政、监察、计划生育等行政工作。

《地方各级人民代表大会和地方各级人民政府组织法》第 61 条则规定了乡、民族乡、镇的人民政府行使的职权，包括执行本级人民代表大会的决议和上级国家行政机关的决定和命令，发布决定和命令；执行本行政区域内的经济和社会发展计划、预算，管理本行政区域内的经济、教育、科学、文化、卫生、体育事业和财政、民政、公安、司法行政、计划生育等行政工作。

据此，县乡人民政府管理本区域内涉及乡村的行政工作，具体管理本行政区域内有关乡村的经济、教育、科学、文化、卫生、体育事业、环境和资源保护、城乡建设事业和财政、民政、公安、司法行政、计划生育等行政工

---

〔1〕　民政部《2017 年社会服务发展统计公报》。

〔2〕　有学者认为，乡镇体制改革在机构与人员精简、公开透明建设和法治建设上取得了一定进展，但在治理能力、治理方式、治理权威上并未获得实质性突破，乡镇治理能力甚至有所下降。从国家建设理论视角来看，改革对基层政府的角色认知错位，因而未能构建一个权责匹配、规范而有效的现代政府；民主化建设的滞后使得基层治理领域依然沿袭了"强国家、弱社会"关系形态，压力型体制下的基层政府具有强烈的控制乡村自治组织的倾向，村级改革赋予了乡镇控制村级组织的制度化路径，基层社会的自主性和积极性都受到了相当大的打击；从治理理论视角来看，政府主导的传统治理体制在许多方面效益并不高，且越来越难以与经济分化、理性和法律意识逐步提升的乡村社会相适应，治理模式亟待变革。参见徐加玉："农村基层治理现代化研究——蕉镇的实践与阐释"，中国农业大学 2018 年博士学位论文。

作，因而居于乡村社会治理的主导地位。

三、县乡人民政府在乡村治理中的全面职责

根据《宪法》《地方各级人民代表大会和地方各级人民政府组织法》的规定，县乡人民政府在乡村治理中负有全面的职责。

我国尚无专门涉及县人民政府乡村治理职能的地方性法规，但有地方性法规专门对乡镇人民政府有关乡村治理职能进行了规定，如《宁夏回族自治区乡、镇人民政府工作条例》（2019年修正）第6条规定乡、镇人民政府负责本行政区域内的行政工作，行使的职权包括发展教育、科技、文化、卫生健康、体育、广播事业，组织实施义务教育；负责乡镇建设、土地管理和环境保护，发展公益事业；制定计划生育规划，负责计划生育工作等。〔1〕

不少地区的县乡人民政府还通过规范性文件规定了县乡人民政府有关乡村治理的职能。如2014年8月1日起施行的浙江省《宁海县人民政府工作规则》第三章"履行政府职能"中的第11条明确强调"县政府及各部门要加快转变职能，全面履行经济调节、市场监管、社会管理和公共服务职能，创新社会治理体制，提升社会治理能力现代化水平"。乡村治理职责主要表现在社会管理和公共服务职能方面。关于社会管理职能，《宁海县人民政府工作规则》第14条规定："加强和创新社会管理，推进以保障和改善民生为重点的社会建设，强化基层基础，健全群众自治机制，注重发挥城乡基层群众性自

---

〔1〕 有些同类地方性法规已经失效，如《江西省乡镇人民政府工作暂行条例》（1987年12月26日江西省第六届人民代表大会常务委员会第二十七次会议通过，1987年12月29日公布施行）、《上海市乡人民政府工作暂行条例》（1989年1月28日上海市第九届人民代表大会常务委员会第六次会议通过，于1989年3月1日起施行）、《陕西省乡镇人民政府工作条例》（1989年3月4日陕西省第七届人民代表大会常务委员会第五次会议通过，自公布之日起施行）、《内蒙古自治区苏木、乡、民族乡、镇人民政府工作条例》（1991年4月20日内蒙古自治区第七届人民代表大会常务委员会第二十次会议通过，1991年4月21日公布施行）、《河北省乡镇人民政府工作暂行条例》（1996年12月17日河北省第八届人民代表大会常务委员会第二十四次会议通过并实施）等。这些已失效的地方性法规都曾规定了乡镇人民政府有关乡村治理的职责。如《上海市乡人民政府工作暂行条例》第8条规定的乡人民政府的主要任务就包括开展社会主义民主与法制的宣传教育，保障公民的人身权利、民主权利和其他权利，处理人民来信、来访，调解民间纠纷，加强社会治安的综合治理，严格交通和消防的管理，依法处置违法行为；发展社会保障、社会公益、社会福利事业和社会福利生产，负责抚恤、优待、安置、社会救济、救灾和五保（保吃、保穿、保住、保医、保葬，下同）工作，统筹安排残疾人工作，办理婚姻登记，推行殡葬改革；发展教育、科学、文化、卫生、体育事业，组织实施义务教育，促进幼儿教育和其他各类教育，普及科学技术知识，保护文物，开展群众性文艺、体育活动和爱国卫生运动，推行计划生育，加强妇幼保健工作等。

治组织、各类民间组织和社区的作用。完善公共安全体系，健全突发事件应急管理机制，妥善处理社会矛盾，维护社会公平正义与和谐稳定，建设平安宁海。"关于公共服务职能，《宁海县人民政府工作规则》第 15 条规定："强化公共服务，完善公共政策和公共财政制度，健全公共服务体系，改进政府提供公共服务方式，加强公共服务监督管理和绩效评估，促进基本公共服务均等化、优质化，提高公共服务能力和水平。"[1]这两方面都与县人民政府的乡村治理职责密切相关。

再如，广东省梅州市《丰顺县小胜镇人民政府主要职责》包括了执行本行政区域内的经济和社会发展计划、预算，规范农村集体经济管理，推进政务村务公开，管理本行政区域内的经济、教育、科学、文化、卫生、体育等事业和财政、民政、公安、司法行政工作，负责抓好人口和计划生育工作；加强安全生产和公共安全，组织抢险救灾、优抚救助，维护社会秩序，做好调解民事纠纷、化解社会矛盾，接待上访群众，处理群体性突发事件，及时上报和处置重大社情、疫情、险情；负责乡村公共设施建设和小城镇建设，开展社会保障服务，发展科教文卫事业；保障民族的权利和风俗习惯等。这些均涉及乡村治理。[2]

2017 年 2 月，中共中央办公厅、国务院办公厅印发的《关于加强乡镇政府服务能力建设的意见》要求加快乡镇政府职能转变步伐，强化乡镇政府服务功能，加强乡镇政府公共服务职能。乡镇政府主要提供以下基本公共服务：巩固提高义务教育质量和水平，改善乡村教学环境，保障校园和师生安全，做好控辍保学和家庭经济困难学生教育帮扶等基本公共教育服务；推动以新型职业农民为主体的农村实用人才队伍建设，加强社区教育、职业技能培训、就业指导、创业扶持等劳动就业服务；做好基本养老保险、基本医疗保险、工伤、失业和生育保险等社会保险服务；落实社会救助、社会福利制度和优抚安置政策，为保障对象提供基本养老服务、残疾人基本公共服务，维护农民工、困境儿童等特殊人群和困难群体权益等基本社会服务；做好公共卫生、基本医疗、计划生育等基本医疗卫生服务；践行社会主义核心价值观，继承和弘扬中华优秀传统文化，加强对古村落、古树名木和历史文化村镇的保护

〔1〕 http://www.ninghai.gov.cn/col/col111068/index.html，2019 年 5 月 31 日最后访问。

〔2〕 https://www.fengshun.gov.cn/zfjg/xzzf2/xsz/index.html，2019 年 5 月 31 日最后访问。

和发展，健全公共文化设施网络，推动全民阅读、数字广播电视户户通、文化信息资源共享，组织开展群众文体活动等公共文化体育服务。乡镇政府还要提供符合当地实际和人民群众需求的农业农村经济发展、农民基本经济权益保护、环境卫生、环境保护、生态建设、食品安全、社会治安、矛盾纠纷化解、扶贫济困、未成年人保护、消防安全、农村危房改造、国防动员等其他公共服务。这进一步明确了乡人民政府的乡村治理职责。

综观宪法、法律、法规、规章等规定，县乡人民政府的乡村治理职责主要表现为指导、支持和帮助村组社区、保障乡村民主制度、提供乡村公共服务、维护乡村社会秩序等。

（1）指导、支持和帮助村组社区。在乡村治理中，县乡人民政府需要重视村民自治组织，健全村民自治机制，积极指导、支持和帮助村民委员会的工作。

县人民政府（特别是乡人民政府）负有指导、支持和帮助村民委员会工作的职责。《村民委员会组织法》第5条明确规定："乡、民族乡、镇的人民政府对村民委员会的工作给予指导、支持和帮助，但是不得干预依法属于村民自治范围内的事项。村民委员会协助乡、民族乡、镇的人民政府开展工作。"

根据法律规定，人民政府对村民委员会协助政府开展工作应当提供必要的条件；人民政府有关部门委托村民委员会开展工作需要经费的，由委托部门承担。村民委员会办理本村公益事业所需的经费，由村民会议通过筹资筹劳解决；经费确有困难的，由地方人民政府给予适当支持。

村民委员会不及时公布应当公布的事项或者公布的事项不真实的，村民有权向乡、民族乡、镇的人民政府或者县级人民政府及其有关主管部门反映，有关人民政府或者主管部门应当负责调查核实，责令依法公布；经查证确有违法行为的，有关人员应当依法承担责任。

同时，村民委员会如不依照法律、法规的规定履行法定义务，由乡、民族乡、镇的人民政府责令改正。乡、民族乡、镇的人民政府干预依法属于村民自治范围事项的，由上一级人民政府责令改正。

村民委员会成员的任期和离任经济责任审计，由县级人民政府农业部门、财政部门或者乡、民族乡、镇的人民政府负责组织，审计结果应当公布，其中离任经济责任审计结果应当在下一届村民委员会选举之前公布。

按照法律，村民会议制定和修改的村民自治章程、村规民约，报乡、民族乡、镇的人民政府备案。村民自治章程、村规民约以及村民会议或者村民代表会议的决定与宪法、法律、法规和国家的政策相抵触的，或有侵犯村民的人身权利、民主权利和合法财产权利内容，由乡、民族乡、镇的人民政府责令改正。

为进一步促进县乡人民政府做好指导规范村规民约工作，民政部等七单位于 2018 年 12 月发布的《关于做好村规民约和居民公约工作的指导意见》指出，各级党委和政府要高度重视，将指导规范村规民约和居民公约工作作为加强基层社会治理的重要内容，加强组织领导和具体推动。县级党委和政府要摆上重要日程，在加强农村、城市基层组织建设中统筹谋划和组织推动，研究解决重要问题，确保工作顺利推进。乡镇党委、政府（街道党工委、办事处）要严格履行主体责任，加强指导、严格把关，具体推动落实，及时发现并研究解决有关问题。

为加强和完善村组社区治理，2017 年 6 月，中共中央、国务院发布的《关于加强和完善城乡社区治理的意见》提出坚持以基层党组织建设为关键、政府治理为主导、居民需求为导向、改革创新为动力，健全体系、整合资源、增强能力，完善乡村社区治理体制。各级党委和政府要把城乡社区治理工作纳入重要议事日程，完善党委和政府统一领导，有关部门和群团组织密切配合，社会力量广泛参与的乡村社区治理工作格局。地方各级党委和政府要建立健全相应工作机制，抓好统筹指导、组织协调、资源整合和督促检查。市县党委书记要认真履行第一责任人职责，乡镇党委书记要履行好直接责任人职责。要把乡村社区治理工作纳入地方党政领导班子和领导干部政绩考核指标体系，纳入市县乡党委书记抓基层党建工作述职评议考核。同时，各省（自治区、直辖市）按照条块结合、以块为主的原则，制定区县职能部门、乡镇政府在乡村社区治理方面的权责清单；依法厘清乡镇政府和基层群众性自治组织权责边界，明确基层群众性自治组织承担的社区工作事项清单以及协助政府的社区工作事项清单；对于上述社区工作事项之外的其他事项，乡镇政府可通过向基层群众性自治组织等购买服务方式提供。建立乡镇政府和基层群众性自治组织履职履约双向评价机制。基层政府要切实履行乡村社区治理主导职责，加强对乡村社区治理的政策支持、财力物力保障和能力建设指导，加强对基层群众性自治组织建设的指导规范，不断提高依法指导乡村社区治理的能力和水平。

（2）保障乡村民主制度。县乡人民政府通过加强乡村社区协商、推进村务公开、积极培育各类民间组织，推进乡村治理。

乡村社区协商是重要的乡村民主形式。县乡人民政府负有分类指导乡村社区协商的职责。中共中央办公厅、国务院办公厅于 2015 年 7 月印发的《关于加强城乡社区协商的意见》指出，地方各级党委和政府要把城乡社区协商工作纳入重要议事日程，结合实际研究制定具体办法。要加强分类指导，针对人口密集、人数较多的村（社区），外来务工人员较多的村（社区），留守人员较多或地广人稀、居住分散、交通不便的农村地区以及民族地区的特点，设计协商方案，提高协商的针对性、有效性。推进乡镇协商民主建设，提高乡镇指导行政村协商活动的能力和水平。建立健全基层党组织领导、村民委员会负责、各类协商主体共同参与的工作机制，定期研究协商中的重要问题。建立健全乡镇协商与行政村协商的联动机制，推动协商工作深入开展。县（市、区、旗）和乡镇要进一步加大支持力度，通过村级组织运转经费保障机制等现有渠道，为村民开展协商活动提供必要条件和资金。涉及两个以上行政村、社区的重要事项，单靠某一村（社区）无法开展协商时，由乡镇、街道党委（党工委）牵头组织开展协商。跨村（社区）协商的协商程序，由乡镇、街道党委（党工委）研究确定。

村务监督委员会是村民对村务进行民主监督的机构。建立健全村务监督委员会，对从源头上遏制村民群众身边的不正之风和腐败问题、促进农村和谐稳定，具有重要作用。县乡人民政府应当重视村务监督委员会的建立健全，以加强村级民主管理和监督，提升乡村治理水平。中共中央办公厅、国务院办公厅于 2017 年 12 月印发的《关于建立健全村务监督委员会的指导意见》明确指出乡镇党委、村党组织要把好人选关。村务监督委员会主任一般由县一级负责培训，其他成员由乡镇负责培训。乡镇党委和政府及村党组织要加强村务监督委员会成员日常教育管理，帮助其提高思想政治素质和工作水平，乡镇每年对村务监督委员会主任履职情况进行考核，对考核优秀的可给予适当奖励，对不认真履职的进行批评教育、责令改正。各级党委和政府要高度重视建立健全村务监督委员会工作，县级党委和政府要切实履行主体责任，具体组织实施，抓好工作落实，及时研究解决相关问题。

适应乡村社会发展，县乡人民政府应当大力培育服务性、公益性、互助性农村社会组织，积极发展农村社会工作和志愿服务，动员社会力量共同参与乡村治理。

（3）提供乡村公共服务。按照法律规定，县乡人民政府管理本行政区域内的各项行政工作，其中的重要内容即为提供乡村公共服务，为农民提供最优公共产品，满足农村社会对农村公共产品日益增长的需要。[1]这些乡村公共服务、农村公共产品包括纯粹的公共产品（如大型水利工程和农村道路建设等）、准公共产品（如农村电力等）、基本需要的公共产品等。[2]县乡人民政府应当提供基础设施类乡村公共产品、公益类乡村公共产品、文化类乡村公共产品等。[3]

满足温饱需求、解决乡村贫困问题、扶贫济困是县乡人民政府的基本职责，县乡人民政府在脱贫攻坚方面负有重要的责任。中共中央办公厅、国务院办公厅于2016年10月印发的《脱贫攻坚责任制实施办法》规定，县级党委和政府承担脱贫攻坚主体责任，负责制定脱贫攻坚实施规划，优化配置各类资源要素，组织落实各项政策措施，县级党委和政府主要负责人是第一责任人。县级党委和政府应当指导乡、村组织实施贫困村、贫困人口建档立卡和退出工作，对贫困村、贫困人口精准识别和精准退出情况进行检查考核。县级党委和政府应当制定乡、村落实精准扶贫、精准脱贫的指导意见并监督实施，因地制宜，分类指导，保证贫困退出的真实性、有效性。县级党委和政府应当指导乡、村加强政策宣传，充分调动贫困群众的主动性和创造性，把脱贫攻坚政策措施落实到村、到户、到人。县级党委和政府应当坚持抓党建、促脱贫攻坚，强化贫困村基层党组织建设，选优配强和稳定基层干部队伍。县级政府应当建立扶贫项目库，整合财政涉农资金，建立健全扶贫资金项目信息公开制度，对扶贫资金管理监督负首要责任。

乡村环境为重要的公共产品。县乡人民政府在农村人居环境整治、农民生活条件改善方面负有重要的责任。如中共中央办公厅、国务院办公厅于2018年2月印发的《农村人居环境整治三年行动方案》要求强化地方党委和

---

〔1〕　柳春慈："治理理论视角下的乡镇政府职能研究"，中央民族大学2007年博士学位论文，第102页。

〔2〕　参见吴新叶：《农村基层非政府公共组织研究》，北京大学出版社2006年版，第115~117页。

〔3〕　参见赵中社："转变乡镇政府职能，建设社会主义新农村"，载中国（海南）改革发展研究院编：《中国新农村建设：乡村治理与乡镇政府改革》，中国经济出版社2006年版，第227~228页。

政府责任，明确省负总责、县抓落实，切实加强统筹协调，加大地方投入力度，强化监督考核激励，建立上下联动、部门协作、高效有力的工作推进机制。明确地方党委和政府以及有关部门、运行管理单位责任，基本建立有制度、有标准、有队伍、有经费、有督查的村庄人居环境管护长效机制。地方各级政府要统筹整合相关渠道资金，加大投入力度，合理保障农村人居环境基础设施建设和运行资金。创新政府支持方式，采取以奖代补、先建后补、以工代赈等多种方式，充分发挥政府投资撬动作用，提高资金使用效率。

县乡人民政府在乡村文化建设、发展中具有引导、支持、服务的职能，以乡村公共文化服务体系建设为载体，培育文明乡风、良好家风、淳朴民风，推动乡村文化振兴，建设邻里守望、诚信重礼、勤俭节约的文明乡村。如中共中央办公厅、国务院办公厅于 2017 年 1 月印发的《关于实施中华优秀传统文化传承发展工程的意见》就要求加强党的领导，充分发挥政府主导作用和市场积极作用，鼓励和引导社会力量广泛参与，推动形成有利于传承发展中华优秀传统文化的体制机制和社会环境。包括县乡人民政府在内的各级党委和政府要从坚定文化自信、坚持和发展中国特色社会主义、实现中华民族伟大复兴的高度切实把中华优秀传统文化传承发展工作摆上重要日程，加强宏观指导，提高组织化程度，纳入经济社会发展总体规划，纳入考核评价体系。

县乡人民政府应当深入挖掘乡村熟人社会蕴含的道德规范，结合时代要求进行创新，强化道德教化作用，引导农民向上向善、孝老爱亲、重义守信、勤俭持家。建立道德激励约束机制，引导农民自我管理、自我教育、自我服务、自我提高，实现家庭和睦、邻里和谐、干群融洽。积极发挥新乡贤作用。深入推进移风易俗，开展专项文明行动，遏制大操大办、相互攀比、"天价彩礼"、厚葬薄养等陈规陋习。加强无神论宣传教育，抵制封建迷信活动。深化农村殡葬改革。

（4）维护乡村社会秩序。按照法律规定，县乡人民政府应当重视乡村治安工作、依法调解乡村纠纷、化解乡村社会矛盾，维护乡村社会秩序，推进平安乡村建设。

县乡人民政府负有乡村社会治安综合治理之责。中共中央、国务院于 2018 年 9 月印发的《乡村振兴战略规划（2018-2022 年）》要求健全落实社会治安综合治理领导责任制，健全农村社会治安防控体系，推动社会治安防控力量下沉，加强农村群防群治队伍建设。深入开展扫黑除恶专项斗争。依法加大对农村非法宗教、邪教活动的打击力度，严防境外渗透，继续整治农村乱建宗教活动场所、滥塑宗教造像。完善县、乡、村三级综治中心功能和运行机制。健全农村公共安全体系，持续开展农村安全隐患治理。加强农村警务、消防、安全生产工作，坚决遏制重特大安全事故。加强乡村人民调解组织建设，健全矛盾纠纷多元化解机制，深入排查化解各类矛盾纠纷，全面推广"枫桥经验"，做到小事不出村、大事不出乡（镇）。落实乡镇政府农村道路交通安全监督管理责任，探索实施"路长制"。探索以网格化管理为抓手，推动乡村基层服务和管理精细化、精准化。推进农村"雪亮工程"建设。

四、结语

县乡人民政府为乡村治理的外部型组织，[1]运用国家资源进行乡村建设的两级地方基层国家行政机关，在乡村治理中发挥着关键的作用。

为推进乡村治理，县乡人民政府通过制定规划、政策支持、能力建设指导、财力物力保障、考核评比、检查督查等方式履行职责。县乡人民政府需要创新治理方式、增强治理能力、不断提高依法指导乡村社会治理的水平，促进乡村经济社会的发展。

县乡人民政府需要进一步转变政府职能，善于运用法治思维和法治方式推进乡村治理；制定基层政府在村（农村社区）治理方面的权责清单，推进农村基层服务规范化、标准化；整合优化公共服务和行政审批职责，打造"一门式办理""一站式服务"的综合服务平台；推动乡村治理重心下移，尽可能把资源、服务、管理下放到基层，以进一步健全自治、法治、德治相结合的乡村治理体系，建立健全党委领导、政府负责、村民主体、社会协同、公众参与、法治保障的现代乡村社会治理体制，打造充满活力、和谐有序的善治乡村。

---

〔1〕　高其才："健全自治法治德治相结合的乡村治理体系"，载《人民周刊》2019 年第 6 期。

第十四章

国家的空间再造与社会边界：乡村治理中的基层政权建设

党的十九大报告指出："加强农村基层基础工作，健全自治、法治、德治相结合的乡村治理体系。"中共中央、国务院于 2018 年颁布的《关于实施乡村振兴战略的意见》也强调建立健全党委领导、政府负责、社会协同、公众参与、法治保障的现代乡村社会治理体制，坚持自治、法治、德治相结合，确保乡村社会充满活力、和谐有序。这是中国乡村秩序变迁及治理转型的一个发展方向，其标志着既有的政治表达和公共讨论从以往强调村民自治、管理民主向突出治理体系及治理有效转变。

从自治到治理、从民主到有效，不仅仅是一个语词表达的外在转换，其更为深层的意义是话语体系背后涵摄的治理理念的变迁及与此相伴而生的制度规则体系的重构，这需要我们从一个更为深层、更为系统、更为立体的角度去理解分析。而作为勾连国家与社会，起着上通下达组织和协调作用的农村基层政权，其运作逻辑及治理能力直接形塑了乡村治理样态及发展走向，现阶段的乡村治理研究需要给予足够的重视。

其中涵摄的问题有：乡村治理与基层政权建设的关系在哪里？在现阶段的乡村治理中，到底更应该强调"重建社会"，通过乡村社会的活力再造提供秩序维系，还是应该侧重"回归国家"，借助于国家的空间再造及其基层政权能力建设防止秩序失范及公共产品供给？我们需要何种意义上的基层政权建设？以组织及制度嵌入的国家空间再造的社会边界在哪里？如何通过基层政权建设推进乡村治理？

对这些问题的思考，不仅需要将其放逐于晚近以来基层政权建设的整体历史脉络，在梳理总结经验教训的基础上，其目标涉及功能意涵达成一个基本的共识，更应该从既有治理实践面临的问题及政治需求入手，通过适切性、可及性的制度安排及支撑体系建设，架构一个国家与社会良性互动的乡村治理体系。

一、为什么重提基层政权建设

就学术研究而言，对乡村治理我们可以以村治场域中的"行动者"为中心进行讨论，探讨行为-角色-利益背后行动者的现实地位、方式策略、行动逻辑与村治影响，进而进行相应的制度设计。亦可以以制度为中心，探讨制度-变迁-秩序背后的行为、规则与结构，最终寻求制度机制的完善。但是，无论是以行动者为中心的微观考察，还是以制度为中心的宏观讨论，其视野投射的场域及所涉问题根本均离不开权力的空间叙事及政治表达。而在权力的空间叙事中，政治国家与乡村社会的二域划分，以及勾连这两个领域的组织建设自然会进入我们的视野。因为，"在一般意义上，国家这一宏大的政治概念在实践层面上更多地被理解为地方政府，即代表和实践着国家的意图和各类方针政策，并承担相应维护政权稳定职责的基层政权。地方政府包括省、市、县、乡四级，其中，县乡两级是直接与农民发生各种关系的最基层政府，省市两级政府在国家和农民的关系框架中，主要起上传下达的作用。能够主导乡村发展实践的往往是乡镇这一级政府，而广大的乡镇干部则是国家意志的实践主体，往往成为政府的代言人"。[1]现代国家正是通过组织及围绕组织运作的制度嵌入，一方面实现国家对社会的整合最终达致国家建构，另一方面通过组织的上通下达和能量交换，达到知识、信息及需求的双向流动，进而提高国家的治理能力及治理成效。因此，以组织为中心，分析国家-组织-社会背后的治理逻辑及制度安排也是乡村治理讨论中一个很好的分析框架，这要求我们对勾连国家与社会的农村基层政权给予足够的重视。

引起本章讨论的第二个因素是现阶段基层政权建设在实践和理论方面面临的种种纠结和困惑。就实践而言，基层政权建设是近现代中国国家建构过程中宪制架构与政治现代化发展的一个重要内容，晚近中国乡村治理中的基层政权建设，其实践过程始终面临着国家与社会、集权与分权、官治与民治、

---

〔1〕 李珂："乡村精英：乡村振兴战略实施中国家与民众的有机勾连"，载《贵州大学学报（社会科学版）》2018 年第 5 期。

自上而下与自下而上等紧张关系。此种紧张关系亦引起了基层政权建设的实践悖论：一方面，地方世界中的国家嵌入太重，难免造成对社会创造活力的压缩，最终影响乡村发展；另一方面，国家的退场又导致乡村社会公共产品不济及资本或黑恶势力把持下的秩序失范。此种实践悖论也引起了理论上的分歧杂陈、新旧云集，"重建社会"与"回归国家"等声音不绝于耳。"重建社会"论者主张通过乡村社会自治组织建设及传统治理资源的挖掘和重建，形塑乡村社会治理秩序，而"回归国家"论者则希冀通过国家的空间再造及基层政权能力建设，为乡村社会的公共产品供给和社会秩序维系提供力量。因此，这种实践方面的悖论和理论方面的纠结使得我们必须要重视对这一问题的探讨。

二、基层政权建设与现代国家的空间再造

晚近以来的中国农村基层政权建设是在现代国家建构这一大的时空背景下展开的。肇始于反帝反封建和国家的现代化建设这两大历史任务，现代国家建构是近现代中国历史铺陈的主线之一，其一方面在现代民族国家叙事替代王朝国家传统的过程中，通过国家的空间再造及其政权体系建设，将国家的权力边界达致所辖疆土，并寻求辖辖民众的身份认同；另一方面按照现代民主国家的理念要求，通过宪制法律架构及建制化的官僚体系运作，铸造国家运行的民主化和法治化底色。而无论是民族国家建构还是民主国家建构，寻求国家权力的空间在场及通过一定的制度架构实现政权巩固、社会管理等政治功能均是维系现代国家这一共同体作为一个整体得以存在并强大的必要努力之一。因此，"对传统社会的改造和重塑一直是民族国家建构和现代化的主题，这样的社会改造被称为规划的社会变迁，传统的国家结构和社会形态是社会改造的对象，同时也是社会改造运动发生和展开于其中的历史背景和社会条件"。[1]在社会改造过程中通过组织和制度嵌入及政治性符号的身份改造是现代国家建构的一个重要所涉，晚近中国对乡村社会的改造，无论是政权下乡、组织下乡、法律下乡，还是代表国家形象及其意识形态的符号、身份的下乡，其开展的因由及背后的深层历史背景恰恰如此。

随着现代国家建构的渐递推进，国家力量在进入乡村社会时面对的是一

---

[1] 周庆智："中国基层社会秩序变迁及其建构涵义"，载《华中师范大学学报（人文社会科学版）》2018年第1期。

个传承已久的乡治秩序，此种乡治秩序无论在社会的权力结构及社群联结体系，还是在地方世界中人们对自己所属的身份、符号以及社群的权威、秩序认知，乃至背后反映的秩序逻辑及运行法则等方面，都与现代民族国家的要求相去甚远。因此，国家为了完成政治整合、资源汲取、社会动员、身份认同等宣示国家在场的建构任务，必将通过建制化的政治手段重建国家权威的组织及制度嵌入，无论是清末民初的区乡行政、人民公社时期的政社合一，还是改革开放后的乡政村治及后税费时代国家力量的部门条块化下移，都是此种建构诉求的实践性尝试。而在其中，基层政权建设正是实现此种任务的重犁，因为"国家政权建设是指国家通过官僚机构的下沉，加强对基层社会的渗透和控制从而将分散、多中心的、割据性的权威体系，逐步转变为一个以现代国家组织为中心的权威结构的过程"。[1]在这一过程中，国家通过科层化的组织建制以及法律制度等强制性力量的加持实现了国家的空间再造及合法性叙事。

（一）"士绅自治"与"区乡行政"

近代中国第一次集中化的乡村基层政权建设起始于清末民初以乡地保甲、区乡行政、地方自治为代表的新政运动。清末民初，无数仁人志士提出以富国强兵为口号的中国早期现代化建设运动，当国家企图借助建制化的组织设置以加强地方社会控制及社会改造的时候，其首先面对的中国乡村社会是一个与立宪维新思想的新型地方政府设想殊异的社会。这种社会无论是如费孝通所言的"士绅社会"[2]，还是其他论者所指的"吏民社会"[3]或者"官督绅办"社会[4]，都不符合现代国家建构的要求：一是国家的治理结构由两种秩序力量得以维系。一种是以皇权为中心自上而下的官僚体系；另一种是以宗族士绅为中心的地方权力系统。这种治理格局就如费孝通所说的双轨政治，在这一由"绅权和皇权主导的乡村治理格局中，乡村社会有自身的治理规则、治理领域和治理逻辑，是一个完全意义上的乡村政治系统"。[5]二是国

---

〔1〕　张静：《现代公共规则与乡村社会》，上海书店出版社2006年版，第44页。

〔2〕　费孝通：《乡土中国》，上海人民出版社2008年版，第275~293页。

〔3〕　秦晖："传统中华帝国的乡村基层控制：汉唐间的乡村组织"，载黄宗智主编：《中国乡村研究》（第1辑），商务印书馆2003年版，第2~39页。

〔4〕　项继权："中国乡村治理的层级及其变迁——兼论当前乡村体制的改革"，载《开放时代》2008年第3期。

〔5〕　徐勇：《中国农村村民自治》（增订版），生活·读书·新知三联书店2018年版，第279页。

家的统治力量（至少是官僚建制）没有沉入乡村社会。"正式的皇权统辖只施行于都市地区和次都市地区……出来城墙之外，统辖权威的有效性便大大地减弱，乃至消失。"[1]三是"宗族特有的势力却维护着乡村的安定和秩序"。[2]乡村社会的秩序依靠乡绅、宗族等地方权威进行自治，这些"地方权威并不经由官方授权，其所依赖的支持系统主要来自于地方社会，由一系列相互配套的地方性制度保证"。[3]他们在国家与地方社会直接拥有足够的权力空间及行动能力。四是民众对国家及其政治性符号没有一个清晰的身份认同，宗法血缘关系是个人身份认同的基本归属。这种状态正如秦晖概括的那样，"国权不下县，县下惟宗族，宗族皆自治，自治靠伦理，伦理造乡绅"。[4]

在维新思想的影响下，清末民初"中国政治的新生有赖于新型地方政府的形成的思想观念占了绝对上风"。[5]于是，国家权力及相关组织如何进入乡村社会改变乡村社会状况就被提上日程。在这一背景下，国家基层政权建设进而被迅速推进，《各省官制通则》《地方自治试行条例》《县治户口编查规则》《乡自治制》等制度不断颁布，乡地保甲、区乡行政、地方自治等新政措施也在各地不断推进。国家权力不断伸入乡村社会，国家政权建制也以不同形式在乡村社会得以保存并逐步发展。但是，经济上的财政压力导致地方政府不得不联合甚至吸纳豪强恶霸进入政权组织，以扩大税收、攫取资源进而维持政权建设，导致国家权力的扩展破坏了乡村社会既有的"权力文化网络"，基层政权蜕变为"赢利型经纪"，替代了传统的"保护型经纪"，基层政权建设的"内卷化"不断形成[6]，造成了费孝通所说的使双轨政治演变为单轨政治，乡村治理衰败及秩序失范日益严重，最终使所谓的基层政权建设和地方自治尝试以失败告终。

（二）全面嵌入与政社合一

中华人民共和国成立后，新生的国家政权如何通过权力集中和权威再造，

---

〔1〕［德］马克斯·韦伯：《儒教与道教》，洪天富译，江苏人民出版社2010年版，第93页。

〔2〕［美］W. 古德：《家庭》，魏章玲译，社会科学文献出版社1986年版，第166页。

〔3〕张静：《基层政权：乡村制度诸问题》，浙江人民出版社2000年版，第26页。

〔4〕秦晖："传统中华帝国的乡村基层控制：汉唐间的乡村组织"，载［美］黄宗智主编：《中国乡村研究》（第1辑），商务印书馆2003年版，第2～39页。

〔5〕王凤杰："略论民国时期奉天省农村基层政权建设"，载《社会科学辑刊》2012年第4期。

〔6〕［美］杜赞奇：《文化、权力与国家：1900—1942年的华北农村》，王福明译，江苏人民出版社1996年版，第205～232页。

以提升社会动员能力及基层控制，实现国家政治一体化和通过优先发展工业和城市建立国民经济体系，是执政党面临的重大问题。中华人民共和国成立初期国家通过土地革命、合作化和农村社会主义改造等运动最终建立了"三级所有、队为基础"的高度集中统一的人民公社制度。人民公社制度的确立标志着国家通过公社体制，将国家行政权力历史性地嵌入到乡村社会，其政社合一的体制使国家政权力量以历史上前所未有的深度强制性渗透到了乡村社会的每一个角落，实现了国家力量对社会及人民群众的全方位覆盖及资源汲取和统辖控制。

公社体制对乡村社会的全方位控制，是通过以下几种方式进行的：一是一元化的政党建政。国家深入乡村社会，通过党组织和人民政府建设实现了国家权力机构对乡村社会的全覆盖和一元化领导。二是依附性的经济控制。国家将强制性的行政权力与土地集体所有基础上的集体生产和资源分配结合起来，实现了人民群众在经济生活方面对国家的依附。三是革命化的政治动员。人民公社通过革命化的动员手段和社会主义改造运动将国家意志及体现国家意志的一些意识形态符号渗透进群众生活的方方面面，以此保证国家的行政命令和集体生产任务畅通无阻地实施。四是全能主义的社会整合。国家通过"组织军事化、生活集体化、行动战斗化"等全能主义的整合方式实现了国家行政权力对乡村社会和人民群众的严格控制。

政社合一的人民公社体制，使国家力量全方位地控制乡村社会的公共生活乃至群众私人生活，导致"主要的社会资源几乎尽在国家的掌握之中，各种相对独立的社会力量很难发育出来，国家和社会通过国家对社会强有力的渗透和控制而融为一体"。[1]看似国家在农村的基层政权建设取得了较大成绩，但是影响了乡村社会的自身活力和广大人民群众的生产积极性和自主性。"在乡村社会实践中给农业生产和农村社会带来了诸多不利影响。农业生产力水平较低，农村社会发展滞后，农民日常生活也存在诸多问题。"[2]最后导致乡村社会的内部生发了解构性的力量。

（三）草根民主与社会重构

20世纪70年代末，随着由安徽省凤阳县农户首创的家庭联产承包责任制的

---

〔1〕　孙立平：《转型与断裂》，清华大学出版社2004年版，第102页。

〔2〕　高其才、池建华："改革开放40年来中国特色乡村治理体制：历程·特质·展望"，载《学术交流》2018年第11期。

推行，中国农村经济体制改革的序幕被拉开。在改革推行下，原先"三级所有，队为基础"的人民公社体制逐渐解体。后来在填补旧有的基层控制机制失效造成乡村社会无序和失范状态的过程中，以广西壮族自治区宜山县（现河池市宜州区）为开始的一些自治性的村民委员会组织在各地出现，这一管理形式由于与农村经济体制改革的实际比较符合，随后得到了中央的肯定。1982年12月修改后的《宪法》第95条规定："乡、民族乡、镇是我国最基层的行政区域，乡镇行政区域内的行政工作由乡镇人民政府负责，设立人民代表大会和人民政府。"第110条规定："农村按居住地设立的村民委员会是基层群众性自治组织。"宪法以国家根本大法的形式明确了村民委员会的法律地位。而1987年11月通过的《村民委员会组织法（试行）》则系统确立了村民自治的基本原则和框架。至此，"政社合一"的人民公社体制转变成了"乡政村治"的农村基层政权建构模式。在"乡政村治"模式下，国家权力的收缩改变了对乡村社会的控制形式，使国家与基层社会的关系以及乡村社会的组织形式发生了结构性变化。"在基层农村管理体制中就并存着两个处于不同层面且相对独立的权力：一是自上而下的乡镇政府（代表国家）的行政管理权，二是村委会（代表村民）的自治权。"[1]乡村社会从一个行政化的社会变成了群众自治性的社会。

"乡政村治"通过社会重构改变了国家与乡村社会的关系，形成了新的国家基层政权建设方式，由于其将国家的行政管理与乡村社会的自主性发展契合起来，对于调动农民群众的生产积极性和主动性，促进农村经济的全面发展作用重大。同时，实施"乡政村治"使政府集中力量进行新政引导，乡村内部事务由群众自治性组织管理，国家与社会的二元互动，一方面通过群众民主选举、民主决策、民主管理、民主监督激活了乡村社会的创造性活力，减少了国家对乡村社会管理的成本；另一方面通过国家对乡村群众自治组织的指导协助和一些公共服务提高了国家对基层社会的影响。然而，"乡政村治"的治理并非一帆风顺，由于国家权力的部分分权显示出了更大的弹性和自主性，在与各方利益的互动中形成了自身独立的利益追求，加上这一制度设计本身存在的问题和农村社会不断出现的新情况的影响，引发了一系列问题，需要新近的基层政权建设加以解决。

---

〔1〕徐勇："论乡政管理与村民自治的有机衔接"，载《华中师范大学学报（人文社会科学版）》1997年第1期。

三、乡村治理：重建社会还是回归国家

（一）历史考察得出的一般性结构原则

激荡百年有余的农村基层政权建设历史构成了近现代中国国家空间再造的历史叙事。在寻求国家现代化及社会治理的实践过程中，因应于不同时空背景下的现实问题及政治需求，不同的基层政权建设模式及相应的制度架构铺叙展呈，构成了百年中国乡村治理之路的一种本土化探索和努力。但是，无论这些模式基于何种目标指涉进行机制架构，也不论这些模式呈现出何种制度面向，其在形成和实践过程中却始终面临着国家与社会、官治与民治、集权与分权、自上而下与自下而上等治理选择难题及阵痛纠结。对这些价值的选择和平衡，也造成了不同阶段乡村治理的不同效果。现阶段的乡村振兴抑或乡村治理实践亦面临着这些选择和纠结。以何种价值依归进行模式选择，又以何种逻辑起点进行制度的铺陈，都是我们目前面临的问题。对此，基于百年实践引出的一些讨论，以及在此基础上形成的一些经验和一般性结构原则或许可能对新近开展的乡村治理实践有很好的启示。

第一，基层政权建设与乡村治理。通过历史的考察，我们看到乡村基层政权建设的运作逻辑和治理能力直接形塑了乡村社会的治理水平及发展走向。清末民初的基层政权建设使双轨政治变为单轨政治，在对既有乡村社会"权力的文化网络"进行破坏的情况下，国家权力又无力提供秩序供给和规则输送，反而在资源汲取的政治需求下使"赢利型经纪"替代了传统的"保护型经纪"，最终导致乡村社会秩序失范及治理衰败。而乡政村治下的基层政权建设，由于其制度的合理性而促进了乡村治理的良性发展，虽然有问题，但是问题也能在既有的制度框架下通过政策修正而加以解决。因此，农村基层政权建设是现代国家建构的一种铺陈方式，其在乡村治理中扮演着重要角色，也是乡村治理的重要组成部分，其建设的理念设计、制度架构和运作逻辑直接决定了乡村治理的生态及成效。

第二，基层政权建设与社会自治。百年中国基层政权建设历史，基本上交织着两个主题：一是国家权力的下沉和控制；二是基层自治的要求和表达。通过上文对基层政权建设历史的考察，我们不难看到，在寻求国家权力在场的空间再造过程中，国家及其代表国家的组织及制度建构一直试图通过基层政权的建制化努力将触角延伸到乡村社会，达到对社会的控制。清末民初的

区乡行政就是受这一目标驱使的政治努力。但是，在国家权力嵌入的过程中，来自乡村社会的自治性力量一直都试图寻找自己的生存空间。由此，在基层政权建设过程中，如何对待社会自治就是一个很重要的问题，对这个问题的应对也直接造成了不同的乡村治理效果。清末民初虽然提出了乡镇自治，但国家政权的努力还在于加强国家权力对区乡乃至区乡之下的乡村的控制，由于权力下沉对乡村社会既有的"权力的文化网络"造成破坏，导致这一阶段的基层政权建设以失败告终。而中华人民共和国成立初期的人民公社体制，由于国家权力的强制嵌入，直接造成了国家与社会混为一体，影响了社会内生活力和人民群众的积极性和自主性，最后导致了由内而外的解构。改革开放以来，随着村民自治的推行，国家权力从村一级收缩，乡村社会的活力逐渐被激活，这也促进了农村的快速发展，但是权力扩展的冲动亦造成了自治的行政化倾向。因此，通过上述历史考察，我们基本可以得出结论：基层政权建设不排斥社会自治，它的活力更需要社会自治的支撑。同时，社会自治也需要国家力量的引导，只有将基层政权建设与社会自治协调发展好，才能促进乡村治理的良性发展，以国家权力的强制嵌入替代社会自身发展空间的做法终将伤及基层政权在乡村的权威进而招致失败，而以社会自治排斥国家权力，亦会因为缺乏国家力量的支持和引导而破坏乡村自治的发展。

第三，基层政权建设与政府职能。从基层政权建设的历史发展及成效来看，强调加强基层政权建设绝不意味着权力的单向控制和支配，也绝不意味着一种行政权力的资源汲取和社会管控。加强基层政权建设毋宁是促其向"小政府、强政府"的方向发展，因此秩序供给、规则输送、公共服务和发展引导才是其根本目的。清末民初为了动乱时代的政权维持而借助基层政权建设进行资源攫取，因背离了内在目的而导致问题丛生。所以加强基层政权并不意味着国家强制性力量的加强，而是意味着国家公共职能的转变：一是政府行为的范围从无限走向有限，将由市场和社会主导的领域让予市场和社会，而将自己的作用力集中在诸如促进社会稳定、维护乡村社会治安、引导民众发展经济、提供公共产品等方面。二是政府行为的理念从管理走向服务。政府应提高与各种非政府组织、私人组织和公民个人的合作、互动、协调、配合，加强对公众需求的回应，根据公众需求来提供各种服务。三是政府行为方式手段由主要依靠行政命令向多种方式综合并用转向。改变传统以计划指令为主进行社会管理的手段，更强调通过经济、政策、法律手段使政府行为方式变得越来越民主、人性，进而降低政府行为成本，增强行为的效能。四是政府行为目的从汲取转变为输入。农村基层政权建设从先前那种深入乡村社会进行资源汲取，转变为对乡村社会的发展及乡村治理输入资源和财力，并提供公共产品供给。

（二）既有实践面临的二元悖论

在现有的乡村振兴或乡村治理实践中，到底更应该强调"重建社会"，通过乡村社会自身治理资源的重建寻求秩序供给，还是强调"回归国家"，通过国家力量在乡村社会的加强提高有效治理，除需要对中国乡村治理整体历史发展加以考量外，也应对中国社会独特的政治运作逻辑和乡村发展面临的问题进行考察。行政主导是中国社会独特的政治运作逻辑，在现有的乡村治理中，一方面随着传统治理资源的消解，乡村的秩序维持和公共产品供给，迫切需要国家力量在场并作出应有的努力。但是，另一方面，随着村民自治尤其是税费改革后国家与村民关系在制度外表方面的削弱，国家力量进而通过项目制、农业补贴、转移支付等手段，以部门条块化的面孔进入乡村社会。但是在进入乡村社会时，由于权力获取方式的变化和村民信息不对称的现实，又造成资源的不平等获取。这一二元悖论及其造成的问题，正是现阶段基层政权建设中需要解决的问题。

一方面，乡村治理需要加强基层政权建设。首先，随着开放的空间结构及人员、知识和信息的流入流出，一个不争的事实是现有的乡村社会较传统的乡村社会，无论是社会结构、文化样式，还是人与人之间的交往伦理、行为模式和社会心理都发生了或多或少的变化，乡村社会传统治理资源及支撑化体系亦日渐消解，社群成员对乡土社会的归属及互助纽带也日渐脆弱。在此情况下，村庄内部公共权力缺失、公共产品供给等都面临着很大的问题，而如果国家不在场，难免会导致乡村治理的无序和混乱，黑恶势力及资本就会把持乡村的发展。其次，在既有的乡村振兴中，脱贫致富依然是我国面临的一个重要任务。为了脱贫致富，提高人民生活水平，我国需要进行跨越式的发展，而在脱贫致富过程中，乡村自身的社会发育程度和社会自力量很难满足现实要求，这在客观上要求基层政权组织充分履行社会管理职能，发挥推动和帮助作用，引导乡村社会实现跨越式发展。在中国以行政主导的政治运作逻辑下，一个高效有力的乡村基层政权是农村经济的和社会事业的引导者，是农村市场经济发展的动力。相反，如果没有一个高效的基层政权引导帮助，乡村社会的经济发展水平和人民生活质量都很难取得较大进展，脱贫致富也面临很大的问题。再次，现阶段乡村基层政权面临的问题，也迫切要求我们在乡村治理中加强基层政权建设。改革开放以来，由于村民自治制度的推行，乡村社会呈现出"乡政村治"的政治格局。在这种格局下，政府对村域的政权调控至少在制度外表方面能力弱化。尤为重要的是，随着农村经济体制改革力度的加大，政府职能进一步转变，随着农业税费的取消，农民对乡镇政府的依赖性进一步降低。这在一定程度上弱化了乡镇政府在老百姓心中"无所不能"的形象，乡村基层政权组织的权威也被削弱，乡村社会基层政权面临着权威问题、财力问题、人力问题等。这些问题的存在导致基层政权出现"权小、责大、能弱"等问题，必然影响基层政权作用的发挥，也不利于乡村社会的发展。所以，为了应对这些问题，我国在现有的乡村治理实践中需要加强基层政权建设。

另一方面，权力不断介入又造成了一些新的问题。首先，国家权力的部门条块化下沉与基层政府权力的悬浮。以村民自治为架构的乡村治理体系变迁使国家与乡村社会的关系至少在制度外表方面有了很大的变化，国家行政权力触角上移至乡镇一级，而乡镇以下实行村民自治。在这一体制下，乡镇基层政权是我国国家政权在农村的基层组织，具有上通下达的桥梁作用，"上边千条线，下边一针穿"。由于其直接面对国家与社会，维系了国家与社会的联系，因此在这一体制下乡镇基层政权承担着很重的任务。党的路线、方针、政策及国家的宪法、法律和法规，都要靠乡镇基层政权组织在农村贯彻落实，计划生育、农业税收缴等事务需要乡镇基层政权监督实施，乡村道路、水利灌溉等公共设施的修缮也需要乡镇政府组织。但是，在取消农业税后，国家政权力量通过项目制的形式，以部门条块化的方式下沉到乡村社会，与农户发生直接联系，导致乡镇基层政权与农民的联系被日益削弱，有学者把这种现象概括为"悬浮型政府"。这就给乡镇基层政权的功能、作用与定位造成了困惑，如何在新的环境下找寻乡镇基层政权的地位和作用，也是我国在现阶段乡村治理基层政权建设过程中面临的问题。其次，资源下乡与与民争利。后税费时代，国家权力与乡村社会的制度性联系看似薄弱，但是区别于传统那种行政命令、社会管控及资源汲取的连接方式，这时候国家权力通过转移支付、农业补贴、项目制等面孔进入乡村社会。这些资本、物资、人力、技术的输入，在给乡村社会带来巨大资源供给的同时，也导致了基层政权与民争利的问题。由于原子化的村民个体在面对名目繁多的各种资源输入时，基于自身信息、渠道的限制，难免造成这些资源在输入时难以完全平等地惠济普通村民，往往造成国家权力的资源输入与农村社会中业已形成的政治精英、经济精英、文化精英等权力寻租和截取，造成权力与民争利的局面，影响了权力应有的公共性姿态和权威，造成基层政权在人民群众中威望、公信力的削弱，最终也无益于乡村治理中的基层政权建设。再次，村政关系的科层化倾向。在乡政村治的制度架构下，基层政权与村民自治组织的关系一直是一个老生常谈的问题，既有讨论大多围绕"两委"关系的处理，进而由此导致的基层政权在行政发包的绩效驱动下对村民自治的侵蚀，以及在授权关系影响下权力获取方式变动引起村自治组织当家人/代理人的角色定位模糊及与社会脱节矛盾等问题展开。但是，除却"两委"关系讨论，新近村政关系的科层化倾向及村书记兼任村主任的制度全面推行对既有制度架构的挑战以及因此引起的问题，可能是现有乡村治理中基层政权建设面临的新问题。在税费改革前，农村自治组织的运行及人员工资主要靠村提留进行补给，但是税费改革后，农业税的取消导致这部分经费主要由国家财政支持，而国家在大幅度进行资源下乡及工资津贴补给的过程中，亦越来越按照行政机关科层制的管理模式对村自治组织进行日常纪律管理和绩效考核（如坐班制的推行、绩效考核奖励等），这就导致村自治组织的职业化、科层化、行政化日益彰显。而 2019 年 4 月 15 日中共中央、国务院发布的《关于建立健全城乡融合发展体制机制和政策体系的意见》明确指出："建立健全党组织领导的自治、法治、德治相结合的乡村治理体系，发挥群众参与治理主体作用，增强乡村治理能力。强化农村基层党组织领导作用，全面推行村党组织书记通过法定程序担任村委会主任和村级集体经济组织、合作经济组织负责人，健全以财政投入为主的稳定的村级组织运转经费保障机制。"[1] 以财政投入为主的稳定的村级组织运转经费保障机制和村支书兼任村主任制度的推行，对既有制度架构及治理理念提出了新的问题，也对乡村治理中的基层政权建设提出了新的要求。

（三）权威塑造：乡村治理中基层政权建设的根本

从历史考察得出的一般结构性原则分析和既有乡村治理实践中基层政权建设面临的二元悖论探讨中我们不难看出，在新近开展的乡村治理实践中究

---

〔1〕　中共中央、国务院《关于建立健全城乡融合发展体制机制和政策体系的意见》。

竟应该强调"回归国家"还是"重建社会",这本身并不是一个非此即彼的问题。在乡村治理中,既有实践面临的种种问题,一方面与国家权力的消极无为息息相关,另一方面也与权力下乡并没有增进治理有效有关。作为国家政权基础的基层政权,其处在国家与社会的链接地带。其一方面是国家权力在基层社会的组织建制,代表着国家以国家的身份及政治需求履行政治功能;另一方面,在社会结构中,它又与乡村社会有着千丝万缕的联系,这种治理结构上的位阶设置,使基层政权这一节点在乡村治理中发挥着非常重要的作用。面对乡村社会自身传统治理资源消解的不争现实,在中国独特的政治运作逻辑下,如果单凭社会自治的那种理论上的美好设计,难免会导致乡村社会的失序和公共产品不济。因此,在乡村治理中,基层政权"是新时期推进农村社会建设、促进广大农村地区社会和谐稳定、全面承担农村涉农项目和事务的组织者、参与者和行为主体"。[1]要巩固和完善基层政权组织在乡村的发展,确保党群干群关系的顺畅就必须加强和完善基层政权建设,巩固和加强乡村基层政权建设,这是国脉之所系、稳定之所倚的大事。只有在党委、政府的统一领导下,加强乡镇政权组织权威、建立健全农村基层党政组织、充分发挥农村党支部和村民委员会的作用,才能从根本上促进农村社会的发展。

但是,由于基层政权代表着国家以及国家背后的各种资源、机会、利益。因此,基层政权下乡的过程本身就是一个资源分配和机会供给的过程,基层政权建设能否推进乡村社会的有效治理,取决于基层政权基于公共品行的运作操守,以及在这一操守下建立的公信力及权威网络。因此,乡村治理中的基层政权建设到底应该建设什么?笔者认为,不是建设其统治力或者管控力,亦不是建设其资源汲取能力,而是权威建设,权威才是现阶段乡村治理实践中基层政权建设的根本。一个权威、高效的基层政权对于维护乡村社会稳定、引导本地经济发展、实现脱贫致富提高人民生活水平,推进乡村基层民主政治建设、推进社会主义新农村建设和和谐社会建构都有十分重要的意义。而一个软弱、涣散的基层政权,非但不能引导本地经济发展,而且可能会因为无力应对各种危机而导致人们对其能力失去信任。"一旦政府的效力受到怀

〔1〕 马良灿、王一帆:"基层政权组织行为的制度逻辑——基于一项文献研究的考察与评析",载《贵州大学学报(社会科学版)》2013年第2期。

疑，一场管理危机便在所难免；而如果不能得到及时解决，这种管理危机可能最终演变为民主危机。"[1]所以，在现阶段的乡村治理中，我们应将提高乡村基层政权权威建设放在重要位置。乡村基层政权建设的实质是提升国家权威在乡村社会的地位，巩固党的执政基础，密切党群、干群关系，发展和维护群众利益，促进农村经济和社会的全面发展。

四、权威的结构化建设：边界厘定下的应有选择

立基于历史考察形成的一般性结构原则及既有实践面临的二元悖论，笔者认为，乡村治理中的基层政权建设不是扩大基层政权的权力范围及领域，也不是加强基层政权的控制力及手段方式，而是通过基层政权权威的建立，形成国家在乡村社会的内在威望及影响力。而如何达到这种影响力，可能存在一个权威的结构化建制问题，这恰恰也是国家空间再造及其社会边界厘定下基层政权建设的应有选择。

（一）互嵌共生共强是目标

作为国家治理重要组成部分的乡村治理，其治理机制的架构设计和具体制度的渐递展开，本身就应该符合治理自身应有的一些理念限制和逻辑涵摄。从理论上来讲，国家治理抑或所谓的国家治理体系及治理能力的现代化本身就不同于统治或者管理。单凭国家力量的长驱直入是无法收获应有的效果的，这是一个国家与社会的结构平衡问题，也正是在这一意义上才能形成社会治理的共识。而从我国乡村治理的历史发展来看，国家与乡村社会的关系呈现出从依赖到强制再到指导的发展脉络，但是无论这种发展怎么变化，其内部一直暗含着国家与社会的互动以及在互动影响下二者生存空间及权力边界的厘定问题。现阶段乡村治理的良性发展和秩序建构，一方面需要加强国家的权威以及国家权威引导下的乡村秩序，另一方面也要重建乡村社会自身治理资源的挖掘及功能发挥。因此，良好的乡村治理是在对国家权力与社会自治合理的空间划分以及在空间划分基础上二者功能能力的培植发育，进而达到双向合作互动进行。乡村治理中基层政权的权威建设，应以达到国家与社会的互嵌共生共强为目的。此种治理的结构化模式可以一方面提高基层政权与乡村社会的融合度及权威，另一方面盘活乡村社会自身治理资源的发展，进而激活国家力量的外部介入与乡村社会内部力量的发育以及内生秩序与外生

---

[1]　王绍光："有效的政府与民主"，载《战略与管理》2002 年第 6 期。

秩序共治,最终将单向度的、自上而下的、层级式的治理模式变成一种各种治理资源纵横拓展的、整体性的治理网络结构,以达到治理资源的整合。

(二) 公共性是价值皈依

公共性是政治统治与政府合法性的内在基础,现有乡村治理中的秩序失范及农村基层政权建设面临的各种问题,一个重要的原因就是基层政权的公共性缺失。一方面,税费改革后,在农村公共资源和公共产品供给方面,国家力量绕过乡镇通过部门条块化下沉,造成乡镇基层政权与农民联系的日益松散和消极,乡镇基层政权无力也无意进行公共资源和产品的供给,进而影响了其公共性和权威。因此,公共性建构以及围绕公共性的基层政权建设才是基层政权权威建设以及乡村治理的价值皈依。这意味着基层政权建设不是权力范围和控制的扩张,其更为根本的是基层政府的角色定位和权力品性的公共性加持,进而通过保护公民利益、提供公共服务真正使基层政权成为国家公共机构,提升国家权威在乡村社会的影响力。

(三) 权威的制度化建构是路径

基层政权的权威建设以及立基于权威基础之上的乡村治理的有效推进,需要通过权威的制度化建设形成一定的政治运作规则。这种规则包括明晰的权力范围及职责规则、公开透明的权力运行规则、体系内外的权力监督规则。明晰的权力范围及职责规则需要就农村基层政权的地位、作用及国家在公共资源及财政分配中对基层政权给予一个明确的定位,并就基层政权权力边界及与乡村社会的关系及基本职责作出明确的规定。公开透明的权力运行规则要求对基层政权在公共服务、社会管理过程中权力的运行范围及程序作出明确的规定。而体制内外的权力监督规则要求通过制度化的措施激活权力监督机制。只有国家将这些环节的规则通过规范化、程序化的制度设计得以健全并进而落实推进,才能规范乡村治理,使基层政权的运作依法进行,进而树立国家法律与制度的权威。

(四) “三治结合” 是运行方式

自上而下一元化的权威建构路径和乡村社会多元化的现实是中国作为一个大国在乡村治理中面临的矛盾冲突。在乡村治理中,一方面国家对地方割据的消除和公共性规则的权威垄断及制度嵌入,是现代国家建构的必然选择。另一方面,我们不能不承认,“在转型期的乡土社会,无论是自然性秩序与建构性秩序，还是原生型秩序、次生型秩序及外生型秩序，都有可能同时存在"。[1]不管已发生多大的变迁，乡村社会依然或多或少是在地方性知识整合下的熟人半熟人社会，共同体内部的非正式规范及道德戒律依然对这一社群内部的行动者有很强的约束力。因此，在这一社会现实下，基层政权能否有效嵌入既有的乡村社会，取决于其与乡村社会网络的适切性和融合度，以及在此基础上形成的公共权威和公信力。因此，这一社会现实要求基层政权在其权力运作及社会管理过程中，要将国家法治、村民自治和传统德治结合起来。"按照'自治、法治、德治相结合'的原则优化整合多元规范结构，构建出以正式规范（国家法律、政策、党内法规等）为基础，以非正式规范（村规民约等）为补充的多元规范合作治理结构。强化国家法律在维护农民权益、规范市场运行、农业支持保护、生态环境治理、化解农村社会矛盾等方面的权威地位。发挥自治章程、村规民约的积极作用。强化道德规范的教化作用，引导农民向上向善、孝老爱亲、重义守信、勤俭持家。"[2]这样才能使基层政权嵌入乡村社会治理，进而达到权威的树立和治理的有效。

（五）能力和队伍建设是保障

而基层政权组织发挥作用的大小取决于其能力的强弱，所以基层政权的权威建设中要把加强基层政权能力建设放在重要位置。基层政权能力是政府能力的一个重要组成部分，而政府能力是"为完成政府职能规范的目标和任务，拥有一定的公共权力的政府组织所具有的维持本组织的稳定存在和发展，有效地治理社会的能量和力量的总和"。[3]乡村基层政权能力就是最低一级国家政权，在整合和运用各种社会资源和管理手段，履行自身职能，有效地实现公共管理目标的本领和力量。它是整体性与多项性的结合，是权威与高效的统一。而作为整体性与多项性结合的能力体，它是各个单项能力的有机结合。一是社会整合能力，即基层政权组织在规范和协调不同社会利益，保证与国家政治体系一体化的基础上，动员整合各种社会资源，实现本地区政治体系有序和统一运作，实现本地区经济、社会全面发展方面所具有的能力；二是环境应变能力，即基层政权组织能否应对国内外环境的变化，根据外界

---

〔1〕 陈寒非："从一元到多元：乡土精英的身份变迁与习惯法的成长"，载《甘肃政法学院学报》2014 年第 3 期。

〔2〕 高其才："健全自治法治德治相结合的乡村治理体系"，载《人民周刊》2019 年第 6 期。

〔3〕 施雪华：《政府权能理论》，浙江人民出版社 1998 年版，第 308 页。

环境的具体要求，调整自己的策略，防范和化解社会危机，促进乡村社会的和谐稳定的能力；三是制度设计和执行能力，即基层政权组织能否有力地贯彻和执行国家方针政策，并结合本地实际，创造性进行制度设计，并保证其高效实施的能力。同时，队伍建设也是基层政权权威建设的重要保障。基层干部队伍是国家与人民相联系的桥梁和纽带，乡村治理中把党和国家的方针落到实处，靠的是乡镇干部的扎实工作。在体制既定的情况下，基层政权能力的高低主要取决于干部队伍的素质和能力。所以，加强基层政权权威建设，就要加强干部队伍建设，增强干部队伍的文化水平，不断提高其分析问题、处理问题、解决问题的能力，加快其思想观念和工作作风转变，克服"等、靠、要"的思想，加强廉政建设。

五、结语

治理体系的科学架构和治理有效的实际实现是乡村振兴抑或乡村治理的基础，在基层政权公共讨论方面出现的不同认知，其实反映了既有乡村治理的公共讨论始终存在国家主义和社会自主两种观察方式及话语体系。国家主义强调国家的空间在场和权威垄断，将社会及其行动空间视为国家政权应予介入并改造的对象之一，在这一认知视角下，所谓的农村基层政权建设就是通过国家力量的组织嵌入以及围绕组织运作的制度加持将国家以外的社会空间收编入既有的国家政治体系，并进而实现政治整合。而社会自主的视角则强调从乡村社会自身观察并理解社会治理，强调社会自身的内生秩序及空间维护，在这一认知模式下，所谓的基层政权建设，亦更加关注政权组织的公共性指涉及社会边界。但是，治理不同于统治，亦不同于管理，乡村治理中的基层政权建设，其重点不在于扩大国家行政权力的范围和领域，也不在于提高国家权力的强制，而是在于在多元合作主体的共治下，厘定权力空间表达的范围和边界，提升权力的公共性操守和运作品质，进而提升其内在的权威和影响力，其是一种超越外在物质建设的内在隐形影响力建设。对此，通过各种制度架构及耦合机制形成的权威的结构化建制才能最终促进国家与乡村社会形成互嵌、共生、共强的治理格局。

第十五章

通过司法健全乡村治理体系

一、引言

党的十九大报告明确提出实施乡村振兴战略，加强农村基层基础工作，健全自治、法治、德治相结合的乡村治理体系。中共中央、国务院颁布的《关于实施乡村振兴战略的意见》也强调建立健全党委领导、政府负责、社会协同、公众参与、法治保障的现代乡村社会治理体制，坚持自治、法治、德治相结合，确保乡村社会充满活力、和谐有序。健全自治、法治、德治相结合的乡村治理体系是实施乡村振兴战略的重要举措，也是国家治理体系和治理能力现代化的重要组成部分。

我国法律规定，人民法院是国家的审判机关。人民法院通过审判刑事案件、民事案件、行政案件以及法律规定的其他案件，惩罚犯罪，保障无罪的人不受刑事追究，解决民事、行政纠纷，保护个人和组织的合法权益，监督行政机关依法行使职权，维护国家安全和社会秩序，维护社会公平正义，维护国家法制统一、尊严和权威，保障中国特色社会主义建设的顺利进行。因此，在依法治国、建设社会主义法治进程中，在实施乡村振兴战略、健全乡村治理体系中，司法具有服务乡村社会治理、推进建立健全现代乡村社会治理体制、助力打造充满活力和和谐有序的善治乡村的积极作用。

本章将对通过司法健全乡村治理体系的意义、通过司法健全乡村治理体系的形式、通过司法健全乡村治理体系的途径、通过司法健全乡村治理体系的关键等作一初步探讨，以引起学界对这一问题的进一步思考。

二、通过司法健全乡村治理体系的意义

乡村是具有自然、社会、经济特征的地域综合体，兼具生产、生活、生

态、文化等多重功能，与城镇互促互进、共生共存，共同构成人类活动的主要空间。农业、农村、农民问题是关系国计民生的根本性问题。乡村在保障粮食安全、供给农业产品、提供生态屏障、传承传统文化等方面具有独特功能，在经济社会全面发展中具有不可替代的重要地位。乡村兴则国家兴，乡村衰则国家衰。我国人民日益增长的美好生活需要和不平衡不充分的发展之间的矛盾在乡村最为突出，我国仍处于并将长期处于社会主义初级阶段的特征在很大程度上表现在乡村。全面建成小康社会和全面建设社会主义现代化强国，最艰巨最繁重的任务在农村，最广泛、最深厚的基础在农村，最大的潜力和后劲也在农村。

实施乡村振兴战略是健全现代社会治理格局的固本之策。社会治理的基础在基层，薄弱环节在乡村。乡村振兴、治理有效是基础。实施乡村振兴战略，加强农村基层基础工作，健全乡村治理体系，确保广大农民安居乐业、农村社会安定有序，有利于打造共建、共治、共享的现代社会治理格局，推进国家治理体系和治理能力现代化。

而追求法治的国家，司法的重要性不言而喻。司法既是使书本上的法律落实转化为具体行动中的法律的过程，同时也是一个对法律进行宣示，使民众形成具体的法律认知的过程。健全乡村治理体系、推动乡村组织振兴，司法承担着重要的职能。司法保障乡村自治，保障基层群众性自治组织实行民主选举、民主决策、民主管理、民主监督，促进乡村基层村民自治的健康发展；司法推进乡村法治，树立依法治理理念，强化法律在维护农民权益、规范市场运行、农业支持保护、生态环境治理、化解农村社会矛盾等方面的权威地位；司法提升乡村德治，提升乡村道德水准和村民道德素养，培育文明乡风、良好家风、淳朴民风。

司法具有终极性的特点。法律适用是解决纠纷、处理冲突的最后环节，法律适用结果是最终性的决定。相比其他的纠纷解决方式，司法是现代社会最重要的解决争端手段。司法是实施法律的一种方式，对于实现法律目的、发挥法律作用、保障法律权威、维持社会秩序具有重要意义。实施乡村振兴战略、健全乡村治理体系有赖于通过司法职能的实现而使司法发挥积极的社会作用。司法通过审判这一直接功能和人权保障、调整社会关系、形成公共政策、秩序维持、文化支持等间接功能完善、健全现代乡村社会治理体制，坚持自治、法治、德治相结合，确保乡村社会充满活力、和谐有序。

三、通过司法健全乡村治理体系的形式

通过司法健全乡村治理体系主要通过审判、指导人民调解委员会、发布有关指导性文件、发布有关涉及乡村治理的司法解释等形式实现。

审判为人民法院的主要职能。人民法院要充分发挥司法职能，积极参与乡村社会治理，通过司法健全乡村治理体系。人民法院要坚持以人民为中心的发展思想，深入践行党的群众路线，坚持司法为民，发扬司法民主，推动形成共建、共治、共享的基层社会治理新格局。在审判中，人民法院应当坚持稳中求进的工作总基调，着力维护农村基本制度稳定，依法依规支持农村试点地区改革试点工作；坚持依法保障农民主体地位，依法保护广大农民合法权益，尊重农民意愿，调动亿万农民的积极性、主动性、创造性；坚持服务乡村全面振兴，准确把握乡村振兴的科学内涵，积极服务和保障农村经济建设、政治建设、文化建设、社会建设和生态文明建设；坚持助推城乡融合发展，依法破除城乡交易壁垒，推动形成工农互促、城乡互补、全面融合、共同繁荣的新型工农城乡关系；坚持促进人与自然和谐共生，严守生态保护红线，助推乡村绿色发展。[1]

按照最高人民法院于 2018 年 10 月印发的《关于为实施乡村振兴战略提供司法服务和保障的意见》的规定，人民法院通过审判助推农村改革发展，夯实农业农村现代化发展的基础；通过审判强化环境资源保护，助推乡村生态文明建设；通过审判弘扬社会主义核心价值观，促进文明、和谐、平安乡村建设；树立自治、法治、德治相结合理念，通过审判推动乡村治理体系和治理能力现代化；通过审判加强权益保护，满足农民日益增长的美好生活需要。

同时，人民法院通过指导人民调解委员会来发动、依靠民众，充分发挥村民自治组织的作用，进一步加强诉调对接，完善矛盾纠纷多元化解机制，努力把矛盾纠纷化解在基层、化解在萌芽状态。我国《人民法院组织法》第 25 条明确规定，基层人民法院对人民调解委员会的调解工作进行业务指导。

---

〔1〕 最高人民法院长期以来高度重视服务和保障"三农"发展工作，先后制定出台了一系列司法解释和规范性文件，以指导各级人民法院依法妥善审理各类涉农案件，通过多种形式参与乡村矛盾纠纷化解。据统计：2013 年至 2017 年，全国法院受理农村承包合同纠纷民事一审案件 109 787 件，审结 108 943 件。通过纠纷调处、案件审理，人民法院及时、妥善地化解了乡村矛盾纠纷，依法保护了农民合法权利，有力维护了乡村社会经济秩序。参见最高人民法院《关于为实施乡村振兴战略提供司法服务和保障的意见》（法发〔2018〕19 号）。

我国《人民调解法》第 7 条规定:"人民调解委员会是依法设立的调解民间纠纷的群众性组织。"按照《人民调解法》第 14 条第 1 款的规定,人民调解员应当由公道正派、热心人民调解工作并具有一定文化水平、政策水平和法律知识的成年公民担任。同时,《人民调解法》第 33 条第 1 款和第 2 款规定:"经人民调解委员会调解达成调解协议后,双方当事人认为有必要的,可以自调解协议生效之日起三十日内共同向人民法院申请司法确认,人民法院应当及时对调解协议进行审查,依法确认调解协议的效力。人民法院依法确认调解协议有效,一方当事人拒绝履行或者未全部履行的,对方当事人可以向人民法院申请强制执行。"〔1〕截至 2017 年底,全国各级人民法院共吸纳特邀调解组织 2.2 万个、特邀调解员 7.8 万人,委托调解案件 186.3 万件,调解成功 87.6 万件。完善人民法院专职调解制度,全国范围内的人民法院在诉讼服务中心或诉调对接中心配备包括法官在内的专职调解员 7922 人,负责在开庭前处理那些适宜调解的案件。2017 年共接受调解案件 111 万件,调解成功 54.7 万件。全国法院设 3320 个诉调对接中心,配备 15 432 名工作人员,负责分流调解、指导调解。建设信息化程度很高,融"自助立案、自动导诉、在线调解、司法确认、简案速裁"于一体的"人民法院调解平台"有效发挥了引导调解、促进调解、快速解决纠纷的职能作用。〔2〕人民法院(特别是基层人民法院)通过指导人民调解委员会、进一步加强诉调对接〔3〕有效解决了纠纷,恢复了乡村秩序,强化了乡村民众权利保障,完善了乡村治理体制,促进了乡村发展,实现了社会正义。

此外,人民法院还发布了一系列规范性文件来健全乡村治理体系。人民法院(特别是最高人民法院、高级人民法院)通过发布有关服务乡村振兴、健全

〔1〕 目前,全国共有人民调解组织 77 万个,人民调解员 385.2 万人,商事仲裁机构 250 多个,仲裁员 4 万多名。2017 年,人民调解组织调解矛盾纠纷 876 万件,各地劳动人事争议调解组织和仲裁机构共处理争议 166 多万件。参见李少平:"发挥司法职能作用 提升多元解纷水平 打造新时代'枫桥经验'法院升级版",载《人民法院报》2018 年 11 月 9 日。

〔2〕 李少平:"发挥司法职能作用 提升多元解纷水平 打造新时代'枫桥经验'法院升级版",载《人民法院报》2018 年 11 月 9 日。

〔3〕 人民法院发挥司法确认制度独特效应,打通了诉讼与诉讼外调解衔接的关键点。2017 年,全国法院受理司法确认案件 19.8 万件,确认调解协议有效 16.3 万件,有力地体现了支持调解、提升效率的作用。参见李少平:"发挥司法职能作用 提升多元解纷水平 打造新时代'枫桥经验'法院升级版",载《人民法院报》2018 年 11 月 9 日。

乡村治理体系的规范性文件，指导人民法院在司法中发挥积极作用。如 2018 年
10 月，最高人民法院发布《关于为实施乡村振兴战略提供司法服务和保障的意
见》，提出了人民法院服务和保障乡村振兴战略工作的七个基本原则，要求各级
人民法院妥善审理各类涉农案件，为乡村振兴提供司法服务和保障。最高人民
法院提出各级人民法院要严格贯彻落实上述意见中的各项规定，注意处理好服
务当前发展和实现长远目标、农业农村改革发展与稳定、生态保护与乡村发展、
乡村文明传承与发展、自治法治德治以及党的群众路线与司法专业化这六个关
系，切实保护农民合法权益，加大乡村地区人权司法保护力度，让人民法院服务
和保障实施乡村振兴战略、健全乡村治理体系的司法政策在广大乡村落地
生根，让广大农村群众切身感受到司法服务的便捷高效、司法保障的充分
有力。其他如 2018 年 5 月，湖南省高级人民法院发布的《关于为乡村振兴
战略提供司法保障和服务的意见》；2018 年 6 月，陕西省高级人民法院出台
的《关于为乡村振兴战略实施提供有力司法服务和司法保障的意见》；2018
年 8 月，云南省高级人民法院发布的《关于为实施乡村振兴战略提供司法
服务和保障的意见》。这些规范性文件都针对司法实现乡村振兴战略、健全
乡村治理体系提出了指导性意见。

　　值得注意的是，最高人民法院还发布了有关涉及乡村治理的司法解释，
如最高人民法院发布的《关于审理涉及农村土地承包经营纠纷调解仲裁案件
适用法律若干问题的解释》《关于审理涉及农村集体土地行政案件若干问题的
规定》《关于审理涉及农村土地承包纠纷案件适用法律问题的解释》等。这些
司法解释是最高人民法院结合民事审判实践，就审理涉及农村土地承包经营
纠纷调解仲裁案件、审理涉及农村集体土地行政案件、审理涉及农村土地承
包纠纷案件适用法律的若干问题制定的。最高人民法院还就某些涉及乡村治
理的个案进行了复函，如《关于村民小组诉讼权利如何行使的复函》等。此
外，2015 年 1 月 15 日最高人民法院发布的《人民法院关于行政不作为十大案
例》中的案例 5 为"王某升诉寿光市人民政府行政不作为案"。其典型意义在
于，人民法院判决限期责令褚庄村村民委员会限期公开村务信息，能够更好
地促进村务公开，切实维护广大村民的知情权。这些司法解释、复函、发布
的典型性案例对于通过司法完善和健全乡村治理体系具有积极意义。

　　人民法院通过发挥审判职能作用和其他形式，依法妥善处理乡村振兴战
略实施过程中的各类矛盾纠纷，维持乡村社会秩序，促进自治、法治、德治

相融合，完善和健全乡村治理体系。

四、通过司法健全乡村治理体系的途径

通过司法健全乡村治理体系的主要途径包括维护村规民约的效力、适用民事习惯法和参照良善习惯、发挥人民陪审员的作用等方面，以健全自治、法治、德治相融合的乡村治理体制。

通过司法健全乡村治理体系的主要途径需要尊重村民自治、维护村规民约的效力。村规民约是村民通过民主讨论方式议定的行为规范，是乡村民众为了办理公共事务和公益事业、维护社会治安、调解民间纠纷、保障村民利益、实现村民自治，民主议定和修改并共同遵守的社会规范，[1]是村民进行民主决策、民主管理、民主监督的重要体现。村规民约在村民委员会这一村民自我管理、自我教育、自我服务的基层群众性自治组织的主持下由村民会议或村民代表会议议定。长期以来，村规民约一直被视为农村自治的重要表现形式，也是乡村基层民主政治发展的重要成果。特别是自 1987 年《村民委员会组织法（试行）》规定村民自治制度以来，我国农村地区普遍制定了村规民约并且取得了积极的成效，[2]使其在乡村社会治理中发挥了非常重要的作用。2014 年 10 月 23 日中国共产党第十八届中央委员会第四次全体会议通过的《中共中央关于全面推进依法治国若干重大问题的决定》强调"推进多层次多领域依法治理"，要求"发挥市民公约、乡规民约、行业规章、团体章程等社会规范在社会治理中的积极作用"。中共中央、国务院于 2017 年 6 月 12 日发布的《关于加强和完善城乡社区治理的意见》第二部分"健全完善城乡社区治理体系"指出："充分发挥自治章程、村规民约、居民公约在城乡社区治理中的积极作用，弘扬公序良俗，促进法治、德治、自治有机融合。"中共中央、国务院于 2018 年 1 月 2 日发布的《关于实施乡村振兴战略的意见》指出，发挥自治章程、村规民约的积极作用。因此，通过司法健全乡村治理体系需要尊重村民自治、尊重村民民主，确认和保障村规民约的效力。最高

---

〔1〕 陈寒非、高其才："乡规民约在乡村治理中的积极作用实证研究"，载《清华法学》2018 年第 1 期。

〔2〕 如浙江省于 2015 年 3 月起启动开展制定修订"村规民约社区公约"活动。目前，全省 27 901 个村、3461 个社区都已经完成村社"两约"，覆盖率达 100%，成为全国率先覆盖建设村社"两约"的省份。参见卢芳霞："基层法治建设的经验、瓶颈与展望——以法治浙江建设十年为视角"，载《法治研究》2016 年第 6 期。

人民法院《关于为实施乡村振兴战略提供司法服务和保障的意见》提出，人民法院在司法活动中应当充分保护村民的自治权利，坚持农民在乡村振兴战略中的主体地位，审慎把握村民自治与国家法治之间的边界。另外，对于严重与宪法、法律、法规和国家政策相抵触、明显有侵犯村民人身权利、民主权利和合法财产权利内容的村规民约，人民法院在司法过程中需要依法予以纠正。而对某些在实体规范和程序方面稍有不当的村规民约，人民法院应当考虑当地的具体情况，根据不同情形予以具体对待、具体处理。

在司法实践中，从健全乡村治理体系出发，人民法院需要适用作为正式法律渊源的民事习惯法和参照作为正式法律渊源的良善习惯。[1] 2017 年 3 月 15 日第十二届全国人民代表大会第五次会议通过、自 2017 年 10 月 1 日起施行的《民法总则》（已失效）第 10 条规定："处理民事纠纷，应当依照法律；法律没有规定的，可以适用习惯，但是不得违背公序良俗。"这一条款为法律适用条款，直接确认了习惯法为我国民法的法源，为人民法院适用民事习惯法提供了更为明确的法律根据。[2] 民事习惯法往往是在长期的民事活动中自

---

　　〔1〕　民事习惯法可被分为国家法范畴的民事习惯法和非国家法范畴的民事习惯法，本书讨论的是国家法范畴的民事习惯法。非国家法范畴的民事习惯法是指独立于国家制定法之外，依据某种社会权威和社会组织，具有一定强制性的规范的总和。参见高其才：《中国少数民族习惯法研究》，清华大学出版社 2003 年版，第 8 页。关于作为当代中国正式法律渊源的习惯法的讨论，详可参见高其才："作为当代中国正式法律渊源的习惯法"，载《华东政法大学学报》2013 年第 2 期。关于我国法律法规对习惯法的认可情况，详可参见高其才等：《当代中国法律对习惯的认可研究》，法律出版社 2013 年版。

　　〔2〕　有不少学者讨论了民事习惯法的司法适用问题。如高其才的《论人民法院对民事习惯法的适用》（载《政法论丛》2018 年第 5 期）一文指出，人民法院适用民事习惯法解决纠纷有助于克服制定法的局限，也是尊重民族传统、民族文化的体现，有助于法律与社会生活的一致和协调。汪洋的《私法多元法源的观念、历史与中国实践：〈民法总则〉第 10 条的理论构造及司法适用》（载《中外法学》2018 年第 1 期）一文指出，《民法总则》第 10 条法源条款中的"法律"包含规范法源与准规范法源两大谱系以及具体规则与基本原则两种类型。"习惯"也应作弹性理解，习惯与习惯法只是存在程度差别。对于强制性规范、任意性规则、基本原则、习惯等多元法源，需要建构起一套司法适用的步骤与方法。彭诚信的《论〈民法总则〉中习惯的司法适用》（载《法学论坛》2017 年第 4 期）一文认为，《民法总则》生效后，我国应沿着"事实上习惯—个案中的习惯法规则—习惯法—习惯立法"的进路，通过习惯的司法适用发现习惯法。王杰、王允武在《少数民族习惯法司法适用研究》（载《甘肃政法学院学报》2014 年第 1 期）一文中提出了少数民族习惯法司法适用的原则、前提、程序和方法等具体建议。郭剑平在《论民族习惯法在民事司法中的适用》（载《湘潭大学学报（哲学社会科学版）》2012 年第 2 期）一文中认为，民族习惯法适用于民事司法存在体制保障的缺失、对民族习惯法缺乏必要的调查和汇编、民族地区法官适用民族习惯法的意识有待加强等方面的困境。民族地区应该通过建立善良民族习惯法的认定标准、整理和汇编民族习惯法民事司法适用案例、加强对民族地区

然形成的，体现了民族传统和地方文化，表现出社会实际民事生活的特点。民事习惯法大量存在于民众的生活之中，既丰富多彩，又世代相传，良善的民事习惯法是中国优秀传统文化的重要组成部分。我国社会的民事习惯法的生成过程是与人的惯常性相联系的，是与满足和符合民众的需要与本性相一致的，"几乎全然是从自身内部，圆融自洽地发展起来的"。黑格尔曾经指出："民族的宗教、民族的政治制度、民族的伦理、民族的法制、民族的风俗以及民族的科学、艺术和技能，都具有民族精神的标记。"[1]同时，法律之所以具有本土性，主要是基于法律直接来源于人与人之间的习惯。因此，从某种意义上讲，在司法活动中人民法院的法官适用民事习惯法是对民族传统、民族历史、民族文化特别是合理传统法规范、良善固有法文化的尊重，是对乡村善良风俗规范的尊重，这对于通过司法健全乡村治理体系具有积极的意义。

为此，最高人民法院《关于进一步加强新形势下人民法庭工作的若干意见》指出，人民法庭应当积极总结不同类型案件的特点，在法律规定框架内，恰当借助乡规民约，尊重善良风俗和社情民意，创新调解工作方法，力求从根源上彻底化解矛盾。最高人民法院院长周强在到陕西省富县直罗镇当事人家中走访时也表示，"群众说事、法官说法"机制把法治思维、法治手段和村民自治结合起来，把法律和道德、乡规民俗结合起来，有利于矛盾纠纷的化解，是通过法治手段加强乡村治理的有效形式，要大力推广这种做法。[2]最高人民法院《关于为实施乡村振兴战略提供司法服务和保障的意见》也要求充分尊重符合社会主义核心价值观的农村风俗和生活习惯，尊重不违反法律强制性规定的村规民约、乡风民俗，妥善把握民事审判对习惯的适用，并注意甄别地方风俗、民族习惯，通过司法审判引导农村摒弃高额彩礼、干预婚姻自由、不赡养老人等不良风气。这有助于人民法院在司法活动中汲取合理的本土法资源，确认乡村熟人社会蕴含的合理规范，承继向上向善、重义守信、崇德修睦、守望相助、孝老爱亲、勤俭持家的美德，弘扬良善的乡村固

（接上页）民众利用民族习惯法的引导、培育民族地区法官自觉运用民族习惯法的意识理念等方面的措施，为民族习惯法在民事司法中的适用提供保障。张宏扬在《当代中国民事习惯法的司法适用——以姜堰市人民法院对婚约财产纠纷的审理为例》（载高其才主编的《当代中国民事习惯法》，法律出版社 2011 年版）一文中，以江苏省姜堰市（现江苏省泰州市姜堰区）人民法院对婚约财产纠纷的审理为对象，探讨了民事习惯司法适用的背景、过程、效果。

〔1〕［德］黑格尔：《历史哲学》，王造时译，生活·读书·新知三联书店 1956 年版，第 104 页。

〔2〕宁杰："扩大司法民主 促进公正司法"，载《人民法院报》2014 年 7 月 19 日。

有习惯，维护乡村熟人社会基于血缘、亲缘、宗缘、地缘关系建立的情感和纽带，完善和健全乡村治理体系。[1]

　　通过司法健全乡村治理体系还需要充分发挥人民陪审员的作用。我国《民事诉讼法》第40条规定，人民法院审理第一审民事案件，由审判员、陪审员共同组成合议庭或者由审判员组成合议庭。《刑事诉讼法》第13条规定："人民法院审判案件，依照本法实行人民陪审员陪审的制度。"《人民法院组织法》第34条也规定人民陪审员依照法律规定参加合议庭审理案件。人民陪审员制度是我国司法民主的要求，既是人民法院坚持群众路线的体现，也是司法公正的重要保障。按照法律规定，人民陪审员由"遵纪守法、品行良好、公道正派"的公民担任，他们来自民众，与当事人在感情交流和心理沟通方面较有认同感，易为当事人所信任和接受，在解决纠纷、平息冲突方面有独特的作用。[2]在实践中，担任人民陪审员的多为乡土法杰。乡土法杰为传统乡贤的现代形态。他们既继承了传统的价值观、知悉固有的乡土规范，又紧跟时代潮流、适应社会发展、参与法治建设。[3]乡土法杰通过自身的行为维持和生发乡村社区的内生性秩序，保障民众的正常生产、生活。相比于由国家法律等外部力量推动的社会秩序，乡土法杰所形塑的乡村秩序建立在基层固有的生活逻辑之上，因而更具有持久性和稳定性，对乡村社会的影响更为直接和深远。乡土法杰热心解决各类乡村纠纷，[4]协调村民的行为，恢复社

---

　　〔1〕　从我国法院的审判实践来看，法院运用习惯尚属于经验性、个别性、零散性状况；从裁判文书来看，法官对习惯法的认识、对习惯法的适用差异较大；法院主要在民事案件的调解过程中从事实角度运用习惯，从法律根据角度适用习惯法直接进行判决的不多，法官更多地倾向于将习惯作为一种事实而非法律。这反映出法院、法官在习惯还是习惯法的认识方面并不一致，需要认真总结、探讨。参见高其才：《民法典编纂与民事习惯研究》，中国政法大学出版社2017年版，第8页。

　　〔2〕　如河北全省法院充分发挥人民陪审员的作用。家事、邻里纠纷先由人民陪审员进行诉前调解或司法调解，将化解纠纷的关口前移。调解不成，采用"1+2+1"的模式，即1名审判员、2名陪审员、1名书记员，组成合议庭进行审理。法庭日常事务由人民陪审员处理，一般由2名人民陪审员值班，利用人民陪审员了解本土乡镇的历史传承、乡规民约的优势，由其先行处理矛盾纠纷。参见"推行'一乡一庭'建设 构建基层治理网络体系"，载《人民法院报》2018年11月26日。

　　〔3〕　高其才："全面推进依法治国中的乡土法杰"，载《学术交流》2015年第11期。

　　〔4〕　魏小强的《通过乡土法杰的乡村纠纷解决》（载《学术交流》2015年第11期）一文指出，根据乡土社会人们生活的实际情况，基于追求实效、解决问题的目的，秉持讲道理、重公正的原则，依据法律、习惯法等多元规范，采用调解、参与诉讼及其他不同的解纷方式，获得了较好的解纷结果和社会效果。乡土法杰的纠纷解决蕴含乡土社会民众的生活智慧，可为我国当下国家法意义上的以诉讼为主的社会纠纷解决途径的发展改善提供有益的启发。

会秩序。作为乡村治理的重要主体，乡土法杰在乡村开放的空间、密切的交往、频繁的交流、共同的参与以及相互的示范下，成了为凝聚乡村社区的中坚力量，成了彼此关照、守望相助、情感关联的乡村基层社会的核心。因此，人民法院在审理案件时，应秉承司法为民原则，依法实行人民陪审员制度，吸收乡土法杰等担任人民陪审员，充分发挥其优势，参与涉诉接访、纠纷调解，注重发挥人民陪审员的作用，沟通司法机关与乡村民众。这对于普及法律知识、提高乡村民众的法律意识、推进乡村法治建设具有积极意义，对维护乡村秩序、弘扬乡土文化、促进乡村治理具有广泛作用，在完善和健全乡村治理体系方面具有重要价值。

五、通过司法健全乡村治理体系的关键

通过司法健全乡村治理体系，关键在于加强基层人民法院及其派出的人民法庭，提高法官和其他法院工作人员对农村、农业、农民重要性的认识。

司法服务乡村治理，基层人民法院及其派出的人民法庭最为重要。基层人民法院及其派出的人民法庭的服务对象是占中国绝大多数人口的城镇、农村基层民众，因而它们在维护社会秩序、化解社会矛盾、推进社会发展方面处于特别的地位。特别是人民法庭，作为基层法院的派出机构，能够深入到民众中去，更好地发挥优势。人民法院应当坚持服务和保障农业农村优先发展，加强基层基础建设，加大对乡村地区司法资源的投入力度，提高乡村司法服务的覆盖面和便利性。基层人民法院要积极延伸审判职能作用，强化对涉农案件的数据统计分析和运用，增强审判执行工作服务乡村全面振兴、健全乡村治理体系的针对性和时效性。基层人民法院通过土地征收征用、农村经济管理等案件的审理，划清"行政权力"与"自治权利"的界限，推动乡村自治组织职能回归。同时，注重对乡村社会组织的培育，加强与"五老志愿团""乡贤议事会"等的联动协作，提升其法治素养和工作威信，有效发挥社会力量在社会治理中的作用。[1]人民法院还要充分发挥人民法庭在乡村治理中的重要作用，坚持"三个面向"和"两便"原则，充分发挥人民法庭靠近乡村、贴近群众的优势，切实开展好人民法庭工作；坚持和完善人民法

---

[1] 李章军："推进'三治融合'助力乡村振兴"，载《人民法院报》2018 年 9 月 12 日。

庭巡回审理制度，不断提高人民法庭巡回审理的效果和水平。[1]

　　法官和法院其他工作人员要深化认识，提升对农村、农业、农民地位的认识高度，切实增强为实施乡村振兴战略提供司法服务和保障、完善和健全乡村治理体系的责任感、使命感，通过司法助推农业全面升级、农村全面进步、农民全面发展，为健全自治、法治、德治相融合的乡村治理体制提供司法保障。法官和法院其他工作人员要树立尊重农民意愿、保障农民主体地位、保护农民合法权益的观念，创新司法便民举措，及时回应乡村民众合法诉求。法官要重视加强民生司法保障，依法严惩侵害农民人身和财产权益的违法犯罪行为，维护农民合法权益。法官要积极开展巡回审判，做好诉讼引导和判后答疑工作；加强对农村贫困群众和文化水平较低的当事人的诉讼引导与帮助；落实司法救助，防止当事人"因案致贫""因案返贫"。法官要通过对公益诉讼、赡养抚养、乡村邻里、正当防卫等案件的审理，释放积极向上、孝顺父母、见义勇为、诚实守信的正能量，促进培育文明乡风、良好家风、淳朴民风，从而保障村民自治、完善乡村法治、提升德治水平，促进自治、法治、德治的有机结合，推动建立乡村社会善治新体系。

六、结语

　　人民法院应当履行审判职能，坚持司法公正，以事实为根据、以法律为准绳，遵守法定程序，依法保护个人和组织的诉讼权利和其他合法权益，尊重和保障人权。在实施乡村振兴战略的当代中国，人民法院担负着保障村民自治、强化法律在乡村治理中的权威地位、提升村民道德素养、健全乡村治理体系的重要使命。

---

　　[1]　如河北省高级人民法院以创新人民法庭职能为切入点，从2013年开始探索在全省法院推行"一乡镇一法庭"建设，深度参与创新社会管理，把多元化纠纷解决机制改革纳入社会综合治理的大格局中统筹推进。截至目前，乡镇法庭由830个增至2009个，实现了全省全覆盖，人民陪审员由4771名增至15 047名，乡镇法庭不新建办公楼，不增加人员编制，与人民陪审员紧密结合，有效促进矛盾就地化解。河北省高级人民法院将人民法庭定位于六大职能并进一步细化，重在诉前化解纠纷。第一，司法调解。新设立的人民法庭在职能任务上不同于传统意义上的人民法庭，主要发挥诉非衔接平台的作用，对纠纷进行诉前调解，调解不成的，移送立案审理。第二，指导调解。指导人民调解组织开展调解工作，发动社会力量化解矛盾纠纷。第三，参与基层社会治理。与所在地的党委、政府及派出所、司法所、民间调解组织密切联系，与基层综治中心无缝衔接，融入基层网格化管理。第四，进行法治宣传。促进公民法律素养提升，教育公民遵纪守法。第五，司法确认。对经调解达成的调解协议进行司法确认，赋予其强制执行力。第六，充分发挥人民陪审员的作用。参见"推行'一乡一庭'建设构建基层治理网络体系"，载《人民法院报》2018年11月26日。

在通过司法完善和健全乡村治理体系的过程中，人民法院应当坚持以审判为中心、围绕纠纷解决，积极发挥司法职能，满足乡村民众的司法需求，既不缺位也不越位，推动基层社会治理，贯通融合乡村社会治理中的自治、法治、德治方式，推进完善和健全以自治为基础、以法治为保障、以德治为支撑的自治、法治、德治相融合的乡村治理体制。

人民法院通过司法完善和健全乡村治理体系应当坚持实事求是原则，根据各地乡村情况因地制宜地逐步推进，既不宜操之过急，也不应形式主义，而应脚踏实地、扎扎实实地服务乡村振兴、推进乡村治理。

第十六章

司法行政部门参与乡村治理的实践
——以河南省光山县司法局为考察对象

一、引言

司法行政部门是人民政府的职能部门之一，属于国家行政机关的一部分。我国司法部的机构职能、主要职责包括：承担统筹规划法治社会建设的责任；负责拟订法治宣传教育规划，组织实施普法宣传工作，组织对外法治宣传；推动人民参与和促进法治建设；指导依法治理和法治创建工作；指导调解工作和人民陪审员、人民监督员选任管理工作，推进司法所建设；负责拟订公共法律服务体系建设规划并指导实施，统筹和布局城乡、区域法律服务资源；指导、监督律师、法律援助、司法鉴定、公证、仲裁和基层法律服务管理工作。[1]这些工作都与乡村治理有密切关系。

司法行政部门作为我国法治建设的重要力量，承担着全面提高农民法治观念和法治素养、畅通依法表达诉求、促进农村经济社会依法有序发展和维护乡村社会稳定的重要任务。就实践观察，各地司法行政部门（如河南省光山县司法局）充分发挥法治宣传、法律服务和法律保障的职能，全面参与乡村治理，不断提升乡村治理能力，积极推进乡村善治。[2]

---

〔1〕 "机构职能"，载 http://www.moj.gov.cn/organization/node_ jgzn.html，2019 年 6 月 5 日最后访问。

〔2〕 不少司法行政部门都出台了有关服务乡村振兴战略、参与乡村治理的规范性文件。如 2018 年 5 月 22 日，山东省司法厅印发实施了《关于为打造乡村振兴齐鲁样板提供司法行政服务保障的实施意见》（鲁司发〔2018〕5 号）。该意见从推进农村公共法律服务平台建设、法德教育融合等方面提出了具体的任务措施，推动健全自治、法治、德治相结合的乡村治理体系。又如江苏省司法厅于 2018 年发布了《关于充分发挥司法行政职能作用服务保障乡村振兴战略的实施意见》。

2019 年 3 月 11 日至 14 日，笔者到河南省光山县就司法行政部门参与乡村治理进行了调查。[1]本章将以调查处理为基础，就司法行政部门参与乡村治理的实践作一初步总结，以引起学界的关注和进一步探讨。

二、司法行政部门参与乡村治理的实践

从机构职责出发，结合乡村实际情况，河南省光山县司法局积极拓展农村法律服务，为乡村治理提供法治保障；扎实开展法治宣传教育，培育农民法治素养；加强农村人民调解工作，依法化解涉农矛盾纠纷；强化特殊人群服务管理，维护农村社会安全稳定。

（一）拓展农村法律服务，为乡村治理提供法治保障

基于为村民提供更便捷、更丰富的公共法律服务的目标，河南省光山县司法局切实推进公共法律服务平台建设，落实村法律顾问制度，优化乡村法治服务方式方法。

光山县司法局认真贯彻落实司法部关于推进公共法律服务体系建设的决策部署，扎实开展县乡村公共法律服务实体平台建设工作，把律师、公证、法律援助、普法宣传、人民调解等业务部门整合打造成综合性服务平台，为村民提供更方便的法律服务。光山县依托司法行政业务用房建成了 1 个县级公共法律服务中心、22 个乡镇公共法律服务站，360 个村民委员会均建立了公共法律服务工作室。

同时，建立健全制度，依托村公共法律服务工作室，光山县司法局扎实开展"一村一法律顾问"工作，在 2018 年 9 月底前完成了在全县范围内基本

---

〔1〕 光山县位于河南省东南部，鄂豫皖三省交界地带，北临淮河，南依大别山，全县东西长 60 公里，南北宽 55 公里，总面积 1835 平方公里，总人口 86 万人，辖 17 个乡镇、2 个街道办事处、1 个产业集聚区、1 个国家森林公园管理区、1 个商务中心区、360 个村（社区）。2018 年，全县生产总值为 199.8 亿元。光山县为国家重点生态功能区、全国支持农民工等人员返乡创业试点示范县、全国电商扶贫十佳县、全国休闲农业和乡村旅游示范县、中国优秀生态旅游县、2017 中国乡村振兴发展十佳县、全国林业先进县、全国产粮大县、全国油料百强县、中国名茶之乡、中国生态魅力县等。参见"光山县情"，载 http://www.guangshan.gov.cn/zhgs/gsgk，2019 年 6 月 5 日最后访问。光山县司法局是县政府的重要职能部门，始建于 1949 年 2 月（当时为司法科），1980 年 9 月正式建立了光山县司法局，原办公地址位于老法院办公大楼一楼西侧（后迁入司马光西路），2013 年底搬迁到东三环紫水大街南段司法局新办公楼办公。内设办公室、行财装备审计股、宣传教育股、律师公证管理股、基层工作股、社区矫正管理股、法律援助股和政工股 8 个股室，下辖河南省光山县公证处 1 个二级机构和 22 个派出机构，监督指导 3 个律师事务所的业务工作。参见"光山县司法局简介"，载 http://xxgk.guangshan.gov.cn/bumen.php? id=125，2019 年 6 月 5 日最后访问。

实现村法律顾问全覆盖的工作目标，以不断满足村民日益增长的法律服务需求。

从实际出发，因地制宜。光山县司法局把优秀律师、基层法律服务工作者、法援中心人员、司法行政工作人员纳入法律顾问队伍，把 82 名律师、法律服务工作者和司法行政工作人员统一分配到 360 个村兼任法律顾问，实现了村法律顾问全覆盖。

按照规定，每名法律顾问都与所服务的村签订了服务合同，严格工作规范，提升服务质效。在每个村都有包含法律顾问姓名、联系电话、服务时间、监督电话等信息的公示牌。为进一步促进法律服务工作的便民高效，光山县司法局强化"互联网+公共法律服务"思维，建立了县、乡、村三级法律顾问工作微信群，加强与村民、村民委员会工作人员之间的工作联系，确保在日常工作、生活中能够随时提供法律咨询等服务。

根据合同约定，每名法律顾问均应坚持"公益奉献，服务民生"的原则，每月到村提供不少于 4 小时的现场法律服务，每季度至少举办一次法治讲座，积极为村治理提供法律意见，协助起草、审核、修订村规民约和其他管理规定，为村重大合同签订和其他重大决策提供法律意见；开展法治宣传；为群众提供法律咨询和法律援助。大概半年的时间内，光山县共建立法律顾问微信群 383 个，为村民提供专业法律意见 657 件，起草法律文书 77 件，参与调解矛盾纠纷 115 件，参与诉讼活动 16 件，开展法治讲座 218 场次，提供现场法律咨询服务 926 人次。这些举措优化了乡村法治服务方式方法，对乡村依法治理、服务和保障民生产生了积极的影响。[1]

（二）扎实开展法治宣传教育，培育农民法治素养

围绕乡村振兴、脱贫攻坚和全县经济社会发展目标，光山县司法局落实普法责任制，以开展"法律六进"为载体，[2]充分利用"法律进乡村"和民主法治村创建活动等平台和载体，认真实施"七五"普法规划，充分利用、扎实开展法治宣传教育，提升农民的法治素养。

着眼于乡村振兴战略和乡村善治，光山县司法局积极开展宪法宣传活动，

---

〔1〕　"光山县实现村居法律顾问全覆盖"，载 http://www.pfcx.cn/Item-87524.aspx，2019 年 6 月 5 日最后访问。部分数据来源于 2019 年 3 月 13 日上午调研座谈会上三光山县司法局提供的介绍材料。

〔2〕　"法律六进"是指通过开展普及法律的活动，使法律进机关、进乡村、进社区、进学校、进企业、进单位。

引导农村群众增强宪法观念，维护宪法尊严，从内心深处拥护和真诚信仰宪法；大力宣传农业经营体制、耕地保护补偿、农业科技创新等方面的法律法规，制定出台涉农普法责任清单，推动农业农村管理部门"谁执法，谁普法""谁服务，谁普法"的责任落实；广泛开展涉农民生保障、扶贫开发、农村改革相关法律法规宣传。

为提高法治宣传教育的效果，光山县司法局针对乡村实际情况，注重具体方式方法。如针对村民白天生产、晚上在广场休闲的实际，光山县司法局于2019年5月8日夜晚，在弦山街道办事处椿树岗村广场举办了"送法进乡村"宣传活动。县司法局班子成员及普法宣传队员和该村干部村民都参加了此次活动。担任椿树岗村法律顾问的河南人天律师事务所律师杨勇为现场村民作了《宪法》学习的辅导报告，并与村民进行互动，对村民在日常生产生活中遇到的法律问题进行了认真解答，并与许多村民建立了微信联系。普法宣传队员给村民发放了2000份宣传材料。村民纷纷称赞光山县司法局开展"送法进基层"面对面宣传活动的形式很好，派律师到村担任村法律顾问让村民在家门口就能够解决日常生活中遇到的法律问题，是真正便民的好事、实事。[1]

另外，光山县司法局结合文化科技卫生"三下乡"活动开展"法律扶贫"，把法律知识送到了乡镇集市、庙会和田间地头。如2015年11月5日（农历九月二十四）适逢光山县仙居乡一年一度的传统庙会，光山县司法局到仙居乡庙会开展"送法进乡村"宣传活动。活动现场设立了法律咨询服务台，律师现场免费解答群众提出的法律问题，工作人员一边宣传法律知识和司法行政职能，一边向来往群众发放法律宣传资料，受到了仙居乡干部村民的一致好评。现场共发放宣传册200多本（份），解答法律咨询几十人次，取得了良好的宣传效果。这次宣传活动贴近乡村、亲近村民，宣传氛围浓厚，村民喜闻乐见，增强了广大干部村民学法、尊法、守法、用法的意识。[2]又如12月4日为国家宪法日和全国法治宣传日，光山县司法局、依法治县办按照"12·4"国家宪法日和全国法治宣传日的宣传活动安排，到光山县槐店乡集

〔1〕 "县司法局开展晚上送法进乡村活动"，载 http://www.guangshan.gov.cn/news/bmdt/2018-05-10/55222.html，2019年6月5日最后访问。

〔2〕 "光山县司法局送法进仙居乡庙会"，载 http://xxgk.guangshan.gov.cn/gkinfo.php? aid=14580&id=125，2019年6月7日最后访问。

市，采取"法律赶集"的形式，把农民急需的法律知识送到村民的身边，进一步增强了乡村民众的法律知识，培育了乡村民众依法办事的观念，提升了乡村民众的法治素养。[1]

为进一步加大普法宣传力度，深入推进法治文化建设，切实满足村民对法治文化的需求，光山县司法局、普法办把法治文化与法治宣传有机融合，把普法宣传与广大村民的生产生活有机融合，建设法治文化长廊，精心打造集休闲与普法教育于一体的法治宣传阵地。具体是在全县各乡镇、街道、社区开展法治文化长廊建设，在每个村建立一个固定的法治文化宣传阵地，用法律条文、普法漫画、普法"三字经"（"五字歌""千字文"）、法律问答等图文并茂的形式宣传与村民生活息息相关的重点法律法规，增强法治教育的趣味性和实效性。"法治文化长廊"的建立大大提升了乡村文化品位，为村民学法提供了一个好去处，增强了村民的学法、尊法、守法、用法意识，为乡村法治文化建设增添了一个新阵地，对培育农民法治素养起到了较好的作用。[2]

（三）加强农村人民调解工作，依法化解涉农矛盾纠纷

人民调解是贯彻落实党中央关于构建社会主义和谐社会的重大部署，化解乡村各种社会矛盾的重要方式。光山县司法局十分重视人民调解工作，通过人民调解依法化解涉农矛盾纠纷，推进乡村善治。

光山县司法局积极实施《人民调解法》，加强县、乡、村三级人民调解委员会规范化建设。按照有人员、有场地、有标识、有制度的"四有"要求，做实村人民调解委员会，配齐配强人民调解员，建成覆盖全县的人民调解网络，并开展"十星级人民调解委员会"创建活动，为村人民调解委员会在乡村治理中充分发挥作用奠定基础。

同时，光山县司法局重视人民调解委员会的业务培训，从上到下分级开展人民调解员的专项培训指导，通过以案说法、经验交流、集中讲授等灵活多变的方式，针对人民调解原则、调解程序、调解协议书制作、档案管理、调解技巧等问题进行讲解培训，提升了村人民调解员的理论与技能知识。

---

〔1〕　"司法局送法赶集 乡村群众受益"，载 http://xxgk. guangshan. gov. cn/gkinfo. php? aid＝14597&id＝125，2019 年 6 月 7 日最后访问。

〔2〕　建设法治文化长廊 推进依法治县进程"，载 http://xxgk. guangshan. gov. cn/gkinfo. php? aid＝14729&id＝125，2019 年 6 月 7 日最后访问。

为取得良好的调解效果,光山县司法局协调相关单位、部门建立了人民调解与司法调解、行政调解的联调机制,使矛盾纠纷能以最快捷、简单、方便的方式及时得到解决,努力将矛盾纠纷尽快化解在乡村基层,提高工作效率和调解效果,更好地服务村民,维护乡村秩序。

结合乡村民间纠纷发生的特点和规律,光山县司法局大力开展民间纠纷定期排查和集中排查调处活动,切实发挥人民调解在维护乡村社会稳定中的"第一道防线"的作用;坚持发展"依靠群众就地化解矛盾"的"枫桥经验",运用农村传统调解方式,努力将矛盾化解在基层,解决在萌芽状态。光山县司法局坚持扎根乡土生活,及时调解婚姻、家庭、邻里、损害赔偿、生产经营等常见性、多发型纠纷;认真研究和把握新时期农村矛盾纠纷特点和规律,积极拓展农村人民调解领域,重点做好土地承包、土地流转、征地拆迁、环境污染、税费改革、民主管理等纠纷的调解工作。

如为了减少民间矛盾纠纷对"三夏"生产的影响,光山县司法局组织本系统全体人员在 2018 年 5 月开展"三夏"期间的民间纠纷集中排查调处活动。全系统司法行政工作人员、法律服务人员、人民调解员等进村入户、深入田间地头认真做好矛盾纠纷排查、疏导、调解工作,对于排查出的矛盾纠纷分轻重缓急进行分类处理:简单易调的矛盾纠纷能够当时调解的及时就地调解;案情复杂的报告当地党委政府后协调相关单位进行联合调解;调解不成的再引导当事人通过正常法律途径依法进行解决,确保"三夏"期间矛盾纠纷得到及时调解、化解。这次排查化解了矛盾纠纷 213 件,有效预防了民转刑和群体性事件发生,为"三夏"生产的顺利进行营造了和谐、有序的社会环境。[1]

又如,2019 年春耕生产季节,光山县司法局充分发挥法治宣传、法律服务、人民调解等职能,采取多项措施积极服务春耕生产,预防减少各类矛盾纠纷发生,为全县春耕生产营造了一个良好的法治氛围。针对春耕时节用水用电、土地纠纷、农药种子购销、相邻关系和环境污染等矛盾纠纷多发、易发的特点,光山县司法局组织司法所和乡村人民调解员开展专项排查,帮助村民解决春耕生产中遇到的法律问题和矛盾纠纷,对排查出来的矛盾纠纷按

---

〔1〕"县司法局开展'三夏'期间矛盾纠纷排查调处活动",载 http://www.guangshan.gov.cn/news/bmdt/2018-05-22/55496.html,2019 年 6 月 5 日最后访问。

照轻重缓急进行梳理归类，及时对纠纷进行调解，确保不误农时促春耕，切实维护乡村和谐稳定。这次活动共发放宣传资料 8000 余份，解答村民咨询 500 余人次，调解矛盾纠纷 86 起，为春耕生产营造了良好的法治环境。[1]

（四）强化特殊人群服务管理，维护农村社会安全稳定

为推进乡村治理，光山县司法局完善农村社区矫正工作机制，落实乡村安置帮教措施，加强对困难特殊人群的教育帮扶，强化特殊人群服务管理，维护农村社会安全稳定。

光山县司法局落实治本安全观，多措施加强社区矫正管理，强化社矫人员服刑意识，全面抓实乡村社区服刑人员教育管理工作，促进他们从思想上真正转变过来，确保不发生社区矫正监管安全事件。针对乡村社区服刑人员法律意识淡薄、文化程度不高、社会交往复杂等情况，通过集中点验学习、谈心谈话、公益劳动等形式，组织其加强法律法规学习，接受普法宣传教育，督促其主动尊法、学法、守法，正确认识罪行，自觉服从管理。同时，加强每月走访工作，留心观察、细致分析，逐步建立与社矫人员和谐交流的氛围。通过入户走访，重点掌握服刑人员的思想和行为动态，因人施策，有针对性地制定并落实矫正措施，有效预防服刑人员脱漏管现象。[2]

此外，光山县司法局还建立了常态化工作机制，加强对乡村社区服刑人员等特殊人群特困家庭的困难帮扶。工作人员主动了解乡村社区服刑人员实际生活状况，积极协助符合政策条件的社区服刑人员参加就业培训、招聘会等活动，鼓励其遵法守纪、自力更生、勤劳致富。同时，帮助他们提升自律能力，妥善处理好个人与家庭、邻里的关系，积极预防重新犯罪。[3]

三、司法行政部门参与乡村治理的思考

司法行政部门职能全面、职责广泛，相当多的方面涉及乡村治理事务。特别是县乡司法行政部门，更是直接面对乡村、服务村民。光山县司法局参与乡村治理，这是司法行政部门围绕国家的乡村振兴战略和健全自治、法治、

---

〔1〕 "县司法局优化服务 助力春耕生产"，载 http://xy. hnr. cn/201903/26/4147. html，2019 年 6 月 5 日最后访问。

〔2〕 "光山县司法局多措施强化社区服刑人员监管教育"，载 http://www. pfcx. cn/Item - 81093. aspx，2019 年 6 月 5 日最后访问。

〔3〕 "光山县司法局多措施强化社区服刑人员监管教育"，载 http://www. pfcx. cn/Item - 81093. aspx，2019 年 6 月 5 日最后访问。

德治相结合的乡村治理体制而履行自身职责的具体体现，表现出了司法行政部门结合地方实际、紧密服务国家和乡村社会发展的大局意识。

光山县是大别山革命老区县，是国家级贫困县、新一轮扶贫开发工作重点县。为全面完成全县贫困人口整体脱贫、贫困村有序退出、贫困县如期摘帽目标，光山县司法局围绕脱贫攻坚履行职责，成立了服务脱贫攻坚法律服务律师团，做好相关的法律、政策宣传和法律服务工作，为脱贫攻坚营造良好的法治环境，推进乡村依法治理。[1]

光山县为外出务工就业大县，有大量乡村劳动力外出务工。外出务工增收与家庭脱贫、致富和乡村稳定、发展有着密切的联系。针对这一实际情况，光山县司法局十分重视对外出务工人员（农民工）的法律服务和法治宣传教育，每年利用春节等外出务工人员返乡时机，组织开展法治宣传活动，提供法律方面的知识和具体帮助，积极关心和服务外出务工人员，促进乡村经济社会发展。

村务公开为村民自治和乡村民主的重要内容，是乡村善治的内在要求。光山县司法局全面推进"民主法治示范村"的创建，开展"小微权力"治理、阳光村务等活动，推动全县各村落实村务公开制度，对凡属涉及全村性的问题以及重要事项都按照"4+2"工作法程序，通过"四议两公开"讨论、决定、实施；[2]引导村民委员会依法制定自治章程、村规民约，完善依法办事、依规行为制度，提高乡村干部运用法治思维和法治的方法管理事务、化解矛盾的能力和水平，提升乡村治理水准。

提升乡村治理能力需要加强村治安保卫、人民调解等组织建设，特别是加强专职人民调解员队伍建设，实现"家庭矛盾不出门、邻里矛盾不出组、重大矛盾不出村、所有矛盾不上交"的目标。为此，2018年光山县司法局在全县投入680万元，为每村配1名专职人民调解员、为每乡配2名专职人民调解员、为每一行业性、专业性调解组织配3名专职人民调解员，以改变现有

---

[1] 2019年5月9日上午9时，河南省人民政府新闻办公室召开新闻发布会，宣布栾川等33个县成功实现脱贫摘帽，光山县位列其中。参见"我县正式退出贫困县"，载 http://www.guangshan.gov.cn/news/gsyw/2019-05-09/64357.html，2019年6月10日最后访问。

[2] "4+2"工作法即四议两公开：农村所有村级重大事项都必须在村党组织领导下，按照"四议""两公开"的程序决策实施。"四议"——党支部会提议、"两委"会商议、党员大会审议、村民代表会议或村民会议决议；"两公开"——决议公开、实施结果公开。

的全部为兼职人民调解员的状况。通过政府的财力投入，进一步明确了人民调解员的职责，强化了人民调解员的工作责任心，为维护乡村社会秩序奠定了良好基础。

四、结语

作为国家行政机关的组成部分，司法行政部门以乡村治理的外部主体身份参与乡村治理，通过指导、引领、支持等方式进一步提升村民委员会等乡村治理内部主体依法治理的能力，推进乡村善治，以完善党委领导、政府负责、村民主体、社会协同、公众参与、法治保障的社会治理体制，打造共建、共治、共享的基层社会治理新格局。

司法行政部门参与乡村治理需要尊重乡村的特点，把握乡村的发展，针对村民的需要，创新方法方式，找准履职尽责的着力点和切入点，充分发挥司法行政法治宣传、法律服务和法律保障的职能作用，强化乡村公共法律服务体系建设，不断拓展服务乡村社会治理新模式并注重实际效果。

第十七章

公安部门在乡村社会治理中的作用
——以北京市公安局推进社区民警兼任村党组织副书记为考察对象

一、引言

《人民警察法》第 2 条第 1 款规定："人民警察的任务是维护国家安全，维护社会治安秩序，保护公民的人身安全、人身自由和合法财产，保护公共财产，预防、制止和惩治违法犯罪活动。"第 3 条又强调人民警察必须依靠人民的支持，保持同人民的密切联系，倾听人民的意见和建议，接受人民的监督，维护人民的利益，全心全意为人民服务。

北京从 2012 年开始试点探索推行党员民警进社区担任党组织副书记制度。2016 年，北京市委、市政府在《全面深化首都公安改革的实施意见》中明确提出了"积极推行党员社区民警进社区（村）基层党组织班子制度"的工作要求。根据当前社会发展和法治建设状况，为贯彻中共中央、国务院发布的《关于加强和完善城乡社区治理的意见》，落实北京市委"街乡吹哨、部门报到"工作，加强和创新社会治理，提高服务群众能力，推进精治、共治、法治一体化建设，充分发挥社区民警在社区（村）平安建设工作中的作用，坚持和发展新时代"枫桥经验"，顺应公安改革形势要求，创新思路、精心谋划，以党建融入社区平安建设为思路，北京市公安局于 2018 年起草了《关于深入推进党员社区民警兼任社区（村）党组织副书记的实施意见》，全面推进党员社区民警兼任社区（村）党组织副书记工作。[1]

---

〔1〕 其他地区也有类似实践。如 2017 年以来，上海市公安局治安总队深入贯彻落实市委、市政府

公安部门的主要职责为预防、制止和侦查违法犯罪活动，维护社会治安秩序。北京市推进社区民警兼任村党组织副书记，创新了公安部门在维护社会治安秩序方面的方式，拓展了公安部门在乡村社会治理中的作用。

本章将以北京市公安局推进社区民警兼任村党组织副书记工作为考察对象，总结公安部门在乡村社会治理中作用的实践，分析公安部门在乡村社会治理中作用的效果，以进一步思考公安部门在乡村社会治理中的重要地位和广泛功能。

二、社区民警兼任村党组织副书记的实践

为确保将党性和业务综合水平最强的社区民警推荐任命为村党组织副书记，[1]北京市公安局按照党建引领乡镇管理的工作思路，组织指导分局、派出所对党员社区民警担任社区民警的年限、党龄年限、社区工作成效、日常工作表现等综合因素进行梳理，逐一筛选、优中选优，将社区民警中能力素质最好、沟通协调能力最强的民警选拔出来，并做好与属地乡镇党委、相关村的汇报沟通工作，充分征求、参考属地乡镇党委和村委会意见，确保推荐人选得到属地乡镇、村两级党组织的认可。[2]

（接上页）创新社会治理、加强基层建设"1+6"文件精神和全面深化公安改革部署要求，持续推进社区警务改革，积极探索以基层党建引领社区治理的新途径、新方法，全面推行党员社区民警兼任居（村）委副书记。主要措施有：开展站室联创共建，推动社区警务室与综合治理工作站、微型消防站、境外人员服务站以及网格中心、司法所的共建联动，着力提升社区共治效能；推动开展社区自治以及将"互联网+"融入社区警务，建立起小型化、社区化的警民日常联系网络。党员社区民警兼任居（村）委副书记，既能进一步加强社区党的建设，又有利于发挥党员民警的模范引领作用。目前，已有3075名党员社区民警兼任居（村）委副书记，占全市党员社区民警总数的92.3%。党员社区民警们充分发挥组织协调、宣传引导、指导服务作用，推动各方力量形成"多位一体"的社区治理模式，有力提升了社区共建共治效能。参见"坚持改革创新理念 推动社区共建共治——深入推进党员社区民警兼任居（村）委副书记"，载 http://jucai.xinhua08.com/a/20180206/1748174.shtml? f=arelated，2019年3月5日最后访问。

〔1〕北京市公安局结合派出所"两队一室"改革，大幅增加了社区民警数量，从市局机关前置大批警力充实基层。近三年，市局共为派出所补充警力6700余人，使户籍派出所警力达到了近2万人，超过市局总警力的40%，占分局总警力的57.5%。其中，在全局348个户籍派出所共配备8884名社区民警，其中党员占社区民警总数的87%；共管辖行政社区、村7031个。其中，一警管理一社区（村）的涉及1445个社区；多警管理一社区（村）的涉及2190个社区（村）；一警管理多社区（村）的涉及3396个社区（村）。参见"全力推进市局社区民警担任社区（村）党组织副书记工作"，载 https://www.bjgaj.gov.cn/htmlTemlplatePathOut/d0b05819e69f4241b9f2825f31f08acf.html，2019年3月5日最后访问。

〔2〕2019年2月，通州公安分局首批任命了239名社区民警兼任社区（村）党组织副书记。

党员社区民警将以"席位制"方式兼任村党组织副书记,不占村党组织班子职数,不接转党员组织关系,不参加村党组织换届选举。

兼任村党组织副书记之后,社区民警不仅是本村的社区民警,而且还是村党组织班子成员,从"局外人"变成了"家里人",能够参与所在村的管理决策。为更好地发挥副书记作用,在新的起点上发挥社区民警在乡村社会治理工作中的作用,北京市公安局明确了任职社区民警的工作职责,要求任职民警立足乡村,把自己定位在村党组织副书记这一角色上,在社区防控、隐患排查、秩序维护、群众工作等工作中,充分依托村党组织,争取各部门和辖区村民的支持,推动对乡村治安工作的齐抓共管。

三、社区民警兼任村党组织副书记的效果

社区民警兼任村党组织副书记工作正式启动以来,社区民警充分发挥对乡村安全防范的引导、牵动作用,积极争取辖区单位和村民的支持,在乡村社会治安治理工作中取得了突出成效,实现了"三个做到":

(1)做到了最大限度地发动。社区民警成为村党组织班子成员,能够享有与其他班子成员同样的权利义务,参与所在村的管理决策,同时能够调动乡村资源为平安建设服务。

(2)做到了主动发现、主动参与。特别是在各类矛盾发现化解、风险隐患排查整改方面,"副书记"的身份促使社区民警从被动处置问题向主动发现问题转变,主人翁意识得到显著增强。

社区民警担任副书记以来,通过深入乡村参加村支委会、党小组会,积极向乡镇政府汇报工作,使社区警务团队得到了有效的壮大和发展,提高了主动发现问题隐患的能力;指导和协调民调委员会开展纠纷调解工作,推动解决村民困难,为乡村治安综合治理筑牢了"第一道防线"。

(3)做到了逐步破解乡村管理难点。"副书记"是一种政治身份,更是政治责任,能否破解难题、为组织分忧是考核社区民警任职是否合格的重要标准。为此,北京市公安局对社区民警开展全科式培训,不仅培训业务能力,同时还将政治理论与党建工作水平提升作为重要内容纳入培训范围。在社区民警任职副书记的推动下,许多乡村头疼的工作得到了有效推动。

社区民警兼任村党组织副书记以后,派出所与村委会的联系和协作更加紧密和顺畅。以前社区民警虽然身兼辖区治安防范和矛盾化解等工作,但对

乡村事务关注较少，与村民接触不多；村民委员会在遇到相关疑难问题时，有时难免也会底气不足。现在民警与村民感情的交流越来越多，村民对民警的熟悉度和认可度提高了，乡村矛盾的化解也更加顺畅。遇到相邻关系纠纷时，党员和村民也信服这个"穿制服的"副书记，积极配合调解工作。

社区民警在兼任村党组织副书记后可以更为广泛地收集村情民意，在推进乡村社会治理、治安管理、动员群众等方面取得了良好的工作成效，在一定程度上破解了乡村治理的难题，村民的安全感和满意度均大幅提高。[1]

四、结语

社区民警兼任村党组织副书记以后深入基层，走进村民，全面掌握乡村情况，最大限度地把矛盾化解在基层，把服务窗口前移至村民家门口，形成了吹哨报到、有效组织，全员参与、共建共治的局面，增加了村民对公安工作的理解和支持，便于民警深度融入乡村为村民解决问题，从而提高了乡村社会治理的能力和水平，提升了村民的获得感和幸福感。

作为一项新的探索，北京市公安局推进社区民警兼任村党组织副书记的实践需要进一步总结，以指导社区民警围绕乡村警务工作主业。同时，在积极开展教育培训、规范考核等相关工作的基础上，协助村党组织书记抓好党建工作，并开展定期会商、树立典型等工作，促进乡村善治，确保社区民警兼任村党组织副书记作用的发挥。

---

〔1〕据统计：2018 年以来，社区民警共入户走访 301 万余人、组织召开各种形式的宣传会 3.7 万余个、发放宣传材料 375 万余份；有效疏导缓解矛盾纠纷 2.9 万余起、解决群众实际困难问题 7000 余件；排查整改各类安全隐患 6.2 万余处；社区入室盗窃案件同比下降 31.7%；大大提高了辖区群众的安全感和满意度。参见"全力推进市局社区民警担任社区（村）党组织副书记工作"，载 https://www.bjgaj.gov.cn/htmlTemlplatePathOut/d0b05819e69f4241b9f2825f31f08acf.html，2019 年 3 月 5 日最后访问。

第十八章

农业农村部门统筹推动乡村治理

一、引言

乡村治理，首先是针对"乡村"这一特定区域范围内的社会治理，农业农村部门以"农业""农村"为名称，更是直接与乡村相关，因此农业农村部门在乡村治理中的作用不可忽视。健全自治、法治、德治相结合的乡村治理体系，要求多元主体合作共治。农业农村部门是我国政府组织体系的重要组成部分，是我国"三农"工作主要的集中统一领导部门，在乡村治理中的作用主要是统筹推动。

"统筹推动"指的是农业农村部门要通盘筹划推动乡村治理，不仅包含狭义上的乡村治理，还包括农业生产、农民收入增长、农村社会稳定等乡村社会事务。从政府机构组成演变发展历史来看，农业农村部门从农业部门演变而来，其职能也随之发生了变化。本章首先分析农业农村部门职能转变对于乡村治理的意义，然后具体分析农业农村部门在实践中的统筹推动作用。

二、农业农村部门在乡村治理中的地位日益突出

农业、农村、农民问题是中华人民共和国成立以来党和政府一直关注的重点领域。在政府机构组成方面，专门负责"三农"问题的部门也经历了多次改革，其中乡村治理的职能越来越突出。从总体上看，在国务院机构组成上，农业农村领域政府部门的名称经历了"农业部—农林部—农业部—农牧渔业部—农业部—农业农村部"的转变。农业部最早成立于 1949 年 10 月。1970 年 6 月 22 日，中共中央决定撤销农业部、林业部和水产部，设农林部。

1979 年 2 月 23 日，第五届全国人民代表大会常务委员会决定撤销农林部，分设农业部和林业部。1982 年 5 月 4 日，国务院机构改革将农业部、农垦部、国家水产总局合并设立农牧渔业部。1988 年 4 月，根据修改后的《国务院机构改革方案》，撤销农牧渔业部，成立农业部。2018 年，我国开启了新一轮党和国家机构改革，这是我国全面深化改革的重大举措。2018 年 3 月，根据第十三届全国人民代表大会第一次会议批准的《国务院机构改革方案》，农业农村部得以组建，不再保留农业部。在地方政府部门组成层面，各级政府也相应组建了农业农村厅、农业农村局。从名称上看，从"农业"到"农业农村"的转变本身就意味着该部门职责范围的拓展。

根据 2018 年《国务院机构改革方案》，农业农村部的功能总体定位是贯彻落实党中央关于"三农"工作的方针政策和决策部署，在履行职责过程中坚持和加强党对"三农"工作的集中统一领导。在具体职能配置方面，农业农村部共有 14 项职能。[1]其中与乡村治理直接相关的主要职责有两项：①统筹研究和组织实施"三农"工作的发展战略、中长期规划、重大政策。组织起草农业农村有关法律法规草案，制定部门规章，指导农业综合执法。参与涉农的财税、价格、收储、金融保险、进出口等政策制定。②统筹推动发展农村社会事业、农村公共服务、农村文化、农村基础设施和乡村治理。牵头组织改善农村人居环境。指导农村精神文明和优秀农耕文化建设。指导农业行业安全生产工作。机构改革之前的农业部是主管农业与农村经济发展的部门，其职能侧重于经济领域，改革后成立的农业农村部则是明显拓展了职能。

农业农村部的上述两项职能与健全自治、法治、德治相结合的乡村治理体系密切相关，主要体现在以下三个方面：首先，农业农村部在总体上统筹推动全国范围内的乡村治理。根据党和国家机构改革方案，中央农村工作领导小组办公室设在农业农村部。历年来的以"三农"问题为主题的中央一号文件也主要由中央农村工作领导小组办公室、农业农村部（农业部）等起草，在不同的年度中央一号文件中也有关于乡村治理的内容。例如，2018 年中央一号文件《关于实施乡村振兴战略的意见》对党的十九大报告提出的乡村振兴战略进行了全面落实，其中在乡村治理方面，第六部分是专门关于"加强

---

〔1〕　关于农业农村部的职能配置，具体可参见农业农村部官网上的相关内容：http://www.moa.gov.cn/jg/bjs/201712/t20171217_ 5986506.htm，2019 年 7 月 9 日最后访问。

农村基层基础工作，构建乡村治理新体系"的政策措施，从"加强农村基层党组织建设""深化村民自治实践""建设法治乡村""提升乡村德治水平""建设平安乡村"等五个方面对健全自治、法治、德治相结合的乡村治理体系做了许多政策安排。中共中央办公厅、国务院办公厅于2019年6月23日印发的《关于加强和改进乡村治理的指导意见》也主要由农业农村部组织起草。其次，农业农村部组织起草农业农村有关法律法规草案，制定部门规章，其中也包含与乡村治理相关的法律法规、部门规章。农业农村部成立之前，我国在农业农村领域已经初步形成了包含《农业法》《农村土地承包法》《渔业法》《农村土地承包经营纠纷调解仲裁法》在内的法律体系。在实施乡村振兴战略的社会背景下，农业农村部组织起草相关法律法规的功能也会愈发重要。农业农村领域的法律法规也会成为建设法治乡村的重要法律根据。"三治结合"乡村治理体系中的法治是一个宏观范畴，强调农业农村事务必须做到有法可依、有法必依，注重维护农民群众的合法权益。如果农民群众的合法权益遭到侵犯，他们也可以通过法律途径维权，这也是建设法治乡村的应有之义。最后，农业农村部在指导农村精神文明和优秀农耕文化建设方面也有自己的积极作用。在提出健全自治、法治、德治相结合的乡村治理体系之前，我国的乡村治理主要是村民自治、法治乡村，虽然对乡村道德教化也很重视，但没有上升到与自治、法治并列的地位。道德教化依赖村民的自觉认同和践履，依靠乡村社会共同体的舆论压力保障实施。同时，德治不是一蹴而就的，其本身具有历史传承性，也有根据经济社会发展变迁而做的相应调适。在古代中国传统农业社会，道德伦理传统、农耕文明源远流长，影响深远，以"熟人社会"为特质的乡土社会依然是当代中国乡村社会的主要样貌。在机构改革之后，农业农村部的职能也增加了指导农村精神文明和优秀农耕文化建设的内容，表明农业农村部在健全乡村治理新体系过程中的统筹推动作用愈发明显。

为了落实在乡村治理中的统筹推动作用，农业农村部还建立了相应的职能机构，与之直接相关的建构主要有法规司、农村合作经济指导司、农村社会事业促进司。其中，法规司的主要职责是"承担农业农村有关法律法规草案及部门规章的起草和执法监督工作。指导农业行政执法体系建设和农业综合执法工作。承担农业行政复议、有关文件合法性审查工作。组织行政应诉、普法宣传工作"。[1]农村合作经济指导司的主要职责是"协调推进乡村治理体系建设。监督减轻农民负担和村民'一事一议'筹资筹劳管理。指导农村集体资产和财务管理、农民合作经济组织和农业社会化服务体系建设。起草农村宅基地管理和使用相关法律法规草案及政策，指导宅基地分配、使用、流转、纠纷仲裁管理和宅基地合理布局、用地标准、违法用地查处，指导闲置宅基地和闲置农房利用"。[2]农村社会事业促进司的主要职责是"牵头组织改善农村人居环境，统筹指导村庄整治、村容村貌提升。协调推动农村社会事业发展、公共服务体系建设和基础设施建设。指导农村精神文明和优秀农耕文化建设"。[3]可以看出，上述三个部门的主要职责包含着乡村治理的不同方面，从而具体落实农业农村部的统筹推动作用。

　　根据政府机构改革方案，农业农村部是国务院的组成部门，在各级地方政府层面也组建了新的农业农村部门，在其管辖范围内统筹推动乡村治理。根据《中共中央关于深化党和国家机构改革的决定》，我国地方各级政府进行了机构重组和改革，在农业农村领域则是组建了农业农村部门。地方各级农业农村部门是地方各级政府的组成部门，具体负责其管辖范围内的农业农村发展事务，因此地方各级农业农村部门对于管辖区域范围内的乡村治理实践也发挥着统筹推动作用。例如，根据《广东省农业农村厅职能配置和内设机构》，广东省农业农村厅贯彻落实党中央关于"三农"工作的方针政策、决策部署和省委工作要求，在履行职责过程中坚持和加强党对"三农"工作的集中统一领导。其主要职责是：①统筹研究和组织实施"三农"工作的发展战略、中长期规划、重大政策。组织起草农业农村有关地方性法规、政府规章草案，指导农业综合执法。参与农业农村经济与发展重大问题的调查研究并提出政策建议。②统筹推动发展农村社会事业、农村公共服务、农村文化、农村基础设施和乡村治理。牵头组织改善农村人居环境，统筹推进生态宜居美丽乡村建设。推动农村精神文明和农耕文化建设工作落实。指导监督

---

　　〔1〕　参见农业农村部官网上对法规司主要职责的介绍：http://www.fgs.moa.gov.cn/jgzn/jgzz/201904/t20190412_6178815.htm，2019年7月11日最后访问。

　　〔2〕　参见农业农村部官网上对农村合作经济指导司主要职责的介绍：http://www.hzjjs.moa.gov.cn/jgzn/jgzz/201904/t20190412_6178821.htm，2019年7月11日最后访问。

　　〔3〕　参见农业农村部官网上对农村社会事业促进司主要职责的介绍：http://www.shsys.moa.gov.cn/jgzn/jgzz/201904/t20190412_6178820.htm，2019年7月11日最后访问。

农业行业安全生产工作。[1]黑龙江省农业农村厅的主要职责中也有乡村治理的内容:"统筹推动发展农村社会事业、农村公共服务、农村文化、农村基础设施和乡村治理。牵头组织改善农村人居环境。指导农村精神文明和优秀农耕文化建设。"[2]浙江省衢州市农业农村局的主要职责中也有类似内容。[3]全国其他省份农业农村部门的职责也基本类似。可以看出,各级地方政府农业农村部门在乡村治理方面的职责与农业农村部的职责有相似之处,主要是统筹推动作用。

乡村治理是解决"三农"问题的基础性工作,实现乡村振兴,治理有效也是基础。在这种背景下,作为政府重要组成部门的农业农村部门需要拓展其职责领域。机构改革的关键和核心是明晰各部门的职责权限,原来以农业经济发展为主要职责的农业部门转变为如今的农业农村部门,不只是简单地增加"农村"两个字,而是要求农业农村部门在实施乡村振兴战略过程中强化其综合性职能。

三、农业农村部门在乡村治理中的统筹推动作用

作为政府机构改革后整合组建的部门,农业农村部门在乡村治理中的统筹推动作用更加突出,这种作用也要在乡村治理实践中得到具体的体现。健全自治、法治、德治相结合的乡村治理体系,关键是在实践中进行探索和创新,及时发现和解决问题。农业农村部门整合组建以来,已经在乡村治理领域采取了诸多措施,农业农村部统筹推动全国范围内的乡村治理,地方各级政府农业农村部门则是积极参与统筹推动本区域范围内的乡村治理实践。

---

〔1〕《广东省农业农村厅职能配置和内设机构》第三部分(一)(二)。参见广东省农业农村厅官网上关于其机构职能的介绍:http://www.gdagri.gov.cn/zwgk/jgzn/201901/t20190102_ 629921.html, 2019年7月12日最后访问。

〔2〕 参见黑龙江生农业信息网上关于黑龙江省农业农村厅主要职责和内设机构的说明:http://www.hljagri.cn/bmjj/201902/t20190219_ 773443.htm,2019年7月12日最后访问。

〔3〕 衢州市农业农村局贯彻落实中央、省委和市委关于"三农"工作的方针政策和决策部署,在履行职责过程中坚持和加强党对"三农"工作的集中统一领导。①统筹研究和组织全市实施"三农"工作的中长期规划、重大政策。组织起草有关的地方性法规草案和规章草案,组织、指导农业(渔业)综合执法。参与涉农的财税、价格、收储、金融保险等政策制定。②统筹推动发展全市农村社会事业、农村公共服务、农村文化、农村基础设施和乡村治理。组织实施"千村示范、万村整治"工程,牵头组织改善农村人居环境。指导农村精神文明和优秀农耕文化建设。参见衢州市农业农村局(衢州农业信息网)上对该局主要职责的介绍,载http://nyncj.qz.gov.cn/art/2019/1/2/art_ 1594415_ 28886952.html,2019年7月12日最后访问。

（一）农业农村部统筹推动全国范围内的乡村治理

农业农村部组建以来，在统筹全国范围内的乡村治理方面采取了诸多措施，主要包括组织起草乡村治理的政策文件，联合开展乡村治理体系建设试点示范工作，总结发布乡村治理典型案例等。

1. 组织起草《关于加强和改进乡村治理的指导意见》

关于乡村治理，在我国法律体系中，《宪法》《村民委员会组织法》等法律法规已经作了明确规定。考虑到乡村治理经济社会环境的变化，虽然提出健全自治、法治、德治相结合的乡村治理体系以来，我国的相关立法工作也在稳步推进，但是立法工作不能仓促完成，需要在对相关问题进行充分调研总结的基础上，按照立法程序进行。与立法相比，政策的时效性要强一点，执政党政策在我国乡村治理实践中也有重要作用。当代中国规范体系中，作为非正式法律渊源的一种，政策也发挥着重要作用。在我国，"马克思主义法学认为，法律与执政党政策在阶级本质、经济基础、指导思想、基本原则、社会目标等方面是一致的"。[1]具体到乡村治理领域，自中华人民共和国成立特别是改革开放以来，中国共产党一直极为重视村民自治事务，促进农村基层民主建设。在乡村治理领域，2019年3月19日，中央全面深化改革委员会第七次会议审议通过了《关于加强和改进乡村治理的指导意见》，并由中共中央办公厅、国务院办公厅于2019年6月23日印发。该意见主要是由农业农村部、中央农村领导小组办公室组织起草的，这是农业农村部统筹推动全国范围内乡村治理的重要举措。

《关于加强和改进乡村治理的指导意见》的制定目标是"深入贯彻落实党的十九大精神和《关于实施乡村振兴战略的意见》部署要求，推进乡村治理体系和治理能力现代化，夯实乡村振兴基层基础"，共分"总体要求""主要任务""组织实施"三个方面。在"主要任务"部分，该意见从"完善村党组织领导乡村治理的体制机制""发挥党员在乡村治理中的先锋模范作用""规范村级组织工作事务""增强村民自治组织能力""丰富村民议事协商形式""全面实施村级事务阳光工程""积极培育和践行社会主义核心价值观""实施乡风文明培育行动""发挥道德模范引领作用""加强农村文化引领""推进法治乡村建设""加强平安乡村建设""健全乡村矛盾纠纷调处化解机

---

[1]　高其才：《法理学》（第3版），清华大学出版社2015年版，第406页。

制""加大基层小微权力腐败惩治力度""加强农村法律服务供给""支持多方主体参与乡村治理""提升乡镇和村为农服务能力"等17个方面对乡村治理进行了比较全面的政策设计和制度安排。在今后一个时期内，该意见将会对我国的乡村治理实践产生重要影响。

2. 联合开展乡村治理体系建设试点示范工作

政策试点是我国治理实践中特有的一种政策创新机制，是"为实现特定的政策目标而寻找恰当的政策工具的过程，政府对于政策工具的不确定性是开展试点的前提"。[1]健全乡村治理体系作为乡村治理领域的一项新政策设计，也可以采取试点示范，在总结各地经验的基础上推动全国的乡村治理。2019年6月24日，中央农村工作领导小组办公室、农业农村部、中央组织部、中央宣传部、民政部、司法部联合印发并实施《关于开展乡村治理体系建设试点示范工作的通知》，对组织开展乡村治理体系建设试点示范工作作出了部署。试点工作由各级党委农村工作部门、农业农村主管部门牵头，会同组织、宣传、民政、司法等部门共同推进，具体工作由各级农业农村主管部门负责。在试点时间和范围方面，试点周期为3年，于2021年12月底前完成。试点工作以县（市、区）为单位开展。

乡村治理体系试点示范工作的指导思想是"坚持以习近平新时代中国特色社会主义思想为指导，全面贯彻党的十九大和十九届二中、三中全会精神，紧紧围绕统筹推进'五位一体'总体布局和协调推进'四个全面'战略布局，按照实施乡村振兴战略的总体部署，以乡村治理体系和治理能力建设为主攻方向，以增进农民群众的获得感、幸福感、安全感为基本前提，以健全党组织领导的自治、法治、德治相结合的乡村治理体系为根本目标，鼓励地方结合实际，在乡村治理的重要领域和关键环节积极创新、大胆实践，形成可复制、可推广的经验做法，发挥试点示范引领作用，为走中国特色社会主义乡村善治之路探索新路子、创造新模式"。在试点主要内容方面，主要包括"探索共建共治共享的治理体制""探索乡村治理与经济社会协调发展的机制""探索完善乡村治理的组织体系""探索党组织领导的自治法治德治相结合的路径""完善基层治理方式""完善村级权力监管机制""创新村民议事协商形式""创新现代乡村治理手段"等。

---

[1] 赵慧："政策试点的试验机制：情境与策略"，载《中国行政管理》2019年第1期。

为了发挥示范村镇的引领示范作用，2019 年 6 月 24 日，中央农村工作领导小组办公室、农业农村部、中央宣传部、民政部、司法部也发布了《关于开展乡村治理示范村镇创建工作的通知》，与《关于开展乡村治理体系建设试点示范工作的通知》配套实施。示范村镇创建的关键是确定示范标准，该通知根据中央对乡村治理的有关政策要求和各地乡村治理发展情况确定乡村治理示范村镇的具体创建标准。示范村的创建标准包括村党组织领导有力、村民自治依法规范、法治理念深入人心、文化道德形成新风、乡村发展充满活力、农村社会安定有序等六个方面的内容。示范乡（镇）的创建标准包括乡村治理工作机制健全、基层管理服务便捷高效、农村公共事务监督有效、乡村社会治理成效明显等四个方面。

3. 总结发布乡村治理典型案例

乡村治理实践具有地方性和区域性特色，同时在某些方面也存在诸多共性，某一区域、村落的乡村治理经验可以为其他地区所借鉴。这就需要总结发布乡村治理典型案例，该工作也主要由农业农村部负责。2019 年 6 月 5 日，农业农村部发布了 20 个典型案例，主要是以完善治理体制、健全治理体系、提升治理能力、实现治理有效等四个方面为依据选择。这 20 个典型案例包含：①"村规民约"推进协同治理（北京市顺义区）；②深化基层民主协商制度（天津市宝坻区）；③红白喜事规范管理（河北省邯郸市肥乡区）；④"社区通"智慧治理（上海市宝山区）；⑤村务工作标准化管理（上海市金山区漕泾镇护塘村）；⑥自治法治德治融合（浙江省嘉兴市桐乡市）；⑦小微权力清单"36 条"（浙江省宁波市宁海县）；⑧村民说事（浙江省宁波市象山县）；⑨"积分+清单"防治"小微腐败"（安徽省滁州市天长市）；⑩构建党建"同心圆"（福建省泉州市洛江区罗溪镇）；⑪抓"宅改"促治理（江西省鹰潭市余江区）；⑫殡葬改革破除丧葬陋习（山东省临沂市沂水县）；⑬党建引领·活力村庄（湖北省黄石市大冶市）；⑭村落自治（湖北省宜昌市秭归县）；⑮村级事务管理积分制（湖南省娄底市新化县吉庆镇油溪桥村）；⑯一村一法律顾问（广东省惠州市）；⑰织密三级党建网格（广东省佛山市南海区）；⑱党建引领社会组织协同治理（四川省成都市郫都区唐昌街道战旗村）；⑲"三线"联系群众工作法（陕西省安康市汉阴县）；⑳规范村民代表会议制度（宁夏回族自治区吴忠市红寺堡区）。这些典型案例基于各地乡村实际情况而采取有针对性的治理措施，在规范村级权力运行、促进村民自治等方面存在相似之处，这是典型案例的主要价值所在。

在《关于开展乡村治理示范村镇创建工作的通知》和《关于开展乡村治理体系建设试点示范工作的通知》中，农业农村部农村合作经济指导司都是直接联系部门，这说明该司是农业农村部负责乡村治理的主要部门，并且已经开始发挥积极作用。

（二）地方各级农业农村部门统筹推动乡村治理的地方实践

健全自治、法治、德治相结合的乡村治理体系是一个综合性、系统性工程，地方各级农业农村部门的统筹推动作用要和其他部门互相配合、互相协作，例如民政部门、司法行政部门。在乡村治理实践中，农业农村部门的工作也是综合性的，既有原来的促进农业经济发展的职责（这是乡村社会稳定发展的基础），也有专门针对乡村治理的统筹推动（如参与到地方政府的乡村治理综合事务中）。

各地农业农村部门积极总结当地乡村治理经验。例如，浙江省温州市农业农村局对瑞安市林川镇溪坦村的乡村治理实践进行总结归纳，归纳出了"基层社会治理新模式的溪坦探索"。主要体现为坚持党建领航，以"自治"聚人心；坚持普法宣教，以"法治"定正道；坚持乡风培育，以"德治"树新风。[1]南京市农业农村局也及时总结该市在美丽乡村振兴之路上的探索和实践，在乡村治理方面归纳为"突出党建引领、创新治理，让文明程度'高'起来"，并重点介绍了六合区金山村形成党建+自治、法治、德治+综治的"1+3+1"乡村治理模式。[2]总之，乡村治理需要"正确处理统筹全局和地方探索之间关系"，[3]这些地方探索经验需要得到及时总结，并为全国范围内的乡村治理提供地方性知识。

四、结语

农业农村部门在乡村治理中的统筹推动作用是在 2018 年党和政府机构改革后突出强调的职责，是农业农村部门职能转变的体现，其目的是更好地服

---

[1] 具体内容可参见吴明通："三治融合 基层社会治理新模式的溪坦探索"，载《农村工作通讯》2019 年第 6 期。

[2] 具体内容可参见陈佩弦、江波："南京美丽乡村振兴之路的探索与实践"，载《农村工作通讯》2019 年第 3 期。

[3] 高其才、池建华："改革开放 40 年来中国特色乡村治理体制：历程·特质·展望"，载《学术交流》2018 年第 11 期。

务乡村振兴战略，服务乡村社会全面发展。在国务院机构组成方面，农业农村部统筹全国范围内的乡村治理，具体来说，包括组织起草有关乡村治理的法律法规和政策等规范性文件，开展推动乡村治理示范村镇建设，及时总结归纳各地典型乡村治理经验。在各级地方政府组成方面，农业农村部门也是具体统筹推动本区域范围内的乡村治理的重要主体，与民政部门、司法行政部门等一起，共同推动乡村治理的有效运转，健全自治、法治、德治相结合的乡村治理体系。

第十九章
民政部门指导乡村治理

一、引言

　　健全自治、法治、德治相结合的乡村治理体系是一个综合性、系统性工程，需要多元主体合作共治，民政部门便是其中一个重要的治理主体。中华人民共和国成立后，特别是《村民委员会组织法》制定和实施以来，政府民政部门与村民自治、乡村治理的关系一直较为密切，其作用可以用"指导"一词概括。

　　民政部门是我国政府机构组成中的重要部分，对乡村治理的指导功能不断明确和强化，参与乡村治理的形式也经历了一个历史沿革过程。在具体指导形式上，民政部门指导乡村治理的功能体现在诸多方面。例如，参与起草与乡村治理相关的法律法规，制定规范民主选举、民主决策、民主管理、民主监督相关的部门规章，积极参与到乡村治理的具体实践之中。

二、民政部门指导乡村治理功能的沿革

　　中华人民共和国成立后，作为政府组成部门，民政部门本身也经历了几次改革，但其"主管民政工作"的职责基本没有大的变化。1949 年，在中央人民政府层面主管民政工作的是"中央人民政府内务部"，1954 年改称"中华人民共和国内务部"，1969 年撤销，1978 年成立"中华人民共和国民政部"，该名称一直延续至今。总体上看，在历次改革过程中，民政部门对于乡村治理的指导功能愈发突出。1978 年以前，在内务部时期，乡村是国家政治的一部分，主要是民政司负责乡村治理事务，主管地方人民政权建设，地方行政机关的设置，行政区域的划分调整、名称和治所的厘定。1954 年，

《宪法》制定，原政务院改称国务院。1968 年至 1978 年期间，内务部被撤销。

　　1978 年 3 月，民政部成立，人民公社体制进行了改革，我国社会主义政治文明建设也发生着变革，特别是 1982 年《宪法》确立了村民自治制度，中华人民共和国的乡村治理体制进入了一个新的历史阶段。1993 年，民政部内设机构改革，基层政权建设司成立，该司也是全国乡村治理的主要直接管理机构，并一直延续到 2018 年。党的十九届三中全会审议通过《中共中央关于深化党和国家机构改革的决定》《深化党和国家机构改革方案》，2018 年 3 月，第十三届全国人民代表大会第一次会议批准了《国务院机构改革方案》。根据上述决定和方案，民政部的主要职责再一次明确，是"贯彻落实党中央关于民政工作的方针政策和决策部署，在履行职责过程中坚持和加强党对民政工作的集中统一领导"。具体来说，其总共有 13 项主要职责，其中第（一）（四）（六）（七）项与乡村治理直接相关。第（一）项是"拟订民政事业发展法律法规草案、政策、规划，制定部门规章和标准并组织实施"；第（四）项是"拟订城乡基层群众自治建设和社区治理政策，指导城乡社区治理体系和治理能力建设，提出加强和改进城乡基层政权建设的建议，推动基层民主政治建设"；第（六）项是"拟订婚姻管理政策并组织实施，推进婚俗改革"；第（七）项是"拟订殡葬管理政策、服务规范并组织实施，推进殡葬改革"。[1]其中，"指导城乡社区治理体系和治理能力建设"表明民政部门在乡村治理中也发挥着指导功能。在具体的内设机构方面，民政部设有基层政权和社区治理司，其职能是拟订城乡基层群众自治建设和社区治理政策，指导城乡社区治理体系和治理能力建设，提出加强和改进城乡基层政权建设的建议，推动基层民主政治建设。与之前的基层政权建设司相比，此次改革专门增加了"社区治理"的表述，这是将城市治理和乡村治理统筹考虑，着眼于城乡融合发展，是国家治理体系和治理能力现代化的必然选择。

　　在地方政府组成部门中，民政部门也是重要组成部分，是指导乡村治理的地方机关。指导功能主要体现在不同层级、不同区域范围的民政部门会根

---

〔1〕　参见民政部官网上关于其主要职责的介绍：http://www.mca.gov.cn/article/jg/zyzz，2019 年 7 月 14 日最后访问。

据管辖范围内的乡村治理实际采取不同的措施。以山东省民政厅、山东省临沂市民政局、山东省临沂市费县民政局为例，山东省民政厅的职能之一是"拟订全省城乡基层群众自治建设和社区治理政策，指导城乡社区治理体系和治理能力建设，提出加强和改进城乡基层政权建设的建议，推动基层民主政治建设，协调推进乡镇政府服务能力建设"。[1]在山东省民政厅的机构设置方面，也设有"基层政权建设和社区治理处"，增加了"社区治理"，职能是具体负责"拟订全省基层群众自治建设和社区治理政策并组织实施，指导城乡社区治理体系和治理能力建设，提出加强和改进城乡基层政权建设的建议，推动基层民主政治建设，协调推进乡镇政府服务能力建设"。[2]临沂市民政局"贯彻党中央关于民政工作的方针政策和决策部署，落实省委、市委工作要求，在履行职责过程中坚持和加强党对民政工作的集中统一领导"，主要职责之一也是"拟订全市城乡基层群众自治建设和社区治理政策，指导城乡社区治理体系和治理能力建设，提出加强和改进城乡基层政权建设的建议，推动基层民主政治建设，协调推进乡镇政府服务能力建设"。[3]临沂市民政局设立了"基层政权建设和社区治理科"，具体履行指导城乡社区治理体系和治理能力建设的职能。费县民政局设立了"基层政权建设和社区治理科"，具体负责"提出加强基层政权建设意见和建议；拟订城乡基层群众自治组织和社区建设的政策并组织实施……指导村民委员会民主选举、民主决策、民主管理和民主监督工作，推动村务公开和基层民主政治建设；研究拟订社区工作及社区服务管理办法和促进发展的政策措施，指导、组织社区服务管理工作，推动社区建设"。[4]全国其他各级地方政府也普遍设立了民政部门，具体指导其管辖范围内的乡村治理。

三、民政部门指导乡村治理的具体形式

中华人民共和国成立以来，特别是自实行村民自治以来，民政部门通过

---

〔1〕 参见山东省民政厅官网上关于民政厅机构职能的介绍：http://mzt. shandong. gov. cn/col/col153 37/index. html，2019 年 7 月 15 日最后访问。

〔2〕 参见山东省民政厅官网上关于基层政权建设和社区治理处职能的介绍：http://mzt. shandong. gov. cn/col/col15780/index. html，2019 年 7 月 15 日最后访问。

〔3〕 参见临沂市民政局官网上关于其主要职责的介绍：http://mzj. linyi. gov. cn/info/1271/5055. htm，2019 年 7 月 15 日最后访问。

〔4〕 参见费县人民政府官网上关于费县民政局内设科室设置的规定：http://www. feixian. gov. cn/info/2565/64550. htm，2019 年 7 月 15 日最后访问。

多种方式具体指导乡村治理，具体履行部门职责，主要有组织或者参与起草乡村治理法律法规、部门规章等规范性文件，组织或者参与起草乡村治理政策，指导各地乡村治理具体实践。

（一）组织或者参与起草乡村治理法律法规、部门规章等规范性文件

全面依法治国，要求法治国家、法治社会一体建设，建设法治乡村亦是应有之义。《宪法》是我国的根本大法，其中明确规定村民委员会是基层群众自治组织，《村民委员会组织法》则是对《宪法》的具体化、规范化。在《村民委员会组织法》的制定或者历次修改过程中，民政部门都有参与。民政部具体负责起草了 1987 年《村民委员会组织法（试行）》，并参与了之后《村民委员会组织法》的制定和修改。1987 年 4 月，第六届全国人大第五次会议原则通过《村民委员会组织法（草案）》，这是 1988 年《村民委员会组织法（试行）》的草案。在草案原则通过后，民政部民政司时任副司长白益华回答了《法学杂志》期刊记者的提问。[1] 人大代表提出的《村民委员会组织法》修订或者涉及村民自治立法的议案，也多是由民政部具体负责。例如，民政部对于 2013 年十二届全国人大一次会议期间人大代表提出修改《村民委员会组织法》的议案，经过研究向全国人大内务司法委员会作出答复，认为条件尚不成熟。[2]

关于乡村治理，民政部还可以通过制定部门规章或者规范性文件予以指导。现行有效的与乡村治理直接相关的部门规章或者规范性文件主要是由民政部制定的。自 1988 年开始，民政部单独或联合多部门针对村民自治先后出台了《关于贯彻执行〈中华人民共和国村民委员会组织法（试行）〉的通知》[3]、《关于在全国农村开展村民自治示范活动的通知》[4]、《全国农村村民自治示范活动指导纲要（试行）》[5]、《村级档案管理办法》[6]、《关于

---

〔1〕　白益华、周恩惠、徐秀义："一部关系到八亿农民的重要法律——民政部白益华副司长就《村民委员会组织法（草案）》有关问题答本刊记者问"，载《法学杂志》1987 年第 4 期。

〔2〕　陈丽平："民政部认为修改村民委员会组织法条件尚不成熟"，载 https://www.chinacourt.org/article/detail/2014/01/id/1176335.shtml，2019 年 7 月 15 日最后访问。

〔3〕　民政部于 1988 年 2 月 26 日发布并实施。

〔4〕　民政部于 1990 年 9 月 26 日发布并实施。

〔5〕　民政部于 1994 年 2 月 4 日发布并实施。

〔6〕　国家档案局、民政部、农业部（现农业农村部）于 2017 年 11 月 23 日发布，2018 年 1 月 1 日起实施。

进一步加强村级民主监督工作的意见》〔1〕、《村民委员会选举规程》〔2〕等涵盖村民自治众多事务的部门规章或者规范性文件。〔3〕这些部门规章或者规范性文件在乡村治理实践中都发挥着具体作用。在地方性法规方面，全国省、自治区、直辖市的立法机关根据各地实际也制定了贯彻和落实《村民委员会组织法》的实施办法，在立法和实施过程中，民政部门也有参与。例如，民政部《关于贯彻执行〈中华人民共和国村民委员会组织法（试行）〉的通知》是民政部向各省、自治区、直辖市民政厅（局），各计划单列市（区）民政局印发的，表明各级民政部门要在本区域范围内做好法律法规的实施工作。

（二）组织或者参与起草乡村治理政策

在 2018 年农业农村部门开始承担统筹推动乡村治理的功能之前，作为指导乡村治理的主要政府部门，民政部门也会参与乡村治理政策的起草工作。中央一号文件是我国"三农"问题领域最重要的政策文件，1982 年至 1986 年、2004 年至 2019 年期间，中共中央、国务院先后发布了 21 个中央一号文件。这 21 个中央一号文件主题不同，暂时没有一个是综合性、专门性地以乡村治理为主题的。但是，这些中央一号文件所涉及的不同主题实际上都与村民自治、乡村治理有关联。从广义上看，这些中央一号文件本身就是乡村治理的政策手段。〔4〕某些年份的中央一号文件也有扎实推进农村基层组织建设的内容。例如，2008 年中央一号文件第七部分是专门关于"扎实推进农村基层组织建设"的内容，"完善村民自治制度""探索乡村有效治理机制"主要由民政部门负责。探索乡村有效治理机制，要求"在党组织领导下，培育和发展服务'三农'的社会组织，发挥在扩大群众参与、反映群众诉求方面的积极作用，实现政府行政管理和基层群众自治有效良性互动"，可见社会组织也属于民政部门的管理范围。其中还提到了"创新农村社区管理和服务模

〔1〕 民政部、中央纪委、中央组织部、中央农办、中央文明办、公安部、司法部、财政部、国土资源部（现自然资源部）、农业部（现农业农村部）、国家人口计生委（现国家卫生健康委员会）、国家信访局等十二部委于 2012 年 9 月 21 日发布并实施。

〔2〕 民政部于 2013 年 5 月 2 日发布并实施。

〔3〕 笔者于 2019 年 7 月 15 日在"北大法宝"上以"村民委员会组织法"为关键词对"法律法规"库进行全文搜索，并具体到"民政部"，共搜索出 58 份，其中 1 份已经生效，其他 57 份现行有效。

〔4〕 参见曲延春、王成利："政策演进与乡村治理四十年：1978—2018——以中央一号文件为基础的考察"，载《学习与探索》2018 年第 11 期。

式"，这些也是民政部门的主要职责。

在党的十九大召开和 2018 年党和国家机构改革之前，民政部门是负责城乡社区治理的主要政府部门。针对农村社区建设，民政部出台了众多政策文件，包括在全国范围内开展农村社区建设示范活动，积极总结地方实践经验。2016 年 8 月 30 日，民政部发布《关于开展全国农村社区建设示范创建活动的通知》，"以农村基层社会治理创新为引领，以构建新型乡村治理体制机制为目标，以增强农村社区自治和服务功能为重点，以规范化、标准化建设为动力，着力打造一批管理有序、服务完善、文明祥和的农村社区建设示范点，为深化农村社区建设试点工作积累经验、提供示范"。[1] 2017 年 4 月 9 日，民政部又发布《关于开展全国农村社区治理实验区建设的通知》，以全国农村社区治理实验区为载体，为加强农村社区治理顶层设计提供政策参考。在实验内容方面，包含"以农村社区为基本单元的群众自治机制建设""农村社区治理机制创新""农村社区公共安全机制创新""农村社区文化传承与弘扬机制建设""农村社区公共空间建设和运行机制创新""农村社区公共服务综合信息平台建设""农村'三社联动'机制建设""特殊类型农村地区农村社区建设""两岸农村社区发展经验融合"。上述实验内容实际上都可以为健全自治、法治、德治相结合的乡村治理体系提供宝贵的地方创新经验。

2017 年 6 月 12 日中共中央、国务院印发并实施的《关于加强和完善城乡社区治理的意见》也主要是由民政部牵头组织起草的。该意见将乡村治理纳入城乡社区治理范围统一考虑。在健全完善城乡社区治理体系方面，该意见强调"注重发挥基层群众性自治组织基础作用"，"进一步加强基层群众性自治组织规范化建设，合理确定其管辖范围和规模"，"充分发挥自治章程、村规民约、居民公约在城乡社区治理中的积极作用，弘扬公序良俗，促进法治、德治、自治有机融合"。这里出现了"法治、德治、自治有机融合"的表述，在党的十九大报告中则是"健全自治、法治、德治相结合的乡村治理体系"，从而开启了我国乡村治理的新纪元。2019 年 6 月 23 日，中共中央办公厅、国务院办公厅印发了《关于加强和改进乡村治理的指导意见》。该意见对今后一个时期内的乡村治理提出了诸多政策安排和制度设计，其中许多内容都是由

---

〔1〕　具体内容可参见民政部官网：http://xxgk.mca.gov.cn：8081/new_ gips/contentSearch？id ＝ 81613, 2019 年 7 月 16 日最后访问。

民政部门来具体落实的。《关于开展乡村治理体系建设试点示范工作的通知》由中央农村工作领导小组办公室、农业农村部组织起草，中央组织部、中央宣传部、民政部、司法部等部门共同参与，从而保证试点工作的系统性开展。地方各级民政部门也积极参与制定本区域范围的乡村治理政策文件。例如，2018 年 7 月 16 日印发的《湖南省乡村治理三年行动实施方案（2018 - 2020）》即由湖南省民政厅牵头，联合湖南省委组织部、湖南省司法厅、湖南省财政厅、湖南省农业委、湖南省文明办等部门共同起草。

民政部门也非常重视村规民约在乡村治理中的积极作用，在关于乡村治理的政策文件中多有提及，并且于 2017 年 2 月 13 日专门发布民政部办公厅《关于开展优秀村规民约征集活动的通知》，以挖掘、展示和推广优秀村规民约。2018 年 12 月 4 日，民政部主导，联合中央组织部、中央政法委、中央文明办、司法部、农业农村部、全国妇联等部门印发了《关于做好村规民约和居民公约工作的指导意见》，再一次强调发挥村规民约在乡村治理中的积极作用。地方各级民政部门也根据当地实际发布政策文件，规范完善村规民约。例如，2018 年 11 月 5 日，广东省台山市民政局发布《关于进一步完善村规民约的指导意见》，[1]在分析现有村规民约的主要问题之后，提出制定村规民约必须坚持合法性原则、民主性原则、实用性原则，要求村规民约的主要内容做到体现本村特色，对村规民约的制定和完善程序进行了规范。

（三）指导乡村治理具体实践

当前的乡村治理重点是建立健全党委领导、政府负责、社会协同、公众参与、法治保障、科技支撑的现代乡村社会治理体制，健全自治、法治、德治相结合的乡村治理体系，各级民政部门也需要继续强化其对乡村治理的指导功能。除了组织或者参与起草乡村治理法律法规、部门规章等规范性文件，组织或者参与起草乡村治理政策外，各级民政部门还积极参与指导乡村治理具体实践，促进乡村治理的民主化、规范化、制度化。根据《村民委员会组织法》，村民自治包含民主选举、民主决策、民主管理、民主监督，这也是中国特色乡村治理的四种主要方式。2018 年中央一号文件则进一步提出"形成

---

〔1〕 参见台山政府"政务公开栏目"中的台山市民政局公开文件：http://www.cnts.gov.cn/mzj/0200/201811/b837936ca7d04583996c544f5322842a. shtml，2019 年 7 月 16 日最后访问。

民事民议、民事民办、民事民管的多层次基层协商格局",[1]这些实践都需要民政部门的指导和参与。在民主选举方面，民政部制定了《村民委员会选举规程》，且在村民委员会换届选举时，各地民政部门也会出台指导意见，规范村民委员会选举。例如，为了做好浙江省第十届村民委员会换届选举工作，浙江省民政厅于2013年9月16日印发《关于村民委员会换届选举若干事项规定的通知》，[2]具体指导村民委员会的选举。

党的十九大提出健全自治、法治、德治相结合的乡村治理体系，全国各地民政部门也积极围绕这一主题开展相关工作，对区域范围内的乡村治理进行创新和探索。湖南省娄底市民政局以村务公开亮栏行动为突破口，弘扬公序良俗，提升自治水平，加强联动，打好乡村治理组合拳，以点带面，多措并举，创新乡村治理。[3]湖北省民政厅主动创新，健全和完善基层治理机制，加强基层政权建设。[4]湖北省荆州市民政局采取六项举措推进村民自治，促进乡村治理。具体包括：加强领导，高位推动基层民主自治工作；完善制度，切实保障村民的民主权利；创新方法，大力推进村务公开平台建设；补齐短板，扎实开展"难点村"治理工作；整合资源，大力提升基层公共服务水平；整合民力，创新乡村治理体制机制。[5]

四、结语

早在村民自治制度确立伊始，民政部门与乡村治理的关系就非常密切，可以概括为民政部门指导乡村治理。综合前文，民政部门对乡村治理的指导体现在诸多方面，主要有组织或者参与起草乡村治理法律法规、部门规章等规范性文件，组织或者参与起草乡村治理政策，指导各地乡村治理具体实践。健全自治、法治、德治相结合的乡村治理体系，从职能分工上看，民政部门主要负责自治，乡村治理的综合性、复杂性要求民政部门与司法行政部门等

---

〔1〕 高其才、池建华："改革开放40年来中国特色乡村治理体制：历程・特质・展望"，载《学术交流》2018年第11期。

〔2〕 浙江省民政厅官网：http://www.zjmz.gov.cn/il.htm? a=si&id=8aaf80154de2ffe8014dfb69bec90274，2019年7月16日最后访问。

〔3〕 曾劲刚："市民政局以村务公开亮栏行动为抓手多措并举创新乡村治理"，载http://new.lianyuan.gov.cn/zwgk/ldyw/bmdt/201905/t20190510_1243341.html，2019年7月16最后访问。

〔4〕 "民政部门完善乡村治理机制助力乡村振兴"，载《农村新报》2018年2月1日。

〔5〕 熊克诚、高俊："荆州市民政局采取六项举措推进村民自治促进乡村治理"，载http://mzt.hubei.gov.cn/sz/jz/201805/t20180521_366159.shtml，2019年7月13日最后访问。

其他部门相互协作、相互配合。

　　作为乡村治理的指导部门，民政部门长期参与治理实践，因而在健全乡村治理新体系的过程中，也应当注重积极总结经验，创新工作方法。同时，自治是基础，指的是村民自己管理本村事务，村民始终是促进乡村治理有效的决定性力量，民政部门的指导不能代替村民自治，这也是乡村治理应当坚持的基本原则。

第二十章

国有企业助力乡村治理

——以江淮公司对口帮扶安徽省田村脱贫攻坚为例

一、引言

近年来，国家通过各项惠农政策和项目投入为乡村"有所治理、有力治理、有效治理"提供制度支持和物质基础。尽管政权下乡存在政权内卷化的问题，[1]但在实现国家对乡土社会的整合、推动现代国家建构方面具有重要意义。[2]为推进城乡统筹建设、促进城乡要素的流动，政府对企业下乡提供政策补贴和优惠措施，大力推动企业带着资本进入乡村。资本下乡在全国已经成为一种常见现象。[3]其一方面通过大规模流转耕地发展现代规模化农业，另一方面通过宅基地、集体建设用地的整理和运作进行新农村建设。

学界大多从农村经济发展的角度研究资本下乡与农业发展。支持者认为资本介入的规模化经营有利于提高农民组织化程度、带来先进的设备和理念，从而提高农业生产率。[4]质疑者认为资本下乡的动机、机制、效果以及影响都存在问题。如焦长权和周飞舟认为，资本下乡主要通过土地指标的增减挂

---

〔1〕 按照学术惯例，本章的公司名、村名为化名，特此说明。陈锋："分利秩序与基层治理内卷化 资源输入背景下的乡村治理逻辑"，载《社会》2015年第3期。

〔2〕 徐勇："'政党下乡'：现代国家对乡土的整合"，载《学术月刊》2007年第8期。

〔3〕 陈义媛："资本下乡的社会困境与化解策略——资本对村庄社会资源的动员"，载《中国农村经济》2019年第8期。

〔4〕 北京天则经济研究所《中国土地问题》课题组，张曙光："土地流转与农业现代化"，载《管理世界》2010年第7期；刘守英："中国的农业转型与政策选择"，载《行政管理改革》2013年第12期。

钩制度为地方政府和房地产开发商的合谋提供基础，而并非为了农业经营和农村发展。[1]王海娟认为，资本下乡主要靠政府的项目和补贴维持经营，是基于政治逻辑和治理逻辑的行为，目的在于实现政治任务和治理目标。[2]有学者认为资本下乡并未带动小农生产的发展，[3]反而出现了"公司吃农户"的现象，[4]侵害了农户权益。在资本下乡对乡村治理的影响方面，学界研究较少，基本包括资本对村级组织的塑造、对农户内部关系的影响及企业、村级组织与农户的关系的变化。如李云新、阮部雅认为资本下乡有助于激活村庄的发展动力，[5]孙运宏、宋林飞强调对村级组织的重塑和治理议题的更新，[6]但更多的学者担心资本下乡会使资本吸纳村庄，使村庄公司化，农民雇员化。[7]

既有的研究揭示了两个完全不同的逻辑：一是以市场逻辑为基础，探究市场规律在推动农业现代化中的遭遇；二是以政治逻辑为基础，强调企业、地方政府的合谋，侵蚀国家利益和农民利益。如此分裂的研究结果的原因有二：首先，学界未充分重视农村发展的经济与政治的一体性以及市场和政权的相关性，而将市场逻辑和政治逻辑对立起来，对于理解中国情境下的乡村发展或有偏颇。其次，学界忽略了在中国特殊体制下，国民经济的主导力量——国有企业在乡村发展中的作用。学者在研究资本下乡时选择的案例主体均为私营企业和工商资本，无论是强调其通过经济规律的规模化经营提高农业生产率以直接获利，还是通过获得政府补贴、地票制度的政策投机行为间接获利，根本都在于逐利性。而国有企业承担多重功能，携带资本参与乡村治理时需要考虑如何在市场和政治任务之间取舍，或寻求平衡。与扶贫相

〔1〕 焦长权、周飞舟："'资本下乡'与村庄的再造"，载《中国社会科学》2016年第1期。

〔2〕 王海娟："资本下乡的政治逻辑与治理逻辑"，载《西南大学学报（社会科学版）》2015年第4期。

〔3〕 熊万胜、石梅静："企业'带动'农户的可能与限度"，载《开放时代》2011年第4期。

〔4〕 仝志辉、温铁军："资本和部门下乡与小农户经济的组织化道路——兼对专业合作社道路提出质疑"，载《开放时代》2009年第4期。

〔5〕 李云新、阮皓雅："资本下乡与乡村精英再造"，载《华南农业大学学报（社会科学版）》2018年第5期。

〔6〕 孙运宏、宋林飞："新型农业经营主体发展与乡村治理创新"，载《南京社会科学》2016年第12期。

〔7〕 安永军："政权'悬浮'、小农经营体系解体与资本下乡——兼论资本下乡对村庄治理的影响"，载《南京农业大学学报（社会科学版）》2018年第1期。

关的多个规范性文件都强调国有企业定点帮扶的责任。如国务院于 2016 年发布的《关于印发"十三五"脱贫攻坚规划的通知》要求强化国有企业帮扶责任："引导中央企业设立贫困地区产业投资基金，采取市场化运作，吸引企业到贫困地区从事资源开发、产业园区建设、新型城镇化发展等。"中共中央、国务院于 2018 年发布的《关于打赢脱贫攻坚战三年行动的指导意见》规定："落实国有企业精准扶贫责任，通过发展产业、对接市场、安置就业等多种方式帮助贫困户脱贫。"可见，国有企业在脱贫攻坚中作为一支重要力量深入参与了乡村治理，但却未得到学界的足够重视。

以国有企业的资本下乡为研究对象意味着摒除市场逻辑和政治逻辑对立的立场，探究以下问题：兼顾政治任务和市场运作的国有企业是如何参与乡村治理的？其不同于普通企业单纯逐利的特点何在？这一模式是否具有制度潜力？针对以上问题，本章采用个案研究法，对国有企业参与乡村治理的方式和特点进行初步分析。本章的经验材料来源是笔者于 2019 年 8 月 27 日至 30 日在安徽省江淮公司及其对口帮扶对象田村的田野调查及搜集的相关文件材料。

田村位于安徽省革命山区，是该县 11 个深度贫困村之一，也是最后一批出列的四个贫困村之一。下辖 32 个村民组，3000 余人。山场面积 57 900 亩，耕地面积 3800 亩，生态资源较为丰富，风光秀丽。村民以种植茶叶、山核桃及中药材、养殖黑毛猪为业。江淮公司是安徽省综合性投资公司，业务涉及产业投资、基础设施投资、金融投资及战略投资，实力颇为雄厚。2014 年 10 月，江淮公司被分配到田村开展定点帮扶。[1] 接到帮扶任务后，江淮公司"坚持把定点扶贫作为一项重大政治任务来抓"，全面推进产业、教育、医疗扶贫等脱贫攻坚十大工程，工作方面卓有成效，使得该村的贫困发生率由 26.4% 下降到了 4.98%，即将出列贫困村。江淮公司累计争取各类涉农项目资金投入共计 3700 多万元，其中江淮公司自筹资金投入各类帮扶资金近 1023 万元。

二、国有企业助力乡村治理的方式

江淮公司助力乡村治理主要从强化乡村治理主体、落实乡村治理规范及

---

　　〔1〕　背后是田村戴书记的争取。在脱贫攻坚战的部署中，江淮公司原被分到帮扶另一村。田村党支部戴支书得知帮扶名对口名单后，出于直觉判断，找了镇书记，把田村调换成江淮公司的帮扶对象。

完善乡村治理基础体系三个方面入手。强化乡村治理主体主要依靠共建规范村党组织，加强村党组织的凝聚力，进而提升基层党组织在乡村治理中的领导力，通过第一书记和扶贫工作队嵌入的方式协助、监督村"两委"工作。在落实乡村治理规范方面，主要以扶贫工作队作为携带资源的外部主体监督自治规范的运行，引导德治规范的实施。在完善乡村治理基础体系方面，通过提升基础设施建设、改善人居环境、引入外部资源提升健康和教育水平、创新产业发展等方式促进乡村社会经济和社会的协调发展。

（一）强化乡村治理主体：交流、辅助、监督

农村基层党组织是乡村治理的领导力量。党的十九大报告及《中国共产党党和国家机关基层组织工作条例》均对加强党在基层的领导作出了强调。基层党组织的虚化、弱化是乡村治理面临的主要问题，加强党组织的规范化和凝聚力是提升基层党组织领导力的重要手段。江淮公司党委、党支部、第一书记和扶贫工作队均参与到了强化村党支部的工作中。公司党委领导走访田村、江淮公司与田村党支部共建规范村党组织，通过第一书记和扶贫工作队嵌入的方式协助、监督村"两委"工作。

1. 党组织交流共建

江淮公司党委主要通过"共建"的机制，向村党支部输入管理制度，提升了党组织的规范化。此外，通过"公司党委走进来，村党支部走出去"的交流以及对党员的慰问，激发村党支部的活力和凝聚力，提高村党支部的能力。具体的实施方式包括：在支部共建方面，围绕会议共开、台账共建、标准化共创、活动共办等 6 项内容，加强结对共建；在促进交流方面，江淮公司基层党支部先后 10 次赴田村开展支部共建活动，并请新一届村"两委"班子来公司座谈交流，参观先进社区和美丽乡村建设；在提升标准化、规范化建设方面，完善"两台账一记录"，建立工作例会制度，开展党员党性定期分析、民主评议活动，以提高党员队伍政治、思想和业务素质；在走访慰问方面，江淮公司党委先后拿出党费 5 万多元，用于在建党日走访慰问困难老党员、老支书和老村干。

为进一步增强田村党组织的活力，扶贫工作队在田村积极发展党员 2 人，培养村级后备干部、培育贫困村致富带头人。公司与村的支部共建对田村的影响颇大，在一次谈话中，村支部书记表达了做乡村工作的"情怀"。扶贫工作队队员认为，是江淮公司的"情怀"文化影响了田村，激发了村干部心中

的抱负，使党组织重新焕发了活力。[1]

2. 第一书记及扶贫工作队嵌入

2015 年，中共中央组织部、中央农村工作领导小组办公室、国务院扶贫开发领导小组办公室印发的《关于做好选派机关优秀干部到村任第一书记工作的通知》明确规定了第一书记的责任，即"建强基层组织""推动精准扶贫""为民办事服务""提升治理水平"。第一书记是国家在乡村的代理人，承担地方政府各项政策的落实，现阶段的主要任务是"抓党建、促脱贫"。江淮公司选派中层管理人员赴田村担任第一书记兼任扶贫工作队队长，带领扶贫工作队负责脱贫攻坚相关政策落实、考核验收及吸纳体制内外资源。另在扶贫工作之外，辅助、监督村"两委"班子成员开展其他工作。

主要工作内容包括：其一，脱贫攻坚的政策落实及考核验收。脱贫攻坚工作的考核和验收标准高度形式化，以数字是否达标为标准。对于年龄较大、互联网接触程度较低的村"两委"干部而言，填表、输入系统的难度相当大，因此扶贫工作队以青壮年群体为主，熟悉规范化的操作流程。其二，协助处理村庄内部矛盾。资源输入激活村民的争利之心，部分村民"争当贫困户"，对未评上贫困户心怀不满，第一书记及扶贫工作队以政策规定为依据，解决了村民的不平。其三，引入资源。由于交通不便，田村鲜有外来资源进村，第一书记及扶贫工作队借江淮公司这一平台，联结科研团队、共青团、志愿者、万科股份、九华旅游等学术、社会、企业等力量，为田村规划建设、产业发展、教育、医疗等方面引入资源。其四，监督村"两委"班子工作。虽然并无明文规定，但村里的不少事都需要扶贫工作队点头确认，因此村主任受到工作队的间接监督，第一书记在扶持新任村主任树立威望，制约村主任骄纵方面起到重要作用。

田村第一书记和扶贫工作队嵌入村庄的程度较深，在换届选举中，尽管有的村民经过选举前的教育和宣传，知道扶贫工作队不能担任村"两委"班子成员，但依旧任性地投票给扶贫工作队员。[2]

（二）落实乡村治理规范：监督自治、改善德治

2017 年十九大报告正式提出"健全自治、法治、德治相结合的乡村治理

---

[1]　"江淮公司扶贫课题工作进展材料汇编"，2018 年 11 月，第 120 页。

[2]　"田村第一书记张大为访谈"，2019 年 8 月 28 日。

体系"。2018 年出台的《乡村振兴战略规划（2018-2022 年）》规定了乡村治理应"坚持自治为基、法治为本、德治为先"。三治结合的乡村治理是多元主体合作共治、多元主体优化合治、多重环节系统融治的治理体系。其中多元规范既包括国家法律、政策、党内法规、上级党政部门规范性文件，也包括村规民约、道德规范及乡村自组织规范等。[1]

在乡村治理中，《村民委员会组织法》作为自治的基础，在现实中存在落实困难的问题，而乡土伦理的式微意味着乡村德治面临困境，江淮公司的扶贫工作队着力通过监督自治、强化德治的方式助力乡村治理。

1. 监督《村民委员会组织法》的实施

扶贫工作队作为外部主体，在乡村治理中起到了监督作用。虽无权参与村"两委"的选举，但在 2018 年村"两委"的选举中起到了外部监督作用，监督选举流程的合法性。此外，田村每年召开两三次村民代表会议，第一书记均参与会议，监督会议程序和会议内容。

此监督机制富有实效的原因在于，扶贫工作队在很大程度上决定着是否将资源输送给田村。而如果田村秩序混乱，村"两委"在乡村治理中违法治理，江淮公司可能因此背负政治责任，也不可能向田村输入资源。

2. 通过积分评比改善德治

为匡扶乡风，重塑乡村道德，扶贫工作队以乡风文明为主题，根据《田村村规民约》制定了《田村振风超市积分评比方案》，并切实推进通过振风超市重塑乡民道德的实践。通过乡风评比，将德高望重的老党员、老教师和新乡贤融入乡村治理，激发德治力量，结合自治和法治，切实推动了多重乡村治理规范的实施。

具体负责本村评比工作的组织为乡风文明评比委员会，由村"两委"成员、驻村镇干、扶贫工作队、部分村民组长、村民代表、老党员、老教师、新乡贤等组成。评比内容包括勤劳致富户、清洁卫生户、孝老爱亲户、移风易俗户、热心公益户五个类别。其中，孝老爱亲户包括好公婆标准、好媳妇标准、重视子女教育三个方面。评比程序公正公开，首先通过个人申报或他人推荐的方式，而后由扶贫工作队、村委会负责人初审意见，并提交村民代表大会民主评议通过，在村务公开栏进行公开。最后发放兑金券，在振风超

---

[1] 高其才："健全自治法治德治相结合的乡村治理体系"，载《人民周刊》2019 年第 6 期。

市兑换商品。

（三）完善乡村治理基础体系：修路、支教、创业

乡村的良善治理需要乡村社会经济与社会的协调发展，体现在基础设施建设、产业发展、人居环境、医疗健康、教育等方面。江淮公司主要通过提升基础设施建设、改善人居环境、引入外部资源提升教育和医疗水平等方式完善乡村治理的基础体系。在江淮公司看来，这是其承担社会责任的表现。

1. 提升基础设施建设

乡村贫困的原因在大多情况下是自身资源无法流出，外来的人、财、物难以进入，村无法融入城市和市场。"要想富，先修路"旨在解决联通的问题。田村地处大山深处，修路难、成本高，地方财政资源不足，因此道路设施较为落后。

江淮公司与田村结对后，充分利用国有企业的政治优势，从中沟通协调，促成市、县、镇政府累计投入1100多万元，完成重要道路5.5米宽高质量过境道路建设。江淮公司投资520.17万元开工建成村组水泥路14条共18.62公里，投资140.25万元进行9个农田水利最后一公里项目建设。如此大规模的投入大幅提升了田村的基础设施和公共服务水平。

2. 改善人居环境

2018年2月，中共中央办公厅、国务院办公厅印发《农村人居环境整治三年行动方案》，旨在改善人居环境，建设美丽乡村。江淮公司的扶贫工作队主要通过"爱国卫生运动"整治家庭卫生，通过设施建设整治村内卫生。

"爱国卫生运动"设专门的领导小组，由第一书记担任组长，调动扶贫工作队、村"两委"班子、党员代表参与工作。经费由镇政府、村集体和江淮公司共同保障，由江淮公司各党支部到田村结对村民组开展支部活动，通过入户谈心交流、共同清扫家庭卫生的方式开展卫生整治。针对村内卫生，江淮公司投资280万元建设农民文化乐园，并在村内铺设雨污管网，拆除主干道猪圈、厕所、牛栏，修建水冲式公厕、标准化生态猪圈。

3. 提升教育和医疗水平

乡村教育水平和医疗水平偏低是乡村人口外流的原因之一。在提升教育水平方面，扶贫工作队依托共青团，组织公司青年志愿者到小学支教，与小学师生交流，并捐助图书、音箱等学校缺少的物品。在医疗卫生方面，田村有很多人有慢性病，医疗保健的意识较弱。但田村卫生室仅有三名医生，其

中一名老村医主要负责村里的医疗和公共卫生，工作任务较重。[1]江淮公司扶贫工作队联系外界医疗资源为村民义诊，讲解慢性病的保健知识，提升村民健康意识，并帮助贫困户解决日常药品。

4. 创新乡村产业发展

产业的良好发展是农村长期繁荣的保障，然而"造血"何其艰难。田村缺少产业基础，虽然拥有一些农业资源（如茶叶、山核桃、黑毛猪等），但都不成规模。江淮公司的扶贫工作队介入后，主要通过公司捐赠、争取政府产业支持和开发乡村旅游的途径创新产业发展。

基于国家对分布式光伏发电补助的政策，江淮公司捐赠152万元建成150千瓦光伏电站和10千伏变压器各一座，为村集体年增收20余万元。通过捐助和争取政府产业扶持资金32万元建设黑毛猪场，户均可实现年增收2000余元。建立高山蔬菜种植示范园，发展高山竹稻30亩示范园。

在创新旅游方面，江淮公司旗下的置业公司投资建设扶贫民宿项目，拟结合美丽乡村建设开发田村。该项目投资800多万元，作为乡村旅游示范带动、特色农产品展销、对外形象展示与资源导入的平台为发展农家乐、乡村民宿等乡村旅游奠定基础。2019年开业以来，已累计600多人次到村旅游和消费，依托民宿销售贫困户茶叶、黑毛猪、竹稻等农产品33万元，解决贫困人口6人就业，并带动有意向的农户积极筹建民宿。

三、国有企业助力乡村治理的特点

如前文所述，江淮公司在参与田村的乡村治理工作时存在两个明显的特点：作为政权的"代表"嵌入乡村治理结构，同时运用资本"引导"乡村自发改造和城市其他资源的进入。

（一）政权"代表"：嵌入乡村治理结构

脱贫攻坚是一项政治任务，以第一书记为主的扶贫工作队作为政权的"代表"嵌入乡村治理结构。

与村"两委"的关系方面不同于私营企业基本不参与村庄治理事务或者完全吸纳村庄，国有企业借助第一书记制度，审慎地融入"两委"的日常工作。第一书记既要尊重村"两委"的权威，"为村支部书记站台"，同时也监督村"两委"的工作。在与农户的关系方面，不同于多数私营企业是剥夺农

---

〔1〕 江淮公司扶贫课题工作进展材料汇编，2018年11月，第138页。

户土地、雇佣农户的主体，国有企业走的是群众路线。为了完成以脱贫攻坚为主体的各项政策的落实、验收，扶贫工作队需要反复走访农户，对农户进行验收"培训"。除了脱贫攻坚工作，有其他需要扶贫工作队帮助的工作，农户也都信赖与农户（尤其是贫困户）紧密相连的第一书记，根据调研所见，农户对这些省里来的"亲人"普遍非常感激。在与乡、县政府的关系方面，由于江淮公司具有较高的行政级别，因此其在与乡、县政府沟通时具有一定的政治资本，在为田村争取资源时具有一定的优势。

（二）资本"引导"：激发乡村活力

江淮公司输入的资本不仅引导农户自发改造乡村、发展生产，还引入了丰富的社会资源。

与规模化的农业园区动辄流转土地几千亩，投入资金数亿的公司相比，江淮公司仅投入 1000 多万元，其主体的民宿项目总建筑土地 500 平方米。除了捐赠、争取地方政府的扶持，江淮公司在田村最大的一笔投入就是此民宿项目，但此项目却并非为了盈利，而是为了作为示范点、引导者。民宿的功能定位为旅游带动、产品展销、形象展示与资源导入的平台。更重要的是激发农户参与家庭改造以接纳游客、参与村庄改造以移风易俗的目的。值得注意的是，江淮公司借助其关系网络广泛吸纳社会各界资源，推动了城市与农村的资源对接。

四、结语

振兴乡村需要各方各界的力量，在田村，江淮公司通过第一书记作为政权"代表"嵌入乡村治理结构，通过资本的引导激发乡村社会活力，以强化乡村治理主体、落实乡村治理规范、完善乡村治理基础体系。毋庸置疑，江淮公司充分利用了其政治优势和资本优势，在企业参与乡村治理的问题上提供了一个新的方案。

国有企业脱贫攻坚本质上是一次资源再分配的运动，在这一过程中，地方政府承担了"省负总责"的责任，国有企业作为政权的"代表"下沉到乡村，在输入财、物的同时，也输入了规范化、技术化的治理方式，更重要的是输入了政治象征。国有资本投入乡村的原因一方面在于政治任务决断性的压力，另一方面也在于可能通过互惠机制转化的政治资本。国有资本并非大规模投入的原因一方面在于其非营利的目的，另一方面在于避免触及农地制度红线及随之而来的不利的政治影响。基于特殊的身份，国有企业在农村资本投入过程中既受到体制的激励，也受到体制的制约，内在的矛盾决定了国有资本不可能大规模投入乡村产业。可见，让资本发挥"引导"村民、社会和市场的功能是政治和市场逻辑融合的要求。

在国有企业参与乡村治理的问题上，很难说国有企业在政治任务和市场运作之间保持了平衡，但在当前的政府治理模式下，国企有限度的资本投入和无限度的政治投入可能具有持续的生命力。江淮公司的资本"引导"和政权"代表"的机制，不仅可以为其他国有企业，也可为非国有企业提供新的方向。企业若要长久地在农村发展，一定要融入乡村，除了与少数的村干部交流，也要与农户建立良好的关系，不仅要运用企业自身的资本力量，也要激活农村内生的力量，将企业利益与农户利益紧密结合。私营企业塑造治理组织、引导农户的具体制度设计和实施方法还有待学界进一步的研究。

中 篇

多元规范优化合治

导　言

　　乡村治理体系主要包括"谁来治理""依何治理"以及"如何治理"三个方面，其中"依何治理"指向规范维度。

　　乡村治理依据的规范是多元的，主要包括国家法律、地方性法规、政府规章、执政党政策、村规民约、道德规范及乡村自组织规范等。根据规范生成与国家权力之间的关系，可将乡村治理中的规范类型化为正式规范与非正式规范。正式规范的主要特点是经由一定的程序、人为制定而具有的计划性和外在性的规范，主要包括法律、地方性法规、执政党政策等；非正式规范是基于其经由社会互动和实践演化而来的具有自生自发性与内在性的规范，其在乡村生活长期实践、演化的基础上形成并发挥作用，包括非国家法意义上的习惯法、村规民约等。

　　在乡村治理中，国家法律调整和规范农村基层组织、农村社会管理、农村土地管理、农业经济发展、农村环境保护等。乡村治理为地方的重要事务，地方性法规对此既有专门的规范，更有大量的具体规范，对乡村治理组织、乡村治理内容、乡村治理方式等进行详细的规定，为乡村治理提供明确的法律依据。政府规章在多元规范体系中主要发挥落实功能，可以分为国务院部门规章和地方政府规章两类。国务院部门规章是国务院组成部门及其直属机构在它们的职权范围内制定的规范性文件。国务院部门规章对乡村治理的落实体现在村民自治、农业农村发展、乡村社会治安维护、人民调解和基层法律服务、农村生态环境治理等多个方面，进而对乡村治理发挥积极的促进作用。执政党政策是我国国家治理、社会治理实践中的一种重要行为规范，在乡村治理中主要起引导作用，这种引导作用既体现在乡村治理体制的变革上，也体现在对治理路径和措施的具体引导上。

乡规民约、村规民约是农村自治的重要规范形式，在乡村治理中发挥着重要作用。乡规民约、村规民约在乡村治理中的积极作用集中表现在保障基层民主、管理公共事务、分配保护资产等 11 个方面。乡规民约积极作用的产生原因主要有国家法律的确认、社会环境的支持、自治传统的发扬、集体认同心理的支撑、治村强人的推动以及村规民约的变革调适。乡村社会结构转型、行政权的过度指导以及村规民约自身制定实施方面的不足直接影响、制约着乡规民约作用的发挥。乡村的习惯法在分配乡村资源、保护乡村环境、传承乡村文化、维持乡村秩序、解决乡村纠纷等方面具有广泛的积极作用，在乡村治理方面具有重要的意义。

乡村治理中的多元规范各有侧重地体现乡村的自治、法治与德治形态，其在乡村治理中的功能及效力呈现出一定的差异性。如正式规范主要承载法治功能，非正式规范主要承载自治功能和德治功能。当前乡村治理实践中的多元规范之间会产生互动、形成合力，但是由于各类规范生成的治理系统不一致，也会产生一定的冲突。冲突产生的根源在于官治与民治之间的对立。

多元规范冲突会降低乡村治理绩效，加大治理成本，甚至会造成乡村秩序的混乱。因此，当前乡村治理应整合各类规范，解决规范资源相互冲突的问题。多元规范整合包括内部清理整合与外部结构优化两个方面。

乡村治理规范的内部整合主要指在系统清理各类规范的基础上进行整合。国家法律、政策、党内法规以及地方党政机关制定的规范性文件是乡村治理遵循的基础性规范，是乡村治理得以展开的前提。国家法律和党内法规两个规范体系都是乡村治理的重要规范依据。国家法律与党内法规的衔接是当前乡村治理多元规范整合中需要重点注意的问题。

乡村治理多元规范的外部整合是指将各类规范资源视为相互配合的有机整体，按照"自治、法治、德治相结合"的原则优化整合多元规范结构，构建出以正式规范（国家法律、政策、党内法规等）为基础，以非正式规范（村规民约等）为核心的多元规范合作治理结构。强化国家法律在维护农民权益、规范市场运行、农业支持保护、生态环境治理、化解农村社会矛盾等方面的权威地位。发挥自治章程、村规民约的积极作用。强化道德规范的教化作用，引导农民向上向善、孝老爱亲、重义守信、勤俭持家。

第二十一章

乡村治理中的多元规范：冲突与整合

一、引言

中国乡村治理问题由来已久。20 世纪 70 年代末，中国改革率先从农村开始；90 年代"三农问题"日渐凸显，农村出现了"治理危机"；进入 21 世纪以来，农村又开始出现"空心化""失序化"等问题。国家在应对"农村治理危机"时采取了一系列措施，如免除农业税、对种粮农民实行补贴、免除义务教育学杂费、建立新型农村合作医疗、建立农村最低生活保障制度、土地流转"三权分置"改革以及近期开展的精准扶贫等。2017 年 10 月 18 日，在中国共产党第十九次全国代表大会开幕会上，中共中央总书记习近平代表第十八届中央委员会作报告时系统提出实施乡村振兴战略的宏伟目标，总体要求包括"产业兴旺、生态宜居、乡风文明、治理有效、生活富裕"五个方面。[1]"治理有效"是乡村振兴战略的基本要求之一，乡村振兴既有经济振兴，也有治理振兴，后者是乡村振兴战略实施的基本保障。"治理有效"就是要加强和创新农村社会治理，加强基层民主和法治建设，健全自治、法治、德治相结合的乡村治理体系。当前健全党组织领导的自治、法治、德治相结合的乡村治理体系需要从主体、规范、运行三个维度系统推进。[2]乡村治理的目标之一是构建出稳定和谐的乡村社会秩序，规范是秩序形成的前提，乡村治理必

---

〔1〕 根据学术惯例，本章中的某些人名进行了化名处理。习近平："决胜全面建成小康社会 夺取新时代中国特色社会主义伟大胜利"，载《党的十九大报告辅导读本》编写组编著：《党的十九大报告辅导读本》，人民出版社 2017 年版，第 31~32 页。

〔2〕 高其才："健全自治法治德治相结合的乡村治理体系"，载《人民周刊》2019 年第 6 期。

须"依规治理",因此规范是健全乡村治理体系的基础。

20 世纪 90 年代开始,法律多元理论进入中国法学界,法律社会学、法律人类学领域的研究者们对基层社会治理中的规范资源展开了诸多有益的探索。高丙中、章邵增主张开展以法律多元为主题的法律民族志研究;[1]赵旭东主张从族群互动中考察法律多元对于纠纷解决的影响;[2]朱晓阳考察法律多元引发的"语言混乱"问题;[3]王启梁考察了法律移植与法律多元背景下国家法律无法回应社会需求而引发的"外来法"危机问题;[4]高其才致力于法律多元视角下少数民族习惯法的研究;[5]等等。无论学者们对法律多元的认识如何,不可否认的一点是,法律多元理论中的"法律"不仅包括国家法,同时还包括现实生活中具有一定规范作用的非正式规范,法律多元实际上是后现代法律理论对法律实证主义主导的一元化国家中心主义法律观的挑战。[6]基于法律多元视角,当前乡村治理涉及国家法律、政策、村规民约、民间习惯等多元规范。这些规范或来自于国家层面,或来自于社会层面,又或来自于介乎国家与社会之间的"第三领域"。[7]在国家治理体系和治理能力现代化建设过程中,国家已经充分认识到乡规民约等非正式规范资源在社会治理中的积极作用,强调在法治框架下优化整合多元规范资源对于乡村治理的重要性。[8]社会学、政治学领域关于乡村治理研究的代表性成果倾向于关注乡村治理内生

---

〔1〕 高丙中、章邵增:"以法律多元为基础的民族志研究",载《中国社会科学》2005 年第 5 期。

〔2〕 赵旭东:"族群互动中的法律多元与纠纷解决",载《社会科学》2011 年第 4 期。

〔3〕 朱晓阳:"'语言混乱'与法律人类学的整体论进路",载《中国社会科学》2007 年第 2 期。

〔4〕 王启梁:"法律移植与法律多元背景下的法制危机——当国家法成为'外来法'",载《云南大学学报(法学版)》2010 年第 3 期。

〔5〕 参见高其才主编:《当代中国少数民族习惯法》,法律出版社 2011 年版。

〔6〕 [英] 罗杰·科特威尔:《法律社会学导论》(第 2 版),彭小龙译,中国政法大学出版社 2015 年版,第 16~43 页。

〔7〕 "第三领域"(third realm) 与"国家或社会"的关系在于:第一,它是区别于国家与社会的,独立于国家或社会之外,介于国家与社会之间;第二,"第三领域"的形成会受到国家与社会的影响;第三,在一定程度上,"第三领域"超越于国家与社会之影响,具有自身特性与自身逻辑。[美] 黄宗智:"中国的'公共领域'与'市民社会'?——国家与社会间的第三领域",程农译,载邓正来、[英] J. C. 亚历山大编:《国家与市民社会:一种社会理论的研究路径》,中央编译出版社 1998 年版,第 421~425 页。

〔8〕 中国共产党第十八届中央委员会第四次全体会议通过了《中共中央关于全面推进依法治国若干重大问题的决定》,明确提出"增强全民法治观念,推进法治社会建设"的目标,强调"推进多层次多领域依法治理",要求"发挥市民公约、乡规民约、行业规章、团体章程等社会规范在社会治理中的积极作用"。

制度的具体实践，对各类规范资源之间的互动关系关注较少。如徐勇、项继权关注土地制度的具体实践，主张从国家与农民关系、土地纠纷等角度考察土地制度；[1]董磊明主张从乡村秩序的维系机制及村干部的实践行动策略的角度考察制度的运行；[2]贺雪峰认为当前中国不同地区存在着不同的乡村管理体制的选择，需要根据村庄实际情况匹配相应的管理体制；[3]吴毅则通过描述税费改革时期乡镇政权的基本运作，分析了国家制度、政策等在乡村运行的情况。[4]本章立足于乡村制度实践运行层面的研究成果，进一步从规范资源冲突与整合层面剖析制度运行的困境。

　　社会规范是社会共同体根据自身需要自发形成或人为制定的，用以调整共同体成员之间的社会关系，规范共同体成员行为的标准或规则。不同社会规范的生成机制及运行方式不尽一致，这也就导致了不同规范之间冲突的产生。乡村治理多元规范有自发形成的，也有人为制定的，不同类别的规范之间生成机制、运作逻辑迥异，规范内容及效力冲突造成了乡村治理"秩序混乱"问题。因此，本章的中心议题是：乡村治理多元规范的类型及相应的生成机制是什么？基于不同生成机制的规范会呈现何种冲突？在遭遇规范冲突时如何才能有效整合多种规范资源？

二、乡村治理的规范类型及生成系统

　　根据笔者调查，当前乡村治理规范主要包含八大类：一是国家法律法规；二是村规民约、道德礼仪、文明公约或由此延伸的杂合性规范；三是乡村其他自治组织自发制定的自治性规范；四是村庄共同体成员普遍接受的习惯或习惯法；五是要求村民共同遵守的相关管理规定；六是针对特定事项的决议；七是上级党政机关文件；八是乡村管理机构的工作制度、工作纪律、行为准则、服务承诺等。

　　根据规范生成与国家权力之间的关系，上述规范类型被分为正式规范、准正式规范及非正式规范三类，这三类规范的生成机制分别对应官治系统、官督民治系统以及民治系统。需要指出的是，在上述八类规范资源中，较为

---

　　[1]　徐勇、项继权："主持人语：土地产权——国家与农民关系的核心"，载《华中师范大学学报（人文社会科学版）》2005年第6期。

　　[2]　贺雪峰、董磊明："中国乡村治理：结构与类型"，载《经济社会体制比较》2005年第3期。

　　[3]　贺雪峰："乡村治理现代化：村庄与体制"，载《求索》2017年第10期。

　　[4]　参见吴毅：《小镇喧嚣：一个乡镇政治运作的演绎与阐释》，生活·读书·新知三联书店2007年版。

常见且运用较为广泛的是作为正式规范的国家法律法规、政策以及党内法规,作为准正式规范的村规民约以及作为非正式规范的习惯法及乡村自组织规范。乡村管理性规定较为复杂,其中一些规范属于对村民的管理性规定,这些可归为村规民约系统;另一些规范是乡村管理机构的规章制度,旨在对村"两委"及其工作人员进行管理(如工作制度、工作纪律、行为准则、服务承诺等),这些管理性的规章制度大多由基层党政机关指导制定;还有一些规范则是基层党政机关推行的一系列涉农管理性规范,这些规范大多以"红头文件"的形式发布,在很大程度上直接决定乡村治理格局。

第一,正式规范——官治系统。正式规范具有程序性、人为性以及强制性三个方面的基本特点,即国家权力依照一定的程序人为制定,并由国家权力通过外部强制保证实施的社会规范。在乡村治理规范中,国家法律法规是最为重要的正式规范。乡村治理过程中涉及一些国家法律法规,如《村民委员会组织法》《农业法》《土地承包法》等。

除国家法之外,乡村治理正式规范系统还包括国家政策等具有一定国家强制性的规范。尽管当前法理学研究主要从制定法层面展开,并未将国家政策视为合法概念,[1]但是国家政策具备一定的规范作用和社会引导作用,在一定条件下具有法源地位,[2]国家政策与法律的关系极为密切,两者在一定程度上具有同质性。国家政策也是由国家权力基于一定的程序人为创设的,而且由国家权力加以强制施行。有些乡村治理规范属于国家政策,这些国家政策有些是中央性政策,有些是地方性政策。前者包括国务院、农业部、环保部等部委发布的关于乡村治理的规范性文件,如农业部《关于推进农业经营体制机制创新的意见》(农经发〔2009〕11 号)等;后者包括省级、地级市、县及乡镇党政部门等制定的关于乡村治理的规范文件,如安徽省人民政府办公厅《关于支持利用空闲农房发展乡村旅游的意见》(皖政办秘〔2017〕296 号)等,又如笔者调查的贵州省锦屏县精神文明建设指导委员会办公室《关于转发〈关于进一步加强农村精神文明建设推动农村清洁风暴行动顺利开展的通知〉的通知》(锦创建办发〔2017〕2 号)以及锦屏县启蒙镇党政办《关于印

---

[1] 吕明:"政策是什么——对我国法理学研究'去政策化'现象的反思",载《法学论坛》2010 年第 3 期。

[2] 张红:"论国家政策作为民法法源",载《中国社会科学》2015 年第 12 期。

发〈启蒙镇全面推行"河长制"工作方案〉的通知》（启党发〔2017〕4号）。

　　党内法规在乡村治理中应用广泛，直接对农村基层党组织及党员进行规范和约束。《中国共产党党内法规制定条例》第3条第1款规定："党内法规是党的中央组织，中央纪律检查委员会以及党中央工作机关和省、自治区、直辖市党委制定的体现党的统一意志、规范党的领导和党的建设活动、依靠党的纪律保证实施的专门规章制度。"另据《中国共产党党内法规和规范性文件备案规定》（已被修改）第2条第2款规定："本规定所称规范性文件，是指中央纪律检查委员会、中央各部门和省、自治区、直辖市党委在履行职责过程中形成的具有普遍约束力、可以反复适用的决议……"〔1〕由此可知，党内法规具有规范性、程序性、人为制定性以及强制性等特点，党内法规与国家法律具有同质性，同属正式规范。姜明安教授亦认为："'党内法规'的基本性质属于社会法和软法。但是由于我国宪法确立的中国共产党的特殊领导地位，中国共产党党内法规对党务的调整必然影响和涉及国务。从而，中国共产党的党内法规又同时具有一定的国家法和硬法的因素。"〔2〕由此可见，党内法规也是乡村治理中重要的正式规范，如《中国共产党农村基层组织工作条例》就是典型的关于农村治理的党内法规。

　　国家法律、国家政策以及党内法规生成于官治系统，由国家权力自上而下地建构出一整套规范进行治理，以达致乡土社会秩序的理想图景。正式规范在形塑乡村治理工作中具有基础性作用，国家法律为乡村治理设定基本的制度性框架，中央涉农政策规定了乡村治理的基本任务和总体方向，地方涉农政策（尤其是县乡两级政府出台的"红头文件"）在很大程度上直接决定了乡村治理的现状及具体任务。党内法规对于乡村治理的作用也是明显的，但我国在乡村治理过程中更多的是通过党纪强化对村干部的管理，通过基层党组织纪律检查等手段对土地确权、精准扶贫等涉农国家法律或政策的执行情况进行"纠偏"。官治系统、正式规范，以及国家在基层行政管理中建构的科层官僚制确保了国家权力对乡村场域的有效控制。

　　第二，准正式规范——官督民治系统。准正式规范介乎正式规范与非正

---

〔1〕　中共中央办公厅法规局编：《中央党内法规和规范性文件汇编（1949年10月—2016年12月）》（下册），法律出版社2017年版，第1366页。

〔2〕　姜明安："论中国共产党党内法规的性质与作用"，载《北京大学学报（哲学社会科学版）》2012年第3期。

式规范之间，经由国家权力与村民自治两种治理力量相互作用而产生，是国家权力赋权与督促之下的自治规范类型。村规民约是典型的准正式规范，承载着官治与民治两种治理力量。自陕西蓝田《吕氏乡约》以降，历经朱熹增损《吕氏乡约》、王阳明《南赣乡约》、吕坤《乡甲约》以及陆世仪《治乡三约》，再到清康熙圣训《圣谕十六条》。除了《吕氏乡约》完全由吕氏兄弟自治倡导创设之外，其他都或多或少地受到"官方"的影响和介入，尤其是王阳明的《南赣乡约》带有明显的"官治"色彩，"官督民治"自此成为传统乡约体系的主要形态。晚近乡约研究的肇始者和代表人物杨开道先生认为，乡约主要代表了中国基层政治的两个重要属性：一则民治；一则官治。[1]杨开道先生只是阐释了乡约背后蕴含的两种治理力量，没有进一步讨论两种力量相互较量的客观事实。乡约一直在"官治"与"民治"体系中摇摆不定，最终以"官督民治"为主要模式，官方依托乡约进行治理和宣讲，对传统中国基层治理产生了深远的影响。

当今的村规民约系统自 1987 年 11 月 24 日《村民委员会组织法（试行）》之后重建，"官督民治"成了其生成的主要治理系统。村规民约是指村民依据党的方针政策和国家法律法规，结合本村实际，为维护本村的社会秩序、社会公共道德、村风民俗、精神文明建设而制定的约束规范村民行为的规章制度。长期以来，村规民约一直都被视为农村自治的重要表现形式，也是基层民主政治发展的重要成果。

现实中村规民约的形式比较多样，广义的村规民约是一套由不同层级规范组成的规范体系。村民会议或村民代表大会通过的《××村村规民约》（或"自治章程""自治合约"）具有最高地位，内容覆盖全面，相当于村庄内部的"小宪法"。此外，村"两委"还会针对特定事项倡导制定一些规范，这些规范一般也经村民会议或村民代表大会表决通过，但效力层级要低于作为"小宪法"的村规民约，而且自治性程度也相对较高。笔者调查的黔东南地区锦屏县黄门村关于礼尚往来、燃放烟花爆竹等移风易俗方面的规定就属此类。[2]根据宪法及相关法律的规定，村民通过协商并根据治村实际需要拟订

---

〔1〕 参见杨开道：《中国乡约制度》，商务印书馆 2015 年版，第 110~117 页。

〔2〕 参见贵州省锦屏县《黄门村风俗习俗礼节礼尚往来处置制度》、贵州省锦屏县《黄门村移风易俗关于红白喜事禁止大量燃放烟花爆竹规定》。

村规民约，基层政府则通过指导、审查、备案等方式介入村规民约的拟订过程，官方与民间在此场域相互较量，最终形成介于法治与自治之间的村规民约治理路径，通过法治引导村民自治正是当下村级治理的重要方式。大多数村规民约杂糅了国家法律与民间习惯，有些村规民约甚至完全是国家法的细则与翻版。因此，村民自治是国家法之下的有限自治，是国家权力在场之下的自治，官督民治系统催生了村规民约这类准正式规范。

第三，非正式规范——民治系统。美国新制度经济学家道格拉斯·C.诺思认为："制度是一个社会的博弈规则，它们是一些人为设计的、形塑人们互动关系的约束。"[1]制度包括正式约束和非正式约束两类，然而"正式规则，即便是在那些最发达的经济中，也只是形塑选择的约束的很小一部分（尽管非常重要）……正式规则虽然是非正式规则的基础，但在日常互动中，它们却极少是形成选择的明确而直接的来源"。[2]非正式规范在人类社会交往中普遍存在，在一定程度上是正式制度的延伸阐释或修正。罗伯特·C.埃里克森通过考察加利福尼亚州夏士塔县农村家畜越界侵权纠纷的解决过程，发现当地村民并不依照法律等正式规则解决纠纷，而是通过一整套非正式规则来解决纠纷。[3]非正式规范经由社会互动和实践演化而生，具有自生自发性与内在性，主要包括行为准则、伦理规范、风俗习惯和惯例等，构成了社会文化遗产的一部分并具有强大的生命力。

当前乡村治理中的非正式规范同样如此，大多基于村民生产生活实践而自发形成，基本上没有国家权力的介入，主要包括习惯法以及自治性规范等形式。"习惯法是独立于国家制定法之外，依据某种社会权威和社会组织，具有一定的强制性的行为规范的总和。"[4]习惯法的存在是一种客观事实，经过了长期的历史积淀而逐步形成，具有普遍性、民族性、典型性以及客观性等特质。与习惯法特征相近的还有乡村自组织自发制定的自治理规则，如宗族

---

〔1〕　［美］道格拉斯·C.诺思：《制度、制度变迁与经济绩效》，杭行译，韦森译审，格致出版社、上海三联书店、上海人民出版社2014年版，第3页。

〔2〕　［美］道格拉斯·C.诺思：《制度、制度变迁与经济绩效》，杭行译，韦森译审，格致出版社、上海三联书店、上海人民出版社2014年版，第43~44页。

〔3〕　［美］罗伯特·C.埃里克森：《无需法律的秩序——邻人如何解决纠纷》，苏力译，中国政法大学出版社2003年版，第349~350页。

〔4〕　高其才：《中国习惯法论》（第3版），社会科学文献出版社2018年版，第3页。

规约、[1]红白理事会、乡贤理事会、寨老会、长生会等乡村自组织规范、[2]乡村道德规范等。习惯法与乡村自组织规范产生于民治系统，完全没有官方力量的介入，是乡村治理中数量较多而且运行有效的规范类型。无论是"官治"还是"官督民治"都不可能完全消灭或取代"民治"，习惯法及乡村自组织规范将在很长的时间内自我延续生长。

三、乡村治理多元规范的冲突

在"国家-社会"二元结构之下，规范冲突一般简单化约为"国家法-习惯法"之冲突，学术界对此已有较多讨论。[3]国家与社会理论框架对法规范非此即彼的对立逻辑，无法准确描述社会运行过程中法规范的客观形态。在国家与社会之间存在一种"中间地带"，涂尔干将其表述为建立于职业伦理基础之上的"法人团体"，[4]韦伯将其解释为"经济共同体"，[5]哈贝马斯将其概括为"公共领域"，黄宗智将其提炼为"第三领域"。因此，乡村治理规范不仅包括正式规范、非正式规范，还包括基于官方与民间互动的"中间地带"以及相应而生的准正式规范。这三类规范形态各异，生成机制和运行机制也不尽相同，在乡村治理互动过程中难免会产生冲突。

（一）内部冲突

乡村治理多元规范的内部冲突主要有三种情形。

第一，正式规范的内部冲突。从法律渊源来看，作为正式规范的国家法律层级复杂，涉及宪法、法律、行政法规、地方性法规、地方政府规章以及部门规章等。2015年修正的《立法法》第72条规定，设区的市的人民代表

---

〔1〕 贵州省锦屏县魁胆、石引等村寨有历史悠久的"屋山头"文化，侗语"屋山头"即房族、宗族的意思，基本上每个房族都制定有房族族规。笔者在调查中曾收集到石引村《高步房族族规》《哦先恩房族族规》等房族规约。这些规约都是房族成员自发制定的，完全没有国家权力的介入。

〔2〕 笔者调查收集的《贵州锦屏茅坪上寨长生会会章》《山西清徐县东南坊村红白理事会章程》《广东云浮市云城区下白村乡贤理事会章程》等均属此类。

〔3〕 参见戴小明、谭万霞："论民族习惯法与国家法的冲突及整合"，载《广西民族大学学报（哲学社会科学版）》2006年第6期；龙大轩、喻成："羌族民事习惯法与国家制定法的冲突与和合"，载《甘肃政法学院学报》2011年第1期；周相卿、付媛："雷公山地区苗族婚姻习惯法与刑法冲突现象分析"，载《原生态民族文化学刊》2012年第2期；等等。

〔4〕 ［法］埃米尔·涂尔干：《社会分工论》，渠东译，生活·读书·新知三联书店2000年版，第41页。

〔5〕 ［德］马克斯·韦伯：《经济行动与社会团体》，康乐、简惠美译，广西师范大学出版2004年版，第232页。

大会及其常务委员会根据本市的具体情况和实际需要，在不同宪法、法律、行政法规和本省、自治区的地方性法规相抵触的前提下，可以对城乡建设与管理、环境保护、历史文化保护等方面的事项制定地方性法规。地方立法权从原来 49 个较大的市扩大至 282 个设区的市。立法权急剧扩大，立法主体多元化，地方立法机关中专业性立法人员奇缺已是一个不争的事实。地方立法质量缺乏保证，各种涉农规范性法律文件之间的冲突也就难以避免了。例如，2015 年修订前的《种子法》第 32 条第 2 款规定："任何单位和个人不得非法干预种子经营者的自主经营权。"根据此条规定，种子的收购和销售可以按照市场价。《河南省农作物种子管理条例》（已失效）第 36 条规定："种子的收购和销售，必须严格执行省统一价格政策，不得任意提价。省没有规定统一价格的种子，由市（地）、县级农业行政部门和物价部门共同商定。"即种子的经营价格应执行政府定价。显然，地方性法规（下位法）与国家法律（上位法）之间存在冲突，由此引发了轰动一时的河南洛阳"种子案"。再如，《湖南省实施〈中华人民共和国村民委员会组织法〉办法》本应是对上位法《村民委员会组织法》实施规则的细化，但是该办法较为明显地承袭上位法，在内容、体例等方面并没有实质性的突破和创新。[1]实践中真正贯彻落实法制统一原则困难重重，不仅不同层级的规范性法律文件之间存在冲突，即便是同一层级的规范性法律文件之间也可能存在冲突。[2]现实中政策多以"红头文件"的形式发布，"文件在被赋予了国家权力符号意义的同时，构成了基层秩

---

〔1〕 地方立法承袭既包括承袭法律、行政法规和部门规章，也包括下位地方立法承袭上位地方立法，还包括承袭其他同级别省市的地方立法，有时还可以在上位地方立法中发现下位法的影子。具体而言，地方立法承袭主要表现为：在内容上直接使用其他法律文件的条款，而根本不考虑或者较少考虑本地的政治、经济和文化状况；在形式上套用其他法律文件的章节结构，只求完全一致，而不考虑是否有必要。地方立法承袭主要有直接照抄、简单拼凑以及套用其他法律文件的结构形式（篇、章、节、适用范围、权力、责任等）三种情形。以《土地管理法》的中央和地方立法情况为例，"在章的设置上，完全照搬上位法结构（结构安排没有任何创新，创新的章数占上位法章数的百分比为 0）的地方立法数额占所有地方立法数额（30 件）的比例为 36.7%；几乎完全照搬上位法结构（结构安排上仅有 1 章发生变化，占上位法章数的比例为 12.5%）的地方立法数额占所有地方立法数额（30 件）的百分比为 36.7%；两项地方立法之和共占全国地方立法总数的 73.4%"。参见孙波："试论地方立法'抄袭'"，载《法商研究》2007 年第 5 期。

〔2〕 参见蔡定剑："法律冲突及其解决的途径"，载《中国法学》1999 年第 3 期；杨小君："行政法律规范的冲突"，载《国家行政学院学报》2006 年第 3 期；董皞："我国行政法律规范冲突缘起探究"，载《中国法学》2013 年第 2 期；等等。

序的规范来源和权威形式"。[1] "红头文件"虽然具有针对性和即时性,但是主观性和随意性较大。政策冲突的本质是政策主体之间的利益冲突。[2] 关于乡村治理的政策既有中央层面的,也有地方层面的,故冲突存在于中央政策与地方政策之间、上下级地方政府政策之间以及具体政策之间。根据《中国共产党党内法规制定条例》的规定,尽管党内法规体系也遵循效力位阶原则,但是"现行的党内法规备案审查标准在科学性、系统性、操作性方面尚存在一定缺陷",[3] 这也就使得涉农党内法规之间容易发生冲突。

国家法律与政策、党内法规之间也可能存在冲突,国家法律与党内法规的协调衔接问题成了近年来学术界讨论的热点,[4] 地方党政出台的政策(红头文件)与国家法律冲突的情况在实践中也较为常见。例如,2017 年 5 月,黔东南苗族侗族自治州开展"清洁风暴"行动,锦屏县启蒙镇政府根据上级党政文件出台了《启蒙镇改善农村人居环境暨农村"清洁风暴"行动方案》(以下简称《方案》)。该《方案》第四部分"工作措施"包括"建立领导责任机制、建立资金保障机制、建立督查考核机制、加强宣传发动"四个方面。其中,"督查考核机制"主要包括两个方面:一是实行"农户日自查,户长周自查、村干月监督,镇举办季度评比观摩"的环境卫生督查机制;二是实行"问责制"和"责任追究制",村党支部书记是本村环境卫生管理的第一责任人,村委会主任是直接责任人,对卫生治理不力的村采取通报批评、主要责任人到镇政府说明整改办法和措施、诫勉谈话、停职处理等处罚措施。[5] 从启蒙镇政府采取的措施可以看出,镇政府主要靠"锦标赛"方式对各村环境卫生治理情况进行考核,缺乏有效的行政治理手段,对村"两委"负责人"停职处理"显然没有法律依据,该项政策明显违反了《村民委员会组织法》。

---

〔1〕 周庆智:"'文件治理':作为基层秩序的规范来源和权威形式",载《求实》2017 年第 11 期。

〔2〕 袁明旭:"公共政策冲突:内涵、表现及其效应分析",载《云南行政学院学报》2009 年第 1 期。

〔3〕 李大勇、宋润润:"党内法规备案审查的多元化标准",载《理论视野》2017 年第 1 期。

〔4〕 参见秦前红、苏绍龙:"党内法规与国家法律衔接和协调的基准与路径——兼论备案审查衔接联动机制",载《法律科学(西北政法大学学报)》2016 年第 5 期;操申斌:"党内法规与国家法律协调路径探讨",载《探索》2010 年第 2 期;等等。

〔5〕 中共启蒙镇委员会启蒙镇人民政府《关于印发〈启蒙镇改善农村人居环境暨农村"清洁风暴"行动工作方案〉的通知》(启党发〔2017〕30 号)。

第二，准正式规范的内部冲突。乡村治理中的准正式规范主要指村规民约。村规民约基于村民自治而产生，而且只在村庄共同体范围内存在，因此一般而言不存在内部冲突。然而，村规民约又有官督民治色彩，一方面国家权力通过备案、审查、指导、监督等方式进行干预，另一方面又基于村民自治自发创设一些规则内容。"乡政村治"模式下乡镇政府与村民委员会之间的"暧昧关系"使得乡镇政府直接以政府法制部门事先制定的村规民约范本指导辖区内行政村村规民约的制定。[1]这样的村规民约基本上"千村一面"，冲突的可能性比较小。真正发生冲突的是保留了部分村民自治内容的村规民约。这部分内容由村民根据村情加以制定，因此相邻村的村规民约有可能会产生冲突。黔东南锦屏县文斗村2005年村规第74条规定："田与田的纠纷，按（下寨片按原下寨村田坎下1.5米，田坎上2丈；上寨片按上田管2/5，下田管3/5，以下相同）进行调处，前述不能确定的以纠纷林木影响作采光调处。"[2]2008年文斗实行并村，上、下寨合并为一个行政村，2014年推行中心村建设，加池村并入文斗村。文斗上寨与下寨在处理田与田之间林木纠纷方面的规则并不相同，并村以后还继续保留各自村规民约中的田间林木处理规则，上、下寨面临协调处理村规民约之间的冲突问题。村规民约规范体系内部也会发生冲突，作为"小宪法"的村规民约总则与针对特定事项的村规之间有可能不尽一致。如华寨村于2010年制定的仍在实施的村规民约将违反村规的处理方式称为"违约金"，[3]而在2016年制定的办酒宴风俗整改村规则规定为"违者罚款2000元"，[4]处理方式前后冲突。由于村规民约具有因地制宜的特点，又缺乏有效的规范冲突审查及解决机制，因此乡村治理中准正式规范的内部冲突也是比较突出的问题。

第三，非正式规范的内部冲突。乡村治理中的非正式规范主要指习惯法及乡村自组织规范。由于非正式规范生成于民治系统，具有自发性和在地性，属于小传统之下的"地方性知识"，因此非正式规范冲突的背后往往蕴含着文

---

〔1〕 笔者在浙江丽水黄田镇调查时发现，这27个村的村规民约内容基本上是一致的，大同小异，很明显是根据政府提供的村规民约范本稍加修改而制定的。这种情况在许多乡村较为普遍，一般是乡政府为了应付上一级行政机关检查而制定范本，提供给辖区内的行政村。

〔2〕 贵州省锦屏县《文斗村村规民约》（2005年12月村民会议讨论通过）。

〔3〕 贵州省锦屏县《华寨村村民自治合约》（2010年5月6日由村民代表大会议表决通过）。

〔4〕 贵州省锦屏县《华寨村办酒宴风俗整改》（2016年2月12日）。

化的冲突，表现为"跨文化的、族际间或跨区域的 冲突和纠纷"。[1]不同区域的文化传统不一样，风俗、习惯也就不一样。笔者调查的黔东南地区锦屏县固本乡的"放炮抢婚"习俗就与其他地区的婚姻习俗发生了冲突。2014年春节期间，固本乡女孩李某（22岁）叫上其他乡的女孩王某（21岁）及其他几个女孩一起去固本乡红杉村的表哥关某（23岁）家玩，关某对王某一见钟情，于是按照当地传统习俗要家人买来几挂鞭炮在家门口放，表示要与王某结婚。王某所在乡镇并没有这种婚姻形式，也不认可这种婚姻方式，最后经过协商，王某家人按固本乡当地风俗买来几挂鞭炮在关某家门口放回去才算解除婚约。[2]在此案中，王某与关某所在乡镇的婚姻习俗不一致，因此对婚姻缔结规范的理解产生了分歧，作为非正式规范的习惯法发生了冲突。在实践中，对这种冲突的处理是比较棘手的。高其才等曾经对广西金秀瑶族地区"打茅标"的习惯法进行考察，记录了六巷乡门头村门头屯的胡某成、胡某民与金秀镇金田村金村屯的金某一、金某二之间的地龙蜂权属纠纷案。在该起案件中，金秀镇的金某一、金某二不承认六巷瑶族的"打茅标"习惯法，不承认胡某成、胡某民等对地龙蜂的先占，双方大打出手。最后双方经派出所调解处理，金某一、金某二归还胡某成、胡某民地龙蜂，胡某成、胡某民赔偿金某一、金某二医药费。[3]这起案件发生的起因和争议焦点在于非正式规范的内部冲突，不同文化、族群对"打茅标"习惯法的认可不一致。乡村自组织规范同样如此。由于乡村自组织人员范围相对较小，自治程度较高，因此某个乡村自组织制定的规范可能会与其他自组织制定的规范产生冲突。

（二）外部冲突

乡村治理多元规范的外部冲突主要有三种情形。

第一，正式规范与准正式规范之间的冲突。一般而言，如果准正式规范"官治"色彩较浓，那么其基本上便是正式规范的重述，与正式规范之间的冲突较少。准正式规范中的自治性内容与正式规范产生冲突的情况较为多见，其中最为典型的、实践中比较多的冲突是国家法律与村规民约之间的冲突。村规民约除了遵循国家法律、政策等正式规范之外，还会由村民根据村情、

---

〔1〕 王启梁："国家治理中的多元规范：资源与挑战"，载《环球法律评论》2016年第2期。

〔2〕 参见"锦屏县司法局李力行访谈录"。

〔3〕 曹义荪、高其才："当代中国物权习惯法——广西金秀六巷瑶族'打茅标'考察报告"，载《政法论坛》2010年第1期。

风俗、习惯等自行议定一些内容，这部分自治性内容可能会与国家法律发生冲突。笔者比较考察过文斗村自 1998 年以来的四份村规民约，[1]尽管这四份村规民约整体上呈现出"强法治"倾向，但是仍然存在一些违法内容。文斗村 1998 年村规民约主要采取"罚款"方式对违反村规的行为进行处理，处罚性条款占全部条款数量的 90% 以上。2005 年以后，文斗村村规民约不再采用"罚款""没收违法所得"的方式，而是改为"违约金"，但这可能更多的只是名称上的变化，村规中规定的违约金数额较大，具有明显的惩罚性质。文斗村 2005 年村规还通过限制或剥夺村民正当性权益的方式强制村民签约，不论其是否同意文本中的相关条款。文斗村 2012 年、2015 年村规民约同样通过限制村民合法权益或不予以办理相关手续的方式强迫村民遵守村规，强制性地要求村民承担某种义务，如"凡不支持本村公益事业建设和妨碍《村民自治合约》执行的人，当年或次年暂不作为民政救助对象"。[2]不仅文斗村村规民约存在这种情况，在笔者调查的其他地区农村中同样也存在违反国家法律以及侵犯村民财产权、人身权等合法权益的村规民约。如在土地征用补偿费分配的时候，一些村寨的乡规民约限制外嫁女、入赘婿、离婚户的土地权益，对其少补或不补相应的土地补偿费用。在宅基地分配或翻建的时候，限制村民的翻建权利。[3]正式规范与准正式规范之间发生冲突的原因就在于，国家正式权力与半行政化的乡村自治权在乡村治理方面的运行逻辑不一致，前者是基于自上而下的治理官治逻辑，后者虽然呈现出半行政化色彩，但仍然保留了一定的自治特性，此部分自治权按照自下而上的民治逻辑运行。两类规范的生成系统不同，治理逻辑亦不同，故民治逻辑下的村规民约难免会与官治逻辑下的国家法律之间发生冲突，如何以官治督促统合民治，减少这种冲突发生，是当前乡村治理中必须认真思考的问题。

第二，正式规范与非正式规范之间的冲突。非正式规范生成于民治系统，没有国家权力的介入，因此在实践中难免会与正式规范发生冲突。此类冲突表现最为突出的是国家法与习惯法之间的冲突。习惯法是一套自创生规范系统，完全不同于国家法的创制逻辑，因此在乡村治理实践中与国家法发生冲

〔1〕 陈寒非："乡村治理法治化的村规民约之路：历史、问题与方案"，载《原生态民族文化学刊》2018 年第 1 期。
〔2〕 贵州省锦屏县《文斗村村民自治合约》(2012 年 12 月 25 日村民代表会议表决通过)。
〔3〕《北京房山区长沟镇坟庄村村规民约》(2013 年 6 月通过)。

突比较常见。笔者在湖南湘西城步苗寨调查时发现，当地财产继承习惯法规定女儿没有继承权，家庭财产由儿子继承。在丈夫去世后，妻子如果改嫁，亡夫的财产不能随之带走，而是留给儿子；如果没有儿子，则应该留给房族里的其他男性（如亡夫兄弟或侄儿）。这种家庭财产继承习惯法与国家继承法是相违背的，直接否定了女性的财产继承权。藏族的"赔命价"习惯法至今仍适用于故意杀人、故意伤害以及过失致人死亡等场合，这种特有的刑事和解制度与国家刑事法制存在较大的差异和冲突。[1]乡村自组织规范同样也会与国家法等正式规范发生冲突。如黔东南锦屏石引村陆氏房族族规规定："违反以上族规的，处罚人民币壹仟圆（1000元）。"[2]房族组织自发制定的房族族规属于乡村自组织规范，族规中的强制性罚款条款显然与国家法律相冲突。正式规范与非正式规范之间产生冲突的原因在于，正式规范基于现代国家理性主义而制定，而非正式规范基于村民日常生活实践理性而制定，前者是建构性规范，后者是自发性规范，两种规范生成机制截然不同，实践中容易产生张力和鸿沟。

第三，准正式规范与非正式规范之间的冲突。准正式规范不仅具有民治特性，而且还具有一定的官治特性，而非正式规范则纯属民治系统，两者之间的冲突也是存在的，在乡村治理实践中主要表现为村规民约与习惯法及乡村自组织规范之间的冲突。一方面，村规民约可能会受到固有习惯法的影响，体现固有习惯法的痕迹，与习惯法一脉相承；[3]另一方面，由于村规民约中有些内容是国家法的重述，固有习惯法内容并不完全进入村规民约。因此，村规民约与习惯法发生冲突的根本原因在于，国家权力强势介入民治系统之后引致的内在张力，村规民约与固有习惯法的内在延续被人为切断，成为并行不悖的两套规范系统。如怀柔北沟村村规民约规定："我村有女无儿户，多个女儿只限其中一女招婿。"[4]该条村规与当地传统入赘习惯不一致，传统入赘习俗并不限制有女无儿户招婿的数量。再如，黔东南苗族侗族自治州锦屏

〔1〕 苏永生："'赔命价'习惯法：从差异到契合——一个文化社会学的考察"，载《中国刑事法杂志》2010年第7期。

〔2〕 贵州省锦屏县石引村《高步房族族规》（2016年10月31日）。

〔3〕 罗昶："村规民约的实施与固有习惯法——以广西壮族自治区金秀县六巷乡为考察对象"，载《现代法学》2008年第6期。

〔4〕 北京市怀柔区渤海镇《北沟村村规民约》（2010年8月16日）。

县《瑶白村关于改革陈规陋习的村规》第 3 条规定："所有办酒席一律以下请柬为准，不再安排专人'面请'。"[1]这与当地传统风俗习惯请客办酒必须"面请"不一致，系村规对传统习惯进行的更改和调整。乡村自组织规范与村规民约的冲突也是存在的。《石引村移风易俗管理制度》第 1 条规定："除新屋上梁（或兄弟同建一幢房屋乔迁）、男婚女嫁、高考升学二本以上、老人百年大事允许办酒，办酒桌数控制在 30 桌以下，办菜碟数在 12 碟以下。其余的一律不准办酒。"[2]但是，该村刘氏家族根据房族实际情况作出变通规定："为厉行节俭，房族中只许办结婚、出嫁、上梁（兄弟共屋进新屋）、老人葬礼酒席，高考升学酒按村级相关规定执行，未办过婚酒的夫妇，可办一堂周岁酒，除此之外的不许办，执意要办的，房族成员可以到位帮忙，但不要送礼。"[3]村规绝对禁止办酒，而房族族规则允许办酒，只是限制成员送礼。准正式规范与非正式规范虽然都具有自治性，但是准正式规范经由国家权力的强势介入，自治程度相对较弱，而在乡村治理过程中行政管控的目的性较强（如基层政府通过村规民约移风易俗），而非正式规范完全基于自治而产生，更多的是对固有习惯的传承和重述。正因为如此，准正式规范与非正式规范在治理目的及规则形成上存在差异，实践中可能会引发冲突。

　　由此可见，当前乡村治理实践中多元规范之间会产生互动，但是由于各类规范生成的治理系统不一致，也就会发生一定的冲突。概而言之，冲突产生的根源在于官治与民治之间的对立，前者可将其归属于"法治论"路径，后者属于"治理论"路径。[4]"法治论"路径注重国家法等正式规范在乡村治理中的主导性作用，依据"形式主义"的法律规则进行治理；"治理论"路径注重习惯法及乡村自组织规范等"地方性知识"在乡村治理中的核心作用，依据"事实主义"的自治理规则进行治理，而作为准正式规范的村规民约则是官治、民治相互较量的领域，形成介乎两者之间的"中间地带"。

---

〔1〕　贵州省锦屏县《瑶白村关于改革陈规陋习的规定》（2012 年正月初一）。

〔2〕　贵州省锦屏县《石引村移风易俗管理制度》（2015 年 3 月 14 日）。

〔3〕　贵州省锦屏县石引村《哦先恩房族族规》（2017 年 1 月 27 日）。

〔4〕　有学者用"法治论"及"治理论"概括描述当前乡村司法的基本模式。陈柏峰、董磊明："治理论还是法治论？——当代中国乡村司法的理论建构"，载《法学研究》2010 年第 5 期。

四、乡村治理多元规范的整合

尽管乡村治理各类规范生成的治理系统不同，其在乡村治理中的功能及效力也不一致，有所侧重地承载乡村自治、法治及德治的基本要素，但这些规范都是乡村不可或缺的治理资源。多元规范冲突可能会降低乡村治理绩效，加大治理成本，甚至会造成秩序混乱。因此，健全党组织领导的自治、法治、德治相结合的乡村治理体系应该整合各类规范，解决规范资源相互冲突问题。多元规范整合包括内部清理整合与外部结构优化两个方面。

（一）内部清理整合

乡村治理规范的内部整合主要指各类规范自身的清理整合。

第一，正式规范内部的整合。国家法律、政策、党内法规以及地方党政机关制定的规范性文件（红头文件）是乡村治理遵循的基础性规范，是乡村治理得以展开的前提。如果国家正式规范内部不统一，乡村治理也就难以顺利展开。当前国家法律涉及立法主体较多、层级繁杂，需要理清各立法主体的立法权限，加强法律法规的清理和监督力度，确保法制统一原则得以顺利实现。乡村治理还涉及一些党内法规，因此国家法律与党内法规之间的衔接也是当前乡村治理多元规范整合中需要重点注意的问题。一方面，中国共产党是农村工作的领导核心，党对农村的政策直接决定了乡村治理的方向和重心；另一方面，国家法律又为农村治理提供了法治保障和规范基础。因此，国家法律和党内法规两个规范体系都是乡村治理的重要规范依据。根据目前学术界关于国家法律与党内法规关系的讨论，笔者认为应该具体情况具体分析，即如果两者没有交叉或有交叉但无冲突，则按照各自边界和分工适用；如果两者有交叉重叠又有冲突，那么则应在法治基本框架下协调解决。乡村治理中还有大量上级党政部门制定的"红头文件"（如关于乡村治理的指导性、号召性、激励性、宣示性等规范性文件），这些"红头文件"一方面可以因时、因地、因事对乡村进行有效管理，另一方面也会出现公权力滥用、文件冲突等问题。

正式规范生成于官治系统，官治系统的运作逻辑是官僚制，因此需要结合官僚制对正式规范进行内部整合。我国政府间关系、官员激励和政府治理的特点是"行政发包制"，即中央政府将政策目标"发包"给直接下级或地方政府。〔1〕如果从控制论角度观察，行政发包制是官僚制的常规化治理模式，在此治理模式下，委托方设定目标和政策取向，然后将任务"发包"给下属管理方，委托方保留检查验收、评估执行结果的控制权，政策执行和激励分配等剩余控制权则交给管理方，而代理方是政策的具体执行部门，需要应对落实管理方"发包"的任务。〔2〕在行政发包制治理模式下，管理方的角色非常关键，管理方为了确保委托方设定的政策目标的实现，会对代理方层层加码，也会根据实际情况对政策目标变通落实，同时也会进行激励督促；在面对委托方检查验收时，管理方又会与代理方一道共谋应对检查，以掩盖代理方在执行落实政策时出现的问题。一般而言，委托方为中央政府，省、市、县级政府为管理方，而乡镇、街道为代理方。当然，这种三级结构和角色定位并非绝对的，而是会根据具体场景动态变动。中央政府制定政策目标之后，省级政府会对此政策目标进行细化、"加码"和变通，市级政府则会在省级政府设定的目标基础上继续"发包"给县级政府，县级政府进一步变通、"加码""发包"给乡镇和街道，乡镇、街道指导督促村级组织具体落实。在行政发包制下，政策任务层层"发包"给下一级政府，变通和"层层加码"会导致政策走样和改变，甚至脱离委托方预定的政策目标，这正是政策（红头文件）等内部冲突的根源。针对这种情况，应该由委托方对管理方制定的规范性文件进行检查（加强政策制定的检查权），防止在"发包"过程中管理方过度变通和"层层加码"，对管理方制定的规范性文件进行备案审查，以避免"红头文件"之间、"红头文件"与国家法律之间发生冲突。

第二，准正式规范内部的整合。准正式规范内部冲突主要表现在相邻村庄村规民约之间的冲突以及村规民约体系内部的冲突。针对第一种冲突，笔者认为，村庄在制定村规民约时应该充分了解周边村庄的实际情况，尤其是涉及相邻权属等方面的规定更应慎重对待。乡镇政府发挥备案审查作用，对可能发生冲突的村规民约进行指导和纠正。至于第二种冲突，由于村规民约总则基于村民会议制定，涵盖乡村生活的方方面面，是村庄治理的"小宪法"，因而在村规民约体系内地位较高。针对特定事项的村规可以补充和细化

〔1〕　周黎安："行政发包制"，载《社会》2014年第6期。
〔2〕　周雪光：《中国国家治理的制度逻辑：一个组织学研究》，生活·读书·新知三联书店2017年版，第104页。

村规民约总则未规定的事项，在拟定之时村"两委"应负责审查是否与村规民约总则一致。如实施过程中两者相冲突，则应以村规民约总则为准。

第三，非正式规范内部的整合。习惯法经过长期的历史积淀而自发形成，习惯法内部的冲突实际上是跨文化、族群、地域之间的冲突，如果要整合的话只有消除文化和族群差异这一种方式，而这种方式是不可能实现的，强行实现的成本和代价会相当高，会引发集体性的"语言混乱"问题。因此，习惯法冲突难以整合，进入异文化场域的主体应该保持"他者的目光"，对异文化持以审慎尊重的态度。由于乡村自组织规范是基于自治而制定的，因此制定主体在制定之时应该充分考虑与习惯法、其他乡村自组织规范之间的冲突问题。如果发生冲突，可以根据实际情况随时自行调整，整合成本相对较小。

（二）外部结构优化

乡村治理多元规范的外部整合是指将各类规范资源视为相互配合的有机整体，优化整合多元规范结构，构建出以正式规范（国家法律、政策、党内法规等）为基础，以准正式规范（村规民约体系）为核心，以非正式规范（习惯法、乡村自组织规范等）为支撑的多元规范协同治理格局。

第一，正式规范是多元规范结构的基础，即正式规范为准正式规范、非正式规范设定基本框架。近代民族国家兴起后，主权概念构成民族国家的核心内容，主权的构造、划分及组织形态均需要通过法律形式进行法权式安排，故"现代民族国家是一个法律共同体"。法律治理是现代民族国家治理的主要形式，治理主体基于国家法授权进行治理，具有较强的治理权威和动员能力。与此同时，与国家法相近的其他规范性文件（如党内法规、政策、各级党政机关涉农的规范性文件等）也具有较高的权威性，也是乡村治理中的重要正式规范。乡村治理多元规范结构的优化整合需要综合考察正式规范、准正式规范及非正式规范三者之间的关系。国家法律等正式规范在乡村治理规范系统中具有基础性地位，其他规范均应以正式规范为基础展开，不得与正式规范相冲突，这也是解决规范冲突的基本原则。然而，国家法律等正式规范的基础性地位并不意味着其在乡村治理中面面俱到，仅需从宏观顶层设计层面为乡村治理设定权限程式，在一定程度上为准正式规范、非正式规范留出合理空间。

第二，准正式规范是多元规范结构的核心，即准正式规范弥合正式规范与非正式规范之间的冲突和裂隙。村规民约体系介于官治与民治两套治理系统之间，是官方与民间力量相互较量的场域，国家对乡村治理的目标及意图可以通过村规民约体系贯彻实现。笔者调查发现，村规民约在乡村治理中的积极作用集中表现在发扬基层民主、管理公共事务、分配保护资产、保护利用资源、保护环境卫生、促进团结互助、推进移风易俗、传承良善文化、维护乡村治安、解决民间纠纷等方面。[1]后农业税时代，国家对乡村的控制逐渐"退场"，国家权力在一定程度上悬浮于乡村社会，[2]村规民约体系成了国家管控乡村的最后抓手。村规民约以国家法律为指导，同时最大限度地吸纳传统习惯法内容，可以有效地弥合国家法律等正式规范与习惯法等非正式规范之间的鸿沟。一方面，村规民约对国家法的实施具有极其重要的意义，通过村规民约"改造"之后的国家法在乡村能够得到很好的实施；另一方面，传统习惯法通过村规民约的甄别传承之后以新的形态再次呈现，固有习惯中不合时宜的内容会被摒弃，新的符合乡村发展需要的习惯会重新议订，村规民约能够推进习惯法成长。[3]国家对乡村的治理主要是通过以村规民约为主要形式的村民自治制度实现的，村党支部、村民委员会以及村民均依据村规民约进行"自我管理、自我教育、自我服务"，乡村日常生活秩序之维护主要由村民依照村规民约进行。因此，村规民约是乡村治理多元规范结构的核心，通过村规民约可以有效整合、调和乡村治理中正式规范与非正式规范的冲突，融合官方与民间、法治与自治两种治理模式是当前推进乡村治理法治化的重要路径。

第三，非正式规范是多元规范结构的支撑，即非正式规范合理"嵌入"正式规范、准正式规范。非正式规范产生于民治系统，是一套自创生规范系统，时刻回应着人们日常生活实践的规范需求。正式规范、准正式规范的运行必须依靠非正式规范创造的"毛细血管式"的微循环秩序，这样在治理过程中可以取得比较好的效果。反之，如果强力介入甚至是破坏非正式规范体

---

〔1〕　陈寒非、高其才："乡规民约在乡村治理中的积极作用实证研究"，载《清华法学》2018年第1期。

〔2〕　周飞舟："从汲取型政权到'悬浮型'政权——税费改革对国家与农民关系之影响"，载《社会学研究》2006年第3期。

〔3〕　笔者在黔东南地区瑶白、华寨及黄门三村的田野考察证明，当前通过村规民约促进移风易俗是较为有效的做法，在村规民约的强制推动下新的风俗习惯不断形成，村规民约对于促进习惯法的赓续生长具有较大的作用。参见陈寒非："风俗与法律：村规民约促进移风易俗的方式与逻辑"，载《学术交流》2017年第5期。

系，那么很有可能会引发较大的冲突。因此，一方面，正式规范、准正式规范在制定实施的过程中应充分吸纳、尊重非正式规范；另一方面，如果正式规范、准正式规范必须介入非正式规范，也应采取适当的方式和审慎的态度，只有经过甄别证明确实不合时宜的非正式规范才可以进行改造和消除。正如穆尔所言，在"半自治社会领域"（The semi-autonomous social field），[1]习惯、自组织规范等内部生成的非正式规范是小型社会领域的基础，但同时又会受到较大型社会规则、决策及其他强制力的影响，后者主要指正式规范与准正式规范。也就是说，在乡村半自治社会领域，内部生成的非正式规范是正式规范、准正式规范发生作用的基础，非正式规范是正式规范、准正式规范的现实支撑。非正式规范是决定乡村治理秩序的关键性因素，乡村自发形成的非正式规范是与乡村生活息息相关的秩序资源，正式规范、准正式规范在很大程度上依赖于非正式规范。只有因地制宜地将正式规范、准正式规范植入非正式规范生存的文化土壤中，正式规范、准正式规范才能最终落地生根、行之有效。大量的田野调查资料表明，习惯法及乡村自组织规范在乡村治理规范系统中数量庞大，而且运行效果较好，执行方式也比较灵活，比较贴近村民生活实际（如长生会章程），在乡村治理多元规范结构中往往具有支撑性地位，国家法律、村规民约等规范需要充分尊重非正式规范。

五、结语

乡村秩序建构的关键在于规范，规范是乡村治理的前提。在法律多元论视域下，乡村治理规范是多元的，包括国家法律、政策、党内法规、上级党政部门规范性文件、村规民约、习惯法及乡村自组织规范等。根据规范生成与国家权力之间的关系，可将乡村治理中的规范类型化为正式规范、准正式规范以及非正式规范，分别对应官治系统、官督民治系统以及民治系统。正式规范主要包括国家法律、政策及党内法规等。正式规范生成的基础为官治系统，主要由国家权力根据治理需要自上而下地创制，具有外在性和强制性。准正式规范主要指村规民约体系，具体包括作为村庄共同体"小宪法"的村规民约总则和针对特定事项制定的村规。准正式规范综合了国家权力和乡村

---

〔1〕［美］萨莉·法克尔·穆尔："法律与社会变迁：以半自治社会领域作为适切的研究主题"，胡昌明译，载郑永流主编：《法哲学与法社会学论丛（七）：2004》，中国政法大学出版社2005年版，第207~238页。

自治两种治理力量，是官治和民治相互较量的场域，现实中生成于"官督民治"系统。非正式规范包括习惯法与乡村自组织规范，数量庞杂、种类繁多，大多基于村民日常生活实际自发而生，纯属"民治"产物。

由于各类规范生成机制不一致，功能也不尽相同，因此在乡村治理实践互动中难免会产生冲突。乡村治理规范冲突主要表现为内部和外部两个方面。内部冲突主要是各类规范的内部冲突，如正式规范的内部冲突、准正式规范的内部冲突以及非正式规范的内部冲突。正式规范的内部冲突又分为国家法律体系的冲突、政策冲突、党内法规冲突、国家法律与政策、党内法规之间的冲突。准正式规范的内部冲突包括邻村村规民约之间的冲突、村规民约总则与针对特定事项村规之间的冲突。非正式规范具有内生性，其内部冲突处理比较棘手。习惯法冲突主要表现为文化的冲突，不同的乡村自组织制定的规范之间也可能会发生冲突。外部冲突主要是各类规范之间的冲突，如正式规范与准正式规范之间的冲突、正式规范与非正式规范之间的冲突、准正式规范与非正式规范之间的冲突，这些冲突发生的根本原因在于"官治""民治"及"官督民治"三类治理逻辑的差异。

乡村治理是指通过乡村管理或自主管理实现乡村社会的有序发展。[1]乡村治理多元规范的冲突会给乡村秩序造成混乱，降低乡村治理效能，因此需要基于综合考量进行整合。乡村治理多元规范的整合包括内部清理整合和外部结构优化两种方式。第一，内部清理整合主要包括正式规范内部整合、准正式规范内部整合以及非正式规范内部整合三个方面。其中，正式规范内部整合应首先解决乡村治理立法中的多主体、多层级立法问题，明确各层级立法主体的立法权限；健全党内法规与国家法律之间的协调衔接机制；完善规范性文件备案审查机制。准正式规范内部整合应充分发挥乡镇政府备案审查作用，村规民约体系内部的冲突可由村"两委"审查解决，针对特定事项的村规不得违反村规民约总则。非正式规范内部的整合相对较为复杂，习惯法涉及不同文化系统，无法进行整合，"他者"对异文化应持尊重态度。乡村自组织规范的整合成本相对较低，可以根据实际情况自行调整。第二，外部结构优化需要将各类规范视为有机整体，优化整合多元规范结构。正式规范是多元规范结构的基础，准正式规范是多元规范结构的核心，非正式规范是多

---

〔1〕　贺雪峰："乡村治理研究的三大主题"，载《社会科学战线》2005 年第 1 期。

元规范结构的支撑。

　　国家为乡村打造的正式规范及制度安排并不意味着对乡村实现了有效控制和治理，相反，国家有可能成为乡民眼中"想象的异邦"。因此，乡村治理必须认真对待国家正式规范之外的其他规范资源，包括准正式规范和非正式规范。乡村治理应该有一个动态开放的规范体系，各类规范之间相互补充、支撑，优化整合多元规范结构可以实现乡村场域多种力量的协同治理、合作治理。

第二十二章 国家法律对乡村治理的调整

一、引言

有效的乡村治理需要国家法律、地方性法规、村规民约等多元规范优化合治，国家法律对乡村治理的调整是其中的重要组成部分。此处，"国家法律"指的是最高国家立法机关及其常设机构制定并由国家强制力保证实施的行为规范，为宪法之下具有最高法源的规范性法律文件。

国家法律以社会为基础，同时对社会起着调整作用，"作为社会规范的法律，是人类社会自身发展的需要，是社会运转的一种重要调整机制"。[1] 在法治国家、法治政府、法治社会一体建设的时代背景下，通过国家法律对乡村治理进行调整，促进乡村治理的法治化也是应有之义。到 2010 年底，一个立足中国国情和实际、适应改革开放和社会主义现代化建设需要、集中体现中国共产党和中国人民意志，以宪法为统帅，以宪法相关法、民法商法等多个法律部门的法律为主干，由法律、行政法规、地方性法规等多个层次法律规范构成的中国特色社会主义法律体系已经形成。

中国特色社会主义法律体系中的法律种类繁多、内容丰富，其中也包含着许多与乡村治理相关的国家法律。本章即以国家法律为考察对象，以调整的社会关系为分类基础，梳理和分析其中与乡村治理相关的内容，以认识国家法律在健全党组织领导的自治、法治、德治相结合的乡村治理体系过程中的重要作用。

---

[1] 高其才：《法理学》（第 3 版），清华大学出版社 2015 年版，第 378 页。

二、国家法律对农村基层组织的调整

从狭义上解释，乡村治理主要是村民自治，并主要体现为通过村民委员会等农村基层组织实现，这是我国基层群众自治制度的重要组成部分。《宪法》从根本法的层面对村民自治制度进行了确认和调整。

《宪法》是我国的根本法，具有最高的法律效力。关于乡村治理，《宪法》第111条规定："城市和农村按居民居住地区设立的居民委员会或者村民委员会是基层群众性自治组织。居民委员会、村民委员会的主任、副主任和委员由居民选举。居民委员会、村民委员会同基层政权的相互关系由法律规定。居民委员会、村民委员会设人民调解、治安保卫、公共卫生等委员会，办理本居住地区的公共事务和公益事业，调解民间纠纷，协助维护社会治安，并且向人民政府反映群众的意见、要求和提出建议。"该条内容是1982年12月4日第五届全国人民代表大会第五次会议对《宪法》进行修正后增加的新内容，从而开启了我国乡村治理体制的变革，也深刻影响着国家治理、社会治理。《宪法》第111条主要规定在农村地区设立村民委员会作为基层群众性自治组织，并规定了其组成和主要职责，这是从宪法层面对村民自治进行法律保障。

而《村民委员会组织法》是我国对村民委员会等农村基层组织进行规范的最主要的国家法律。《村民委员会组织法》对《宪法》有关村民自治的规定进行了进一步的细化。1987年11月24日，第六届全国人民代表大会常务委员会第二十三次会议通过了《村民委员会组织法（试行）》，自1988年6月1日起开始实施。其立法目的是"保障农村村民实行自治，由村民群众依法办理群众自己的事情，促进农村基层社会主义民主和农村社会主义物质文明、精神文明建设的发展"。该法也是我国村民自治的主要法律保障。该法共21条，涉及村民委员会的性质、村民委员会的设立、村民委员会与乡镇人民政府的关系、村民委员会的职责、村民委员会的组成、村民会议、村规民约等内容。

《村民委员会组织法（试行）》实施后，全国范围内的乡村社会基本上建立了村民委员会，村民自治实践也积累了大量的经验。相对来说，该法的内容较为简略，在许多方面需要根据实践进行相应的修改和完善。1998年11月4日，第九届全国人民代表大会常务委员会第五次会议修订通过，并于公布之日起正式实施《村民委员会组织法》。《村民委员会组织法》全面总结了

改革开放 20 年来乡村治理的实践经验和《村民委员会组织法（试行）》实施
10 年来的村民自治实践经验，坚持和完善了民主选举、民主决策、民主管理、
民主监督。1998 年《村民委员会组织法》共 30 条，在内容方面对村民委员
会选举、村务公开、民主管理进行了细化，同时增加了村民自治章程的内容，
强调将村民自治的内容写入村民自治章程，与村规民约一起作为村民共同遵
守的行为规范。在村民自治方面，第 19 条要求在涉及村民利益的一些事项
时，村民委员会必须提请村民会议讨论决定，从法律层面保障村民自治。这
些事项包括：乡统筹的收缴方法，村提留的收缴及使用；本村享受误工补贴
的人数及补贴标准；从村集体经济所得收益的使用；村办学校、村建道路等
村公益事业的经费筹集方案；村集体经济项目的立项、承包方案及村公益事
业的建设承包方案；村民的承包经营方案；宅基地的使用方案；村民会议认
为应当由村民会议讨论决定的涉及村民利益的其他事项。1998 年《村民委员
会组织法》的实施标志着我国的乡村治理进入了一个新的历史阶段，村民自
治的法律基础更加坚实。

　　随着经济社会发展和乡村治理实践的不断推进，《村民委员会组织法》也
适时进行了再次修正。2010 年 10 月 28 日，第十一届全国人民代表大会常务
委员会第十七次会议对《村民委员会组织法》进行了修订，对新时期的村民
自治制度进行了详细的规范。在结构上，本次修订将全文分为总则、村民委
员会的组成和职责、村民委员会的选举、村民会议和村民代表会议、民主管
理和民主监督、附则等 6 章，共 41 条。修订后的《村民委员会组织法》对我
国乡村治理进行了再次调整和完善，在乡村治理的主体方面，增加和强调发
挥服务性、公益性、互助性社会组织、村务监督委员会或者其他形式的村务监
督机构的积极作用；在乡村治理的规范方面，规定如果村民自治章程、村规民
约以及村民会议或者村民代表会议的决定与宪法、法律、法规和国家的政策相
抵触，侵犯村民的人身权利、民主权利和合法财产权利，乡、民族乡、镇的人
民政府应责令改正；在乡村治理的具体实施方面，对于村民委员会的组成和职
责、村民委员会的选举、村民会议和村民代表会议、民主管理和民主监督等方
面都提出了具体的要求，从而进一步完善了村民自治制度。《村民委员会组织
法》对于完善村民自治、完善基层民主自治制度、发展中国特色社会主义政治
制度具有重要的历史意义，为我国乡村治理提供了符合国情实际的法律保障。

　　2018 年 12 月 29 日，第十三届全国人民代表大会常务委员会第七次会议

对《村民委员会组织法》进行了修正，将第 11 条第 2 款修改为："村民委员会每届任期五年，届满应当及时举行换届选举。村民委员会成员可以连选连任。"本次修订只在村民委员会任期方面做了修改，没有对其他内容进行相应的修改。随着乡村治理实践的深入，特别是在健全自治、法治、德治相结合的乡村治理体制过程中，我国也会适时对其进行修订和完善，以适应乡村治理实践的要求。

三、国家法律对农村社会管理的调整

农村社会的稳定和谐是治理有效的重要体现，也需要国家法律的调整。农村社会管理是一个综合性、系统性工程，涉及领域众多，我国尚没有一部专门性的法律予以调整，而是分散在其他法律中。具体而言，农村社会管理涉及村庄规划、婚姻家庭、农村社会治安等多个方面。

关于村庄规划，我国制定了专门的《城乡规划法》，其中也涉及村庄规划问题。《城乡规划法》第 18 条规定："乡规划、村庄规划应当从农村实际出发，尊重村民意愿，体现地方和农村特色。乡规划、村庄规划的内容应当包括：规划区范围，住宅、道路、供水、排水、供电、垃圾收集、畜禽养殖场所等农村生产、生活服务设施、公益事业等各项建设的用地布局、建设要求，以及对耕地等自然资源和历史文化遗产保护、防灾减灾等的具体安排。乡规划还应当包括本行政区域内的村庄发展布局。"村庄规划是美丽乡村建设的前提，在规划编制和实施过程中既要遵循规划的一般规律，也要尊重乡村历史文化传统，增强规划的科学性。

婚姻家庭是农村社会管理的重要领域，直接关涉农村社会家庭内部关系和谐稳定与否，与婚姻家庭相关的国家法律在乡村地区需要得到遵守。在婚姻家庭立法领域，我国制定了《婚姻法》《继承法》《人口与计划生育法》《妇女权益保障法》《未成年人保护法》《老年人权益保障法》等法律，这些对于调整农村社会婚姻家庭关系起到了重要作用。

农村社会治安是农村社会稳定和谐的基础，建设平安乡村也是健全自治、法治、德治相结合的乡村治理体系的重要内容。因此，也需要国家法律予以调整。农村社会治安是社会治理、国家治理的组成部分，我国并没有专门针对农村社会治安问题制定法律，而是制定了适用于全国范围的《治安管理处罚法》。此外，如果村民的行为违反了行政管理秩序，行政机关也会根据《行政处罚法》予以处罚；如果村民的行为构成了犯罪，人民法院也会按照法定程序适用《刑法》。根据村民违法行为的性质，我国有权机关会根据不同的法律对其进行处理，从而维护乡村社会治安秩序。

乡村矛盾纠纷解决也是农村社会管理的重要内容，有效畅通的矛盾纠纷解决路径是乡村治理有效的重要前提。健全自治、法治、德治相结合的乡村治理体系，一方面要重点做好矛盾预防工作，引导村民形成互相帮助、互相关爱的良好社会氛围，尽可能避免矛盾纠纷的发生；另一方面在矛盾纠纷发生后，村民委员会或者其他机关工作人员也要及时妥善处理村民之间的矛盾纠纷。根据《村民委员会组织法》，人民调解委员会是村民委员会的内设组织，其职能主要是调处乡村矛盾纠纷。此外，2010 年 8 月 28 日，我国还制定和实施了《人民调解法》，对人民调解进行专门法律规制。该法规定人民调解委员会是依法设立的调解民间纠纷的群众性组织，村民委员会设立人民调解委员会，人民调解员依照调解程序对村民之间的矛盾纠纷进行调解。

四、国家法律对农村土地管理的调整

在土地制度方面，我国存在国家所有和集体所有两种所有制形式。在此基础上，我国农民拥有使用权。《宪法》第 10 条第 2 款规定："农村和城市郊区的土地，除由法律规定属于国家所有的以外，属于集体所有；宅基地和自留地、自留山，也属于集体所有。"第 5 款规定："一切使用土地的组织和个人必须合理地利用土地。"《宪法》对农村土地性质的明确规定是农民使用农村土地资源的基础，也是最重要的法律保障。为了落实《宪法》关于农村土地管理的内容，我国还制定了《土地管理法》《农村土地承包法》等法律。

《土地管理法》是根据《宪法》规定的土地管理内容作出进一步明确的综合性法律，其中也涉及农村土地管理。1986 年 6 月 25 日，第六届全国人民代表大会常务委员会第十六次会议通过了《土地管理法》，并自 1987 年 1 月 1 日起施行。根据土地管理需要，我国对《土地管理法》进行了多次修正（订）。[1]

---

〔1〕　根据 1988 年 12 月 29 日第七届全国人民代表大会常务委员会第五次会议《关于修改〈中华人民共和国土地管理法〉的决定》第一次修正；1998 年 8 月 29 日第九届全国人民代表大会常务委员会第四次会议修订；根据 2004 年 8 月 28 日第十届全国人民代表大会常务委员会第十一次会议《关于修改〈中华人民共和国土地管理法〉的决定》第二次修正；根据 2019 年 8 月 26 日第十三届全国人民代表大会常务委员会第十二次会议《关于修改〈中华人民共和国土地管理法〉、〈中华人民共和国城市房地产管理法〉的决定》第三次修正，自 2020 年 1 月 1 日起施行。

2019 年对《土地管理法》的修正是对农村土地征收、集体经营性建设用地入市、宅基地改革试点经验的总结和归纳。关于农村土地征收，本次修订明确为了公共利益，可以依法征收农民集体所有的土地。关于公共利益的界定，本次修订列举了 6 项：军事和外交需要用地的；由政府组织实施的能源、交通、水利、通信、邮政等基础设施建设需要用地的；由政府组织实施的科技、教育、文化、卫生、体育、生态环境和资源保护、防灾减灾、文物保护、社区综合服务、社会福利、市政公用、优抚安置、英烈保护等公共事业需要用地的；由政府组织实施的扶贫搬迁、保障性安居工程建设需要用地的；在土地利用总体规划确定的城镇建设用地范围内，经省级以上人民政府批准由县级以上地方人民政府组织实施的成片开发建设需要用地的；法律规定为公共利益需要可以征收农民集体所有的土地的其他情形。集体经营性建设用地入市是重要革新，在修订之前，除了乡镇企业破产兼并外，禁止农村集体经济组织以外的单位或者个人直接使用集体建设用地。本次修正规定："集体经营性建设用地出让、出租等，应当经本集体经济组织成员的村民会议三分之二以上成员或者三分之二以上村民代表的同意。通过出让等方式取得的集体经营性建设用地使用权可以转让、互换、出资、赠与或者抵押，但法律、行政法规另有规定或者土地所有权人、土地使用权人签订的书面合同另有约定的除外。集体经营性建设用地的出租，集体建设用地使用权的出让及其最高年限、转让、互换、出资、赠与、抵押等，参照同类用途的国有建设用地执行。具体办法由国务院制定。"

对于农村土地，我国实行农村土地承包经营制度，并专门制定和实施了《农村土地承包法》。这也是对《宪法》第 8 条"家庭承包经营为基础、统分结合的双层经营体制"规定的具体落实。2002 年 8 月 29 日，第九届全国人民代表大会常务委员会第二十九次会议通过《农村土地承包法》，自 2003 年 3 月 1 日起施行。2018 年 12 月 29 日，第十三届全国人民代表大会常务委员会第七次会议对《农村土地承包法》进行了修正。本次修正的一个显著变化是确立了农村土地所有权、承包权、经营权农村土地"三权分置"制度。第 9 条规定："承包方承包土地后，享有土地承包经营权，可以自己经营，也可以保留土地承包权，流转其承包地的土地经营权，由他人经营。"农村土地"三权分置"制度的确立，能够在很大程度上激发农村土地要素的生产活力，促进农业发展、农业转型、农业农村现代化。

农村土地承包是农民发展农业生产的重要渠道，但是在实践中也可能会产生一些纠纷。为了公正、及时地解决农村土地承包经营纠纷，维护当事人的合法权益，促进农村经济发展和社会稳定，我国制定了《农村土地承包经营纠纷调解仲裁法》。该法于 2009 年 6 月 27 日由第十一届全国人民代表大会常务委员会第九次会议通过，自 2010 年 1 月 1 日起施行。该法分总则、调解、仲裁、附则四章，共 53 条。调解和仲裁是两种解决农村土地承包经营纠纷的途径，调解是乡村社会各种纠纷解决的主要途径，而此处的仲裁特指由农村土地承包仲裁委员会根据法律程序开展的仲裁活动。

五、国家法律对农业经济发展的调整

农业在国民经济中居于基础地位，国家重视农业经济发展，并制定和实施了农业经济发展领域的法律，这也是乡村治理的重要内容。我国在确立农村土地管理法律制度的基础上进一步规定了农村集体经济发展和农业生产的相关法律内容。关于农村集体经济组织立法，当前我国还没有一部专门性法律，相关立法工作正在进行中。《宪法》第 8 条规定："农村集体经济组织实行家庭承包经营为基础、统分结合的双层经营体制。农村中的生产、供销、信用、消费等各种形式的合作经济，是社会主义劳动群众集体所有制经济。参加农村集体经济组织的劳动者，有权在法律规定的范围内经营自留地、自留山、家庭副业和饲养自留畜……国家保护城乡集体经济组织的合法的权利和利益，鼓励、指导和帮助集体经济的发展。"《民法典》也赋予了农村集体经济组织特别法人地位，这对于农村集体经济发展有重要的促进作用。

为了巩固和加强农业在国民经济中的基础地位，提高农业生产，促进农业现代化，维护农民和农业生产经营组织的合法权益，增加农民收入，提高农民科学文化素质，促进农业和农村经济的持续、稳定、健康发展，实现全面建设小康社会的目标，我国还专门制定了《农业法》。这是农业经济发展领域的基础性法律。该法涉及种植业、林业、畜牧业和渔业等产业，包括与其直接相关的产前、产中、产后服务，涵盖农业各领域。在生产经营组织方面，该法涉及村集体经济组织、农民专业合作经济组织、农业企业和其他从事农业生产经营的组织。《农业法》分总则、农业生产经营体制、农业生产、农产品流通与加工、粮食安全、农业投入与支持保护、农业科技与农业教育、农业资源与农业环境保护、农民权益保护、农村经济发展、执法监督、法律责

任、附则等章,共 99 条,对农村经济发展进行了较为全面的调整。

农业经济发展涉及领域众多,为此我国也制定了许多配套性法律,如《种子法》《农业技术推广法》《农民专业合作社法》《乡镇企业法》《渔业法》《畜牧法》等专门性法律。总体上,我国已经形成了以《农业法》为主干、其他配套法律为辅的农业经济发展法律体系。

六、国家法律对农村环境保护的调整

乡村振兴,生态宜居是关键。良好的生态环境是农村的最大优势和宝贵财富,农村生态环境保护是生态文明建设在乡村社会的直接体现。我国宪法法律都有关于乡村生态环境保护和乡村环境卫生整治的明确规制。《宪法》第26 条规定:"国家保护和改善生活环境和生态环境,防治污染和其他公害。国家组织和鼓励植树造林,保护林木。""生活环境"和"生态环境"都属于"环境"的范畴。《环境保护法》对"环境"的定义为:"影响人类生存和发展的各种天然的和经过人工改造的自然因素的总体,包括大气、水、海洋、土地、矿藏、森林、草原、湿地、野生生物、自然遗迹、人文遗迹、自然保护区、风景名胜区、城市和乡村等。"《环境保护法》第 4 条第 1 款明确规定:"保护环境是国家的基本国策。"我国一切单位和个人都有保护环境的义务,乡村社会的每一位村民都有保护生态环境的义务。

《环境保护法》是我国农村生态环境保护的基础性法律,同时其他法律也涉及了农村生态环境保护的具体领域。乡村是耕地、林地、森林资源、动物资源、渔业资源、水资源等资源的重要保存地。为此,我国制定了《土地管理法》《森林法》《野生动物保护法》《渔业法》《水污染防治法》《水土保持法》等专门性法律,这些法律同样适用于乡村社会。

七、结语

乡村治理是社会治理、国家治理的组成部分,乡村治理现代化是国家治理体系和治理能力现代化的必然要求。法律是治国之重器,法治是国家治理体系和治理能力的重要依托。在全面依法治国的要求下,乡村治理的法治化也是应有之义。乡村治理涉及经济、社会等众多领域,涉及乡镇人民政府、村民委员会、村民等多种主体,社会关系复杂、利益多元、观念多样,其中的一些社会关系需要国家法律予以调整。

综合来看,国家法律对村民委员会等农村基层组织、农村土地管理、农

业经济发展、农村社会管理、农村生态环境保护等进行了调整，从而发挥了国家法律在促进乡村有效治理中的积极作用。

　　同时，我们也要注意到，国家法律的一般性特征意味着它不能涵盖乡村治理的具体细节，此时需要地方性法规、村规民约、习惯法等其他规范予以进一步明确，从而实现多元规范的优化合治。

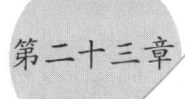

第二十三章

《村民委员会组织法》修改与乡村治理

一、引言

《村民委员会组织法（试行）》由第六届全国人民代表大会常务委员会第二十三次会议通过，1987 年 11 月 24 日中华人民共和国主席令第五十九号公布，自 1988 年 6 月 1 日起试行。这部法律对于保障农村村民实行自治、发展农村基层民主起到了积极的作用。

经过一段时间的试行，《村民委员会组织法》由第九届全国人民代表大会常务委员会第五次会议于 1998 年 11 月 4 日修订通过，自 1998 年 11 月 4 日起施行。为适应农村改革的发展和对基层民主的需求，2010 年 10 月 28 日，第十一届全国人民代表大会常务委员会第十七次会议对《村民委员会组织法》进行了修订，在选举制度、罢免程序、村民民主议事的组成和程序、民主管理和民主监督制度等方面予以了一定程度的完善。2018 年 12 月 29 日，第十三届全国人民代表大会常务委员会第七次会议通过的《关于修改〈中华人民共和国村民委员会组织法〉〈中华人民共和国城市居民委员会组织法〉的决定》又将村民委员会成员的任期修改为 5 年。

面对实施乡村振兴战略的乡村新情况，《村民委员会组织法》存在一定的不相适应的条款。因此，《村民委员会组织法》修改被提上了议事日程。按照 2018 年 9 月公布的《第十三届全国人民代表大会常务委员会立法规划》，《村民委员会组织法》修改被列为第二类项目，属于需要抓紧工作、条件成熟时提请审议的类型。

随着农村改革的进一步深化，乡村振兴战略的实施对乡村治理体系的健全提出了更高的要求，而坚持村民自治在乡村治理中的基础性地位是保证乡村治理有效、实现乡村振兴的前提。面对社会变迁、乡村治理提出的诉求，在呼应乡村社会发展的同时，应当本着最大限度保障自治、在自治与国家管理之间保持平衡的原则修改《村民委员会组织法》，为村民自治提供更为健全的制度框架和法律保障。本章拟从修改的背景、修改的原则以及建议修改的内容等三个方面展开讨论。

二、《村民委员会组织法》修改的背景

我国乡村社会发展状况从三个方面对《村民委员会组织法》提出了修改和完善的要求。其一，新时代社会主要矛盾发生变化，为实现更为美好的生活，农民积极参与公共事务决策的需要，要求《村民委员会组织法》深化村庄内部民主管理和民主监督。其二，在实施乡村振兴战略的背景下，为促进城乡融合，实现城市和乡村要素的自由流动，要求《村民委员会组织法》为消除城乡之间的隔阂提供支持。其三，在建设法治国家的背景下，为强化法律权威、推进依法执政和依法行政，要求《村民委员会组织法》制约行政对村民自治的不当影响。为保障村民自治，《村民委员会组织法》的完善和修改要回应村民自治、城乡关系和治理行政化的复杂问题。

（一）新时代主要社会矛盾的变化

随着我国在政治、经济、文化、社会等方面取得巨大成就，新时代我国社会主要矛盾已经发生了变化。党的十九大报告指出："中国特色社会主义进入新时代，我国社会主要矛盾已经转化为人民日益增长的美好生活需要和不平衡不充分的发展之间的矛盾。"这一社会主要矛盾的改变在农村尤为显著：一方面，城乡发展之间的不平衡呼吁城乡一体化，重构城乡关系；另一方面，当前农民对于通过参与公共事务决策、依法维护自身权益的需求日渐高涨。[1]2018年一号文件提出依托多种村民组织形成"民事民议、民事民办、民事民管的多层次基层协商格局"。《村民委员会组织法》亟待完善，以为村民通过各种村民组织参与公共事务提供切实有效的途径，并深化民主管理和民主监督。

---

〔1〕 张天佐、李迎宾："强化'三治'结合健全乡村治理体系"，载《农村工作通讯》2018年第8期。

（二）城乡融合的新型工农城乡关系

2018 年中央一号文件指出："我国发展不平衡不充分问题在乡村最为突出。"为破除城乡二元格局的弊病，新型城乡关系逐渐形成。"实施乡村振兴战略，是解决人民日益增长的美好生活需要和不平衡不充分的发展之间矛盾的必然要求。"乡村振兴战略坚持城乡融合发展，推动城乡要素在市场的作用下自由流动、平等交换，以"形成工农互促、城乡互补、全面融合、共同繁荣的新型工农城乡关系"为目标。但目前城乡融合仍存在较多阻碍，有赖于通过《村民委员会组织法》逐步促进城乡要素的自由流动，逐步为城乡融合扫除障碍。

（三）法治建设的全面推进

全面推进依法治国要求实现基层治理的法治化。1999 年修正的《宪法》第 5 条第 1 款明确规定："中华人民共和国实行依法治国，建设社会主义法治国家。"2014 年《中共中央关于全面推进依法治国若干重大问题的决定》提出全面推进依法治国，坚持依法治国、依法执政、依法行政共同推进，坚持法治国家、法治政府、法治社会一体建设。其中，"全面推进依法治国，基础在基层，工作重点在基层"，并据此提出了坚持基层治理法治化的方略。强化法律权威，以更为完善的《村民委员会组织法》保障村民自治，将党的领导约束在党内法规内，将行政指导约束在法律的范围内，既是全面推进依法治国的必然要求，也是最大限度保障村民自治的必然要求。

三、《村民委员会组织法》修改的原则

《村民委员会组织法》承担着平衡国家行政权力和村民自治权利的责任。在全面实施乡村振兴的背景下，这一责任愈发艰巨。为保证乡村的稳定发展，应当着重加强《村民委员会组织法》的规范性、安定性和实效性。在具体的指导原则上，《村民委员会组织法》的修改应当遵循法治理念依法治村，避免政策治村、运动式治村；为保证其安定性，应当遵循部分修改的原则；为贴近现实，应当遵循分类处理的原则。

（一）坚持法治理念

为纠偏乡村治理的政策化倾向，《村民委员会组织法》的修改应当一方面使有潜力的政策合法化，另一方面通过立法技术增强规范性，淡化《村民委员会组织法》自身的政策化色彩，遵循最低限度的行政介入理念。

在全面推进依法治国的进程中，应当坚持宪法、法律至上，由国家力量积极推动的政策应对法律的运行发挥补充作用，得到立法机关的认可后方可转化为法律。面对乡村社会的巨变和乡村振兴战略的实施，乡村治理工作的推进呈现出明显的政策化思维，主要通过行政权力推动治理。国家通过下派第一书记、加强基层党建、财政支付转移、项目制等方式在人、财、物三个方面全面进入乡村社会。需要肯定政策在乡村治理中的重要角色，以快速的方式达成了一定的治理目标，具有一定的实践理性意义，但更需要重视的是政策化面临的合法性问题。例如，现实中虽然"一肩挑"解决了"书记管党务，村长管村务"的"两张皮"现象，但也带来了新的问题，权力的集中不符合基层民主要求的分权和制衡的原则。有学者观察，经济实力较强的村子倾向于反对这一设计，而且也有相当多的村子不具有合适的人选。当前有地区试行党支部和村委会两委联席会议，成了事实上的决策机构，取代了村民会议和村民委员会的决策地位。[1]另有沿海发达地区通过分权改革，将村民委员会的自治权转移至镇聘的执行单位，使村委会变成基层政府的科层化延伸。[2]但以上所述的政策化举措与《宪法》和《村民委员会组织法》等法律确立的村民自治制度相冲突，缺乏合法性基础。

固然，面对社会发展超前于法律规定的情形，为解决乡村治理出现的新问题，在一定程度上需要政策先行，但问题在于，当前政策不仅数量多，而且在内容上逐渐脱离了法律的限制，违背了立法宗旨。因此，《村民委员会组织法》的修改应当坚持法治理念，维护村民自治的立法宗旨。主动有选择性地吸纳有制度潜力的政策，为政策提供合法性基础。此外，通过法技术限制政策对村民自治的影响，逐步实现基层治理法治化。例如，通过规范法律用语、清晰化程序性规定、解决法律条文逻辑冲突等方式增强《村民委员会组织法》的规范性，通过细化法律责任、法律救济增强《村民委员会组织法》的操作性和强制性，从而淡化其政策性。

（二）部分修改原则

在当前的立法体例符合立法宗旨的前提下，为确保法律的安定性，保护

---

〔1〕　郑梦熊："村民自治实践中存在的问题和出路——兼论《村民委员会组织法》修改"，载《东南学术》2010年第4期。

〔2〕　王丽惠："控制的自治：村级治理半行政化的形成机制与内在困境——以城乡一体化为背景的问题讨论"，载《中国农村观察》2015年第2期。

农民对于基层法治的稳定预期,《村民委员会组织法》应当坚持部分修改,而非全面修改。[1]

《村民委员会组织法》第 1 条规定:"为了保障农村村民实行自治,由村民依法办理自己的事情,发展农村基层民主,维护村民的合法权益,促进社会主义新农村建设,根据宪法,制定本法。""保障自治、发展基层民主"是本法的立法宗旨。从立法体例上看,《村民委员会组织法》规定了以村民委员会为中心,村民会议和村民代表会议为辅助,实行民主管理和民主监督的制度框架,符合立法宗旨。当前,学界在修改幅度和立法体例的问题上存在争议,有学者追求法律高度的预见性而主张大修,[2]或制定《村民自治法》以替代《村民委员会组织法》。[3]但笔者认为,在立法体系能够满足立法宗旨的需要的前提下,法律的安定性更值得保护,可以通过小修逐步解决的问题没有充分的理由通过大修解决。虽然具体制度设计和实际运行还存在一定的滞后性,但不存在完美的法律,只有不断完善法律,通过不断弥合法律条文与现实之间的缝隙使法律尽可能适应社会的发展。且村民自治的广泛有效的运行已经肯定了本法的实效,村民自治制度的保障可以逐步推进。

另有学者主张当前时机已经成熟,应当制定村民委员会选举法、村务公开条例、乡村关系条例等相关法律法规,以构成完善的村民自治的法律体系。[4]笔者认为,由于我国地区差异较大,村民自治实践的具体实施方法差异也较大,应当本着尊重地方村民自治的立场,为创造性的自治实践留存开放空间。因此,可考虑通过完善、丰富《村民委员会组织法》及地方性法规应对村民自治实践中出现的问题。

(三) 分类处理原则

法律修改应该结合背景对修法提出的要求,立足实际,着眼于问题的解

---

[1] 全面修改即大修,是改变法律的篇章结构,将条文式结构改为章节式结构,并增加、修改较多的法律条文。部分修改是小修,不改变法律条文式结构,不过是多增加法律条文,对法律文本的内容做部分修改。

[2] 唐鸣、陈荣卓:"村委会组织法修改:问题探讨和立法建议",载《社会科学研究》2006 年第 6 期。

[3] 肖金明:"建构和完善农村社会民主治理体系与制度——兼议《中华人民共和国村民委员会组织法》的修改",载中国法学会行政法学研究会编:《中国法学会行政法学研究会 2010 年会论文集》,中国政法大学出版社 2011 年版。

[4] 唐鸣、陈荣卓:"完善村民自治法律体系:总体思路与具体构想",载《中州学刊》2007 年第 5 期。

决和预防。立法者应根据《村民委员会组织法》现实运行的状况、适应发展的状况以及制度设计合乎逻辑与否，分析《村民委员会组织法》中的制度以及具体的法条存在的缺陷和不足，以保障自治、推行民主的立法原意为核心目的，将需要完善和修改的内容分类处理。其一，自治实践超前于当前法律规定的内容，即法律规定空白之处，应当新增。其二，当前法律规定中存在，但较为模糊或薄弱，需要清晰化、强化、细化之处，应当补充。其三，与现实发展不适应，或在制度设计之时存在逻辑悖论之处，应当修改。

四、《村民委员会组织法》修改的内容

基于我国新的时代背景对《村民委员会组织法》的完善和修改提出的深化民主、促进城乡融合和依法治村三方面的需求，笔者认为应当对《村民委员会组织法》的内容进行梳理，依照法治理念以及部分修改和分类处理的原则进行修改和完善，顺应现实发展，为新时代深化村民自治、实施乡村振兴提供保障。

（一）法律空白之处应予新增

当前村民自治的问题之一是民主参与不足、自治活力不够，造成此问题的关键在于缺乏参与途径。在现行《村民委员会组织法》的制度框架下，期望中的民主选举、民主管理、民主决策和民主监督尚未有效发挥，仅能在选举方面实现有限程度的民主。因而，开放民主参与的途径、构建基层协商的格局是修改和完善《村民委员会组织法》的重要议题。其一，可以在总则中肯定基层协商为村民自治希望达到的目标，同时新增民主参与的途径，赋予当前广泛存在的村民议事机构、村民监事机构等村民组织以法律地位；其二，肯定自治单元下沉到村民小组或自然村的实践，方便村民直接参与村民自治，以激发自治活力。

（1）基层协商格局。民主协商格局是对原乡村治理格局的新调整，体现了村民自治由民主选举到治理的转型。[1]原本以村民委员会为中心负责决策、执行和监督的自治格局已经不适应当下村民对于参与公共事务决策的要求。在实践中，不同地区就多方主体参与治理的模式展开了探索。例如，在运行层面上纳入协商途径的四川成都"村民议事会"模式、河南邓州"4+2工作

〔1〕　杜鹏："村民自治的转型动力与治理机制——以成都'村民议事会'为例"，载《中州学刊》2016年第2期。

法（四次会议+两道共识）"等，在主体层面纳入非正式权威的"乡贤理事会、老人协会"等。除了自治主导的协商模式，也有行政主导治理的权威式协商，[1]如浙江温岭的"民主恳谈会"、广东顺德的"咨询委"以及各式各样的民情直通车、民主听议会等。

基层协商格局的实践具有成熟的政策基础。党的十八届三中全会作出了推进协商民主广泛多层制度化发展的部署。2015年，中共中央出台了《关于加强社会主义协商民主建设的意见》，作为协商民主建设的纲领性指导文件，该意见提出按照协商于民、协商为民的要求，建立健全基层协商民主。在十九大报告中，习近平总书记强调基层协商是社会主义协商民主的重要途径。2018中央一号文件具体提出：依托村民会议、村民代表会议、村民议事会、村民理事会、村民监事会等，形成民事民议、民事民办、民事民管的多层次基层协商格局。为推动农村协商格局在基层自治中发挥治理潜力，有学者提出构建多元治理主体的制度性合作关系，[2]而制度化的基本途径便是合法化，因而应当将协商制度合法化。

具体而言，在修法时，应当将"基层协商格局"写入总则第2条，作为村民自治的指导原则。并进一步细化基层民主协商的主体和途径，清晰界定不同村民组织的职能和责任，结合村民会议、村民代表会议、村务监督机构的法律地位补充肯定村民议事会、村民监事会等村民自治组织的法律地位，优化不同组织间权力制衡的格局。

（2）村民小组作为自治单元。当前《村民委员会组织法》规定以建制村为基本自治单元，但建制村的范围内人口过多，村民利益分散，导致村民直接参与自治较为困难。现实中，村民小组在村民自治中发挥着重要的作用，除了现行法律规定的推选村民选举委员会成员（第12条）、推选村民代表（第25条）、经营管理属于村民小组的集体所有的土地、企业和其他财产（第28条）等职能，还主导着土地的再分配。固然，相关政策规定土地承包期限长期稳定，但现实中大部分农村地区在承包期内都进行过不定期乃至定期的

〔1〕 Harley Balzer, "State and Society in Transitions from Communism", in Peter Hays and Stanley Rosen, *State and Society in 21st-century China*, New York: Routledge Curzon, pp. 269~289.
〔2〕 刘安："协商共治：建构农村基层治理的制度性合作关系"，载《南京师大学报（社会科学版）》2011年第2期。

土地调整，且这并非在村民委员会而是在村民小组的主导下开展的。[1]

近年来我国出现了自治单元下沉的自治实践。如广东清远、湖北秭归、四川都江堰、安徽河池等地将自治单元下沉到自然村、村民小组、院落、自然屯。贺雪峰肯定了广东清远通过下移村民自治到自然村，认为这一做法激活了自然村的自治能力，减少了行政村组织村民自我管理和自我服务的压力。同时也指出，城市化使得农村人口大量流出，我国总体上农村空心化的基本状况并未改变，因而在全国范围内强行推广自然村自治是不现实的。[2]综合来看，在维持建制村自治的基础上，为自然村或村民小组自治提供制度空间是更为妥善的做法。至于究竟如何划分自治单元、确定自治单元的具体规模，邓大才认为其中存在着复杂的考量，一般应遵循"产权相同、利益相关、血缘相连、文化相通、地域相近"五个原则，在参与的方便性和合作解决公共事务的能力之间寻找平衡。[3]

出于对自治单元下沉的肯定，2018年中央一号文件提出：继续开展以村民小组或自然村为基本单元的村民自治试点工作。为进一步激发农村自治活力，应当在修法时将自然村自治合法化，为自治单元的下沉提供法律依据，以免自治单元下沉有"违法自治"的嫌疑。是否下沉应当结合当地的实际状况由当地乡镇政府提出，经村民会议讨论同意，报县级政府批准。具体的操作方式可考虑在第3条中新增：村民小组或自然村可以作为自治单元开展自治活动。

（二）规定薄弱之处应予完善

现行《村民委员会组织法》为保障村民自治的运行，规定了村民内部自治的权利体系和相应的权利保障和救济体系，为民主选举、民主决策、民主监督奠定了良好的基础。但在实际运行中，由于缺乏具体的程序性规定，村民民主权利难以落到实处，甚至出现了违背立法原意的实施结果。在权利保障和救济体系方面，无论是内部保障还是外部保障，规定都过于笼统，未能形成明确的责任追究机制和层级第次的救济途径，这使得《村民委员会组织

〔1〕孔涛、Jonathan Unger、刘鹏凌："农村承包地调整的实证研究——通过村民小组数据的分析"，载《农业经济问题》2014年第11期。
〔2〕贺雪峰："广东清远村民自治下移的探索"，载《农村工作通讯》2016年第21期。
〔3〕邓大才："中国农村村民自治基本单元的选择：历史经验与理论建构"，载《学习与探索》2016年第4期。

法》的自治实效并不理想。村民内部自治权利体系的薄弱之处主要体现在民主监督力度不够方面，涉及村务公开制度、村务监督制度及民主评议制度。自治保障方面的薄弱之处主要体现在内部约束操作性不足、行政保障易成为行政干预、司法救济覆盖面窄等方面，在修法时应予以着重补强。

1. 村民内部自治权利

这方面包括村务公开制度、村务监督制度、民主评议制度等。

（1）村务公开制度。村务公开制度是民主监督权利行使的基础，应当在公开内容、公开形式和公开的监督方面予以补充、规范。在内容方面，《村民委员会组织法》第 30 条第 2 款第 5 项中的"其他事项"内容模糊，应当予以明确。在公开形式方面，第 30 条未规定公开的形式。据相关研究，现实的村务公开诉讼大多是通过村民申请村务公开的形式进行的。[1]为此，应当考虑区分主动公开和依申请公开，并就依申请公开的期限和方式作出具体规定。在公开的内容方面，涉及其他村民隐私的问题，村民委员会应当通过村民代表会议、村民理事会、村民监事会等组织征询村民意见。在村务公开的监督问题方面，内部应设立村务公开档案制度以备查，并发挥村务监督机构的监督职责。另应细化《村民委员会组织法》第 31 条之规定"在村民委员会不依法公开的一定时日内，村民可向相关主管部门反映，请求履行监督职责"。此外，应当完善村民委员会作为行政公开诉讼的主体的责任，在不履行村务公开时追究村民委员会负责人的行政责任。

（2）村务监督制度。村务监督制度是民主监督权利行使的途径，除《村民委员会组织法》外，相关行政法规也对村务监督制度予以了规定，包括 2011 年中共中央纪律检查委员会印发的《关于加强乡镇纪检组织建设的指导意见》和 2012 年民政部等十二部委印发的《关于进一步加强村级民主监督工作的意见》，另有地方规范性文件的补充。尽管村务监督制度的法律体系较为完善，但在内容上仍存在一些不足，导致村务监督制度处于虚置状态。有学者基于对 11 省 700 名乡镇纪委书记的实证研究，认为目前村务监督委员会仍然处于"重设立、轻建设"阶段。[2]核心问题在于村务监督委员会的法律地

---

〔1〕 李亚航："基于村务公开的行政诉讼研究"，郑州大学 2017 年硕士学位论文。

〔2〕 刘诗林："我国村务监督委员会的运行困境及对策建议——基于 11 省 700 名乡镇纪委书记问卷调查的实证研究"，载《理论探讨》2015 年第 1 期。

位不够明确。现行法律以村民委员会为核心，村务公开、村务监督机构、民主评议及经济审议、罢免制度均是为了制衡村民委员会的权力而设。虽然村务监督机构在负责制上与作为执行组织的村民委员会地位平等，须对村民会议和村民代表大会负责并报告工作，但其职责却只限于民主理财和村务公开的落实，监督方式仅限于列席村委会会议，[1]监督机构地位不明确、监督职责不全面、监督方式不充分使得监督成效不足。

在修法时应当进一步明确村务监督机构与村党支部、村民委员会的关系，明确其监督职责包括村民理财、村务公开以及民主决策等更为广泛的事宜，将监督方式和监督程序具体化。[2]如赋予其向"两委"提出村务管理建议的权利，必要时可以向乡镇党委和政府提出建议；发现贪腐、违纪问题可向乡镇党委、政府和纪检监察机关反映；在人员设置上考虑从村民代表或村民联户代表中推选或选举产生，形成对村干部的制衡。[3]此外，在财政问题上，可考虑建立对村务监督委员会的专项转移支付制度，以使村务监督机构成为常设机构。[4]

另有少数学者主张取消设立村务监督机构。原因主要在于自治成本高昂、熟人文化难以开展监督及缺少具备财会专业知识的村民。如郑梦熊主张村务监督机构的设置是没有必要的，村民自治属于微观民主范畴，应当少而精，不应当另起炉灶，增加自治成本。在选举之后的村民自治应放在事前的民主决策和民主管理上，而非事后的民主监督上。且在熟人文化中，村民不敢得罪人而倾向于使监督虚设。[5]笔者认为，村务监督是村民自治的重要方面，缺乏专业人才可以通过教育培训等方式解决。作为事后监督，村务监督是自治的纠错机制，本就不可缺少，在民主管理、民主决策尚显薄弱的当下，村务监督更需要培育、加强实施，不应因治理成本的增加而削减这一重要部分。

---

〔1〕 秦小建："村民自治立法的定位：现实检讨及未来走向——以 2010 年新《村民委员会组织法》为对象"，载《四川师范大学学报（社会科学版）》2011 年第 4 期。

〔2〕 马宝成："民主监督：农村基层民主的新生长点"，载《国家行政学院学报》2011 年第 6 期。

〔3〕 于建嵘："村民自治：价值和困境 ——兼论《中华人民共和国村民委员组织法》的修改"，载《学习与探索》2010 年第 4 期。

〔4〕 谭秋成："乡村振兴与村治改革"，载《学术界》2018 年第 7 期。

〔5〕 郑梦熊："村民自治实践中存在的问题和出路——兼论《村民委员组织法》修改"，载《东南学术》2010 年第 4 期。

对乡村熟人文化可能得罪人而使监督难以开展的担心是多余的，因为无论是在民主选举、民主管理还是在民主决策中，冲突和矛盾都是时刻存在的，监督也是时刻存在的，正是因为缺少常设的监督机构、更为完善的监督方式才使得村务监督制度实效不佳，倘若以人情关系为由拒绝村民监督，将违背村民自治的宗旨。因而，村务监督机构的角色和功能应当进一步加强，而非弱化。

（3）民主评议制度。民主评议作为民主监督权利体系的重要部分，是对村务监督机构的职能的补充和完善。现行《村民委员会组织法》第 33 条规定了民主评议的主体、对象、内容和频次及评议结果对村民委员会成员的约束，但对民主评议的程序、评议方式、评议时间并无具体规定，缺乏规范性和操作性。修法时，应当充分发挥民主评议对于民主监督的积极作用。在评议的程序和方式上，《青海省实施〈中华人民共和国村民委员会组织法〉办法》规定了"民主评议告知、述职述廉、民主测评、查阅资料、个别谈话、确定评议结果、公开评议结果、本人确认"的评议程序，具有一定的借鉴意义。[1]在评议时间上，可结合年终工作总结每年进行一次，另在换届前，必须进行一次评议。运行良好的民主评议可在一定程度上缓解罢免会议难召开的问题。

2. 自治权利的保障和救济制度

有权利必有救济，保障和救济是村民自治相关权利行使的后盾，而救济的关键在于可诉与否。现行《村民委员会组织法》对保障和救济作了相关规定，但"在防止权力失范和实施权利救济领域还存在某些缺失"。[2]包括村务公开、村务监督、罢免制度等在内的村庄内部保障机制在操作性、责任追究及可救济性方面存在不足。外部保障之行政保障部分包括《村民委员会组织法》第 17 条第 2 款，第 27 条第 3 款，第 31 条，第 36 条第 2、3 款，限于"负责调查并依法处理""负责调查核实，责令依法公布""责令改正"等柔性的行政约束，易成为行政不当干预的途径。外部保障之司法救济仅限于该法第 36 条第 1 款，且存在诉讼属性不明确、"受理难"等问题。

---

[1] 唐鸣："省级法规视角下的村民自治制度建设——各省实施村委会组织法办法比较之问题探讨"，载《当代世界社会主义问题》2018 年第 2 期。

[2] 李炳烁：《农村社会治理的法治转型与权利发展——基于村民自治的制度分析》，江苏大学出版社 2013 年版，第 110 页。

概言之，在现行法律中，此三种保障途径未能形成第次保障、层层制约、终局裁决的保障体系，导致了监督制度和保障制度的"烂尾"。在修法过程中，应当以增强村民自治的内部保障为主，完善内部保障，进行严格的责任追究，完善内部保障的行政救济和行政救济本身的可诉性，以避免任意的行政干预，同时补强司法救济的法律依据，连接三个保障体系。

具体来说，村民自治的保障应坚持以内部保障为主，除了在权利体系方面作出补充程序性规定，还应当补充内部的责任追究机制。完善责任追究的关键是充分发挥村民会议、村民代表大会、村民监事会、村民议事会等其他村民组织的民主潜力，在《村民委员会组织法》中对其充分赋权。例如，《村民委员会组织法》第 17 条第 2 款可补充：村民代表会议或村民会议可决议其在一定年限内限制当选无效的村民委员会成员参与村民委员会、村民代表大会、村民监督机构等组织的推选或选举。第 31 条可补充：村民有权在满足本法第 16 条规定的前提下对村民委员会成员提出罢免的要求。与之类似，针对村务监督机构监督不力的情况，亦可通过村民代表大会、村民大会对村务监督机构成员提出罢免的要求。

在行政保障方面，应为行政救济补充司法保障。例如，针对《村民委员会组织法》第 11 条，可补充：村民委员会成员被上级政府或个人未经法定程序撤换、停职的，村民委员会成员可向法院提起诉讼。第 36 条第 2 款可补充：拒不改正的，村民可向人民法院提起诉讼。第 3 款可补充：拒不改正的，村民委员会或村民可以向法院提起诉讼。其他行政保障机制可做类似处理。

为行政救济补充司法保障的前提是赋予村民委员会行政主体资格。对比，有两种途径：一是肯定村民委员会作为自治主体的地位，为村民自治相关纠纷设定专门的诉讼类型，如村民自治诉讼，设定与其他三大诉讼类似的诉讼制度；二是赋予村民委员会拟制行政主体资格，并纳入行政诉讼的范畴。第一种方案加强了对行政干预自治的约束，更有助于维护村民自治，但在当前背景下较难实现，相较之下，后一种方案的可行性更强。

（三）条文冲突之处应予修改

除了需要新增和补充完善的内容，当前《村民委员会组织法》中有两部分作出了相应规定但需要修改的内容。其一是不能适应现实发展之处，如在乡村振兴战略实施背景下涉及城乡要素流动的选民资格问题；其二是法律条文本身逻辑不通，阻碍村民自治顺利运行的内容，如村民会议、村民代表会议的召集问题。前者的修改需符合村民自治和城乡关系的发展趋势,将决定权赋予村庄,后者的修改应解决逻辑悖论,充分发挥村务监督机构的民主监督职能,增强《村民委员会组织法》的规范性。

1. 顺应社会发展

这主要涉及选民登记标准问题。现行《村民委员会组织法》第 13 条规定了以户籍地为原则,以实际居住地为例外的选民登记标准制度。之所以限制选民登记,是因为当前村民委员会和村集体经济组织的法律关系是模糊的。虽然最高人民法院通过司法解释认定了在土地权利经济纠纷的案件中集体经济组织的民事主体地位,〔1〕以此区分自治组织和经济组织,但在现实中两者仍混淆难辨。土地作为稀有资源和村庄本身的封闭性必然会限制非户籍居民参与村庄治理以避免村庄利益的流失。但在当前城乡融合的背景下,城乡要素的频繁交换、城乡人口的双向流动要求村庄逐步开放民主参与的空间。在这一进程中,初步的举措是在政经分离的前提下,开放村民自治的空间,结合农户土地承包经营权物权化,〔2〕准确界定村民与农村集体经济成员的各自范围,界定村民委员会或村民小组与农村经济组织的各自职能,探索户籍村民和非户籍村民共同参与民主管理的途径。〔3〕

笔者认为,在当前村民委员会和村集体组织难以分设的情况下,可细化不同类型的选民资格,并由村民会议或村民代表会议根据非户籍村民在集体经济组织中的贡献以及村庄治理中的参与程度决定其获得不同类型的选民资格。〔4〕如仅具有选举权不具有被选举权,两权同时具有但当选后不参与集体组织经济的分配等。

2. 理顺自治逻辑

这方面包括村民会议、村民代表会议的召集、村民委员会与村党支委的关系、村民委员会与乡镇政府的关系等内容。

(1) 村民会议、村民代表会议的召集。《村民委员会组织法》第 16 条赋

---

〔1〕 包括针对个案请示的解释和一般性解释。一般性解释为《最高人民法院关于审理涉及农村土地承包纠纷案件适用法律问题的解释》(2020 年)。

〔2〕 唐鸣、尤琳:"村委会选举中选民登记标准的变迁逻辑:动因、发展方向和条件——兼评新《村民委员会组织法》",载《中南民族大学学报(人文社会科学版)》2011 年第 3 期。

〔3〕 张天佐,李迎宾:"强化'三治'结合健全乡村治理体系",载《农村工作通讯》2018 年第 8 期。

〔4〕 可参考内蒙古自治区包头市九原区赛汗街道办事处尹六窑村将村民分为 5 个等级的做法。

予了一定比例的村民和村民代表对村民委员会成员的罢免权，而第21条、第26条却分别规定了"村民会议由村民委员会召集""村民代表会议由村民委员会召集"，即由被罢免的对象召开罢免案。这就违背了民主监督的逻辑，会使得罢免案难以启动，村民的罢免权成为虚设。现实中仅有少数通过信访的途径引入上级政府干预，成功实现罢免的案例。

　　对于如何解决此逻辑悖论，目前主要存在四种观点：其一是设立专门的召集人，只负责召集，在选举村委会的同时差额选举产生村民会议召集人，当然地成为村民代表、村务监督机构的成员，村民委员会成员不可担任召集人；其二是采取村民会议或村民代表会议动议人召集制度，即动议人只要动员了满足法定人数的村民，即可自动成为本次村民会议或村民代表会议的召集人，启动会议；其三是由党支部书记、村务监督机构、村民选举委员会和其他组织在满足一定条件时成为召集人；其四是由乡镇政府负责召集。笔者认为，由党支部、乡镇政府召集有违村民自治的逻辑，缺乏法理依据。动议人召集制度虽然具有一定的合理性，但由于不是常设的机构或成员，现实中同样难以提起罢免案。相较之下，专门的召集人或承担召集责任的机构通过法律的赋权承担相应的法律责任，独立于村民委员会，既能解决民主监督的逻辑悖论，增强村民自治的规范性，也为罢免案的提出指明了途径，增强了现实的可操作性。根据目前的法律框架设计，村务监督机构负责民主监督，可将村民会议或村民代表会议的召集权赋予村务监督机构，赋予村务监督机构更多权能，形成对村民委员会的制约。

　　（2）村民委员会与村党支委的关系。《村民委员会组织法》第4条明确规定了党组织发挥领导核心作用，领导和支持村民委员会行使职权；依照宪法和法律，支持和保障村民开展自治活动、直接行使民主权利。实践中，海南、湖北、吉林等地通过村民委员会主任与党支部书记"一肩挑"的方式解决村民自治中出现的村庄势力分裂和治理低效的问题，另有沿海较为发达的农村反对这一设计。2002年中共中央办公厅、国务院发布的《关于进一步做好村民委员会换届选举工作的通知》提倡把村党支部领导班子成员按照规定程序推选为村民委员会成员候选人，通过选举兼任村民委员会成员。2018年中央一号文件提出：推动党组织书记通过选举担任村民委员会主任。

　　"一肩挑"确实在一定程度上有利于提高办事效率，解决领导权和村民委员会的自治权之间的对立和冲突。但更多的学者认为"一肩挑"的权力集中性不符合基层民主要求的分权和制衡的原则，使民主决策和民主监督流于形式。[1]邓燕华、贾男基于两次全国性社区调查结果，认为"一肩挑"制度对于项目进村有显著的负向作用。[2]笔者认为，"一肩挑"制度的活力是有限的，并不适用于所有的村庄，在人口流失严重、日趋衰败的村庄，"一肩挑"制度可以在一定程度上解决治理问题，但在较为繁荣的村庄，应仍本着民主和分权的原则优化自治。

党组织领导作用的发挥应当在宪法和法律规定的范围内。在修法时，应当结合党内法规，对党组织在村民自治中的角色、职能和责任进行明确化、规范化。由此，无论特定的村庄是否实施"一肩挑"，都可通过规范制约党组织，避免权力集中对基层民主的不良影响。

（3）村民委员会与乡镇政府的关系。《村民委员会组织法》被广为诟病的是乡镇政府与村民委员会的关系不清。虽然该法第5条规定了乡村关系属于"指导关系"而非上下级关系，但一直以来指导关系的内涵、如何指导以及指导的救济方式都不明确。伴随着我国新农村建设、城乡融合的逐步开展，村民委员会和乡镇政府的关系愈发模糊，在村治实践中出现了分权改革，以及下派第一书记、财政支付转移等组织和财政政策，指导关系越来越倾向于行政上下级的控制关系。王丽惠称之为"控制的自治"，认为国家与自治空间代表的社会的二元格局已经转化为行政科层等级的管控格局，村民委员会成了乡镇政府的科层延伸。[3]景跃进则表示国家权力的下渗一方面促进了村民自治中心从建制村下沉到自然村，另一方面也确实加深了原本就存在的村干部行政化现象。虽然景跃进指出村干部的行政化是作为国家代理人和农村家长在具体情境下选择性的行政化，[4]但此选择的空间无疑是逐渐被压缩的。

在行政化、政策化不断强化的同时，乡村原有的自治机能渐趋退化。目

---

[1] 郑梦熊："村民自治实践中存在的问题和出路——兼论《村民委员会组织法》修改"，载《东南学术》2010年第4期。

[2] 邓燕华、贾男："'一肩挑'制度如何影响项目进村?"，载《社会发展研究》2018年第3期。

[3] 王丽惠："控制的自治：村级治理半行政化的形成机制与内在困境——以城乡一体化为背景的问题讨论"，载《中国农村观察》2015年第2期。

[4] 景跃进："中国农村基层治理的逻辑转换——国家与乡村社会关系的再思考"，载《治理研究》2018年第1期。

前国家和地方政府投入了大量人力、物力振兴乡村，乡村得以在外力的作用下保持有序发展，但这一模式是否可持续，以及如不能持续，国家投入减少时，农村自治是否还能恢复其原有的自治机能尚不可知。因而，在修法时，需以保障村民自治为主，在行政推进乡村振兴和村民自治之间找到平衡点，尽可能保证最低限度的行政介入和最大限度的自治空间。具体而言，有必要通过对乡镇政府干预村民自治的行为设定行政责任和司法救济途径，在《村民委员会组织法》中明确乡镇政府被动监督的角色和职能，将乡镇政府的行为规范在法律的框架内。

五、结语

法律发展的重心在于社会发展，法律的目的在于关怀人心。《宪法》《村民委员会组织法》及各地方颁布的村民委员会组织法实施办法等多层规范结合村规民约、自治章程等多元规范在维持村庄秩序、保障村民权益方面起着不可替代的作用。[1]如今，伴随着现代化的深入推进，乡村经济结构和社会结构的改变，农民对于更加美好的生活的渴望愈加强烈，对于"参与"和"放活"的呼声越来越高。现实中村民自治实践出现的实效问题使得《村民委员会组织法》的问题更加突出，《村民委员会组织法》条文存有逻辑悖论、运行保障较为薄弱的问题亟待解决。

如何处理村民自治的问题并不仅仅是国家治理的细枝末节，而是体现了国家治理理念和治理能力的重大问题。在快速转型的时代，以行政和政策的方式解决问题值得一定程度的肯定，但避免泛行政化、克制行政权扩张的做法更能体现国家对待乡村问题的审慎态度，也更能体现国家依法治国的理念。因而，在修改《村民委员会组织法》时，增强其规范性，以更为完善的权力制衡机制、自治权利体系和权利保障体系来解决旧问题、应对新情况，是保障村民自治的要义所在，能使《村民委员会组织法》在健全党组织领导的自治、法治、德治相结合的乡村治理体系中发挥更重要的作用。

---

〔1〕　村规民约在社会治安维护、保障民主、管理公共事务方面的研究可参考高其才的《通过村规民约改变不良习惯探析——以贵州省锦屏县平秋镇石引村为对象》一文（载《法学杂志》2018 年第 9 期）的有关内容。

第二十四章

地方性法规对乡村治理的规范

一、引言

地方性法规是一定的地方国家权力机关，根据本行政区域的具体情况和实际需要，依法制定的在本行政区域内具有法律效力的规范性文件。[1]根据《宪法》《立法法》和《地方各级人民代表大会和地方各级人民政府组织法》的规定，省、自治区、直辖市人民代表大会及其常务委员会在不同宪法、法律、行政法规相抵触的前提下，可以制定地方性法规；设区的市、自治州人民代表大会及其常务委员会在不同宪法、法律、行政法规和本省、自治区的地方法规相抵触的前提下，可以制定地方性法规，报省、自治区的人民代表大会常务委员会批准。

乡村治理为地方的重要事务，地方性法规对此既有专门的规范，更有大量的具体规范，对乡村治理组织、乡村治理内容、乡村治理方式等进行详细的规定，这为乡村治理提供了明确的法律依据，健全了党组织领导的自治、法治、德治相结合的乡村治理体系。

二、地方性法规对乡村治理的专门规范

专门规范乡村治理的地方性法规目前所见为自 2019 年 5 月 1 日起施行的新疆维吾尔自治区《昌吉回族自治州乡村治理促进条例（试行）》。

为推进乡村治理法治化，保障和推动乡村振兴战略的实施，昌吉回族自治州第十五届人民代表大会第三次会议于 2019 年 1 月 10 日通过、新疆维吾尔

---

〔1〕 高其才：《法理学》（第 3 版），清华大学出版社 2015 年版，第 86 页。本章所称的地方性法规也包括民族自治地方的单行条例。

自治区第十三届人民代表大会常务委员会第九次会议于 2019 年 3 月 28 日批准了《昌吉回族自治州乡村治理促进条例（试行）》。

《昌吉回族自治州乡村治理促进条例（试行）》共 7 章 50 条，除总则、法律责任、附则外，涉及和谐稳定、乡风文明、人居环境、治理保障等乡村治理方面的内容，较为全面地对乡村治理促进进行了法律规定。

《昌吉回族自治州乡村治理促进条例（试行）》提出乡村治理以村民为主体，坚持自治、法治、德治相结合，促进各级人民政府、有关部门及农村基层群众性自治组织依法履行职责，实现乡村和谐稳定、乡风文明、生态宜居、治理有效。乡村治理实行党委统一领导、政府组织实施、强化乡镇和村民委员会责任、激发村民内生动力和进取能力的体制机制。

关于乡村的和谐稳定，《昌吉回族自治州乡村治理促进条例（试行）》规定乡村治理应当加强平安乡村建设，开展平安乡镇、平安村、平安单位、平安家庭等创建工作，以平安创建助推乡村和谐稳定。

从地方实际出发，《昌吉回族自治州乡村治理促进条例（试行）》禁止对不含肉类、乳类及动物油脂成分的食品冠以清真字样；禁止将清真概念扩大到食品领域之外的其他领域；禁止借不清真之名宣扬宗教极端思想，排斥、干预他人世俗生活；禁止穿戴或者强迫他人穿戴蒙面罩袍；禁止制作、买卖、收藏、穿戴、佩戴、使用宣扬宗教极端思想的服饰、徽章、器物、纪念品和标识、标志等；禁止以非正常蓄须、起名渲染宗教狂热；禁止非法新建、重建、改建、扩建、维修寺观教堂等宗教活动场所及设施。

为维护乡村经济秩序，《昌吉回族自治州乡村治理促进条例（试行）》要求乡镇人民政府指导并监督村民委员会将有关规范民间借贷内容纳入村规民约，有效调解民间借贷纠纷。县（市）人民政府应当组织制定规范统一的《民间借贷合同》范本。《民间借贷合同》范本应当明确借贷双方的权利义务和借贷利率等内容。禁止在交付借款时提前扣除利息。借贷利率不得超过国家的有关规定。

在乡风文明方面，《昌吉回族自治州乡村治理促进条例（试行）》规定村民委员会应当通过召开村民大会、村民代表大会等形式听取村民意见，依据本地经济社会发展水平和风俗习惯，将红白喜事等活动的范围、办席标准和规模、彩礼、礼金等上限纳入村规民约。村民应当自觉抵制以收受礼金等为目的的宴请活动。倡导婚事新办、丧事简办，培育礼俗新风。鼓励村民委员会统一组织办理婚丧嫁娶事宜，杜绝铺张浪费。

同时，《昌吉回族自治州乡村治理促进条例（试行）》规定举行殡葬活动应当遵守环境卫生和交通管理的有关规定，不得影响公共环境、妨害公共秩序、危害公共安全，不得侵害他人合法权益。不得在街头、巷道等公共场所从事搭设灵棚、播放或者吹奏哀乐等活动。不得在殡葬活动中从事封建迷信活动。

关于人居环境，《昌吉回族自治州乡村治理促进条例（试行）》提出乡村规划应当符合乡村实际，体现乡村特色，实现自然环境与村容村貌相协调，与产业发展、土地利用、环境保护等规划相衔接。乡镇人民政府应当按照维护水生态安全和经济适用、村民接受、方便维护的原则普及卫生厕所，实施厕所粪污治理。

为保障乡村治理的有效推进，《昌吉回族自治州乡村治理促进条例（试行）》规定乡镇人民政府、村民委员会应当建立健全乡村社会诚信制度，由村民委员会建立诚信档案，纳入村规民约进行管理；将不履行赡养、抚养义务等情形列入诚信黑名单，并进行公示。《昌吉回族自治州乡村治理促进条例（试行）》规定村务监督委员会应当依法依规对村务决策公开、财务公开、服务公开、村级财产管理、乡村规划、工程项目建设、惠农政策落实等进行监督；完善行政村法律顾问制度，法律顾问应当为所在村重要决策提供法律意见，协助处理各类事务中的法律问题。

《昌吉回族自治州乡村治理促进条例（试行）》是新疆也是全国第一部关于促进乡村依法治理工作的单行条例。《昌吉回族自治州乡村治理促进条例（试行）》不但填补了昌吉回族自治州乡村治理的立法空白，也从立法层面为今后我国其他地区乡村治理的立法提供了借鉴。

三、地方性法规对乡村治理的具体规范

地方性法规对乡村治理的具体规范内容较为丰富，涉及村民自治、乡村规划建设管理、乡村环境卫生管理、乡村公路管理、乡村土地管理、乡村林业管理等。

（一）村民自治

我国农村实行村民自治制度，地方性法规根据《村民委员会组织法》对村民自治制度进行了具体规范。如《江苏省实施〈中华人民共和国村民委员

会组织法〉办法》（2016 年 9 月 30 日江苏省第十二届人民代表大会常务委员会第二十五次会议通过，根据 2019 年 5 月 30 日江苏省第十三届人民代表大会常务委员会第九次会议关于修改《江苏省实施〈中华人民共和国村民委员会组织法〉办法》的决定修正）对村民委员会、村民会议和村民代表会议、村民小组、民主管理、民主监督和社区服务等进行了具体规定。《江苏省实施〈中华人民共和国村民委员会组织法〉办法》第 30 条规定村应当建立协商民主制度。村民代表会议、村民委员会在讨论决定涉及村民利益的重大事项前，应当通过会议协商、对话协商、书面协商、网络协商等形式，组织村民和利益相关方开展讨论和协商，充分听取各方面的意见和建议。

又如《辽宁省实施〈中华人民共和国村民委员会组织法〉办法》（2000 年 3 月 30 日辽宁省第九届人民代表大会常务委员会第十五次会议通过，根据 2012 年 7 月 27 日辽宁省第十一届人民代表大会常务委员会第三十一次会议《关于修改〈辽宁省实施《中华人民共和国村民委员会组织法》办法〉的决定》第一次修正，根据 2019 年 5 月 30 日辽宁省第十三届人民代表大会常务委员会第十一次会议《关于修改〈辽宁省实施《中华人民共和国城市居民委员会组织法》办法〉等三部地方性法规的决定》第二次修正）第 4 条规定："乡（含民族乡、镇，下同）人民政府对村民委员会的工作给予指导、支持和帮助：（一）指导和支持村民委员会依法履行职责；（二）指导和帮助村民委员会开好村民会议和村民代表会议；（三）指导和督促村民委员会实行村务公开；（四）指导村民会议开展对村民委员会成员的民主评议活动；（五）指导和帮助村民委员会建立和坚持村民自治的各项制度；（六）组织培训村民委员会主任、副主任、委员。乡人民政府不得干预依法属于村民自治范围内的事项。"

为选出村民委员会成员，更好地实行村民自治，不少地方性法规还专门对村民委员会选举进行了规范。如《辽宁省村民委员会选举办法》（2000 年 7 月 28 日辽宁省第九届人民代表大会常务委员会第十七次会议通过，根据 2003 年 11 月 28 日辽宁省第十届人民代表大会常务委员会第六次会议《关于修改〈辽宁省村民委员会选举办法〉的决定》第一次修正，根据 2012 年 7 月 27 日辽宁省第十一届人民代表大会常务委员会第三十一次会议《关于修改〈辽宁省村民委员会选举办法〉的决定》第二次修正，根据 2019 年 5 月 30 日辽宁省第十三届人民代表大会常务委员会第十一次会议《关于修改〈辽宁省实施

《中华人民共和国城市居民委员会组织法》办法〉等三部地方性法规的决定》第三次修正）对选举机构、选民登记、候选人的产生、选举程序、罢免、辞职、职务终止与补选、监督与处罚等进行了全面规定。

可见，地方性法规对村民委员会等村民自治组织选举的规范，有助于村民自治制度的规范化、法治化，对于实现乡村善治具有积极意义。

（二）乡村规划建设管理

乡村规划建设是乡村治理的重要方面，许多地方性法规对此都进行了规范。如《广西壮族自治区乡村规划建设管理条例》（由广西壮族自治区第十三届人民代表大会常务委员会第六次会议于 2018 年 11 月 28 日通过，自 2019 年 5 月 1 日起施行）以 6 章 66 条对乡村规划制定、乡村规划实施、乡村建设管理等进行了规范。如《广西壮族自治区乡村规划建设管理条例》规定乡村规划建设管理，应当坚持以民为本、统筹兼顾，科学规划、合理布局，因地制宜、节约资源的原则，保持地方特色、民族特色和传统风貌，保护生态环境和文化资源，实现经济效益、社会效益和生态效益的统一；县级以上人民政府建设主管部门应当组织对农村建筑工匠开展技术指导、服务和免费培训，颁发农村建筑工匠培训证书；县级以上人民政府建设主管部门应当加强对乡村传统建筑名匠的培养，开展田园建筑示范，推广传统建筑，保护保留乡村风貌；鼓励成立村民议事会、村民理事会、村民监事会等自治组织，对本村规划建设事项进行管理。

又如《陕西省乡村规划建设条例》（2005 年 12 月 3 日陕西省第十届人民代表大会常务委员会第二十二次会议通过，根据 2009 年 3 月 26 日陕西省第十一届人民代表大会常务委员会第七次会议《关于修改〈陕西省农村村庄规划建设条例〉的决定》修正，已被修改）第 21 条规定，完整体现历史风貌和建筑特色、有一定保护价值的村庄，应当保护原有建筑，新建建筑应当与原有建筑风格相协调。

再如，云南省《楚雄彝族自治州城乡特色风貌建设条例》（2019 年 4 月 29 日经云南省楚雄彝族自治州第十二届人民代表大会常务委员会第二十一次会议审议通过，并于 2019 年 5 月 16 日云南省第十三届人民代表大会常务委员会第十次会议批准，自 2019 年 7 月 1 日起施行）第 5 条强调民族乡、民族聚居区的城乡特色风貌应当体现聚居民族特色。

此外，湖南省《益阳市农村村民住房建设管理条例》（2018 年 8 月 31 日由益阳市第六届人民代表大会常务委员会第十二次会议通过，2018 年 9 月 30 日经湖南省第十三届人民代表大会常务委员会第六次会议批准，自 2019 年 1 月 1 日起施行）、内蒙古自治区《鄂尔多斯市农村牧区人居环境治理条例》（2018 年 8 月 24 日鄂尔多斯市第四届人民代表大会常务委员会第五次会议通过，2018 年 10 月 13 日内蒙古自治区第十三届人民代表大会常务委员会第八次会议批准，根据 2021 年 9 月 29 日内蒙古自治区第十三届人民代表大会常务委员会第三十次会议批准的《鄂尔多斯人民代表大会常务委员会关于修改〈鄂尔多斯环境保护条例〉等 5 部地方性法规的决定》修正）等也有相应的规定。

可见，地方性法规对于规范乡村规划建设、改善乡村人居环境、提升村民生活品质、推动城乡融合发展具有重要意义。

（三）乡村环境卫生管理

为了保护和改善乡村环境，推进宜居乡村建设，倡导文明健康的生产生活方式，不少地方性法规均对乡村环境卫生进行了规范。如《河北省乡村环境保护和治理条例》（2016 年 7 月 29 日经河北省第十二届人民代表大会常务委员会第二十二次会议通过，根据 2021 年 7 月 29 日河北省第十三届人民代表大会常务委员会第二十四次会议《河北省人民代表大会常务委员会关于修改〈河北省发展循环经济条例〉等 5 部法规的决定》修正）以 7 章 43 条对规划与管理、家园清洁、田园清洁、水源清洁等进行了具体规定。《河北省乡村环境保护和治理条例》规定村民委员会应当建立村庄保洁制度，就村庄的保洁事项与提供清洁服务的单位和个人进行约定；农业生产经营者应当妥善处置农用薄膜等农业废弃物；科学、合理地施用农药、化肥等农业投入品；改进种植和养殖技术，实现农产品的优质、无害和农业生产废弃物的资源化利用，不得将有毒、有害废物用作肥料或用于造田。

又如，云南省《大理白族自治州乡村清洁条例》（2017 年 2 月 19 日大理白族自治州第十三届人民代表大会常务委员会第三十六次会议通过，2017 年 3 月 31 日云南省第十二届人民代表大会常务委员会第三十三次会议批准，自 2017 年 6 月 1 日起施行）强调乡村清洁遵循政府引导、村民主体、因地制宜、多元投入、注重实效的原则；村（居）民委员会、自然村村民自治组织、村民小组通过村规民约、一事一议和有关规定收取保洁和生活垃圾处理费；保洁和生活垃圾处理费应当专门用于乡村清洁工作，每年定期公布收支使用情况，接受群众监督。

再如，《黑龙江省杜尔伯特蒙古族自治县乡村环境卫生管理条例》（2006年3月17日杜尔伯特蒙古族自治县第十三届人民代表大会第五次会议通过，2006年10月20日黑龙江省第十届人民代表大会常务委员会第二十三次会议批准，自2007年1月1日起施行）第6条第3款规定村民委员会就本村环境卫生方面的公共设施建设和相关事宜向村民筹集资金和劳动力，应通过村民会议决定。

另如，海南省《保亭黎族苗族自治县城乡容貌和环境卫生管理条例》（2019年3月27日保亭黎族苗族自治县第十五届人民代表大会第五次会议通过，2019年6月1日海南省第六届人民代表大会常务委员会第十一次会议批准，自2019年7月1日起施行）第33条要求自治县人民政府推进生态文明村镇建设，通过开发公益性岗位、以工代赈和村民自治等方式，建立农村容貌和环境卫生用工制度和管理制度，实现城乡容貌和环境卫生管理一体化。

为加强传统村落保护和利用、维护传统村落风貌、传承优秀历史文化遗产，有的地方性法规还专门规范了对传统村落的保护。如广西壮族自治区《玉林市传统村落保护条例》（2018年10月29日玉林市第五届人民代表大会常务委员会第十八次会议通过，2019年3月29日广西壮族自治区第十三届人民代表大会常务委员会第八次会议批准，自2019年11月1日起施行）第8条规定，传统村落所在地村（居）民委员会履行以下工作职责：①按照法律、法规和传统村落保护的要求，做好传统村落保护的宣传工作；②组织制定保护传统村落的村规民约，指导、督促村（居）民保护文物、非物质文化遗产，合理使用历史建筑；③发现文物、历史建筑有损毁危险的，及时向镇人民政府、街道办事处报告；④协助收集、保护坍塌、散落的历史建筑的构件，并及时向镇人民政府、街道办事处报告；⑤对违反传统村落保护规定的行为进行劝阻，并及时向镇人民政府、街道办事处报告。

此外，山西省《运城市农村环境卫生管理办法》（2018年12月27日运城市第四届人民代表大会常务委员会第二十五次会议通过，2019年3月22日山西省第十三届人民代表大会常务委员会第九次会议批准，自2019年7月1日起施行）、《河北省人民代表大会常务委员会关于深入推进农村改厕工作的决定》（2019年5月30日河北省第十三届人民代表大会常务委员会第十次会议通过，自2019年6月1日起施行）等也有相应的规定。

可见，地方性法规对保护和改善乡村人居环境、推进生态文明建设、促进乡村治理具有积极意义。

（四）乡村公路管理

乡村公路是指经县交通行政主管部门认定的乡道和村道，包括路基、路面、桥梁、涵洞、隧道，对乡村经济建设和社会发展以及村民生产、生活具有重要意义。为加强乡村公路的建设、养护和管理，地方性法规对乡村公路的管理机构与职责、规划和建设、资金筹集与使用、养护与管理等进行了规范。如《广东省农村公路条例》（2019 年 5 月 21 日广东省第十三届人民代表大会常务委员会第十二次会议通过，自 2019 年 9 月 1 日起施行）第 42 条规定农村公路的运营应当坚持城乡统筹、以城带乡、城乡一体、客货并举、运邮结合的原则，与地区经济社会发展、交通需求相适应，提升农村客运和物流服务水平。

又如，《湖南省乡村公路条例》（2013 年 11 月 29 日湖南省第十二届人民代表大会常务委员会第五次会议通过，自 2014 年 1 月 1 日起施行）第 14 条规定村民委员会采取"一事一议"筹资筹劳方式筹集村道建设、养护资金，应当遵循村民自愿的原则，并按照有关法律法规的规定办理。

再如，湖北省《长阳土家族自治县乡村公路条例》（1995 年 3 月 11 日长阳土家族自治县第四届人民代表大会第二次会议通过，1995 年 3 月 31 日湖北省第八届人民代表大会常务委员会第十三次会议批准；根据 2004 年 1 月 9 日长阳土家族自治县第六届人民代表大会第一次会议通过、2004 年 4 月 1 日湖北省第十届人民代表大会常务委员会第八次会议批准的《长阳土家族自治县人民代表大会关于修改〈长阳土家族自治县乡村公路条例〉的决定》修正；2014 年 2 月 19 日长阳土家族自治县第八届人民代表大会第四次会议修订通过，2014 年 6 月 30 日湖北省第十二届人民代表大会常务委员会第九次会议批准，自 2014 年 9 月 1 日起施行）规定建设乡村公路需要使用承包的土地、山林的，承包者应当服从公路建设的需要。村民委员会应当依法做好有关土地、山林承包经营权的变更和补偿；乡村公路养护实行以村民自养为主、村民自养与专班养护相结合的方式。

可见，地方性法规对加强乡村公路的规划、建设、养护和管理，提升公益性基础设施水准，改善乡村交通运输条件具有积极作用。

（五）乡村土地管理

农业依赖土地，村民依靠土地为生。地方性法规对乡村土地（特别是农村土地承包经营权）的确立、流转、保护、纠纷解决等进行了规范。如《陕西省实施〈中华人民共和国农村土地承包法〉办法》（2006 年 9 月 28 日经陕西省第十届人民代表大会常务委员会第二十七次会议通过，根据 2014 年 11月 27 日陕西省第十二届人民代表大会常务委员会第十四次会议通过的《陕西省人民代表大会常务委员会关于修改〈陕西省县乡两级人民代表大会代表选举实施细则〉等十七部地方性法规的决定》修正，2014 年 11 月 27 日陕西省人民代表大会常务委员会公告［十二届］第二十三号公布，自公布之日起施行）第 10 条规定，承包期内，妇女结婚，在新居住地未取得承包地的，发包方不得收回其原承包地；妇女离婚或者丧偶，仍在原居住地生活或者不在原居住地生活但在新居住地未取得承包地的，发包方不得收回其原承包地。因婚男到女家落户的，适用前款规定。农村集体经济组织成员结婚后在迁入地取得承包地的，迁入地的集体经济组织应当告知迁出地的集体经济组织。

又如，《河北省农村土地承包条例》（2013 年 7 月 25 日河北省第十二届人民代表大会常务委员会第 3 次会议通过，2013 年 7 月 25 日河北省第十二届人民代表大会常务委员会公告公布，自 2013 年 11 月 1 日起施行）第 18 条规定土地承包经营权流转，应当遵循依法、自愿、有偿的原则。土地承包经营权流转，不得改变土地集体所有性质，不得改变土地的农业用途，不得超过承包期的剩余期限，不得损害承包方或者当事人的土地承包权益。土地承包经营权依法流转时，承包方或者受让方要求发包方提供协助的，发包方应当提供协助。任何组织和个人都不得强迫或者妨碍承包方依法流转土地承包经营权，不得截留、扣缴承包方的流转收益。

可见，地方性法规对稳定和完善农村土地承包经营制度、保护农村土地承包当事人的合法权益、促进农业和农村经济社会发展、维护农村社会稳定具有积极意义。

（六）乡村林业管理

林业在乡村经济发展、生态文明建设中具有重要地位。地方性法规对林木和林地权属、资源管理、生产经营等进行了规范。如吉林省《延边朝鲜族自治州乡村林业条例》（1995 年 8 月 18 日吉林省第八届人民代表大会常务委员会第十八次会议批准，1997 年 9 月 26 日吉林省第七届人民代表大会常务委员会第三十三次会议批准修改，已失效）第 24 条规定乡村植树造林，除义务营造的林木以外，谁造林、谁所有、谁收益；第 27 条规定乡村居民和乡村所在地的企事业单位、团体、部队、学校，在村前村后、房前屋后、乡村路旁水旁、田边地头等零星宜林地种植的林木，林权归种植者所有，允许继承和转让，可以自采自销，由县（市）林业行政主管部门发给木材准销证和木材运输证，不计入采伐限额。

又如，浙江省《宁波市农村绿化条例》（2001 年 5 月 29 日宁波市第十一届人民代表大会常务委员会第二十八次会议通过，2001 年 9 月 3 日浙江省第九届人民代表大会常务委员会第二十八次会议批准，根据 2010 年 4 月 28 日宁波市第十三届人民代表大会常务委员会第二十三次会议通过，2010 年 7 月 30日浙江省第十一届人民代表大会常务委员会第十九次会议批准的《宁波市人民代表大会常务委员会关于修改〈宁波市农村绿化条例〉的决定》修正）第8 条第 7 项要求村庄绿化的绿化覆盖率在 30% 以上，村庄周围应留足绿化用地，营造生态公益林。

可见，地方性法规对促进乡村林业的发展，充分发挥林木、林地资源在乡村经济建设和生态建设中的作用，调动村民和农业生产经营组织造林绿化的积极性具有重要作用。

此外，我国各地还有《新疆维吾尔自治区农村扶贫开发条例》（新疆维吾尔自治区第十三届人民代表大会常务委员会第四次会议于 2018 年 7 月 27 日通过，自 2018 年 8 月 1 日起施行）、《云南省文山壮族苗族自治州农村产权抵押贷款条例》（2014 年 2 月 13 日云南省文山壮族苗族自治州第十三届人民代表大会第四次会议通过，2014 年 3 月 28 日云南省第十二届人民代表大会常务委员会第八次会议批准）、《甘肃省农村能源条例》（甘肃省第十二届人民代表大会常务委员会第十次会议于 2014 年 7 月 31 日通过，自 2014 年 10 月 1 日起施行）、《吉林省农村水利管理条例》（1995 年 10 月 14 日吉林省第八届人民代表大会常务委员会第二十次会议通过，根据 2002 年 11 月 28 日吉林省第九届人民代表大会常务委员会第三十四次会议《吉林省人民代表大会常务委员会关于修改〈吉林省文物保护管理条例〉等 14 部地方性法规的决定》修改，根据 2004 年 6 月 18 日吉林省第十届人民代表大会常务委员会第十一次会议《吉林省人民代表大会常务委员会关于废止和修改部分地方性法规的决定》修改，根据 2014 年 5 月 30 日吉林省第十二届人民代表大会常务委员会第八次会议《吉林省人民代表大会常务委员会关于修改〈吉林省农村水利管理条例〉的决定》修正)、贵州省《松桃苗族自治县新型农村合作医疗条例》(2015 年 2 月 3 日松桃苗族自治县第十五届人民代表大会第五次会议通过,2015 年 3 月 27 日贵州省第十二届人民代表大会常务委员会第十四次会议批准,自 2015 年 5 月 1 日起施行)、《湖北省农村五保供养条例》(2015 年 9 月 23 日湖北省第十二届人民代表大会常务委员会第十七次会议通过,根据 2019 年 11 月 29 日湖北省第十三届人民代表大会常务委员会第十二次会议《关于集中修改、废止部分省本级地方性法规的决定修正》)、山东省《济南市农村四荒资源开发管理条例》(1998 年 9 月 16 日济南市第十二届人民代表大会常务委员会第四次会议通过,1998 年 11 月 21 日山东省第九届人民代表大会常务委员会第五次会议批准,根据 2001 年 5 月 18 日济南市第十二届人民代表大会常务委员会第二十次会议通过并经 2001 年 6 月 15 日山东省第九届人民代表大会常务委员会第二十一次会议批准的《济南市人民代表大会常务委员会关于修改〈济南市职工教育条例〉等二十三件地方性法规的决定》第一次修正,根据 2010 年 10 月 27 日济南市第十四届人民代表大会常务委员会第二十四次会议通过并经 2010 年 11 月 25 日山东省第十一届人民代表大会常务委员会第二十次会议批准的《济南市人民代表大会常务委员会关于修改〈济南市城镇企业职工基本养老保险条例〉等二十三件地方性法规的决定》第二次修正)、《北京市农村集体经济审计条例》(1997 年 1 月 16 日北京市第十届人民代表大会常务委员会第三十五次会议通过,根据 2010 年 12 月 23 日北京市第十三届人民代表大会常务委员会第二十二次会议《关于修改部分地方性法规的决定》修正,根据 2016 年 11 月 25 日北京市第十四届人民代表大会常务委员会第三十一次会议通过的《关于修改部分地方性法规的决定》修正)、《江苏省乡村集体工业企业管理暂行条例》(1987 年 12 月 19 日江苏省第六届人民代表大会常务委员会第二十九次会议通过,自颁布之日起施行)等有关乡村治理的地方性法规,对农村扶贫开发、农村产权抵押贷款、农村能源、农村水利管理、新型农村合作医疗、农村五保供养、农村四荒资源开发管理、农村集体经济审计、乡村集体工业企业管理等进行了规范。

四、结语

由于从乡村管理到乡村治理的转变并不长,因而地方性法规对乡村治理的专门规范并不多，有待得到进一步的重视。目前，地方性法规对乡村治理的规范主要为部分具体涉及的规范。这些规范包括村民自治、乡村规划建设管理、乡村环境卫生管理、乡村公路管理、乡村土地管理、乡村林业管理等乡村治理事务。

地方性法规对乡村治理的规范，对于调整乡村社会关系、促进形成有效治理、保障村民权益、维护乡村生活秩序具有积极作用。我们需要总结地方性法规对乡村治理规范的实践经验，进一步完善相关立法，更好地发挥地方性法规在乡村治理中的作用。

总体上观察，我国专门性的有关乡村治理的地方性法规较为缺乏，地方性法规对乡村治理的组织、体系、规范、对象等的具体规范还较为不足，需要在全面调查的基础上进一步进行调整。地方性法规需要针对本地区的特点，加强对乡村治理组织、乡村治理体制、乡村治理手段、乡村治理方式的规范，更突出针对性和可操作性，促进乡村治理的规范化、法治化，实现乡村善治，进一步完善乡村治理体系，推进乡村治理的现代化。

第二十五章

政府部门规章对乡村治理的落实

一、引言

政府规章是行政性法律规范文件，根据《立法法》和制定政府机关的不同，政府规章可分为国务院部门规章和地方政府规章。政府规章数量巨大，内容丰富，本章主要研究国务院部门规章对乡村治理的落实。[1]部门规章是"由国务院组成部门及其直属机构在它们的职权范围内制定的规范性文件"。[2]2018 年 3 月 17 日，第十三届全国人民代表大会第一次会议通过了《关于国务院机构改革方案的决定》，根据该决定，国务院正部级机构减少了 8 个，副部级机构减少了 7 个，除国务院办公厅外，国务院设置组成部门 26 个。在这些国务院部门制定的规章中，与乡村治理直接相关的主要是由民政部、农业农村部、公安部、司法部等政府部门制定的部门规章。

笔者于 2019 年 9 月 19 日登录"北大法宝"网站，在"法律法规〉中央法规司法解释〉部门规章"栏目下进行搜索整理和分析，发现部门规章共分"部门规章""部门规范性文件""部门工作文件""行政许可批复"四类，本书要研究的是广义上的"部门规章""部门规范性文件"和"部门工作文件"。据"北大法宝"的不完全统计，国务院各机构发布的部门规章共计10 062件。其中，现行有效 5005 件，失效 3894 件，已被修改 1089 件，尚未

---

〔1〕 地方政府规章是省、自治区、直辖市和设区的市、自治州的人民政府，根据法律、行政法规和本省、自治区、直辖市的地方性法规，依照法定程序制定的规范性文件。从数量上看，地方政府规章数量巨大；从乡村治理角度来看，国务院部门规章对乡村治理的落实更为显著。

〔2〕 高其才：《法理学》（第 3 版），清华大学出版社 2015 年版，第 90 页。

生效 11 件，部分失效 63 件。从数量上看，部门规章要明显多于法律、行政法规，有学者称这一现象为"规章膨胀"。[1]但这主要是由部门规章的属性决定的。《立法法》第 80 条规定："国务院各部、委员会、中国人民银行、审计署和具有行政管理职能的直属机构，可以根据法律和国务院的行政法规、决定、命令，在本部门的权限范围内，制定规章。部门规章规定的事项应当属于执行法律或者国务院的行政法规、决定、命令的事项。没有法律或者国务院的行政法规、决定、命令的依据，部门规章不得设定减损公民、法人和其他组织权利或者增加其义务的规范，不得增加本部门的权力或者减少本部门的法定职责。"据此，部门规章的内容是"执行法律或者国务院的行政法规、决定、命令的事项"，这是限制性条件。需要注意的是，一些部门规章是由多个国务院机构联合制定并共同发布的，但根据主要负责部门，本章将其归入某一主要机关的部门规章。[2]

本章主要对国务院民政部、农业农村部、公安部、司法部等政府部门制定的部门规章对乡村治理的落实情况进行总结，探讨政府部门规章在健全党组织领导的自治、法治、德治相结合的乡村治理体系中的作用。

二、民政部部门规章对村民自治的落实

在乡村治理方面，自 1978 年农村综合改革开始，民政部一直是我国村民自治领域的主要指导机构，目前设有基层政权建设和社区治理司这一专门内设机构具体指导乡村治理。同时，民政部也出台了一些部门规章来落实《宪法》《村民委员会组织法》等法律法规。

在村民自治、农村基层组织建设方面，民政部制定了《关于贯彻执行〈中华人民共和国村民委员会组织法（试行）〉的通知》《关于在全国农村开展村民自治示范活动的通知》《全国农村村民自治示范活动指导纲要（试行）》《村级档案管理办法》《村民委员会选举规程》等部门规章。《关于贯彻执行〈中华人民共和国村民委员会组织法（试行）〉的通知》是民政部于 1988 年 2 月 26 日发布实施的部门规章，而《村民委员会组织法（试行）》是于 1987 年 11 月 24 日通过，自 1988 年 6 月 1 日起开始施行的，因此该通知要求全国各地乡、村干部深入学习《村民委员会组织法（试行）》，并进一

---

[1]　张淑芳："规章安定性研究"，载《法学论坛》2018 年第 6 期。
[2]　一般是根据发文机构来区分。

步向村民深入宣传，从而保障法律的有效实施。

民政部《关于在全国农村开展村民自治示范活动的通知》由民政部于1990年9月26日发布，其目的是进一步加强对《村民委员会组织法（试行）》实施工作的指导，有组织、有计划、有步骤地在农村基层逐步实现村民自治。关于村民自治示范的内容，该通知要求各示范单位"要依据《村委会组织法》和所在省级人大常委会制定的具体实施办法确定，立足于由村民群众依法办理群众自己的事情，实现村民的自我管理、自我教育、自我服务。其侧重点是：依法选举村委会干部；建立村民会议或村民代表会议制度；建立健全村委会的治保、调解、公共卫生以及村民小组等下设机构和组织；制定必要的规章制度和村规民约；完成乡（镇）政府依法布置的各项国家任务"。关于村民自治示范单位的标准，该通知区分了示范村、示范乡（镇）和示范县。其中示范村的标准有五项：①村民委员会干部由村民民主选举产生，村民委员会领导班子坚强；②村民委员会各工作委员会和村民小组健全，工作职责和规章制度明确，切实发挥作用；③定期召开村民会议或村民代表会议，实行村民民主参与制度，坚持村务公开、民主办理、群众监督原则；④经济发展，安定团结，公益事业办得好，村容村貌整洁；⑤村民依法履行公民义务，全面完成国家交办的各项任务。示范乡（镇）的标准是所辖村民委员会85%以上基本达到村民自治示范村标准，其余村民委员会班子健全，乡（镇）政府对村民委员会实施正确指导。示范县的标准是所辖乡（镇）70%以上达到村民自治示范乡（镇）标准。

《全国农村村民自治示范活动指导纲要（试行）》（以下简称《纲要》）由民政部于1994年2月4日发布并实施，其也是对《关于在全国农村开展村民自治示范活动的通知》相关内容的再次规范化。《纲要》从村民自治示范活动的目标和任务、村民自治示范单位的标准、村民自治示范活动的工作原则和指导方针、开展村民自治示范活动的措施、村民自治示范活动的领导和指导等五个方面进行了规制。其中，关于示范村的标准，《纲要》细化为六条：①村民直接选举村民委员会干部，村民委员会班子团结坚强，干部任期目标责任明确；②村民委员会各下属委员会和村民小组健全，职责明确，制度落实，切实发挥作用；③村民参与村务决策和管理，制度健全，村民会议或者村民代表会议真正成为村民发扬民主的组织制度和民主决策的组织形式，真正做到村务公开，民主管理，群众监督；④经济发展较快，公益事业办得好，社会管理有序，社会保障工作扎实，村容村貌整洁；⑤治安防范措施完备，社会秩序稳定，民间纠纷调处及时，村风民风好；⑥村民依法履行公民义务，全面完成国家的各项任务。示范乡（镇）的标准也细化为五项：①所有村民委员会组织健全，村民自治制度完善；②按期依法进行村民委员会换届选举；③所有的村民委员会都能按照民主的程序处理村务；④乡（镇）政府对村民委员会实施正确指导，保障村民委员会依法做好各项工作；⑤所辖区域内85%以上的村民委员会达到村民自治示范村的标准。《关于在全国农村开展村民自治示范活动的通知》和《全国农村村民自治示范活动指导纲要（试行）》是民政部制定的关于村民自治的两部主要部门规章，是对《宪法》和《村民委员会组织法》的具体落实，也对我国的村民自治实践产生了重要的促进作用。1995年2月27日，《关于进一步加强村民委员会建设工作的通知》由民政部向全国民政部门印发，对村民委员会建设提出了一系列要求。1998年11月4日，《村民委员会组织法》修订实施后，民政部于1998年12月18日发布了《关于贯彻执行〈村委会组织法〉若干问题的补充通知》，对新旧法的衔接问题、各地的实施办法和选举办法问题、村民委员会换届选举中的具体问题、《村民委员会组织法》的学习宣传和培训问题等事项进行了规范。

村民委员会选举是民主选举的主要体现，也是村民自治的重要内容，村民委员会的选举需要规范化和制度化，因此民政部制定了许多关于村民委员会选举的部门规章。2009年5月6日，民政部印发了《关于贯彻落实〈中共中央办公厅国务院办公厅关于加强和改进村民委员会选举工作的通知〉的通知》，这是对2009年4月24日中共中央办公厅、国务院办公厅印发《关于加强和改进村民委员会选举工作的通知》的具体落实。2010年7月23日，《关于切实加强村民委员会选举工作指导的意见》由民政部发布实施，这是在对全国农村七届或八届村民委员会选举总结基础上发布的，其目的是对全国范围内2010年或者2011年进行的下一届村民委员会选举进行规制。为了规范村民委员会选举，《村民委员会选举场地要求》和《村民委员会选举程序》由民政部于2012年3月2日发布实施。2013年5月2日发布实施《村民委员会选举规程》后，《村民委员会选举场地要求》和《村民委员会选举程序》同时废止。《村民委员会选举规程》共分村民选举委员会的产生、选举宣传、登记参加选举的村民、提名确定候选人、选举竞争、投票选举、选举后续工作、村民委员会成员的罢免和补选等八章。

在村务公开、民主监督方面，民政部部门规章也有涉及。1997 年 8 月 5 日，民政部发布《关于进一步建立健全村务公开制度深化农村村民自治工作的通知》，对村务公开予以规范化、制度化。在内容方面，一般包括财务管理公开；计划生育指标公开；征用土地和宅基地审批公开；农民负担情况公开；集体经济项目承包、经营情况公开；农用挂钩物资分配和救灾救济款物发放公开；村干部年底工作目标、工资报酬、功绩过失情况公开等七个方面。在机制方面，要求逐步建立起推行村务公开的运行机制，"对村民普遍关心的问题，公开前必须提交村党员大会和村民代表会议审核，做到公开程序规范；公开的事项要全面、准确、具体，做到公开内容规范；要根据大多数村民的意见，决定公开的时间和次数，做到公开时间规范；要从方便村民了解村内事务出发，设置固定的村务公开栏，做到公开阵地规范；要在村民代表会议中建立村务公开小组，具体负责村务公开工作，做到公开管理规范。要建立健全各项村务管理制度，不断完善村务公开的运行机制和保障监督机制，规范、约束干部和群众的行为，使村务公开工作有章可循"。2007 年 9 月 13 日，民政部发布并实施《关于做好村务公开目录编制工作的指导意见》，要求做好村务公开目录编制工作，进一步提高村务公开和民主管理工作的制度化、规范化水平。在村务公开目录的内容方面，主要包括政务公开事项、财务公开事项、事务公开事项、其他事项等，并将重庆市江津区村务公开目录、河北省青县村务公开目录、江苏省姜堰市（现江苏省泰州市姜堰区）村务公开目录等三份目录作为附件一并发布，从而对全国范围内乡村地区的村务公开目录编制工作起到指导作用。2012 年 9 月 21 日，民政部会同中央纪委、中央组织部、中央农办、中央文明办、公安部等十二部委共同印发《关于进一步加强村级民主监督工作的意见》，这也是对 2010 年《村民委员会组织法》修订的具体落实。其目标任务是建立健全村务监督机构，普遍开展民主评议、村干部任期和离任经济责任审计，逐步建立起权责明晰、衔接配套、运转有效的村级民主监督机制。到 2020 年，实现村级民主监督制度完善、监督形式丰富、民主评议有效、经济责任审计规范的目标，切实保障农民群众的知情权、参与权、表达权和监督权。村务监督委员会或者其他形式的村务监督机构是《村民委员会组织法》在 2010 年修订时新增加的内容，但内容相对简略，这就需要部门规章等其他法律法规的落实。该意见也对进一步规范村级民主评议活动、进一步做好村民委员会成员任期和离任经济责任审计、进一步强化村级民主监督工作的保障措施等方面作了相应规制。

关于妇女参加村民委员会问题，民政部专门印发了《关于进一步加强新形势下妇女参加村民委员会工作的意见》，强调充分发挥妇女在村民自治实践中的作用，不断把村民自治实践引向深入。该意见要求采取有效措施，引导妇女参加村民委员会工作。注重引导妇女参与村民自治实践，采取灵活多样的措施，吸引妇女群众参与民主选举、民主决策、民主管理、民主监督等活动。尤其是要抓住民主选举这个关键环节，保障妇女在村民选举中的合法权益，确保《村民委员会组织法》关于"村民委员会成员中，妇女应当有适当的名额"的规定落到实处。在推选村民选举委员会时，要引导村民会议或村民小组把符合条件的女村民吸收进去；在村民直接提名村委会成员候选人时，要引导村民提名符合条件的女村民，同时积极鼓励农村妇女破除封建思想和世俗偏见，勇于挑重担，敢于接受竞争；在介绍正式候选人时，要引导村民选举委员会积极介绍女候选人的业绩，不得给予任何歧视和不公正待遇；在投票选举时，要组织、教育和引导广大村民尤其是农村妇女正确行使民主权利，把村民拥护的思想好、作风正、有文化、有本领、真心实意为群众办事的妇女选进村委会班子。该意见是从部门规章角度对农村妇女参加村民委员会进行规范和引导，能够进一步促进村民自治，推动乡村治理的民主发展。

在村规民约等农村社会规范制定和实施方面，民政部会同其他部门出台了《关于做好村规民约和居民公约工作的指导意见》（2018年12月4日发布并施行）。该意见从总体要求、主要内容、制定程序、监督落实、组织领导等五个方面对全国城乡村规民约和居民公约工作作出了部署和安排，对于村规民约的规范化有着重要的促进作用。

村级档案是在村民自治、乡村社会发展过程中产生的档案资料，是乡村治理的直接记录资料。《村级档案管理办法》经国家档案局局务会议、民政部部务会议审议通过，并经农业部（现农业农村部）同意，于2017年11月23日公布，自2018年1月1日起施行。该部门规章也是我国首次从法律上对村级档案进行规定，其中村级档案指的是村党组织、村民委员会、村集体经济组织等村级组织在党组织建设、村民自治、生产经营等活动中形成的具有保存价值的文字、图表、音像等不同形式和载体的历史记录。村级档案是在乡村治理过程中形成的记录，对村级档案的管理也是村民自治、乡村治理的重要内容。《村级档案管理办法》的出台是村民自治规范化、制度化的要求，反过来也能促进村民自治，保障村民权益，促进乡村经济社会发展。

除了村民自治之外，民政部门的另一项主要职责是社会保障。在农村社会保障方面，作为社会福利与社会保障的主要负责部门，民政部制定了相关部门规章，其中有些对城乡社会同样适用，而有些则专门针对乡村社会。《农村五保供养服务机构管理办法》，于2010年10月8日经民政部部务会议通过，2010年10月22日发布，自2011年1月1日起施行。其制定目的是加强农村五保供养服务机构管理，提高供养服务能力和水平，保障农村五保供养对象的正常生活。农村五保户需要国家的特别照顾，而在当前一些乡村地区，针对五保户的供养机构设置不足。为此，民政部以部门规章的形式对农村五保供养服务机构的规划与建设、服务对象、供养内容、内部管理、工作人员、经费保障、法律责任等事项进行规制，以落实国家对特殊群体权益的保障。

三、农业农村部部门规章对农业农村发展的落实

农业农村部是2018年国务院机构改革中组建的部门，在职能上增加了统筹推动乡村治理的内容，而之前在农业部时期，农业部的职能主要集中于农业领域，侧重于经济方面。因此，农业部时期的部门规章也集中于农业生产，农业农村部时期的部门规章则开始增加与乡村治理直接相关的内容。[1]但是，农业部时期关于农村土地承包制度、农业生产等事项的部门规章都对乡村治理有规范作用，笔者在此不对具体内容做详细介绍。

农村土地是农业生产所必需的重要生产资料，我国实行农村土地承包制度，部门规章对此也有具体落实。《农村土地承包经营权证管理办法》由农业部于2003年11月14日发布，自2004年1月1日起实施。该规章明确规定：农村土地承包经营权证是农村土地承包合同生效后，国家依法确认承包方享有土地承包经营权的法律凭证。承包耕地、园地、荒山、荒沟、荒丘、荒滩等农村土地从事种植业生产活动，承包方依法取得农村土地承包经营权后，应颁发农村土地承包经营权证予以确认。据此，我国农村土地承包权也有法律凭证予以确认，能够有效地保障承包权人的合法权益。关于农村土地承包经营权流转，《农村土地承包经营权流转管理办法》（已失效）于2005年1月7日经农业部第二次常务会议审议通过，于2005年1月19日公布，自2005

---

[1] 后文不再对农业部和农业农村部做特别注明，2018年4月3日前的部门规章由农业部制定，2018年4月3日后的部门规章由农业农村部制定。

年 3 月 1 日起施行。该规章在总则第 1 条明确其是根据《农村土地承包法》及有关规定制定的，表明部门规章是对法律的具体化。《农村土地承包经营纠纷调解仲裁法》于 2009 年 6 月 27 日发布，《农村土地承包仲裁委员会示范章程》这一部门规章也于 2009 年 12 月 18 日经农业部第 10 次常务会议审议通过，并经国家林业局同意，于 2009 年 12 月 29 日发布，自 2010 年 1 月 1 日起施行。

　　从广义上划分，农业分种植业（狭义上的农业）、林业、牧业、渔业等，农业部也制定和实施了许多部门规章，这些部门规章在规范某一领域生产关系的同时，也对乡村治理产生间接影响。例如，林业生产与森林资源保护、农村生态环境治理息息相关。在狭义农业生产领域，根据"北大法宝"所汇集的法律法规，截至 2019 年 9 月 15 日，现行有效的农业农村部（农业部）制定的部门规章共有 64 种，除去上述关于农村土地承包相关的 3 种，还有 61 种。在内容方面，涉及农业管理、农业资金、农业科技与农机、种子、化肥农药农膜柴油、农田基建与水土保持、农业多种经营、农副产品、绿色食品等类型。在林业领域，农业农村部制定的部门规章主要是国家重点保护野生植物名录，目前有《国家重点保护野生植物名录（第一批）》（国家林业局、农业部于 1999 年 9 月 9 日公布并实施，已失效）和《国家重点保护野生植物名录（第一批）修正案》（农业部、国家林业局于 2001 年 8 月 4 日公布并实施）。在牧业领域，农业农村部制定的现行有效部门规章有 10 种，主要有《执业兽医管理办法》（2008 年 11 月 26 日农业部令第 18 号公布、2013 年 9 月 28 日农业部令 2013 年第 3 号、2013 年 12 月 31 日农业部令 2013 年第 5 号修订）、《草畜平衡管理办法》（2005 年 1 月 7 日农业部第 2 次常务会议审议通过，2005 年 1 月 19 日公布，自 2005 年 3 月 1 日起施行）、《兽用生物制品经营管理办法》（2021 年 3 月 2 日经农业农村部第 3 次常务会议审议通过，2021 年 3 月 17 日公布，自 2021 年 5 月 15 日起施行）。在渔业领域，农业农村部也制定了《渔业行政处罚规定》（1998 年 1 月 5 日发布并实施，已被修改）、《长江渔业资源管理规定》（1995 年 9 月 28 日发布并实施，2004 年修订，已失效）、《水域滩涂养殖发证登记办法》（2010 年 5 月 24 日公布，自 2010 年 7 月 1 日起施行）等部门规章。

　　农村自然资源与农村环境保护有密切关联，在农业农村部制定的部门规章中，还有一些是专门针对农业植物新品种、农业植物保护品种等野生动植物资源和渔业水产资源保护的规章，这些也是农村生态环境治理的重要规范。

例如,《甘草和麻黄草采集管理办法》(2001 年 10 月 16 日发布并实施)的立法目的是加强对甘草和麻黄草资源的管理,保护草原生态环境,其立法根据有《草原法》《野生植物保护条例》和国务院有关规定。在渔业资源方面,于 1989 年 5 月 30 日公布和实施的《关于确定经济价值较高的渔业资源品种名录的通知》规定属于《国家重点保护野生动物名录》的水生资源品种,不作为捕捞对象的不列入本名录。同时,规定大黄鱼、小黄鱼、石斑鱼等品种为经济价值较高品种,这是做好渔业资源保护和管理的基础。在渔业水域发生污染事故时,《渔业水域污染事故调查处理程序规定》(1997 年 3 月 26 日发布并实施)是渔政监督管理机构调查处理渔业水域污染事故时应当遵循的部门规章。

四、公安部部门规章对乡村社会治安维护的落实

公安机关在我国国家治理、社会治理中具有重要功能,主要职责是预防、制止和侦查违法犯罪活动,维护社会治安秩序,制止危害社会治安秩序的行为,指导治安保卫委员会(治保会)等群众性治安保卫组织的治安防范工作。在乡村治理实践中,公安机关发挥的作用是广泛的,如从户籍管理到交通管理,从社会治安到侦查犯罪,因此公安部在乡村治理方面也制定了一些部门规章。需要说明的是,公安部制定的部门规章大多数是同时适用于城市社区和乡村社会的,有一些是专门针对乡村治理的,其中一些是联合其他部委共同制定的,因此笔者主要针对这些专门性的部门规章进行分析。

关于农村基层组织建设和管理,公安部部门规章主要有三个,涉及村民委员会选举、农村治保组织等。[1]中央社会治安综合治理委员会、公安部、民政部、农业部《关于加强农村治保会工作的意见》于 1994 年 11 月 21 日发布并施行。治保会作为我国宪法确定的村民委员会下设的群众性治安保卫自治组织,是农村村民自治的重要内容,在维护农村社会治安秩序中具有关键作用,因而需要加强公安机关的指导和协助。其中,在治保组织建设方面,该意见规定治保人员的条件是"治保人员应拥护党的基本路线,工作能力强,并有一定文化水平、法律知识。可以吸收一部分复员、退伍军人和表现好的农村青年及其他符合条件的人参加治保工作。治保会主任可以是专职的,也可以由村委会主任、副主任或委员兼任。治保主任候选人,由公安派出所考

---

〔1〕 2019 年 9 月 6 日,笔者在"北大法宝"法律法规数据库中搜索得到。

察，村民会议或村民代表会议民主选举产生，报乡镇政府备案"。公安派出所对治保主任进行考察，并对治保组织进行指导和协助。针对农村村民委员会选举中可能发生的治安问题，公安部于 1999 年 6 月 28 日发布实施《关于妥善处理村民委员会选举中发生的治安问题的通知》，以对相关问题进行规制。1998 年《村民委员会组织法》修订通过后，全国农村地区据此开展民主选举，由于是刚刚开始，在一些地区出现了选举过程中的治安问题，因此亟须公安机关处理。该通知要求各级公安局机关尤其是农村派出所要提高认识，增强保护公民依法行使选举权利的自觉性；慎用和善用警力，妥善处理村民委员会选举过程中出现的治安问题；讲究工作方法，慎用警械和强制措施，防止激化矛盾；主动开展工作，配合党委、政府了解情况，化解矛盾。在村民委员会组织建设方面，印章制发使用和管理也是重要事项，为此公安部会同民政部于 2001 年 6 月 21 日发布实施了《关于规范村民委员会印章制发使用和管理工作的意见》。关于印章的制发程序，该意见规定："村民委员会的印章一律由乡级人民政府负责制发。刻制村民委员会印章，由村党支部、村民委员会提出意见，交村民代表会议讨论，报乡级人民政府审核，由乡级人民政府到所在地县级人民政府公安机关办理准刻手续，并到指定的厂家刻制。对不按程序刻制村民委员会印章的行为，要进行批评教育，责令改正；造成严重后果的，要依法追究当事人的法律责任。"县级人民政府公安机关核准印章的刻制，也是部门规章落实乡村治理的体现。

　　在村民委员会与公安机关的具体关系方面，公安部部门规章也有一些规制，涉及消防安全、租赁管理、打击传销、网吧整治等。例如，公安部《关于规范电动车停放充电加强火灾防范的通告》（2017 年 12 月 29 日发布并施行）要求公安机关指导帮助村民委员会确定电动车停放、充电消防安全管理人员，落实管理责任；严厉查处违规停放充电行为，拒不清理的，要向公安机关消防机构或者公安派出所报告。中央社会管理综合治理委员会办公室、公安部、民政部、国家工商行政管理总局（现国家市场监督管理总局）、国家安全生产监督管理总局《关于街道乡镇推行消防安全网格化管理的指导意见》（2012 年 5 月 21 日发布并施行）规定了消防安全网格化管理责任。村民委员会主任是网格中消防工作的第一责任人，对本网格消防安全管理全面负责；社区、村"两委"委员应确定 1 名至 2 名消防专兼职管理人员，具体负责本级消防安全网格化管理日常工作，组织建立防火安全公约，开展经常性防火检查、消防宣传教育和组织扑救初起火灾。

五、司法部部门规章对乡村人民调解和法律服务的落实

司法部主管全国司法行政工作，在乡村治理中的主要职责是指导人民调解和负责基层法律服务工作，做好普法宣传工作，推动法治社会建设。在司法部机关厅局设置中，普法与依法治理局、人民参与和促进法治局、公共法律服务管理局是与乡村治理联系较为密切的机关。司法部部门规章对乡村治理的落实，也主要由这些机关具体负责推进。在司法部制定实施的部门规章中，既有涉及人民调解、基层法律服务、普法宣传的综合性部门规章，也有针对某一专门事项的部门规章。

在综合性部门规章方面，2003 年 1 月 8 日，司法部联合民政部发布实施了《关于进一步加强农村基层民主法制建设的意见》。具体规定包括以"三个代表"重要思想为指导，进一步深入学习宣传党的十六大关于完善社会主义民主法制、建设社会主义政治文明的重要论述；认真实施《村民委员会组织法》，进一步健全村民自治组织；完善村民选举程序，进一步健全村级民主选举制度。认真执行中共中央办公厅、国务院办公厅《关于进一步做好村民委员会换届选举工作的通知》（中办发〔2002〕14 号）和有关法律法规的规定，做到法律政策赋予农民的民主权利一点都不截留，法律政策规定的民主程序一步都不疏漏；完善民主议事程序，进一步健全村级民主决策制度；完善村民自治章程，进一步健全村级民主管理制度；完善公开办事程序，进一步健全村级民主监督制度；加强农村的法制宣传教育，进一步提高农村干部群众的法律素质；为村民提供优质法律服务，进一步促进农村基层依法治理；加强社会治安综合治理，进一步维护农村社会稳定。2006 年 4 月 13 日，司法部又印发实施了《关于司法行政工作为建设社会主义新农村服务的意见》。关于司法行政工作为建设社会主义新农村服务的主要任务，该意见明确了四项内容：一是充分发挥法律服务工作的职能作用，为促进农村经济社会发展服务；二是进一步做好人民调解工作，为维护农村社会和谐稳定服务；三是深入开展农村法制宣传教育和依法治理工作，为推进农村民主法制建设服务；四是积极为解决农民工问题提供法律帮助，维护农民工合法权益。前三项是司法行政机关在乡村治理中的主要工作，第四项是一项专门保障农民工这一特殊群体的合法权益的工作。

在乡村人民调解方面，司法部负责指导全国范围内乡村地区人民调解委

员会的建设和运行，因此也出台了许多相关部门规章。司法部《关于加强人民调解工作积极推进社会治安综合治理的意见》（1984 年 9 月 28 日发布并施行）是对 1982 年《宪法》第 111 条关于基层群众自治组织调解民间纠纷规定的具体化。该意见首先总结了全国人民调解工作"调防结合，以防为主"，并要求司法行政机关切实加强对人民调解工作的政策法律指导，不断提高调解工作质量。努力做到弄清事实、分清是非；依法调解，保护当事人的合法权益；以理服人，促成当事人和解，人民调解委员会不得采取处罚手段，如需按"乡规民约""村规民约"实施处罚，应由乡政府、村民委员会进行。该意见还要求加强人民调解委员会组织建设，在每个村民委员会和居民委员会都要建立人民调解委员会，并根据当地的实际情况，从便民原则出发尽可能做到在居民小组、村民小组选举调解员，形成群众性的调解网。在司法行政机关的职责方面，该意见强调要加强对人民调解工作的指导，建设司法助理员队伍。城乡司法助理员是基层政权的专职司法行政工作人员，其主要任务是管理人民调解委员会的组织建设、思想建设和业务建设。2002 年 9 月 26 日，司法部发布《人民调解工作若干规定》，自 2002 年 11 月 1 日起开始施行。该规定明确人民调解委员会是调解民间纠纷的群众性组织。人民调解委员会的任务是调解民间纠纷，防止民间纠纷激化；通过调解工作宣传法律、法规、规章和政策，教育公民遵纪守法，尊重社会公德，预防民间纠纷发生；向村民委员会、居民委员会、所在单位和基层人民政府反映民间纠纷和调解工作的情况。该规定对人民调解委员会的设立和人民调解员的选任进行了规范，明确农村村民委员会设立人民调解委员会。关于人民调解的程序，该规定对民间纠纷的受理、民间纠纷的调解、人民调解协议及其履行等章节进行了具体规范。此外，该规定还明确各级司法行政机关应当采取切实措施，加强指导，不断推进本地区人民调解委员会的组织建设、队伍建设、业务建设和制度建设，规范人民调解工作，提高人民调解工作的质量和水平。2004 年 2 月 13 日，司法部联合最高人民法院发布《关于进一步加强人民调解工作切实维护社会稳定的意见》。该意见从充分认识进一步加强新时期人民调解工作的重要性和紧迫性，充分发挥人民调解组织在化解矛盾纠纷中的作用，严格依法及时审理涉及人民调解协议的案件，切实加强人民调解组织、队伍、制度建设，进一步加强对人民调解工作的指导等五个方面，对新时期的人民调解工作进行了规范。

2010 年 8 月 28 日，第十一届全国人民代表大会常务委员会第十六次会议审议通过了《人民调解法》，为了贯彻实施这部关于人民调解的专门法律，司法部也出台了部门规章。2010 年 9 月 12 日，司法部印发实施《〈人民调解法〉宣传提纲》，从《人民调解法》的立法背景、制定颁布《人民调解法》具有重要意义、人民调解是化解民间纠纷的群众自治活动、严格遵循人民调解工作的原则、依法加强对人民调解工作的指导、切实支持和保障人民调解工作的开展、健全和完善人民调解组织、加强人民调解员队伍建设、全面规范人民调解活动、人民调解当事人的权利和义务、建立健全人民调解与其他纠纷解决方式的衔接机制、确立人民调解协议的法律效力、认真学习宣传贯彻《人民调解法》等十三个方面，对全国各地学习、宣传《人民调解法》作出具体安排。2010 年 12 月 24 日，司法部印发实施《关于贯彻实施〈中华人民共和国人民调解法〉的意见》，进一步强调要深入学习宣传贯彻《人民调解法》，积极推进人民调解组织队伍建设，大力预防和化解社会矛盾纠纷，规范开展人民调解活动，建立健全人民调解委员会工作制度，切实加强对人民调解工作的指导。

在乡村法律服务方面，作为主管机关，司法部出台了一些部门规章加以规制。1991 年 9 月 20 日，《乡镇法律服务业务工作细则》由司法部发布并开始施行。乡镇法律服务所的主要服务对象是村民，乡镇法律服务工作者可以接受聘请担任村民委员会、农村承包经营户、个体工商户、村民的法律顾问。乡镇法律服务业务包括代理民事和行政诉讼、代理非诉讼法律服务、主持调解纠纷、解答法律询问、代写法律事务文书、协助办理公证等。乡镇法律服务所开展业务，可以有效维护当事人的合法权益，维护法律、法规的正确实施，保障和促进社会主义民主法制建设和经济建设。1995 年 5 月 11 日，司法部又发布实施了《关于进一步加强基层法律服务工作促进农村稳定发展和全面进步的通知》，要求基层法律服务工作积极为农村经济发展和广大农民群众奔小康提供法律服务；积极参与农村社会治安综合治理工作，为维护农村社会稳定提供法律服务和法律保障；积极为健全村民自治组织，促进农村各项工作的制度化、规范化提供法律服务；认真贯彻党的四中全会和中央 10 号文件精神，切实加强基层法律服务队伍党的建设，提高队伍素质；进一步深化改革，加强管理，为充分发挥基层法律服务工作的职能作用打下坚实基础。1997 年 3 月 3 日，司法部联合国家计划委员会（现国家发展和改革委员会）

印发《乡镇法律服务收费管理办法》，保障乡镇法律服务所和委托乡镇法律服务所办理法律事务的法人和自然人（委托人）的合法权益，规范乡镇法律服务所收费行为。

在农村普法宣传方面，司法部制定了相关部门规章。2012 年 3 月 8 日，司法部印发实施《关于进一步加强农村法制宣传教育工作的通知》，要求在农村地区突出学习《宪法》，深入学习宣传加强农村经济管理的法律法规，深入学习宣传维护农村和谐稳定的法律法规，深入学习宣传与农民生产生活密切相关的法律法规，大力推进农村基层民主法治建设。具体工作措施包括大力开展"法律进乡村"主题活动，深入开展"民主法治示范村"创建活动，加强农村"两委"干部法律知识培训，切实加强对农民工的法制宣传教育，加强农村法制宣传员队伍建设，加强农村法制宣传教育阵地建设。同时，司法部也有针对专门事项进行普法宣传的部门规章。例如，2002 年 2 月 22 日，司法部印发实施《关于在农户承包地使用权流转中加强法制宣传和法律服务工作的通知》。2007 年 4 月 17 日，司法部会同国家林业局、全国普及法律常识办公室发布实施《关于在"五五"普法期间切实加强集体林权制度改革相关法律法规宣传教育的通知》。

六、生态环境部部门规章对乡村环境治理的落实

农村生态环境治理也是乡村治理的重要领域，农村生态环境治理的部门规章主要由国务院负责生态环境的部委负责，目前是生态环境部。[1]生态环境部也是 2018 年国务院机构改革时组建的部门，整合了原来环境保护部和其

---

〔1〕 1982 年 5 月，第五届全国人大常委会第二十三次会议决定，将国家建委、国家城建总局、建工总局、国家测绘局、国务院环境保护领导小组办公室合并，组建城乡建设环境保护部，部内设环境保护局。1984 年 5 月（国发〔1984〕64 号），成立国务院环境保护委员会，其任务是：研究审定有关环境保护的方针、政策，提出规划要求，领导和组织协调全国的环境保护工作。委员会主任由副总理兼任，办事机构设在城乡建设环境保护部（由环境保护局代行）。1984 年 12 月，城乡建设环境保护部环境保护局改为国家环境保护局，仍归城乡建设环境保护部领导，同时也是国务院环境保护委员会的办事机构，主要任务是负责全国环境保护的规划、协调、监督和指导工作。1988 年 7 月（国机编〔1988〕4 号），将环保工作从城乡建设部分离出来，成立独立的国家环境保护局（副部级），明确为国务院综合管理环境保护的职能部门，作为国务院直属机构，也是国务院环境保护委员会的办事机构。1998 年 6 月（国发〔1998〕5 号，国办发〔1998〕80 号），国家环境保护局升级为国家环境保护总局（正部级），是国务院主管环境保护工作的直属机构。撤销国务院环境保护委员会。2008 年 7 月（国办发〔2008〕73 号），国家环境保护总局升级为环境保护部，成为国务院组成部门。2018 年 3 月 13 日，十三届全国人大一次会议在北京人民大会堂举行第四次全体会议，组建生态环境部，不再保留环境保护部。

他部门的生态环境保护职责。

农村生态环境治理主要包括农业生产污染防治和农村生活污染防治两个方面。农业生产污染主要是农业生产过程中对土地、对水资源等的污染，部门规章对此有专门规制。《农用地土壤环境管理办法（试行）》由当时的环境保护部和农业部共同制定，其制定根据包括《环境保护法》等有关法律、行政法规和《土壤污染防治行动计划》。在职能分工上，该办法第 3 条规定："环境保护部对全国农用地土壤环境保护工作实施统一监督管理；县级以上地方环境保护主管部门对本行政区域内农用地土壤污染防治相关活动实施统一监督管理。农业部对全国农用地土壤安全利用、严格管控、治理与修复等工作实施监督管理；县级以上地方农业主管部门负责本行政区域内农用地土壤安全利用、严格管控、治理与修复等工作的组织实施。农用地土壤污染预防、土壤污染状况调查、环境监测、环境质量类别划分、农用地土壤优先保护、监督管理等工作，由县级以上环境保护和农业主管部门按照本办法有关规定组织实施。"1988 年 12 月 20 日，国务院环境保护委员会会同原轻工业部、农业部、财政部制定了《关于防治造纸行业水污染的规定》，对造纸行业水污染防治作出专门性规制。其中，第 7 条第 1 款规定："在饮用水水源地和地下水补给区、居民稠密区、名胜古迹、风景游览区、温泉疗养区、水产养殖种植区、自然保护区等需要特殊保护的区域内，不准新建制浆造纸企业。上述地区现有的制浆造纸企业所排放的废水，必须在限期内治理，逾期达不到当地环境保护要求的，坚决采取关、停、转、迁措施。"这里涉及的许多区域大多分布在农村地区，因此也是乡村治理的重要领域。

农村生活污染防治也是农村生态环境治理的重要方面，这与村民的日常生活息息相关，村民的每一个日常行为都有可能产生相应的污染，因此也需要在宣传倡导良好生活习惯的同时，运用法律手段加以引导和规范。2010 年2 月 8 日，环境保护部印发《农村生活污染防治技术政策》（以下简称《技术政策》），用以具体指导农村居民日常生活中产生的生活污水、生活垃圾、粪便和废气等生活污染防治的规划和设施建设。《技术政策》的法律根据有《环境保护法》《水污染防治法》《固体废物污染环境防治法》《大气污染防治法》等相关法律法规。在责任主体方面，《技术政策》明确规定：地方人民政府是农村生活污染处理处置设施规划和建设的责任主体，乡镇政府和村民委员会负责农村生活污染防治工作的具体组织实施；鼓励村民自治组织在区县或乡镇人民政府的指导下进行生活污染处理处置设施的建设和日常管理工作。这里还重点突出了村民委员会的自治功能。《技术政策》对农村生活污水污染防治、农村生活垃圾处理处置、农村生活空气污染防治、新技术开发与示范推广等都提出了较为明确的要求。

七、部门规章对其他乡村治理领域的落实

除了前文述及的部门规章，在其他乡村治理领域，部门规章也进行了相应的规制。在乡村规划方面，国土资源部（已撤销，其主要职权划归自然资源部）于 2017 年 2 月 3 日发布实施《关于有序开展村土地利用规划编制工作的指导意见》（已失效），要求有条件的地区编制村土地利用规划，统筹安排农村各项土地利用活动，深入推进农业供给侧结构性改革，促进社会主义新农村建设。《不动产登记暂行条例实施细则》[1]在集体土地所有权登记方面，规定"土地属于村农民集体所有的，由村集体经济组织代为申请，没有集体经济组织的，由村民委员会代为申请；土地分别属于村内两个以上农民集体所有的，由村内各集体经济组织代为申请，没有集体经济组织的，由村民小组代为申请"。《村级公益事业建设一事一议财政奖补项目管理暂行办法》由财政部于 2011 年 12 月 21 日发布，自 2012 年 1 月 1 日起施行，其目的是加强一事一议财政奖补项目管理，全面规范，做到简便易行，确保尊重农民意愿、议事程序合法合规，确保符合农村实际、促进农村公益事业健康发展。国家林业局[2]于 2016 年 3 月 16 日印发实施《关于进一步加强集体林地承包经营纠纷调处工作的通知》。该通知要求坚持依法依规、预防为主、调解优先、属地化解、依靠群众原则，健全集体林地承包经营纠纷调处工作制度，建立集体林地承包经营纠纷调处应急处置机制，加快集体林地承包经营纠纷调解仲裁机构队伍建设，努力提高调处集体林地承包经营纠纷的能力水平。

八、结语

包含部门规章和地方政府规章在内的政府规章是中国特色社会主义法律体系的重要组成部分，也是乡村社会多元规范优化合治的重要依凭。其中，国务院部门规章与地方政府规章在各自权限范围内发生效力。根据《立法

---

〔1〕 2016 年 1 月 1 日国土资源部令第 63 号公布，根据 2019 年 7 月 16 日自然资源部第 2 次部务会《自然资源部关于第一批废止和修改的部门规章的决定》修正，2019 年 7 月 24 日发布并实施。
〔2〕 已撤销，与原草原局合并组建国家林业和草原局，为自然资源部管理的国家局。

法》，国务院各部、委员会、中国人民银行、审计署和具有行政管理职能的直属机构，可以根据法律和国务院的行政法规、决定、命令，在本部门的权限范围内，制定规章。本章主要对一些国务院部门规章对乡村治理的落实进行了简要阐释，涉及村民委员会、人民调解委员会等农村基层组织建设，以及乡村社会治安维护、基层法律服务、农村生态环境治理等事项。从内容上看，部门规章是对法律、行政法规的细化，是将法律、行政法规有关乡村治理较为原则性的条款予以具体化。

全面依法治国，要求法治国家、法治政府、法治社会一体建设。作为一类法律规范，政府规章能够将国家法律、行政法规中关于乡村治理的内容具体落实，并与村规民约等其他社会规范共同发挥积极作用，进而有助于健全党组织领导的自治、法治、德治相结合的乡村治理体系，走向乡村善治。

第二十六章

执政党政策对乡村治理的引导

一、引言

农业、农村、农民问题是关系国计民生的根本性、全局性问题，农业农村现代化是国家现代化的必由之路。中华人民共和国成立后，特别是改革开放以来，作为我国的执政党，中国共产党在"三农"问题领域出台了一系列政策措施，这些执政党政策也是我国国家治理、社会治理实践中的重要社会规范。

执政党政策含义丰富，可以简要概括为"执政党为实现一定政治目标、完成一定任务而作出的政治决策"。[1]具体到乡村治理领域，中国共产党在不同的历史时期，根据经济社会发展变化和乡村治理实际需要，制定出台了诸多政策文件，以强化党在乡村治理中的领导核心作用，促进基层民主建设。

实施乡村振兴战略，治理有效是基础，要求健全党组织领导的自治、法治、德治相结合的乡村治理体系，需要继续发挥中国共产党特别是基层党组织在乡村治理中的领导核心作用，执政党政策便是党发挥领导核心作用的有效社会规范。执政党政策指的是中国共产党作为一个执政党整体发布的政策文件，在发布的组织机构上，既有以"中共中央"的名义发布的，也有以"中共中央、国务院"的名义联合发布的；在具体表现形式上，有"意见""决定""规定"等。

本章将主要分析1978年改革开放以来与乡村治理相关的执政党政策，从总体上看，这些执政党政策与我国乡村治理体制的变革有密切联系，在不同

---

[1] 高其才：《法理学》（第3版），清华大学出版社2015年版，第406页。

的历史时期规划着乡村治理，在实现乡村善治方面发挥着引领作用。

二、执政党政策规划乡村治理体制的探索和变革

乡村治理体制是对乡村治理的宏观性、整体性概括，指示着乡村治理的方向性问题。全国范围内乡村治理体制的探索和变革是中国共产党根据经济社会发展变化作出的适应性调整。改革开放四十多年来，我国的乡村治理体制大致是从"政社合一"到"政社分设"，再到村民自治，其后演变至自治、法治、德治相结合的乡村治理体系。[1]乡村治理体制转型发展的一条主线是坚持党的领导，确保党对农村工作的领导核心地位。在这几次乡村治理体制的探索和变革过程中，中国共产党积极总结归纳地方实践创新经验，制定相关政策文件，引导全国范围内的乡村社会根据地方实际进行实践。

（一）引导"政社合一"向"政社分设"转变

1949年10月1日，中华人民共和国成立，我国的国家治理、社会治理自此进入了一个新的历史发展阶段，中国共产党的领导核心地位在国家治理、社会治理实践中不断强化。中华人民共和国成立初期，为了尽快恢复农业生产，发展社会主义经济，我国的乡村治理与农村经济、社会、文化等领域的建设共同推进，主要体现为生产和社会合作化的探索和实践，大致经历了一个从互助组到初级农业生产合作社、高级农业生产合作社，再到人民公社的历史演变过程。在这一过程中，中国共产党主要通过制定执政党政策对乡村治理进行引导，从而使我国逐渐形成了"政社合一"的乡村治理体制。"政社合一"乡村治理模式的形成标志是1958年8月中共中央颁布《关于在农村建立人民公社问题的决议》。其措施是小社并大、转为人民公社，要求"组织军事化、行动战斗化、生活集体化成为群众性的行动"。根据这一决议，全国农村地区很快就全面建立了不同规模的人民公社。"政社合一"的治理结构体现为"人民公社—生产大队—生产队"，是"以乡为单位的农村集体经济组织，与乡政府的合一，实际上就是乡政府行使管理农村经营活动的权力"。[2]从1958年到1978年，我国乡村治理以人民公社为核心，以"一大二公"为特征，即人民公社规模大、公有化程度高。"政社合一"的乡村治理体制在一段

---

〔1〕 高其才、池建华："改革开放40年来中国特色乡村治理体制：历程·特质·展望"，载《学术交流》2018年第11期。

〔2〕 陈锡文等：《中国农村制度变迁60年》，人民出版社2009年版，第17页。

时间内对于农业生产的恢复和发展起到了一定的积极作用，但是随着经济社会的发展，"政社合一"体制已然不能适应这一要求。这种乡村治理体制在乡村社会实践中对农业生产和农村社会也造成了诸多不利影响，农民的生产积极性不易提高，农村社会整体发展滞后，农民日常生活也存在诸多问题，包含乡村治理改革在内的农村综合改革势在必行。

作为农村全面发展的基础，乡村治理体制亟须调整，全国各地的农村社会也进行着自主探索和实践，中国共产党在充分尊重地方自主性的同时，也注重积极总结各地经验，通过制定执政党政策在全国范围内推动乡村治理改革。1978 年，党的十一届三中全会开启了农村综合改革的序幕，其重点首先是进行农村经济体制层面的改革，以家庭联产承包责任制的确立和推行为标志。而乡村治理体制层面的改革并不是这一时期农村改革的重点。党的十一届三中全会也涉及了农村民主制度建设。会议公报指出："人民公社要坚决实行三级所有、队为基础的制度，稳定不变；人民公社各级组织都要坚决实行民主管理、干部选举、帐目公开。"[1]据此可看出，这里并没有对人民公社体制本身进行改革，强调人民公社仍然要坚持三级所有、队为基础的组织制度形式，但直接提出了民主管理、干部选举、账目公开等内容，有学者认为这是"中央文件第一次明确提出要实行基层组织的民主管理"。[2]此处的"中央文件"即本章所研究的执政党政策的主要体现形式。以家庭联产承包责任制为核心的农村经济领域改革是这一时期农村改革的重心，但经济领域的改革实际上已经带动了治理领域的改革，原有的"政社合一"乡村治理体制已经有所改变。农村集体经济组织作为农村基本核算单位已经独立出来，与作为政治性功能的人民公社、队已经有了一定的区分，"政社分设"已经成为事实，但对于如何进行农村民主建设仍需要进一步探索和实践。

（二）引导"政社分设"向村民自治转变

对于"政社分设"后的乡村治理体制，在 1982 年《宪法》修订通过之前，在全国范围内并没有一个统一的标准和形式，主要以地方探索和尝试为主，而地方探索和尝试的效果需要执政党政策的及时引导。在 1982 年《宪法》修订通过之前，第一个中央一号文件《全国农村工作会议纪要》（1982

---

〔1〕 原文中为"帐目"，现在通常使用"账目"。

〔2〕 宋洪远编著：《大国根基：中国农村改革 40 年》，广东经济出版社 2018 年版，第 237 页。

年1月1日中共中央批转）即对农村基层组织建设提出了要求，指出"落实党在农村的一切方针、政策和完成各项工作任务，都必须依靠农村基层组织，包括党的组织、政权组织、经济组织和群众团体"，"作为基层政权，特别是公社、大队还要做好社会救济、教育卫生、计划生育、民兵训练、治安保卫、民事调解等各项工作，保护社会主义经济，保证国家法律、法令的执行"。后来，1982年12月4日，第五届全国人民代表大会第五次会议通过了现行《宪法》，作为国家的根本法，宪法具有最高的法律地位、法律权威、法律效力，是治国安邦的总章程。1982年《宪法》第8条、第95条、第111条是关于村民自治的直接法律条文，从而为村民自治提供了坚实的宪法保障。其中，第111条规定："城市和农村按居民居住地区设立的居民委员会或者村民委员会是基层群众性自治组织。居民委员会、村民委员会的主任、副主任和委员由居民选举。居民委员会、村民委员会同基层政权的相互关系由法律规定。居民委员会、村民委员会设人民调解、治安保卫、公共卫生等委员会，办理本居住地区的公共事务和公益事业，调解民间纠纷，协助维护社会治安，并且向人民政府反映群众的意见、要求和提出建议。"该规定是对先前"政社合一"体制的根本性变革，也是对改革开放初期村民自治乡村治理地方探索和实践的宪法确认。

自1982年1月1日中共中央批转第一个中央一号文件《全国农村工作会议纪要》起，我国共发布了21个中央一号文件，这也是乡村治理领域重要的执政党政策文件。1983年1月2日，中共中央印发《当前农村经济政策的若干问题》。其中明确要求："人民公社的体制，要从两方面进行改革。这就是，实行生产责任制，特别是联产承包制；实行政社分设。政社合一的体制要有准备、有步骤地改为政社分设，准备好一批改变一批。在政社尚未分设以前，社队要认真地担负起应负的行政职能，保证政权工作的正常进行。在政社分设后，基层政权组织，依照宪法建立。"1983年10月12日，中共中央、国务院又联合印发了《关于实行政社分开建立乡政府的通知》。该通知指出："当前的首要任务是把政社分开，建立乡政府；同时按乡建立乡党委，并根据生产的需要和群众的意愿逐步建立经济组织。要尽快改变党不管党、政不管政和政企不分的状况。政社分开、建立乡政府的工作要与选举乡人民代表大会代表的工作结合进行，大体上在一九八四年底以前完成。"1986年1月1日，中共中央、国务院在中央一号文件《关于一九八六年农村工作的部署》中要求"农村实行政社分设后，乡政府领导全乡的经济工作只能从行政角度进行。必须尊重合作经济组织和企业的自主权"。从 1982 年到 1986 年，我国共出台了 5 个中央一号文件，其中前文提到的 3 个都涉及乡村治理体制的变革。

在执政党政策的引导下，全国各地的乡村治理探索都取得了显著成效，而法律是将体现人民利益的执政党政策上升为国家意志的重要手段。1987 年 11 月 24 日，第六届全国人民代表大会常务委员会第二十三次会议通过、1988 年 6 月 1 日起开始试行的《村民委员会组织法（试行）》（已失效）即为村民自治提供了直接的法律保障，也是对宪法村民自治内容和相关执政党政策的法律化。该法律再次明确了村民委员会是农村地区的群众性自治组织，同时根据实际需要也可以在村民委员会内部建立村民小组，并规定村民委员会可以根据需要设人民调解、治安保卫、公共卫生等委员会。在 1998 年《村民委员会组织法》颁布实施之前，《村民委员会组织法（试行）》是村民自治实践的主要法律保障。《村民委员会组织法（试行）》全文共 21 条，对村民委员会的设置、组成、运行等内容进行了相应的规定。

《村民委员会组织法（试行）》实施后，全国范围内基本上都建立了村民委员会，村民自治实践也积累了大量的经验，该法律在许多方面需要根据实践进行了相应的修改和完善。同时，执政党政策对乡村治理的不同方面也进行了积极的引导。1998 年 4 月 18 日颁布并实施的中共中央办公厅、国务院办公厅《关于在农村普遍实行村务公开和民主管理制度的通知》（以下简称《通知》）对村务公开和民主管理进行了专门规定。关于村务公开，《通知》强调村务公开的重点是财务公开，要求公开的内容要简洁明了，公开的时间要及时，其目的是加强民主监督。关于民主管理，《通知》强调要坚持和完善村民会议或村民代表会议制度，按照国家法律、法规和政策，结合本地实际，明确规定民主议事的内容，切实加强群众对村干部的民主监督。村党支部、村民委员会以及其他需要选举产生的村级组织负责人要根据国家有关法律以及党内法规的规定，按期实行民主选举。《通知》起初属于执政党政策的范畴，后来相关内容也被写入了《村民委员会组织法》。1998 年 10 月 14 日，党的十五届三中全会通过的《中共中央关于农业和农村工作若干重大问题的决定》总结了农村改革 20 年的经验，提出了农业和农村跨世纪发展的目标和方针，其中建设有中国特色社会主义新农村的政治目标是"坚持中国共产党的领导，加强农村社会主义民主政治建设，进一步扩大基层民主，保证农民依法直接行使民主权利。全面推进村民自治，完善乡镇人民代表大会制度；乡镇机构精干，以党支部为核心的村级组织健全，干群关系密切；加强法治，保持农村良好的社会秩序和治安环境"。1998年11月4日，第九届全国人民代表大会常务委员会第五次会议修订通过，并于公布之日起正式实施《村民委员会组织法》，我国的乡村治理进入了一个新的历史阶段，村民自治的法律基础更加坚实。此次修订的《村民委员会组织法》全面总结了改革开放20年来乡村治理的实践经验和《村民委员会组织法（试行）》实施10年来的村民自治实践经验，坚持和完善了民主选举、民主决策、民主管理、民主监督。

1998年修订的《村民委员会组织法》自颁布实施后，在2010年和2018年又进行了两次修订（正），与之相伴的我国村民自治的乡村治理体制也不断予以强化。在村民自治时期，中国共产党注重通过制定执政党政策来引导乡村治理。2004年6月22日颁布并实施的中共中央办公厅、国务院办公厅《关于健全和完善村务公开和民主管理制度的意见》再一次对村务公开和民主管理进行了引导。针对进一步健全村务公开制度，保障农民群众的知情权，该意见从完善村务公开的内容、规范村务公开的形式、时间和基本程序、设立村务公开监督小组、听取和处理群众意见等四个方面进行了政策引导。针对进一步规范民主决策机制，保障农民群众的决策权，该意见从推进村级事务民主决策、明确村级民主决策的形式、规范村级民主决策的程序、建立决策责任追究制度等四个方面进行了政策引导。针对进一步完善民主管理制度，保障农民群众的参与权，该意见从推进村级事务民主管理、建立村民委员会换届后的工作移交制度、加强村民民主理财制度建设、规范农村集体财务收支审批程序等四个方面进行了政策引导。针对进一步强化村务管理的监督制约机制，保障农民群众的监督权，该意见从加强对农村集体财务的审计监督、推行民主评议村干部工作制度、建立和完善村干部的激励约束制度等四个方面进行了政策引导。

进入21世纪以来，自2004年开始，截至2019年，我国又陆续发布了21个中央一号文件，其中几个中央一号文件与乡村治理有比较密切的关系。同时，中国共产党在新世纪召开的许多会议也涉及乡村治理的内容。中共中央、国务院于2005年12月31日公布的2006年中央一号文件《关于推进社会主义新农村建设的若干意见》提出了"乡村治理机制"一词，明确要求加强农村民主政治建设，完善建设社会主义新农村的乡村治理机制，基本要求是健全村党组织领导的充满活力的村民自治机制，进一步完善村务公开和民主议事制度，让农民群众真正享有知情权、参与权、管理权、监督权。2007 年召开的党的十七大对改革开放进行了全面总结，对未来的全面改革进行了工作部署。党的十七大报告要求，健全基层党组织领导的充满活力的基层群众自治机制，扩大基层群众自治范围。中共中央、国务院于 2007 年 12 月 31 日公布的 2008 年中央一号文件《关于切实加强农业基础建设进一步促进农业发展农民增收的若干意见》再一次明确提出要继续完善村民自治制度，探索乡村有效治理机制，强调在党组织领导下培育和发展服务"三农"的社会组织，发挥广大群众参与、反映群众诉求方面的积极作用，实现政府行政管理和基层群众自治的有效良性互动。2008 年 10 月，党的十七届三中全会审议通过的《中共中央关于推进农村改革发展若干重大问题的决定》总结了 30 年来农村改革的经验，并对进一步推进农村改革发展作出了全面部署。针对乡村治理，该决定提出要健全农村民主管理制度，健全村党组织领导的充满活力的村民自治机制；强化农村社会管理。坚持服务农民、依靠农民，完善农村社会管理体制机制，加强农村社区建设，保持农村社会和谐稳定。此次全会再一次明确：实现全面建设小康社会的宏伟目标，最艰巨、最繁重的任务在农村，最广泛、最深厚的基础也在农村。乡村治理在农村改革中的地位和功能日益增强，并深刻影响着我国的乡村治理实践。中共中央、国务院于 2009 年 12 月 31 日公布的 2010 年中央一号文件《关于加大统筹城乡发展力度进一步夯实农业农村发展基础的若干意见》提出进一步完善符合国情的农村基层治理机制，要求培育发展社区服务性、公益性、互助性社会组织。上述执政党政策的一些内容在 2010 年《村民委员会组织法》的修订中也有相应的体现。

　　2012 年，党的十八大报告再一次明确指出乡村治理的目标是"健全基层党组织领导的充满活力的基层群众自治机制"，中共中央、国务院在 2013 年中央一号文件《关于加快发展现代农业进一步增强农村发展活力的若干意见》（2012 年 12 月 31 日公布）中进一步明确为"建立健全符合国情、规范有序、充满活力的乡村治理机制"，从而为我国乡村治理进一步指明了前进的方向。2013 年 11 月 12 日，党的十八届三中全会通过了《中共中央关于全面深化改革若干重大问题的决定》的决议，"社会治理"一词代替了先前常见的"社会管理"一词，并明确提出：全面深化改革的总目标是完善和发展中国特色社会主义制度，推进国家治理体系和治理能力现代化。党的十八届三中全会标志着中国的治理改革进入了一个崭新的历史时期，是我国全面深化改革进程中承上启下的一次重要会议。2014年中央一号文件中共中央、国务院《关于全面深化农村改革加快推进农业现代化的若干意见》（2014年1月19日公布）是党的十八届三中全会精神在农村改革领域的贯彻和落实，将"完善乡村治理机制"作为全面深化农村改革、加快推进农业现代化的重要内容而加以专门规定。2015年、2016年的中央一号文件都有创新和完善乡村治理机制的内容。2015年中央一号文件中共中央、国务院《关于加大改革创新力度加快农业现代化建设的若干意见》提出："在有实际需要的地方，扩大以村民小组为基本单元的村民自治试点，继续搞好以社区为基本单元的村民自治试点，探索符合各地实际的村民自治有效实现形式。"2016年中央一号文件中共中央、国务院《关于落实发展新理念加快农业现代化实现全面小康目标的若干意见》的出发点是牢固树立和深入贯彻落实创新、协调、绿色、开放、共享的发展理念，大力推进农业现代化，确保亿万农民与全国人民一道迈入全面小康社会。

（三）引导村民自治向自治、法治、德治相结合转变

从2015年开始，中央一号文件在重视"自治"的基础上，更加强调"法治""德治"在乡村治理中的积极作用。2015年中央一号文件中的"围绕做好'三农'工作，加强农村法治建设"部分专门明确了推进农村法治建设，这对于农村法治建设来说无疑是一个新的历史机遇。该文件明确指出："农村是法治建设相对薄弱的领域，必须加快完善农业农村法律体系，同步推进城乡法治建设，善于运用法治思维和法治方式做好'三农'工作。同时要从农村实际出发，善于发挥乡规民约的积极作用，把法治建设和道德建设紧密结合起来。"为此，必须从健全农村产权保护法律制度、健全农业市场规范运行法律制度、健全"三农"支持保护法律制度、依法保障农村发展等方面着手，加快农村改革发展。2016年中央一号文件更是明确将"法治"与"自治"结合起来，指出必须"依法开展村民自治实践，探索村党组织领导的村民自治有效实现形式。深化农村社区建设试点工作，完善多元共治的农村社区治理结构"，积极发挥村规民约在乡村治理中的积极作用。此外，该文件还明确提出了加强"德治"在乡村治理中的功能和作用，具体来说，要深化农村精神文明建设，深入开展中国特色社会主义和中国梦宣传教育，加强农村思想道

德建设，大力培育和弘扬社会主义核心价值观，增强农民的国家意识、法治意识、社会责任意识，加强诚信教育，倡导契约精神、科学精神，提高农民文明素质和农村社会文明程度。总之，在深化改革阶段，随着村民自治的深入，乡村治理逐渐进入了一个新的历史阶段，上述中央一号文件已经具备将"自治""法治""德治"结合起来的思想基础，也预示着中国特色乡村治理体制的探索进入了一个新的历史时期。

2017 年 6 月 12 日，中共中央、国务院《关于加强和完善城乡社区治理的意见》印发并实施。该意见指出城乡社区是社会治理的基本单元，为了促进城乡社区治理体系和治理能力现代化，必须注重发挥基层群众性自治组织的基础作用，充分发挥自治章程、村规民约、居民公约在城乡社区治理中的积极作用，弘扬公序良俗，促进法治、德治、自治有机融合。"法治、德治、自治有机融合"具体到乡村治理过程中便是"自治、法治、德治相结合的乡村治理体系"的提出，它首先出现在党的十九大报告中。2017 年 10 月 18 日，中国共产党第十九次代表大会在北京召开，习近平总书记在代表第十八届中央委员会向大会作的报告《决胜全面建成小康社会　夺取新时代中国特色社会主义伟大胜利》中首次旗帜鲜明地提出实施乡村振兴战略，创造性地提出"加强农村基层基础工作，健全自治、法治、德治相结合的乡村治理体系"。这是中国特色乡村治理体制理论创新和实践创新的重要结果。2019 年 10 月 31 日，中国共产党第十九届中央委员会第四次全体会议通过的《中共中央关于坚持和完善中国特色社会主义制度推进国家治理体系和治理能力现代化若干重大问题的决定》也强调"健全党组织领导的自治、法治、德治相结合的城乡基层治理体系"。

三、执政党政策对党组织领导的自治、法治、德治相结合乡村治理体系的引导

党的十九大报告提出健全自治、法治、德治相结合的乡村治理体系，新时代背景下的乡村治理也主要是围绕这一主题展开的。从党的十九大之后出台的执政党政策来看，与健全乡村治理新体系直接相关的主要有中共中央、国务院《关于实施乡村振兴战略的意见》《乡村振兴战略规划（2018－2022年）》《关于坚持农业农村优先发展做好"三农"工作的若干意见》《关于加强和改进乡村治理的指导意见》，中央农村工作领导小组办公室、农业农村

部、中央组织部、中央宣传部、民政部、司法部《关于开展乡村治理体系建设试点示范工作的通知》等。

2018 年中央一号文件中共中央、国务院《关于实施乡村振兴战略的意见》（2018 年 1 月 2 日公布并实施）是新时期我国"三农"工作的指导性执政党政策文件，对健全自治、法治、德治相结合的乡村治理体系提出了诸多举措。该意见强调"加强农村基层基础工作、构建乡村治理新体系"，明确指出："乡村振兴，治理有效是基础。必须把夯实基层基础作为固本之策，建立健全党委领导、政府负责、社会协同、公众参与、法治保障的现代乡村社会治理体制，坚持自治、法治、德治相结合，确保乡村社会充满活力、和谐有序。"自治、法治、德治相结合的乡村治理体系与乡村振兴战略的关系再一次被明确。该意见从加强农村基层党组织建设、深化村民自治实践、建设法治乡村、提升乡村德治水平、建设平安乡村等五个方面，对健全自治、法治、德治相结合的乡村治理体系提出了诸多引导性举措。

2018 年 9 月 26 日，中共中央、国务院印发《乡村振兴战略规划（2018-2022 年）》（以下简称《规划》），对接下来五年的乡村振兴战略实施进行了规划，其中也涉及乡村治理体系的内容。在乡村振兴战略与乡村治理的关系方面，《规划》指出，实施乡村振兴战略是健全现代社会治理格局的固本之策。社会治理的基础在基层，薄弱环节在乡村。乡村振兴，治理有效是基础。实施乡村振兴战略，加强农村基层基础工作，健全乡村治理体系，确保广大农民安居乐业、农村社会安定有序，有利于打造共建、共治、共享的现代社会治理格局，推进国家治理体系和治理能力现代化。在基本原则方面，《规划》强调"坚持党管农村工作"，必须毫不动摇地坚持和加强党对农村工作的领导，健全党管农村工作方面的领导体制机制和党内法规，确保党在农村工作中始终总揽全局、协调各方，为乡村振兴提供坚强有力的政治保障。《规划》第八篇是"健全现代乡村治理体系"。该篇从加强农村基层党组织对乡村振兴的全面领导、促进自治法治德治有机结合、夯实基层政权三个方面作出了具体规划。《规划》将乡村治理统筹考虑，涉及党的领导、乡镇基层政权建设，党对乡村振兴的全面领导自然也包含对乡村治理的领导，执政党政策再一次强化了这一点。其中，在"促进自治法治德治有机结合"部分，《规划》明确强调，坚持自治为基、法治为本、德治为先，健全和创新村党组织领导的充满活力的村民自治机制，强化法律权威地位，以德治滋养法治、涵养自治，让德治贯穿乡村治理全过程。在具体的措施方面，《规划》也从深化村民自治实践、推进乡村法治建设、提升乡村德治水平、建设平安乡村四个方面进行引导，这是对 2018 年中央一号文件相关内容的进一步明确。

2019 年 1 月 3 日，2019 年中央一号文件中共中央、国务院《关于坚持农业农村优先发展做好"三农"工作的若干意见》表明中国共产党继续坚持把解决好"三农"问题作为全党工作重中之重不动摇。该意见从"聚力精准施策，决战决胜脱贫攻坚""夯实农业基础，保障重要农产品有效供给""扎实推进乡村建设，加快补齐农村人居环境和公共服务短板""发展壮大乡村产业，拓宽农民增收渠道""全面深化农村改革，激发乡村发展活力""完善乡村治理机制，保持农村社会和谐稳定""发挥农村党支部战斗堡垒作用，全面加强农村基层组织建设""加强党对'三农'工作的领导，落实农业农村优先发展总方针"等八个部分对坚持农业农村优先发展进行了较为全面的政策引导。其中，"完善乡村治理机制，保持农村社会和谐稳定""发挥农村党支部战斗堡垒作用，全面加强农村基层组织建设"是关于乡村治理的相关内容。该意见提出要增强乡村治理能力，建立健全党组织领导的自治、法治、德治相结合的领导体制和工作机制，发挥群众参与治理主体作用；加强农村精神文明建设，引导农民践行社会主义核心价值观，巩固党在农村的思想阵地；持续推进平安乡村建设，深入推进扫黑除恶专项斗争；强化农村基层党组织领导作用，抓实建强农村基层党组织，以提升组织力为重点，突出政治功能，持续加强农村基层党组织体系建设；发挥村级各类组织作用，理清村级各类组织功能定位，实现各类基层组织按需设置、按职履责、有人办事、有章理事；强化村级组织服务功能；完善村级组织运转经费保障机制。

为了发挥执政党政策对乡村治理的引导，2019 年 6 月 23 日，中共中央办公厅、国务院办公厅印发《关于加强和改进乡村治理的指导意见》，对推进乡村治理体系和治理能力现代化，夯实乡村振兴基层基础提出了许多针对性的举措。该意见明确要建立健全党委领导、政府负责、社会协同、公众参与、法治保障、科技支撑的现代乡村社会治理体制，以自治增活力、以法治强保障、以德治扬正气，健全党组织领导的自治、法治、德治相结合的乡村治理体系，构建共建、共治、共享的社会治理格局，走中国特色社会主义乡村善治之路，建设充满活力、和谐有序的乡村社会。作为新时期引导乡村治理的执政党政策文件，该意见规定了完善村党组织领导乡村治理的体制机制、发挥党员在乡村治理中的先锋模范作用、增强村民自治组织能力、实施乡风文明培育行动、提升乡镇和村为农服务能力等 17 项主要任务，基本上涵盖了乡村治理的各个领域。

乡村治理具有地方性特色，不同区域、不同村落的乡村社会面临不同的治理需求，这就要求在坚持普遍性原则的同时，尊重和发挥地方乡村社会的积极性和主动性。乡村治理体系建设试点是一种比较有效的推进策略，能够在实践中总结出普遍性的规律。为此，2019 年 6 月 24 日，中央农村工作领导小组办公室、农业农村部、中央组织部、中央宣传部、民政部、司法部等部门联合发布《关于开展乡村治理体系建设试点示范工作的通知》，这是对《关于加强和改进乡村治理的指导意见》的具体落实措施之一。试点工作的根本目标是"健全党组织领导的自治、法治、德治相结合的乡村治理体系"，以"坚持党的领导""坚持农民主体""坚持三治结合""坚持多方协同""坚持突出重点"为基本原则，这些都体现了当代中国乡村治理的发展方向。在试点的主要内容方面，该意见提出要探索共建、共治、共享的治理体制，探索乡村治理与经济社会协调发展的机制，探索完善乡村治理的组织体系，探索党组织领导的自治、法治、德治相结合的路径，完善基层治理方式，完善村级权力监管机制，创新村民议事协商形式，创新现代乡村治理手段。试点工作是我国国家治理、社会治理中经常采取的一种措施，实际上试点工作本身就是一种引导性的、探索性的措施，目的是希望通过地方先行先试、积极创新、大胆实践，从而形成可复制、可推广的经验做法，进而裨益全国范围内的乡村治理。

四、结语

执政党政策是我国国家治理、社会治理实践中的一种重要行为规范，在乡村治理中主要起引导作用，这种引导作用既体现在乡村治理体制的宏观变革方面，也体现在对治理路径和措施的具体引导方面。执政党政策可以凭借其及时性、灵活性的优势，及时发现乡村治理实践中的具体问题，及时总结地方探索和创新措施，并通过立法等途径上升为国家意志，这也是推进乡村治理体系和治理能力现代化建设的要求。

从历史和社会发展角度来看，作为执政党，中国共产党通过制定执政党政策规划乡村治理的作用是积极的，在健全党组织领导的自治、法治、德治相结合的乡村治理体系中发挥着主导作用，在未来的乡村治理实践中也需要注重发挥其积极作用。同时，在推进国家治理体系和治理能力现代化的背景之下，执政党政策对乡村治理的规划、引导作用也需要进一步优化，做到与全面依法治国相协调、与乡村治理需要相适应，推进乡村善治。

乡规民约在乡村治理中的积极作用实证研究

一、引言

在 2017 年 10 月 18 日中国共产党第十九次全国代表大会开幕会上，中共中央总书记习近平代表第十八届中央委员会作报告时提出实施乡村振兴战略，强调"加强农村基层基础工作，健全自治、法治、德治相结合的乡村治理体系"，打造共建、共治、共享的社会治理格局，实现政府治理和社会调节、居民自治的良性互动。中国共产党的十八届三中全会明确指出，建设法治中国，必须"坚持法治国家、法治政府、法治社会一体建设"。2014 年 10 月 23 日，中国共产党第十八届中央委员会第四次全体会议通过《中共中央关于全面推进依法治国若干重大问题的决定》，明确提出了"增强全民法治观念，推进法治社会建设"的目标，强调"推进多层次多领域依法治理"，要求"发挥市民公约、乡规民约、行业规章、团体章程等社会规范在社会治理中的积极作用"。这表明，在法治国家、法治社会建设过程中，需要进一步提高乡规民约、村规民约的地位，高度重视乡规民约、村规民约的价值，全面发挥乡规民约、村规民约的作用，在乡村治理中充分运用乡规民约、村规民约。

乡规民约、村规民约是乡村民众为了办理公共事务和公益事业、维护社会治安、调解民间纠纷、保障村民利益、实现村民自治，民主议定和修改并共同遵守的社会规范。[1] 长期以来，村规民约一直被视为农村自治的重要表现

---

〔1〕 我国法律中主要采用"村规民约"一词，"乡规民约"主要在文化传承意义上使用，但在

形式，也是基层民主政治发展的重要成果。特别是《村民委员会组织法》规定村民自治制度以来，我国农村地区普遍制定了乡规民约并且取得了积极的成效，但乡规民约在某些农村地区的社会治理作用并不显著。因此，有必要对乡规民约在乡村治理中的作用进行实证研究，以健全党组织领导的自治、法治、德治相结合的乡村治理体系，推进我国的乡村善治建设。

作为一种重要的乡村治理方式和规范，乡规民约一直以来备受关注，相关研究成果颇为丰富。概而言之，国内学术界关于乡规民约的研究主要从四个视角展开。第一，"国家–社会"视角下乡规民约的"民治性"。我国乡规民约的两次研究高潮都是在"民治"思潮下展开和深入的，一次是清末民初的"地方自治"思潮，一次是改革开放后的"村民自治"思潮。乡约研究的肇始者和代表人物杨开道先生认为乡约主要代表了中国基层政治的两个重要属性：一则民治；一则乡治。[1]清末地方自治思潮以后，"民治"的理念就嵌入到了乡规民约与乡村建设之中，并延续到之后学者的研究中。我国确立村民自治制度正是清末民初"自治"思想的延续。随着晚近近代社会科学的传入，尤其是"国家–社会"二元分析范式的引入，对于乡规民约研究的"官治–民治"的理论基调得以确定。乡规民约到底是属于官治还是民治系统，如何安置二者关系成了乡规民约研究的中心议题。既有研究基本上都是在此框架下展开的，内容涵括乡规民约的定义、性质、地位、功能等方面。[2]第二，"中心–边缘"视角下乡规民约的"特殊性"。"中心–边缘"视角认为乡规民约是某个区域或文化共同体内的特殊性规范，强调乡规民约的"地方性知识"特点。文化结构、自然结构的差异导致在全国主体性规范边缘客观存在一些"地方性知识"。从此视角出发，既有研究强调乡规民约作为"地方性知识"

（接上页）大多数场合"乡规民约"与"村规民约"在使用上并无严格区分，两者可以通用。如无特别说明，本章通用这两个语词，并主要使用"乡规民约"一词。从使用情况来看，乡规民约有四重含义：一是指村庄共同体成员的行为规范；二是指基于村民自治而形成的自治规范；三是指调整乡村社会关系的社会规范；四是指村民基于协商民主而达成的社会契约。本章认为，乡规民约是法治社会建设中的重要规范，全面调整着乡村社会关系，因而主要从"社会规范"层面界定其含义。

〔1〕　参见杨开道：《中国乡约制度》，山东省乡村服务人员训练处 1937 年编印。

〔2〕　参见张中秋："乡约的诸属性及其文化原理认识"，载《南京大学学报（哲学·人文科学·社会科学）》2004 年第 5 期；张静："乡规民约体现的村庄治权"，载《北大法律评论》1999 年第 1期；张广修等：《村规民约论》，武汉大学出版社 2002 年版。

的特殊性主要源自宗教文化结构、区域自然结构的差异。[1]第三，"传统-现代"视角下乡规民约的"传承性"。一些学者从历史的视角切入研究乡规民约，解析乡规民约作为"社会史的规范史"，从历史传统中寻找治理资源或现代法治建设资源，为弥合规范"断裂"与赓续传统做出努力。[2]第四，"规范-秩序"视角下乡规民约的"治理性"。一些学者通过实证方法对乡规民约的具体实施展开研究，分析乡规民约在维持社会秩序、实现社会整合、维风导俗上面发挥的"治理性"作用。[3]

　　国外学术界对中国乡规民约并未展开专门、系统的讨论，与之相关的一些探讨主要从以下五个视角展开。第一，从法文化角度对中国传统乡约制度进行研究。如日本学者滋贺秀三、岸本美绪、寺田浩明等人在讨论明清法源时附带讨论了乡约，尤其侧重作为传统乡约主要形式之一的家族法规及"约"的性质，认为乡规民约承载天理人情，是与国家法并行不悖的另一套规范。[4]第二，从法律多元的角度研究包括乡规民约在内的非正式规范。在法律多元视角下，乡规民约是重要的社会规范，在现代社会中调整和维持社会秩序，发挥着重要作用。持有此类观点的学者有罗伯特·曼加伯里亚·昂格

---

　　〔1〕有学者在考察回族、藏族聚居地后发现，这些宗教观念浓厚的地区在婚姻习俗、价值认同、纠纷调解等方面的乡规民约与国家法有较大差异，深受宗教信仰之影响，一些少数民族地区的乡规民约深受民族传统风俗习惯影响。还有一些学者认为，乡规民约也会因区域结构和自然结构之差异而表现出不同的特点，如在自然气候、山林资源丰富的地区，大多会形成区域范围的环境保护、资源利用等乡规民约。

　　〔2〕参见卞利："明清徽州村规民约和国家法之间的冲突与整合"，载《华中师范大学学报（人文社会科学版）》2006年第1期；党晓虹、樊志民："传统乡规民约的历史反思及其当代启示——乡村精英、国家政权和农民互动的视角"，载《中国农史》2010年第4期；谢长法："乡约及其社会教化"，载《史学集刊》1996年第3期；尹钧科："明代的宣谕和清代的讲约"，载《北京社会科学》1999年第4期；段自成："论清代的乡村儒学教化——以清代乡约为中心"，载《孔子研究》2009年第2期；等等。

　　〔3〕参见于语和、安宁："民间法视野中的村规民约——以河北省某村的民间调查为个案"，载《甘肃政法学院学报》2005年第5期；侯猛："村规民约的司法适用"，载《法律适用》2010年第6期；钱海梅："村规民约与制度性社会资本——以一个城郊村村级治理的个案研究为例"，载《中国农村观察》2009年第2期；等等。

　　〔4〕［日〕滋贺秀三："清代诉讼制度之民事法源的考察——作为法源的习惯"，载［日〕滋贺秀三等著，王亚新、梁治平编：《明清时期的民事审判与民间契约》，王亚新、范愉、陈少峰译，法律出版社1998年版，第54~87页；［日〕寺田浩明：《权利与冤抑：寺田浩明中国法史论集》，王亚新等译，清华大学出版社2012年版，第136~181页；［日〕岸本美绪，『明清交替と江南社会17世纪中国の秩序问题』，东京大学出版会1999年版，第27~40页；［日〕仁井田陞，『中国の农村家族』，东京大学出版会1952年版，第124~139页。

尔、约翰·格鲁伊特·格里菲斯、M.B. 浩克、劳伦斯·M. 弗里曼及千叶正士等。[1] 第三，从中国少数民族习惯法的角度讨论乡规民约。这些文献主要讨论少数民族习惯法，但在讨论过程中对乡规民约与习惯法并未作严格区分。美国学者葛维汉对我国西南地区少数民族习惯进行了大量的调研和记录。20世纪 90 年代以来，又有加藤美穗子、西村幸次郎、史蒂文·哈雷尔、埃里克·穆格勒、拉尔夫·利辛格、路易莎·谢恩等学者对少数民族地区的习惯法及乡规民约进行了研究。[2] 第四，从乡村治理的角度探讨乡规民约的治理功能。美国学者杜赞奇从国家内卷化（state involution）的角度讨论了国家权力向乡村扩张而导致乡村治理模式的改变；施坚雅、牟复礼讨论在"国家–社会"之间相互渗透和能动实践过程中城乡连续统一体（urban–rural continuum）的形成以及乡约的治理功能；裴宜理讨论了在中国革命进程中乡规民约作为一种文化操控（Cultural Patronage）方式发挥的巨大作用；日本学者重田德认为传统乡村治理模式向"士绅统治"（gentry rule）过渡，士绅主导制定乡规民约并推动实践，促使乡村秩序的形成；戒能通孝、平野义太郎、清水盛光等则利用"满铁"调查资料研究中国农村社会的基本结构，其中包括作为社会控制方式的乡规民约。此外，还有弗里德曼、萧凤霞、戴慕珍以及墨宁等学者对农村社会治理结构的研究也涉及了乡规民约问题。[3] 第五，从纠纷解决的角度讨论以乡规民约为主导的解纷模式。美国学者黄宗智讨论

---

〔1〕　Roberto Mangabeira Unger, *Law in Modern Society*, Free Press, 1976; John Gruyter Griffiths, "Legal Pluralism and Society", *Journal of Legal Pluralism and Unofficial Law*, No. 24, 1986; M. B. Hooker, *Legal Pluralism: An Introduction to Colonial and Neo-Colonial Laws*, Oxford: Clarendon Press, 1975; Lawrence M. Friedman, *The Legal System: A Social Science Perspective*, New York: Russel Sage Foundation, 1975; Masaji Chiba, *Legal Pluralism: Toward a General Theory through Japanese Legal Culture*, Tokyo: Tokai University Press, 1989, etc.

〔2〕　Susan D. Blum, "Margins and Centers: Adecade of Publishing on China's Ethnic Minorities", *The Journal of Asian Studies*, Vol. 61, No. 4 (November2002); Erik Mueggler, *The Age of Wild Ghosts: Memory, Violence, and Place in Southwest China*, California University Press, 2001; Ralph Litzinger, *Other Chinas: The Yao and the Politics of National Belonging*, Durham & London: Duke University Press, 2000; Louisa Schein, *Minority Rules: The Miao and Feminine in China's Cultural Politics*, Durham & London: Duke University Press, 2000, etc.

〔3〕　Prasenjit Duara, *Culture, Power, and the State: Rural North China, 1900~1942*, Calif Stanford: Stanford University Press, 1988; G. William Skinner, "Chinese Peasants and the Closed Community: An Ppen and Shut Case", *Comparative Studies in Society and History*, 13 (3), 1971; [美] 欧博文："中国村民委员会组织法的贯彻执行情况探讨"，载《社会主义研究》1994 年第 5 期；等等。

了清代民事审判中州县官员与地方乡绅之间共治的"第三条道路"，在纠纷解决中州县官员依靠地方乡绅通过乡规民约等习惯规范进行调解。埃里克森认为在交织密集的群体中，没有正式的法律仍然可能有秩序，强调了民间自发形成的规范的重要性；王斯福和王铭铭讨论了福建和我国台湾地区四种基层卡理斯玛型地方领袖及其运用乡约（融合宗教规范）等非正式规范解决纠纷的过程。[1]

从国内外研究情况来看，当前学术界对乡规民约的研究已经达到了一定的广度和深度，尤其是对传统乡规民约的现代递嬗过程展开了较为全面、系统的考察，拓展了乡规民约的相关基础理论。然而，值得注意的是，一方面，国外学术界对乡规民约的研究虽有涉及，但并无专门、系统的研究，而是在讨论传统法文化及传统社会秩序等问题时有所涉及，其观点深受海外汉学研究传统的影响，也受发达国家社科理论传统及研究范式之局限。另一方面，国内学术界对乡规民约的研究已经取得了较为丰富的成果，但无论是早期还是当下的一些研究，学者们的研究旨趣多侧重于传统及当代乡规民约的基础理论等方面，学理探讨多于实证研究，尤其是对乡规民约在乡村治理中积极作用的类型化研究不够充分，没有更为深入地讨论乡规民约积极作用发挥的基础及相关制约因素，并在此基础上合理构建乡规民约积极作用的发挥机制。鉴于此，本章试图解决的中心问题是：乡规民约在乡村治理中具体有哪些积极作用？乡规民约为什么会有这些积极作用？当前制约乡规民约积极作用发挥的因素是什么？在法治社会建设背景下如何合理构建乡规民约积极作用发挥机制？

本章采用以下两种研究方法：①实证研究方法。通过访谈、观察等方式"深描"（deep-description）乡规民约作用机制实际运行情况；采用人类学曼彻斯特学派提出的"延伸个案分析方法"，对个案进行深入解读。本章对不同区域的乡规民约及其作用机制进行比较分析，试图从中探索出当前中国各区域乡规民约在乡村治理中作用的个性与共性。②规范分析法。本章结合实证调查经验对当前乡规民约制度进行规范分析，从法律制度顶层设计和实际操

〔1〕 ［美］黄宗智：《清代的法律、社会与文化：民法的表达与实践》，上海书店出版社2007年版，第91~111页；Stephan Feuchtwang & Wang Mingming, *Grassroots Charisma: Four Local Leaders in China*, Published by Routledge, 2001.

作层面提出更好的发挥作用的建议。

　　笔者于 2015 年 9 月至 2016 年 6 月间先后 6 次展开调研，调研地区包括北京、浙江、广西、贵州、甘肃、湖南、湖北等省市区，入驻调研的行政村共计 45 个，所收集的相关研究资料基本上涵括了东南西北中五个区域，既包括发达地区（如北京、浙江等省份），也涵盖了西部欠发达地区（如贵州、云南、甘肃等省份），还有中部地区（如湖南等省份）。因此，本章所选取的研究样本比较具有代表性，能够在不同区域之间进行样本比较研究，获得更为全面的认识。

　　本章主要就乡规民约在乡村治理中的积极作用、乡规民约在乡村治理中发挥积极作用的原因、乡规民约在乡村治理中发挥积极作用的障碍、乡规民约在乡村治理中进一步发挥积极作用的建议进行探讨，以促进学界对这一问题的深入讨论。

二、乡规民约在乡村治理中的积极作用

　　乡规民约产生于乡村社会之中，在村民日常生活逻辑中形成、生长，具有内生性，是不同于国家法律的社会规范，在乡村治理中有其独立发挥作用的空间。与此同时，由于国家与社会之间的互动性，乡规民约是在国家法律的指导下制定和实施的，[1]但又不是完全独立于国家法律的，在一定程度上与国家法律调整乡村秩序的目标是一致的，因而能够很好地促进乡村社会秩序的构建。正因为如此，现实中乡规民约在乡村治理中既有积极作用，也有消极作用；当下应该大力发挥其积极作用，防范其消极作用。

　　总体而言，乡规民约在乡村治理中的积极作用主要体现在政治、经济、文化、社会及生态等领域，较为全面地调整乡村社会关系，促进乡村经济社会发展和农民生活水平提高。

　　（一）保障基层民主

　　乡规民约是实现村民自我管理、自我教育、自我服务，实行民主选举、民主决策、民主管理、民主监督的依据，也是对《村民委员会组织法》的具

---

　　〔1〕《村民委员会组织法》第 27 条规定："村民会议可以制定和修改村民自治章程、村规民约，并报乡、民族乡、镇的人民政府备案。村民自治章程、村规民约以及村民会议或者村民代表会议的决定不得与宪法、法律、法规和国家的政策相抵触，不得有侵犯村民的人身权利、民主权利和合法财产权利的内容。村民自治章程、村规民约以及村民会议或者村民代表会议的决定违反前款规定的，由乡、民族乡、镇的人民政府责令改正。"

体落实。根据现行法律的规定,村民自治是广大农民直接行使民主权利,依法办理自己的事情,实行自我管理、自我教育、自我服务的一项基本制度。村民自治制度的核心内容是,村庄自治应该遵循"民主选举、民主决策、民主管理、民主监督"。其中,"民主选举"要求广大村民通过无记名投票的方式进行直接选举,保障农民在选举上的自主权;"民主决策"要求在涉及村民利益的重大事项上村民委员会与村民共同商议决策,按照少数服从多数的原则由全体村民对村务进行民主决策;"民主管理"要求村民直接参与和管理村庄事务,对村庄日常事务进行管理;"民主监督"要求实行村务公开,赋予村民监督权和知情权,监督村民委员会及村干部的行为。根据这一制度要求,一些地区的乡规民约对基层民主的保障进行了规定,内容包括村委选举、村务管理、村务公开等方面,以求切实保障基层民主制度。

笔者通过调查发现,许多乡规民约对村级选举极为重视,尤其是对村级组织成员候选人或自荐人的资格进行了严格的限定。例如,浙江省慈溪市附海镇《海晏庙村村规民约》第六章就是对"民主参与"的规定。第27条要求村民"积极参与村级民主管理,珍惜自身民主权利,坚持从本村公益事业发展和全体村民共同利益出发,认真提建议、作决策、选干部";第28条要求"严格遵守村级组织换届选举纪律,自觉抵制拉票贿选等违法违纪行为,不以个人关系亲疏、感情好恶、利益轻重为标准进行推荐和选举";第29条则规定"不能确定为村级组织成员候选人或自荐人"和"不宜确定为村级组织成员候选人或自荐人"的各种情形。前者的情形包括被判处刑罚或者刑满释放、缓刑期满未满5年的;违反计划生育未处理或者受处理后未满5年的;涉黑涉恶受处理未满3年的;受到党纪处分尚未超过所受纪律处分有关任职限制期限的;等等。后者的情形包括煽动群众闹事、扰乱公共秩序的;有严重违法用地、违章建房行为拒不整改的;长期外出不能正常履行职务的;有辞职承诺情形的;党员积分制考评中被评定为不合格党员的;道德品质低劣,在群众中影响较坏的;拖欠集体款项没有归还的。前者如果当选,则当选无效;后者如果当选,本人则应当主动辞职。[1]浙江省庆元县黄田镇《黄源底村村规民约》第10条规定:"严格遵守村级组织换届选举纪律,自觉抵制拉票贿

---

〔1〕 浙江慈溪附海镇《海晏庙村村规民约》(2015年7月30日经海晏庙村村民代表大会表决通过)。

选等违法违纪行为。"[1]

还有一些乡村在乡规民约中规定村民委员会、村民代表会的产生方法和相应职责，村民和村民委员会一起共同管理村庄事务，村务公开，接受村民的监督，这也是保障基层民主的重要举措。例如，北京市房山区长沟镇《坟庄村村规民约》第二章就是关于"村委会和村民代表大会工作职能"的规定。如第9条规定"村委会每月召开一次例会，做到工作有计划、有布置、有检查、有落实、有记录；半年向村民汇报一次工作，发现问题及时解决"；第13条规定了村民代表大会的五项职责。[2]

从调查的情况来看，并不是所有被调查村的乡规民约都有关于保障农村基层民主的相关规定，大部分被调查村都没有相关规定，仅有极少数被调查村对村级选举、村庄管理、村务公开等涉及基层民主实践方面有所规定。[3]这些对基层民主有具体规定的村大多集中于经济较为发达的地区，如广东佛山、浙江宁波以及北京房山等地；而贵州、云南、甘肃、湖南等地的乡规民约则鲜有这方面的规定。

（二）管理公共事务

农村的公共事务、公益设施不仅需要国家、政府力量，也需要村民参与。各地根据本村实际情况，通过乡规民约对计划生育、教育、村落设施、防火、交通、道路等事务进行管理、保护和规范，保障农村公共事务产品的有效提供，提高乡村社会管理水平。

在计划生育方面，几乎所有的乡规民约都对计划生育政策进行了规定，即对违反计划生育的村民实施一定的处罚。如2015年4月8日，贵州省锦屏县华寨村村民代表会议专门修订通过了《华寨村计划生育基层群众自治章程》，对有关计划生育的机构、要求、奖励等进行规范。

一些村规民约在教育上对村民子女给予适当的资助。例如，浙江省慈溪

---

〔1〕 浙江省庆元县黄田镇《黄源底村村规民约》（2015年8月6日经2/3以上户代表会议表决通过）。

〔2〕 北京市房山区长沟镇《坟庄村村规民约》（2013年6月通过）。

〔3〕 广东省佛山市三水白坭镇岗头村通过村规民约建立起了村民议事会决策、村委会执行、村务监督委员会监督的三权分设机制。村委会村民议事会由村民（代表）会议授权，村小组议事会由村民小组会议授权，在授权范围内行使村（组）自治事务决策权、监督权、议事权，讨论决定本村（组）日常事务。相关规定可参见广东省佛山市三水白坭镇《岗头村村规民约》。

市附海镇《海晏庙村村规民约》第 31 条规定：“对本村户籍学生实行‘优秀人才’奖励，其中考入并就读慈溪中学、镇海中学的一次性奖励 1800 元；考入并就读清华大学、北京大学全日制本科的奖励 28 000 元；考入并就读除清华、北大以外‘985’‘211’高校全日制本科的奖励 8000 元；考入并就读‘985’‘211’高校的全日制研究生奖励 8000 元。”[1]贵州省锦屏县《瑶白村义务教育村规民约》第 10 条规定：“为促进本村小孩的学习积极性，对成绩优异的进行奖励。高中考大学考上一本以上的奖励 800 元，考上二本的奖励 600 元。”[2]

乡村传统村落、古民居、历史文化名村、民族文化村寨、世界文化遗产等为乡村重要的人文资源，一些乡村通过乡规民约对此类资源进行管理、保护和利用。例如，贵州省锦屏县文斗苗寨通过村规民约对村落文化遗产进行保护。《文斗村村规民约》第 17 条明确规定：“加强对村寨古物的保护，凡损坏古井、古树、古碑、寨门、亭阁等公共财产，除承担修复费用外，罚违约金 500 元~1000 元。”[3]此外，文斗村还制定了《文斗村落保护管理办法》。

乡村道路是乡村的重要基础设施，同样也是乡规民约调整的范围，如福建省泉州市南安市翔云镇《梅庄村村规民约》对乡村道路的建设及维护作出了详细的规定。[4]贵州省锦屏县《文斗村村规民约》则明确要求村民提高水陆交通安全意识，对于乘坐“三无”船舶、“三无”车辆的按照乡规民约的有关规定进行处理。[5]

消防安全也是乡规民约调整的重要内容。如贵州省锦屏县瑶白村专门制定《瑶白村防火公约》，规定了村民在消防中的责任和义务等内容。如第 2 条规定：“村内防火线内不准任何人挤占或堆放杂物，家空做到水满缸，人走火灭，人离电关，配备有能上屋梁的楼梯一部。”[6]

---

　〔1〕　浙江省慈溪附海镇《海晏庙村村规民约》（2015 年 7 月 30 日经海晏庙村村民代表大会表决通过）。

　〔2〕　贵州省锦屏县《瑶白村义务教育村规民约》（2013 年 1 月）。

　〔3〕　贵州省锦屏县《文斗村村规民约》（2015 年 9 月 10 日村民代表会议表决通过）。

　〔4〕　福建省泉州市南安市翔云镇《梅庄村村规民约》。

　〔5〕　贵州省锦屏县《文斗村村规民约》（2015 年 9 月 10 日村民代表会议表决通过）。

　〔6〕　贵州省锦屏县《瑶白村防火公约》（2011 年 3 月 20 日）。

（三）分配保护资产

农村集体资产是指归乡（镇）、村集体全体成员（社员）集体所有的资源性资产、非资源性资产，具体包括集体所有的土地、森林、山岭、草原、荒地、滩涂、水面等自然资源；集体所有的流动资产、长期资产、固定资产、无形资产和其他资产。农村集体资产是乡村赖以生存的物质基础，许多乡规民约都对集体资产的分配及保护进行了较为详细的规定，村民可依据乡规民约对集体资产的分配及保护状况进行监督。集体经济组织或者村民委员会、村民小组应当依照乡规民约向本集体成员公布集体财产的状况。

从乡规民约的具体规定来看，首先涉及对集体资产的保护和管理。北京市房山区长沟镇《坟庄村村规民约》规定，任何单位和个人都不得侵犯集体资产所有权，禁止任何单位和个人侵占、哄抢、私分、破坏村集体所有财产。福建泉州黄田村专门制定了土地管理方面的村规民约，对村集体所有的宅基地、自留地和自留山进行全方位的管理。[1]贵州省锦屏县《文斗村村规民约》规定，村民应当关心村集体土地、山林和集体水域，对破坏集体土地、水域的行为要敢于检举揭发，对破坏集体土地、山林、水域的交违约金500元~5000元；村民要树立勤劳致富的观念，积极种好、管好本户责任田和责任山，不能让其荒芜，对撂荒的每年每亩交违约金500元。[2]

乡规民约还涉及对集体资产的分配和管理。贵州省锦屏县《瑶白村村规民约》第7条第2款规定，农村宅基地实行村级统一管理审查制度，需要申请建房的村民，或外来人，须向被占地的村民小组和村民委员会提出用地申请，否则按非法占地予以交违约罚金200元，并责令其向村民委员会补办有关占地手续；对于承包村集体土地的，按其经营种类收益，每年收取承包方10%的提成作为村委管理费用。[3]一些地区的村规民约还对土地征收补偿费等费用的分配方案进行了规定，集体经济组织成员可依照村规民约分配相应的财产性利益。

（四）保护利用资源

农村自然资源包括土地资源、气候资源、水资源、生物资源、矿产资源

---

〔1〕　福建省泉州《黄田村土地管理村规民约》（2010年3月2日经村民大会表决通过）。

〔2〕　贵州省锦屏县《文斗村村规民约》（2015年9月10日村民代表会议表决通过）。

〔3〕　贵州省锦屏县《瑶白村村规民约》（2011年3月20日）。

等，对人类的生存和发展具有重要意义，也是乡村存在的物质基础，对农业产业结构具有基础性的作用。笔者在调查中发现，许多乡村通过乡规民约保护土地资源、森林资源、草原资源、水资源、动植物资源，促进乡村社会的可持续发展。

从调查的情况来看，乡规民约对资源进行保护和利用、调整乡村发展与资源利用之间的关系，主要从如下六方面进行：第一，通过乡规民约保护水土资源，防止水土流失。广西壮族自治区南宁市武鸣区《府城镇环境保护乡规民约》中有"植树绿化，防止水土流失，禁止未经批准随意开山、取石、挖砂"等相关规定。[1]福建省龙岩市长汀县河田镇在 20 世纪 80、90 年代通过村规民约治理水土流失，当地农村的乡规民约均有保持水土的相关规定，如"砍伐 1 根树枝罚款 0.5 元，砍伐超过 5 株的加重处罚，除罚款外还要处杀猪一头、放电影一部"；长汀县策武镇南坑村规定"谁上山打枝砍柴被发现，就要杀家里最肥的一头猪，分给全村人吃"。[2]正是通过这些乡规民约的调整，一些乡村的水土流失得到了有效的治理。第二，通过乡规民约保护基本农田。如福建省泉州市涂岭镇《黄田村土地管理村规民约》规定："全村村民都有保护基本农田的义务，不得破坏或者擅自改变基本农田保护区的保护标志；禁止闲置、荒芜基本农田；禁止在基本农田保护区内建窑、建房、建坟、挖砂、采石、采矿、取土、堆放固体废弃物或者进行其他破坏基本农田的活动；禁止占用基本农田发展林果业和挖塘养鱼。并有权检举、控告侵占、破坏基本农田的行为。"[3]湖南省临湘市五里乡《水畈村国土资源管理村规民约》规定"基本农田承包责任人必须严格遵循基本农田保护'五个不准'"。[4]第三，通过村规民约进行封山育林、森林防火。一些林区往往通过乡规民约对林业资源进行保护，防止森林火灾。如贵州省锦屏县《华寨村规民约》第四部分第 1 条规定："一旦村内房屋、山林发生火警、火灾，全体村民必须积极参与扑救，影响或阻碍扑救工作的给予通报批评教育，情节严重的交上级有关部门处理。"第四部分第 6 条又规定："做好山林火灾的预防工作，不得随意炼山、烧田埂。凡引起山林火警、火灾的，除承担民事、

---

〔1〕 广西壮族自治区南宁市武鸣区《府城镇环境保护村规民约》（2012 年 12 月 18 日）。

〔2〕 福建省龙岩市长汀县《河田镇、策武镇村规民约汇编》。

〔3〕 福建省泉州市涂岭镇《黄田村土地管理村规民约》（2012 年 2 月 20 日）。

〔4〕 湖南省临湘市五里乡《水畈村国土资源管理村规民约》（2014 年 5 月 20 日）。

刑事责任外，另自愿承担违约金 100 元、200 元。"〔1〕第四，通过乡规民约对特定树木进行保护。如贵州黔东南地区的文斗、华寨、瑶白等村都通过村规民约对古树进行保护。第五，保护乡村饮用水水源，保护公用排水和再生水设施。如贵州省锦屏县《瑶白村村规民约》规定："凡在我辖区内有人畜饮水和种有农作物的地方，严禁任何人在此范围内洗金子、锌化等，每发现一次，除赔偿损失外，每次每人交违约罚金 1000 元。"〔2〕第六，保护野生动物植物资源。不少村寨通过乡规民约对鸟类、鱼类等资源进行保护。

下面的案例表明了乡规民约在保护森林资源、防止森林火灾方面的作用：

案例一

2014 年 4 月的一天，年近 60 岁的姜某秀在上午 9 点左右烧田边的草时发生了火灾，烧了将近 3 亩的山。第二天，文斗村按照当时的村规民约进行了处理：①罚款 150 元；②救火的人每人补助 20 元，共 23 人 460 元。她接受处理当天就兑现了。〔3〕

（五）保护环境卫生

农村环境是指以农村居民为中心的乡村范围内各种天然的和经过改造的自然因素的总和，它是乡村居民生活和发展的基本条件。农村环境卫生关系到农民生活质量、农村生产力发展、农村经济促进、农村社会发展和稳定的大局，对提高全民族素质具有重要意义。

乡规民约在农村卫生、乡村环境保护、农业废弃物处理与利用、畜禽养殖污染防治等方面具有积极作用。许多乡村为了改善村容村貌，保持乡村环境卫生，往往在乡规民约中加以规定，全体村民通过后即作为日常行为规范。如浙江省慈溪市附海镇《海晏庙村村规民约》第 20 条规定："共同维护村庄整洁，认真做好包卫生、包绿化、包秩序'门前三包'；提倡实行垃圾源头分类、定点投放，严禁向河道、沟渠、公共场所倾倒垃圾、排放污水，禁止在道路、绿化带内及停车场等公共场所堆放各类垃圾和杂物，无条件拆除乱搭

〔1〕　贵州省锦屏县《华寨村村规民约》（经 2007 年 7 月 11 日村民代表会议通过）。
〔2〕　贵州省锦屏县《瑶白村村规民约》（2011 年 3 月 20 日）。
〔3〕　贵州省锦屏县文斗村姜更生访谈录，2015 年 10 月 1 日。

乱建，做到清洁美观。家禽家畜必须实行圈养，严禁乱扔乱丢病（死）畜禽。"〔1〕广西壮族自治区金秀瑶族自治县《上石井村规民约》则有条文专门就水井卫生作出规定："14、维护吃水水井卫生，不准在井边洗衣物、米、菜等，严禁将污水、污物倒进水井及水井排水沟内，违者每次罚款1元。"〔2〕

此外，还有一些地区通过村规民约对村镇规划和建设进行维护，从总体上维护乡村环境。如广西壮族自治区金秀瑶族自治县《公朗屯村规民约》规定"共同遵守村庄整体规划，生产生活设施建设要先报批，严禁未批先建、少批多建"；"制定村庄规划，村民建房应服从村屯建设规划，经村委会和上级有关部门批准，统一安排，不得擅自动工，不得违反规划或损害四邻利益"等。〔3〕

（六）促进团结互助

村庄是一个共同体，是农民个体赖以存在的基本单元。尽管随着城镇化的进程加快，村庄共同体传统的"熟人社会"出现了一定的变化，但是村庄作为村民共同生活单元的基本特质没有改变。因此，一些乡规民约规定有村民团结互助方面的相关内容，倡导村民之间团结友爱、相互帮助，共同维护村庄共同体。

从调查情况来看，乡规民约促进团结互助主要表现在邻里关系方面。在邻里关系上，乡规民约鼓励"村民之间要互尊、互爱、互助，和睦相处，建立良好的邻里关系"，在遇到纠纷时应该"本着团结友爱的原则平等协商解决"。〔4〕

一些少数民族地区的乡规民约中还有加强民族团结方面的规定，如广西壮族自治区金秀瑶族自治县《大瑶山团结公约》就是以传统石牌习惯法的方式确认民族团结、促进民族互助的。〔5〕甘肃省临夏县《达沙村村规民约》具有促进民族团结、维护宗教和睦的积极作用。《达沙村村规民约》第3条规

〔1〕 浙江省慈溪市附海镇《海晏庙村村规民约》（2015年7月30日经海晏庙村村民代表大会表决通过）。也有通过专门的卫生公约的方式来保护村庄环境的，如《瑶白村卫生公约》。

〔2〕 广西壮族自治区金秀瑶族自治县《上石井村规民约》（1982年12月17日）。

〔3〕 广西壮族自治区金秀瑶族自治县《公朗屯村规民约》（2013年5月10日）。

〔4〕 福建省泉州市南安市翔云镇《梅庄村村规民约》。

〔5〕 《大瑶山团结公约》是中华人民共和国成立初期金秀瑶族自治地方各族人民共同制定和实施的，得到中央、自治区认可的新石牌，具有民族自治地方单行条例的性质。相关研究可参见高其才、罗昶："尊重与吸纳：民族自治地方立法中的固有习惯法——以《大瑶山团结公约》订立为考察对象"，载《清华法学》2012年第2期；关于公约的具体内容可参见《大瑶山团结公约》（1951年8月28日）；《大瑶山团结公约补充规定》（1952年2月）。

定："团结友爱，相互尊重，相互理解，相互帮助，和睦相处，不打架斗殴，不诽谤他人，不造谣惑众，不拨弄是非，不仗势欺人，建立良好的邻里关系。"在当地村干部的长期努力下，回、汉两族村民间也从最初的不理解、不信任逐渐开始互相理解、彼此信任，促进了民族团结。[1]

（七）推进移风易俗

根据《村民委员会组织法》的相关规定，村规民约、乡规民约不得违反国家法律，同时也应尊重当地的村风民俗，不能完全脱离既有的习惯法存在。[2]一般而言，具有成文形式的乡规民约是对习惯的"双重制度化"。[3]制度化后的乡规民约不仅继续确认、保障着传统社会的固有习惯法，同时也衔接着国家法律，体现出了国家在村庄治理中的基本要求。故而，当代乡规民约是国家制定法与习惯法两者相互融合的结果，需要在国家权力与村民自治之间寻求平衡，既确保国家对乡村治理的控制，又确保乡村治理的自治性。正是由于乡规民约所具备的这种特性，乡村治理中通过乡规民约改变陈旧风俗习惯、推进移风易俗也就成为可能。

随着社会的发展，固有风俗习惯中有一些是不合时宜的，甚至是违反国家法律的，实践中应该予以改变或摒弃。从调查情况来看，旧的风俗习惯是否应该改变，一般以村民实际需求为衡量标准，很少直接以国家法律作为标准。如贵州省锦屏县黄门村的传统风俗习惯是，红白喜事以放烟花爆竹多少来衡量情分的深浅，因而出现了攀比现象，造成了极大的浪费和不良风气，给村民也造成了极大的经济负担，因此就通过村规民约的方式加以限制。《黄门村移风易俗关于红白喜事禁止大量燃放烟花爆竹规定》对红白喜事禁止大量燃放烟花爆竹进行了明确的规定："白喜在本家主持法事，整个过程仅允许

---

〔1〕　马敬："村规民约在西北民族地区社会治理中的积极作用"，载《学术交流》2017 年第 5期。

〔2〕　本章主要从非国家法意义上理解习惯法，习惯法为独立于国家制定法之外，依据某种社会权威和社会组织，具有一定的强制性的行为规范的总和。参见高其才：《中国习惯法论》（第 3 版），社会科学文献出版社 2018 年版，第 3 页。

〔3〕　从习惯到习惯法是第一次制度化过程，而通过成文的方式将不成文的习惯法固定下来，作为村民共同遵守的行为准则则是习惯法的第二次制度化。参见［美］保罗·博汉南："法律和法律制度"，载［英］马林诺夫斯基：《原始社会的犯罪与习俗》，原江译，云南人民出版社 2002 年版，附录二第 125~138 页。关于村规民约与习惯法之间关系的讨论，可参见高其才：《习惯法的当代传承与弘扬——来自广西金秀的田野考察报告》，中国人民大学出版社 2015 年版，第十二章"村规民约中的瑶族习惯法——以六巷乡为考察对象"。

燃放 10 000 响小炮、二箱花炮，抬官（棺）材在街道上主持生平大会或法事吊念等不许放炮，若违规每例罚款 300 元。允许房族和亲戚在禁止处外燃放烟竹，规定超越范围，即东书平岭岔（高健屋），西过闷得协，南超盘太丫（明昌屋），北越平马岔路（孝光屋）。自然村寨也要距寨居集中点 200 米后，才能燃放一些鞭炮。大寨内的墓地处只许放 4000 响小炮和 2 箱花炮，越过燃放数量则罚款主人 300 元一起。"[1]贵州省锦屏县瑶白村也对红白喜事设宴办酒进行了规定，如"结婚时男方向女方家献猪肉统一规定 208 斤，其中不包括母舅家、回娘头以及房族条肉部分……结婚时，男方献给母舅的财礼统一规定为 800 元，不准舅家回礼"等。[2]贵州省锦屏县华寨村为节约村民办酒成本以及耽误街坊邻居帮忙时间，对办酒席进行了规定："进屋、结婚、嫁娶、打三招等，酒席规定一天；白事暂不规定；违者罚款 2000 元。"[3]这些内容共同反映出乡规民约在推进移风易俗方面的作用。通过改变固有风俗，逐渐形成新的风俗习惯，从这个意义上来说，乡规民约促进了习惯法的生长。下面的案例反映出了通过乡规民约推进移风易俗的过程及效果。

案例二

2012 年 5 月左右，我们一个老村干 90 多岁高龄的母亲去世，当时他思想还没有转过来，违反关于改革陈规陋习方面的规定两条：一条是孝服只能是直系亲属穿，他是满堂孝；另一条是办完孝事后不能走亲戚，他走了。每条罚款 400 元，共 800 元。他是公约颁布后第一个违反的。通过他的房长去做思想工作；再找这个总管去给他做工作；最后村委会领导又去做思想工作，把这个公约的重要性及反面影响讲给他。最后，一个礼拜内他接受处罚并实际交了款项。[4]

（八）传承良善文化

中华民族具有讲仁崇义、爱国爱乡、尊老爱幼、家庭和谐、友邻和睦、诚实守信、勤劳节俭等传统美德，故乡规民约倡导良好的社会风气、传承良

---

〔1〕 贵州省锦屏县《黄门村移风易俗关于红白喜事禁止大量燃放烟花爆竹规定》（2016 年 3 月 13 日）。

〔2〕 贵州省锦屏县《瑶白村关于改革陈规陋习的规定》（2012 年正月初一）。

〔3〕 贵州省锦屏县《华寨村办酒宴风谷整改》（2016 年 2 月 12 日）。

〔4〕 贵州省锦屏县瑶白村滚明焰访谈录，2016 年 2 月 20 日。

善文化、促进传统美德在乡村的继承和弘扬。如广西壮族自治区金秀瑶族自治县《大岭村村规民约》第 1 条即为有关道德风貌、文明礼貌的总体要求："讲文明、讲礼貌，对人态度和气，不打人，不骂人，不讲粗口话，培养良好的社会风气。"[1]

许多乡规民约均强调村民之间以礼相待、和谐共处。如贵州省锦屏县《文斗村村规民约》第 2 条规定："以礼相待和谐共处。村民之间及村民与来客之间以礼相待，与人为善，与人为伴，凡家庭内部及邻里之间因生产生活产生矛盾处理不当，引发谩骂、争吵、打架行为，同时由此引发矛盾纠纷的家庭承担相关的费用，写悔过书 10 份张贴。"第 4 条又规定："坚持履行节约，反对浪费。提倡婚丧嫁娶一切从简，反对浪费，提倡厚养薄葬；树立尊敬长者、孝顺老人之风。有不赡养老人、虐待老人者作公开批评，责令改正，并交违约金 50 元~200 元。"[2]

不少乡规民约均特别规定孝敬老人。如与上述贵州省锦屏县《文斗村村规民约》第 4 条规定类似，浙江省庆元县黄田镇《台湖村村规民约》第 1 条明确规定："严禁虐待老人，违者向老人当面赔礼道歉，通报全村，情节严重的上报司法机关依法惩办。"[3]

此外，有的乡规民约还规定了尊重民族传统的规范。如广西壮族自治区金秀瑶族自治县《六巷村石牌公约》第 22 条规定："按本民族传统，不得安放坟在村背，违者按本村石牌处理。"[4]贵州省锦屏县《华寨村村民自治合约》第 6 条规定："后龙山已于 2008 年收归为华寨一二组集体山林，为培植地方风水，佑我华寨万古常青，此山永为公山，子孙万代不能分到户头，世代培护，保持茂盛，严禁砍伐山上树木，违者自愿承担违约金 300 元~500 元。"[5]

（九）维护乡村治安

乡村社会治安与农民权益保障、农村社会秩序稳定、农村社会经济进步与发展息息相关。治安与教化一直都是传统村落的基本功能，传统治安管理

---

[1] 广西壮族自治区金秀瑶族自治县《大岭村村规民约》（无具体时间，应在 1982 年前后）。

[2] 贵州省锦屏县《文斗村村规民约》（2015 年 9 月 10 日村民代表会议表决通过）。

[3] 浙江省庆元县黄田镇《台湖村村规民约》（2015 年 8 月 4 日经 2/3 以上户代表会议表决通过）。

[4] 广西壮族自治区金秀瑶族自治县《六巷村石牌公约》（1991 年 2 月 1 日）。

[5] 贵州省锦屏县《华寨村村民自治合约》（2010 年 5 月 6 日由村民代表会议表决通过）。

观念主要是一种"消极求安"式的治理逻辑，注重对基层社会进行严格的控制，而不是主动地预防打击违法犯罪活动。[1]在今天的乡村治理中，治安更多的是以一种积极主动的方式进行，以"网格化管理、组团式服务"的方式内外兼顾地进行。[2]

从调查的情况来看，被调查的村寨全部都在村规民约中规定了"社会治安"事项，尽管有些不是以专门章节加以规定，但是基本上都涵盖了村庄日常社会治安的方方面面。值得注意的是，一些地区关于社会治安的条款还附带有惩罚性条款，对于违反治安的行为进行处罚。乡规民约对社会治安问题的规定涵盖了社会治安综合治理、禁止"黄赌毒"、禁止小偷小摸、禁止打架斗殴、禁止酗酒闹事、举报违法犯罪活动、管理流动人口、帮教刑释人员与社区服刑人员等方面。如浙江省慈溪市附海镇《海晏庙村村规民约》第24条规定："主动做好平安宣传，村民之间、家庭成员之间要互相提醒帮助、教育监督，不沾'黄毒赌'，不参加邪教组织，不参与传销活动，严防发生火灾、生产、交通、溺水等安全事故。发现'六合彩'、聚众赌博、涉毒行为、邪教组织等一切违法违规行为，村民有义务及时举报。"[3]又如，贵州省锦屏县《文斗村村规民约》第30条规定："严禁偷摸扒窃。凡偷摩托车、自行车、偷牛盗马、家畜家禽等，除移交上级按相关法律处罚外和赔偿失主损失外，同时应向村委会交违约金1000元~3000元。"[4]再如，广西壮族自治区金秀瑶族自治县《下古陈村村规民约》第3条规定："山上野蜜蜂、地龙蜂、干柴、号地等，谁先插有草标，归谁所有，他人要，以盗窃和强抢论处。"[5]广西壮族自治区金秀瑶族自治县《长垌乡三角屯村民公约》第11条规定："互相通奸、发生不正当的两性关系，破坏他人家庭团结，罚款三个四十（指40斤米，40斤酒，40斤猪肉），男女同等处罚，给全队吃教育酒。"[6]下面的检讨书反映了乡规民约对违约偷捕鱼行为的处理。

〔1〕 王瑞山："中国传统社会治安思想研究"，华东政法大学2012年博士学位论文。

〔2〕 浙江省慈溪市附海镇《海晏庙村村规民约》（2015年7月30日经海晏庙村村民代表大会表决通过）。

〔3〕 浙江省慈溪市附海镇《海晏庙村村规民约》（2015年7月30日经海晏庙村村民代表大会表决通过）。

〔4〕 贵州省锦屏县《文斗村村规民约》（2015年9月10日村民代表会议表决通过）。

〔5〕 广西壮族自治区金秀瑶族自治县《下古陈村村规民约》（1982年10月31日）。

〔6〕 广西壮族自治区金秀瑶族自治县《长垌乡三角屯村民公约》（1992年1月10日）。

检讨书

我是番化乡兴勤村五组村民周规松，51 岁，今天到摇（瑶）白村区域内用电器捕鱼违反了瑶白村村规民约第五条，愿接受罚款 500 元（大写伍佰元整）

此据

周规松

2011 年 7 月 13 号〔1〕

还有一些村维护社会治安不是采取正式成文形式的乡规民约，而是采取不成文的规范形式。例如，浙江省慈溪市蒋村义务夜防队没有专门议定详细的、系统的章程式规约，规范简单，仅仅具备组织规范、活动规范和经费规范等；义务夜防队规约为非成文的规范，没有通过文字形式张榜公布；义务夜防队规约主要依靠村民的内心认同、自觉遵行而发挥作用，缺乏具体的效力保障手段。但是，蒋村义务夜防队规约在规范义务夜防队活动进而保障村民财产权益、维持村庄秩序方面发挥了积极作用。〔2〕

（十）解决民间纠纷

乡规民约在调处村民矛盾、解决民间纠纷方面具有积极的作用。乡规民约作为自治性规范，在解决民间纠纷时并没有国家强制力作为后盾，大多时候依赖的是村、寨内部的舆论压力或社区的强制力，依靠的是习惯法的力量。但是，在当前乡村治理中，乡规民约解决民间纠纷时具有明显的效力，甚至比国家法律更为有效。

乡规民约解决的民间纠纷主要发生于村落共同体内部，大多是村民的诸如邻里纠纷、婚姻家庭纠纷等日常生活纠纷。如浙江省慈溪市附海镇《海晏庙村村规民约》第二章、第三章详细规定了村民在婚姻家庭和邻里关系方面的权利和义务，以及在产生纠纷之后的解决办法，"提倡用协商办法解决各种矛盾纠纷，协商不成功的，可申请到村、镇调委会调解，也可依法向人民法院起诉。依法理性表达利益诉求，不得无理信访、越级信访和集体上访，不

---

〔1〕　贵州省锦屏县瑶白村搜集，2016 年 2 月 20 日。

〔2〕　参见高其才："义务夜防队规约与社会治安维护——以浙江省慈溪市平林镇蒋村为考察对象"，载《湘潭大学学报（哲学社会科学版）》2017 年第 1 期。

得闹事滋事、扰乱社会秩序"。

乡规民约规定的纠纷解决方式主要为村民自行协商、村民委员会调解、行政机关调解以及法院诉讼等，其中又以"调解"为最为主要的解决纠纷方式。如贵州省锦屏县《瑶白村村规民约》规定"当事人可向村民委员会提出申诉，按情节轻重公开、公平、公正进行调处"；[1]贵州省锦屏县《文斗村村规民约》规定"全村推行人民调解、治保处理纠纷制度，由村民委员会推选调解主任，负责组织协调处理村内纠纷，协助村、组治理地方"。[2]再如，广西壮族自治区金秀瑶族自治县《长垌乡三角屯村民公约》第17条规定："凡处理违约人员，需要召开群众会议的，每个村民都应参加，如有不来参加会议和背后议论的，给予罚款50元。"[3]

在执行方面，如果是村民委员会解决纠纷并作出相应的处理结果，一般都会由村民委员会执行，执行的方式有多种。如广西壮族自治区金秀瑶族自治县金秀镇《林香屯村民公约》第17条规定："为维护本村规民约的严肃性，设立村规民约监督小组，成员由村民推选，负责对村民遵守村规民约进行监督，并将村民违反事项提交村民大会或户主会议讨论处罚决定。"[4]贵州省锦屏县华寨村"以歌劝和"、贵州省锦屏县瑶白村则成立村护约队执行。下面的案例反映了乡规民约的"以歌劝和"执行方式，这种执行方式符合农村特点，因而能够比较顺利地执行。

案例三

2002年3、4月份，当时是组长的董春泽，40来岁，他跟他老婆吵架，我们是一人五毛钱，十一二人，五六块钱买炮去他家叫他请客。他搞腊肉、搞一桌（饭菜）给我们吃。吃的时候我们讲家庭以和为贵，吵架也不好听，你社会上也不好听；你吃一餐当时也上百，你经济上也吃亏。这样，他们夫妻和好了。[5]

总之，根据乡规民约处理民间纠纷，充分发挥乡规民约在解决乡村社会

---

〔1〕　贵州省锦屏县《瑶白村村规民约》（2011年3月20日）。

〔2〕　贵州省锦屏县《文斗村村规民约》（2015年9月10日村民代表会议表决通过）。

〔3〕　广西壮族自治区金秀瑶族自治县《长垌乡三角屯村民公约》（1992年1月10日）。

〔4〕　广西壮族自治区金秀瑶族自治县金秀镇《林香屯村民公约》（2013年5月10日起实施）。

〔5〕　贵州省锦屏县华寨村龙运朝访谈录，2016年2月21日。

矛盾中的作用，有利于农村生产、生活争端的解决，能够恢复乡村社会秩序，实现农村社会的和谐发展。

以上所论的主要是乡规民约在乡村治理中的积极作用。同时，我们也应该看到，乡规民约在乡村治理中难免会存在一些消极作用，甚至出现违反国家法律的内容。从调查的情况来看，当前乡规民约在乡村治理中的消极作用主要表现为以下四个方面。

第一，有的乡规民约违反国家法律，侵犯村民财产权、人身权等合法权益。如在土地征用补偿费分配的时候，一些村寨的乡规民约限制外嫁女、入赘婿、离婚户的土地权益，对其少补或不补相应的土地补偿费用。在宅基地分配或翻建的时候，限制村民的翻建权利。如北京市房山区长沟镇《坟庄村村规民约》第61条规定："具有下列条件之一的不批翻建手续：（1）男到女家落户，或女到男家落户一方有房的户；（2）出卖或出租住房的户；（3）子女未满18周岁的户；（4）违反计划生育的户；（5）应征青年拒服兵役的户。"[1]再如，贵州省锦屏县《瑶白村卫生公约》第6条规定："各村民喂养的狗，必须圈养；如发现浪放的情况，监督小组实行毒打。"[2]还有一些村规民约强制性要求村民承担某种义务，否则就会剥夺或限制其合法财产权益。

第二，有的乡规民约实施方式简单、粗暴，处罚规范违法。有的乡规民约对违反乡规民约行为的处理方式简单、粗暴，可能限制违反乡规民约村民的其他正当权益，如不办理盖章手续等。有的乡规民约规定了罚款条款，这违反了国家法律的规定。在有些乡规民约中，罚款的金额小到几元几十元，大到几千元上万元，有的甚至还规定村民委员会有没收违法财产的权限。这超越了村民自治的范围，既侵犯了国家权力也侵犯了村民的正当权益。乡规民约属自治"合约"，不能设定罚款；规定数额较小的违约金是合理的；但是如果乡规民约规定的违约金数额较高，并且赋予村民委员会等组织较大的处罚权限则很有可能会侵害到村民的正当权益。

第三，乡规民约在促进乡村经济发展方面的作用较为薄弱。许多乡规民约主要规范社会治安、计划生育、公益事业建设、护林防火、纠纷解决等事宜，较少将农民致富、产业发展、集体经济发展、专业合作社发展等列入乡

〔1〕　北京市房山区长沟镇《坟庄村村规民约》（2013年6月通过）。
〔2〕　贵州省锦屏县《瑶白村卫生公约》（2013年3月20日）。

规民约调整范畴，乡规民约在乡村经济发展、农民收入增加方面的作用需要进一步加强。

第四，有些乡规民约在制定过程中缺乏全体村民或者村民代表的广泛讨论，仅由少数村干部商量决定；有的乡规民约仅仅依照范本简单照搬照抄，针对性不强，与村民的生产、生活关系不大；有的乡规民约成了宗族力量、宗派势力的工具，成了为部分村民服务的规约。这些因素都使得乡规民约在社会治理中的积极作用难以发挥。

三、乡规民约在乡村治理中发挥积极作用的原因

乡规民约在乡村政治、经济、文化、生态等方面的治理中具有重要的积极作用。这与国家法律的确认、社会环境的支持分不开，也与乡村固有的自治传统的发扬、村民集体认同心理的支撑密切相关。同时，"能人"治村使乡规民约有了制定和实施的人员保障，而乡规民约的变革调适使乡规民约能够适应社会发展，积极发挥其在乡村治理中的作用。

（一）国家法律的确认

我国《宪法》《村民委员会组织法》等法律、法规对乡规民约给予了认可和支持，赋予乡规民约必要的发展空间，为乡规民约作用的发挥提供了法律依据。我国《宪法》第24条第1款规定："国家通过普及理想教育、道德教育、文化教育、纪律和法制教育，通过在城乡不同范围的群众中制定和执行各种守则、公约，加强社会主义精神文明的建设。"此处的"守则、公约"即包括了乡规民约、村规民约。《宪法》第111条规定，城市和农村按居民居住地区设立的居民委员会或者村民委员会是基层群众性自治组织。《宪法》将村民委员会定性为基层群众性自治组织，赋予了农村社区自治权，乡规民约、村规民约即为自治规范。

《村民委员会组织法》对我国《宪法》中的相关条款进一步细化，赋予村民会议制定修改村规民约的权利，同时要求村规民约不得与宪法、法律、法规和国家的政策相抵触，不得有侵犯村民的人身权利、民主权利和合法财产权利的内容。村民委员会、驻在农村的机关、团体、部队、国有及国有控股企业、事业单位及其人员均应遵守有关村规民约。

与此同时，国家也通过地方性法规、地方政府规章对乡规民约、村规民约进行确认、要求和规范，涉及乡村治理的政治、经济、社会、文化诸领域，

包括村民自治、农村治安、农村自然资源保护与利用、农村环境保护、农村公共事务、农民权益保护、农村纠纷解决等方面，较为全面地调整了乡村社会关系。[1]

国家法律、法规对乡规民约、村规民约的认可和支持，不仅赋予乡规民约、村规民约正式法源的地位，而且还明确规定了乡规民约、村规民约的基本功能，为乡规民约、村规民约在乡村治理中发挥积极作用提供了法律依据。

（二）社会环境的支持

乡村与外部客观环境密切相关，外部环境（如政治环境、经济环境以及社会环境等）是乡规民约发挥积极作用的重要基础。地方县乡政府和领导重视乡规民约在乡村治理中的重要地位，为乡规民约发挥积极作用提供了良好的政治环境和政策支持。如湖南省临湘市五里乡将乡规民约作为基层治理的重要工作来抓，在2015年已经做到每村都制定有乡规民约。再如，浙江省庆元县黄田镇以"范本"的方式推进乡规民约的制定，实现乡规民约在辖区27个村全面覆盖。

农村经济的发展为乡规民约在乡村治理中积极作用的发挥奠定了基础。随着经济的发展，乡村集体逐渐累积了一定的财富，如何对这些财富进行公平分配以及合理保护公私财产成了迫切需要关注的问题。通过乡规民约约定公共财产分配方案和保护个人财产已经成为一些乡村保护财产的主要形式。农村经济的发展需要乡规民约为公私财产提供强有力的保护，这一点得到了村民的广泛认可。

当前，农村社会环境日益复杂，出现了一定的分化，不同利益团体之间相互博弈，催生出通过乡规民约治理模式。乡规民约是当前农村社会各阶层在村级事务运作过程中表达诉求和平衡各种利益关系的重要方式。在这种社会环境之下，乡规民约以其符合现代社会法治发展的契约性得到了村民的认可和接受，在村庄事务管理中能够体现出民主精神、契约观念。从这个意义上来说，社会环境为乡规民约在乡村治理中积极作用的发挥提供了支持。

（三）自治传统的发扬

我国传统社会有着悠久的自治传统和自治习惯，乡规民约在我国社会特

---

〔1〕　高其才："通过村规民约的乡村治理——从地方法规规章角度的观察"，载《政法论丛》2016年第2期。

别是基层社会的治理中起着广泛的作用。陕西蓝田《吕氏乡约》是乡绅带领村民自发创造的,[1]目的是通过乡约改善乡俗、敦行教化。王阳明《南赣乡约》以后,[2]乡约成为地方政府和国家力推的基层治理政策,通过乡约推行乡村自治。明太祖朱元璋颁布的"圣训六谕",不仅与《吕氏乡约》内容基本一致,还成为以后乡规民约的基本原则。清朝康熙皇帝也颁布了"圣谕十六条",成为乡约宣讲的永久内容。中华民国时期,传统乡约制度得以延续,辅之以保甲制度共同对乡村展开治理。

中华人民共和国成立之后,特别是在1958年以后实行人民公社制度、推行"政社合一"后,乡村的自治传统受到一定的影响。但是乡村自治的传统并未就此完全中断。改革开放之后,我国乡村的自治传统很快得到恢复和弘扬。在《宪法》规定的基础上,1987年11月24日第六届全国人民代表大会常务委员会第二十三次会议通过的《村民委员会组织法(试行)》规定我国在农村实行村民自治制度,重新赋予了乡村社会自治权,尊重并延续了乡村自治的传统与习惯。随后,历经1998年、2010年两次修订以及2018年修正的《村民委员会组织法》继续实行村民自治制度,并进一步完善了基层自治制度。

在自治传统与自治习惯的影响之下,通过乡规民约的自治符合村民的心理预期,能够更好地被村民认同和接受,乡规民约成了村民自治的重要规范,在乡村治理的过程中发挥着重要作用,调整着各方面的乡村社会关系。

(四) 集体认同心理的支撑

社会心理学认为,"个体认同"强调个体认同的独特性、独一无二性和差异性,而"集体认同"则更加注重认同中被诸多个体共享的东西或相似性。受到传统自治习惯和国家法律政策倡导的影响,乡村共同体成员在心理上普遍认同和接受乡规民约,这为村规民约积极作用的发挥奠定了重要心理基础。首先,集体认同为村规民约的制定奠定了心理基础。在一些自治传统较为深

---

〔1〕《吕氏乡约》由陕西蓝田吕大钧在北宋熙宁九年(1076年)在本乡实行。推行这一乡约的目的是改善风俗,内容为四大部分,"德业相劝,过失相规,礼俗相交,患难相恤"。

〔2〕《南赣乡约》是王阳明在南赣担任巡抚时,针对当时社会匪患严重、社会失范而推行的乡约。王阳明实行乡约并推行十家牌法。南赣乡约的原则是诱掖奖劝,奉行忠厚之道,注重实际效果。《南赣乡约》是一个由地方政府推行的自治乡约,所有村民必须加入,固定时间参加集会,不参加会受到严厉惩罚。参见牛铭实:《中国历代乡约》,中国社会出版社2005年版,第31页。

厚的村庄，村民对村规民约这种自治方式十分认同，会自发地制定村规民约（包括不成文的），并且积极地参与到村规民约的议制过程中。其次，集体认同为村规民约的实施奠定了心理基础。由于村民普遍认同集体议制出的村规民约，因而在实施过程中会普遍遵守这些规范，对违反村规民约的集体成员则会采取舆论谴责或心理强制等方式进行惩罚。这种惩罚方式在以"熟人"为主要关系网络的乡村中十分有效，能够确保村规民约的有效实施。最后，集体认同为村规民约的监督奠定了心理基础。在村规民约的制定和实施过程中，村民对其进行有效监督的重要前提就是内心确信和认同村规民约这一规范，认为村规民约是集体成员共同智慧的体现。笔者在调查中发现，村规民约监督较为有效的村庄基本上都是村庄共同体成员对村规民约认同度较高的村庄，村民将村规民约视为与自身利益密切相关的规范。

（五）治村能人的推动

乡村治理离不开人的作用，"强人治村""能人治村"是当前乡村治理中不得不面对的客观现实。[1]如果乡村有一个以村党支部书记为核心的强有力的领导班子，那么村党支部、村民委员会的职能便能够得到切实履行，乡村事务管理便能够高效、有序，村民自治就能够较好地运行，乡规民约就能够较好地发挥作用。

从调查的情况来看，不少乡村尤其是社会结构相对较为稳定的村组，乡村能人对乡规民约积极作用的发挥起到了至关重要的作用。如湖南省临湘市水畈村村支书吴国华曾是退伍军人，转业后在广州经营几家大型超市，经济实力较为雄厚；2012年8月被前任村党支书邀请回来主持村民委员会工作，仅仅3年时间就将村民年收入翻了一倍，笔者在调查时当地村民向我们一致表达了对其工作的赞扬和肯定之意。正是因为吴国华在村庄中的"能人"身份，他在村里说的话十分有效，水畈村的乡规民约才能够有效实施，违反乡规民约的行为也能得到相应的制裁。

（六）乡规民约的变革调适

随着社会经济的发展和城镇化进程的推进，乡村社会处于转型之中，乡

---

[1]　在乡村治理中，"强人治村"模式一直备受关注。对于这种治村模式，大体有两种观点。一种观点认为，"强人治村"容易造成乡村权力的绝对化，损害基层民主，导致村级腐败；另一种观点认为，"强人治村"能够有力地推动乡村的发展，尤其是能够带动农村经济发展。

规民约也要根据乡村社会的发展而革故鼎新，完成自我调适，适应乡村社会发展之需求。乡规民约的这种变革调适的品性使其具有了强大的生命力，不至于因陈旧保守而被社会摒弃。笔者通过调查发现，80%以上被调查村的乡规民约近5年都进行了修订，很少有自制定以来从未进行修订的。从内容来看，乡规民约变革调适的部分一般都体现了村民迫切的现实诉求，也有反映国家和社会发展需要的，还有通过修改违法条款达到法律要求的。例如，针对近年来村里公共卫生较差的现象，湖南省临湘市花桥村的乡规民约于2015年12月进行了修改，新增加了2条保护环境卫生的相关条款，体现出了村民保护乡村环境卫生的迫切需求。又如，随着2015年下半年国家计划生育政策的改变，一些农村地区的乡规民约也作出了相应的调整。又如，贵州省锦屏县《文斗村村规民约》将以前违反乡规民约的"罚金"改为"违约金"，变革调适以法律为标准，摒弃违法内容，使乡规民约符合国家法律规定。乡规民约不僵化保守并能根据不同的现实情况进行变革调适，这使其可以更好地体现村民的诉求，反映国家和社会的需要，与国家法律的要求相一致，因而才有可能有力地保障其在乡村治理中积极作用的发挥。

四、乡规民约在乡村治理中发挥积极作用的障碍

笔者在调查中发现，乡村治理中的一些因素制约着乡规民约作用的发挥，成了乡规民约在乡村治理中发挥积极作用的障碍，影响着乡规民约在推进乡村法治建设、建设乡村法治社会过程中功能的实现。因而，下文将乡规民约置于具体的"社会情境"之中，以整体论来发现事实，从乡规民约与"社会–文化"场景的整体关联中确定各种影响因素、障碍因素的具体意义。[1]

（一）乡村社会结构因素

社会学经典理论认为，社会结构一般是指各种社会个体、群体之间所结成的"社会关系网络"。[2]对于中国农村社会结构的认识，学术界有多种观

---

〔1〕 参见朱晓阳："'语言混乱'与法律人类学的整体论进路"，载《中国社会科学》2007年第2期。

〔2〕 美国社会学家布劳（Peter M. Blau）认为，社会学中所使用的"社会结构"一词大体包括三种含义：一是社会关系与社会地位的组合；二是社会生活和历史赖以存在的基础性结构；三是共同体中人们社会地位分化后形成的多维空间。See Peter M. Blau ed., *Approaches to the Study of Social Structure*, New York: Free Press, 1975. 孙立平将社会结构解释为"社会关系"。参见孙立平："'关系'、社会关系与社会结构"，载《社会学研究》1996年第5期。

点，[1]其中一种较为经典的描述来自于费孝通先生在20世纪30年代的判断。费孝通先生认为，中国传统乡村社会结构是一种"差序格局"，在这种"差序格局"之下，人们之间社会关系的远近、亲疏受到"血缘"及"地缘"的影响。[2]作为血缘关系的延伸和超越，"家族"成了传统村庄结构的基本单元，士绅成了传统村庄结构中的重要治理力量。随着社会革命对中国乡村的广泛动员和改造，传统乡村结构赖以存在的家族与士绅阶层逐渐崩解，取而代之的是党和国家在乡村基层的主导性地位。这种治理结构从中华人民共和国成立到人民公社化运动，再到改革开放初期的家庭联产承包责任制，并没有发生根本性的转变。21世纪初取消农业税之后，国家放松了对乡村的控制，在城镇化浪潮的席卷之下，乡村结构发生着剧烈的变化，作为一种松散的基层生产共同体，村组集体实际上成了乡村结构的基本单元。

当下乡规民约作用的发挥即与这种乡村社会结构变迁的背景密切相关。笔者通过调查发现，乡规民约能发挥较大作用的村组往往是社会结构较为稳定的村组。这些村组基于历史传统、社会环境、宗族观念以及宗教信仰等纽带紧密地联系在一起。乡规民约发挥作用所依赖的权威是多元的，既有传统型权威，又有法理型权威。[3]如果村民违反了乡规民约，执行起来的抵制力量会比较小。与此同时，在社会结构稳定的村组，乡规民约侵犯村民权益的现象也较为普遍，村民维权存在较大的障碍。相反，如果在社会结构松散甚至解体的村庄，乡规民约发挥的作用则较为有限。有些村组虽然制定了乡规民约，但一般也是"一纸具文"，在实践中没有太多作用。即便村民委员会依照乡规民约进行了处理，执行起来的难度也很大，村民更倾向于通过诉讼等方式来寻求权利救济。例如，笔者调查的北京市房山区长沟镇的沿村和南甘池村甚至都没有制定村规民约，村民自治事项一般都采取"一事一议"的方

---

〔1〕　关于中国乡村社会结构的研究，海内外的研究成果较为丰富。20世纪40年代，日本学者平野义太郎提出"村落共同体假设"，认为中国乡村社会的基本结构单元是封闭内聚的村落。美国学者施坚雅提出"基层市场共同体假设"，认为中国乡村社会基本结构单元是以基层集镇为中心的基层市场共同体。黄宗智则从商品化的角度探讨中国乡村社会结构变迁问题。杜赞奇从国家政权建设的角度探讨了随着国家政权力量的渗入乡村社会权力结构的变迁，提出了"文化网络"概念。当前国内讨论这一问题的学者有徐勇、吴毅、贺雪峰等人。

〔2〕　费孝通：《乡土中国　生育制度》，北京大学出版社1998年版，第24~30页。

〔3〕　[德]马克斯·韦伯：《经济与社会》（第1卷），阎克文译，上海世纪出版集团2010年版，第322页。

式进行。再如，甘肃省东乡族自治县"东塬村的这个'村规民约'涉及一些村民自治方面的内容，但我们认为还是太过空泛，宣传口号太多而具体措施太少，没有什么可操作性，基本上是一个只能贴在墙上的规定罢了"。[1]

乡村社会结构对乡规民约作用的发挥有着至关重要的影响，这种结构性因素无法在短期内消除，可能伴随着社会转型而一直存在。欧博文曾对《村民委员会组织法》的实施情况进行考察，认为在"达标型、强制型、失控型、瘫痪型"四种实施模式中，只有"达标型"能够达到国家的要求，而占有更大比例的则是另外三种实施模式。[2]这三种实施模式主要存在于乡村结构转型较为剧烈的地区，由于村庄治理没有稳定的结构性环境，因而容易呈现出失控甚至瘫痪的状态。这一分析框架对于我们理解乡规民约在乡村治理中的积极作用发挥机制仍然是有效的。乡规民约实施"达标"的地区往往是社会结构较为稳定的地区，尤其是传统结构尚未受到巨大冲击的地区；乡规民约实施"未达标"的地区，往往是社会结构正处于剧烈转型阶段的地区，一旦成功完成结构转型，这些地区的乡规民约也将不再"结构混乱"。[3]

（二）国家行政权力干预因素

从乡规民约发展的历史实践来看，纯粹"民治"的乡规民约未曾完全实践过。而且，乡规民约的"民治"属性是建立在"国家-社会"二元关系之上的。在中国"一统多元、政刑传统"的政治和社会结构中，作为"民治"理论基础的"国家-社会"二元关系未必符合中国实际，因此纯粹的"民治"在理论上也难以自洽。从《南赣乡约》到晚近的乡规民约，"官督民治""官辅民治"更符合中国乡规民约的实践事实。换言之，中国乡村治理史上并未出现过真正的"民治"，大多属于官方主导下的有限自治，传统乡村治理中"皇权不下县"（县以下实行"自治"）的理论判断可能值得商榷。[4]

这一局面在今天并未得到根本性的改变。根据我国现行法律规定，基层政权只到乡（镇）一级，村以下实行自治。改革开放以来乡村治理中建构出

[1] 高其才、马敬：《陇原乡老马伊德勒斯》，中国政法大学出版社2014年版，第50页。
[2] ［美］欧博文："中国村民委员组织法的贯彻执行情况探讨"，载《社会主义研究》1994年第5期。
[3] 旧的结构瓦解，新的结构尚未建立。参见董磊明、陈柏峰、聂良波："结构混乱与迎法下乡——河南宋村法律实践的解读"，载《中国社会科学》2008年第5期。
[4] 参见胡恒：《皇权不下县?：清代县辖政区与基层社会治理》，北京师范大学出版社2015年版，第7~16页。

的这一治理格局被称为"乡政村治"模式。[1]在此模式作用之下，乡村治理中存在两种不同的权力，这两种权力彼此之间相对独立且冲突不断：一是乡（镇）政府代表国家自上而下行使的行政管理权；二是村民委员会代表村民自下而上行使的自治权。根据我国现行法律制度，村民自治权是由宪法法律赋予的，村民自治不得违反宪法法律的规定，授予乡（镇）行政机关"责令改正"的纠错权，村民委员会实际上成了更低一级的"行政机关"。正是由于这种制度设计上的模糊，导致自治权实际上成为行政权主导下的"有限自治"。

"乡政村治"实际上成了"官督民治""官辅民治"，没有形成真正的自治，严重制约了乡规民约在乡村治理中积极作用的发挥。如在乡规民约制定过程中普遍存在的一种现象是，乡镇政府往往事先提供乡规民约范本，导致辖区内各村所制定的乡规民约基本一致。[2]这种同质化的乡规民约在现实中效力较差，作用并不明显。还有一种情况是，村民委员会在乡镇政府的指导下，没有经过村民会议的讨论表决（或只经过村民代表大会讨论表决）就直接制定出乡规民约，这实际上也是行政权干预的结果。国家在乡村治理中实行"假自治，强干预"，不仅违背了村民自治相关法律制度设计的初衷，而且也严重影响了乡规民约在乡村治理中积极作用的发挥。

（三）乡规民约制定实施因素

除了上述影响因素，乡规民约本身在制定实施过程中存在的问题也会影响其作用的发挥。从整体论角度来看，作为乡村治理的基本方式，乡规民约的制定实施必然会受到乡村社会结构的影响，但同时我们也要看到乡规民约制定实施过程中的程序性、技术性因素也会影响其作用的发挥。

第一，制定层面。通过调查笔者发现，当前乡规民约在制定过程中普遍存在的问题有：公开透明度不高，缺乏规范性、程序性和民主性，往往受制

---

〔1〕"乡政村治"有三个含义：第一，乡（镇）作为国家在农村的基层政权，根据宪法和法律的规定对本乡镇事务行使国家行政管理职能；第二，村民委员会作为村民的自治组织，对本村事务行使自治权；第三，乡（镇）与村之间的关系是指导与被指导的关系。

〔2〕笔者在调查浙江省丽水市庆元县黄田镇27个村时发现，这些村的乡规民约的内容基本上是一致的，大同小异，很明显是根据政府提供的乡规民约范本稍加修改而制定的。这种情况在许多乡村都较为普遍，一般是为了应付上级行政机关检查而制定的，没有多大的实际作用。参见《浙江省丽水市庆元县黄田镇村规民约汇编》。

于国家行政权力的过度指导，没有充分体现出基层自治。根据《村民委员会组织法》的规定，村规民约或村民自治章程等由村民会议制定修改，但在现实中，一些村组在制定乡规民约时，没有充分动员村民参与，往往由村党支部、村民委员会（即"两委"）组织村民代表大会讨论通过，或者根据乡镇"范本"直接拟定。如北京市房山区长沟镇《坟庄村村规民约》的制定过程便是如此。当然，当前农村地区的"空心化"也可能会对乡规民约的制定产生一定的影响。在外出打工村民较多的农村，村民会议实际上处于瘫痪状态，这也为乡规民约的制定制造了现实障碍。村民会议召集的困难和乡规民约修订程序的复杂使得乡规民约更新处于滞后状态，一些农村超过5年未修订乡规民约，导致乡规民约不能与时俱进，内容陈旧过时，不能适应乡村新的社会状况。

第二，内容层面。通过调查笔者发现，目前一些地区乡规民约的内容或是过于原则、空洞，无法执行，没有可操作性；或是千村一面，脱离实际，没有针对性；或是国家法律及政策的翻版或实施细则，脱离农村实际情况，没有吸收乡村既有的法治资源和习惯法传统；或是对习惯法的重述，没有以国家法律为指导，存在违反国家法的内容（典型的如剥夺外嫁女土地权益等）；或为行政命令式，没有体现村民当家作主、维护村民利益的目的，导致村民没有参与和遵守的积极性、自觉性；或是内容不具备社会规范的科学性、系统性，缺少公平、公正性，既无责任承担相关规定，也没有明确公开的说理、救济方式和途径。乡规民约是乡村内生性秩序的外在表现，应该反映传统习惯法中的良善内容。与此同时，乡规民约又是乡村治理法治化的重要方式，内容不得与国家法律相违背，因而在内容上应该以国家法律为标准。从这个意义上来说，乡规民约应该是连接国家法与习惯法的桥梁，以及平衡国家法与习惯法冲突的重要途径。从调查情况来看，部分村组在制定乡规民约时能够准确把握国家法与习惯法之间的平衡关系。在一些经济较为发达的地区，乡规民约大多是对国家法"细则化"（如北京市坟庄村、浙江省海晏庙村、福建省三合村）；而在一些经济欠发达的农村，乡规民约则更倾向于对传统习惯法的制度化，对国家法内容的表述相对较少（如贵州省文斗村、贵州省瑶白村、湖南省花桥村等）。

第三，实施层面。通过调查笔者发现，一些乡村的乡规民约在实施过程中往往成了"挂在墙上"的文字，实践性和效力性不强；基层组织在依照乡规民约对违约的村民进行处理时，村民也会认为处理不公而拒不执行。乡规民约在实施执行过程中的另一个重要问题在于制裁手段和措施违法，例如"罚款"、限制作为村集体成员的合法福利等。这些制裁手段于法无据，无法得到村民的接受和认可，容易引发上访等社会事件。

　　乡规民约之所以在实施过程中出现了上述问题，除了乡规民约在责任承担与执行方面的规定不明确，归根结底还是因为当前乡规民约的合法性审查机制不健全。如果村民认为乡规民约对自己处理不公，或者认为侵犯到了自己的合法权益，此时就可能涉及对乡规民约的合法性审查。如果经审查乡规民约合法，那么可以借助国家权力执行村民委员会依据乡规民约所作出的决定；如果经审查发现乡规民约违法，那么村民应该同样可以向国家权力寻求保护和救济。通过合法性审查才能保证乡规民约在实施中的效力，这也是避免乡规民约成为"墙上文字"的重要方式。然而，现实的情况却是，当前合法性审查机制存在较大问题，乡镇行政机关虽然具有备案审查权，但缺乏可供操作的具体细则，而且实践中只备案不审查的情况也较为普遍。国家司法机关对违法的乡规民约虽有撤销权，但合法性审查权却无相关的依据，以至于司法实践中对涉及乡规民约的案件多以不属于受案范围而裁定驳回。[1]因此，在村民自治权与国家行政权、司法权之间寻求某种平衡，是保障乡规民约得以有效施行的关键。

　　毋庸置疑，乡规民约在制定、内容及实施方面存在的问题是影响乡规民约作用发挥的关键因素。这些因素共同指向乡规民约的作用机制，致使乡规民约在乡村治理中的积极作用不能得到充分、有效的发挥，从而削弱了基层群众自治力量，影响了党和国家对乡村的控制，增加了国家在乡村的治理成本，阻碍了乡村治理法治化进程。

五、乡规民约在乡村治理中进一步发挥积极作用的建议

　　乡规民约在乡村治理中已经发挥了重要的积极作用，但是这一作用就各个农村地区而言并不平衡，也有待广泛发挥、全面发挥。乡规民约在乡村治理中进一步发挥积极作用，需要提高认识，也需要完善制度。

---

　　〔1〕　关于村规民约的司法审查问题，可参见赵正斌："村民自治权利司法救济的现状与完善"，载《中国检察官》2016 年第 4 期；孟刚、阮啸："村规民约的司法审查研究"，载《国家行政学院学报》2011 年第 3 期；侯猛："村规民约的司法适用"，载《法律适用》2010 年第 6 期。

（一）提高认识

通过调查笔者发现，当前乡规民约在乡村治理中发挥的积极作用不够，一个重要的问题就是主观认识不到位，不少基层政府领导或村组干部存在一些错误认识，如"制定乡规民约只是为了应付上级检查""乡规民约在实践中没有多大作用""乡规民约应该在政府指导下制定"等。事实证明，这些认识直接制约了乡规民约在乡村治理中积极作用的发挥。因此，我们需要充分认识法治国家、法治社会建设中的乡规民约，全面理解乡规民约在我国农村发展中的重要地位，以进一步发挥乡规民约在乡村治理中的积极作用。

（1）乡规民约是党和国家治理乡村经验教训的总结。我们党和国家在治理乡村时，尤其是随着革命运动在乡村社会的深入，并未对传统乡约治理模式给予足够的重视，甚至一度破坏了这一治理模式。20 世纪 80 年代，党和国家在总结中华人民共和国成立以来农村治理经验与教训的基础上，创造性地将城市街道居民委员会制度推广到农村，建立村民委员会基层群众性自治组织，在农村实行基层群众自治，从而收缩国家行政权力，减轻了行政负担。彭真认为，乡村问题如果都"由派出所去管，靠法院、检察院去办，越搞负担会越重"，因此他在广泛调研和总结经验后强调人民群众要依靠村规民约自己管理自己的事情，充分发挥村民委员会的作用。[1]从乡村治理历史实践来看，乡规民约是我们党和国家在治理农村问题方面经验教训的总结，进一步发挥乡规民约在乡村治理中的积极作用需要充分认识到这一点。

（2）乡规民约是乡村地区法治国家、法治社会建设的重要内容。党的十八届三中全会提出，推进法治中国进程要"坚持法治国家、法治政府、法治社会一体建设"。党的十八届四中全会公报指出，要提高基层社会治理法治化水平，发挥乡规民约等社会规范的积极作用，这为法治社会建设指明了方向。当前法治国家、法治政府、法治社会一体建设应该着重突出法治社会建设，而农村地区的法治社会建设无疑是我国法治社会建设的重要组成部分。充分运用乡规民约调整乡村社会关系，化解乡村社会纠纷，培育村民自治能力和法治精神，实现村民自治，发挥乡规民约在乡村治理中的积极作用，不仅能

---

〔1〕 彭真："在中央政法委员会扩大会议上的讲话"，载彭真：《论新中国的政法工作》，中央文献出版社 1992 年版，第 335~337 页。

够有力地推进农村地区的法治社会建设，而且能够全方位推进我国法治国家、法治政府、法治社会的一体化建设。

（3）乡规民约是"五大发展理念"在乡村建设中的具体运用。党的十八届五中全会指出，实现"十三五"时期发展目标，破解发展难题，培植发展优势，必须牢固树立并切实贯彻创新、协调、绿色、开放、共享的发展理念。"五大发展理念"在农村地区的落实，离不开乡规民约的作用的发挥。绿色发展理念要求全面节约和高效利用资源，保护环境、防治污染。调查表明，乡规民约在资源利用和保护、环境卫生保护等方面具有极其重要的作用。村民就资源、环境问题进行集体讨论和决议，将绿色发展理念植入其中，能够切实可行地利用乡村资源、保护乡村环境。村民通过乡规民约的制定、修改、实施，积极参与乡村的协调发展、创新发展、开放发展，共同规划乡村发展的蓝图，共享乡村发展的成果，全面推进乡村建设。因此，在乡村建设发展中，"五大发展理念"能够通过乡规民约细化和落实，促进乡村的全方位可持续发展。

（4）乡规民约是治国理政"四个全面"战略布局的内在要求。"全面建成小康社会、全面深化改革、全面依法治国、全面从严治党"的"四个全面"战略布局是我们党在新的历史时期治国理政的宏大战略体系，也是治国理政的新思路。"四个全面"战略布局要求全面建成小康社会。全面建成小康社会是经济、政治、文化、社会、生态文明建设五位一体的全面小康，乡规民约全面调整农村社会关系，在政治、经济、文化、社会及生态文明方面都具有重要的积极作用，通过乡规民约能够推进农村地区小康社会的建成。"四个全面"战略布局要求全面深化改革。当前农村地区改革已经进入深水区，改革涉及土地制度、民主制度、户籍制度等多个方面。改革需要依靠人民群众的智慧，体现人民群众的利益诉求，基于村民自治的乡规民约能够保证村民诉求的实现，也能确保农村地区改革的顺利推进。"四个全面"战略布局要求全面推进依法治国。依法治国是落实"四个全面"战略布局的重要保障。全面推进依法治国不仅要依靠国家法律，而且还要依靠乡规民约等社会规范，两者缺一不可，在某些地区乡规民约甚至比国家法律更加有效。通过乡规民约统筹国家法律与社会自治规范，进一步实施国家法律，进而推进乡村法治建设。"四个全面"战略布局要求全面从严治党。从严治党要求抓好农村基层党组织建设，提升基层反腐力度。一些地区的乡规民约对村党支部、村民委员会"两委"的工作职责有所规定,通过乡规民约监督村"两委"工作能有效防治基层腐败。总之,乡规民约在保障"四个全面"战略布局在农村地区的全面开展方面具有积极作用。

(5)乡规民约是社会主义新农村建设的重要手段。社会主义新农村建设是指包括农村地区党的建设、政治建设、经济建设、文化建设、社会建设以及环境建设等多个方面在内的全方位系统性建设。乡规民约能够发扬基层民主,提高村民参政议政意识和能力,实现村务自我管理、自我服务,增进农村政治建设。乡规民约在集体资产分配和公私财产保护方面能够做到公开透明、合理公平,村民根据实际情况共同探索议定符合村情的经济建设模式,村集体成员参与其中,能极大地提高村集体经济建设水平。乡规民约在中国历史上对乡村建设起到了巨大的治理作用,这种治理方式在当代新农村建设中也同样值得借鉴。乡规民约不仅传承了传统文化中的有益资源,而且吸收了社会主义道德文化和法治文化,促进了社会主义新农村文化建设。农村社会建设离不开乡规民约的作用,通过乡规民约可以管理社会公共事务、维护社会治安、增进村民团结互助等,构建出有机合理运行的农村社会。社会主义新农村建设的一个重要内容就是美丽乡村建设,乡规民约对乡村资源保护和环境建设具有十分重要的作用,通过乡规民约能够更好地保护环境,建设美丽乡村。

(6)乡规民约是推进城乡一体化建设的重要途径。城乡一体化需要城乡在经济、政治、法治、文化、社会等方面实现一体化。随着城乡一体化进程的不断加快,我国城乡之间的差距越来越小,但是农村地域广阔,发展程度相对较低且不平衡,城乡一体化建设仍然面临着艰巨的任务。基于此,我国应发挥乡规民约在乡村治理中的积极作用,通过乡规民约调整乡村社会关系、明确村民权利义务、规范村民行为,不断提高农村经济社会发展水平,不断提高村民生活水平,不断消除城乡壁垒,使城乡人口、技术、资本、资源等要素相互融合、互为资源,逐步达到城乡之间在经济、社会、文化、生态、空间、政策(制度)上的协调发展。

(7)乡规民约是国家法律在乡村实施的重要载体。在国家法治背景下,我国东中西部地区法治基础存在较大差异,国家法律在乡村社会实施可能会面临许多困难,现代法律与乡村传统文化和内生性规范会发生一定的冲突,因而需要紧密结合乡村社会的实际情况进行法治建设。农村自治是国家法框架下的自治，乡规民约必须符合国家法律的相关规定。乡规民约在制定过程中可以以国家法律为基本参照，将法治的基本精神、价值理念、规范要求等融入乡规民约，结合村情社情，制定出既符合国家法律又符合乡村实际的规约，对国家法律进行细化处理，并弥补国家法律的不足，保障国家法律在乡村社会的全面实施。与此同时，国家法的制定实施也应以乡规民约为基础，充分考虑到乡规民约调整社会关系的功能，将乡规民约作为国家法律的重要基础和来源。

（8）乡规民约是传统乡约制度的当代延续。自有明文记载的《吕氏乡约》以降，中国基层乡村治理就以乡规民约为主要形式，由此积累了丰富的基层乡村治理经验。传统乡约提倡的"德业相劝，过失相规，礼俗相交，患难相恤"等基本价值理念，以及"整体性乡治"或"系统性乡治"的基本架构，[1]对传统中国基层治理产生了深远的影响。传统乡约治理经验与智慧对当下的乡村治理具有十分重要的参考价值。当代村规民约与传统乡约无论在功能上，还是在制定程序上，抑或在运行模式上，都具有高度的相似性。如两者都具有"广教化而厚风俗"、维持乡村秩序的功能，都由村民根据实际需要而共同议订，惩戒机制都是基于传统型权威等。乡约治理传统并未因晚近社会的剧烈变革而中断，而是被传承和延续，我们应当尊重这种赓续与发展规律。同时，乡规民约承载着厚重的乡土文化与乡土情感，"差序格局"下的乡村关系网络不仅包含了文化血脉的延续、文化基因的传承，还包含了村民思维方式、情感交流方式的传承，乡规民约的传续也是优秀传统文化的传承。

（9）乡规民约是习惯法当代传承与弘扬的重要方式。习惯法是由地方性知识构成的内生性规范，经过了历史传承至今仍具有顽强的生命力。乡规民约为习惯法的主要组成部分，乡规民约吸收传统习惯法中的合理规范，通过对习惯法的"双重制度化"以明确的条文形式吸纳、承继习惯法。同时，乡规民约也能够改变固有习惯法的某些规范，即通过移风易俗变革传统习惯法的一些内容，促进习惯法的"生长"。[2]因此，乡规民约可以传承和弘扬习惯

---

〔1〕"整体性乡治"或"系统性乡治"是指通过乡规民约全面整合乡村社会，集乡村的社仓（生产和救济）、保甲（组织和治安）、社学（童教）为一体，既有纲领性规定，又有具体条目的整体性的治理体系。

〔2〕参见陈寒非："乡土法杰与村规民约的'生长'"，载《学术交流》2015 年第 11 期。

法，为社会变迁过程中习惯法参与乡村治理提供制度基础。

（10）乡规民约是其他社会规范的重要基础。国家法律之外的社会规范包括乡规民约、市民公约、行业规范、团体章程等。这些社会规范都是基于自治产生的，在乡村治理中都具有十分重要的积极作用。传统中国的乡规民约实践已经积累了丰富的经验，其他社会规范或多或少都受到乡规民约治理实践的影响。乡村自治是其他一切自治的基础，通过乡规民约积累的自治经验能够为其他领域或类型的自治提供借鉴，乡规民约的制定实施也能为其他社会规范运行提供比较样本，乡规民约是其他社会规范的重要基础。

（二）完善制度

为了进一步发挥乡规民约在乡村治理中的积极作用，针对乡规民约实际运行中存在的问题，我们需要从宏观、中观、微观三个层面构建乡规民约积极作用发挥机制、完善相关法律制度。

（1）宏观层面。从宏观层面来看，当前乡规民约积极作用得以发挥的重要前提是做好顶层设计。由于乡规民约在乡村治理中具有积极作用和消极作用，这也就决定了应以法治中国顶层设计和国家法律为主导对其进行整合、引导与制约。《村民委员会组织法》将其作为村民自治的一种规范形式，但是对其性质及定位并不明确，一些地方性法规、规章虽然也强调乡规民约在乡村治理中的作用，[1]但对其也没有进行清晰定位。在实践中，涉及乡规民约的纠纷争论的焦点就在于：乡规民约究竟具有何种性质，如果将其视为民事契约，则明显不符合民事契约所要求的"合意"（因为少数服从多数表决原则无法做到每一个成员合意）；如果将其视为抽象行政行为，则制定乡规民约的乡村集体又并非行政主体。法律定位的不明确导致乡规民约在实践中遭遇到了适用难题，如涉及乡规民约的纠纷无法得到有效救济。

从法治中国、法治社会建设来看，全面推进依法治国并不仅仅只是国家法律的任务，作为国家法律之外的乡规民约也能够发挥关键性的作用。然而，如果不从根本上解决乡规民约的性质和定位问题，国家法与乡规民约之间的关系可能会存在"语言混乱"的情形。一方面，乡规民约作为乡村自治规范，必然以村民日常生活行为规范为表达的重点；另一方面，乡规民约又须遵守

---

[1] 高其才："通过村规民约的乡村治理——从地方法规规章角度的观察"，载《政法论丛》2016 年第 2 期。

国家法律、参照国家法律。国家法与习惯法两种话语体系在村规民约中均有体现，两者之间"度"的把握成为关键。也许短期内可以对两者之间的冲突进行调适，但从长远来看，如果国家法没有给乡规民约预留适度空间，可能会出现国家法日益"侵蚀"乡规民约的现象，习惯法在乡规民约中的空间日渐萎缩，而这是不符合村民自治的基本要求的，也将会限制乡规民约在乡村治理中积极作用的发挥。

因此，笔者认为，应该明确乡规民约的性质和地位。乡规民约是在国家法律认可下制定的乡村生活自治规范，[1]村民自治权利来自于《宪法》、法律的赋予，由国家法律授权，因而乡规民约的制定和实施不能超出国家法律的范围。同时，按照"少数服从多数"的表决原则，一旦乡规民约被村民会议通过，对乡规民约的服从本质上便是对国家法律的服从，因为这种表决原则的基础是国家法律。

同时，乡规民约是一种社会自治规范。乡村社区在国家法律下独立地针对当地实际情况进行乡规民约的创制和实施，就乡村经济发展和社会管理事务建章立制，调整乡村社会关系，因而应当重视乡规民约的自治性、独立性、地方性。

（2）中观层面。从中观层面来看，当前乡规民约在乡村治理中积极作用的发挥应该处理好农村社会结构转型与乡规民约之间的关系。乡规民约赖以存在的基础就在于村治环境，而这种村治环境又以乡村社会结构为核心。当前一些农村地区社会结构发生转型，传统治理权威性基础遭受破坏，新的治理权威又没有建立起来，特别是随着国家权力的"退场"，乡村治理出现"权力真空"，导致"强人治村"模式日益普遍。村治模式转型如果引导不当则可能会破坏基层民主，《村民委员会组织法》所规定的选举制度难以贯彻落实。在这些民主基础相对较为薄弱的村庄，乡规民约、村规民约大多都是由村党支部、村民委员会一手操办制定的，村民几乎没有参与其中。即便有少数村

---

〔1〕　法律的正式渊源是指那些可以从体现于国家制定的规范性法律文件中的明确条文形式中得到的渊源（如宪法、法律、法规等），主要为制定法。参见高其才：《法理学》（第3版），清华大学出版社2015年版，第77页。我国法律规定习惯在特定情况下经国家认可成为习惯法而具有正式的法律渊源地位。我国《宪法》《村民委员会组织法》等法律明文认可乡规民约、村规民约。从某种角度认识，可以认为乡规民约、乡规民约作为习惯的一种由国家法律的明文认可而成为习惯法。乡规民约、村规民约为我国的补充性正式法律渊源、次要的正式法律渊源。

民代表参与其中，所表达的意见也没有多大作用。

因此，在乡村社会结构转型背景下，我国应该重视乡村社会结构的完善，乡规民约作用机制的构建应该做到因地制宜，根据具体的实际情况推行，而不应该统一采取固定模式。对于社会结构较为稳定的地区，乡规民约的制定实施可以发挥较大的自治权；而对于社会结构转型剧烈的地区，乡规民约的制定则应严格把好备案审查关，政府应加强对乡规民约的指导，大力发展基层民主，防止灰色势力对乡规民约的非理性操控。

（3）微观层面。从微观层面来看，乡规民约在乡村治理中积极作用的发挥应该从乡规民约制定、内容和实施方面入手，合理构建具体制度对乡规民约进行规范程序和监督。在制定层面，应该扩大村民参与，制定程序公开透明化，充分体现出基层民主和基层自治。在内容层面，应该注意提高乡规民约的议制水平，避免内容出现僵化、虚化等问题，在国家法律与地方习惯法之间寻求平衡；乡规民约的内容应该符合国家法律，不得侵犯村民的合法权益。在实施层面，乡规民约应该有明确的执行主体，执行应该在法律框架下进行。在监督层面，乡规民约的监督主体应该包括基层政权、村"两委"组织以及民间权威性组织（如宗族组织、乡贤理事会等）。

当前，乡规民约在制度、内容和实施层面的目标实现需要有健全的制度予以支持和保障。在乡规民约制定之前，村民委员会应该在政府指导下对当地传统乡约、习惯进行调查，甄别选取其中合理的内容加以确认。健全的备案审查制度是保障乡规民约得以顺利施行的关键，也是乡规民约积极作用发挥的保障。当前的审查制度可以分为事前审查和事后审查。事前审查的审查主体可以包括村民及其代表、乡镇政府等行政机关、法律顾问、律师等。事后审查的主体则主要为司法机关，以进一步完善相应的审查程序。在乡规民约实施的过程中，需要有完备的定期检查制度和效果评估制度，由行政机关或第三方主体对实施情况展开检查和效果评估。

六、结语

农村问题仍然是当代中国面临的核心问题，乡村治理规范不仅仅包括国家法律，而且还包括乡规民约等其他社会规范，乡规民约能够较好地实现国家法对乡村的治理，满足村民的法律需求，教育和推动村民履行法律规定的义务，又能吸收保留传统习惯法中的有益内容，实现村治在传统与现实之间的赓续。我们应在这一背景之下思考乡规民约在乡村治理中的积极作用。

通过调查笔者发现，当前乡规民约在乡村治理中的积极作用集中表现在发扬基层民主、管理公共事务、分配保护资产、保护利用资源、保护环境卫生、促进团结互助、推进移风易俗、传承良善文化、维护乡村治安、解决民间纠纷等方面。与此同时，一些地区的乡规民约也反映出了一定的消极作用，如侵犯村民财产权、人身权等合法性权益等。通过调查笔者发现，乡规民约在乡村治理中积极作用产生的原因包括国家法律的确认、社会环境的支持、自治传统的发扬、集体认同心理的支撑、治村强人的推动、村规民约的变革调适等六个方面。

乡规民约在乡村治理中积极作用的发挥面临三个方面的影响。第一种属于结构性影响，即乡村社会结构转型导致村治模式转变，可能会在一定程度上影响其作用的发挥；第二种影响来自基层政府，表现为行政权对村民自治和乡规民约的过度指导；第三种影响来自村规民约本身。当前乡规民约在制定程序、具体内容及实施过程等方面存在一些问题，直接影响了乡规民约作用的发挥。如何最大限度地消除影响因素是当前乡规民约作用发挥的关键。

针对田野调查中出现的问题，本章分别从主客观两个层面构建乡规民约作用发挥机制。主观层面应该统一思想、提高认识，各级党委政府和村级组织应该充分认识到乡规民约在乡村治理中的积极作用。乡规民约是党和国家治理乡村经验教训的总结，乡规民约是乡村地区法治国家、法治社会建设的重要内容，乡规民约是"五大发展理念"在乡村建设中的具体运用，乡规民约是治国理政"四个全面"战略布局的内在要求，乡规民约是社会主义新农村建设的重要手段，乡规民约是推进城乡一体化建设的重要途径，乡规民约是国家法律在乡村实施的重要载体，乡规民约是传统乡约制度的当代延续，乡规民约是习惯法当代传承与弘扬的重要方式，乡规民约是其他社会规范的重要基础。客观层面应该提供制度保障，从宏观、中观和微观三个制度层面合理构建乡规民约作用发挥机制。当前，乡规民约作用机制构建是一个系统性的工程，不仅需要将其置入国家制定法与地方习惯法、国家权力与乡村自治的语境中予以考察，同时也要将其置入全面推进依法治国和法治国家、法治社会建设的宏大背景下考察。从宏观、中观及微观三个层面对乡规民约在乡村治理中的积极作用发挥机制进行方案设计，既包括了法治中国建设的宏观要求，也考虑到了乡规民约与社会结构之间的关系，同时还考虑到了具体保障制度的构建。只有采取这种全面的视角合理构建乡规民约在乡村治理中的积极作用机制，才能在健全党组织领导的自治、法治、德治相结合的乡村治理体系、走向乡村善治中更好地发挥乡规民约的积极作用。

第二十八章

通过村规民约的乡村治理

——从地方性法规规章角度的考察

一、引言

2014 年 10 月 23 日中国共产党第十八届中央委员会第四次全体会议通过的《中共中央关于全面推进依法治国若干重大问题的决定》明确提出推进多层次、多领域依法治理。坚持系统治理、依法治理、综合治理、源头治理，提高社会治理法治化水平。深入开展多层次、多形式法治创建活动，深化基层组织和部门、行业依法治理，支持各类社会主体自我约束、自我管理。发挥市民公约、乡规民约、行业规章、团体章程等社会规范在社会治理中的积极作用。我国《宪法》第 24 条第 1 款规定："国家通过普及理想教育、道德教育、文化教育、纪律和法制教育，通过在城乡不同范围的群众中制定和执行各种守则、公约，加强社会主义精神文明的建设。"《村民委员会组织法》第 27 条第 1 款规定："村民会议可以制定和修改村民自治章程、村规民约，并报乡、民族乡、镇的人民政府备案。"这表明，村规民约成了我国村民自治的重要方式。同时，国家也通过地方性法规规章对村规民约、乡规民约进行确认、要求、规范以进行全面的乡村治理。村规民约、乡规民约是乡村群众自行制定的约束规范村民行为的规章制度，是乡村自治的重要表现形式，也是基层民主政治发展的重要成果，已成为全面推进依法治国进程中乡村治理的基本模式。

关于地方性法规规章，我国《立法法》第 72 条第 1、2 款规定："省、自治区、直辖市的人民代表大会及其常务委员会根据本行政区域的具体情况和实际需要，在不同宪法、法律、行政法规相抵触的前提下，可以制定地方性法规。设区的市的人民代表大会及其常务委员会根据本市的具体情况和实际需要，在不同宪法、法律、行政法规和本省、自治区的地方性法规相抵触的前提下，可以对城乡建设与管理、环境保护、历史文化保护等方面的事项制定地方性法规，法律对设区的市制定地方性法规的事项另有规定的，从其规定。……"第 74 条规定："经济特区所在地的省、市的人民代表大会及其常务委员会根据全国人民代表大会的授权决定，制定法规，在经济特区范围内实施。"第 75 条第 1 款规定："民族自治地方的人民代表大会有权依照当地民族的政治、经济和文化的特点，制定自治条例和单行条例。……"第 82 条第 1 款规定："省、自治区、直辖市和设区的市、自治州的人民政府，可以根据法律、行政法规和本省、自治区、直辖市的地方性法规，制定规章。"因此，地方性法规规章包括地方性法规、民族自治地方自治条例和单行条例、经济特区法规、地方政府规章等。

本章主要依据对含有"村规民约""乡规民约"的地方性法规、民族自治地方自治条例和单行条例、经济特区法规、地方政府规章进行梳理、总结而成。2015 年 12 月 8 日，笔者在"北大法律信息网"的"法律法规"中的"地方法规规章"以"村规民约"为关键词搜索，得到地方性法规 314 件，其中省级地方性法规 247 件、较大市地方性法规 31 件、经济特区法规 5 件、自治条例和单行条例 31 件；以"乡规民约"为关键词搜索，得到地方性法规 26 件，其中省级地方性法规 24 件、较大市地方性法规 1 件、自治条例和单行条例 1 件，两者相加地方性法规 340 件，包括省级地方性法规 271 件、较大市地方性法规 32 件、经济特区法规 5 件、自治条例和单行条例 32 件。以"村规民约"为关键词搜索，得到地方政府规章 41 件，以"乡规民约"为关键词搜索，得到地方政府规章 34 件，两者相加地方政府规章 75 件。从网站的统计来看，这些地方性法规现行有效 199 件、失效 52 件、已被修改 86 件、尚未生效 3 件；地方政府规章现行有效 39 件、失效 31 件、已被修改 5 件。不过，这一数据因有重复等情况而不是非常准确，仅能参考，大致反映了我国地方性法规规章关于村规民约、乡规民约规范的状况。本章主要进行地方性法规规章关于村规民约、乡规民约规范的文本梳理，以初步理解村规民约与乡村治理的具体关系，为进一步研究奠定基础。

地方性法规规章关于村规民约、乡规民约的规范涉及乡村治理的政治、经济、社会、文化诸领域，[1]包括村民自治、农村治安、农村自然资源保护与利用、农村环境保护、农村公共事务、农民权益保护、农村纠纷解决等方面，较为全面地调整乡村社会关系，维护乡村生活秩序、促进乡村经济社会发展和农民生活水平提高。

二、村规民约与村民自治

地方性法规规章在村民会议职权、村民委员会职责、村民委员会成员职责、村民委员会选举、村民义务、村务公开事项等方面涉及村规民约、乡规民约。如《北京市实施〈中华人民共和国村民委员会组织法〉的若干规定》第 17 条规定："村民会议根据法律、法规和相关政策，结合本村实际情况，制定和修改村民自治章程、村规民约。村民自治章程应当包括本村村民会议、村民代表会议开展民主决策的基本规则，民主管理和民主监督的基本工作制度，公益事业服务和公共事务管理，以及村民自治的其他重大事项。村民委员会应当在广泛征集村民意见的基础上，提出制定或者修改村民自治章程、村规民约的建议。村民自治章程、村规民约经村民会议讨论通过后，由村民委员会报乡、民族乡、镇人民政府备案。"第 31 条又规定："村应当建立村民委员会印章使用的审批、登记、备案等管理制度，并纳入村民自治章程或者村规民约。"第 32 条第 1 款还规定："村民委员会和村务监督委员会应当建立村务档案。村务档案包括：选举文件和选票，会议记录，公益设施基本资料，基本建设资料，村务公开资料，村民自治章程，村规民约等，以及按照国家和本市规定需要建立村务档案的文件材料。"

按照地方性法规规章的有关规范，村民会议的职权之一为制定和修改村规民约。如《重庆市实施〈中华人民共和国村民委员会组织法〉办法》第 8 条规定："村民会议行使下列职权：（一）制定和修改村民自治章程、村规民约……"《浙江省实施〈中华人民共和国村民委员会组织法〉办法》第三章"民主决策"第 14 条第 1 款也规定："村民会议可以制定和修改村民自治章程、村规民约，并报乡、镇人民政府备案。"《西藏自治区实施〈中华人民共和国村民委员会组织法〉办法》第 20 条将"制定和修订村民自治章程、村规

〔1〕　关于中国历史上的乡约及其与社会治理的关系，可参阅牛铭实的《中国历代乡约》（中国社会出版社 2005 年版）、王崇峻的《维风导俗——明代中晚期的社会变迁与乡约制度》（文史哲出版社 2002 年版）、赵秀玲的《中国乡里制度》（社会科学文献出版社 1998 年版）等作品。

民约"也规定在"涉及村民利益的下列事项,经村民会议讨论决定方可办理"之列。《大同市村民讨论决定重大事项条例》第 4 条规定了村民会议讨论决定的重大事项,其中第 1 项即为"制定、修改本村的精神文明建设方案、《村民自治章程》和《村规民约》"。内蒙古自治区等也有同样规定。

地方性法规规章在实施《村民委员会组织法》办法中大多规定村民委员会的职责包括遵守并组织实施村规民约。如《湖北省实施〈中华人民共和国村民委员会组织法〉办法》第 7 条规定:"村民委员会应当依法履行下列职责:(一)宣传和贯彻宪法、法律、法规和国家政策,教育引导村民依法行使权利、履行义务,遵守并组织实施村民自治章程和村规民约,维护村民的合法权益,接受村民监督……"《广西壮族自治区实施〈中华人民共和国村民委员会组织法〉办法》第 9 条规定:"村民委员会的主要职责:(一)召集村民会议和村民代表会议,执行村民会议和村民代表会议的决定、决议,遵守并组织实施村民自治章程、村规民约,接受评议和监督……"《甘肃省实施〈中华人民共和国村民委员会组织法〉办法》第 3 条规定的村民委员会的主要职责的第 8 项为"组织实施村民自治章程、村规民约,执行村民会议和村民代表会议作出的决定、决议"。山东省、福建省、宁夏回族自治区等也有类似规定。

从乡村治理角度出发,地方性法规规章将实施村规民约作为村民委员会成员的重要职责。如《天津市实施〈中华人民共和国村民委员会组织法〉办法》第 8 条规定:"村民委员会及其成员应当遵守法律、法规和政策,遵守并组织实施村民自治章程、村规民约,执行村民会议、村民代表会议的决定、决议,办事公道,廉洁奉公,热心为村民服务,接受村民监督。"《西藏自治区乡镇人民代表大会工作条例》第 4 条规定"乡、民族乡、镇的人民代表大会行使下列职权",其中第 2 项为"对本行政区域内的重大事项通过决定和发布决议,制定符合实际的乡规民约"。

在选举村民委员会成员时,各地都要求村民委员会成员候选人遵守村民自治章程和村规民约。如《新疆维吾尔自治区村民委员会选举办法》第 20 条规定:"村民委员会成员候选人应当具备下列基本条件:(一)遵守宪法、法律、法规和国家政策,遵守村规民约和村民自治章程……"《广东省村民委员会选举办法》第四章"候选人产生"第 19 条也将"遵守村民自治章程和村规民约"作为村民委员会成员须具备的条件之一。

有的地方政府规章要求村民遵守村规民约，将之作为一项村民义务予以规定。如《宁夏回族自治区村务公开和民主管理暂行规定》第五章"村级民主管理工作规范"第 26 条规定："村民要自觉遵守民主管理行为规范，正确行使民主权利，严格遵守国家法律、法规，遵守村规民约，自觉执行村民会议和村民代表会议的决议，认真履行村民义务，增强集体观念，维护集体利益，关心、热爱集体。敢于监督，勇于同侵犯民主权利、损害集体利益的行为作斗争。抵制宗族派性活动。讲文明、守公德，争创遵纪守法文明户，争做社会主义的'四有'新人。"

村务公开通常是指村民委员会按照规定的时间、内容、形式、程序和标准，将村民普遍关心的、涉及村民切身利益的村务重大事项予以公布，并接受村民监督的民主管理制度。村务公开事项包括村规民约的制定和实施情况。如《广东省村务公开条例》第 7 条规定："村务公开事项包括：（一）本村制定的村民自治章程、议事规则、村规民约……"《汕头经济特区村务公开条例》第 9 条也将"本村村民自治章程、村规民约的制定和实施情况"作为村务事项应当公开的第 1 项。

有的地方性法规规章还要求自治州制定和完善保障民族平等、促进民族团结、维护社会稳定的政策法规和村规民约以及民政部门指导村规民约的制定和执行。如《云南省迪庆藏族自治州民族团结进步条例》第 11 条规定："自治州应当着力推进民主政治建设，制定和完善保障民族平等、促进民族团结、维护社会稳定的政策法规和村规民约，依法推进民族团结进步事业。"

地方性法规规章有关村规民约的规范，对加强农村基层民主建设，保障村民对村务的民主决策、民主管理、民主监督，推进村民自治具有十分重要的意义。

三、村规民约与乡村治安

乡村治安与农民权利保障、农村社会秩序稳定、农村社会经济进步与发展息息相关。各地在进行社会治安综合治理、禁止赌博、禁毒时，都要求制定村规民约、乡规民约，通过村民自治规范化解社会矛盾、维护乡村公共安全和社会稳定。

地方性法规规章将制定和实施村规民约作为村民委员会社会治安综合治理工作的主要任务。如《北京市社会治安综合治理条例》（已失效）第 11 条规定了"居民委员会、村民委员会在社会治安综合治理工作中的任务",其中第 3 项为"组织制定居民公约、村规民约,并监督执行"。《新疆维吾尔自治区社会治安综合治理条例》(已失效)第 36 条也有类似规定。《西藏自治区社会治安综合治理条例》(2007 年)第三章"社会责任"第 35 条也规定村(居)民委员会应当监督执行村(居)民会议制定的村规民约和居民公约。《云南省西双版纳傣族自治州社会治安综合治理条例》第 18 条规定了村(居)民委员会社会治安综合治理工作的主要任务,其中第 2 项为"制定村规民约、居民公约,并监督执行"。河北省、云南省、青海省海北藏族自治州等也有类似规定。

有的地方性法规规章规定了民政部门在社会治安综合治理中指导村规民约的制定和执行方面的职责。如《黑龙江省社会治安综合治理条例》第三章"国家机关的职责"第 20 条规定:"民政部门应当抓好基层政权和自治组织建设,指导社区居民自治章程、居民公约、村规民约的制定和执行,发挥群众自治组织在化解社会矛盾、维护公共安全和社会稳定方面的作用;建立和完善城乡社会救助体系,做好救灾、社会救济、优抚安置和流浪乞讨人员的救助管理工作;动员社会组织参与社会治安综合治理。"

有的地方性法规规章要求将禁止赌博的内容列入村规民约。如《河北省禁止赌博条例》第 5 条规定:"村民委员会、居民委员会等基层群众性自治组织负有对村民、居民进行禁止赌博的宣传教育责任,并把禁止赌博的内容列入村规民约、街规民约,经常予以检查。"《辽宁省禁止赌博条例》(1991 年发布,2006 年修正,已失效)第 5 条规定:"村民委员会、居民委员会等基层群众性自治组织应对村民、居民进行禁止赌博的经常性宣传教育;把禁止赌博的内容列入村规民约、居民公约,并积极协助公安机关查禁赌博活动。"《北京市禁止赌博条例》《山西省禁止赌博条例》也有同样的规定。

有的地方性法规规章要求将禁毒的内容列入村规民约。《宁夏回族自治区实施〈中华人民共和国禁毒法〉办法》(已失效)第二章"禁毒宣传教育"第 7 条规定:"村(居)民委员会应当将禁毒事宜列入村规民约或者居民公约,结合当地实际开展禁毒宣传,协助有关部门落实禁毒防范措施。"《海南经济特区禁毒条例》第 19 条规定:"村(居)民委员会应当结合当地实际,在村规民约或者居民公约中规定禁毒方面的内容,开展禁毒宣传,协助人民政府以及公安机关等部门,落实禁毒防范措施。"《云南省孟连傣族拉祜族佤族自治县禁毒条例》第 7 条第 1 款规定："村（居）民委员会应当结合本辖区的实际，在村规民约或者社区公约中规定禁毒方面的内容，协助做好本辖区内的戒毒（康复）工作。"《凉山彝族自治州施行〈四川省禁毒条例〉补充规定》（已失效）、《云南省澜沧拉祜族自治县禁毒条例》（已失效）也要求村民委员会（社区）结合当地实际，在村规民约或者社区公约中规定禁毒方面的内容，开展禁毒宣传，协助相关职能部门，落实禁毒防范措施。

有的地方性法规要求制定有禁种毒品原植物内容的乡规民约。如《黑龙江省禁毒条例》（1998 年）第二章"禁种毒品原植物"第 9 条规定："各乡、镇、村（屯）都应制定有禁种毒品原植物内容的乡规民约，明确禁种责任。"后该条例于 2017 年修改时删除了这一规定。

有的地方性法规要求通过订立村规民约等方式，预防、抵制"黄、赌、毒"违法活动。如深圳市人民代表大会常务委员会《关于坚决查处"黄、赌、毒"违法行为的决定》第 10 条第 1 款规定："各级人民政府应当充分发挥基层组织的作用，引导、鼓励、支持居委会、村委会以及股份合作公司通过订立村规民约等方式，预防、抵制'黄、赌、毒'违法活动。对预防、抵制'黄、赌、毒'违法活动成绩突出的，要给予表彰和奖励；对预防和抵制不力造成'黄、赌、毒'违法现象较严重的，应当予以通报批评，并可以追究主要领导人的责任。"

通过村规民约、乡规民约，村民委员会对农村社会治安进行综合治理，并对村民进行禁止赌博的宣传教育，开展禁毒宣传及协助有关部门落实禁赌、禁毒防范措施，在宣传、防范、管理、控制的基础上推进农村社会良好秩序的建立。

四、村规民约与乡村自然资源保护和利用

农村自然资源包括土地资源、气候资源、水资源、生物资源、矿产资源等，对人类的生存和发展具有重要意义，也是乡村存在的物质基础，对农业产业结构起着基础性的作用。地方性法规规章要求通过村规民约、乡规民约保护土地资源、森林资源、草原资源、水资源、动植物资源，促进乡村社会可持续发展。

地方性法规规章要求通过村规民约、乡规民约保护水土资源。如《湖北省实施〈中华人民共和国水土保持法〉办法》第 4 条第 4 款规定："村民委员

会应当将水土保持纳入村规民约,督促村民履行保护水土资源、防止水土流失的义务。"《湖南省实施〈中华人民共和国水土保持法〉办法》(已被修改)第3条第3款规定:"村民委员会应当将水土保持纳入村规民约,督促村民履行保护水土资源、防治水土流失的义务,发现水土流失隐患和破坏水土资源的违法行为,应当及时制止,并报告乡级人民政府或者县级人民政府有关部门。"《山西省实施〈中华人民共和国水土保持法〉办法》(已被修改)第三章"预防"第14条第2款规定:"乡(镇)人民政府应当鼓励和指导村民委员会制定村规民约,保护水土保持设施,加强生态环境建设。"《贵州省水土保持条例》《天津市实施〈中华人民共和国水土保持法〉办法》《甘肃省实施〈中华人民共和国水土保持法〉办法》《黑龙江省实施〈中华人民共和国水土保持法〉办法》(已失效)也有类似规定。

为保护基本农田,有的地方政府规章要求村民委员会组织村民制定保护基本农田保护区的村规民约。如《广西壮族自治区实施〈基本农田保护条例〉办法》(已被修改)第5条第2款规定:"村民委员会应用书面形式将保护田块的位置、面积和保护责任告知土地承包户,并组织村民制定保护基本农田保护区的村规民约。"

地方性法规规章重视乡村制定封山育林、森林草原防火的村规民约。如《河北省封山育林条例》第4条规定:"封山育林应当坚持统一规划、因地制宜、封山与育林相结合的原则;坚持政府推动与利益驱动相结合;坚持技术措施与科学管理相结合;坚持依法管理,法律、法规与乡规民约相结合。"《江西省关于开展全民义务植树运动的若干规定》(1982年)第四部分为"确定权属,认真管护",提出"城镇公共地段的林木和花草,归城建部门所有和管护。单位庭园绿化的林木,归本单位所有;城镇单位到国营林场、社队林场、国社合作林场义务种植的林木,归林场所有;城镇单位在近郊社队义务种植的林木,以及农村社员在本社队义务种植的林木,归社队集体所有。各地各部门要把管护任务落实到人,实行定包责任,并发动群众制订乡规民约和护林制度。公路、铁路两侧义务种植的林木,归部门所有,并负责管护成林,也可与附近生产队订立合同,包段管护,收益分成。各级政府必须坚决执行《森林法(试行)》的规定,切实保障林权单位的合法权益,保护现有森林不受侵犯,对于侵占林地,乱砍滥伐树木,破坏花卉、草坪的行为,要视情节轻重,给予经济罚款直至法律制裁"。《海南省森林防火条例》第31条规定："有森林防火任务的村（居）民委员会应当成立联防小组进行森林防火巡查，通过制定乡规民约或者签订责任书等方式，约定集中农事用火，明确自留地、自留山、责任山的森林防火责任，引导村（居）民加强森林防火的自我管理。"《福建省森林防火条例》（2013 年）第二章"森林火灾的预防"第 23 条规定，有森林防火任务的村制定村规民约，规范森林防火期内的农业生产性用火，督促村民落实有关安全措施，警示、提醒村民注意用火安全。《云南省玉龙纳西族自治县林业管理条例》第 28 条第 1 款规定："自治县、乡（镇）人民政府应当加强森林防火工作，制定火灾应急预案，完善配套措施，划定森林防火责任区，建立责任制。村民委员会应当制定和完善森林防火责任制度。村民小组应当建立健全森林防火工作的村规民约。"《辽宁省森林防火实施办法》（已被修改）第 9 条规定："有林地区村（居）民委员会应当配合乡（镇）人民政府或者街道办事处开展森林防火宣传，制定森林防火村规民约。"此外，《昆明市森林防火条例》《贵州省黔东南苗族侗族自治州森林防火条例》《云南省宁蒗彝族自治县林业管理条例》等都有相同规定。

有的地方性法规要求乡规民约对特定树木进行保护。如《海南省红树林保护规定》第 3 条第 4 款规定："红树林资源所在地村（居）民委员会应当结合当地实际，在村规民约或者居民公约中规定红树林资源保护措施，协助人民政府和相关部门做好红树林资源的保护管理工作。"

地方政府规章要求乡村制定村规民约封山禁牧，保护草原资源。如《甘肃省草原禁牧办法》第 5 条规定："村民委员会应当积极制定村规民约，引导农牧民保护草原植被，改善草原生态环境。"辽宁省《大连市封山禁牧管理办法》（已失效）第 4 条规定："封山禁牧应当贯彻统筹规划、以封为主、封育结合、管理与保护并重、依法管理与乡规民约相结合的原则，保证林业生态建设质量。"

地方性法规规章要求村民委员会制定和实施村规民约，保护乡村饮用水水源，保护公用排水和再生水设施。如《海南省饮用水水源保护条例》第 7 条第 2 款规定："村（居）民委员会应当协助人民政府和有关主管部门依法做好饮用水水源保护的相关工作，结合当地实际，在村规民约或者居民公约中规定村（居）民保护饮用水水源的义务，开展宣传教育，落实保护措施。"《成都市饮用水水源保护条例》第四章"监督管理"第 33 条第 2 款规定：

"村（居）民委员会应当结合当地实际，在村规民约或者居民公约中规定村（居）民保护饮用水水源的义务，落实保护措施。"重庆市《酉阳土家族苗族自治县饮用水水源保护条例》（2014 年）第 5 条第 5 款规定："村（居）民委员会应当协助做好饮用水水源保护的相关工作，结合当地实际，在村规民约或者居民公约中规定村（居）民保护饮用水水源的义务，开展宣传教育，落实保护措施。"《四川省村镇供水条例》第 18 条第 2 款规定："村民委员会应当通过村规民约加强对泉水、水窖（水柜）、蓄水（集雨）池等分散式供水水源的保护。"《北京市排水和再生水管理办法》第三章"运营与养护"第 19 条第 1 款和第 2 款规定："镇（乡）、村庄公用排水和再生水设施的运营和养护，参照本章的规定执行。村民应当按照村规民约使用和保护镇（乡）、村庄公用排水和再生水设施。"

地方性法规规章重视通过村规民约保护野生动物植物资源。如《四川省阿坝藏族羌族自治州野生动物植物保护条例》第 46 条第 2 款要求村（居）民委员会把野生动物植物保护纳入村规民约。《云南省昭通大山包黑颈鹤国家级自然保护区条例》第 13 条规定："大山包乡人民政府和保护区村民应当配合管理机构共同做好保护工作。各村民委员会、村民小组可以结合实际，制定村规民约，增强村民保护意识，鼓励村民参与保护工作。"

土地、森林、草原、水、动植物等自然资源具有不可再生性。自然资源的可持续利用关系到乡村社会的和谐发展，地方性法规规章重视村规民约、乡规民约在农村自然资源保护中的积极作用，这为农村社会的可持续发展创造了条件。

五、村规民约与乡村环境保护

农村环境是指以农村居民为中心的乡村范围的各种天然的和经过改造的自然因素的总和，它是乡村居民生活和发展的基本条件。农村环境卫生关系到保护农村生产力、振兴农村经济、维护农村社会发展和稳定的大局，对提高全民族素质具有重大意义。地方性法规规章确认了在环境保护、村镇规划和建设、农业废弃物处理与利用、畜禽养殖污染防治等方面，村规民约、乡规民约具有积极作用。

地方性法规规章重视农村环境保护，发挥村规民约在乡村容貌和环境卫生中的积极作用。如《宁夏回族自治区环境保护条例》第三章"生活环境保护"第 26 条第 1 款规定："村民委员会应当制定生产生活环境保护的村规民约，保护农村环境，并监督实施。"《四川省城乡环境综合治理条例》第三章"容貌秩序"物业服务管理规约第 33 条第 2 款要求村（居）民委员会以及村民聚居点应当制定维护本区域容貌和环境卫生的村规民约，对垃圾的分类投放、分类收集、就近处置和污水排放和处置等作出约定。《海南省城乡容貌和环境卫生管理条例》第四章"村镇容貌和环境卫生管理"第 46 条第 3 款也要求村民委员会制定村规民约，对本村容貌和环境卫生管理作出约定，维护整洁、优美的生产生活环境。黑龙江省《哈尔滨市城乡容貌和环境卫生条例》第五章"镇、村容貌和环境卫生"第 59 条规定："村民委员会应当根据村容貌标准，并结合新农村建设的需要，组织制定维护本区域容貌和环境卫生的村规民约，组织村民开展自律管理，规范垃圾收集、清运、污水排放、清冰雪以及道路的清扫和保洁等行为，推进实施新能源，具体管理方式和所需费用由村民委员会组织村民讨论确定。"

卫生方面的地方性法规规章中有不少与村规民约有关。如《浙江省爱国卫生促进条例》第 21 条第 2 款规定："乡镇人民政府、街道办事处、村民委员会应当组织做好农村生活垃圾收集处置设施建设和管理工作，落实专门保洁人员；村民委员会可以通过制订村规民约，组织动员村民参与庭院卫生整治和公益卫生活动，保持庭院和村庄整洁卫生。"《北京市除四害工作管理规定》第 4 条第 4 款规定："街道办事处和乡、镇人民政府负责组织指导居民（家属）委员会、村民委员会通过制定居民公约或者村规民约等形式，动员本居住地区的住户做好除四害工作。"

在有关村镇建设、村镇规划建设管理等方面的地方政府规章中，有些要求发挥村规民约的积极功能。如陕西省《西安市村镇建设条例》(2011 年)第五章"村镇设施、村容镇貌和环境卫生管理"第 40 条第 2 款规定："村民委员会、居民委员会应当发挥自治作用，制定符合本村或本社区实际的村规民约，做好村镇设施、村容村貌和环境卫生管理工作。"河北省《石家庄市村镇规划建设管理办法》(已失效)第 25 条要求村民委员会制定村容村貌、公共卫生管理制度和村规民约，并经村民代表会议讨论通过后实施，并做到村容村貌整洁、美观。

有的地方政府规章提出通过村规民约解决农业废弃物的处理与利用。如《宁夏回族自治区农业废弃物处理与利用办法》第 25 条第 2 款规定："村

（居）民委员会以及村民聚居点应当制定维护本区域容貌和环境卫生的村规民约，对农业废弃物的收集、清运、处理和处置等作出约定。"

有的地区（如浙江省）十分重视畜禽养殖污染防治问题，地方性法规和地方政府规章都鼓励通过村规民约规范畜禽养殖行为。如浙江省人民代表大会常务委员会《关于加强畜禽养殖污染防治促进畜牧业转型升级的决定》（已失效）第3条提出，鼓励村（居）民自治组织通过制定村规民约、畜禽养殖协会开展行业自律等，规范畜禽养殖行为，形成群防群治畜禽污染的良好氛围。同时，《浙江省畜禽养殖污染防治办法》第6条第1款又规定："村民自治组织可以制定和实施有关畜禽养殖废弃物处置等村规民约，对本村居民开展畜禽养殖污染防治的宣传教育，发现畜禽养殖污染环境的，应当及时制止并向生态环境主管部门报告。"

有的地方政府规章要求通过村规民约对水环境进行专门保护。如《浙江省综合治水工作规定》第四章"社会参与"第31条第1款和第2款规定："村（居）民委员会应当协助乡（镇）人民政府、街道办事处做好有关治水工作，开展宣传教育，鼓励村（居）民广泛参与治水相关活动，引导村（居）民养成文明生活习惯。村（居）民委员会可以通过依法制订（修订）村规民约、居民公约，具体明确有关垃圾收集、水面保洁、环境绿化、出资投劳、民主监督等权利、义务。"

有的地方政府规章则要求通过村规民约使村民做好门前的环境卫生。如《北京市"门前三包"责任制管理办法》第2条第2款规定："街道办事处和乡、镇人民政府负责组织指导居民委员会、村民委员会通过制定居民公约或者村规民约等形式，动员本居住地区的居民、村民搞好住宅门前的环境卫生、绿化美化和协助维护社会秩序。"

制定和实施村规民约、乡规民约能够加强农村卫生环境整治，促进文明村镇建设，引导和帮助农民建立良好的环境意识和卫生习惯，在乡村倡导科学、文明、健康的生活方式。

六、村规民约与乡村公共事务和社会管理

农村公共事务和社会管理不仅需要国家、政府力量，也需要村民参与。地方性法规规章要求乡村通过村规民约、乡规民约对计划生育、教育、传统村落和古民居、乡村公路、乡镇自用船舶安全、河道整洁、消防安全、婚丧

事习俗改革、志愿者等进行管理、保护和规范，保障农村公共事务产品的有效提供，提高乡村社会管理水平。

农村的人口和计划生育管理较为复杂、难度较大，地方性法规规章要求农村实行计划生育村民自治，开展民主管理、民主监督。如《海南省人口与计划生育条例》第 13 条第 3 款规定："村（居）民委员会应当将人口与计划生育工作纳入村规民约、居民公约，积极开展人口与计划生育宣传教育，实行计划生育自我教育、自我管理、自我服务，协助卫生健康部门及有关部门做好计划生育管理和服务工作。"《广西壮族自治区人口和计划生育管理办法》（已被修改）第二章"生育调节与人口管理"第 5 条第 1 款规定："农村实行计划生育村民自治，开展民主管理、民主监督。村民委员会可以制定计划生育村规民约，与育龄夫妻签订计划生育协议，就落实生育政策、节育措施、孕情检查、奖励措施等内容约定双方的权利与义务。"江苏省《徐州市实施〈江苏省人口与计划生育条例〉办法》（已失效）第 8 条规定的村（居）民委员会在人口与计划生育工作方面履行主要职责的第 5 项为"依据国家法律、法规的规定，动员组织群众制定计划生育自治章程和计划生育村规民约，实行计划生育的民主管理和民主监督"。《广西壮族自治区人口和计划生育条例》《山东省人口与计划生育条例》《福建省人口与计划生育条例》《甘肃省人口与计划生育条例》等均有类似规定。

有些地方政府规章要求乡村制定村规民约扫除文盲、控制辍学。如《陕西省实施〈扫除文盲工作条例〉办法》第 9 条规定："扫除文盲工作实行县（市、区）、乡（镇）、街道行政领导负责制。村民（居民）委员会可以通过订立乡规民约，督促文盲、半文盲接受扫除文盲教育。"西藏自治区《拉萨市控制义务教育阶段学生辍学办法》第 14 条第 4 项要求村（居）民委员会协助乡（镇）人民政府、街道办事处做好组织制定有关控制辍学工作的村规民约，并监督实施工作。

乡村传统村落、古民居、历史文化名村、民族文化村寨、世界文化遗产等为乡村重要的人文资源，地方性法规规章期望通过村规民约、乡规民约对其进行管理、保护和利用。如《福建省"福建土楼"世界文化遗产保护条例》第 4 条第 3 款提出"福建土楼"所在地村民委员会可以根据本条例制定村规民约，建立群众性的保护组织，保护"福建土楼"。《贵州省安顺屯堡文化遗产保护条例》第五章"保障措施"第 40 条规定："安顺屯堡村寨村（居）

民可以根据有关法律法规订立村规民约，做好安顺屯堡文化遗产自我保护工作。"《安徽省皖南古民居保护条例》（已被修改）第二章"保护与管理"第9条第3款规定："古民居较多的村可依法订立保护古民居的乡规民约。"浙江省《宁波市历史文化名城名镇名村保护条例》第38条第1项要求历史文化名镇、名村所在地村（居）民委员会配合乡（镇）人民政府、街道办事处做好依法修订村规民约，开展保护宣传工作。《苏州市古村落保护条例》第8条第2项规定的古村落所在地村民委员会的职责包括组织制定村规民约，指导、督促居民按照古村落保护要求，合理使用古建筑。贵州省《三都水族自治县民族文化村寨保护条例》第8条第4款规定："镇人民政府（街道办事处）负责本辖区内的民族文化村寨的保护工作，制定保护措施；村民委员会可以制定村规民约加以保护和管理。"《福建省"海上丝绸之路·漳州史迹"文化遗产保护管理办法》第6条规定："'漳州海丝遗产'所在地村（居）民委员会依法制定村规民约，建立群众性保护组织，参与保护'漳州海丝遗产'。"

乡村道路为乡村的重要基础设施，地方性法规规章要求通过村规民约、乡规民约管理乡村道路。《江西省公路条例》第62条规定："村民委员会应当将村道的管理纳入村规民约，村规民约中有关村道管理的内容不得违反法律、法规的规定。"《贵州省公路条例》第六章为"农村公路特别规定"。其中第43条规定："村民委员会在县级人民政府交通运输主管部门及所属公路管理机构和乡镇人民政府的指导下，按照民主决策、一事一议等原则，组织本村村民做好村道的建设、养护和管理工作。在不违反法律、法规的前提下，村民会议可以将村道的养护和管理纳入村规民约。"《贵州省农村公路建设养护管理办法》第29条第2款则强调："村民委员会在乡（镇）人民政府指导下负责村道的保护工作。村民委员会应当将村道的保护纳入村规民约。村规民约中有关村道保护的内容不得违反法律、法规的规定。"《吉林省乡道管理办法》第28条也规定："乡（镇）人民政府应当加强公路管理法律、法规和规章的宣传，制定合法的保护乡道的乡规民约，提高乡道沿线居民爱路护路意识。"河南省《洛阳市村级道路管理养护条例》第11条规定："村民委员会应当根据《中华人民共和国村民委员会组织法》的有关规定，将村级道路管理养护的内容列入村规民约，并报乡（镇）人民政府备案。"《云南省大理白族自治州农村公路条例》第三章"道路养护"第21条第1款规定："县（市）人民政府交通运输主管部门负责县道的小修工程和日常养护；乡（镇）人民政府负责乡道、村道的小修工程和日常养护；村民委员会（社区）和村民小组协助做好本辖区村道的日常养护工作，并纳入村规民约管理。"

地方性法规规章要求村民委员会制定村规民约引导村民保护河道整洁。如《重庆市河道管理条例》第 6 条规定："乡（镇）人民政府、街道办事处应当加强辖区内河道日常管护的相关工作。村（居）民委员会可以制定村规民约或者居民公约，引导村（居）民保护河道，检举、控告违反河道管理法律、法规的行为。"《甘肃省河道管理条例》第 9 条规定："乡（镇）人民政府、街道办事处应当做好本辖区内的河道管理保护工作，加强河道管理的宣传教育，普及河道保护的相关知识。村（居）民委员会可以制定村规民约或者居民公约，引导村（居）民自觉维护河道整洁、保护河道环境。"《浙江省河道管理条例》第 6 条也有类似规定。

有的地方政府规章建议将乡镇自用船舶安全管理内容纳入村规民约。如《贵州省乡镇自用船舶安全管理办法》（已被修改）第四章"安全管理"第 23 条要求村（居）民委员会协助做好乡镇自用船舶安全管理的工作的第 3 项为"可以将乡镇自用船舶的有关安全管理内容纳入村规民约，但不得违反法律、法规和规章的规定"。

有的地方性法规规章要求村民委员会落实消防安全责任，并制定消防安全方面的村规民约。如《山东省消防安全责任制实施办法》（已失效）第 9 条规定的村民委员会应当履行的消防安全职责中的第 1 项即为"制定消防安全村规民约并组织实施"。

地方性法规规章提倡婚丧事简办，反对铺张浪费，推动婚姻丧葬习俗改革，并要求通过村规民约具体落实。如新疆维吾尔自治区《伊犁哈萨克自治州施行〈中华人民共和国婚姻法〉的补充规定》第 9 条规定："婚嫁应当从简。对巧立名目、加重经济负担的结婚习俗，村（居）民自治组织应制定村规民约、村（居）民章程加以规范。当地人民政府对婚嫁从简应予引导、支持。"《山西省殡葬管理办法》（已被修改）第五章"丧事活动和丧葬用品管理"第 28 条规定："各级民政部门应加强对红白事理事会工作的指导。丧葬习俗改革应当纳入村规民约、居民公约和职工公约之中。"河南省《郑州市殡葬管理条例》（已被修改）第五章"改革丧葬习俗"第 25 条规定："各级人民政府应当采取有效措施，积极推进丧葬习俗改革。城乡基层组织应当把改革丧葬习俗纳入村民自治章程、村规民约或者居民守则；建立群众性的丧事活动管理组织，为村（居）民提供殡葬服务。提倡丧事简办，反对铺张浪费。"《淄博市殡葬管理条例》第三章"殡葬活动管理"第 28 条也规定："村（居）民委员会应当把破除丧葬陋俗，文明节俭办丧事作为村规民约、居民公约的重要内容。对违反本条例的行为应当予以制止。制止无效时，应当及时向乡（镇）人民政府、街道办事处或者区（县）民政部门报告。"

在农业生产过程中，村规民约也能够发挥积极作用。如《武汉市无公害蔬菜管理暂行办法》第 12 条规定："对无公害蔬菜生产实行责任制，由上级人民政府及其蔬菜行政管理部门对下级人民政府及其蔬菜行政管理部门以及村集体经济组织或村民委员会实行无公害蔬菜生产责任制的情况定期进行监督检查。蔬菜生产区域的村集体经济组织或村民委员会应将生产无公害蔬菜作为村规民约的一项重要内容，努力提高蔬菜生产者的公德意识，做到有害物质残留量超标的蔬菜不上市。"

此外，《湖北省志愿服务条例》第 35 条规定："县级以上人民政府可以将志愿服务工作纳入创建文明城区、文明街道（乡镇）、文明社区（村）、文明单位的考核内容。鼓励将志愿精神纳入市民公约、村规民约和行业规范等。"

乡村的公共设施、公益事业、社会事务具有广泛性、具体性、复杂性，需要全体村民参与。因此，通过村规民约、乡规民约能够最大限度地调动村民的积极性，满足村民的便利、安全等公共需求，提高村民的生活质量。

七、村规民约与农民权益保护

从身体结构和生理机能的特点出发，地方性法规规章要求村规民约、乡规民约保障农村女性权益、农村老年人权益、农村五保供养者权益，尽可能消除自然因素或社会因素导致其在农村社会中处于弱势地位的状况，促进农村和谐社会建设。

为保障农村女性的权益（特别是财产权益），地方性法规在实施《妇女权益保障法》时普遍强调村规民约应当依法维护农村妇女的合法权益。如《山西省实施〈中华人民共和国妇女权益保障法〉办法》第 30 条明确指出："村民委员会的自治章程和村规民约中，不得有歧视妇女或者侵犯妇女在农村集体经济组织中应当享有的合法权益的内容。"《河南省实施〈中华人民共和国妇女权益保障法〉办法》第 22 条规定："村民会议或者村民代表会议在制定村民自治章程、村规民约或者讨论决定土地权益、集体经济组织收益分配等事项时，应当依法维护妇女的合法权益。"《广东省实施〈中华人民共和国妇女权益保障法〉办法》第 23 条规定："村民代表会议或者村民大会决议、村规民约和股份制章程中涉及土地承包经营、集体经济组织收益分配、股权分配、土地征收或者征用补偿费使用，以及宅基地使用等方面的规定，应当坚持男女平等原则，不得以妇女未婚、结婚、离婚、丧偶等为由，侵害其合法权益。"《青岛市实施〈中华人民共和国妇女权益保障法〉办法》第 6 条规定："居民委员会、村民委员会应当协助人民政府或者街道办事处，做好妇女权益保障工作。居民委员会、村民委员会制定自治章程、居民公约、村规民约以及居民（代表）会议、村民（代表）会议讨论决定事项，应当坚持男女平等原则，维护妇女权益。"

不少地方还专门制定了妇女权益保障规范，对包括农村女性在内的女性权益进行保障。如内蒙古《包头市妇女权益保障条例》第 31 条规定："嘎查村民委员会、嘎查村民会议、嘎查村民代表会议的决议、决定或者制定的村规民约、村民自治章程、农牧民专业合作社及其他股份制合作组织章程不得有歧视、侵害妇女财产权益的内容。苏木乡镇人民政府及相关部门应当加强对嘎查村民委员会、嘎查村民会议、嘎查村民代表会议的决议、决定、村规民约、村民自治章程以及农牧民专业合作社及其他股份制合作组织章程的指导和监督。"《哈尔滨市妇女权益保障条例》第 20 条规定："乡、镇人民政府或者街道办事处发现所辖行政区域内的村民自治章程、村规民约、农村集体经济组织章程、村民会议或者村民代表会议的决定有侵害妇女合法权益内容的，应当责令其改正。"[1]

土地承包权益为农村主要的财产权益，地方性法规规章重视对妇女土地承包合法权益的保障，要求村规民约不能有侵害的内容。如《河北省农村土地承包条例》第四章"土地承包经营权的保护"第 32 条第 1 款规定："任何组织和个人不得以任何形式剥夺妇女合法的土地承包经营权，涉及土地承包的规定、村民代表会议或者村民会议的决议、村规民约中，不得有违反男女

---

[1]　全国妇联妇女研究所课题组编的《村规民约与男女平等读本》（中国妇女出版社 2014 年版）运用大量案例和故事，深入浅出地介绍男女平等的基本知识，分析村规民约中可能存在的性别不平等问题，指导村民修改村规民约时遵循男女平等的原则。

平等原则、侵害妇女土地承包合法权益的内容。"《湖北省农村土地承包经营条例》第 23 条第 3 款明确规定:"集体经济组织不得以村民会议决议、村规民约或者其他任何方式损害本集体经济组织成员的土地承包经营权,不得作出有差别或者歧视性待遇的决定。"《青海省实施〈中华人民共和国农村土地承包法〉办法》第 14 条第 1 款也规定:"发包方不得以村规民约等形式,剥夺、侵害妇女应当享有的土地承包经营权。承包期内,妇女结婚,在新居住地未取得承包地的,发包方不得收回其原承包地;妇女离婚或者丧偶,仍在原居住地生活或者不在原居住地生活但在新居住地未取得承包地的,发包方不得收回其原承包地。"

有些地方性法规明确宣布村规民约中侵犯村民土地承包经营权益的规定无效。如《江苏省农村土地承包经营权保护条例》第 5 条规定:"村规民约应当符合法律、法规和国家政策规定。村规民约中侵犯村民土地承包经营权益的规定无效。"《安徽省实施〈中华人民共和国农村土地承包法〉办法》第三章"土地承包经营权的保护"第 21 条也为类似规定:"承包方依法取得的土地承包经营权受法律保护,任何单位和个人不得侵犯承包方依法使用承包地、自主组织生产经营、处置产品和取得承包收益的权利。村规民约中侵犯村民土地承包经营权益的规定无效。"

有的地方性法规规章重视对农村老年人权益、农村五保供养者权益的保护,要求通过村规民约予以落实。如《陕西省实施〈中华人民共和国老年人权益保障法〉办法》第 8 条第 3 款规定:"居民委员会、村民委员会应当开展敬老、养老、助老的宣传教育活动,通过居民公约、村规民约,形成尊重、关心、帮助老年人的行为规范和社会风尚。"《浙江省实施〈农村五保供养工作条例〉办法》(已失效)第 8 条第 2 款规定:"设区的市、县(市、区)民政部门和乡(镇)人民政府应当将符合条件的村民列入农村五保供养范围,建立农村五保供养对象数据库,做到应保尽保;村民委员会应当根据自治章程明确的职责和村规民约,做好农村五保供养的相关工作。"

村规民约、乡规民约对农村女性权益、农村老年人权益、农村五保供养者权益等进行特别保护,体现了保障弱者利益、实现社会公平的原则,有利于农村社会的全面发展和和谐发展。

八、村规民约与乡村纠纷解决

在解决农村纠纷时，村规民约、乡规民约被一些地方性法规规章作为根据或者参照。如福建省《厦门经济特区多元化纠纷解决机制促进条例》第 19 条规定："调解员在不违反法律、行政法规强制性规定的前提下，可以参考行业惯例、交易习惯、村规民约、社区公约和公序良俗，引导当事人达成调解协议。"

有些地方性法规明确确认了村规民约的效力。如《湖南省乡村公路条例》第 21 条规定："村民委员会在乡级人民政府的指导下负责村道的日常管理工作，可以将村道的管理纳入村规民约，村规民约中有关村道管理的内容不得违反法律法规的规定。"第 22 条又规定："违反本条例第十七条、第十九条、第二十条规定的，应当承担相应的法律责任。法律法规没有规定法律责任的，按照村规民约的规定进行处理。"《辽宁省农民承担费用和劳务管理条例》第 38 条规定："对无正当理由拒缴村提留、乡统筹费和不承担义务工和劳动积累工的，由村民委员对其进行教育，经反复教育仍不予改正的，依照村规民约的规定或者农业承包合同的约定进行处理，也可以按照诉讼程序依法解决。"《吉林省村民一事一议筹资筹劳管理办法》第 35 条规定："村民无正当理由，拒不履行筹资筹劳义务的，村民委员会应当书面通知当事人限期改正，也可以按照村民会议通过的符合法律、法规规定的村民自治章程、村规民约进行处理。"

有的地方性法规规章规定了村民的申请权。如四川省《成都市妇女权益保障条例》在第三章"发展保障权利"第 21 条还专门规定了受侵害妇女的请求权："镇（乡）人民政府或街道办事处应当依法对所辖区域内的村民自治章程、村规民约和农村集体经济组织章程进行监督检查。对侵害妇女合法权益的，受侵害的妇女可以请求镇（乡）人民政府或街道办事处督促修改。"

根据或者参考村规民约、乡规民约处理农村纠纷，充分发挥村规民约在解决乡村社会矛盾中的作用，有利于农村生产、生活争端的解决，有利于恢复乡村社会秩序，实现农村社会的和谐发展。

九、结语

地方性法规规章要求乡村事务通过村规民约、乡规民约进行调整，地方国家机关要求村规民约、乡规民约对农村村民自治、农村治安、农村自然资源保护与利用、农村环境保护、农村公共事务、农民权益保护、农村纠纷解决等事项进行规范，通过对村镇布局、生态环境、基础设施、公共服务等资源进行合理配置和生产，推进村民自治，保障村民权益，维护社会治安，促进乡村经济、社会的发展和文化的传承以及环境状况的改善。由上述规范可知，地方性法规规章重视村规民约、乡规民约在乡村治理中的积极作用。

乡村治理必须坚持村民自治原则，做到民主选举、民主决策、民主管理、民主监督。地方性法规规章对村规民约、乡规民约的确认着眼于培育和保护乡村社会的自治能力，体现了对村民自治的尊重、体现了对民间习惯法和内生秩序的尊重。[1]村规民约、乡规民约具有乡土法的特质。[2]地方性法规规章涉及村规民约、乡规民约的这些规范，尊重了村民的自主权，充分发挥了村民的主体作用，尊重了村民的知情权、参与权、决策权和监督权，对于乡村治理具有积极意义。

我国的乡村正从封闭社会向开放社会转型，乡村治理面临工业化、城镇化发展的新挑战，需要适应变化按照法治原则进行。地方性法规规章对村规民约、乡规民约的要求、规范，表现出了根据规范、制度和程序进行乡村治理的态势，从而不断提高农村公共事务、公益性事业的自我管理水平。作为社会法治的重要内容，村规民约、乡规民约就治安、资源、环境、防火、权益等作出规定，成为村民的基本行为规范，这是乡村治理法治化的体现。

我国的乡村正从传统的控制型乡村向现代的治理型乡村转型，乡村治理不只是农村内部的自我管理和发展问题，也是国家治理的基础。乡村治理需要处理好国家与乡村、政府与社会的关系，国家、政府需要放权。地方性法规规章关于村规民约、乡规民约的规范不应该是命令性、强制性的规定，而应该是建议性、鼓励性、倡导性的规定，以引导为主，需要修改现有的不合适规范。同时，村规民约、乡规民约也不能违反国家法律法规。

地方性法规规章涉及村规民约、乡规民约的规范，要以维护农民的法律权益为目标，确保村民普遍享有现代法治国家保障的基本公民权利和自由。

---

〔1〕 此处所指的习惯法为非国家意义上的习惯法，为独立于国家制定法之外，依据某种社会权威和社会组织，具有一定的强制性的行为规范的总和。参见高其才：《中国习惯法论》（第3版），社会科学文献出版社2018年版，第3~4页。

〔2〕 关于乡土法，可参见高其才的《乡土法学初论》（《哈尔滨工业大学学报（社会科学版）》2015年第6期）一文的有关论述。

特别是要保障村民的财产权益、物质权益、经济权益，保障农民的平等权、政治参与权。

地方性法规规章通过村规民约、乡规民约的乡村治理，关键在于村规民约、乡规民约的制定和实施，这需要全面落实《村民委员会组织法》，建立和完善相应的法律制度，真正实现村民自治，从而走向乡村善治。

第二十九章

运用村规民约进行乡村治理

——以贵州省锦屏县启蒙镇边沙村环境
卫生管理为对象

一、引言

乡村治理是我国社会治理的重要组成部分。在 2017 年 10 月 18 日中国共产党第十九次全国代表大会开幕会上，中共中央总书记习近平代表第十八届中央委员会作报告时提出实施乡村振兴战略，强调"加强农村基层基础工作，健全自治、法治、德治相结合的乡村治理体系"，打造共建、共治、共享的社会治理格局，实现政府治理和社会调节、居民自治良性互动。在建设中国特色社会主义法治体系、建设社会主义法治国家的当代中国，在法治国家、法治政府、法治社会一体建设过程中，村规民约在乡村治理中具有积极的功能。[1]贵州省锦屏县启蒙镇边沙村在环境卫生管理中运用村规民约进行乡村治理的实践就表明了这一点。

作为非国家法意义上的习惯法的一种，[2]村规民约是村民进行民主决策、

---

〔1〕 按照学术惯例，本章的某些人名进行了化名处理，特此说明。2014 年 10 月 23 日，中国共产党第十八届中央委员会第四次全体会议通过了《中共中央关于全面推进依法治国若干重大问题的决定》，明确提出"增强全民法治观念，推进法治社会建设"的目标，强调"推进多层次多领域依法治理"，要求"发挥市民公约、乡规民约、行业规章、团体章程等社会规范在社会治理中的积极作用"。

〔2〕 习惯法可从国家法意义上和非国家法意义上进行认识。本章从非国家法意义上理解习惯法，习惯法为独立于国家制定法之外，依据某种社会权威和社会组织，具有一定的强制性的行为规范的总和。参见高其才：《中国习惯法论》（第 3 版），社会科学文献出版社 2018 年版，第 3 页。

民主管理、民主监督的重要体现，是农村基层民主的重要方式。[1]《村民委员会组织法》第 27 条第 1 款规定："村民会议可以制定和修改村民自治章程、村规民约，并报乡、民族乡、镇的人民政府备案。"村规民约、乡规民约是社会治权的体现。[2]

改善农村人居环境，是实现百姓富、生态美的现实要求，是关系百姓冷暖、关乎发展大局的一项十分重要的民生工程。为深入推进"文明在行动·满意在贵州"活动暨"整脏治乱"专项行动，加快建设百姓富、生态美的大美黔东南，2017 年 5 月 8 日，贵州省黔东南苗族侗族自治州召开电视电话会议，启动改善农村人居环境暨农村"清洁风暴"专项行动。在开展改善农村人居环境暨农村"清洁风暴"专项行动前，黔东南苗族侗族自治州锦屏县启蒙镇边沙村便已通过村规民约进行环境卫生管理；在改善农村人居环境暨农村"清洁风暴"专项行动开展后，更是制定了《村寨文明卫生秩序公约》等村规民约规范，[3]通过规范立治、民众主治、宣教助治、协同共治、重"脸"促治等，全面地运用村规民约进行环境卫生管理，通过村规民约进行乡村治理。

边沙村为古婆洞十寨之一，是婆侗地区最大的核心侗寨；位于锦屏县城西南部，距县城 40 公里，是启蒙镇人民政府所在地；东临巨寨村，南抵魁洞村和西洋店村，西接者蒙村，北抵归故村；辖边沙、岑教、岑阳、归教、盘妹、共架、顿亚、坪岑等自然寨，有 17 个村民小组、500 多户、2200 多人，绝大部分为侗族。边沙全村土地总面积为 21 045 亩，其中农田 1370.7 亩，旱地 60.45 亩，有林地面积 14 671.5 亩，森林覆盖率 67.04%。

2017 年 8 月 25 日，笔者到边沙村就环境卫生管理进行专门调查，以揭示

---

〔1〕　卞利认为，乡规民约是指在某一特定乡村地域范围内，按照当地的风土民情和社会经济与文化习惯，由一定组织、一定人群共同商议制定的某一共同地域组织或人群在一定时间内共同遵守的自我管理、自我服务、自我约束的共同规则或约定。参见卞利："明清徽州村规民约和国家法之间的冲突与整合"，载《华中师范大学学报（人文社会科学版）》2006 年第 1 期。

〔2〕　张静："乡规民约体现的村庄治权"，载《北大法律评论》1999 年第 1 期。

〔3〕　锦屏县的其他村寨也有制定了专门的环境卫生村规民约，如 2017 年 6 月 8 日平秋镇魁胆村制定、实施了共 10 条的《魁胆村环境卫生村规民约》。

村规民约的乡村治理功能和方式，总结通过村规民约进行乡村治理的实践，[1]思考党组织领导自治、法治、德治相结合的乡村治理体系的健全。

二、规范立治

通过村规民约进行乡村治理的前提为制定、修改、完善村规民约。边沙村在进行环境卫生管理时，注重在村规民约中规范环境卫生事务，专门制定环境卫生方面的村规民约并建立相关制度，全面调整村民的环境卫生关系。

边沙村的村规民约一直有关于环境卫生方面的内容。如1991年7月1日由边沙村委会、边沙村治安联防队制定并由启蒙镇人民政府签署"同意按本公约执行"的《启蒙市场和边沙村处罚公约》第9条规定："在街道或其它公共场所堆放垃圾或丢弃有影响他人健康、公共卫生的废物者，罚款10元至20元。"[2]

---

〔1〕 一些学者就村规民约与乡村治理问题进行过讨论。如蔡小娥在《乡村治理视野下的村规民约研究》（2012年湖北省农业法学研究会年会暨"南湖中国农村法治狮子山论坛"）一文中认为村规民约在农村社区管理中的功能包括：促进了农民政治参与的民主诉求；具备了基层群众自治的管理功能；弥补了国家立法的不足。江明生的《新中国成立后侗款与侗族地区社会治理的历史变迁》（《广西社会科学》2014年第5期）一文分析了中华人民共和国成立后侗款组织（老人协会）与侗族地区现代社会治理主体（村支两委）发生了历史性的嬗变：从社会主体层面来看，绝大多数村寨中村支两委都处于领导和支配地位，而老人协会起着配合和协助的作用；从社会治理制度来看，现代政府社会管理制度在乡村社会治理中处于主导和支配的地位，而村规民约在村寨社会发挥着非常重要的作用，弥补了现代社会制度在乡村社会管理中的不足；从社会治理主体的互动方式来看，主要有乡村社会村寨治理主体间的互动和乡规民约制定主体间的互动；从社会治理效果来看，老人协会（村规民约）与村支两委（现代制度）有效互动，社会治理效果良好。骆东平、汪燕在《从村规民约的嬗变看乡村社会治理的困境及路径选择——基于鄂西地区三个村庄的实证调研》（《湖北民族学院学报（哲学社会科学版）》2016年第2期）一文中提出，在中西部地区，较之传统的村规民约，当代村规民约的经济基础、指导思想和运行机制在社会转型过程中已发生巨大嬗变。这折射出我国中西部地区乡村社会治理出现治理主体的空化、德治理念的虚化、国家权力在村规民约制定中的强化以及在乡村公共物品供给领域的弱化等问题。国家权力对乡村治理应该采取选择性进入策略，国家在乡村治理的不同领域应分别扮演"引路人""守夜人""保障者"等角色。乡村社会则应在完善村民自治管理制度的同时实现对国家权力的恰当接应，完善村庄组织建设，构建乡村社会秩序。而陈东方在《乡村治理视域下村规民约的完善路径》（《河南教育学院学报（哲学社会科学版）》2016年第4期）一文中提出乡村治理视域下完善村规民约：①遵守法律法规，确保村规民约的合法性；②大力发展乡村文化教育，提升村规民约的质量；③完善法律法规，提高村规民约的法律地位。这些研究都从不同方面对村规民约与乡村治理进行了探讨，不过从某一具体社会事务为对象的个案角度对通过村规民约的乡村治理的分析尚不多见。

〔2〕 边沙村党支部书记蔡恩恒介绍：1993年开始就有包括他在内的村民自发制定有关环境卫生的公约且组织巡逻队，因为那时候环境状况太差，出于公心想把环境搞好。不过，制定的公约村里不认可、群众不接受是因为当时没有很好的制度。蔡恩恒访谈录，2017年8月25日。

2008年5月5日制定的《启蒙镇边沙村村规民约》有3条涉及环境卫生事务。如第2条规定："讲究卫生，预防疾病。房前屋后，必须保持清洁卫生。各种生活垃圾必须到指定地点处理，严禁随地乱扔。"第3条规定："街道要随时保持清洁。"第15条规定："为保护我村的河道卫生及畅通，任何垃圾、土方，严禁随便往河道乱倒。更不能在河场上面搞建筑及设施。违反本条者，罚款200元至500元（注：情节严重的另行处理）。"

延续村规民约规范环境卫生事务的传统，边沙村在这次改善农村人居环境暨农村"清洁风暴"专项行动前就讨论、制定了共9章40条的《启蒙镇边沙村文明卫生秩序公约（讨论稿）》，并于2017年5月1日开始实行。在改善农村人居环境暨农村"清洁风暴"专项行动开始后，边沙村将其修订为6章25条的《启蒙镇边沙村文明卫生秩序公约（征求意见稿）》[1]，于2017年8月1日开始实行。2017年9月1日起，《启蒙镇边沙村文明卫生秩序公约》正式实施。《启蒙镇边沙村文明卫生秩序公约》包括总则、公共卫生秩序管理及违约处罚、各居民户卫生秩序管理及违约处罚、环境保洁制约责任、经费来源管理及保障、附则等方面，比较全面地规范了环境卫生事务，成为边沙村通过村规民约进行环境卫生管理的主要规范。如《启蒙镇边沙村文明卫生秩序公约》第15条规定了农户的环境卫生责任："'星期一'为各户及单位的卫生日。做到所属地面无暴露垃圾、木渣、木棒、纸草、烟头、果皮果壳、废包装袋、积水、粪便等，做到柴草不乱码、粪土不乱堆、垃圾不乱倒、污水不乱泼、畜禽不乱跑、衣被不乱晒、杂物不乱放、车辆不乱停、摊点不乱设、房屋不乱建等问题。"第18条规定了垃圾的定时定点投放："各居民户、单位、商户（摊位户）所产生可燃垃圾一律实行'打包'袋装，于上午6：30—9：00（启蒙赶集日为16：30—18：30）在指定的地点将垃圾投放到垃圾箱内。"

同时，边沙村制定了《河道溪流环保管护公约》，自2017年6月1日起执行。《河道溪流环保管护公约》要求不准向小溪抛洒塑料、木渣、木棒、纸

---

[1] 我们还看到大幅公布在边沙村户外墙壁的《启蒙镇边沙村文明卫生秩序公约（试行）》，因仅能见部分内容，具体实施时间不详。就能辨认的内容看，这份公约与《启蒙镇边沙村卫生文明秩序公约（讨论稿）》基本相同。

草、烟头、果皮果壳、废包装袋、尿不湿之类，影响水流清澈；不准将建筑边角料、岩石、砖头、玻璃、废旧金属、树丫枝、燃放燃烧未烬物倒入溪流，影响河道畅通；不准在寨内区域溪流河段饲养鸡、鸭、鹅、禽畜，影响安宁生活；不准将死猪、病猫、不明死尸随意丢弃，影响人体健康；不准不经处理擅自将生活污水、人畜粪便直接注入溪流，影响水样质量；不准擅自填塞、占用溪流河道、临空搭建窝棚等构筑物，影响穿越视线；不准毁损溪流防护设施，影响人生（身）安全。边沙村还联合巨寨、者蒙、便幌等村的"两委"制定了《启蒙镇婆侗水域联防联治公约》，通过村规民约全力打造"水清、流畅、岸绿、景美"的婆侗水域。[1]

为通过村规民约进行环境卫生管理，更好地进行乡村治理，边沙村还制定了保洁制度，并出台了《关于调整垃圾投放时间规定的通知》：

关于调整垃圾投放时间规定的通知

边沙辖区居民群众、商户、学生、干部职工：

因部分不洁行为人员不按规定将垃圾、建筑材料、树丫等投放在垃圾箱外导致群众到处上访，严重影响了边沙集镇在外在内的环境卫生形象。为此，村"两委"研究决定从 2017 年 6 月 12 日（农历 2017 年 5 月 18 日星期一）调整垃圾投放入箱时间：

每天早上 6：30—8：30，

其他时间一律不准投放。

投放垃圾箱地点：1. 启蒙小学三岔路；2. 盐巴仓库三岔路；3. 医院桥上；4. 税务所门口；5. 边沙村杨先锦住房对面新街路口。

其他地点及河道一律不准投放。

村"两委"安排专门人员进行明暗监控，一经发现或查处不按时间和地点投放的，一律处罚 100 元—300 元，并命令其蹲守巡察，直至下一人违

---

〔1〕《启蒙镇边沙村文明卫生秩序公约》第 10 条规定实行"生日放鱼"制度。边沙村制定了"保护母亲河"倡议，吸纳社会自发的捐助，现在已经向社会集资 10 000 元，主要用于买鱼苗，重塑河流生态，形成良性循环。河道整治的目的就是恢复以前"水清鱼欢"的美丽生态景象。蔡恩恒访谈录，2017 年 8 月 25 日。

反接替为止。

启蒙镇边沙村党支部
启蒙镇边沙村村民委员会
边沙村环保执行领导小组
2017 年 6 月 9 日

边沙村通过在总体的村规民约中进行环境卫生事务规范、专门针对环境卫生事务制定村规民约，并为实施村规民约制定相关的制度，使该地环境卫生管理有规可依、有章可循，为该地环境卫生的乡村治理奠定了规范基础。

三、民众主治

在环境卫生事务管理中，边沙村遵循村民自治原则，根据《村民委员会组织法》进行自我管理、自我教育、自我服务，尊重村民的主体地位，实行民主决策、民主管理、民主监督，无论是在村规民约的制定方面还是在村规民约的实施方面都进行民众之治、自我之治。

在制定和修订有关环境卫生的村规民约时，边沙村按照民主原则，贯彻公开、参与精神，通过各种方式或直接或间接地广泛征求村民和其他相关人士、单位的意见，认真总结村民的要求，积极采纳村民的建议。在村规民约草案拟定后也普遍征求村民和区域内单位、商户等的意见，及时吸纳良善建议。在有关环境卫生的村规民约制定和修订过程中，边沙村党支部、村民委员会和驻村的镇干部仅仅起组织、主持、引导的作用，绝不大包大揽、关门拟订。[1]

在有关环境卫生村规民约具体酝酿、制定的过程中，边沙村党支部、村民委员会召开有关会议时尽量通知村民小组长和村民代表参加，共同商量、讨论有关事项。如在 2017 年 7 月 17 日会议上决定对举报电鱼者予以保密，并奖励其处罚所得的 50%；2017 年 8 月 3 日边沙村在召开建军节座谈会时，也讨论了"清洁风暴"专项行动，并征求对边沙村卫生公约草案的意见；2017年 8 月 22 日，村党支部、村民委员会和各村民小组长会议讨论边沙村卫生公约的实施情况等。

在村规民约中，边沙村明确了村规民约必须得到村民代表、村民小组长

---

[1] 在调查时，也有村民提出村民参与卫生公约的制定不足，公约是村干部制定好以后在村庄张贴的。杨鸿锡访谈录，2017 年 8 月 25 日。

的同意。如《启蒙镇边沙村文明卫生秩序公约》第 24 条规定："本公约向社会广泛征求意见，经村民代表及村民小组长会议通过后，双方签订合约即生效实施。若条款增加或变动，需经村民代表及村民小组长会议讨论通过。"

在实施有关环境卫生的村规民约时，边沙村也依靠村民，尊重村民的主体地位，强调大众参与，充分发挥每一位村民的主人翁地位，积极调动村民的积极性。如 2010 年 3 月 14 日边沙村村民委员会与村民签订的《启蒙镇农村综合责任书》第七方面为"环境卫生门前三包责任书"。内容包括：①明确的范围为自家庭院、居家厨房等；②三包为包清洁（经常打扫，没有明显垃圾），包维护（制止、举报乱扔乱吐、乱行乱停等不文明行为），包美化（种花养草、管护绿化树）；③不按三包维护的户主，门前有脏、乱、差现象，村民委员会每次处罚违约金 10 元，并予以通报批评。这样每户负责自家门前附近的环境卫生，确保环境卫生不留死角。

而 2017 年的《启蒙镇边沙村文明卫生秩序公约》第 3 条更明确规定："爱护集镇边沙，建立清新舒适新环境，是每位居民义不容辞的职责和光荣的义务。全体居民应人人参与边沙'赶集日'大扫除日活动，提倡'以讲卫生为光荣，不讲卫生为可耻的文明卫生新风尚'。"边沙、巨寨、者蒙、便幌"四村"共同研究决定建立的《启蒙镇婆侗水域联防联治公约》第 1 条也指出："敬畏母亲河，保护母亲河，造福于人民，是'四村'人民应尽的职责与义务。"

《启蒙镇边沙村文明卫生秩序公约（征求意见稿）》实施后，为总结环境卫生管理的效果，边沙村于 2017 年 8 月 22 日晚在村办公室召开由村民代表、村民小组长等参加的"启蒙镇边沙村文明卫生秩序公约专题研讨会"，请与会者就文明卫生秩序公约的实施情况和改善发表意见，并就鸡鸭散养问题等进行商量讨论，以使《启蒙镇边沙村文明卫生秩序公约》正式实施和形成相关的制度。

其实，在边沙村党支部、村民委员会召开的会议上，村民委员会基本上每次都与村民小组长、村民代表讨论村规民约的实施情况。如在 2017 年 1 月 25 日的村党支部、村民委员会和各村民小组长会议上，村民委员会主任提醒大家注意村里卫生状况欠佳，需得到重视；在 2017 年 2 月 18 日的会议上，讨论了整脏治乱问题、卫生费收取问题、保洁员问题、建设垃圾中转站问题、镇与村卫生事务协调问题；2017 年 2 月 28 日的会议上，讨论"三·八"活动时决定不进行游戏活动，主要组织村组干部和妇女代表打扫卫生；2017 年 6 月 18 日，村党支部、村民委员会召开卫生工作讨论会，针对"清洁风暴"专项行为实施后的情况，就垃圾投放时间、清洁员等事务进行讨论；在 2017 年 6 月 20 日会议上，对党员卫生责任区的实施情况表示满意，强调要宣传到位，加强处罚力度；2017 年 7 月 17 日召开的会议也讨论了卫生问题，强调要进一步搞好卫生工作，同时也对党员卫生责任区、保洁员工资过低问题进行了讨论；2017 年 8 月 3 日，召开建军节座谈会时，也讨论"清洁风暴"专项行为，讨论了公厕建设问题、河道清洁问题；2017 年 8 月 22 日召开的会议，讨论了鸡鸭散养问题等。通过各种各类会议，村民广泛了解和知悉了有关环境卫生村规民约的相关情况。

同时，边沙村还强调有关环境卫生村规民约在实施过程中的村民相互提醒、共同监督，避免不遵守村规民约、乱扔乱放垃圾等违约行为的出现。《启蒙镇边沙村文明卫生秩序公约》第 17 条要求树立良好的爱洁、爱卫形象，积极参与环境卫生事业，维护并尊重辛勤劳动的成果，敢与爱卫保洁不良行为作斗争，检举揭发、制止、监督不洁行为。按照《启蒙镇边沙村文明卫生秩序公约》第 10 条的规定，对举报向河道、溪流、水沟水渠、消防池、水池、水塘丢弃病猪死猫、尿不湿等垃圾的行为，将污水、粪水直接排入水域的行为，到辖区水域非法电鱼、毒鱼，利用网鱼、笼鱼、围鱼和其他专用工具捕鱼的行为，给予举报人员处罚所得 50% 的奖励。2017 年 6 月 18 日，村党支部、村民委员会召开卫生工作讨论会，提出鼓励村民监督不按规约投放垃圾者，举报后处罚所得归举报者。

此外，为广泛调动村民参与环境卫生治理的积极性，边沙村还通过市场经济办法进行环境卫生事务管理。如为保护生态环境，结合整脏治乱，2006 年 11 月 30 日，边沙村村民委员会与村民杨家龙签订了为期 1 年的《边沙拦沙坝管维护合同》，承包金为 60 元。合同约定，杨家龙必须遵守国家规定的河流管理办法和村规民约，负责清理拦沙坝内的垃圾，保持坝内清洁卫生。同时，他有权在坝内放养鱼。

通过村规民约的乡村治理，关键在于民众基础。边沙村突出"民众之治"，这为有关环境卫生的村规民约发挥作用提供了主体条件。

四、宣教助治

环境卫生涉及每一个人的日常生活、切身利益，边沙村通过环境卫生方面的村规民约进行乡村治理，形成良好的生活、生产秩序，保障健康生活的条件。为此，边沙村还加大宣传、教育力度，大力培养村民和辖区民众爱护环境、爱护家园的意识，培育民众的公益心和公德心。在边沙村党支部书记蔡恩恒看来，村民生活习惯的改变是长期教化的结果，"随手乱丢垃圾，几百年就是这样，改变需要一个漫长的过程"。卫生整治不仅是环境保护的问题，还是一个改变生活方式的教化工程。[1]

在有关环境卫生村规民约制定和实施过程中，边沙村就通过各种方式发动村民，让广大村民普遍知晓、广泛参与，了解村规民约的基本精神和主要内容。边沙村将《村规民约》《启蒙镇边沙村卫生文明秩序公约（讨论稿）》《启蒙镇边沙村文明卫生秩序公约（征求意见稿）》《河道溪流环保管护公约》广泛张贴；还将试行的《启蒙镇边沙村文明卫生秩序公约》大幅公布在户外墙壁上，务使家喻户晓、人人皆知。同时，边沙村将《关于调整垃圾投放时间规定的通知》《通告》等制作成告示牌，摆放在村内主要路口。如在村民委员会旁的小溪边路上，就立有一蓝底小公告牌：

通　　告

此处严禁倾倒废渣、垃圾！违者，一经发现或被查处就公之于众，并罚款 100 元至 300 元。同时命令清除，绝不留情。

边沙村支部、村民委
边沙村环境管理执行小组

为增强村民的环境卫生意识，边沙村除了通过宣传栏张贴环境卫生方面的村规民约、发放宣传手册、拉宣传横幅等传统模式宣传，同时还通过 QQ、微信、微博等网络媒体发送环境卫生公益图片。如 2017 年 4 月 5 日，边沙村村民委员会发布《告知》，张贴在大街小巷的电线杆等处；内容为边沙村环卫车辆已经修好投入使用，要求村民定时投放垃圾，重申遵守卫生规则，保持街道、河道清洁卫生。走在边沙村内，人们经常可见贴在墙壁上的"扎实推进生态文明建设，牢牢守住山青、天蓝、水清、地洁四条生态底线"这样的大幅宣

---

〔1〕 蔡恩恒访谈录，2017 年 8 月 25 日。

传标语。边沙村的公示栏内就张贴着《关于要求对启蒙汽车站内散养鸡鸭等家禽畜圈养的通告》，进一步落实《启蒙镇边沙村文明卫生秩序公约》的规定：

关于要求对启蒙汽车站内散养鸡鸭

等家禽畜圈养的通告

各在汽车站散养禽畜的农户：

因新建启蒙汽车站即将启用，目前正与县交通（局）交接，同时组织人员进行水、电安装、办公桌椅的配备、场内外的清理，确保能发挥车站的效用。但发现汽车站内散养大量的鸡鸭等家禽畜，严重污染内外环境。至今日（2017 年 8 月 24 日）发出通告起，请各户在三天内（2017 年 8 月 27 日）将散养站内的鸡鸭等禽畜进行圈养。违者，除当无业主管理进行捕杀外，还按《启蒙镇边沙村文明卫生秩序公约》另进行对主人处以 100 元至 500 元违约金。

启蒙镇人民政府

边沙村村民委员会（章）

2017 年 8 月 24 日

同时，边沙村还上门与村民、商户签订环境卫生承诺书，解释有关村规民约内容，面对面地进行环境卫生村规民约宣传。

结合边沙村民喜歌爱舞的特点，边沙村还传唱由杨从书、吴恒彬编撰的《环境整治歌》，以扩大宣传效果。《环境整治歌》其中就唱道：

整脏治乱时时讲，环境保护天天说，

清扫街道有村规，保护生态入合约。

敢叫天上多蔚蓝，让那河水泛清波，

人居环境改善了，大家生活才安乐。

广大社员同志们、环卫工作要认真，

民众个个身体健、繁荣昌盛万事兴。

言教不如身教。边沙村重视发挥党员干部在遵守环境卫生方面村规民约的先锋模范带头作用。如实施"边沙村党员亮明身份志愿包保清洁一条街岗位牌"制度,将"岗位牌"贴在醒目的街巷处。边沙村党员亮明身份志愿包保清洁一条街,街道的环境卫生好坏与党员责任感有关。党员深入街道民众开展讲文明树新风活动;劝导街道民众遵守环境卫生公约;指导街道民众开展环境治理;落实街道日常保洁监督。[1]

为保障村规民约的效力,边沙村制定了环境卫生整治曝光台,大张旗鼓地宣传,曝光环境整治存在的问题,哪些已经整改,是否整改到位。村内两处张贴着《启蒙镇边沙"整脏治乱"宣传栏》,左边为"边沙环卫箱保洁管理违约责任处罚告知书",右边为"曝光台"。

边沙村通过宣教之治,充分激发和调动村众自我监督、自我管理、自我服务、自我发展的环境卫生观念和生态意识,确保"清洁风暴"工作的顺利推进,使环境卫生村规民约切实得到实施。

五、协同共治

在通过村规民约进行环境卫生事务治理时,边沙村重视与启蒙镇政府、周围村寨等相关方的协同治理、共同规范、联合行动、协作推进,使村规民约能够全面实施,发挥其积极作用。

边沙村为启蒙镇政府的所在地,因此边沙村通过村规民约进行环境卫生事务治理需要启蒙镇政府的支持与配合。对此,启蒙镇政府积极指导边沙村村规民约的制定和修订工作,协助落实有关环境卫生的村规民约的执行。

如在开展"三创一满意""多彩贵州文明行动"时,2017年1月28日,启蒙镇人民政府与边沙村对接,将抓好商铺的卫生视为搞好集镇的关键,在

---

〔1〕 这方面有许多事例。如启蒙镇遭受"6·14""7·20"特大洪水灾害袭击,满目疮痍,虽经全镇干部群众合力抗灾,但仍未能恢复到原来的状态。跨河原建的启蒙供销社因基脚过矮,人工、挖掘机都未能深入河床清理,一直牵着镇领导王建元书记、张之浩镇长的心。"如不及时清理,一涨水就会漫过桥面,危及工商、供销、林业、小学等单位和农户、商户!"边沙村支部书记蔡恩恒、村民委主任杨先锦更是急在心头。"怎么处理?"开挖机的师傅到了现场也被难倒了,桥下过矮,挖机无法进入,只有放弃;花钱请人掏挖,站在一边的村民建议。十多位农民工拧着锄头试着钩了钩,并讨价"包干8000元或每天每人200元,请吊车、拖车费用由政府负责",做了半天的农民工面对庞大的垃圾分文不要也只有放弃。"找不到人就自己做,不管用什么办法都要在8月20日前对该河道进行全面清理,确保汛期安全!"驻村干部刘剑十分焦急地说。面对诸多困难和问题,8月17日边沙村"两委"人大代表与边沙驻村工作组、水利站的同志一道不等不靠,继续发扬"7·20"抗洪救灾精神,冒着水凉地寒,不畏蛇咬、玻璃、荆棘丛生,大家匍匐着用钉耙捞、用手扯,一点一点地"撕咬"着沉积的垃圾。经过8个小时的苦战,现场清理收获沉积圆木、木板约3立方米,洪灾遗留沉淀垃圾约8立方米,河流堵塞隐患得到消除。

启蒙镇的牵头下，多部门联合编写了《集镇边沙门前"三包"》规范，由镇政府出资 1200 元定制 300 余块铝合金牌钉在各户门前。

开展改善农村人居环境暨农村"清洁风暴"专项行动时，[1]启蒙镇政府通过检查、通报等方式，支持边沙村做好环境卫生规约执行工作。如 2017 年 6 月 29 日《启蒙镇"清洁风暴"情况督察通报》（《启"清洁行动"专办 [2017] 1 号》）对启蒙镇"清洁风暴"各村存在的问题和限期整改要求进行了通报，指出了边沙村存在的十八个方面的问题：①受"6·14""7·20"特大洪水灾害的袭击，进入集镇公路被冲刷掏空，河埂被毁损，河床全部提升，街道明沟暗沟被填满排污排水不畅，一年来没有得到恢复，到处还是一片"脏、乱、差、险"；②二区开发地和棚户区改造进度缓慢，导致垃圾无法清运；③新建车站未启用，处于无人管理状态，公共厕所、停车场坪"脏、乱、差"；④桥梁护栏杆残缺，日久未修；⑤有影响形象的破、旧、损、野广告；⑥车辆占道乱停乱放；⑦商户店铺长期占道经营并乱搭乱挂；⑧居民长期占道堆放建筑材料，公路两侧堆放旧木料不整齐、不干净；⑨居民不按规定乱将垃圾、建筑材料、树丫投放在垃圾箱外及河道里；⑩农户占用公路开宰杀场并将污水直接排放入河道；⑪菜市场屠户遮阳伞严重占道影响车辆过往，菜市商户乱扔、乱倒污水，脏水四泄；⑫河道白色垃圾多；⑬进寨大小路、背街小巷卫生差，无人打扫；⑭各单位农户房前屋后溪沟水沟有垃圾、棍棒、果皮、菜叶，污水、潲水乱排；⑮杉木、柴块乱堆乱垛；⑯破旧斜歪猪牛舍、厕所、空置房屋厨房多；⑰部分家庭、商户摆放不整齐；⑱学生乱扔果皮、纸、食品袋。

在 2017 年 8 月 21 日的《启蒙镇"清洁风暴"情况督察通报》（《启"清洁行动"专办 [2017] 5 号》）中，启蒙镇明确支持边沙村按照《启蒙镇边

---

〔1〕　按照 2017 年 8 月 24 日的《启蒙镇"清洁风暴"大推进工作总结》，启蒙镇自自治州提出开展改善农村人居环境暨农村"清洁风暴"专项行动以来，"清洁风暴"迅速席卷全州，各地及时落实此项工作。启蒙镇认真研究分析自身存在的问题，出台了《启蒙镇改善农村人居环境暨农村"清洁风暴"行动方案》，成立以党委书记王建元、镇长张之浩同为组长的双组长，镇分管领导任常务副组长，班子其他成员为副组长、各机关单位负责人、村支书、主任为成员的"清洁风暴"行动领导小组。为了抓好业务指导和督查管理工作，镇党委、政府召开党政联席会议，研究讨论成立"清洁风暴"行动办公室，安排原人民武装部老领导龙章怀、水利站龙正凌、三创办刘剑三人到办公室负责日常工作。6 月 1 日召开全镇改善农村人居环境暨农村"清洁风暴"行动启动工作大会。8 月 10 日镇"五大行动"工作会议后，再次将"清洁风暴"行动工作推向新的高潮。

沙村文明卫生秩序公约》进行环境卫生治理：

希望启蒙镇各户各单位认真执行《关于规范启蒙镇边沙垃圾投放时间地点的规定的通知》，严格遵守《启蒙镇边沙村文明卫生秩序公约》，以此为戒，共同呵护启蒙，确保边沙干净、整洁、卫生、有序。同时对边沙村"两委"严格执行规章制度，敢想敢抓的行为进行表扬。

《村民委员会组织法》第38条第1款规定："驻在农村的机关、团体、部队、国有及国有控股企业、事业单位及其人员不参加村民委员会组织，但应当通过多种形式参与农村社区建设，并遵守有关村规民约。"得到启蒙镇政府支持后，边沙村针对镇政府有关部门、有关单位执行环境卫生方面的村规民约就有了保障。

同时，边沙村还与周边村寨通过村规民约进行环境卫生的协同治理。由于河流等涉及多个村境，在启蒙镇政府的支持下，边沙村与巨寨村、者蒙村、便幌村于2017年8月共同制定了《启蒙镇婆侗水域联防联治公约》，通过村规民约进行环境卫生的协同治理，提倡保护母亲河，敬畏母亲河，全力打造"水清、流畅、岸绿、景美"的水域，实行"生日放鱼"制度，净化水源、优化水质；禁止任何单位或个人到水域非法电鱼、毒鱼、炸鱼，不得网鱼、笼鱼、围鱼和用其他专用工具捕鱼；禁止占河道建筑、临空搭建窝棚和未经村"两委"许可围栏养殖；严禁在河道挖沙取土，破坏河床；不准不经处理擅自将生活污水、人畜粪便、工业废水直接注入水域，影响水样质量；不准将建筑边角料、玻璃、废旧金属、树丫枝、燃放燃烧未烬物、不明死尸、生活垃圾等乱扔乱倒入河道。违反公约者，除责令拆除、整改或清除外，另行处罚500元至5000元。

案例一

2017年7月底，边沙村有人开车经过时发现有巨寨村的小青年王某，在河边准备电鱼，他便将这照片发到微信圈驾驶员群。边沙村治安队知道后马上过去现场查看，阻止他下河。治安队认为乡里乡亲的惩罚不是目的，就跟王某讲卫生公约、联防联治公约，听后王某保证以后不再犯。[1]

---

[1] 蔡恩恒访谈录，2017年8月25日。

《启蒙镇婆侗水域联防联治公约》还规定实行一年四个季度碰头机制，签约村在年内轮流座会一次，主要任务是相互学习，通报、研究、解决水域管理中存在的问题。为保障公约的效力，《启蒙镇婆侗水域联防联治公约》要求违约行为的惩戒教育在公约内对违约人一视同仁，不分村别；当执约不能畅通时，启动联防治机制，参与执约村不得拒绝参与。

此外，针对过境的客运班车上有乘客向外丢弃垃圾等不良环境卫生行为，边沙村还与县交通局联系，通过管理方与客运班车司机强调遵守环境卫生方面的规约，监督乘客在边沙村境内按照《启蒙镇边沙村文明卫生秩序公约》的规定，不乱扔垃圾，保持道路、街区的环境卫生。

针对边沙村区域与环境事项特点，边沙村与镇政府、周边村寨等进行环境卫生事务的协同治理，使环境卫生方面的村规民约得以全面施行，进一步提升了乡村治理的良好效果。

六、重"脸"促治

在环境卫生村规民约的实施方面，边沙村通过规定通报批评、责令整改、恢复原状、处违约金等违约责任，保障村规民约的效力，进行公共卫生秩序管理和各居民户卫生秩序管理。

关于对杨国强损坏垃圾池的处理决定

杨国强，男，于2007年农历腊月期间损坏启蒙街道（中学路口）垃圾池。根据边沙村《村规民约》第八条规定，作出如下处理决定：

一、限期于2008年农历正月十五日前恢复原状。

二、处以杨国强300元（叁佰元）的罚款。

以上决定如不按时完成，一切后果自负。

边沙村民委（章）

边沙村联防队

2008 年 2 月 16 日〔1〕

---

〔1〕　其他承担恢复原状违约责任的如2008年9月1日边沙村村民委员会针对凯里二建工程队在施工过程中因把垃圾土方倒入河床中导致河床不畅通而违反了《启蒙镇边沙村村规民约》第15条的行为，向凯里二建工程队发去"通知"，要求其在5日内恢复河床原状；如5日之内不执行，一切后果自负。

同时，根据《启蒙镇边沙村文明卫生秩序公约》，边沙村还专门制定了《边沙环卫箱保洁管理违约责任处罚告知书》，以具体保障环境卫生村规民约的实施。

边沙环卫箱保洁管理违约责任处罚

告 知 书

一、垃圾箱投放时间为下午 6 点后至第二天早上 7 点前，在规定的时间内，不经"袋装"恣意抛洒、堆放在环卫箱周边的，处罚 10 元。不按时间投放，违者处罚 10 元，并将垃圾带回家中等待时间再进行投放。

二、禁止将建筑边角料、水泥袋、混凝土、岩石、砖头、玻璃、废旧金属、树丫枝、燃放燃烧未烬物等量大、质重的废物倒入环卫箱或堆放其周围。违者，除责令自行请车运到岑洒垃圾处理场处理外，另将处罚 200 元。

三、保洁人员每日在上午 7 点将所保洁的辖区进行清扫完毕，并将垃圾投入垃圾箱内，同时每天要负责街道卫生日常保洁和环卫箱监测工作。未履行保洁、监测职责，导致街面卫生差、垃圾箱周边有垃圾的，每次对所环卫人员处罚 20 元。

四、垃圾箱塞满、清运工未及时清运的，每次处罚 100 元。

五、故意毁损环卫箱的，除照价赔偿 6480 元外，由村治安联防队依村卫生公约处罚 100 元后，再移送公安司法部门处置。

六、镇整脏治乱办和边沙村"两委"要每天 24 小时巡察监管。若不履行监管职责造成"脏乱差堵"并被上级通报批评的，依据有关规定同样进行通报批评，对检举查证如实人员进行奖励。

七、本办法效力源自《启蒙镇边沙村文明卫生秩序公约》，由边沙村治安联防队代表村"两委"对违约责任进行处理，处罚收入由边沙村"两委"按有关规定管理和使用。对不洁行为和违反以上条款的，将在《启蒙镇边沙"整脏治乱"栏》进行曝光。

不过，从教育和处罚相结合出发，边沙村根据农村熟人社会特点，着眼于村民"重脸面、要面子"的特点，更强调通过运用曝光、责令写检讨书、责令蹲街巡守察、挂黄牌"最差卫生户"等违约责任方式，保障村规民约的实施。

《启蒙镇边沙村文明卫生秩序公约》第16条规定："住户室内实行每周一大扫，每天一小扫，做到屋内无灰尘、无污水、无臭味，确保干净整洁、物件摆放整齐有序。违者，经两次教育不整改的，通报批评并照相公开曝光，仍不整改的挂黄牌'最差卫生户'，并处罚违约金100元至200元由村聘请人员一次性清除。"第18条也规定："各居民户、单位、商户（摊位户）所产生可燃垃圾一律实行'打包'袋装，于6：30—9：00（启蒙赶集日为16：30—18：30）在指定的地点将垃圾投放到垃圾箱内。其它建筑材料、大宗垃圾必须服从村民委的安排自行处理。对不按时间和地点投放的，一律曝光并处罚100元—300元，同时责令其蹲街巡守察，直至下一人违反接替为止。"

根据《启蒙镇边沙村文明卫生秩序公约》制定的《关于调整垃圾投放时间规定的通知》也具体规定："村'两委'安排专门人员进行明暗监控，一经发现或查处不按时间和地点投放的，一律处罚100元至300元，并命令其蹲守巡察，直至下一人违反接替为止。"

案例二

大概（2007年）8月初，有一个孩子李某往河里倒垃圾被抓，村里是去派出所调出了监控录像找到他的。按照公约是要罚款100元并要他蹲守巡察的，但是考虑到教育作用，就罚李某扫地一个星期。[1]

启蒙镇边沙"整脏治乱"宣传栏除了贴着《边沙环卫箱保洁管理违约责任处罚告知书》，还设有"曝光台"。"曝光台"上贴着一份《启蒙镇"清洁风暴"情况督察通报》（启"清洁行为"专办［2017］5号），内容为《关于对维修启蒙卫生院的施工单位进行处罚的通报》，并附有两张照片。

案例三

2017年8月17日上午6：00，启蒙镇边沙村"清洁风暴"行动小组成员蔡恩恒等到边沙辖区内巡察"边沙村党员亮明身份志愿包保清洁一条街"执

---

[1]　边沙村党支部书记蔡恩恒介绍，本来是要他蹲守的，但是考虑未成年人，要以教育为主，不要让他太没有面子。蔡恩恒访谈录，2017年8月25日。

行情况，途中发现启蒙卫生院大门口与向西洋店方向三岔路口处有大量建筑垃圾。经医院石拱桥街道清洁一条街党员罗发康初步核实了解，该处建筑垃圾来自启蒙卫生院。后经深入调查该处垃圾是县某施工单位施工人员在维修过程中为图方便省事倾倒的。边沙村"两委"根据2017年6月9日启蒙镇边沙村《关于规范启蒙镇边沙垃圾投放时间地点的规定的通知》，决定对不按规定地点投放建筑垃圾的县建筑施工单位主要负责人王某处罚200元。王某对所属施工人员违反规定的行为主动担责，并于2017年8月20日到边沙村交纳违约金200元。[1]

尤其值得注意的是，启蒙镇边沙"整脏治乱"宣传栏左旁贴着一张手写的《检讨书》：

检 讨 书

因未在上星期五把垃圾一袋扔在启蒙市场监督管理局门口，违反了边沙村环境卫生规定。本人认为是错误的，愿意接受村里的处罚。希望大家以此为戒、吸取教训。同时，希望大家打扫家庭卫生和爱护公共卫生，把边沙卫生工作搞得干净。

检讨人　吴田美
2017 年 6 月 20 日

这种"曝光""检讨书""蹲守巡察"于边沙村民遵规守约极具意义。民谚云："树活一张皮，人活一张脸。"[2]脸面、面子代表了中国社会中广受重

---

〔1〕《启蒙镇"清洁风暴"情况督察通报》（启"清洁行动"专办［2017］5 号，2017 年 8 月 21 日）。

〔2〕对"面子"这一概念的学术研究始于 1944 年。胡先缙女士于 1944 年在《美国人类学家》杂志上发表了题为《论中国的面子概念》的文章，首次对中国文化中的"面子"概念作出了学术界定，阐释并区分了中国文化中常见的"面子"与"脸"两个概念。后来，围绕胡女士给出的"面子"概念，出现了大量的研究。考夫曼、布朗与莱文森、黄光国、翟学伟、斯宾塞尔·欧蒂等分别在文化研究、语言使用与礼貌研究、社会学研究和社会心理学的框架下对"面子"概念作了重新解读，其中以布朗和莱文森所提出的"保全面子论"（Face-Saving Theory）影响最大。他们认为"面子"是指"个人想要获得的公众的自我形象"，包括"正面子"和"负面子"，后者是指"个人的行为自由和个人意愿不受强加的自由"。参见何鸣、白丹彤："国内外'面子'研究综述"，载《考试周刊》2009 年第 37 期；赵卓嘉："面子理论研究述评"，载《重庆大学学报（社会科学版）》2012 年第 5 期。

视的社会声誉，为"人因社会成就而拥有的声望，是社会对人看得见的成就的承认"。[1]"讲面子"的心理有利于维护中国人人际互动的和谐进行，是中国人自尊和自我意识得以实现和获得满足及荣誉感的较佳途径，是维系中国人人际关系的重要工具。[2]"道德性的面子"体现了社会互动中的自律性。[3]

除了进行经济上的处罚，边沙村还十分重视村民在违反村规民约时社会形象的损耗。当一个村民、一个家庭在环境卫生方面所表现的形象达到了村规民约的规范标准时，他就会被与他交往的人看得起，受到尊敬、赞誉或特别优待，反之则会被瞧不起，遭到冷落或被唾弃，这就是所谓的有没有"面子"；合村规性、合道德性、合礼性就能被他人看得起，就"有面子"。[4]这就能够极大地保证村规民约作用的发挥，促进讲卫生、护环境的文明风气的形成。边沙村的村规民约从脸面角度进行考虑，以保障村规民约的实施，收获了较好的效果。

七、结语

边沙村通过村规民约在环境卫生管理方面的乡村治理，效果较为明显。就笔者在边沙村的观察，村内环境整洁，卫生状况较佳。村民和居住在边沙辖区的民众的环境意识得到了增强，垃圾定时定点投放行为普遍养成。[5]36岁的边沙村女村民易玉芳认为，"按照村规民约进行的卫生整治风暴有比较好的效果，以前乱扔垃圾，现在都很注意了。倒垃圾要在规定的时间内，如果不在规定的时间去倒就要被处罚。如果今天你来不及去倒，错过了点，就只能放在家里等明天到时间了再去倒。效果是比较好的，环境卫生改观也

---

〔1〕 胡先缙："中国人的面子观"，载黄光国主编：《中国人的权力游戏》，巨流图书公司1988年版，第57~78页。

〔2〕 参见乐国安：《当前中国人际关系研究》，南开大学出版社2002年版，第187~188、190页。

〔3〕 金耀基："'面'、'耻'与中国人行为之分析"，载杨国枢主编：《中国人的心理》，桂冠图书公司1988年版，第289~345页。

〔4〕 参见翟学伟："个人地位：一个概念及其分析框架——中国日常社会的真实建构"，载《中国社会科学》1999年第4期。

〔5〕 杨从书访谈录，2017年8月25日。在边沙村党支部书记蔡恩恒看来，下一步需要增加保洁员的数量并提高他们的待遇，发挥专业队伍的作用。环境清洁现在聘请了专职的环境清洁人员，共5个人，其中3个人是每个月700元，另2个人是每个月500元，还是优先考虑本村的村民、困难的村民。蔡恩恒访谈录，2017年8月25日。

比较大"。[1]在边沙村党支部书记蔡恩恒看来,通过村规民约的环境整治除了教化、塑造新的现代化生活方式和生活习惯,还有通过环境整治推动村民自治和动员村民参与治理的作用。因此,它的意义和功能已经超越了环境保护和治理本身,变成了一场治理与教育的乡村建设。[2]

边沙村通过村规民约进行环境卫生治理受到了历史上村规民约规范、观念的影响。在边沙侗寨地区,历史上曾经有边沙婆洞侗寨婚俗改革"八议碑"[清道光十一年(1831年)十月二十二]、归固风水林禁碑[清光绪三十三年(1907年)正月初八]等民间规约,村民通过村规民约进行自治的氛围较为浓厚。在法治国家、法治社会建设过程中,传承固有习惯依法通过村规民约进行环境卫生事务治理是符合客观实际的,具有社会基础。

通过村规民约的环境卫生事务的治理为综合性的治理。边沙村的实践表明需要依靠多种权威、运用多种方式实施村规民约,保障村规民约的效力。边沙村通过村规民约进行环境卫生事务治理依靠了国家权威,根据《村民委员会组织法》等法律制定村规民约;地方政府倡导改善农村人居环境和开展农村"清洁风暴"行动为环境卫生方面的村规民约提供了良好的社会条件;《多彩贵州文明行动考核细则》又明确要求将移风易俗、环境卫生纳入村规民约或环境卫生公约,并开展星级文明户、卫生示范户评选活动,这为环境卫生村规民约的制定创造了契机。同时,守约传统、重礼风俗、脸面观念等也保障了环境卫生方面村规民约的施行。

当然,就边沙村环境卫生管理而言,由于实施时间不长,通过专门的村规民约进行乡村治理的效果需要进一步的观察。村规民约的村民参与需要逐

---

〔1〕 易玉芳访谈录,2017年8月25日。48岁的边沙村女村民王丽美也有类似看法:"这个卫生整治活动做得蛮好的,每一个乡镇每一个村每一个小寨上也要讲究卫生。附近的几个村寨也是这样,我们有个村,小的乱扔垃圾罚款50元,大人就是100元的、500元的弄了,还要去打扫卫生。现在还没有出现过这种,还没有处罚过。但是人家规定倒垃圾的时间,你就得去倒。在这边租房子做生意的违反了,也处罚他们,谁违反了就处罚谁。"王丽美访谈录,2017年8月25日。不过,也有边沙村村民认为环境整治也有不足。63岁的边沙村村民杨鸿锡认为:第一,环境整治全面性不够,仅限于镇村主要道路和街道,而自然村内的整治尚未展开,不可能真正改变村庄环境样貌。第二,由于投入不足,导致清洁力度不够,清洁工每个月只有500多元,但是每天都要清扫,只能聘用老弱病残,他们精力有限。清洁人员的清扫时间是清早,但是乡镇垃圾产生的高峰期却是中午饭前后,导致下午道路卫生无法保证。第三,村民参与度不够、村民动员不充分,党员的包片也缺乏监督。杨鸿锡访谈录,2017年8月25日。

〔2〕 蔡恩恒访谈录,2017年8月25日。

步加强，村规民约也需要经过实践而不断地完善。坚持依法治理、依规治理、系统治理、源头治理、综合治理，需要实现村民自治与政府治理、社会调节的良性互动；实施乡村振兴战略需要高度重视村规民约，全面发挥村规民约的积极作用，走向乡村善治。

第三十章

乡村治理中的乡村爱心互助组织规约
——以贵州省锦屏县石引互助会为对象

一、引言

2018 年 1 月 2 日中共中央、国务院发布的《关于实施乡村振兴战略的意见》提出大力培育服务性、公益性、互助性农村社会组织，积极发展农村社会工作和志愿服务。

2019 年 6 月 23 日，中共中央办公厅、国务院办公厅印发的《关于加强和改进乡村治理的指导意见》提出充分发挥村民委员会、群防群治力量在公共事务和公益事业办理、民间纠纷调解、治安维护协助、社情民意通达等方面的作用。

2019 年 10 月 31 日中国共产党第十九届中央委员会第四次全体会议通过的《中共中央关于坚持和完善中国特色社会主义制度 推进国家治理体系和治理能力现代化若干重大问题的决定》提出健全基层党组织领导的基层群众自治机制，在城乡社区治理、基层公共事务和公益事业中广泛实行群众自我管理、自我服务、自我教育、自我监督，拓宽人民群众反映意见和建议的渠道；强调发挥群团组织、社会组织作用，构建基层社会治理新格局。

因此，健全党组织领导自治、法治、德治相结合的乡村治理体系，需要发挥乡村爱心互助组织等社会组织的作用，重视乡村爱心互助组织等社会组织规约在现场治理中的积极功能。贵州省锦屏县石引互助会即为这方面值得关注的一个对象。

石引村为侗族村寨，有 14 个村民小组 511 户，人口 2132 人。石引村辖区面积只有 25 平方公里，森林覆盖面达 80% 以上，但因技术滞后、地理区域条件等因素，能发展的其他产业很少。20 世纪 80 年代以来，年轻人常年流动在外地打工、经商，村里留守的大部分是老人、妇女和小孩。由于各奔东西、分处南北，石引村村民平时联系得不多，乡邻关系也越来越淡。

这表明，我国社会的改革开放使农村出现青壮年进城务工现象，现代社会的流动性呈现出"固有石引村"与"移动石引村"两个空间，空间的阻隔改变了村民固有的生活方式，生产、工作、居住、交往的变化致使农村社区出现了裂痕甚至断裂。固有石引村存在留守儿童、村庄空心、活力减退、文化传承等问题，而移动石引村则存在生活融入、观念冲击、情感依赖、精神寄托等问题。

面对这一全新的变化和现象，石引村村民试图改变这种状况，成立石引互助会便为其中的努力之一。[1] 2011 年 10 月 10 日，石引互助会成立，得到了石引本村及其他社会团体与个人的积极响应和支持，在外务工的人也积极加入。目前，会员人数有 239 人，开创了 QQ 群、微信群，创建了石引互助会网页等交流平台。[2]

---

〔1〕 按照学术惯例，文中的一些人名为化名，特此说明。我国不少村落都成立了类似的互助组织。如《四川省达州市石梯镇陈家湾爱心互助会章程》规定，爱心互助会的性质是由陈家湾一批爱心人士自愿组织成立的一个互助性、非营利性民间慈善组织。秉承自愿（自愿捐助）、自治（自我管理）、互帮（互相帮助）、互惠（互相受益）的原则，致力于同乡之间的互助互爱，帮贫济困，共同发展。宗旨是弘扬"中华爱心美德"，帮贫济困、传递关爱、以人为本、共建和谐；理念是感恩，励志，帮扶，发展。参见 http://mp. weixin. qq. com/s？＿＿biz＝MzI3ODA1MDE2MA＝＝&mid＝210845829&idx＝1&sn＝d2f4bc9c5dc65bf93ebf54123a2a8a87，2016 年 10 月 14 日访问。又如江西省赣州市赣县吉埠镇石含村的石含龙氏家族扶贫济困公益互助会，其主要宗旨为关爱家族空巢老人，留守儿童；扶贫济困，奖学助学；秉持传承祖德，振兴家族，不忘根本，励志后人。参见 http://www.0797long.com/About. asp？Title＝关于互助会，2016 年 10 月 14 日访问。锦屏县也有类似组织。如 2015 年 2 月 15 日，锦屏县平秋镇魁胆侗寨数十名外出工作和务工青年回乡成立用以保护和传承侗族文化的基金会。这是锦屏县第一家专门用以保护和传承侗族文化的民间基金会。魁胆村在外工作和务工多年的侗族青年龙政祥等人，最近回到家乡，目睹村里侗族文化面临消亡的现状后，动员该村其他外出务工青年一道筹集资金在魁胆村成立"魁胆侗族文化保护与传承基金会"。基金会规定，其基金用以聘请魁胆村民间歌师、寨老担任老师，教授小学生侗歌、舞蹈等侗族文化，开展侗族文化活动，以及奖励在学习和实践侗族文化方面成绩优秀的魁胆小学学生。具体奖励办法是，每年由魁胆小学和魁胆侗寨寨老联合推荐出数十名成绩优异的学生，经基金会审核通过，对 10 名至 20 名优秀学生给予现金奖励。在当天基金会成立仪式上，魁胆小学学生王秋芬等 10 名学生共获得基金会首届共计 1000 元的奖励。据悉，该基金会除了投入前期启动资金，以后还将根据实际情况分批注入资金，以保证基金会的长期运行。参见王远白："魁胆侗寨成立'侗族文化保护与传承基金会'"，载 http://www.qdnrbs.cn/whzxdt/76213. htm，2017 年 2 月 5 日访问。

〔2〕 "锦屏县平秋镇石引村互助会：乡邻互助　助人助己"，载《贵州日报》2015 年 4 月 30 日。

笔者于 2016 年 10 月 5 日到石引村就石引互助会进行了调查，了解到了石引互助会的基本状况，并于 2016 年 10 月 18 日、2017 年 8 月 27 日电话访问了现任会长吴化元，对石引互助会有了更全面的了解。本章试图对石引互助会规约做一总结，就乡村治理中爱心互助组织规约进行探讨，为进一步的相关研究打下一些基础。

二、乡村爱心互助组织规约的原则

据介绍，石引互助会的宗旨是兴村、交流、互助、共进，团结友爱、互助互惠、联系乡情、共谋发展。因此，互助、交流成了石引互助会的基本原则。

从石引互助会成立的过程我们也可以发现石引互助会的这一基本原则。按照现任会长吴化元的介绍："当时我并没想到马上成立互助会，只是觉得我们这些在外打工的人，平时没空回家，家里的父母孩子都是村里人帮忙互相照顾，总想给村里的乡亲们做点什么。""我把自己的想法跟大家一讲，都觉得好，商量之后，我就开通了'石引互助会'QQ 群。"[1] 他强调的是在外工作的石引村村民帮助在村里的乡亲、邻人。

而在成立石引互助会的倡议书中，倡议人也强调了石引互助会的互助、交流原则："互助会把我们石引的村民组织起来，成为一个团体。大家尽自己一份绵薄之力，每年为这个组织攒出您一包烟、一瓶酒、一把麻将的钱：10 元、20 元……只要我们大家一起努力，积少成多。那么，我们就能为学校、为困难孩子、为孤寡老人或有志青年助力。"这里也明确表明石引互助会的主要目标为团结起来，帮助石引村的有困难村民。

石引互助会在互助中交流、在交流中互助，达到关心村民、关心石引、增加交往、增进感情的目的。[2]

三、乡村爱心互助组织规约的内容

按照倡议书，石引互助会的会员不限身份，既可以是石引村的村民，也可以是其他社会团体、其他村的村民等。石引互助会目前有会员 239 人，主

---

〔1〕 "锦屏县平秋镇石引村互助会：乡邻互助 助人助己"，载《贵州日报》2015 年 4 月 30 日。
〔2〕 石引村村民委员会主任吴化松说："这个互助会成立后，我们都很支持，村民们通过互助会互相帮助，凝聚了村民的向心力。"参见"锦屏县平秋镇石引村互助会：乡邻互助 助人助己"，载《贵州日报》2015 年 4 月 30 日。

要为石引村的村民，包括留在本村的村民和外出打工的村民。按照石引村村民委员会主任吴化松的说法："石引互助会成员遍布中国各省市。"[1]

加入石引互助会没有什么特别的要求，凡是有爱心、关心石引发展的人都可以自愿成为石引互助会的会员。2014年春节、2015年春节，石引互助会举行春节联欢晚会时当场就有100多个村民入会。

在权利义务方面，石引互助会基本上没有什么权利，主要为义务。当然，在遇到困难时，互助会会员有权接受帮助。会员如有了不顺心的事在互助会群里说说，有人会帮助开解，排解郁闷心情。

互助会会员的义务主要为帮助他人，主要形式为捐款。石引互助会会员的捐款大多为针对具体个例，捐款数额不限，由会员根据自身经济状况自主确定。在个别情况下（如设立帮扶储备金时），互助会会员的捐款具有不特定性。[2]同时，互助会还希望会员积极参加互助会的活动，如参加QQ群聊、微信群聊，交流有关信息；参加春节联欢晚会等。

平时，石引村村民借助互助会和互助会QQ群进行日常生活中的互助。如"某某村民的电话号码有谁知道，告诉一下"，"没有客车了，谁有车从锦屏上石引（或者从石引下锦屏）的，稍候顺带一下"。这些是"石引互助会"QQ群里出现得最多的信息，而且往往很快就能得到答复和解决。2014年4月26日，平秋村的龙令镇在"石引互助会"QQ群上发了这样一条信息："有谁在石引村街边，我弟媳在平秋下车时把背篓忘在开往彦洞的班车上了，帮忙拦一下。"当时互助会QQ群里就有了反应，客车到了石引，有热心的村民就拦住了班车，将背篓拿了下来。互助会会员履行互助义务确实使石引村及其周边村寨人的生活方便了许多。

同时，石引互助会会员在参与QQ群、微信群等互助会交流平台时，管理人员作出了"进群必须实名，说话必须文明诚恳，互相不隐瞒、不诋毁、不攻击"的规定，会员需要遵循这一义务。

在进行爱心互助活动时，石引互助会的会长等都积极带头履行义务。现任会长石引村十三组村民吴化元表示："我也只是互助会的普通会员，每次捐资助困我都是第一个捐款。我相信，只要我们坚持，就能改变一些人的想法、

---

[1]　吴化松访谈录，2016年10月5日。
[2]　石引互助会共筹集善款10多万元，给石引村和石引村村民做了10多件好事。

做法，养成人们之间互帮互助的好习惯。"[1]通过他们的努力，会员履行义务、奉献爱心也形成了风气。

石引互助会在进行民间互助活动时，凭借的是爱心、自愿和奉献，依靠的是乡情、亲情和友情。

四、乡村爱心互助组织规约的实施

在具体运行过程中，石引互助会坚持共同商量、民主决策、集体执行、账目公开，按照民主协商方式实施规约、开展活动。

石引互助会的组织机构比较松散，刚成立时由7人或9人组成管理机构，[2]但实际上是哪几位时间多一些就由他们具体讨论、商量，发出倡议，组织实施，共同落实、执行。会长也是看谁在石引村时间多一些就由谁担任。按照吴化元的说法："我的时间有点充足，就叫我做会长了。"[3]石引互助会的会长等管理人员为热心公益、关心石引的村民，会长等纯为义务性质，没有报酬和补贴。

石引互助会主要活动为解决石引村和石引村村民的困难，如为生病等困难村民捐款。包括2011年11月9日，助残助困慰问共7户1400元；农历2012年12月6日，组织为遭受火灾的两户村民捐款2166元；2013年10月19日、2013年12月30日，为村民刘力堂两次捐款手术费26 000元。

每次组织捐款时，石引互助会一般都会通过QQ群等发布倡议。如2013年10月14日，石引村村民刘力堂在自己开的打石场工作，因工作不慎引起了一场灾难。吴化元了解后当即在QQ群发布倡议，发动会员和村民捐款，明确专人负责，指定收款人和账号，群里和村里同时公布。就这样，会员和村民你300元、他200元，助款从四面八方陆续汇到了指定账户，汇聚成26 000多元，为刘力堂及时住院治疗争取了时间。

同时，石引互助会还支持石引村的公共设施建设和公益活动开展。如2011年9月20日，捐助石引小学1500元钱购买文具、篮球、足球等教学用品；2011年11月9日，捐助石引小学一个价值7763元的钢化玻璃篮球架；

---

[1] "锦屏县平秋镇石引村互助会：乡邻互助 助人助己"，载《贵州日报》2015年4月30日。

[2] 在吴化元看来，村民大部分在农历正月期间回到石引过年、拜年，春节一过又离开石引外出做工，平时在石引村的会员不多，因而石引互助会的组织机构一直没弄好。吴化元访谈录，2016年10月18日。

[3] 吴化元访谈录，2016年10月18日。

2014 年 11 月 16 日，为石引村修建赛歌台捐款 15 000 元；2014 年春节、2015 年春节，互助会为石引村村民献上了两台精彩的春节联欢晚会，增强了春节的喜乐气氛，丰富了村民的文化生活。[1]

为鼓励学生、使本村能培育出更多的优秀人才，石引互助会建立了教育关怀和奖励基金，用于资助考取高等院校的困难学生和奖励品学兼优的学生。如在 2014 年春节晚会上，互助会为石引小学 25 名获奖学生发放激励金每人 50 元。近年来，石引互助会共资助困难学生 50 余人，奖励品学兼优学生 60 余人，共发放资金 6000 余元。

为了更好地开展互助活动，石引互助会还建立了帮扶储备金，目前已经有 2 万多元。

从取信于会员角度出发，石引互助会做到了账目公开、清楚。为了保证每一分钱都能落到受帮助的人手中，互助会的每一次捐资助人活动，现任会长吴化元都会做好明细并在 QQ 群等交流平台上公示，让会员们看到自己捐款的去处。

按照民主协商机制开展活动，石引互助会得到了会员的信任，维持了良好的社会形象，有利于互助会的持续发展。

五、结语

石引互助会是针对青壮年村民外出打工的农村社会实际状况而建立的，反映出了现代社会的流动性特点，呈现固有石引村与移动石引村两个空间。石引互助会通过规约连接了两个石引村，加强了移动石引村与固有石引村的联系，解决了固有石引村的一些困难，增强了石引村村民之间的凝聚力。石引互助会规约体现了村民关心家乡、回馈故土、报效桑梓、留住本根的乡愁情怀。[2]

QQ、微信等现代通信方式和沟通手段使得石引互助会能够在移动石引村与固有石引村之间发挥纽带作用，推进乡村治理。通过新的联系方式，石引

---

〔1〕　石引村村民委员会主任吴化松认为："这个联欢晚会是我看到的最好的村级联欢晚会，每个村民都很高兴。"参见"锦屏县平秋镇石引村互助会：乡邻互助　助人助己"，载《贵州日报》2015 年 4 月 30 日。

〔2〕　《石引互助会倡议书》就有这方面明确的表达："虽然你我天涯海角，虽然我们四处漂泊，但我们乡音未改，乡情难忘。我们奋斗在全国各地，汗洒神州，但每每想起年迈的双亲，年幼的孩子，无形的思念与牵挂总是深深地拨动我们苦涩的心弦。"

互助会能够在提高效率、降低成本的基础上增进石引村村民之间的联系和交流，在新的面貌上维持村民之间的往来。这既是对固有乐善好施优良传统的传承，也是对民间互帮互助习惯规范的弘扬。

石引互助会是一个松散性的民间组织，由热心村民自发组成，村民自愿参与，因而规约没有严格的约束力。石引互助会起初有一个章程，但是并不完善，对入会退会、会员权利义务没有太具体的规定；组织机构也不健全。石引互助会能否持续存在并发挥作用，关键在于组织者，前提是有一定的财力支持，[1]核心是建立完善的制度。[2]

石引互助会在制度建设、规范运行方面存在的问题反映出了现代流动社会中乡村社区民间组织的艰难处境，既需要克服传统乡村社会慈善组织的局限，又需要面对现代流动状态新情况下民间组织遭遇的挑战。这需要县乡镇各级政府的支持、引导，也需要村民在实践中不断总结和提高，使之具有可持续性而稳定运行、发展，为乡村社会的和谐发展、走向乡村善治发挥积极作用。

---

〔1〕 现任会长吴化元告诉我们，现在没有什么赞助单位，完全依靠个人捐款，经费方面"不是很理想"。吴化元访谈录，2017 年 8 月 27 日。

〔2〕 吴化元认为，村民以打工作为收入来源，本身经济并不宽裕。每次要大家捐款，他有点烦了。他承认，石引互助会刚开始时是红红火火，现在则有点淡了。他表示："不管怎么样，村里有事我们还是要做点什么的，尽点自己的力量。"吴化元访谈录，2016 年 10 月 18 日。吴化元说："我相信互助会会越做越好，会越来越得到村民的支持，这个公益事业我要好好地做下去。"参见"锦屏县平秋镇石引村互助会：乡邻互助 助人助己"，载《贵州日报》2015 年 4 月 30 日。

第三十一章

乡村治理中的民间娱乐活动规约
——以贵州省锦屏县彦洞乡黄门村牛王争霸赛为对象

一、引言

我国《村民委员会组织法》第 9 条第 2 款要求村民委员会支持服务性、公益性、互助性社会组织依法开展活动，推动农村社区建设。中共中央、国务院于 2017 年 6 月发布的《关于加强和完善城乡社区治理的意见》第二部分"健全完善城乡社区治理体系"指出："……大力发展在城乡社区开展纠纷调解、健康养老、教育培训、公益慈善、防灾减灾、文体娱乐、邻里互助、居民融入及农村生产技术服务等活动的社区社会组织和其他社会组织。"民间娱乐性社会组织在乡村社会治理中有着独特的功能。

斗牛为锦屏地区民间一项主要的娱乐活动、体育活动。作为当地传统的活动，斗牛集竞技性、娱乐性和观赏性于一体，深受村民的喜爱。为活跃村民的文化生活，营造文明和谐、万民同乐的喜庆氛围，各村在节日期间常常安排斗牛比赛。斗牛比赛一般由本村的斗牛协会组成组委会进行筹备、组织，组委会具体负责制定比赛规则保障斗牛比赛的成功举行。彦洞乡黄门村 20 户人家养有斗牛二十六七头，有的一家有三四头。每年的元宵节、端午节、尝新节、七月半、重阳节等节日，斗牛协会都会组织规模不一的斗牛比赛。[1]

---

〔1〕 根据学术惯例，文中的部分人名进行了化名处理，特此说明。在王亨相看来，"斗牛好像一种传统习俗，我们小时候很喜欢看老人家斗牛。我们五六岁、七八岁看到老人家放牛打架，一代传一代吧。斗牛有几百年的传统。有的家族把田卖了买牛来斗，大家族，为了脸面。家庭里有一头牛是一种光荣，牛对自己家庭旺盛是比较好的，寓意家庭兴盛"。王亨相访谈录，2017 年 8 月 26 日。

贵州省锦屏县彦洞乡黄门村于 2016 年 7 月 20 日至 21 日农历六月尝新节期间举行斗牛比赛活动，具体包括村寨友谊赛、牛王对抗赛（一架输赢）、牛王争霸赛等。为确保斗牛比赛的顺利进行，黄门村以村斗牛协会为基础成立的斗牛活动组委会发布了活动海报，制定了详细的规约，[1]对参赛资格、比赛规则、奖金设置、工作人员职责等进行了具体的规定，以维持公平比赛秩序，达致欢乐喜庆的目的，参与乡村治理，实现乡村和谐，推进乡村善治。本章将在田野观察和调查的基础上对此作一初步总结，以进一步引起学界对乡村治理中的乡村民间娱乐规约的重视。

二、参赛资格规范

黄门村斗牛活动组委会欢迎各地的牛主携牛参加比赛，针对参加斗牛比赛的牛作出了一些规定，并对牛主提出了某些要求，规范了参赛资格。

村寨友谊赛主要为营造气氛而设，参加村寨友谊赛的牛主要为本村村民所有的牛，对此没有特别的要求，分为大、中、小三个等级分别进行比赛。在黄门村出生、长大的王光俊看来：

> 表演性的友谊赛，靠斗牛协会的人员看牛的大小，量大小、角长度宽度、平时打架力度来搭配，双方不悬殊。万一悬殊的话，一方可提出来也可抗议。眼光好、讲话公道的人，提出改正。别有用心的人，用很强的牛去整垮弱的牛，人家就不喜欢的。[2]
>
> 还有讲情感。两个牛主是亲戚，不管力量悬殊就这样接受。你的很凶悍，没有人给你斗，我作为亲戚、朋友，从私下情感来接受。

在牛王争霸赛上，杂交牛、打人牛、病牛绝对不能参赛。参赛的斗牛胸围只能在 2.12 米以下，牛角尖距必须达到 50 厘米以上，角尖不准戴金属物

---

〔1〕 为筹备尝新节斗牛比赛活动，黄门村斗牛协会于 2016 年 6 月 7 日、15 日等召开了多次会议进行商量、讨论。每次都有 30 多位会员参加。
〔2〕 2006 年重阳节，黄门村附近的平秋村在第一届鞍瓦节期间举行了牛王争霸赛。比赛时，两边为吴姓与龙姓的碰牛，龙姓的牛明显强大得多，吴姓的牛处于劣势，吴姓人明明知道自己的牛是必死的。吴姓提出不打比赛就算认输，但因为双方原来有点过节，龙姓人就不答应。果然，两头牛一碰，吴姓的牛就碰死了。现场当即有人为吴家组织捐款。王光俊访谈录，2017 年 8 月 25 日。

及涂抹药物。〔1〕

为吸引各地的牛主来黄门村参加比赛，黄门村斗牛活动组委会承诺黄门村的名牛"刀郎"不参加 2016 年尝新节期间的牛王争霸赛。〔2〕

凡报名参赛的斗牛，每头交押金 300 元，打斗不到 1 分钟的不补助运费，比赛结束未出现违规行为的押金如数退还牛主。

2016 年 6 月黄门村尝新节组委会设集体伙食，〔3〕每头牛包括牛主在内可有三个名额到食堂就餐三天，每天每人的伙食费标准为 100 元。参赛的牛主与组委会联系农户住居、食宿、牛圈安排，住宿、牛圈均免费提供。

在运费补助方面，组委会确定补助给参加争霸赛的彦洞、平秋两乡镇境内每头牛 300 元，彦洞、平秋两乡镇境外每头牛 500 元；友谊赛、对抗赛组不发运费补助。

本次斗牛活动属非营利性活动，斗牛在运输和比赛期间出现损伤、碰斗死等意外事故，黄门村斗牛活动组委会作为主办方概不负责。

牛主参加比赛活动均属自愿行为，风险自担，黄门村斗牛活动组委会概不承担任何经济和法律责任。为此，黄门村 2016 年 6 月尝新节组委会与各位牛主签订了协议书。

黄门村 2016 年 6 月尝新节牛王争霸赛斗牛活动
协　议　书

甲方：锦屏县彦洞乡黄门村活动组委会

代表：＿＿＿＿＿＿＿＿＿＿＿＿＿

乙方：＿＿锦屏＿＿县＿＿河口＿＿乡（镇）＿＿加池＿＿村

牛主（以下简称乙方）

代表：＿＿＿＿＿

代表：＿＿＿＿＿

―――――――――

〔1〕　黄门村斗牛活动组委会于 2016 年 7 月 21 日上午对每头牛量胸围和牛角尖距，并在牛身上喷涂号码。

〔2〕　"刀郎"为黄门村民袁家所有，购买时的价格为 18.8 万元，在锦屏县和附近地区极为有名。

〔3〕　有时，为减少工作量，组委会不设集体伙食，牛主自行联系亲戚朋友，吃住到谁家告知组委会，由组委会给予接待方一定的补贴。

甲方地区举行六月尝新节牛王争霸赛斗牛活动，乙方组织自己的斗牛前往参赛。为做好互相诚信及安全保障管理工作，甲乙方简历（建立）如下协议：

一、甲方组委会应严格按海报条规标准接收和管理参赛斗牛。

二、乙方自愿同意甲方的要求遵守斗牛条规并保证打人牛、病牛不得参赛，严格履行斗牛过程中的风险自负原则。

甲方代表签字：_____

乙方代表签字：　　　　姜同泰

黄门村 2016 年 6 月尝新节组委会

2016 年农历 6 月 18 日

参赛牛主和观赏斗牛的观众，本着自愿原则，一切安全责任后果自负，黄门村斗牛活动组委会作为主办方概不负责。[1]

三、具体比赛规范

2016 年 6 月黄门村尝新节有 13 对牛参加了 7 月 20 日的村寨友谊赛，由于时间关系有 3 对在 21 日进行比赛。参加牛王对抗赛（一架输赢）的共有 2 对牛。这两类斗牛的比赛规则比较简单，仅仅简单地确定比赛的胜者、败者或者平者。

有 10 对来自天柱县等地的牛参加了 7 月 21 日举行的牛王争霸赛。牛王争霸赛采用淘汰制，斗牛每轮均实行 5 分钟拉脚，循环比赛打斗 2.5 分钟。

争霸赛放斗牛时，按裁判长指定位置放牛，不得阻挡、碰牛，否则取消

---

[1] 黄门村斗牛活动组委会负责斗牛比赛期间的秩序维护，要求喝了酒的人及非工作人员不得进入斗牛场，防止拥挤、踩踏等情况出现。有的村寨还专门发布了有关规定。如黄门村的近邻平秋镇石引村规定了《石引村 2013 年"嘎伬文化节"活动斗牛场纪律》："为使本次活动办成一个安全、热闹、文明的盛会，特制定本斗牛场纪律，请参加本次活动的所有人员共同遵守执行：一、非斗牛场工作人员不得进入斗牛场；二、工作人员不得酒后进入斗牛场；三、观众必须选择好安全位置，不要互相推撞、踩踏；四、老人和小孩观看斗牛必须有监护人监护，不得在斗牛经过的主要通道逗留、玩耍；五、不许借酒发狂，无理取闹，打架斗殴；六、斗牛场内和四周不准燃放鞭炮；七、发生情况及时向执勤人员报告。"按照王亨相的介绍，"斗牛场上还存在赌博行为。两个牛在斗，两个人就赌了。看对牛内行不内行。去年尝新节有一点，有人在传。直接的，简单的赌。几个好朋友大家都赌一点。不是为了专门赌，小一点好玩，但也有赌大的，五千一万的都有。还有那样赌的，最后牛输钱也输；有逞强好胜的人，你讲你的牛行，我讲我的牛行，就斗，输的就给对方。本地少，广西、贵阳居多。真的很争强好胜"。王亨相访谈录，2017 年 8 月 26 日。

参赛资格，不发任何费用且不退还押金，产生的事故由违反方自负。

争霸赛具体的斗牛比赛规范包括时间规定、行为规定、决定名次、违规处罚等方面。

（1）时间规定。本次争霸赛每轮打斗时间为5分钟，除最后只有3头牛比赛之外；最后只出现3头牛时则该循环比赛时间为3分钟，若这3头牛出现第二轮、第三轮则每轮循环时间多加1分钟。在各轮比赛中，出现单数牛时，则排在最后的3头牛抽签循环赛，比赛时间为2分30秒。比赛双方牛主必须在6分钟内牵牛入场施礼，比赛结束双方必须在5分钟内礼别出场。入场礼毕后，双方斗牛在3分钟内不接角打斗，立即采取穿鼻、牵拉、吊脚等方式诱其斗打。斗牛双方在碰撞过程中的头或角发生接触即开始比赛计时，只要双方的头和角相互离开便停止计时。

在黄门村牛主王亨相看来，按照规则进行比赛非常重要：

不按规则斗牛有扯皮的。比如，两头牛规定的打斗时间到了，拉牛的勇士动作不灵敏，有点慢，牛主就有点意见。超时了，牛跑了，就会影响成绩，可能影响进入第二轮。

有一回到时间控角，牵拉手拉得不快不稳，对方的牛抠眼睛，超时的情况下牛眼睛抠坏了。这时要作一定的经济补偿，补助一些钱。看组织方与牛主协商。2017年5月份，我到黎平县城看到的。牛主说：我这牛买来5万块钱，你把我眼睛弄坏了，要赔我5万块钱。组委会没办法，肯定要补助。以后是补5万块，牛给组委会。[1]

（2）行为规定。在第一轮比赛中出现抠眼睛行为应立即停止比赛，拉脚队立即进行隔救。抠眼睛行为是指以牛角尖抠入眼窝后将对方牛头抬起并翻倒。比赛中因甲牛在打斗时间内将乙牛打成重伤，乙牛应甘败并报告裁判长救牛，拉脚队应立即抢救乙牛。在比赛中，因对方尚未接角而赢者应与本轮次排在最后的单号牛进行比赛。牛主的牛角不得有任何金属物装饰，不得有任何可能造成对方伤害的装饰物品。在各轮次的循环赛中，获胜的牛为坐庄牛，不准出场。进入最后冠亚军决赛的两头牛必须决出输赢。在轮次比赛中

---

〔1〕　王亨相访谈录，2017年8月26日。

出现只有 3 头牛时，则 3 头牛抽签进行循环赛，抽中双号的牛在比赛中不论输赢都必须坐庄。

在每场比赛中，每头牛只允许 3 名牛主代表牵牛进场，且 3 名牛主进场后退到拉脚队之后位置。

在比赛中先抽顺序签，然后按顺序签再相对应的两头前后签，前签的先入场，后签的后入场。

抽参赛斗牛在比赛中出现意外伤亡事故，由牛主自行承担损失，主办方不承担经济赔偿。不过，主办方往往根据惯例组织现场捐款，为牛主减少损失。一直喜欢斗牛的王亨相强调，斗牛比赛中出现牛伤亡情况"一般来说没有赔偿，写有规则：本活动属于民间活动，没有赔偿。出现意外，组委会从道德角度向社会呼吁帮助一点、赞助一点"。[1]下面两例即属此类：

案例一

大概 2010 年九十月份，黄门村 15 村民小组进行公路通车典礼时，进行斗牛比赛。斗牛时，姓王与姓李的两头牛碰，当场两头牛都碰死了。黄门村及时倡议赞助。按照他们买牛时的价格，给他们的帮助款都超过了。有一头买时是一万八，另一头买时是一万六。现场捐了三万多。牛放在搞活动那里大家一块吃。[2]

案例二

2015 年农历十月，黄门村的唐门自然村为庆祝公路竣工而举行斗牛友谊赛时，两头均为黄门村的牛进行比赛，黄门村一个村民小组用 1000 多元租另一村民小组王姓的一头成年牛却斗死了，一放一碰就死了。王姓的这头牛不是很出名，主办方商量后将第一名的 10 800 元奖金给了王姓牛主；现场组织了捐款，共捐得 10 000 多元给牛主；卖牛肉所得的七八千元也给牛主。王姓牛主最后共得 30 000 多元，大致相当于斗死牛的价值。牛主对此没有什么意见。[3]

---

〔1〕 王亨相访谈录，2017 年 8 月 26 日。
〔2〕 王亨相访谈录，2017 年 8 月 26 日。
〔3〕 王光俊访谈录，2017 年 8 月 25 日。

（3）决定名次。参加循环赛的三头斗牛，抽中双号的斗牛在比赛中不论胜负都必须坐庄；如牛主不愿坐庄，则该头牛只能排为第三名。在循环决赛中，如三头牛各胜一场则按每一场的实际比赛时间多少排列名次，比赛时间多者名次列前。斗打时间多者名次列前。在循环决赛中，如坐庄牛连续打败抽中单号的两头斗牛，则该两头牛的名次按比赛中的实际斗打时间排列。争三、四名的牛主，按最后一轮的实际比赛时间多少进行排名，斗打时间多者名次列前。

（4）违规处罚。在各轮比赛中，出现牛角尖涂抹药物者，取消该斗牛后面的比赛资格，如在决赛中出现则取消名次。比赛双方牛主在 6 分钟内不牵牛入场视为弃权，取消该牛后面的比赛资格。碰牛已放到中线，抵牛牛主仍不放牛，并用斗笠帽、竹条和人身遮挡牛身，或用手（绳子）等阻挡对方碰牛者，视为弃权，取消当场比赛和后面的比赛资格。出现 5 分钟内不接角的游牛时，如牛主阻绕穿鼻、吊脚等诱斗方式比赛的，视为弃权，取消当场比赛和后面的比赛资格。在比赛中，采取穿鼻、牵拉、吊脚等诱斗方式后仍然不打斗的，视为弃权，取消当场比赛和后面的比赛资格。牛主参加报名抽签后，无故不按时参加比赛者，视为弃权，取消斗牛的比赛资格。在决赛中不愿斗出胜负的一方或双方，视为弃权，取消名次。

其他斗牛比赛中的未尽事宜，则由黄门村斗牛活动组委会进行解释并协商解决。任何人都不能到斗牛场起哄闹事，不听者由此引起的一切后果自负。

四、奖励设置规范

2016 年 6 月黄门村尝新节组委会规定参加友谊赛的牛分为大、中、小三个等级，[1] 每打斗 1 分钟以上补助分别为 100 元、70 元、50 元，最多打斗时间为 5 分钟。每对牛打斗时间超过 1 分钟的补助，不接角的不补助；斗牛接角打斗超过 3 分钟平均分配。斗牛直碰、抵碰补助各 50 元。

参加对抗赛的有两对牛，大牛、中牛各一对，每对给予 3500 元的补助。斗牛双方自愿配斗，打斗时间在 5 分钟内按友谊赛给予补助，超过 5 分钟后按胜方补 2000 元、败方补 1500 元。

牛王争霸赛设第一名至第四名，分别给予奖旗和奖金奖励，第一名奖金

---

〔1〕 黄门村有大牛 2 对、中牛 8 对、小牛 5 对参加 2016 年此次友谊赛。

为 12 800 元，由黄门村本村牛获得；第二名奖金为 8800 元，由平略镇平鳌村牛获得；第三名奖金为 4800 元，[1]第四名奖金为 2080 元，不过获得名次的斗牛不再给轮次奖和运费补助。另外，还设有轮次奖和碰、抵、抠奖：凡是进入轮次的牛，每轮奖励 200 元；对碰的牛各奖 100 元，直碰的牛奖励 100 元，抵碰的牛奖励 100 元，碰两架以上的牛授予"勇猛直碰"奖旗一面；抠翻对方牛倒地一次发放双方牛主各 100 元，并发"东方神抠奖旗"一面给抠牛。

此外，其他的费用还包括每一牛圈补助 50 元等。这次斗牛比赛所有的花费约为 6 万元。奖金等费用由黄门村尝新节组委会承担，主要来自村内外个人和团体的捐款。如 2016 年 5 月 5 日公布的"黄门村 2016 年 6 月尝新节活动赞助第一榜"显示：黄门村党支部书记王亨相赞助 1000 元、黄门村村民委员会主任龙桂庭赞助 1000 元、王亨荣赞助 1280 元等。此榜共有赞助人 18 人和村治安联防队，共有赞助款 15 280 元。就 2016 年 6 月尝新节活动赞助而言，到 7 月 20 日第二十九榜为止，赞助最多的个人为 1680 元，最少的为 60 元；企业、单位有赞助 3000 元的。赞助者主要为本村村民，也有外村村民、友好村寨、企业、县有关单位等。

赞助费用的收支都向社会公开，接受村民等的监督。下面这一张榜公布的说明就表明了这一点：

关于 2014 年 6 月尝新节活动结余款的说明

一、活动总结余现金 74 000 元整。此项资金由王远武同志经手保管。

二、2015 年 7 月 10 日，由于村集体征用"故门"农田建设文化广场，借用此项资金补贴征田费用，总借 70 000 元整（大写柒万元）。

三、补助王龙同志药费壹 1000 元整。

---

[1] 第三名获得者为租来的牛。固本八一村一个组租同村的牛来参加尝新节。租金 3000 元，自己出车费，得了第三名，奖金为 4088 元，赚了一点。主要是一种爱好的满足。王光俊认为："斗牛时有用租的方式。租来的牛在比赛时受伤一般不由租方负责。斗死了，就现场捐款，租方不赔的。租的时候租方问出租方说了 5 分钟几分钟你能否接受？这样就定好了。"王光俊访谈录，2017 年 8 月 25 日。王亨相也说："斗牛爱好者通过租牛形式，三个人每人出 500 元共 1500 元租牛去打。宁愿拿点钱给别人，牛是自己名次。牛是别人的，名次是自己的。这样出点钱。一种荣誉。"王亨相访谈录，2017 年 8 月 26 日。

四、余 3000 元于 2016 年 7 月 4 日王远武转交到 2016 年活动组委会出纳王东霖经手。

特此说明。

2016 年 6 月尝新节活动组委会

五、人员职责规范

斗牛比赛是一项非常复杂的活动，需要大量人力参与。为此，黄门村组委会以斗牛协会为主具体筹备、组织、实施斗牛比赛，做好指挥、宣传、裁判、财务等事宜。组委会特别对裁判长、副裁判长、计时员、牵拉手等关键岗位的职责进行了明确规定。

（1）裁判长的职责。裁判长的职责较为广泛，包括检查和批准在比赛中所使用的场地、吊脚绳、遮挡旗、草包及牛主给牛的各种装饰物，安排好每轮赛收签工作，指定比赛计时钟和确认计时员，召唤牛主牵牛入场并指定放牛位置，召唤牵拉手（良才）实施穿鼻、吊脚、牵拉、隔救，对是否抠眼睛行为作判决，出现游牛时负责催促和采取穿鼻等措施诱斗，有权对一场比赛的输赢作出判决，有权判定某一方或双方是否弃权，有权对比赛规则中未明确规定的事项作出决定。

（2）副裁判长的职责。副裁判长协助裁判长确认比赛场地布置和设备安排，检查参赛斗牛的牛角和各种装饰物，召唤牛主牵牛并确认放牛位置，出现游牛时配合裁判长催促和采取穿鼻等措施诱斗，召唤牵拉手（良才）实施穿鼻、吊脚、牵拉、隔救，督促牛主及时牵牛退场。

（3）计时员的职责。在斗牛比赛中，设看时间人员 1 名，操控比赛计时钟；记录员 1 名，记录每一场比赛的实际打斗时间。看时间和记录的人员配合，每 30 秒钟向公众报时一次，比赛时间结束发出时间终了信号，同时宣告当场比赛的实际时间。

（4）牵拉手的职责。在黄门村，牵拉手也被称为良才、勇士，分成甲、乙两队，每队各有队长、副队长一名，每队队员不少于 16 人。牵拉手在裁判长和副裁判长的指挥下，负责穿鼻、吊脚、隔救等工作。在吊脚牵拉过程中，一定要等待牛主将牛完全控制住才能放手。在牵拉、隔救过程中，牵拉手不仅要保护好自身的安全，同时还应维护好裁判和牛主的安全。

斗牛比赛的工作人员由黄门村的村民义务担任,没有任何报酬。

案例三

2014 年黄门村尝新节时,有个拉牛的勇士在拉牛时被牛角拱了,大腿受伤了。马上送医院治疗,花了 5000 元左右的医药费。黄门村斗牛协会补助了1000 元。还有 20 多个人捐助,一个人至少 100 元,捐款总数在 5000 元左右。不是当场捐的,朋友们去医院看望他时给的。这个人为人也很好,满意的。他说:"没必要,你们怎么捐款呢?!" 还叫大家去吃饭。[1]

现在有保险,人寿保险公司。今年上保险了,去年尝新节也上了。每人20 元保险费,保障最高 3 万元。签订有合同。这样就好得多,只要上了就没事了。我们主动去找保险公司的。有教训了。今年保 42 人,出 800 多块钱。大家就放心了。[2]

2016 年 7 月 18 日,笔者看到了收到这一补助的牵拉手手写的收条,组委会在"关于 2014 年 6 月尝新节活动结余款的说明"时公布了这一收条:

收　　条

今收到黄门 2014 年 6 月尝新节活动药费补助壹千元整(小写:1000 元整)。

收款人:王龙(签名)

属实。王远文(签名)　　　　　　　　　　　　2016 年 2 月 3 日

情况属实。王远水(签名)

六、结语

在以斗牛协会为主体的黄门村斗牛活动组委会的组织下,黄门村 2016 年6 月尝新节斗牛活动顺利举行,圆满成功。虽然由于 7 月 21 日早上天降大雨影响了观看者的数量,但是来自锦屏县内外的斗牛、挤满斗牛场的观众、顺利进行的各项比赛、没有出现争议的比赛过程都表明这是一次给黄门村内外的民众带来欢乐的比赛。

---

〔1〕 王亨相访谈录,2017 年 8 月 26 日。
〔2〕 王亨相访谈录,2017 年 8 月 26 日。

　　在传承固有规范、参考周边村寨规则的基础上，黄门村斗牛活动组委会制定了详尽的比赛规则，包括参赛资格规范、具体比赛规范、奖励设置规范、人员职责规范等，全面规范斗牛比赛的各个方面，调整与斗牛比赛有关的各种社会关系，保障斗牛比赛的顺利进行。

　　比赛规则主要由黄门村斗牛协会议定、具体实施，并负责解释。斗牛协会作为斗牛爱好者的民间组织，交流养牛经验、组织斗牛比赛、参与村寨联谊，推进了黄门村斗牛活动的发展。在总结斗牛活动的基础上，黄门村斗牛协会在集思广益的基础上制定了比赛规则，使斗牛活动有规可依、有章可循，保证了斗牛比赛的公正进行，使娱乐活动顺利举行。这种具有习惯法性质的比赛规约权利义务明确、效力明显、功能独特，实为一种特别的村规民约，在乡村社会治理中发挥着积极作用。[1]

　　就黄门村这次斗牛比赛规则而言，其既传承继有规范也根据新的情况进行一定的创新、发展，以适应斗牛比赛发展的新趋势。如为工作人员的人身设置保险，减少工作人员的后顾之忧，保障工作人员的权益，使斗牛比赛能够可持续进行。随着市场经济的发展，斗牛比赛的经济性、赢利性日渐突出，争霸赛成了与传统的友谊赛并立甚至更突出的比赛，因此需围绕争霸赛逐渐形成、不断完善比赛规则，满足村民的娱乐需要，参与乡村治理。从长远来看，出售门票而非随意观看将会成为斗牛比赛的一种新类型，相关规则也会渐渐产生。[2]

　　同时，在比赛争议解决、斗牛伤亡处理等方面的规则还比较简略，需要在实践中不断予以完善。

　　《中共中央关于全面推进依法治国若干重大问题的决定》提出全面推进依法治国，需要推进多层次、多领域依法治理，支持各类社会主体自我约束、自我管理；发挥市民公约、乡规民约、行业规章、团体章程等社会规范在社会治理中的积极作用。2017 年 10 月 18 日，在中国共产党第十九次全国代表大会开幕会上，中共中央总书记习近平代表第十八届中央委员会作报告时强

――――――――――
　　〔1〕　本章所指的习惯法为非国家法意义上的习惯法，是指独立于国家制定法之外，依据某种社会权威和社会组织，具有一定的强制性的行为规范的总和。参见高其才：《中国习惯法论》（第 3 版），社会科学文献出版社 2018 年版，第 3 页。
　　〔2〕　王亨相认为："斗牛要维持下去，就要采取'以赛养赛'的形式。原来主要通过村民集资、公榜捐款。今后要把基础设施搞好，封闭形式，安全搞好。要售票，价格不要高，5 元、10 元，养一些赛事，这样才能长期维持。因为养牛人也不容易。对设施要进行改建、改造，要建造一些牛圈在附近；要建围墙，这样才能卖票。"王亨相访谈录，2017 年 8 月 26 日。

调"加强农村基层基础工作，健全自治、法治、德治相结合的乡村治理体系"。总结黄门村的斗牛比赛规则，认识乡村娱乐性社会组织规约的内容，理解法治社会建设中的民间自治组织的价值，对于发挥乡村社会组织规约在社会治理中的积极作用、完善乡村治理体系具有积极意义。

第三十二章

通过习惯法的乡村治理

一、引言

习惯法为我国法的重要组成部分,在社会秩序维持、乡村社会治理中发挥着积极的作用。对习惯法可从国家法与非国家法两个角度进行认识。[1]我们秉持法的多元主义观点,从非国家法意义上认识习惯法。习惯法是独立于国家制定法之外,依据某种社会权威和社会组织,具有一定的强制性的行为规范的总和。[2]正如英国学者沃克所指出的:"当一些习惯、惯例和通行的做法在相当一部分地区已经确定,被人们所公认并被视为具有法律约束力,像建立在成文的立法规则之上一样时,它们就理所当然可称为习惯法。"[3]

习惯法不仅是一个历史现象,也是一种现实的社会规范。就笔者通过田野调查所知,现今我国许多乡村地区的民事关系、社会交往、纠纷解决仍然基本遵照固有的习惯法,物权习惯法、借贷习惯法、交换习惯法、婚姻习惯法、分家析产习惯法、丧葬习惯法、互助习惯法、公共事务习惯法、纠纷解

---

[1] 按照学术惯例,本章中的部分地名、人名为化名,特此说明。我国学界一般认为,习惯法是国家特定机关将社会上已经存在的规范上升为法律规范,赋予其法律效力,从而使其得到国家强制力的保障;习惯法来自习惯,但与其有本质的不同,习惯法属于国家法的范畴,习惯则是一般的社会规范。参见高其才:《法理学》(第 3 版),清华大学出版社 2015 年版,第 77 页。

[2] 高其才:《中国习惯法论》(第 3 版),社会科学文献出版社 2018 年版,第 3 页。

[3] [英]戴维·M. 沃克主编:《牛津法律大辞典》,北京社会与科技发展研究所组织译,光明日报出版社 1989 年版,第 236 页。其他如美国的《韦伯斯特词典》(1923 年)也认为:"习惯法是成立已久的习惯,是不成文法,因公认既久,遂致其发生效力。"美国的《牛津词典》(1970 年)释为:"习惯法是一种已获得法律权力的成立已久的习惯,特别是某一地区、贸易、国家等所成立的习惯。"

决习惯法等在现代乡村地区得到了传承和弘扬。[1]当今乡村的习惯法既以村规民约等成文形式予以表达，也以不成文形式存在。习惯法在分配乡村资源、保护乡村环境、传承乡村文化、维持乡村秩序、解决乡村纠纷等方面具有广泛的积极作用，在乡村治理方面具有重要的意义。

二、习惯法分配乡村资源

法通过规定权利、义务进行社会资源分配，即"定分"。习惯法也通过乡村社会资源的配置进行乡村治理。

物权是社会经济生活中最基本的财产权利，当它获得习惯法的强力保护后即具有了支配性、优先性、排他性、追及性等效力。如在广西壮族自治区金秀瑶族自治县六巷乡等地（以下简称"广西金秀六巷等地"），历史上就存在名为"打茅标"的物权习惯法并且一直延续到当代社会，通过确认对无主物的占有等方式进行某些社会财富、社会资源的分配，在当今的民事生活中发挥积极作用。

从我们的田野调查来看，广西金秀六巷等地的"打茅标"习惯法广泛存在于各类物权中，如不动产占有权、动产所有权、取水权、狩猎权等，主要表现在所有权方面，在准物权方面也有体现。

占有权是广西金秀六巷等地的"打茅标"习惯法最为主要规范的物权，在号地开荒涉及的土地等不动产的先占取得方面，习惯法的效力明显。

现在广西金秀六巷等地的"打茅标"习惯法多用于规范地龙蜂等无主物的占有方面，主要表现在动产所有权关系上。如2019年8月27日笔者在六巷村下古陈屯村边山上就发现一窝地龙蜂边打了三个茅标，先发现者以此依法确认自己对地龙蜂的所有权。

"打茅标"习惯法还通过保护狩猎线路先占等方式确认和保护狩猎权，调整狩猎行为和猎获物的归属，保障狩猎人对猎获物的所有权，维护乡村的狩猎秩序。

此外，广西金秀六巷等地还通过"打茅标"习惯法确认水源先占，权利人对首先发现的水源享有先占权、独占权、转让权。习惯法保护打茅标者的取水权、用水权，通过分配水利资源排除他人的干扰，满足村民的日常生活

---

[1] 高其才："习惯法的当代传承与弘扬——来自广西金秀的田野考察报告"，载《法商研究》2017年第5期。

需要，参与乡村治理。

社会的物质资源等存在一定的稀缺性，物权习惯法等通过权利、义务的具体规定对社会资源进行分配，避免民众的纷争，维护乡村秩序。

三、习惯法保护乡村环境

乡村生态空间是具有自然属性、以提供生态产品或生态服务为主体功能的国土空间。习惯法以尊重自然、顺应自然、保护自然为原则，保护乡村生态环境，保障村民良好的生活条件，促进乡村的宜居和发展。

如我国许多乡村都有内容系统的护林习惯法。如贵州省黔东南苗族侗族自治州锦屏县河口乡文斗村在明清时期木业兴盛，以"契"管"业"渐成规俗，勒石刊刻的公约颇多，素有立规治村的传统。地方由此民风淳朴，社会绥靖，礼法文明，文教昌盛；环境由此青山绿水，古树林立，青竹成片，苍翠欲滴。300多年来，文斗村民恪守林业契约和环保古碑等村规民约，使村寨周围保留了30多个树种、700多株巨大苍翠的古树，其中不乏国家重点保护的红豆杉、银杏、楠木等。2010年，文斗村以高山园林布局和丰富的历史文化构成人与自然和谐与共的生存空间入选"中国景观村落"。

为了更好地保护森林、保护生态，文斗村逐渐形成了祭树节及其习惯法规范。文斗村民爱树、护树，敬树为神，拜树祈福，向树许愿，为树禁令。每逢祭树节，文斗村民都会遵循习惯法，带上香纸和祭品，祭拜古树，祈求平安。如2015年10月1日上午，文斗村村民以房为单位每房置一供桌在村中一株红豆杉古树前举行祭树仪式，共度祭树节。全村男女老少聚集一起，参加人数众多，场面壮观，气氛严肃。祭树节成了文斗村重要的森林保护、生态保护活动，也是对全体村民进行森林保护、生态保护教育的活动，更是传承护林习惯法的活动。

文斗村还形成了许多与保护森林、爱树护树有关的习惯法。曾任文斗村村民委员会主任的易武弘介绍，早在清朝乾隆年间就有文献记录文斗苗寨有"娶一个媳妇修一段路，生一个孩子栽一棵树"的规定。[1]文斗村有孩子出生，家人就会种一棵常绿树，让树与孩子一起成长，希望孩子像树一样健康长青。有的父母还会帮自己的娃娃认树为"干爹""干妈"，祈求免灾平安。文斗村中不少大树的根部都贴满了褪色的红纸，树脚下还有残留的香纸。文

---

[1] "文斗苗寨纪行"，载《贵州日报》2014年5月16日。

斗村寨四周凡手腕以下的小树大都打有草标,警示村民要保护小树。

在平时的生活、生产中,村民也会给孩子讲解护林习惯法的内容。如姜兰金虽然只是文斗小学三年级的学生,但她已经知道"要爱护村里的树木"。文斗村小学校长姜丽春说,学校平时会把村里的碑文和契约文书上的内容讲解给学生听,"让孩子们从小养成爱护大自然爱护树木的好习惯"。[1]

在长期的潜移默化中,文斗村村民通过护林习惯法养成了强烈的生态意识、环保观念,全村民众广泛参与森林保护、生态保护、原生态村居风貌维护,认真遵守有关森林保护、生态保护、村落保护的习惯法,全村成为古风浓郁、山清水秀、和谐宁静、绿色发展的美丽村寨,村寨内外参天古树荫蔽至今。

文斗村的实践表明,习惯法在保护乡村山清水秀生态空间、营造宜居适度生活空间、延续人和自然有机融合的乡村空间关系方面发挥了积极的作用。这促进了乡村人口资源环境相均衡、经济社会生态效益相统一,建设成为人与自然和谐共生的生态宜居美丽乡村。

四、习惯法传承乡村文化

农耕文化、乡村文化在凝聚人心、教化民众、淳化民风方面具有重要作用,习惯法传承优秀乡村文化、弘扬良善农耕文化,促进乡村社会发展。

团结互助为乡村生产、生活的重要内容,习惯法对此予以严格确认和保护。如甘肃省临夏回族自治州东乡族自治县东塬乡东塬村一直存在互相帮助的良好传统,村民按照固有的互助习惯法行为。村子里不管谁家有事,大家都会积极前去帮忙,无论是帮忙红白喜事,还是打庄窠、[2]挖井、种庄稼这种强体力劳动,人们都很踊跃。东塬村的人们遵循互助习惯法互相帮助、团结协作、共同劳动,人与人之间帮忙也不计报酬,往往管顿饭就可以了,非常有人情味。在东塬地区,互助习惯法规范村民之间的生活互助、生产互助,[3]以解决村民因为资金、劳力等不足而遭遇的困难。互助习惯法主要规范生产、生

---

〔1〕 "锦屏文斗村:三百年'礼法社会'",载《贵阳日报》2010年1月6日。

〔2〕 东乡族把居住的家院叫庄窠。庄窠多半依山而筑,屋外有一丈多高的土墙围住,内有空地,多为土木结构的两面房。

〔3〕 袁翔珠在《广西少数民族互助习惯研究及其在构建农村社会保障机制中的运用》一书中提出,广西少数民族互助习惯包括广西少数民族生产互助习惯、生活互助习惯、建房互助习惯、扶助弱势群体习惯、灾害互助习惯等。

活中的互助行为，具体调整互助的类型、对象、方式和违反者的责任。互助习惯法弥补了官方社会救济的某种缺位和不足。这些具有内在自发性和亲邻友好性特点的规范对于解决村民生产和生活中的具体困难、扶助孤寡老弱病残成员、保障乡村社区的正常运转、维护良好的乡村社会秩序、传承和谐友善的文明风气具有积极的意义。

尊老敬老是中华民族的传统美德，习惯法对此予以全面的规范，以弘扬中华孝道，强化孝敬父母、尊敬长辈的社会风尚。我国各地乡村都有与分家析产习惯法相关联的赡养习惯法，具体规范老人的赡养事宜。如贵州省黔东南苗族侗族自治州锦屏县河口乡文斗村在分家、赡养方面有"两子平均分"规范。按照习惯法，如有两个儿子，两个儿子平均分配父母亲的财产，并由一个儿子负责父母亲之一的养老送终。居住随父亲或者母亲意愿，不一定居住在那个负责养老送终的儿子那里，但生活费、生病时的花销、安葬等由约定养老送终的那个儿子负责。这一习惯法较符合文斗村村民的心理期待和社会需要，有一定的社会现实功能，对于维护良好的家庭关系、保障老年人的权益是有积极作用的。此外，源远流长的丧葬习惯法也体现了对老者、长者的尊重。如湖北省大冶市的刘仁八地区仍然存在效力严格的丧葬习惯法。刘仁八地区的丧葬习惯法包括报丧规范、祭奠规范、登山规范、安葬规范、宴客规范、祭"七"规范、奠礼规范等方面，反映了村民遵循丧礼仪式、履行守孝义务的情形。我国乡村的丧葬习惯法与孝文化是密切相关的。丧葬习惯法具有表孝功能，体现了晚辈的孝心。在办理丧葬的过程中，卑亲属穿着的"丧服"又称"孝服"；晚辈需要"守孝"以示哀悼和怀念。

我国许多地区的债权习惯法均确认和保障重义守信，强调契约双方当事人的守约践诺。如甘肃省临夏回族自治州毗邻藏区，靠近兰州，是以清真食品为主的民族特需用品的主要生产地和供给地。长期以来，整个临夏地区的牛羊交易十分活跃，至今仍然存在着独特的交易习惯法。人们在做牛羊交易时，不是在台面上当众用语言来讨价还价，而是按照习惯法通过在袖筒里捏价这一较为隐蔽的手势动作来进行交易，以避免旁人在交易过程中插嘴抬价或压价。双方一旦捏好价钱，就不能反悔。这一习惯法在维护交易秩序、保障交易顺利进行、促进经济发展、满足民众需要方面发挥了积极作用，并弘扬了良善的乡村契约文化。

从各地的乡村实践看，习惯法对于培育文明乡风、良好家风、淳朴民风具有非常重要的作用，在建设邻里守望、和谐敦睦、诚信重礼、弘扬孝道、尊老爱幼、扶弱助残、勤俭节约的文明乡村方面发挥了积极作用。

五、习惯法维持乡村秩序

乡村秩序为一种乡村平衡有序的状态，习惯法在群体生活秩序、婚姻家庭秩序、社会治安秩序等方面具有积极作用，在乡村发展和乡村治理方面占据十分重要的地位。

依据习惯法而形成、运转的乡村民间组织在一定程度上维持着乡村社会的秩序。如广西壮族自治区金秀瑶族自治县六巷乡六巷村帮家屯的村老制就极富特色，并传承至今，起着一定的乡村治理、社会控制作用。习惯法规范村老的产生、村老的职责、村老的权利义务等。如村老的职责主要为保境安民、处理纠纷、维持秩序，保障习惯法的效力，涉及宗教性事务、村民生活等各方面。村老制为村民自治制度的辅助，村老、村主为村民小组组长的补充，共同维持乡村社会秩序。村老、村主与村民小组同为帮家村民自我管理、自我教育、自我服务的形式，原始民主形式与现代村民自治有机的融合，习惯法与国家法律共同在乡村治理中发挥作用。

同时，作为一种全体村民的群聚活动、团体活动，帮家屯按照固有习惯法进行众节活动。[1]众节规范是帮家群聚习惯法的重要内容。众节也称众人节、吃众、做众，是帮家由村老、村主主持的祭祀神灵、讨论村务的一种全村性群聚活动，由习惯法进行规范，同时也是议定习惯法、宣布习惯法、处罚违反习惯法行为的活动。众节具有集体活动性、原始民主性和神秘性，在帮家有着深厚的社会基础和文化基础。习惯法规范众节的组织、程序和违反责任，较为全面地调整乡村村民的群聚关系，保障村民群体生活的正常进行。

---

〔1〕 由于地理环境、历史条件、民族文化等因素，帮家屯的"众节"由来已久，有着悠久的历史，并形成了相应的习惯法规范。由于山高路远，在1949年以前，国家力量和国家法律较难介入，帮家屯的瑶族一直按照习惯法进行自我管理，"众节"以及相关的村老、村主成了帮家社会的主要管治方式和管治力量，在帮家社会发挥了积极作用。72岁的邓天表老人回忆了约30年前通过"众节"、村老、村主，按照习惯法进行处罚的两个案例："我40多岁时，有一个30多岁的人进屋偷东西，偷蓝靛，一种染料。钱不多，反正一斤八两也是偷。当场被主家发现，告诉村老，村老就主持众村开会，（大家认为）违背村规，罚30斤米、30斤肉，大家吃一餐。20多年前，也是我40多岁时，最多晚一年，嫖，没结婚，嫖人家。门头（村），十八九岁，没到20岁，女的也没结婚。大家经常来来往往，生小孩了，生了个男孩。按村规民约，杀了猪的。吃是我去了，罚我们村的，后来也没结婚。现在小孩有10多岁了，跟他妈了，不到20岁。"邓天表访谈录，2009年1月9日。

　　乡村地区民风淳厚，村民乐于参与修桥补路等公益事务，形成了规范明确的公共事务习惯法。习惯法在乡村公共事务、公益设施管理等方面发挥了重要的作用。从观察和访问而知，公共事务习惯法的基本原则有自愿、义务、尽力等。公共事务习惯法的主要规范包括组织者、参加者、事项、费用等方面的内容。公共事务习惯法调整了乡村公共事务社会关系，解决了乡村行路求学等生产、生活困难，促进了乡村的经济和社会发展，维持了乡村社区的社会秩序，具有积极的作用。当今的公共事务习惯法基本传承固有的规范，体现了公共事务自愿参与、集体参与、众人得益的特点，反映了乡村地区团结互助、乐于奉献的历史传统和优良社会风尚。

　　在长期的社会发展中，我国各地形成了内容全面的婚姻习惯法，在社会生活中发挥了积极的作用。广义的当代中国婚姻习惯法包括订婚习惯法和结婚习惯法。如浙江省慈溪市蒋村的习惯法确认订婚的基本原则为自愿原则、必要原则、协商原则。习惯法确认的订婚主要规范包括相识与媒人规范、订婚程序规范（包括择时主体、订婚过程、陪客职责、来宾规范、宴席规范等）、彩礼规范、婚约解除与彩礼返还规范等，全面地调整订婚关系。结婚习惯法涉及婚制等实体规范和结婚仪式等程序规范，尤以婚姻程序规范为主要内容。结婚习惯法的程序规范涉及"享仙"、备房、请郎、新郎去新娘家喝酒和敲糖、迎亲、拜堂、婚宴等方面。当今蒋村婚姻习惯法突出秩序功能，以喜庆、吉祥为基本基调，以得到大众认可、社会美誉为主要宗旨，明确各方的权利义务，分清男方女方的具体责任，强调婚姻成立的男女双方和参与人的沟通、协调和形成共识，维护婚姻家庭秩序。

　　作为古老的社会规范，刑事习惯法在我国乡村社会一直存在、长期存在。刑事习惯法的内容丰富，包括认定条件、处罚程序、责任形式、例外处理等规范，涉及对侵犯财产、人身等个体、群体利益行为的处理，包括违反公共利益的行为、侵犯人身权利的行为、侵犯财产的行为等，主要为对偷盗、奸淫、危害社会秩序等行为的认定、处罚和执行规范。刑事习惯法在我国乡村社会具有普遍的表现，呈现出很强的社会效力，有着深厚的社会文化心理和现实条件。刑事习惯法因村民存在着共同的法利益、分享着共同的法感情、拥有着固有的法思维而有着牢固的现实基础，难以被国家法律以强制的方式直接取代或消解。在村民的日常生活中，国家法律意义上的刑事生活和刑法解决占有一定的地位。同时，村民往往遵循惯性对许多行为更倾向于按照刑事习惯法进行处理，自忍、调解、责罚，或个体处理或群体处理，进行各种形式的私力救济，从而维持乡村秩序。

六、习惯法解决乡村纠纷

受历史传统的影响和现实因素的制约，我国的乡村地区还普遍采用调解习惯法、神判习惯法等解决民间纠纷，化解村民之间的矛盾。

我国乡村历来奉行以和为贵的原则，调解习惯法即在纠纷解决过程中鲜明地体现了这一观念。我国的民间调解历史悠久、作用独特，包含调解对象、调解程序等内容的调解习惯法强调恢复性、弥合性、和好性，以"和"为核心，重在解决矛盾，尽量不遗留问题。如浙江省慈溪市附海镇蒋村的民众根据调解习惯法进行调解时，注意针对本乡本土的历史传统和特点，考虑村民的认识水平和接受能力，采取灵活多样的方式方法，结合大家共知的当地习惯法的相关规范，开展耐心、细致的说服疏导工作，促使双方当事人互谅互让，消除隔阂，引导、帮助当事人达成解决纠纷的调解协议，彻底解决民间纠纷，修复被损害了的乡邻关系，取得了较好的乡村治理效果。

神判是以非人的神灵为后盾的解决氏族成员的争端和纠纷的一种裁决方法。由于社会发展阶段和文明进化程度的限制，我国相当多的乡村都采用神明裁判方式来解决疑难纠纷，处理复杂的违反习惯法的行为，形成了有关神判的适用条件、神判的种类、方法、结果的习惯法。按照习惯法，广西壮族自治区金秀瑶族自治县主要有赌咒、砍鸡头、进社、装袋、烧香等神判方式。[1] 在当今的金秀乡村，神判这种原始、古老的纠纷解决方式已较少出现，但根据习惯法运用烧香诅咒的神判方式解决堵路纠纷的现象还是偶有发生，为我们展示了当今乡村通过神判习惯法解决乡村纠纷的实情。

根据习惯法解决乡村纠纷符合我国多元化解决纠纷的基本策略，与我国乡村的发展状况和村民的心理相一致，在乡村治理中具有现实意义。

七、结语

乡村是具有自然、社会、经济特征的地域综合体，兼具生产、生活、生

---

〔1〕 关于中国古代汉族的神判，详可参见高其才：《多元司法——中国社会的纠纷解决方式及其变革》，法律出版社2009年版，第13~33页。关于中国古代少数民族的神判，详可参见高其才：《多元司法——中国社会的纠纷解决方式及其变革》，法律出版社2009年版，第131~155页。关于瑶族固有的神判习惯法，详可参见高其才：《瑶族习惯法》，清华大学出版社2008年版。第305~317页。

态、文化等多重功能，与城镇互促互进、共生共存，共同构成人类活动的主要空间。我国为乡村大国，乡村在国家发展中有着特殊的地位。具有悠久历史的习惯法在我国的乡村社会具有明显的影响力，于分配资源、维持秩序、解决纠纷、凝聚人心、教化村民、淳化民风等方面意义深远，在乡村治理中发挥着广泛的作用。

健全乡村治理体系，构建共建、共治、共享的社会治理格局，走中国特色社会主义乡村善治之路，建设充满活力、和谐有序的乡村社会，不断增强广大农民的获得感、幸福感、安全感，这离不开习惯法作用的发挥。我们需要尊重具有内生性特质的习惯法的客观存在，具体分析习惯法在乡村治理中的作用，重视和弘扬习惯法在乡村治理中的积极作用，抑制和消除习惯法在乡村治理中的消极影响。

通过习惯法的乡村治理体现了我国固有农耕文化蕴含的优秀思想观念、人文精神、法的理念，需要结合时代要求进行传承和创新，通过教育引导、实践养成，不断推进村民的自我管理、自我教育、自我服务、自我提高，实现乡村的家庭和睦、邻里和谐、社会融洽，最终走向乡村善治。

下 篇

多重环节系统融冶

导　言

　　乡村治理体系主要包括"谁来治理""依何治理"以及"如何治理"三个方面，其中"如何治理"指向运行维度。

　　运行维度是乡村治理体系的关键。主体维度、规范维度是静态层面的，运行维度则是动态层面的，是解决如何治理的问题。从运行维度在动态实践中连接主体维度和规范维度。如果没有运行维度作为保障，健全党组织领导的自治、法治、德治相结合的乡村治理体系将缺乏实践基础，自治、法治、德治相结合的乡村治理体系将无法真正付诸实践，主体和规范两条路径将无法发挥效果。因此，从运行维度探讨乡村治理体系至关重要。

　　乡村治理体系的运行维度主要包括制定、实施及监督等多重环节。其中制定环节涉及制定主体、制定程序等方面，实施环节涉及执行、适用、遵守等方面，监督环节涉及国家机关监督、村组监督、村民监督、社会监督等多层级的监督。涉及村民议事、社区协商、积分制管理、道德"红黑榜"、乡村流动人员管理、脱贫攻坚、乡村治理地方标准、乡村智慧治理、乡村纠纷解决等。从运行维度完善乡村治理体系需要从制定、实施和监督等环节入手系统推进，明确权责分配、整合治理力量、调整运行方式、完善运行机制，构建多方协作路径，实现乡村治理规范的融合运行。

　　乡村治理体系需要健全村级议事协商制度，形成民事民议、民事民办、民事民管的多层次基层协商格局。创新协商议事形式和活动载体，依托村民会议、村民代表会议、村民议事会、村民理事会、村民监事会等，鼓励农村开展村民说事、民情恳谈、百姓议事、妇女议事等各类协商活动。广东省广州市增城区大埔围村通过制定并实施村规民约和《增江街大埔围村村民代表会议议事制度》等村规民约，尊重村民的主体地位，落实民主管理、民主决策，使村民代表会议的议事具有正当性基础，村民代表会议议事有规范、决议有程序、执行有保证，促进了大埔围村的良法善治，推进了大埔围村经济和社会的发展。

针对集中居住的特点，湖北省荆门市京山市罗店镇马岭村实行村民积分制管理。积分制的加分项包括美德实践类、积极进取类、环境友好类、团结和谐类、平安建设类5个大类34个小项，扣分项为乱扔垃圾、与邻居争吵等七方面，并采取建立每户积分卡和积分台账、制定兑换办法、奖励表彰先进等措施。积分制的实施加强了村民团结互助，培育了村民规范意识，提升了乡村治理水平，营造了进取、关爱、奉献、美丽、平安的村居环境和良好的社会新风尚，在乡村治理中取得了较好的效果。

道德"红黑榜"是当前某些乡村地区出现的新型乡村治理措施，并且取得了良好的社会效果。道德"红黑榜"在设立目的方面，以促进乡风文明、助力脱贫攻坚为主；在评议标准方面，重视弘扬孝老爱亲、重义守信、勤俭持家等美德；在评议程序方面，强调公开、公正、公平，坚持村民自治。道德"红黑榜"之所以能够发挥积极作用，是因为它在传承优秀道德观念和道德规范的基础上，充分利用乡村共同体的场域压力，重视奖惩教育相结合，坚持自治、法治、德治相结合。道德"红黑榜"评议活动的开展有利于促进乡风文明建设，实现治理有效，助力脱贫攻坚，助力乡村振兴，走向乡村善治。

2011年广东省广州市增城区的"新塘事件"表明，东部沿海地区的乡村基于经济发展的需要吸引了许多外地流动人员，但是乡镇政府、村对外来流动人员的管理服务工作不到位，尤其是对外来流动人员关爱不够；乡村治理体制机制不适应经济社会的快速发展，服务管理力量严重不足。外来流动人员对乡村治理提出了挑战。面对乡村治理出现的新问题，需要重视并优化对外来流动人员的管理服务。外来流动人员较多村的村委会需要改革创新，转变不合时宜的管理观念、管理方式和管理手段。要切实转变重经济建设、轻社会管理，重户籍人口服务、轻外来人口服务的思想观念，用统筹城乡经济社会发展的理念加强和创新乡村治理、社会管理服务。通过不断完善的制度安排，优化对外来流动人员的管理服务，保障外来流动人员的合法权益，使外来流动人员融入流入地乡村，共同参与打造充满活力、和谐有序的善治乡村，形成共建、共治、共享的乡村治理格局。

　　通过对与脱贫攻坚相关的规范性文件的分析，发现以脱贫攻坚为目标的乡村治理有其特殊性质。在治理依据方面，形成了宪法法律指引、党政规范性文件部署和地方法规规章推进的规范体系；在治理目标方面，治理贫困在经济、设施和制度、时间上都以数字指标为准；在治理实施方面，对治理要素中的人采取了超常规的领导、组织、动员方式，对资金要素采取了超常规的国家财政投入，并运用技术，以专项制的方式运行。在治理保障方面，更注重体制内部的责任制、考核制、督查巡视和激励问责等政治保障方式，将法治保障作为补充。总体而言，呈现出治理依据规范化、治理目标数字化、治理实施超常规与政治保障主导等特点。在当前中国发展的特殊阶段，治理贫困是一项艰巨的发展任务，同时也是依法治国的基本要求，呈现出运用规范化的方式展开超常规治理的突出特点。

　　浙江省安吉县于 2018 年 9 月发布了全国首个乡村治理地方标准规范《乡村治理工作规范》。在具备可操作性的基础上，这一《乡村治理工作规范》量化了乡村治理"谁来治理、怎么治理、治理什么、治理效果如何检验"四个方面的工作。《乡村治理工作规范》将乡村治理工作分解为"支部带村""发展强村""民主管村""依法治村""道德润村""生态美村""平安护村""清廉正村"八方面。《乡村治理工作规范》总结了乡村治理的经验，细化了国家和省市的法律法规和规范性文件的要求，有助于推广乡村治理的成功实践，进一步提升乡村治理的精确化水平。《乡村治理工作规范》可能存在忽视乡村具体的社会情境和独有特质、忽略乡村本土的特色治理等局限，需要进一步通过总结具体实践效果予以完善。

　　运用现代科技手段，适应数字乡村发展、乡村社会治理变化的需要，浙江省龙游县的"村情通"经验源于村务公开，本于探索创新，基于技术条件，重于全面推广，具有鲜明的时代色彩。智慧治理的功能体现在智慧沟通、智慧参与、智慧监督、智慧服务、智慧党建等方面。作为智慧治理的形式，"村情通"具有参与广泛、沟通效率高、超越村庄实体空间、方便易用等优势，体现了开放治理、互动治理、便捷治理、合力治理等特点，有助于打造共建、共治、共享的乡村治理格局。"村情通"体现了多元的乡村治理主体、协同的乡村治理机制、精细的乡村治理方式、规范的乡村治理手段、高效的乡村治理过程。这一智慧治理形态是乡村治理的发展方向，有助于乡村治理水平的提升。就具体实践观察，"村情通"存在使用推广不平衡、相关干部思想不重视、认证情况不理想等局限，需要提高乡村干部的认识、完善智慧治理的软硬件，推动数字乡村发展背景下乡村治理中的智慧治理的发展。

乡村多元化纠纷解决制度经过近二十年的发展，已经成为当下我国最主要的解纷制度。但其仍面临实践困境，究其原因：一是发展方向与路径模糊不清；二是本土化不足。从机制和对应纠纷域出发，分级和分流两个解纷谱系共同组成我国乡村多元化纠纷解决的整体网络。分级式解纷以基层为主体，攀爬至高层级的纠纷则以党委政府为协调化解保障，遵循"基层积极，上层消极"的逻辑，以社会合作、权力叠进、"识别—瞄准"解纷为机制。分流式解纷以正式部门或信息平台分流为枢纽，将点状分散的解纷组织或机构串联成薄网，注重司法兜底权威，以诉讼分流、司法行政指导人民调解分流、综合平台分流等为构成。比较而言，前者有灵活简约化解纠纷、行政层级资源集中应对复杂纠纷的优势；后者更契合城市碎片化和日常化的纠纷解决，二者不可替代。在构建我国乡村多元化纠纷解决制度时，以专业性行业性分流解纷机制替代分级式解纷的导向并不可取，应完善"横纵"相辅的纠纷解决体系。

第三十三章

村民议事与乡村治理
——以广东省广州市增城区增江街大埔围村为对象

一、引言

《村民委员会组织法》第 2 条第 3 款规定村民委员会向村民会议、村民代表会议负责并报告工作，第四章还对村民会议和村民代表会议进行了专章规定。2015 年 11 月 2 日，中共中央办公厅、国务院办公厅印发的《深化农村改革综合性实施方案》提出："探索以村民会议、村民代表会议为载体，创新村民议事形式，完善议事决策主体和程序，落实群众知情权和决策权。"2017 年 10 月 28 日，习近平在中国共产党第十九次全国代表大会上的报告中强调："协商民主是实现党的领导的重要方式，是我国社会主义民主政治的特有形式和独特优势。要推动协商民主广泛、多层、制度化发展，统筹推进政党协商、人大协商、政府协商、政协协商、人民团体协商、基层协商以及社会组织协商。加强协商民主制度建设，形成完整的制度程序和参与实践，保证人民在日常政治生活中有广泛持续深入参与的权利。"

中共中央、国务院于 2018 年 1 月 2 日发布的《关于实施乡村振兴战略的意见》指出，依托村民会议、村民代表会议、村民议事会、村民理事会、村民监事会等，形成民事民议、民事民办、民事民管的多层次基层协商格局。中共中央办公厅、国务院办公厅于 2019 年 6 月 23 日印发的《关于加强和改进乡村治理的指导意见》强调健全村级议事协商制度，形成民事民议、民事民办、民事民管的多层次基层协商格局。创新协商议事形式和活动载体，依托村民会议、村民代表会议、村民议事会、村民理事会、村民监事会等，鼓励农村开展村民说事、民情恳谈、百姓议事、妇女议事等各类协商活动。

为落实这些法律法规和规范性文件规定的基层协商、创新村民议事形式，规范村民议事程序和方法，推行"一事一议"，实现"还权于民"，健全村党组织领导的充满活力的村民自治机制，保证村民依法直接行使民主权利，提高村民自治水平，依据《村民委员会组织法》和《广东省实施〈中华人民共和国村民委员会组织法〉办法》，广东省广州市增城区增江街大埔围村于2014年制定并实施了《增江街大埔围村村民代表会议议事制度》（以下简称《村民代表会议议事制度》），[1]村民议事在乡村治理过程中收获了积极的社会效果，有力地推进了村民自治的实现。

地处广州市最东部的大埔围村位于广州市增城区增江街东部，全村占地面积约2.3平方公里，其中山地面积2000多亩，水田面积652亩，鱼塘面积365亩；全村有6个自然村，9个经济合作社，户籍人口252户，共923人。大埔围村是增城革命老区、爱国主义教育基地，2010年被评为广州市文明示范村，2015年获"广州名村"称号，并被评为"广东省文明村"。2016年、2017年大埔围村先后被国家住建部确定为全国第四批美丽宜居村庄、全国第一批绿色村庄。2017年11月，大埔围村被授予第五届全国文明村称号。大埔围村为全国农村幸福社区建设示范单位。

2019年1月22日，笔者到大埔围村进行了实地调查，察看了村容村貌，访问了村干部和村民，查阅了有关档案，对大埔围村的村民代表会议议事有了基本的了解。本章即为对此的初步总结，期待得到学界和社会的进一步关注。

二、村民议事的制度

针对本村的实际情况，借鉴人大、政协会议中的一些做法，总结以往的经验，大埔围村的《村民代表会议议事制度》对村民代表会议的人员构成、召集、程序、决议和决定、纪律处罚、议事大厅的功能分区等进行了具体的规定，使村民代表会议的议事有规可依，从程序上保障村民代表依法、依规行使民主权利。

---

〔1〕 根据学术惯例，文中的人名大部分为化名，特此说明。这一村民代表会议议事制度的草稿由中共增城区委组织部提供，大埔围村根据本村的具体情况进行了细化，并由村民代表会议定稿和通过。

（一）村民代表会议的人员构成

《村民代表会议议事制度》明确规定，村民代表会议由村民代表、村委会成员组成，村民代表会议成员享有议事权和表决权。

不是村民代表的村党支部委员、合作社主任和党员代表可以列席村民代表会议，享有议事权，但是没有表决权。

（二）村民代表会议的召集

《村民代表会议议事制度》规定村民代表会议由村"两委"（党支部、村民委员会）负责召集，村民代表会议一般每个季度至少召开一次，遇到特殊情况时，经村"两委"提议，可随时召开会议。

村民代表会议实行"一事一议"，议题一般由村"两委"提出，经由村"两委"联席会议充分讨论并形成初步方案后提交村民代表会议审议。

村"两委"应当在村民代表会议召开前三天，将会议的时间、地点和要讨论决定的事项等通过村务公开栏、文化室广播等方式通知全体村民。

《村民代表会议议事制度》强调村民代表应当密切联系群众、真实反映自己所代表的村民的意见。建立村民代表对接联系村民制度，每位村民代表对接联系一定户数的村民。村民代表会议召开前，村民代表到联系户征集村民对议题的意见和建议，并将征集到的意见和建议登记在册，做到群众知情、群众参与、群众监督，确保村民代表表决真正反映大多数村民的意志。

（三）村民代表会议的程序

《村民代表会议议事制度》规定村民代表会议由村党支部书记主持，有2/3以上的村民代表会议成员参加，会议方为有效。

按照《村民代表会议议事制度》的规定，村民代表会议的程序为：①清点出席会议的人数。由会议主持人向到会人员报告本次会议的应到人数、实到人数、缺席人数和列席会议人员。②宣布开会。有2/3以上的村民代表会议成员参加，方可开会。③通报往次村民代表会议决议和决定的落实执行情况。④提出本次会议的议题。由会议主持人向到会人员报告本次会议的议题或方案。⑤讨论和审议。具体为村民代表会议成员逐一充分发表自己及其所代表村民的意见、建议。每位成员发言时间为5分钟，发言时间剩余1分钟时，由工作人员作出提醒。发言时间到，马上停止发言。列席人员可充分表达意见、建议和诉求。每位列席人员发言时间为5分钟，发言时间剩余1分钟时，由工作人员作出提醒。发言时间到，马上停止发言。村民代表会议成员和列席人员发言完毕后，可再申请 3 分钟的补充发言时间。发言时间到，马上停止发言。⑥表决与通过。在充分酝酿、讨论的基础上，对需要作出决议或决定的议题，由村民代表会议成员使用电子表决系统进行无记名表决，表决结果当场公布。决议或决定的事项，经到会村民代表会议成员的过半数通过方为有效。⑦形成决议或决定。村民代表会议由专人记录，表决形成决议或决定后，现场形成会议纪要，并由到会村民代表会议成员签名确认。

（四）村民代表会议的决议和决定

《村民代表会议议事制度》从三个方面对村民代表会议的决议和决定进行了规定：①公开公告。凡是经村民代表会议通过的决议、决定，都要通过村务公开栏、文化室广播等方式予以公开和公告。②严格执行。村"两委"和全体村民必须严格执行落实村民代表会议的决议和决定，任何人均不得擅自改变或另作决定。③定期通报。每次村民代表会议，由会议主持人通报往次村民代表会议决议和决定的落实执行情况，到会人员可提出相关意见和建议。

（五）村民代表会议的纪律处罚

为严肃会议纪律，形成良好的会风，《村民代表会议议事制度》规定对到会人员违反会议纪律情形实行红、黄牌警告制度。给予红、黄牌警告由主持人及村"两委"提议并经到会村民代表会议成员过半数通过方为有效。累积 2 次黄牌警告或受到 1 次红牌警告的，村民代表暂停 1 次表决权和议事权，列席人员暂停 1 次议事权。

（1）发生下列情形之一的，给予黄牌警告 1 次：在会场大声喧哗吵闹的；在会场恶意辱骂到会人员的；抢夺会议麦克风阻止到会人员正常发言的；故意损坏会议设施的；其他影响会议秩序的。

（2）发生下列情形之一的，给予红牌警告 1 次：阻止到会人员进入会场的；向到会人员投掷物品或泼洒液体的；在会场殴打他人的；故意损坏会议设施情节严重的；其他严重影响会议秩序的。

（六）议事大厅的功能分区

为确保村民代表会议庄严神圣，《村民代表会议议事制度》规定会议设立议事大厅，并按以下座席板块进行功能分区和布局，到会人员须佩戴相应的会议牌证对号入座和履职尽责。①主席台：村"两委"干部，其中村党支部书记为会议主持人。②代表席：村民代表。③列席席：不是村民代表的合作社主任和党员代表。④旁听席：向村"两委"申请到场旁听并获批准的村民。

⑤监督席：村务监督委员会成员。⑥发言席：代表及列席人员讨论发言的指定位置。

针对村民代表会议议事的实际情况，《村民代表会议议事制度》的内容具体、规范具有可操作性，保障了大埔围村村民代表会议的顺利议事。

三、村民议事的内容

根据《村民代表会议议事制度》，大埔围村村民代表会议的议事内容包括村经济和社会发展规划年度计划，村庄建设规划；村民自治章程和村规民约的修订；村集体经济项目的立项、承包方案，从村集体经济所得收益的使用；村公益事业的兴办和筹资筹劳方案及建设承包方案；集体所有土地征收征用以及各项补偿费的使用和宅基地的分配方案；聘用或者辞退村财会人员和其他村务管理人员，聘用人员和享受补贴人员的报酬标准；村级救济、最低生活保障、土地征用人员的养老保险和合作医疗等福利事业方案；涉及村集体和村民利益的其他事项。

这些事项涉及村民的基本利益和大埔围村的发展，因此成了村民议事的主要议题。

如 2017 年 6 月 21 日第二次村民代表会议讨论并通过了关于大埔围村自来水用水维护管理项目招投标方案、关于大埔围村老屋散小绿化休闲场地承包管理方案、关于大埔围村垃圾清运工作招投标方案、关于大埔围村五保村出租方案、关于大埔围村第七届村民委员会相关自筹费用标准问题等议项。其中，关于大埔围村第七届村民委员会相关自筹费用标准问题，为了确保大埔围村第七届村民委员会期间各项费用的支出符合村财务管理要求，村民代表会议确定了各项费用的标准。费用包括：①村委干部自筹工资补助标准："两委"主要领导每人每月 2000 元，其他"两委"干部每人每月 1950 元，重心下移工作人员每人每月 1350 元。②村委干部交通费补助标准："两委"主要领导每人每年 3000 元，其他"两委"干部和重心下移工作人员每人每年 2000元。③村委干部信息费补助标准："两委"干部、重心下移工作人员每人每年2000 元。④合作社干部补助标准：新屋、塘水、直禾，每个合作社每年 2100元；禾一、禾二、老屋一、老屋二、横屋、树吓，每个合作社每年 1800 元。⑤合作社主任工作奖励金标准：每个合作社主任每年 1000 元。⑥监委会成员工资补助标准：主任每人每月 500 元，委员每人每月 400 元。⑦车辆补助：

由于大埔围村委工作量大，村干部每天都需用叶伟浓和叶田文两位干部的车辆到街道办事处处理村委事务或参加会议，从而产生对车辆的损耗及燃油费用，因此对两位干部给予一定的车辆补助费用，每人每年 10 000 元。⑧退休干部工资补助标准：每人每月 700 元。⑨治安队员交通费补助标准：每人每月 300 元。⑩满 70 岁老人春节慰问金标准：每人 100 元。⑪贫困户春节慰问金标准：每户 200 元。⑫党员、村民代表春节慰问金标准：每人 500 元。⑬村委聘请的其他工作人员春节慰问金标准：每人 100 元。⑭四丰小学教学奖励金：每学期 5000 元。

2017 年 9 月 19 日第三次村民代表会议讨论并通过了关于大埔围村老屋自然村已整治场地承包管理方案、关于大埔围村绿道及散小场地承包管理方案、关于大埔围村文化大礼堂承包管理方案、关于大埔围村民购买城乡居民社会医疗保险补助标准问题等议项。

2017 年 12 月 21 日第四次村民代表会议讨论并通过了关于制定《增江街大埔围村财务管理制度》[其中第 4 条规定："严格执行项目及经济开支审批手续，一切非生产及生产经营开支必须取得对方的合法凭证，经召开村民代表会议决定：（1）单笔开支 3000 元（包含 3000 元）以下，由村委会主任、书记审批。（2）单笔开支 3000 元至 50 000 元（包含 50 000 元），由村委会主任、书记、两委会成员、村监委会成员集体讨论通过形成会议记录，作为支出票据附件。（3）单笔开支 50 000 元以上，由村委会主任、书记、两委会成员、村监委会成员及村民代表集体讨论表决通过，并签名按手印确认形成会议记录，作为支出票据附件。"]，关于制定《大埔围村河道保洁村规民约》，关于大埔围村东瓜井（土名）农田出租方案 [为了增加村集体的经济收入，现制定方案将位于大埔围村东瓜井（土名）牌坊南面 20 亩的农田出租。方案：承包期限为 20 年，交易底价为每年 1300 元/亩，价高者得。承包租金：前 5 年，按基期标准承包款交纳，以后 15 年每 5 年为一个承包款调增期，第 6 年至第 10 年递增 5%、第 11 年至第 15 年递增 10%、第 16 年至第 20 年递增 15%。以基期标准承包款一年租金交纳押金，合同期满押金作为最后一年租金抵扣。交易诚意金为 5000 元]，关于砍伐大埔围村牛头岭、教雨岭、背夫山（土名）桉树问题等议项。

2018 年 2 月 28 日第五次村民代表会议讨论并通过了关于制定《增江街大埔围村农村住房困难户住宅建设管理实施意见》、关于制定《增江街大埔围村

2018年度工作计划》、关于制定《大埔围村2018年财务收支预算计划》等议项。

2018年10月17日召开的第七届村民委员会第六次村民代表会议讨论并通过了关于提高大埔围村民购买城乡居民社会医疗保险补助标准（从2019年起大埔围村委会给予村民的补助标准提升到了每人每年100元，使用基本农田款项支付）、关于大埔围村佛坳果场东边地块出租方案、有关使用环境卫生专项资金支付公园、垃圾清运等费用问题、关于大埔围村2018年扶贫"双到"资金使用方案（大埔围村2018年扶贫"双到"资金共有50万元，用于村小广播及公园路灯升级改造工程）等议项。

这些内容表明，大埔围村根据《村民代表会议议事制度》的规定，将与每个村民切身利益相关的村里"大事"交由村民代表会议讨论、决定。

四、村民议事的实施

为保障《村民代表会议议事制度》的实施，大埔围村于2014年专门装修、布置了村民议事厅，[1]将《村民代表会议议事制度》张贴上墙，还购置了一套可供36位村民代表表决的电子表决系统，从硬件上保障了《村民代表会议议事制度》的具体施行。[2]

为落实《村民代表会议议事制度》，大埔围村重视村民代表的选举产生，村民代表与村民委员会、村民小组同时在三年一次的换届选举中被选出来。每位村民代表负责联系15户~25户村民。

从2017年5月第七届村民委员会成立以来，大埔围村根据《村民代表会议议事制度》召开了6次村民代表会议。如2017年6月1日的第一次村民代表会议（到会成员22人、请假1人）选举产生了大埔围村村务监督委员会（民主理财监督小组）（一位候选人得票22张、一位候选人得票21张、一位候选人得票20张，另有三人分别得票1张，得票多的三位当选）、选举产生大埔围村经济联合社社委会（三位候选人分别得票21张，另有一人得票1张，得票多的三位当选）。

---

〔1〕 正面墙壁上贴有"有事好商量，众人的事情由众人商量，是人民民主的真谛。——习近平"。

〔2〕 在大埔围村党支部书记兼村民委员会主任叶伟浓看来，举手表决往往碍于情面，并不能反映村民代表的真实意思；用电子表决系统就能够避免这一问题的出现。叶伟浓访谈录，2019年1月22日。

在这些年的实践中，在每次村民代表议事开会之前的一周左右，会议组织者按照《村民代表会议议事制度》的要求公示要讨论的事项，村民代表也要去搜集自己负责联络的村民意见，并带上会来讨论。提交村民代表会议讨论的议题经过村"两委"班子扩大会议审定后确定。如下面这份为第六次村民代表会议议题公示：

关于召开增江街大埔围村第七届村民委员会第六次村民代表会议的通知

全体村民：

经村"两委"班子扩大会议审议，现将大埔围村第七届村民委员会第四次村民代表会议拟讨论议题予以公示，并征集您对本次议题的建议或意见，请您于 2018 年 10 月 17 日前将您的建议或意见向联系您的村民代表反映，村民代表将登记在册并在村民代表会议上提出。

会议时间：2018 年 10 月 17 日 10 时。

会议地点：村委民主议事大厅。

会议讨论事项：

1. 关于提高大埔围村民购买城乡居民社会医疗保险补助标准问题；

2. 关于大埔围村佛坳果场出租方案；

3. 有关使用环境卫生专项资金支付公园、垃圾清运等费用问题；

4. 关于大埔围村 2018 年扶贫"双到"资金使用方案。

增江街大埔围村党支部

增江街大埔围村民委员会

2018 年 10 月 15 日

公示还附上了村民代表会议讨论事项的简要介绍，以令村民代表和村民有初步的了解。

大埔围村村民代表会议的会议议题需要由村法律顾问在法律意见征求表上签下意见，[1]以防违反宪法、法律、法规的情况出现。

―――――――――

〔1〕 村法律顾问通常每周来大埔围村一次。村法律顾问一般在法律意见征求表上签下"依《村民委员会组织法》及村规民约办"或"依据《村民委员会组织法》及村规民约执行"的意见。

每次村民代表会议议事时，各位村民代表村民均遵循《村民代表会议议事制度》规定村民代表会议的程序积极发言，认真进行讨论，并逐项进行无记名表决，作出决定、形成决议。

村民代表会议议题讨论表决完毕后，相关会议纪要内容会在村务公开栏公布，并通过文化室广播予以公告，各位村民代表回去后做好传达通报工作，有新情况要及时向村"两委"反馈。

村民代表参加会议时需要签到。最后，参会的大埔围村党支部负责人、村民委员会主任、村民委员会成员、村务监督委员会成员、村民代表需要在会议纪要上签字并按手印确认，以示负责。

大埔围村会对村民代表会议表决事项的执行情况进行通报。如下面即为一例：

增江街大埔围村第六届第十五次村民代表会议表决事项执行情况的通报

全体村民：

2017 年 4 月 12 日我村召开了第六届第十五次村民代表会议。现将第十五次村民代表会议表决事项执行情况通报如下：

第一项议题，关于推选产生大埔围第七届村民选举委员会，执行完成情况。已按推选办法，选出了大埔围村第七届村民选举委员会成员包括：张富根、叶来斌、叶善钟、黄芬淑、叶澎、叶万福、叶宝重。各位成员认真、负责，维护了大埔围村换届选举环境的风清气正，顺利完成了党支部、村民委员会、村民小组和村民代表的换届选举工作。

第二项议题，关于大埔围村第七届村民委员会选举工作实施方案和大埔围村第七届村委会选举办法，执行完成情况：已按实施方案和选举办法顺利进行了大埔围村第七届村民委员会的换届选举，选出了主任叶伟浓，副主任叶传堂，委员刘元明。

增江街大埔围村党支部

增江街大埔围村民委员会

2017 年 5 月 26 日

针对《村民代表会议议事制度》的完善，大埔围村党支部书记兼村民委员会主任叶伟浓介绍：今后每次村民代表会议议事时，需要更重视将以前村民代表会议的决议和决定的执行情况进行报告和公示，并予以制度化、规范化。[1]

五、结语

大埔围村自 2014 年被确定为广州"美丽乡村"试点后，坚持"因地制宜、因难见巧、因势利导"的发展理念，通过制定并实施以《村民代表会议议事制度》为代表的村规民约，尊重村民的主体地位，落实了乡村的民主管理、民主决策，促进了大埔围村的良法善治，推动了大埔围村经济和社会的发展。

内容详细、程序规范的《村民代表会议议事制度》对《村民委员会组织法》的有关规定进行了具体的细化规定，为村民代表会议议事提供了制度保障，解决了以往开会自由散漫、吵吵闹闹、议而难决、决而难行的问题，营造了严肃认真、庄严神圣的议事氛围，大大增强了村民代表及相关与会人员的荣誉感、责任感、组织纪律观念及主人翁精神，大大提高了会议的质量和效率，使村民代表会议议事有规范、决议有程序、执行有保证。这为村民代表会议的议事奠定了正当性基础，令村民的民主权利具体落到实处，有力地推进了村民自治实践，推动了现代乡村治理的形成。

虽然《村民代表会议议事制度》实施的时间不长，需要进一步的实践，但大埔围村村民议事对乡村治理的积极推进作用值得肯定，村民议事有力地推动了大埔围村走向善治。大埔围村村民代表会议议事制度所体现的民主管理性质、程序公正理念、实用易行的规范值得认真总结并积极推广。

---

[1] 叶伟浓访谈录，2019 年 1 月 22 日。

第三十四章

积分管理与乡村治理
——以湖北省京山市马岭村为对象

一、引言

2014 年 10 月 23 日，中国共产党第十八届中央委员会第四次全体会议通过的《中共中央关于全面推进依法治国若干重大问题的决定》明确提出"必须保证人民在党的领导下，依照法律规定，通过各种途径和形式管理国家事务，管理经济文化事业，管理社会事务"，强调"完善和发展基层民主制度，依法推进基层民主和行业自律，实行自我管理、自我服务、自我教育、自我监督"。强调全面推进依法治国，需要推进多层次、多领域依法治理；坚持系统治理、依法治理、综合治理、源头治理，提高社会治理法治化水平；深入开展多层次、多形式法治创建活动，深化基层组织和部门、行业依法治理，支持各类社会主体自我约束、自我管理；发挥市民公约、乡规民约、行业规章、团体章程等社会规范在社会治理中的积极作用。按照这一精神，针对集中居住的特点，湖北省荆门市京山市罗店镇马岭村实行村民积分制管理，在乡村社会治理中发挥了积极的作用。

马岭村位于湖北省荆门市京山市罗店镇东北部，离县城 60 公里；全村辖 5 个村民小组、219 户、839 人，其中党员 20 名，总面积 5000 亩，其中耕地面积 3906 亩。2017 年村民人均纯收入达到 31 000 元，村级固定资产超过 1000 万元，资金积累达 150 万元。马岭村先后荣获"中国美丽乡村百佳示范案例""全国优秀合作社""湖北省宜居村庄""湖北省绿色示范村""全省先进基层党组织""省级文明村""湖北十佳美丽乡村提名奖""湖北省村集体经济发展进步村"等荣誉称号。[1]

为弘扬社会主义核心价值观,适应村民集中居住的状况,[2]提升乡村社会的管理和治理水平,按照《村民委员会组织法》等法律法规的规定,经村民代表会议通过,马岭村通过了《马岭村村民积分制方案》《马岭村村民积分制管理细则》,决定从 2016 年 3 月 1 日起,在全村范围内实行村民积分制管理,在乡村社会治理中取得了较好的效果。

2018 年 6 月 20 日,笔者专门到马岭村进行了调查,搜集了有关规范,访问了一些村民,察看了村容村貌,对马岭村通过村民积分制进行乡村社会治理的实践有了总体的了解。本章为对马岭村通过村民积分制管理进行乡村社会治理的初步总结,以期引起学界的进一步关注。

二、通过积分制进行乡村社会治理的目标

从 2013 年开始,马岭村的村民开始集中居住;2013 年,80%的村民集中居住在一起;2014 年,90%的村民集中居住在一起。[3]这一村民由分散居住到集中居住的居住方式的变化给乡村基层社会治理带来了新的矛盾和问题。针对这一状况,受到浙江省海宁市实践的启发,[4]根据 2015 年 1 月 28 日经过

---

〔1〕 按照学术惯例,文中的部分人名进行了化名处理,特此说明。马岭村逐渐形成了"村民股东化、居住集中化、养老福利化、管理公司化、经营集约化、发展工业化"和"企业主导、能人带动、政府助推、群众参与"的马岭模式。

〔2〕 当前的乡村社会治理体制无法回应乡村社会变迁的困境。张天佐、李迎宾认为,当前农村的社会结构处于深刻变动的时期,人口结构、社会阶层、组织结构都发生了重大变化。原本传统村庄的封闭性、稳定性被空心化、流动性取代,原本单一的务农阶层分化为依赖不同经济来源的多重群体,新型组织和原本以人际关系为纽带的非正式组织发挥不同的作用。如今的农村呼吁制度创新以解决制度失灵、社会失范的问题。参见张天佐、李迎宾:"强化'三治'结合 健全乡村治理体系",载《农村工作通讯》2018 年第 8 期。

〔3〕 马岭村村民出资、统一规划、集中修建了 2 栋 40 户村民住宅楼、132 栋单体和联排别墅楼,全村 90%的村民已经搬迁至社区,社区住房超过 150 户。这满足了村民的居住需要,改善了居住条件。

〔4〕 海宁市于 2005 年在浙江全省首创党员"一员双岗"积分制考核,分类制定考核指标,突出科学化评价;分步开展考核程序,突出开放化操作;分层推进结果运用,突出精细化管理。经过几年的探索实践,建立起一整套完善的党员教育、管理、考核体系,实现了党员教育管理从粗放型向精细化、从经验型向科学化、从封闭型向开放化转变,有效地激励了全市党员自觉服务发展、服务基层、服务群众,模范践行"五(吾)带头"。参见"海宁市'三分三化'提升党员积分制考核",载http://www.cnjxol.com/Industry/content/2012-11/23/content_ 2253973.htm,2018 年 9 月 11 日最后访问。如浙江省海宁市编办深化机关党建工作,探索推行机关党员文明指数积分制管理机制,提升党员干部文明素质、树立文明、进取、务实的机构编制队伍良好形象。①"五带头"科学积分管理。积分设置分基本分值、加分项目和减分项目,其中基本分值为 80 分,包括带头宣传文明创建、带头提升文明素养、

村民代表会议审议通过和实施的《京山县罗店镇马岭村村规民约》的规定，[1]马岭村党支部、村民委员会决定通过制定、实施村民积分制进行乡村社会治理。

根据《马岭村村民积分制方案》，积分管理旨在引导村民"积极履行公民社会责任，努力提高公民道德素养"，"尽己所能、帮己所有、奉献爱心"，在服务村民、服务新社区的过程中建立"奉献—回报—激励—奉献"的良性循环机制，营造进取、关爱、奉献、美丽、平安的村居环境和良好的社会新风尚。

马岭村通过村民积分制进行乡村社会治理的基本目标为弘扬社会主义核心价值观，提升乡村治理水平。党的十八大提出，倡导富强、民主、文明、和谐，倡导自由、平等、公正、法治，倡导爱国、敬业、诚信、友善，积极培育和践行社会主义核心价值观。富强、民主、文明、和谐是国家层面的价值目标，自由、平等、公正、法治是社会层面的价值取向，爱国、敬业、诚信、友善是公民个人层面的价值准则，社会主义核心价值观是社会主义核心价值体系的内核，体现社会主义核心价值体系的根本性质和基本特征，反映社会主义核心价值体系的丰富内涵和实践要求，是社会主义核心价值体系的高

（接上页）带头遵守公共秩序、带头参与志愿服务、带头践行绿色环保等文明"五带头"内容。并视活动开展情况及有无不文明行为进行加减分，做到奖惩分明。②"双核制"加强考核实施。党员个人及时如实填写《党员文明指数积分记实卡》；办支部每季度结合"三会一课"进行复核，每半年结合党员先锋指数考评，组织进行一次文明指数审查考核，并将文明指数作为党员评优推优的一个重要指标加以参考。③"四等级"强化结果运用。年终对党员文明积分进行等级评定，90分~100分为优秀，80分~89分为良好，70分~79分为一般，70分以下为差。对文明指数评为一般、差和出现减分行为的党员，及时跟进行教育、限期改正；对连续2次以上评为差的，列为警示党员，谈话诫勉。参见许明："浙江省海宁市'五带头'推行党员文明指数积分制管理"，载 http://www.scopsr.gov.cn/bbyw/dfjgbzxxkd/jcdj/201603/t20160301_285384.html，2018年9月11日最后访问。

〔1〕《京山县罗店镇马岭村村规民约》包括第一章"总则"、第二章"村民行为规范"、第三章"对违反规约的处理"、第四章"附则"4章32条。其中，第二章"村民行为规范"为核心内容，从第7条至第25条共19条，涉及守法遵规、尊老爱幼、团结村邻、保护环境、移风易俗等方面。村规民约在马岭村发挥了积极作用。如2018年5月，村民赵开章因烧秸秆而违反村规民约被罚款300元，并写检讨书在村内张贴200份。参见田富理访谈录，2018年6月20日。在乡村治理中，乡规民约、村规民约在发扬基层民主、管理公共事务、分配保护资产、保护利用资源、保护环境卫生、促进团结互助、推进移风易俗、传承良善文化、维护乡村治安、解决民间纠纷等方面发挥了积极作用。参见陈寒非、高其才："乡规民约在乡村治理中的积极作用实证研究"，载《清华法学》2018年第1期。另参见高其才发表的《通过村规民约的乡村治理——从地方法规规章角度的观察》（《政法论丛》2016年第2期）、《村规民约在乡村治理中的作用——从法律行政法规部门规章等中央规范性文件角度的考察》[《暨南学报（哲学社会科学版）》2017年第9期]、《通过村规民约保障人权——以贵州省锦屏县为对象》（《南京社会科学》2017年第7期）、《延续法统：村规民约对固有习惯法的传承——以贵州省锦屏县平秋镇魁胆村为考察对象》（《法学杂志》2017年第9期）、《通过村规民约改变不良习惯探析——以贵州省锦屏县平秋镇石引村对象》（《法学杂志》2018年第9期）等文。

度凝练和集中表达。2017 年 10 月 18 日，习近平总书记在十九大报告中指出，要培育和践行社会主义核心价值观；要以培养担当民族复兴大任的时代新人为着眼点，强化教育引导、实践养成、制度保障，发挥社会主义核心价值观对国民教育、精神文明创建、精神文化产品创作生产传播的引领作用，把社会主义核心价值观融入社会发展的各个方面，转化为人们的情感认同和行为习惯。实行村民积分制管理正是培育和践行社会主义核心价值观的具体体现。

实施乡村振兴战略，实现产业兴旺、生态宜居、乡风文明、治理有效、生活富裕，是党的十九大作出的重大决策部署，是决胜全面建成小康社会、全面建设社会主义现代化国家的重大历史任务。乡村振兴，乡风文明是保障。马岭村根据全村集中居住的特点实行村民积分制管理，这有助于培育文明乡风、良好家风、淳朴民风，改善农民精神风貌，提高乡村社会文明程度，焕发乡村文明新气象，实现乡风文明、治理有效。

三、通过积分制进行乡村社会治理的内容

马岭村村民委员会通过、发布的《马岭村村民积分制管理细则》规定了通过积分制进行乡村社会治理的具体内容，全面、详细地规定了积分细则，加分项包括美德实践类、积极进取类、环境友好类、团结和谐类、平安建设类 5 个大类 34 个小项，扣分项为乱扔垃圾、与邻居争吵等 7 个方面。

《马岭村村民积分制管理细则》规定任一家庭成员有以下行为的均可积分：

（一）美德实践类

（1）家庭立家规、讲家训、传家风，每户积 50 分；

（2）厅堂悬挂家训、家风类书法美术作品，每户积 50 分；

（3）遵纪守法、以诚待人，每户积 50 分；

（4）孝敬父母、关爱子女，兄弟姐妹之间关系和睦，每户积 50 分；

（5）家长言传身教，以德育人，每户积 30 分；

（6）见义勇为，每次积 200 分，获媒体报道再加 200 分；

（7）拾金不昧，捡到财务主动交公或归还失主每次积 20 分~100 分；获媒体报道的，每次加 5 分。

（8）舍己为人，无偿捐款捐物，捐款每 10 元记 1 分，捐物每件（视情）积 2 分~10 分；

（9）参加"无偿献血"，每次积 30 分。

（二）积极进取类

（1）入团、入党，积 30 分；

（2）村民达到大学专科以上学历，每次积 30 分；在校学生获得三好学生、优秀学生及各类奖学金的视情加 5 分~20 分；考取一本大学积 20 分，二本大学 10 分。

（3）参军入伍，积 30 分；服役期间荣获优秀士兵的加 20 分；荣获三等功以上的加 30 分；

（4）获得单位、学校以及本村表彰或取得各类比赛荣誉，积 30 分；

（5）每天坚持锻炼身体 1 小时，积 50 分；

（6）勤于农事，五谷丰登、六畜兴旺，积 50 分；

（7）家庭成员有被认定为产业、行业人才的，积 50 分；

（8）为本村经济发展和招商引资牵线搭桥，引进项目进村，积 500 分；

（9）积极发展产业，并带领村民致富，积 300 分。

（三）环境友好类

（1）家庭生活环境整洁、干净卫生，积 50 分；

（2）房前屋后种植花草树木，美化环境，积 50 分；

（3）勤俭持家、节能环保，积 50 分；

（4）有环保意识，不随意扔垃圾，积 50 分；

（5）主动维护环境，清除白色垃圾、电杆广告等，每次积 50 分；

（6）爱好刺绣、书法、绘画、音律、舞蹈、茶道、厨艺等文化和生活艺术并积极与他人分享，积 50 分。

（四）团结和谐类

（1）邻里和睦，邻居提名表扬，每次积 10 分；

（2）争当志愿者和义工，为留守儿童和空巢老人提供帮助和服务，每次积 30 分；

（3）积极参加本村和网格小组组织的村民大会、户主会等各类会议，每次积 20 分；

（4）积极参与本村组织的植树造林、卫生大扫除等各类义务活动，每次积 50 分。

（五）平安建设类

（1）参加夜间组织巡逻每次积30分；

（2）主动调处邻里纠纷每次积20分，调解成功加30分；

（3）主动排查安全隐患，积极打击违法犯罪行为，每次积100分；

（4）举报一起违法违规案件积50分；

（5）主动劝阻非法集体上访、越级上访的，每次积50分，劝阻成功再加100分；

（6）主动劝阻他人参与邪教等非法活动的，每次积50分，劝阻成功再加50分。

这五方面涵盖了村民日常生产、生活的基本方面。根据不同情况，村民积分制管理中的积分从1分到500分不等，并且按照效果规定了相应的再加分。

同时，按照《马岭村村民积分制管理细则》，任一家庭成员有以下行为的扣其积分：

（1）不参加村委会组织的集体活动，每次扣30分；

（2）不维护村居环境，乱扔垃圾，每次扣30分；

（3）在单位工作或在校学生被通报批评或处分，每次扣100分；

（4）与邻居争吵、发生矛盾的，每次扣200分；

（5）不赡养老人、虐待老人或小孩的，扣300分；

（6）发表落后、污秽言论的，每次扣400分；

（7）有违法犯罪行为的，扣500分。

这七类行为为村民日常影响环境和秩序的主要方面，会被给予一定的扣分处理，扣分从30分到500分不等。

四、通过积分制进行乡村社会治理的实施

为发挥积分制的作用、通过积分制进行乡村社会治理，马岭村通过成立村民积分制领导小组、建立每户积分卡和积分台账、设立加分和扣分制、制定兑换办法、奖励表彰先进等措施，全面实施积分制，发挥积分制管理在乡村社会治理中的价值。

马岭村的村民积分制在村党支部的领导下进行，由村委会负责实施，村务监督委员会负责监督。村成立村民积分制领导小组，张立任组长，杨宝庭任副组长，许德超、许玲玲、马汉喜、罗仁、何宇琪为成员。健全领导机构

为实行村民积分制管理进行乡村社会治理提供了组织保障。

在通过积分制进行乡村社会治理的过程中，积分以户为单位。按照《马岭村村民积分制方案》的规定，积分以户为单位，以家庭成员行为和表现为依据，以一个年度为积分周期。村委会为每名农户建立了积分卡和积分台账。

马岭村通过加分和扣分进行积分制管理。马岭村的积分项有美德实践类、积极进取类、环境友好类、团结和谐类、平安建设类5个大类，同时设有7个扣分项。对表现特别突出和情节恶劣的，酌情分别予以加分或扣分。

按照规范，马岭村的村民将对应的积分记入积分卡；全村的三个网格小组的小组长每月负责核实、掌握和收集本小组村民积分扣分的详细情况，并向村委会汇报，经村党支部、村民委员会、村务监督委员会负责人签字同意，确认各户积分。

考虑到许多青壮年村民在外地做工，马岭村实行双向告知制度，将村民的积分既告诉在村内的父母，也告诉在外地的子女，使父母子女等所有家庭成员都知悉自己家庭的积分情况，在保持联系的基础上加强交流、相互督促。

在马岭村，积分每月在村公示栏公示一次，每季公榜一次，每个积分周期凭积分兑换相应的积分物品。年底召开村民大会集中展示各户积分。积分每年年底兑换，兑换奖品由村集体经济收入和公司公益金提供。标准如下：①达1000分，兑换价值300元的电饭煲一个；②达2000分，兑换价值600元的床品四件套一套；③达3000分，兑换价值1000元的自行车一辆；④达4000分，兑换价值2000元的智能手机一部；⑤达5000分，兑换价值4000元的液晶电视一台。兑换后的剩余积分计入下一年积分。

值得注意的是，积分作为马岭村评选"十星级文明户"的重要参考，每年选取表现突出的村民讲述自身先进事迹；为当年度积分达2000分以上的农户颁发荣誉证书，为当年度积分达1000分以上的农户集中兑换奖励物资，对当年度积分全村排名靠后的农户给予通报批评。在马岭全村范围内形成争当先进、争先积分、争取奖励的浓厚氛围。

五、通过积分制进行乡村社会治理的效果

虽然实施的时间有限，马岭村通过积分制进行乡村社会治理的效果还需要进一步的观察。不过，从现在的状况来看，马岭村的村民积分制管理取得了预想的结果，在加强村民团结互助、提高村民道德素养、培育村民规范意

识、维护乡村社会秩序、提升乡村治理水平等方面发挥了积极作用。

通过村民积分制管理，鼓励、表彰好人好事，否定、批评坏人坏事，极大地影响了马岭村村民的行为。马岭村村民更主动地关心集体、团结村邻、友善互助，村民的道德素养有了明显的提高，遵纪守法观念有了明显的提升。下面两个实例就表明了这一点。

案例一

村民马丽姣是个文盲，原来一直在山坡上居住，与他人吵架她可以上门骂几天。集中居住在一起后，有一次别人因为她家门口比较干净而没有打扫。她就又开始骂人。村党支部书记张立知道后，就到马丽姣家给她做工作。告诉她："现在实行积分制了，你骂人就要被扣分，别人用手机拍下来天天播你就没有面子。"马丽姣就停止了骂人，从此改变了自己的不良习惯。[1]

案例二

2016 年 7 月 26 日，马岭村因连降暴雨形成洪水。有一位养甲鱼的村民杨贤田因水漫堤急需抢修，他自己人力不足需要他人帮忙。情急之下，他打电话给村党支部书记张立。张立马上打电话给杨贤田所在的村民小组组长陈景强。陈景强随便叫了一下，结果有十多个村民马上就去杨贤田的甲鱼塘义务抢险。村委会对于这些村民的行为也按照积分制予以加分。[2]

马岭村将积分制管理引入乡村社会治理，鼓励村民多挣"积分"，营造了尊老爱幼、诚实守信、热心公益、互帮互助、遵纪守法的良好风尚，精神文明创建成效明显。2012 年进行新农村建设（特别是 2016 年实行村民积分制管理）以来，马岭村全村社会治安良好，无刑事案件、治安案件，无一件矛盾上交到镇级平台。

此外，受到村民积分制的影响，2016 年 12 月，马岭村还通过和实施了《党员日常行为积分细则（试行）》，[3]进一步扩大了村民积分制的影响，更广泛地发挥了村民积分制在乡村基层社会治理中的积极作用。

---

〔1〕 张立访谈录，2018 年 6 月 20 日。
〔2〕 张立访谈录，2018 年 6 月 20 日。
〔3〕 马岭村的《党员日常行为积分细则（试行）》包括学习提高类、创业致富类、服务奉献类、团结正气类、文明和谐类五类，每类分为基础项目和扣分和加分项目。另外还规定了因违法违纪行为受到纪检监察、公安、法院等机关处理等六种"一票否决"项目。

六、结语

2017 年 10 月 18 日，在中国共产党第十九次全国代表大会开幕会上，中共中央总书记习近平代表第十八届中央委员会作报告时提出实施乡村振兴战略，强调"加强农村基层基础工作，健全自治、法治、德治相结合的乡村治理体系"，打造共建、共治、共享的社会治理格局，实现政府治理和社会调节、居民自治良性互动。马岭村针对集中居住的新特点，通过积分制进行乡村基层社会治理的实践为自治、法治、德治"三治融治"的体现，充分表明了健全党组织领导的自治、法治、德治相结合的乡村治理体系的意义，是产业兴旺、生态宜居、乡风文明、治理有效、生活富裕的乡村振兴的具体表现形态。

从某种角度来讲，马岭村的积分制是对《京山县罗店镇马岭村村规民约》的细化和落实。马岭村按照《村民委员会组织法》的规定，依据国家法律和政策开展村民自治，通过村规民约进行乡村基层社会治理，并运用村民积分制等方式具体落实村民自治，保障村规民约具有实际效力。

马岭村通过积分制进行乡村基层社会治理是通过制度安排进行乡村社会治理的具体实践。马岭村在实行村民积分制管理时制定了《马岭村村民积分制方案》《马岭村村民积分制管理细则》等规范性文件，健全制度，严格保障制度的实施，充分发挥制度的积极作用，依规进行乡村社会治理。

针对乡村是熟人社会、好面子且集中居住的特点，马岭村通过积分制进行乡村基层社会治理是符合乡村特点的社会治理方式。乡村社会具有良善的治理传统，村民积分制管理承继了固有的优秀观念和规范，注重对村民的正面引导，努力激发村民的荣誉感，形成良好的社会风气，营造安定的社会秩序，促进了乡村社会经济的发展和法治建设的推进。

马岭村通过积分制进行乡村社会治理，成功的关键在于有村党支部书记张立这样的乡村能人。1961 年出生的张立回乡创业之前是北京某公司的总经理，有不错的收入和良好的发展前景。但为了改变家乡的面貌，从 2012 年起，他毅然回乡创业，三年不要一分钱的报酬，团结带领全村干部群众艰苦创业，将一个全镇闻名的"空壳村"打造成湖北乃至全国颇有影响的美丽乡村建设示范村，村民人均纯收入由 2011 年的 5985 元快速增至 2016 年的 29 650元。张立经历丰富、见多识广且乐于奉献，在乡村基层治理中善于动脑筋、想办法，实行村民积分制管理即为其中的一方面。张立这类的新乡贤回归乡村是实施乡村振兴战略、提升乡村社会治理水平的重要人才保障。[1]

从马岭村积分制管理实践中我们可以认识到以下几点：①乡村社会治理应当突出问题导向。在全面把握乡村社会治理中的实际问题、主要问题的基础上，有针对性地围绕问题的解决进行具体分析和制度安排。②乡村社会治理应当尊重内生创新。村民是乡村基层社会治理的主体，能够根据本乡本村的实际情况，积极发挥主观能动性，创造性地提出乡村基层社会治理的新办法、新举措。③乡村社会治理应当注重多元发展。我国乡村社会的情况多样，类型不同，发展有异，乡村基层社会治理不可能千篇一律、整齐划一，而应秉承实事求是的原则，呈现百花齐放、多元发展的样态。④乡村基层社会治理应当发挥能人作用。事在人为，实施乡村振兴战略、提升乡村社会治理水平，需要充分发挥在村能人、返乡能人、村外能人的引领作用、带头作用、推动作用。⑤乡村社会治理应当重在制度建设。应在依法治国、建设社会主义法治国家、法治社会的背景下进行乡村社会治理，树立法治思维，将乡村社会治理中新的思路、新的做法通过客观的制度予以确认，保障其有效性、连续性。

当然，由于村民积分制管理实行时间并不长，存在着加分项的不断调整和充实、及时执行等问题，还需要进一步的总结和完善，但马岭村在依法治国、建设法治国家和法治社会背景下，针对乡村状况的发展变化，积极探索乡村社会治理的新规范、新制度以走向乡村善治的思路和实践非常值得肯定。

---

〔1〕 2012 年 4 月，张立辞掉年薪 30 万元的总经理职位，一头扎进马岭村，承诺三年不拿工资，不报销个人开支。参见"'骏马回槽'兴家园——记京山县罗店镇马岭村党支部书记张立"，载《荆门日报》2015 年 6 月 30 日。关于乡贤治村问题，吴家虎认为，改革开放新时期，先富能人治村、弱势权威治村和上层精英嵌入式治村都面临着不同程度和类型的治理难题。体制型乡贤回归引领乡村治理，是一种内生权威融入式治理的新机制，能够迅速激活乡村治理的整体格局，具有重要的时代价值。进一步完善制度机制，从政策上鼓励支持体制型乡贤治村会成为加速推动全面建成小康社会，实现社会主义现代化的强大动力。参见吴家虎："内生权威融入式治理：体制型乡贤治村的时代价值与完善路径"，载《社会科学家》2018 年第 4 期。作为乡贤的一部分，乡土法杰在乡村纠纷解决等方面具有重要作用。参见高其才："乡土法杰与习惯法的当代传承——以广西金秀六巷下古陈盘振武为对象的考查"，载《清华法学》2015 年第 3 期；高其才："全面推进依法治国中的乡土法杰"，载《学术交流》2015 年第 11 期；柳海松："乡土法杰在国家法律实施中的作用"，载《学术交流》2015 年第 11 期；魏小强："通过乡土法杰的乡村纠纷解决"，载《学术交流》2015 年第 11 期；陈寒非："乡土法杰与村规民约的'生长'"，载《学术交流》2015 年第 11 期；王丽惠："作为乡村领袖的'乡土法杰'"，载《学术交流》2015 年第 11 期。

第三十五章

"红黑榜"与乡村治理
——以江西、四川等地为对象

一、引言

乡村治理体系，强调自治为基、法治为本、德治为先。德润天下、德化为先，强调道德的认识功能、教育功能、评价功能。道德是社会治理规范体系中的一种规范形式，是"生活在一定物质生活条件的人们关于善与恶、正义与非正义、光荣与耻辱、公正与偏私等观念、原则和规范的总和"。[1]与法律通过国家强制力保障实施不同，道德的激励教育作用主要依靠社会舆论压力予以维护和传承。

在当前的乡村治理实践过程中，江西、四川等地的乡村地区，通过设立道德"红黑榜"这一新形式，取得了良好的社会治理效果，促进了乡村善治。乡村治理中的道德"红黑榜"主要是将符合道德要求的行为或者个人公示在"红榜"上，将背离道德要求的行为或者个人公示在"黑榜"上。

本章拟从设立目的、评议标准、评议程序、实施效果等方面分析道德"红黑榜"的实施机制，探讨道德"红黑榜"对于促进乡村治理的积极作用。

二、道德"红黑榜"的设立目的

"德礼政刑、综合为治"是对中国传统社会良好秩序维护方式的简单概括，道德教化与刑罚威慑相互配合、相互依存。在"皇权不下县"的古代国家治理结构下，有学者指出："国权不下县，县下惟宗族，宗族皆自治，自治

---

[1] 高其才：《法理学》（第3版），清华大学出版社2015年版，第427页。

靠伦理，伦理造乡绅。"〔1〕在传统乡土社会，道德伦理、道德观念实际上发挥着更为重要的作用。表面看起来，道德伦理、道德观念多是一种倡议性、宣示性、教谕性的语言，但它也包含"行为规范、行为者的信念和社会的制裁"〔2〕等方面，依然具有社会强制力。在一般情况下，道德的社会强制力多以社会舆论压力的形式体现。而当下的一些农村地区却存在着不孝敬老人、随意倾倒垃圾、破坏公共财物等不道德、不文明行为。这些不道德行为成了乡村治理的不稳定因素。另一方面，实施乡村振兴战略，打赢脱贫攻坚战，前提是乡村凝聚力的形成，村民积极参与到乡村建设各项事务中，不道德、不文明的行为也是制约乡村凝聚力形成的因素。

乡村治理，领域众多、方式众多。如今，乡村治理强调自治、法治、德治相结合，德治是先导。根据各地发布的实施意见，江西、四川等地创新设立了道德"红黑榜"。其直接目的主要有两方面：一是树立乡村文明新风尚，促进乡村的德治；二是助推脱贫攻坚，促进乡村振兴。道德"红黑榜"首先是乡村道德建设、精神文明建设的新举措，因此其首要目的是促进乡村德治。具体表现为：加强农村乡风文明建设，发扬传统美德，积极培育和践行社会主义核心价值观，树立起科学、健康、文明的新风尚。

此外，道德"红黑榜"的设立与当前乡村建设的背景密切相关。脱贫攻坚是实施乡村振兴战略的重要措施，扶贫要与扶智、扶志相结合。扶志即激发暂时贫苦村民的生产积极性，改变原来可能存在的某些不积极进取、散漫懒散的观念。因此，乡村道德建设与扶志密切相关。江西省萍乡市湘东区排上镇专门印发了《排上镇贫困户道德评议"红黑榜"创评活动实施方案》，深化扶志教育工作，激发群众脱贫内生动力，为打赢脱贫攻坚战提供有力的思想保证和智力支撑。除了专门针对建档立卡贫困户发布的道德"红黑榜"之外，也有将"助推脱贫攻坚""助力脱贫攻坚，补齐精神扶贫短板"等归入道德"红黑榜"的设立目的，〔3〕凸显道德"红黑榜"之于乡村脱贫的重要

〔1〕 秦晖："传统中华帝国的乡村基层控制：汉唐间的乡村组织"，载秦晖：《传统十论》，复旦大学出版社2004年版，第3页。

〔2〕 费孝通：《乡土中国》，上海人民出版社2013年版，第30页。

〔3〕 例如，江西省抚州市广昌县在发布道德"红黑榜"时就直接写入了"助推脱贫攻坚"这一内容。参见广昌县官方微信公众号"掌上莲乡"发布的道德"红黑榜"。江西省赣州市宁都县在《关于在全县开展道德"红黑榜"评议、发布工作的通知》中也直接说明其目的是"为深入推进乡风文明，

意义。

三、道德"红黑榜"的评议标准

顾名思义，道德"红黑榜"一般分"红榜"和"黑榜"两部分。有的地方将"黑榜"改称为"改进榜"，有的地方则在两榜之外又增加了"道德进步公示榜"。因此，道德"红黑榜"的设立标准必须明确是村民熟知和已达成共识的内容。在中国传统文化中，"红"一般代表吉庆、积极、欢乐，因此"红榜"公示的是合乎道德、富含正能量的行为；而"黑"多含低沉、消极、悲伤之意，因此"黑榜"公示的是背离道德、显现负能量的行为。此外，以"改进榜"代替"黑榜"体现了道德"红黑榜"的正面引导和教育意义；"道德进步公示榜"指的是曾经在"黑榜"上出现的人员或者行为，经过劝谕而改变原来的行为，目的是鼓励和劝谕。

关于道德"红黑榜"的标准，江西、四川等地规定得详略不一。例如，江西省黎川县《厚村乡关于开展道德"红黑榜"评议实施方案（试行）》规定的"红榜"标准是："尊老爱幼、夫妻和睦、兄友弟恭、见义勇为、婚丧简办、助人为乐、讲究卫生。凡符合以上一条标准者，均可参加'红榜'评议。其中，一本以上品学兼优大学生，获乡级以上荣誉如'孝满才乡''最美厚村人'等可优先上榜。"厚村乡以"改进榜"代替"黑榜"，"改进榜"的标准是："损公肥私、损人利己、好吃懒做、厚葬薄养、铺张浪费、炫富攀比、大操大办、封建迷信、赌博败家、不尽赡养、不教子女、不善待家人、不睦邻里、不爱护环境卫生等。凡符合上述一条者，皆可评为'改进榜'。其中，不孝顺父母，不抚养小孩，对社会造成明显不良影响的人优先上榜。"分析上述标准，多是涉及家庭伦理、移风易俗、环境卫生、公共道德等方面，同时家庭教育状况在其中也是被重点关注的，这些行为都是乡村社会的常人常情。

道德"红黑榜"多是在乡村社会公共场所张贴，这种形式要求标准必须严格准确。因此，有的地方制定的标准较为广泛、具体，大量列举各种行为，以显示有规范可以依循。根据江西省宁都县《关于在全县开展道德"红黑榜"

（接上页）助力脱贫攻坚，补齐精神扶贫短板"。参见 http://xxgk. ningdu. gov. cn/bmgkxx/lkz/gzdt/zwdt/201807/t20180711_ 320278. htm，2018 年 11 月 26 日最后访问。

评议、发布工作的通知》[1]规定的"红榜"标准有8项、"黑榜"标准有8项，涉及领域众多。

红榜标准：

1. 孝老爱亲，患难与共，守护相助，家庭生活和谐的好媳妇、好婆婆、好家庭；

2. 热心公益事业，义务赡养帮助社会老人、残疾人，热心救助困难群众，事迹突出，感人至深的乡贤、乡亲及志愿者；

3. 在乡（镇）、村（居、社区）的扶贫等工作岗位上，工作勤恳，无私奉献，作风务实的敬业基层干部；

4. 带头迁坟、主动火化、葬入公墓、丧事简办，喜事新办、简办、不办的移风易俗典型人物；

5. 勤劳致富、不等、不靠、不要，自力更生、自主脱贫，以脱贫为荣的典型光荣脱贫户；

6. 讲卫生，房前屋后庭院整洁的文明卫生户；

7. 讲诚信，履行承诺的文明信用户等；

8. 其他人员。

以上人员、家庭，积极向上向善，表现突出，影响较好，可学可敬的列入"红榜"。

黑榜标准：

1. 游手好闲、四肢懒惰、赌博酗酒、不孝老人、不善待家人的懒汉、赌鬼、酒鬼、不肖子孙；

2. 老人住危旧房，子女已新建入住安全住房，儿女执意不履行赡养义务，不及时解决老人住危旧房问题，并造成社会不良影响的；

3. 阻工闹工、缠访闹访、非法上访，无理取闹、寻衅滋事人员；破坏公共财物、恃强凌弱、横行乡里、为非作歹，欺压百姓的村霸、恶人；

4. 高额彩礼，红白喜事大操大办的；

5. 黄赌毒人员；

---

〔1〕 江西省宁都县《关于在全县开展道德"红黑榜"评议、发布工作的通知》，参见宁都县人民政府官网上的"宁都县政府信息公开"：http://xxgk.ningdu.gov.cn/bmgkxx/lkz/gzdt/zwdt/201807/t20180711_320278.htm，2018年11月26日最后访问。

6. 厚葬薄养，不执行"绿色殡葬"改革，影响较恶劣，经村、乡镇教育又不及时改正的；

7. 庭院环境脏乱差、破坏村道路、渠道、卫生环境，集体观念差的。

8. 其他人员。

以上人员、家庭，品德败坏，形迹恶劣，严重影响本地形象，且事实清楚，证据确凿的，可列入"黑榜"。

综合分析道德"红黑榜"的标准，规定的行为体现了正反对比的特征。"黑榜"标准多含"不""不良"等否定性引导词，是一种否定性评价。其他地区发布的道德"红黑榜"标准也基本涵盖这些内容。值得注意的是，有的地区也存在一些新的标准。例如，《源南乡2018年开展道德"红黑榜"评议发布活动实施方案》"黑榜"标准第6条规定的是："被最高人民法院列入失信被执行人名单的。"将列入失信被执行人名单的村民公示在"黑榜"上，实现了德治与法治、自治的有机结合。

四、道德"红黑榜"的评议程序

道德"红榜"公示的是善行，村民有积极性，更容易被有关村民接受；而道德"黑榜"公示的是背离道德的不良行为，相关村民很可能有抵触行为，处理不好可能会造成相反的后果。道德"红黑榜"是将乡村社会发生的真人真事进行公示，因此需要坚持公开、公平、公正的原则，增强公信力和说服力，进而强化道德"红黑榜"在乡村治理中的道德教化功能。为此，各地在开展这项活动时都规定了比较明确的评议程序，包括实施评议的组织、人员和具体运作程序。

关于评议组织，各地的规定有所不同，有村民道德评议理事会、村移风易俗理事会、村民评议会、村"道德理事会"等各类组织。村民道德评议理事会、村移风易俗理事会、村民评议会等组织大多由村组干部、村中老党员、退休老干部、老教师、村民代表等组成，这些组成人员在当地一般具有较高的声誉和威望，能够保证道德评议的公正、公平。此外，某些村庄的帮扶干部、驻村第一书记等直接参与村庄事务的人员也会参与到推荐、评议的过程中。有的地方还规定民警、"五老"等人员参与民主评议。[1]民警参与能够在一定程度上增强威慑力和强制力，也是乡村治理法治的要求。"五老"指的是老干部、老战士、老专家、老教师、老模范，这些也是乡村社会有威望之人。道德"红黑榜"针对的是村民的道德水平，与法律评价的明确性不同，道德评价有时会处于模糊状态，这时需要取得乡村社会的最大共识。在乡村社会，对于"黑榜"评议，当事人可能认为这是一件"丢脸"的事。而"人们常说的'要脸''不要脸''丢脸''给面子''顾面子''看在……的面子上'等诸如此类的词语本身就蕴含着丰富的乡土逻辑"。[2]因此，道德"红黑榜"的评议需要乡村社会各种有权威或者有威望之人的参与。基于身份、资历、见识等因素，民警、老干部、老教师等群体有资格成为道德评议组织的成员。

关于评议具体程序，各地都作了较为明确的规定，保证在公开、透明的程序之下进行评议。总体来看，评议程序一般分为宣传发动、推荐评选、核实劝导、民主评议、教育劝导、张榜公示、后续措施等。

第一，宣传发动。道德"红黑榜"的评选涉及所有村民，在乡村这个小场域内，村民之间是相互熟知的，乡村社会基本已经形成了关于村民道德品行评价的一般认识。但同时，村民可能并没有一个成文形式的共识性标准，在宣传发动阶段，要使所有村民再一次明确标准。按照相关评价标准，村民更容易识别行为的"红"与"黑"、"好"与"差"。实际上，这些评价标准是建立在乡村普遍共识基础上的道德观念，只是有的地方会增加其他内容。由于当前村民委员会之下多设立多个村民小组，因此宣传发动环节要覆盖所有村民小组。

第二，推荐评选。综合分析各地方的评议方案，推荐主要有组织推荐和个人推荐两种。组织推荐包括村民委员会、村民小组、村民理事会、村党支部等，个人推荐则是所有该村村民都可以。接受推荐的一般是村"两委"或者移风易俗村民理事会、道德评议会等组织。

第三，核实劝导。上门核实劝导的调查组人员由村"两委"、村民理事会等构成，基本上与后续民主评议的人员范围大致相同，以保证评议的公正性。

---

〔1〕 参见江西省宁都县《关于在全县开展道德"红黑榜"评议、发布工作的通知》。

〔2〕 池建华："乡土司法中的法、理、情"，载《西北工业大学学报（社会科学版）》2016年第4期。

道德"红黑榜"直接在村里公开展示，但直接的公示不是目的，只是一种促进和实现"乡风文明"的手段。"红榜"的激励作用比较明显，"黑榜"侧重警示，因此在民主评议之前需要上门实地核实，确保掌握真实情况。核实劝导包含两个层面：一是核实被推荐人的具体行为；二是对被推荐为"黑榜"候选人的村民进行劝导。《排上镇贫困户道德评议"红黑榜"创评活动实施方案》规定："在调查被举报'黑榜'人员的过程中若发现调查情况属实，在核查中就可动员其思想，劝说其纠正'黑榜'行为，在劝说后及时改正了'黑榜'行为的不再张榜公布。"这一做法在道德"红黑榜"特别是"黑榜"评议过程中是十分必要的，这是发挥乡村德治积极作用的体现。如果缺失这一程序，即使"黑榜"公示出来，对于列入"黑榜"的村民来说也是难以接受的。特别需要注意的是，各地方在核实劝导方面着重强调对拟列入"黑榜"名单人员进行入户或者当面调查时必须留存好相关证据材料，拍摄照片、记录谈话。通过核实劝导程序收集到的材料是后续民主评议的最重要根据。

第四，民主评议。对拟列入道德"红黑榜"的人员，在调查核实的基础上，最终根据各地实际情况，由村民理事会、村"两委"、村民小组组长、村民代表、村"五老"等人员召开评议会进行再审核、评议。其中，有的地方是通过村移风易俗理事会、道德评议会等组织进行评议。具体的评议程序一般首先是对拟被推荐人的材料进行再次审核和讨论，然后评议人员进行现场表决，决定人选。为了保障民主评议的公正、公开，评议程序必须规范，需要注意保存相关评议记录。

第五，候选公示和教育劝导。民主评议之后，多数地方也不是立刻公示在道德"红黑榜"上，而是有一个候选公示和教育劝导环节，特别是针对拟列入"黑榜"人选反复强调教育的重要性。候选公示在道德"红黑榜"设立前也是十分必要的：一方面是告知拟入榜人员；另一个方面是继续征求村民的意见，确保评议符合事实，符合广大村民的共识。而教育劝导则主要是评议组反复教育劝导"黑榜"候选人，劝其改正错误行为。对教育劝导后立行立改的上"黑榜"拟定对象，村移风易俗理事会或者其他组织会予以及时撤销，实现道德"红黑榜"的教育目的。在劝导过程中，做好谈话笔录、签字，并现场拍照，以作资料留存。

第六，张榜公示。经过候选公示和再次教育劝导之后，道德"红黑榜"就要正式通过各种形式公示，发挥其道德教化的功能。根据各地实践，张榜公示的形式和途径也是多种多样。①关于张榜公示的形式和媒介。道德"红黑榜"突出红色和黑色的对比,在红榜上公示的是合乎道德要求的个人,在黑榜上公示的是背离道德要求的个人。有的地方还增加了"道德进步公示榜",强化教育意义。在具体媒介方面,有的地方是在村里专门设置道德"红黑榜"的发布专栏,有的地方为了增强效力,会在报纸、网络上进行公示。例如,江西省赣州市宁都县、江西省抚州市广昌县会不定期地在官方微信公众号"掌上莲乡"上公布各镇的"红黑榜"名单。②关于公示的地点和范围。各地一般要求在各村人口聚集的醒目位置公示,主要是村民委员会所在区域附近或者公共文化广场等地,这属于村范围内的公示,有的地方还要求在乡镇甚至全县范围内进行公示。例如,江西省宁都县要求建立三级发布平台。村(居、社区)要建立"红黑榜"宣传栏张榜发布;乡镇要在醒目位置、乡镇政府、便民服务中心大型电子屏等地发布;县要通过电视台、今日宁都报、手机报、今日宁都微信公众号、通告等形式发布。③关于公示的内容。公示的内容一般包括姓名和上榜事由这两个主要方面,有的地方根据当地实际也会公示村委会名称、村组名称,有的地方也会将上榜人员的照片一并公示。需要注意的是,并不是所有的地方都直接公示到具体的个人,有的地方针对有些行为难以确定行为人的情况,有时也会仅公示行为。

第七,后续措施。通过设立道德"红黑榜"张榜公示只是乡村德治的一种表现形式,其落脚点是弘扬善行、惩戒不良行为,因此在公示后还要对相关行为人进行跟踪。"红榜"村民如果出现违犯国家法律法规、伦理道德的行为就必须及时予以撤销。而"黑榜"村民如果有主动改正的行为并被乡村社会广泛认可,也应当及时予以撤销,有的地方是在"道德进步榜"上公示,有的则明确可以成为下一期"红榜"的推荐人选。此外,各地还专门规定了道德"红黑榜"的奖惩措施,以增强其教育意义,这也是道德"红黑榜"能够发挥积极作用的重要原因。

五、道德"红黑榜"的实施效果

社会规范要通过实施予以检验、完善和强化,道德"红黑榜"更是如此。表面上看,道德"红黑榜"是道德规范,但道德规范不能仅仅停留在抽象的观念层面,需要实际落地,道德"红黑榜"就是提供了这样一种落地的渠道。从各地的具体实施情况来看,道德"红黑榜"取得了良好的社会效果,基本实现了最初的设立目的。

（一）促进乡风文明建设

乡风文明意味着乡村社会道德水平的提升。家庭关系是乡村社会最重要的关系，孝老敬亲又是被普遍倡导的行为规范。不可否认，乡村社会也存在不孝敬老人的现象，如何对行为人进行劝导一直是难题。如今，道德"红黑榜"在这一方面发挥了强制作用。例如，广昌县甘竹镇罗家村罗某四兄弟把80多岁、生活不能自理的父母单独放在老房子里而不去照顾，致使老人生活贫困。罗家村移风易俗理事会成员多次劝说无效后，遵循程序，将罗某四兄弟的不孝敬行为列入道德"黑榜"予以曝光。迫于亲朋好友及舆论压力，罗某四兄弟主动将父母接到了家里赡养，并表示悔过。村移风易俗理事会上门核实之后，将"黑榜"取消。与之相对，道德"红黑榜"中的"红榜"经常出现的是孝敬老人行为，这是正面引导。2018年7月26日，广昌县在"掌上莲乡"官方微信公众号上公示的盱江镇各村第二期道德"红黑榜"中，"红榜"名单共66人，其中与孝敬父母直接相关的就有29人。总之，在通过道德"红黑榜"促进乡风文明建设过程中，出现了众多的生动事例，是道德"红黑榜"发挥积极作用的显著体现。

（二）助力脱贫攻坚进程

村民致贫有多种原因，其中一些是由不勤劳导致。勤劳致富是优秀传统美德，脱贫攻坚首先需要激发贫困群众的进取意识，道德"红黑榜"在这一方面同样发挥了促进作用，增强了扶贫扶志的效果。很多地方规定，对好吃懒做、"坐等靠"民政救济，以享受低保、贫困户政策为荣，多次教育仍无动于衷的，按程序列入道德"黑榜"，并在多次教育仍不改正后按照程序，取消"黑榜"人员的扶贫帮扶待遇。例如，江西省赣州市全南县金龙镇东风村贫困户黄某，平时比较懒惰，存在"坐、等、靠"思想，家庭环境卫生也比较脏乱，依据评选程序被列为东风村第一期道德"黑榜"人物。其后经过村道德劝导组成员多次劝导教育，开始自觉接受批评教育，目前观念彻底转变，积极上进，起早割草喂鱼，辛勤劳动，把家里收拾得井井有条。此外，各地也将在脱贫过程中积极进取的贫困户列入了"红榜"，发挥榜样引领作用。扶贫更要扶志，扶志是前提，道德"红黑榜"在脱贫实践中已经收获了比较良好的效果。

六、道德"红黑榜"的作用因素

作为道德观念的规范化、制度化,道德"红黑榜"在乡村治理实践中能够发挥积极作用,也是多种因素共同作用的结果。"道德规范不是摆设,要突出有形具体,增强农民群众的认同感、归属感、责任感和荣誉感。"[1]道德"红黑榜"即是将道德观念和道德规范的有形具体化,适应了当前乡村治理和农村发展的需要,之所以能够发挥积极作用,主要是基于以下几个因素。

(一) 优秀道德观念和道德规范的传承性

道德"红黑榜"是传统道德观念和道德规范在现代乡村社会条件下的重新焕发,与中国源远流长的道德文化传统分不开。历经数千年,中国人逐渐形成了一整套以家庭伦理道德为核心、以敬老尊亲为主要表现形式的道德体系。当然,在如今一些乡村地区,个人主义、享乐主义、自私自利等消极思想观念也实际存在,道德水平存在明显滑坡。应当注意到,对道德滑坡现象的关注,实际上表明了人们对正能量、正道德的呼吁和赞扬。优秀道德观念和道德规范实际上早已成为农村习惯法的主要内容,而"习惯法是中国文化之中重要的一部分,是无数代中国人以其生活实践、生命心血所形成的,其精神生命是活的,其表现形式是活的,其现实效力是活的"。[2]人口流动性加大是当前乡村社会结构变化的体现。但是,就整体而言,中国乡村社会依然具有乡土性,底色依然没有改变。正如费孝通先生所言:"中国社会的基层是乡土性的,那是因为我考虑到从这基层上曾长出一层比较上和乡土基层不完全相同的社会,而且在近百年来更在东西方接触边缘上发生了一种很特殊的社会。"[3]与乡土性的延续一致,传统道德观念和道德规范也是在一直传承,在代与代之间有效地、持续地传承。

(二) 乡村共同体的场域压力

乡风文明建设需要紧密联系乡村熟人社会这个共同体,充分利用和强化群众舆论的影响力。关于当前中国乡村社会是否还可以用费孝通先生"一个

---

[1] 韩俊主编:《实施乡村振兴战略五十题》,人民出版社 2018 年版,第 173 页。

[2] 高其才:"习惯法的当代传承与弘扬——来自广西金秀的田野考察报告",载《法商研究》2017 年第 5 期。

[3] 费孝通:《乡土中国》,上海人民出版社 2013 年版,第 1 页。

熟悉的社会"来概括，学界存在争论。有学者用"半熟人社会"或者"弱熟人社会"概括变迁下的乡村社会。[1]但是在一定范围内，"好事不出门，坏事传千里"的现象还是依然存在的。无论是否是户籍意义上的本村村民，在很多情况下，某一地理范围内的村民之间还是可以相互熟悉的。道德"红黑榜"就是将农村群众之前口耳相传的善举义行和悖德恶举以文字公开的形式展现，借助的是乡村共同体这个特定场域长久形成的舆论压力，并将这种舆论压力强化。一般来说，根据当前的村民自治单元设置现状，乡村共同体多是在自然村或者村民小组范围之内，与村民委员会的范围存在一定的差别。自然村的形成是一个长期的历史过程，但是自然村的地理范围有大有小，乡村共同体的范围也并不是完全与自然村一致。

　乡村共同体的场域压力有多种表现形式，主要可以从语言和行为两方面理解，其共同要义是"亲近"和"孤立"。"亲近"意味着村民之间友好相处，互帮互助；而"孤立"则意味着被村民疏远和隔离。在语言方面，通过口耳相传、街谈巷议，村民能够快速宣传道德"红黑榜"上的人员及其行为，且范围广泛，基本能够涵盖整个共同体并向外扩散。并且，"黑榜"人员及其行为可能传播得比"红榜"人员及其行为要快速得多，传播范围也更为广泛，同时也存在长期效应。在行为方面，如果一个村民的行为被其他大多数村民所摒弃，那么也会体现在行为表达上。例如，其他村民不会主动参与该村民家中的红白喜事、耕作、修建房屋等活动，这些对于该村民来说都是直接的"惩罚"。长期以来，人情往来或者人情法则一直是我国乡村共同体存在和延续的重要因素，与"施"与"报"这一对思想观念关系紧密。人情法则"不仅仅是一种用来规范社会交易的准则，同时也是个体在稳定及结构性的社会环境中争取可用性资源的一种社会机制"。[2]乡村社会民众之间的交往具有延续性，在数代之间也有相应的表现，这是乡村人际关系保持的基本原则。

〔1〕　相关研究可参见贺雪峰："论半熟人社会——理解村委会选举的一个视角"，载《政治学研究》2000年第3期；吴重庆："无主体熟人社会"，载《开放时代》2002年第1期；徐勇："圈子"，载《开放时代》2002年第1期；陆益龙："乡土中国的转型与后乡土性特征的形成"，载《人文杂志》2010年第5期。

〔2〕　黄光国："人情与面子：中国人的权力游戏"，载黄光国等：《面子——中国人的权力游戏》，中国人民大学出版社2004年版，第3页。

（三）重视奖惩教育相结合

法律规范的强制性主要表现为法律责任的承担，而法律责任主要是"由于违法行为、违约行为或者由于法律规定而应承受的某种不利的法律后果"。[1]与法律规范不同，道德规范的效力有两种表现形式：正面肯定和负面否定，两种形式相互结合构成了对道德规范有效运行的保障。道德"红黑榜"在将道德规范具体化的同时，也重视与奖惩教育相结合，不是简单地强调某一个方面。道德既需要观念上的养成，也需要行为上的践履，正面褒奖和负面惩戒同样重要。道德"红黑榜"之所以能发挥积极作用，在很大程度上是由于其奖惩措施充分考虑了乡村实际，容易为村民所接受。

在开展道德"红黑榜"活动时，各地都强调奖惩措施物质性和精神性的统一。道德"红黑榜"首先是在名誉上对村民的行为进行评价，这种名誉评价的强制力有时要大于物质层面的奖惩。在具体实施过程中，名誉上的正面评价要更多。此外，对于"红榜"和"黑榜"人员，各地还规定了其他的名誉评价。各地对于"黑榜"人员一般没有附加其他的负面名誉，有的地方是将其纳入诚信惩戒体系。名誉权是由我国宪法和法律法规明确规定的基本权利，因此必须遵循相关法律规定，不得有违法行为。而对于"红榜"人员，各地还有其他相应的正面评价。例如，各地一般将"红榜"人员优先列为"道德模范""身边好人""文明家庭""最美××人"的候选对象。

道德"红黑榜"主要属于乡村精神文明建设的活动，但同样也有许多物质性奖励作为激励，既有直接的货币奖惩，也有与财产性利益密切相关的奖惩。对于"红榜"人员，各地规定在同等条件下可优先享受计生、民政、医保、就学、公益性岗位等方面的优惠政策。对于"黑榜"人员，各地普遍规定取消其评先评优资格，对之前享有的国家各项政策视情况轻重而决定是否取消。并对本人及其子女在参军、入党、招聘、农村社会管理等方面予以限制。特别是针对贫困户，对好吃懒做、"等、靠、要"民政救济，以享受低保、贫困户政策为荣，多次教育仍无动于衷、不思进取的，取消扶贫帮扶待遇。

---

〔1〕高其才主编：《法理学》（第3版），清华大学出版社2015年版，第134页。

（四）坚持自治、法治、德治相结合

如何实现治理有效一直是乡村治理改革的目标。如今，我国在乡村地区提出健全自治、法治、德治相结合的乡村治理体系，而道德"红黑榜"的评选即充分体现了自治、法治、德治的相互结合，是乡村治理实践的创新。并且，自治、法治、德治之间不是相互隔离的，而是一个相互融合的整体，取得了"1+1+1 > 3"的效果。道德"红黑榜"的出发点和落脚点就是提升乡村德治水平，引导农民崇德向善、孝老尊亲、团结互助，弘扬乡村真善美，传播社会正能量。"红黑榜"的入选标准也主要是道德层面的，要求村民在日常生活中坚持道德自觉，积极行善，不能做出有违道德要求的言行。另外，道德"红黑榜"的评选过程体现了村民自治的要求，充分发挥村民在评选活动中的积极性。与此同时，道德"红黑榜"的评选在某些方面也体现了法治的原则和要求。总之，通过道德"红黑榜"进行乡村治理，实现了自治、法治、德治的相互融合、相互促进。

具体来说，道德"红黑榜"在评选过程中十分注重村民自治的作用，旨在激发村民自治的内生动力。乡村共同体基本存在着共同的道德标准，并且在长期的生产生活中，村民也形成了自己的道德判断，道德"红黑榜"就是借助这些共识进行自治。在评选过程中，各地基本上是以村民委员会为单位，同时广泛动员村民委员会范围内的村民小组或者自然村参与，重视扩大评选范围的覆盖面。各地开展这项活动，或者是依靠原来就有的各村红白理事会、移风易俗理事会，或者是成立新的道德评议会，其组成成员包括村"两委"班子成员、红白理事会成员、村民小组长、村民代表、乡村有声望之人，保证评选的权威性。除了在评选组织和人员方面坚持自治之外，各地还重视村规民约的积极作用，各村将道德"红黑榜"的标准通过程序写入村规民约，并向全体村民公开。在整个评选过程中，各地都坚持公平、公正、公开的原则，获得了广大村民的认可，激发了村民自治热情。

道德"红黑榜"虽然并不直接涉及法治建设，但在评选标准和保障措施方面也体现了乡村社会法治建设的要求。其一，在评选标准上，有的地方直接明确强调要遵守法律法规，做守法村民。对于有违法犯罪行为的，各地多是将其纳入"黑榜"候选。例如，江西省萍乡市芦溪县源南乡将"被最高人民法院列入失信被执行人名单的"直接列为"黑榜"标准。其二，在评选过程中，各地乡村也坚持法治原则，对于违法违纪者，则是移交有关部门处理，进而追究相关人员的法律责任。例如，在评选过程中，如果核实有拒绝赡养老人的行为，工作人员首先是耐心劝导教育，如果劝导教育无效，则会建议或者协助老人寻求法律服务，去法院起诉。对不赡养老人，特别是虐待、遗弃老年人构成犯罪的，移交司法机关处理。其三，各地重视发挥法治的保障功能，各地司法机关也根据需要参与到道德"红黑榜"活动中。例如，在有的地区，儿女不赡养老人，拒不支付父母赡养费，经县人民法院判决仍不执行的，由县法院将其纳入失信被执行人"黑名单"。索要高额彩礼拒不退还，经县人民法院判决仍不执行的，也由县人民法院将其纳入失信被执行人"黑名单"。

七、结语

道德"红黑榜"强化了村民的集体认同感，使村民"更加注重认同中被诸多个体共享的东西或相似性"，[1]由此增强了乡村共同体的聚合力。道德"红黑榜"既涉及每一位村民，也要求有乡村精英、新乡贤的参与。每一位村民都需要形成明确的善恶是非标准，并在此观念指导下行为。这是因为村民是健全自治、法治、德治相结合乡村治理体系的决定性、直接性参与主体。乡村个体的直接参与有助于乡村共同体的凝聚，有助于打造共建、共治、共享的乡村社会治理格局。同时，乡村社会德高望重的精英人士也是道德"红黑榜"评选活动中非常重要的群体。一方面，他们自己本身应当成为乡村社会的道德模范，为村民所认可和尊崇；另一方面，他们也在评选过程中对村民进行直接的思想道德教育，切实参与到乡村治理过程之中。

作为一种创新性举措，道德"红黑榜"着力解决的虽然主要是乡村道德教化问题，但同时道德教化与整个乡村治理都有着紧密联系。在很多情况下，乡村社会出现的道德问题是法律不能直接介入、政府也不能直接干涉的，我们通常也认为道德主要靠内心的自觉，外在的强制力是很难干预道德观念养成的。道德"红黑榜"则实现了道德在观念层面和规范层面的完美结合，强化了道德这一社会规范的强制力和作用力，并且在乡村治理实践中也取得了良好的社会效果。道德也不再仅仅停留和局限于空洞的说教，道德依靠舆论压力也是可以发挥其在社会治理中的积极价值的。实际上，"红"与"黑"

---

〔1〕 陈寒非、高其才："乡规民约在乡村治理中的积极作用实证研究"，载《清华法学》2018年第1期。

的对比本身就是非常符合中国人长期存在的善恶观念的要求的。在强烈的正反对比之下,善可以被放大,恶则可以被缩小或者被抑制。总之,道德"红黑榜"体现了"道德的力量",可以因地制宜地被广泛推广和应用,从而有利于乡风文明建设,有利于打赢脱贫攻坚战,有利于促进治理有效、推进基层治理现代化,有利于实施乡村振兴战略、走向乡村善治。

第三十六章

脱贫攻坚与乡村治理
——以"脱贫攻坚"相关规范性文件为对象

一、引言

在乡村问题的诸多问题中，贫困是基础性问题。中国共产党将消除贫困、改善民生、逐步实现共同富裕视为重要的历史使命，要求各级党委和政府把扶贫开发工作作为"重大政治任务"来抓。[1]自改革开放以来，我国的扶贫开发工作取得了巨大的成就，[2]以习近平总书记 2013 年首次提出精准扶贫为起点，以党的十八届五中全会和中央扶贫开发工作会议决策部署为标志，扶贫开发进入了脱贫攻坚新阶段。国家作为乡村治理的外部主体，[3]在实施脱贫攻坚项目的过程中需调动人、财等要素和资源，此种特殊的乡村治理呈现

---

〔1〕 参见中共中央、国务院《关于打赢脱贫攻坚战的决定》。

〔2〕 总体而言，可被分为四个阶段，包括体制改革主导的扶贫开发（1978 年至 1985 年）、解决温饱的扶贫开发（1986 年至 2000 年）、巩固温饱的扶贫开发（2001 年至 2010 年）和全面小康的扶贫开发（2011 年至今）。参见汪三贵："中国 40 年大规模减贫：推动力量与制度基础"，载《中国人民大学学报》2018 年第 6 期。

〔3〕 2020 年 12 月 3 日，中共中央政治局常务委员会召开会议，听取脱贫攻坚总结评估汇报。中共中央总书记习近平主持会议并发表重要讲话。习近平指出，党的十八大以来，党中央团结带领全党全国各族人民，把脱贫攻坚摆在治国理政突出位置，充分发挥党的领导和我国社会主义制度的政治优势，采取了许多具有原创性、独特性的重大举措，组织实施了人类历史上规模最大、力度最强的脱贫攻坚战。经过 8 年的持续奋斗，我们如期完成了新时代脱贫攻坚目标任务，现行标准下农村贫困人口全部脱贫，贫困县全部摘帽，消除了绝对贫困和区域性整体贫困，近 1 亿贫困人口实现脱贫，取得了令全世界刮目相看的重大胜利。参见《中共中央政治局常务委员会召开会议 听取脱贫攻坚总结评估汇报 中共中央总书记习近平主持会议》。高其才将乡村治理的主体分为内部型主体、外部型主体以及内-外联合型主体三种类型。据此分类，国家属于外部型主体，通过行政管理的方式作用于乡村治理。参见"健全自治法治德治相结合的乡村治理体系"，载《光明日报》2019 年 2 月 26 日。

出何种事实样态、具有何种特点尚待考察。

目前，学界对脱贫攻坚与乡村治理的研究进路主要有二，均是基于国家治理视角的研究。首先，强调脱贫攻坚的国家政策本质。基本理论是"国家—乡村"的二元结构，基本观点是脱贫攻坚政策携带国家资源、代表国家的制度、运用国家治理的逻辑，在乡村社会中予以执行。不同学者对执行的效果以及出现此种效果的原因的分析存在不同观点。如王丽惠通过对连片山区的精准扶贫的研究，认为国家携带着资源和驻村工作队，在执行中实现了乡村组织的重塑和乡村治权运行的重构。[1]刘建、吴理财认为，由于国家的制度与乡村地方性知识的非对称性，脱贫攻坚政策的执行呈现出非均衡的问题。[2]殷浩栋等人认为，在国家与乡村之间，基层政府的高度自主性不容忽视，而政策执行偏差的根本原因在于向上负责制和项目制，基层政府在扶贫项目库建设的权衡和决策中充分发挥基层的主动性，最终使政策执行出现了偏差。[3]其次，强调脱贫攻坚的法治因素。其一，对总体上规范性文件的供给情况进行分析。如何平认为，精准扶贫面临着法律供给不足、行政主导过度和实际运行不规范的困境，需要坚持依法扶贫，构建以权利义务关系和主体责任为核心的扶贫法律体系。[4]其二，对规范的实施分析。如王善平、张新文认为某地方政府的规范性文件在规制精准识别、为争议问题提供行政裁决依据、为政府信息公开提供正当事由等方面具有明显的治理效用，同时也存在国家立法缺失、机械实施和整体实施的不足。[5]其三，运用法解释学方

---

〔1〕　王丽惠："连片山区乡村的发展式治理——精准扶贫溢出效应及对村治体系的重构"，载《学术交流》2018 年第 12 期。

〔2〕　刘建、吴理财："制度逆变、策略性妥协与非均衡治理——基于 L 村精准扶贫实践的案例分析"，载《华中农业大学学报（社会科学版）》2019 年第 2 期。

〔3〕　围绕政策执行为何出现实践偏差的问题，殷浩栋等人认为，在向上负责制的前提下，基层政府在扶贫项目库建设过程中的权衡和决策遵循着以下优先序列：价值关系理性优先于科层理性，后者又优先于工具型关系理性。因此，改进基层实践的突破口在于强化约束和监督机制，如建立外部评价机制，引入第三方参与扶贫工作的考核。参见殷浩栋、汪三贵、郭子豪："精准扶贫与基层治理理性——对于 A 省 D 县扶贫项目库建设的解构"，载《社会学研究》2017 年第 6 期。殷浩栋等人的研究发展了欧博文、李连江提出的"基层政府的选择性执行"理论。关于"基层政府的选择性执行"，参见欧博文、李连江："中国乡村中的选择性政策执行"，载〔德〕托马斯·海贝勒等主编：《"主动的"地方政治：作为战略群体的县乡干部》，中央编译出版社 2013 年版，第 341 页。

〔4〕　何平："我国精准扶贫战略实施的法治保障研究"，载《法学杂志》2017 年第 1 期。

〔5〕　王善平、张新文："法治化治理视野中的精准扶贫地方规范性文件的效用、问题及对策——兼评湘政办发（2017）65 号文"，载《河北法学》2019 年第 2 期。

法的分析。如蒋悟真运用法解释学方法对规范性文件中规定的责任制进行分析，认为政府主导精准脱贫责任既是政治任务，也是政府的行政义务，在性质定位、内在机理和推进路径上不同于传统的行政责任，具有以"引导－激励"为要件的独特的"受拘束属性"。[1]此进路主张补充立法供给，完善法律制度，并在法律框架内建构更好的责任和权利机制。

学界既有的研究已经初步揭示了脱贫攻坚的两个最重要的特征，即以国家主导、自上而下、项目制等为表征的特殊性，及以法治因素为表征的规范性。除了个案研究方法固有的碎片化问题外，既有研究仍存在不足。首先，脱贫攻坚的国家治理视角固然可以揭示政策实施中出现的问题，然而在"国家－社会"的结构中向国家过分倾斜，忽略了乡村社会的主体性。更为严重的是，这一角度将乡村治理视为国家治理的一部分，将乡村的贫困问题视为国家在推进现代化、城镇化过程中的阶段性问题，是可以通过阶段性、项目制、超常规的方式迅速解决的，从而回避了贫困问题的深层原因。需要明确，乡村的贫困问题并非发展的阶段性问题，而是结构性问题。现代社会是多元社会，治理本意就是要在多方主体、多方力量之间达致一个平衡的结构。[2]进一步讲，正是改革开放以来社会结构的不平衡导致了诸多的乡村问题。过于注重国家视角导致的"研究视角的不平衡"将深层问题推进了更深的迷雾之中，目前亟须从乡村治理的视角出发平衡研究态势，以期正视乡村治理的真正难题，并为形成持续性、制度性的解决方案奠定基础。

从乡村治理的视角研究脱贫攻坚意味着将国家视为外部主体之一，其运用自身治理资源参与到针对贫困的治理活动之中。对此特殊治理方式的研究可从相关文本和治理的实践等方面展开。当前，中共中央、国务院以及国务院各部门、地方政府等制发了大量规范性文件，以统筹、规划、指导脱贫攻坚工作中涉及的各个方面，形成了丰富的文本资料。此外，治理实践研究应当以文本内容为参照。区别于古今制度研究"重文本、轻实践"的研究格局，对脱贫攻坚的内容研究出现了倒置的情况，即"重实践、轻文本"，难以形成更为整体的理解。针对当前研究在视角和内容上的不足，本章将以规范性文

〔1〕 蒋悟真："政府主导精准脱贫责任的法律解释"，载《政治与法律》2017年第7期。

〔2〕 李连江等："中国基层社会治理的变迁与脉络——李连江、张静、刘守英、应星对话录"，载《中国社会科学评价》2018年第3期。

件为分析对象，[1]采用文本分析的方法，对脱贫攻坚的乡村治理的治理依据、治理目标、治理实施和治理保障进行分析，尝试梳理、概括脱贫攻坚这一特殊的乡村治理的基本事实和基本特点，以形成更为客观、整体的理解。

二、脱贫攻坚的乡村治理之依据

2014 年通过的《中共中央关于全面推进依法治国若干重大问题的决定》将全面依法治国作为全面建成小康社会、实现中华民族伟大复兴的必要条件。该决定形成了"法治国家、法治政府、法治社会一体建设""依法治国、依法执政、依法行政共同推进"的方针，促进国家治理体系和治理能力的现代化。在依法治国的要求下，脱贫攻坚具有"宪法法律指引、党政规范性文件部署、地方法规规章推进"的规范依据体系。

（一）宪法、法律指引

我国目前尚未制定脱贫攻坚、扶贫开发的专项法律，治理贫困的乡村涉及人权保障、农村经济发展、农村贫困人口的救济保障及扶贫开发资金的管理，相关法律条文散见于《宪法》《农业法》《村民委员会组织法》《预算法》《审计法》等。

人权保障与农村经济发展。从法律制度根源来看，贫困的原因在于人的生存与发展权利的缺失或受限，因此治理贫困的制度根基于保障人权。我国《宪法》第 33 条第 3 款规定"国家尊重和保障人权"，为制定脱贫攻坚相关规范性文件提供了宪法指引。保障贫困群体的人权主要是从生命权和基本生活保障权角度出发。相应地，《宪法》第 14 条第 3 款规定"……在发展生产的基础上，逐步改善人民的物质生活和文化生活"，第 4 款规定"国家建立健全同经济发展水平相适应的社会保障制度"，规定了国家改善人民生活、健全社会保障的责任，同时也为国家开展脱贫攻坚提供了合法性指引。治理贫困是乡村公共事务，关乎公益事业。在治理贫困的问题上，法律针对作为村庄内部主体的村民委员会作出了规定。如《村民委员会组织法》第 2 条第 2

---

[1]　本章所指"规范性文件"取其广义，包括宪法法律、行政法规和部门规章、地方性法规和地方政府规章、党内法规和规范性文件、行政规范性文件。文中所涉及的文件均来源于北大法宝，分别以"脱贫攻坚""扶贫开发"为关键词选择"精确匹配"，并选择"中央法规司法解释"和"地方法规规章"，搜索"标题"所得。其中，在检索栏中输入"脱贫攻坚"获得"中央法规司法解释"96篇，"地方法规规章"538 篇。输入"扶贫开发"获得"中央法规司法解释"101 篇，"地方法规规章"1457 篇。本书根据文件的制定主体和内容选择重要文件进行分析。

款规定了村民委员会办理本村的公共事务和公益事业的职责。

农村贫困人口的救济保障。国家作为保障人权的义务主体,具有参与乡村治理中治理贫困的职责。虽尚无专项法律,但《农业法》第 85 条明确规定了各级政府扶持贫困地区、帮助进行经济开发的职责,第 83 条规定国家需完善农村社会救济制度和贫困人口基本生活保障。

扶贫开发资金的管理。脱贫攻坚的资金主要来源于中央和地方政府的财政投入。《农业法》第 86 条专门就扶贫开发资金的预算和审计监督作出了规定。《预算法》第 39 条规定,中央预算和有关地方预算中应当安排必要的资金,用于扶助革命老区、民族地区、边疆地区、贫困地区发展经济社会建设事业。《审计法》第 2 条规定了国务院各部门和地方各级人民政府及其各部门的财政收支的审计制度,为审计脱贫攻坚涉及的政府资金提供依据。《村民委员会组织法》第 35 条规定村民委员会成员实行任期和离任经济责任审计制度,其中第 1 款第(三)项规定审计的项目是"政府拨付和接受社会捐赠的资金、物资管理使用情况"。

(二)党政规范性文件部署

我国《宪法》第 1 条规定,中国共产党领导是中国特色社会主义最本质的特征。党的领导权体现了中国共产党的本质宪法身份。[1] 2018 年一号文件提出建立健全"党委领导、政府负责、社会协同、公众参与、法治保障"的现代乡村社会治理体制。在中央层面,中共中央、国务院及中共中央办公厅、国务院办公厅、中共中央部门及国务院部门就脱贫攻坚制定了丰富的党政规范性文件,为部署贫困乡村工作提供了较为充分的规范性依据。

形式上,党政规范性文件包括不同主体制发的不同类型的文件,如党内法规及规范性文件(包括党内法规、党内规范性文件)、[2]行政规范性文件

---

〔1〕蒋清华:"党的领导权与执政权之辩——'执政权'之歧义和误用",载《政治与法律》2016 年第 8 期。

〔2〕根据 2012 年《中国共产党党内法规和规范性文件备案规定》(已被修改)及 2012 年《中国共产党党内法规制定条例》(已被修改)可知,中国共产党具有规范性的文件包括党内法规和党内规范性文件。其中,《中国共产党党内法规和规范性文件备案规定》第 2 条第 2 款对党的规范性文件进行规定:"本规定所称规范性文件,是指中央纪律检查委员会、中央各部门和省、自治区、直辖市党委在履行职责过程中形成的具有普遍约束力、可以反复适用的决议、决定、意见、通知等文件,包括贯彻执行中央决策部署、指导推动经济社会发展、涉及人民群众切身利益、加强和改进党的建设等方面的重要文件。"

（包括国务院规范性文件、部门规范性文件），[1]以及党政联合发文的规范性文件（包括中共中央与国务院联合发文，中共中央办公厅与国务院办公厅联合发文、中共中央部门与国务院部门联合发文）。关于联合发文的文件性质，现行规范性文件未作规定，学界也尚无定论。[2]经过对党政规范性文件的初步分析，笔者认为，应承认中央层面的联合发文在特殊体制下具有的双重属性，并侧重从文件的内容及其功能而非制定主体和形式的角度理解党政联合发文。如关于中共中央、国务院联合制发的各类重大决定、纲要和意见，应强调其在政治领导和决策部署上的功能，对于"两办"联合发文及中共中央部门与国务院部门的发文应关注其对政策制定的指引功能。

内容上，关于治理贫困的党政规范性文件形成了"总体部署—重点关

〔1〕　2018 年国务院办公厅《关于加强行政规范性文件制定和监督管理工作的通知》对行政规范性文件作出了界定："行政规范性文件是除国务院的行政法规、决定、命令以及部门规章和地方政府规章外，由行政机关或者经法律、法规授权的具有管理公共事务职能的组织（以下统称行政机关）依照法定权限、程序制定并公开发布，涉及公民、法人和其他组织权利义务，具有普遍约束力，在一定期限内反复适用的公文。"行政规范性文件可根据制定主体被分为国务院规范性文件、部门规范性文件及地方规范性文件。本书仅涉及国务院及部门的规范性文件。

〔2〕　关于党政联合发文的文件性质，现行规范性文件未作规定。学界尚无专门的讨论，且在讨论时较为含混地使用"党政联合发文"或"党委和政府联合发文"的说法，并未区分中央和地方，也未区分中共中央、国务院与中共中央办公厅、国务院办公厅。总体来说，学界虽然批评地方党委和政府联合发文的行为，但多数学者并不否认发文具有党的规范性文件的性质。在此共识下，有学者特别强调此类文件同时具有政策属性，或属于党政合意行为，可作为执法依据。如王振民在批评地方党政联合发文规定的事项未限于党务时举例说明：党政联合发文的文件加盖党委大印，同时以党的名义发布，文件的性质就从行政文件变成了党的文件甚至党内法规。参见王振民："党内法规制度体系建设的基本理论问题"，载《中国高校社会科学》2013 年第 5 期。在中央层面，姜明安认为，在规范党领导国家、推动依法治国的领导行为领域，中共中央单独发布，或中共中央办公厅、国务院办公厅联合发布的决定、纲要、指导意见有着重要的地位和作用，且无论调整的是哪一方面或领域的国家政务，都是执政党领导国家作用的法治化的体现，宜认定为准党内法规性质。参见姜明安："论党内法规在依法治国中的作用"，载《中共中央党校学报》2017 年第 2 期。屠凯认为，党政联合发文具有双重属性，既具有党内法规的效力，也属于狭义的"政策"范围，在政府系统内部应当作为内部"行政规则"被遵照执行。参见屠凯："党内法规的二重属性：法律与政策"，载《中共浙江省委党校学报》2015 年第 5 期。李忠认为，此类文件的制发属于党政合意行为，因此可作为执法依据。参见李忠：《党内法规建设研究》，中国社会科学出版社 2015 年版，第 6 页。此外，少数学者认为，尽管在中央权威部门编纂的《中国共产党党内法规选编（2007–2012）》收录的 117 件现行有效的党内法规和规范性文件中，有 56 件属于党政联合发文，但此类文件既不符合党内法规的制定主体、内容形式和文件名称等规范要件，也不符合制定行政法规和规章的法定程序，因此应当属于规范性文件。参见秦前红、苏绍龙："党内法规与国家法律衔接和协调的基准与路径——兼论备案审查衔接联动机制"，载《法律科学（西北政法大学学报）》2016 年第 5 期。

注—特别安排"的规范性文件体系。

在总体部署方面，与脱贫攻坚总体部署相关的三个核心文件就总体要求、实施方略、政策保障、动员全社会及加强党的领导几个部分形成了较为完备的体系。其一，2015 年中共中央、国务院出台的《关于打赢脱贫攻坚战的决定》（以下简称《决定》）。其二，2016 年国务院制发的《"十三五"脱贫攻坚规划》（以下简称《规划》）。其三，2018 年中共中央、国务院发布的《关于打赢脱贫攻坚战三年行动的指导意见》（以下简称《意见》）。此外，结合 2011 年国务院发布的《中国农村扶贫开发纲要（2011-2020 年）》（以下简称《纲要》），2018 年一号文件《关于实施乡村振兴战略的意见》、2019 年一号文件《关于坚持农业农村优先发展做好"三农"工作的若干意见》中关于脱贫攻坚的相关规定，以及 2015 年《关于制定国民经济和社会发展第十三个五年规划的建议》（以下简称《十三五规划建议》）首次提出、2016 年《国民经济和社会发展第十三个五年规划纲要》（以下简称《十三五规划纲要》）予以确认的脱贫攻坚的总体目标，为总体部署提供了规范性依据。

在重点关注方面，针对领导机制、组织动员、责任制、扶贫项目的资金管理等重要问题形成了专门的文件。如关于领导机制，2002 年国务院办公厅曾印发国务院规范性文件《国务院扶贫开发领导小组办公室职能配置内设机构和人员编制规定的通知》，为领导小组的设立提供规范性依据。在组织动员方面，2018 年中共中央修订了党内法规《中国共产党农村基层组织工作条例》，2017 年中共中央办公厅、国务院办公厅联合制发了《关于加强贫困村驻村工作队选派管理工作的指导意见》，2017 年国务院扶贫开发领导小组制发《关于广泛引导和动员社会组织参与脱贫攻坚的通知》，2018 年国务院办公厅制发《关于深入开展消费扶贫助力打赢脱贫攻坚战的指导意见》以动员消费，2018 年国务院扶贫办等 13 个部门制发《关于开展扶贫扶志行动的意见》以动员基层贫困群众，2016 年中国科学技术协会制发《关于动员和组织广大科技工作者为打赢脱贫攻坚战作贡献的意见》以动员科技工作群体参与治理贫困，为治理贫困的乡村的治理主体、社会动员提供了规范性依据。在责任制和考核机制方面，2016 年中共中央办公厅、国务院办公厅联合制发了《脱贫攻坚责任制实施办法》及《省级党委和政府扶贫开发工作成效考核办法》。在专项扶贫资金管理的问题上，2017 年财政部、扶贫开发领导小组办公室、国家发展和改革委员会等多部门联合修订了《中央财政专项扶贫资金管理办法》（已失效），〔1〕2017 年原农业部制发部门规范性文件《贫困农场扶贫开发专项资金管理办法》，结合 1997 年国务院办公厅制发的国务院规范性文件《国家扶贫资金管理办法》及 2006 年财政部和国家民族事务委员会制发的《少数民族发展资金管理办法》（已失效），为专项扶贫资金管理提供规范性依据。

特别安排是指针对特殊的扶贫对象制发的规范性文件。如针对革命老区，2016 年中共中央办公厅、国务院办公厅印发《关于加大脱贫攻坚力度支持革命老区开发建设的指导意见》；针对贫困残疾人，2016 年中国残联、中央组织部、中央宣传部等印发《贫困残疾人脱贫攻坚行动计划（2016-2020 年）》；针对贫困农场，2017 年原农业部制发部门规范性文件《贫困农场扶贫开发专项资金管理办法》。

（三）地方法规规章推进

在中央层面，尚无行政法规及部门规章对脱贫攻坚的相关事项予以规定。在地方层面，自广西壮族自治区 1995 年通过《广西壮族自治区扶贫开发条例》至 2019 年 4 月，有 16 个省（自治区）制定了地方性法规，包括广西、贵州、山西、内蒙古、江苏、四川、青海、湖南、宁夏、黑龙江、吉林、河北、云南、甘肃、山西、广东。在省级以下，四川省阿坝藏族羌族自治州通过了《阿坝藏族羌族自治州农村扶贫开发条例》。福建省于 2017 年制定了地方政府规章《福建省农村扶贫开发办法》。地方性法规及地方政府规章的具体规定虽各不相同，但主要内容却具有相似之处。以《广西壮族自治区扶贫开发条例》为例，包括：总则、扶贫对象、扶贫开发措施、扶贫开发资金和项目、管理和监督、法律责任、附则七个部分，确立了精准识别和脱贫认定机制、县级以上政府的规划实施脱贫开发的义务、扶贫资金的项目管理机制以及违反条例的法律责任。

三、脱贫攻坚的乡村治理之目标

自改革开放以来，我国的乡村治理体制历经从"政社合一"到"政社分设"的转变，发展到村民自治的制度和实践，又演进至如今以"建立健全自

---

〔1〕《财政扶贫资金管理办法》于 2000 年制定，2011 年修订为《财政专项扶贫资金管理办法》，2017 年修订为《中央财政专项扶贫资金管理办法》。

治、法治、德治相结合的乡村社会治理体系"为目标。[1]同时，我国治理贫困取得了巨大的成效，几亿农村人口的温饱问题已经解决，成了世界上减贫人口最多的国家。[2]然而，贫困问题依旧是我国经济社会发展中最为突出的短板，农村的基本公共服务的供给仍然与城市存在一定差距。伴随着我国现代化和城镇化进程的不断推进，贫困成了乡村凋敝和乡村失序的主要原因。

《宪法》中"保障人权""改善人民的物质生活和文化生活""国家建立健全同经济发展水平相适应的社会保障制度"的目标，以及党政规范性文件中的"全面整体脱贫""不愁吃不愁穿""义务教育、基本医疗和住房安全有保障"的目标在党政规范性文件、法律及地方法规规章中被技术性地分解为经济指标和制度安排，制度安排亦通过数字指标予以呈现，目标完成的时间要求也体现在数字上。总的来说，治理目标呈现出了数字化的特点。

（一）经济指标

《十三五规划建议》首次提出脱贫攻坚的总体目标，《十三五规划纲要》《决定》《规划》及《意见》等重要的党政规范性文件对该目标加以确认，其中"到 2020 年，稳定实现农村贫困人口不愁吃、不愁穿"，[3]"解决区域性贫困"的表述被技术化为可供衡量的数字指标，即"实现贫困地区农民人均可支配收入增长幅度高于全国平均水平"。[4]人均可支配收入增长幅度是国家发展的重要数字指标，每年国家统计局都会发布居民收入和消费支出情况，公开全国居民人均可支配收入及增长幅度。以 2018 年为例，全国居民人均可支配收入为 28 228 元，比上年增长了 8.7%。[5]贫困地区农民人均可支配收入增长幅度也将在政府的相关报告中得以呈现，通过比较，很容易判断目标达成与否。

（二）设施和制度指标

《十三五规划纲要》提出"基本公共服务主要领域指标接近全国平均水平"。《意见》根据不同的公共服务领域，将此目标分解为基础设施建设和制

〔1〕 高其才、池建华："改革开放40年来的中国特色乡村治理体制：历程·特质·展望"，载《学术交流》2018年第11期。
〔2〕 参见《规划》。
〔3〕 参见《十三五规划纲要》《决定》《规划》及《意见》。
〔4〕 参见《意见》。
〔5〕 参见国家统计局发布的《2018年居民收入和消费支出情况》。

度保障建设，其中基础设施建设包括路、水、电、居住环境，如通硬化路、通动力电、全面解决住房问题、饮水安全问题、人居环境问题。制度建设包括义务教育、基本医疗等制度性保障，如解决因贫失学辍学问题，解决基本养老保险、基本医疗保险和最低生活保障。无论是通水通电与否，还是因贫失学辍学问题解决与否，政府的相关工作报告中均以数字的形式呈现。

例如，2017 年国务院扶贫开发领导小组办公室主任刘永富就 2013 年至2016 年脱贫攻坚工作所做的《国务院关于脱贫攻坚工作情况的报告》显示：

我国现行标准下的农村贫困人口由 9899 万人减少至 4335 万人；农村贫困发生率由 10.2% 下降至 4.5%。与前几轮扶贫相比，不仅减贫规模加大，而且改变了以往新标准实施后减贫规模逐年大幅递减的趋势，每年减贫幅度都在 1000 万人以上。贫困地区群众收入增长较快，生产生活条件明显改善。贫困地区农村居民人均可支配收入年均实际增长 10.7%。截至 2016 年，关于住房问题解决方面、居住在钢筋混凝土房或砖混材料房的农户占比、使用管道供水农户比例、道路硬化比例、自然村有卫生站的比例、在自然村上学的农户比例均可在《国务院关于脱贫攻坚工作情况的报告》中查见。[1]

（三）时间要求

治理目标具有时间要求。《决定》指出："实现到 2020 年让 7000 多万农村贫困人口摆脱贫困的既定目标，时间十分紧迫，任务相当繁重。"[2]《意见》表示："从脱贫攻坚任务看，未来 3 年，还有 3000 万左右农村贫困人口需要脱贫，其中因病、因残致贫比例居高不下，在剩余 3 年时间内完成脱贫目标，任务十分艰巨。"[3]

四、脱贫攻坚的乡村治理之实施

脱贫攻坚作为特殊的乡村治理手段，以治理贫困为核心目标，在治理的实施中，国家主导的对两项要素的安排尤为重要，即人和财，这两项要素以超常规投入、政策倾斜的方式，借助互联网和大数据技术作为实施工具，通过项目制的机制得以实现。

（一）实施要素：人

在脱贫攻坚的实施中，国家携带治理贫困的任务参与乡村治理，其超常

---

〔1〕 参见 2017 年《国务院关于脱贫攻坚工作情况的报告》。

〔2〕 参见《决定》。

〔3〕 参见《意见》。

规主要表现在：以议事协调机构"领导小组"为领导部门，地方政府分级负责调动组织资源，辅以特殊的人员派驻机制，加强基层党组织建设，并以政治任务、政策倾斜、荣誉和物质奖励等手段动员全社会力量参与到脱贫攻坚战中。

1. 领导和组织

《决定》明确表示：切实加强党的领导，为脱贫攻坚提供坚强政治保障。同时，《决定》就脱贫攻坚的组织资源进行配置，确定了"中央统筹、省（自治区、直辖市）负总责、市（地）县抓落实"的基本方针。[1]

（1）领导小组制。在中央政府层面，设立国务院扶贫开发领导小组，[2]作为议事协调机构展开工作。领导小组的组长由国务院副总理兼任，副组长及组成成员来自中央和国务院各部门及机构，具有强大的领导组织优势。国务院扶贫开发领导小组办公室为其办事机构。[3]

（2）分级负责制。地方政府层面，实行分级负责、以省为主的行政领导扶贫工作责任制。省、市、县、乡镇政府设立扶贫开发领导小组及办公室，保证条线贯通。领导小组成员来自地方政府各部门及机构，保证地方组织力量的调动。《决定》要求地方各级政府层层签订责任书。

（3）派驻机制。在派出工作方面，地方党委和政府派出第一书记及驻村工作队。[4]坚持县级统筹、全面覆盖，县级党委和政府统筹整合各方面驻村工作力量，根据派出单位帮扶资源和驻村干部综合能力科学组建驻村工作队，实现建档立卡贫困村一村一队。[5]《决定》要求选派优秀年轻干部以及厅局

---

〔1〕 参见《决定》第（二十九）项。

〔2〕 国务院扶贫开发领导小组属于国务院议事协调机构。1993 年《关于国务院议事协调机构和临时构设置的通知》正式提出了"议事协调机构"一词，以代替之前所用的"非常设机构"。议事协调机构虽然在现实功用和运行效能上能够发挥积极作用，但由于其毕竟是一种临时性、协调性的机构设置，存在设置无依据、"入口"控制不严、运行方式随意度过高、监督制约机制不健全、撤销不彻底、"出口"管理失范等问题。参见周望发表的论文《议事协调机构改革问题探析》，载《"中国特色社会主义行政管理体制"研讨会暨中国行政管理学会第 20 届年会论文集》，第 400 页。

〔3〕 国务院扶贫开发领导由 1986 年成立的国务院贫困地区经济开发领导小组于 1993 年改称而来，并于 2002 年由原属农业部内设机构改为单独设置，升格为副部级。2002 年在国务院办公厅印发的《国务院扶贫开发领导小组办公室职能配置内设机构和人员编制规定》中明确了其职责。

〔4〕 "驻村第一书记"首次出现在 2015 年发布的《中共中央组织部、中央农村工作领导小组办公室、国务院扶贫开发领导小组办公室关于做好选派机关优秀干部到村任第一书记工作的通知》中，是应对基层党组织工作涣散、加强基层治理的政策性安排。

〔5〕 参见 2017 年《关于加强贫困村驻村工作队选派管理工作的指导意见》。

级后备干部，并安排省部级后备干部到贫困县工作或挂职任职。〔1〕

（4）基层党组织建设。在村级层面，基层党组织应动员和带领群众打赢脱贫攻坚战，如期实现脱贫目标。〔2〕《决定》要求基层党组织发挥战斗堡垒作用，加强贫困乡镇领导班子建设。〔3〕

2. 动员

从规范性文件中可以发现，为实现扶贫开发，除了党的领导资源和政府的组织资源外，也广泛动员全社会的力量。包括以政治任务安排的方式动员军队、地区、央企，以政策倾斜的方式调动民企，以荣誉奖励和物质奖励等手段动员特定人群，从而利用资源丰富者的资源，动员被扶贫地区的人口，形成全社会参与的格局。

2014 年国务院专门就动员社会力量制发了《关于进一步动员社会各方面力量参与扶贫开发的意见》。《决定》专门就"广泛动员全社会力量、合力推进脱贫攻坚"展开部署，要求发挥好"10·17"国家扶贫日社会动员作用，健全多种扶贫机制和扶贫参与机制。《规划》对社会帮扶中各方社会力量作出规定。《意见》第六部分就动员全社会力量参与脱贫攻坚作出专门规定。根据动员对象的不同可划分为几个方面：

（1）政治任务安排。动员地区：把人才支持、市场对接、劳务协作、资金支持等作为协作重点，动员东部地区扶持西部地区。动员军队：动员驻地部队积极承担帮扶任务，在结对助学、医疗帮扶、红色旅游脱贫、培育退役军人和民兵预备役人员脱贫致富带头人。动员央企：动员 66 家央企定点帮扶 108 个革命老区贫困县村，建设基础设施项目，开展因事故因病脱贫开展"救急难"行动。

（2）政策倾斜。动员民企：由工商联系统组织民营企业开展"万企帮万村"精准扶贫行动，政府对参与企业给予税收优惠、职业培训补贴。

（3）荣誉表彰。动员院校：动员科技力量以组建专家组、产业扶贫技术团队为脱贫攻坚提供技术服务。动员社会工作者：实施社"三区"行动计划，动员社会工作人才服务于边远贫困地区、边疆民族地区和革命老区。动员志

〔1〕　参见《决定》第（二十九）项。
〔2〕　参见 2019 年《中国共产党农村基层组织工作条例》第 13 条。
〔3〕　参见《决定》第（三十）项。

513

愿者与捐赠者:每年动员不少于1万名志愿者到贫困地区参与扶贫开发。引导广大社会成员通过爱心捐赠等多种形式参与扶贫。《脱贫攻坚责任制度实施办法》第26条规定了对作出突出贡献的社会帮扶主体的宣传和表彰。

(4)物质奖励。动员贫困地区人口:通过开发多种公益岗位,动员贫困群众参与到脱贫攻坚中的小型基础设施等活动中。并通过加大以工代赈实施力度,动员更多的贫困群众投工投劳。[1]

(二)实施要素:资金

资金要素主要涉及有多少资金、资金从何处来两个问题。治理贫困的乡村的资金来源以中央专项资金与省级专项资金的超常规大额投入为主,以金融资金和社会资金,如贷款、保险制度为辅,且后者由政府以政策倾斜的方式进行鼓励,具有政府主导、超常规的特点。

1. 政府财政投入

《决定》明确表示,要发挥政府投入在扶贫开发中的主体和主导作用。加大中央财政、地方财政的扶贫资金投入。[2]具体而言,2018年全国共整合各级财政资金3064亿元。其中,中央财政专项扶贫资金达到1061亿元,省市县财政专项扶贫资金超过1000亿元。在增长趋势上,中央财政专项扶贫资金年平均增长20%以上,省级财政专项扶贫资金年均增长30%以上,省级扶贫专项资金的增长率较高。[3]

2. 金融资金和社会资金

《决定》鼓励和引导各类金融机构加大对扶贫开发的金融支持。例如,多种货币政策、低利率的扶贫再贷款、发行政策性金融债,并由中央财政给予90%的贷款贴息。对国家开发银行、中国农业发展银行实施多种政策优惠创新金融扶贫方式。[4]《意见》就加大金融扶贫支持力度在贷款定价、金融机构的信贷投放、信贷风险防范方面作出规定,探索发展价格保险、产值保险、"保险+期货"等险种,鼓励投资基金、扶贫公益基金的设立,并有"绿色通

---

〔1〕 参见《意见》"动员全社会力量参与脱贫攻坚"部分及2014年《关于进一步动员社会各方面力量参与扶贫开发的意见》。

〔2〕 参见《决定》第(十八)项。

〔3〕 参见2019年《全国人民代表大会常务委员会专题调研组关于脱贫攻坚工作情况的调研报告》。

〔4〕 参见《决定》第(十九)项。

道"政策鼓励企业在贫困地区通过发行股票、债券等方式参与扶贫。[1]

在政策激励下，金融资金和社会资金的重要性逐渐凸显。2018 年，新增扶贫小额贷款 1000 多亿元。在证券公司结对帮扶、扶贫专属农业保险产业等方面都取得了巨大的进展。[2]

（三）实施机制：项目制

《决定》提出治理目标："不愁吃、不愁穿，义务教育、基本医疗和住房安全有保障。"基础设施建设的落后是制约贫困地区发展的瓶颈，政策保障的匮乏是脱贫后返贫的主要原因。在实施治理过程中，国家投入大量的资金通过项目制实施基础设施建设、完善政策保障，通过具体项目治理贫困。[3]

1. 基础设施建设

基础设施建设的项目主要包括交通、水利、电力建设，宽带网络建设，危房改造和人居环境整治三个方面。如公路、铁路的"重大交通项目"、加重大水利"项目"农网改造升级等项目，另包括电信服务、宽带覆盖、物流配送、危房改造、农房抗震改造等项目，以及生活垃圾处理、污水处理等项目。[4]

2. 制度和政策保障建设

《决定》就教育脱贫、医疗保险和医疗救助脱贫、基本生活保障制度兜底脱贫作出指引。《规划》针对财政政策、投资政策、金融政策、土地政策以及干部人才政策作出了具体规划。在教育脱贫方面，落实集中连片特困地区和边远艰苦地区乡村教师生活补助政策，完善困难学生资助救助政策，继续实施高校招生倾斜政策，建立乡村教师荣誉制度，健全学前教育资助制度。在医疗方面，基本医疗保障制度进一步完善，推进建立分级诊疗制度、多种医疗保险和救助制度有效衔接制度。在基本生活保障制度方面，完善农村低保、特困人员救助供养等社会救助制度。[5]

---

〔1〕　参见《意见》"加大金融扶贫支持力度"部分。

〔2〕　参见 2019 年《全国人民代表大会常务委员会专题调研组关于脱贫攻坚工作情况的调研报告》。

〔3〕　项目制是自 20 世纪 90 年代中期以来，自上而下资金配置的重要渠道和机制，在包括财政领域的众多领域中成了推动任务部署的重要形式。区别于常规的制度安排，项目制具有不确定性和间断性的特点，并在组织形态和条件上具有专有性关系和参与选择权的特点。参见周雪光："项目制：一个'控制权'理论视角"，载《开放时代》2015 年第 2 期。

〔4〕　参见《决定》第（十四）至（十六）项。

〔5〕　参见《规划》第五章、第六章、第八章。

（四）实施工具：技术

治理贫困乡村的效果评估均需要一个措施，即建档立卡。建档立卡依托互联网技术和大数据技术，可以健全精准识别和动态调整机制，进行人口统计检测与脱贫成效检测，在动态和静态两方面，对农村人口状况和经济状况的信息实现精准的"信息控制"，为治理贫困预算资金投入、开展项目提供依据，并为实施贫困退出机制提供工具和支撑。

在扶贫开发数据的平台上，"通过端口对接、数据交换等方式，实现户籍、教育、健康、就业、社会保险、住房、银行、农村低保、残疾人等信息与贫困人口建档立卡信息有效对接"。[1]基于数据平台开展具体的脱贫工作。如《决定》规定：在教育方面，普通高中、中等职业教育免除学杂费的帮扶活动从建档立卡的家庭经济困难学生率先实施。在进行房屋改造时，把建档立卡贫困户放在优先位置。[2]

五、脱贫攻坚的乡村治理之保障

保障主要是为了支持实施机制、保证实施效果。党的领导、人才队伍建设以及发挥党组织战斗堡垒作用在更大程度上属于实施机制，而非保障机制。治理贫困乡村存在政治保障和法治保障两部分，其中在政治体制内部形成的保障更为完善，实际约束力更强，相较之下，法治保障明显不足。

（一）政治保障

治理贫困乡村是特殊的治理方式，具有国家主导、自上而下的基本特点，因而国家主导的政治保障发挥着主要作用。以分级责任制、书记和县长第一责任为基础，通过指标化、规范化的考核制，配合专项的督查和巡视制、辅以激励和问责，在政治体制内部形成强有力的约束和保障。

1. 责任制

责任制有两层内涵。其一，《决定》确立的分级负责制，即"中央统筹、省（自治区、直辖市）负总责、市（地）县抓落实"，要求地方政府层层签订脱贫攻坚责任书。"省级党委和政府主要负责人向中央签署脱贫责任书，每年向中央报告扶贫脱贫进展情况。"[3]其二，县级党委和政府承担主体责任

---

〔1〕 参见《意见》。

〔2〕 参见《决定》第（九）（十六）项。

〔3〕 参见《脱贫攻坚责任制实施办法》第9条。

制，书记和县长是第一责任人，负责脱贫攻坚实施的整个流程。〔1〕另外，《规划》提出建立扶贫工作责任清单，将责任制精细化。

2. 考核制

脱贫攻坚的考核制具有指标化、规范化的特点，而考核结果与综合考核评价挂钩则体现了上下级政府之间强控制的特点。2016 年中共中央办公厅、国务院办公厅制发《省级党委和政府扶贫开发工作成效考核办法》，将考核制度规范化。主要包括考核内容、考核工作的实施、考核中发现的问题、考核的结果及相应的奖惩措施，并设计了省级党委和政府扶贫开发工作成效考核指标表。值得注意的是，该办法将考核结果与综合考核评价挂钩，作为绩效考核的内容。〔2〕《意见》对完善脱贫攻坚考核监督评估机制的规定更为精细，如改进第三方评估方式，且未经省里批准，市级以下不得开展第三方评估。调整考核频率，原则上，每年对县的考核不超过 2 次。

3. 督查和巡视

以责任制为基础，一是通过常规的周期性的考核制监督各地治理贫困的实施和成效，另一是通过督查巡视制度进行监督。2016 年《脱贫攻坚责任制实施办法》第 5 条规定了由国务院扶贫开发小组组织开展督查巡查制度和第三方评估。《意见》进一步规定巡视巡查的工作重点是扶贫领域腐败和作风问题。〔3〕

4. 激励和问责

基于考核制，考核结果由国务院扶贫开发领导小组予以通报。2016 年《脱贫攻坚责任制度实施办法》第 25 条规定了两种激励方式：一是公开表彰；二是将考核结果作为干部选拔任用的依据。〔4〕《省级党委和政府扶贫开发工作成效考核办法》规定对完成年度计划减贫成效显著的省份给予奖励。

政治保障范围内的问责主要是通过约谈机制实现的。约谈机制包括问题约谈和常态约谈，在出现问题时，由国务院扶贫开发领导小组对省级党委、政府主要负责人进行约谈，提出限期整改要求；情节严重、造成不良影响的，

〔1〕　参见《脱贫攻坚责任制实施办法》第 10 条。
〔2〕　参见《省级党委和政府扶贫开发工作成效考核办法》。
〔3〕　参见《意见》"开展扶贫领域腐败和作风问题专项治理"部分。
〔4〕　参见《脱贫攻坚责任制度实施办法》第 25 条。

517

实行责任追究。[1]2019 年中央一号文件及《意见》均提出了约谈常态化，即随时发现问题随时约谈的制度。

（二）法治保障

《决定》要求各级党委和政府运用法治思维和法治方式推进贫困治理的工作，"在规划编制、项目安排、资金使用、监督管理等方面，提高规范化、制度化、法治化水平"。[2]但在立法、司法、执法和法律公共服务等方面，治理贫困的乡村治理存在法治保障较为不足的问题。

1. 立法保障

如前文所分析的，目前就治理贫困、扶贫开发、脱贫攻坚尚无专项法律。虽然国务院扶贫开发领导小组办公室曾在 2009 年制定了《中国农村扶贫开发法》的立法方案，开展了前期调查，并曾被列入《十二届全国人民代表大会常务委员会立法规划》和《国务院 2014 年立法工作计划》，且在《决定》中提出完善扶贫开发法律法规、抓紧制定扶贫开发条例，但至今尚无行政法规层面的立法。总体而言，精准扶贫存在立法缺位的问题。[3]

2. 司法保障

2018 年最高人民检察院专门制发了《关于充分发挥检察职能为打好"三大攻坚战"提供司法保障的意见》，规定依法严厉打击精准扶贫攻坚战的相关刑事犯罪。包括虚报冒领、套取侵吞、截留私分、挤占挪用、盗窃诈骗扶贫资金的犯罪，发生在群众身边、损害群众利益的"蝇贪""蚁贪"等"微腐败"犯罪，以及"村霸"等黑恶势力犯罪及其背后的"保护伞"。2019 年最高人民检察院、国务院扶贫开发领导小组办公室制发了《关于检察机关国家司法救助工作支持脱贫攻坚的实施意见》，就检察机关开展司法救助工作作出规定。

3. 其他保障

其他方面的法治保障包括执法保障及公共法律服务保障。《决定》规定强化贫困地区社会治安防控体系建设和基层执法队伍建设。2012 年司法部制发《关于加大贫困地区法律援助力度促进开展扶贫开发工作的意见》要求各级司

---

〔1〕 参见《省级党委和政府扶贫开发工作成效考核办法》第 8 条。

〔2〕 参见《决定》第（三十三）项。

〔3〕 厉潇逸："精准脱贫的法治保障"，载《法学杂志》2018 年第 6 期。

法行政机关和法律援助机构为广大扶贫对象提供优质、高效、便捷的法律援助，积极做好贫困地区法律援助工作。

六、结语

脱贫攻坚是以治理贫困为目标，国家为外部主体、携带治理资源以其固有的治理逻辑参与治理的乡村治理，为形成"多元主体共治、多元规范优化合治、多重环节系统融洽"的格局，[1]为健全自治、法治、德治相结合的乡村治理体系提供了治理资源。根据对相关规范性文件的分析可知，这一特殊的乡村治理方式具有治理依据规范化、治理目标数字化、治理实施超常规与治理保障强政治弱法治的特点，整体呈现出了国家主导、项目制、自上而下的特点。在治理依据方面，形成了宪法法律指引、党政规范性文件部署和地方法规规章推进的规范体系。在治理目标方面，治理贫困在经济、设施和制度、时间都以数字指标为准。在治理实施方面，对治理要素中的人采取了超常规的领导、组织、动员方式，对资金要素采取了超常规的国家财政投入，并运用技术以专项制的方式运行。在治理保障方面，更注重体制内部的责任制、考核制、督查巡视和激励问责等政治保障方式，将法治保障作为补充。

应当肯定的是，通过大额的财政投入和政策倾斜，在改变乡村经济发展落后、基础设施薄弱、社会保障不健全等方面，国家治理资源能够充分发挥强大优势。通过派驻机制、加强基层党组织的领导为重构乡村内部组织提供了途径。通过动员全社会的力量，运用技术手段为乡村内外治理主体的互动、多元规范的融合提供了可能性。然而，脱贫攻坚式的乡村治理存在的问题不可忽视。其一，国家主导与内生动力。治理贫困的乡村之目标指向乡村内部，无论是治理依据、治理实施还是治理保障均由国家主导，乡村内部主体、内生规范和内生动力未能充分发挥作用。国家资源在塑造乡村内部组织、激发内生动力的效果方面亦有待考察。目前来看，国家主导的乡村治理在平衡治理主体的结构方面的作用不太明显。其二，项目制与持续稳定发展。当前超常规的组织动员机制和超常规的投入是阶段性的，超常规的投入是项目制的，存在一个可被计量化的数字目标，时间点的到达和数字目标的达成意味着脱贫攻坚的结束，但乡村治理不会结束，项目制治理可能产生的结果（如基层

---

〔1〕　高其才："健全自治法治德治相结合的乡村治理体系"，载《农村农业农民》2019年第3期。

集体债务等问题），给乡村治理的持续、稳定发展埋下了隐患。[1]其三，超常规的规范化与高昂成本。超常规的治理方式以规范性文件为基础，依据规范化的流程，借助信息技术形成数字指标导向的治理。一方面，强化了乡村治理体系中的法治；另一方面，相较于制度的治理需要更多的人员和资金成本，相较于运动式治理需要更多的规范和技术成本，综合来看治理成本更高。其四，技术和数字的悬浮。在治理贫困过程中，借助技术以实现通过数字的信息控制，可以改善国家在参与乡村治理过程中的信息不对称问题。但由于数字信息的生产链条过于漫长，涉及的行动者的逻辑各不相同，使得数字生产也被纳入了多重发包的体制内，而通过发包制生产的数据难以真正精准，呈现出数字悬浮的治理状态。[2]

当前，中国处于特殊的发展阶段，基于共享发展成果、实现共同富裕的迫切要求，国家需选择最为高效的方式参与治理贫困的乡村治理，即超常规、自上而下、项目制脱贫攻坚。同时，出于法治的要求，脱贫攻坚的实施需借助规范、技术和数字的力量，两个的治理逻辑在脱贫攻坚的规范性文件中杂糅为具有特殊逻辑的治理形态，呈现了解决深层问题的尝试在严重的不平衡结构中的遭遇，即超常规的规范化。这一特殊的治理形态在实践中的具体表现及在推进治理体系和治理能力现代化的进程中可能发挥的潜能有待进一步研究。

---

〔1〕 渠敬东："项目制：一种新的国家治理体制"，载《中国社会科学》2012 年第 5 期。

〔2〕 王雨磊："数字下乡：农村精准扶贫中的技术治理"，载《社会学研究》2016 年第 6 期。

第三十七章

地方标准与乡村治理
——以浙江省湖州市安吉县为对象

一、引言

党的十九大报告明确提出实施乡村振兴战略，加强农村基层基础工作，健全自治、法治、德治相结合的乡村治理体系。中共中央、国务院《关于实施乡村振兴战略的意见》也强调建立健全党委领导、政府负责、社会协同、公众参与、法治保障的现代乡村社会治理体制，坚持自治、法治、德治相结合，确保乡村社会充满活力、和谐有序。健全自治、法治、德治相结合的乡村治理体系是实施乡村振兴战略的重要举措，也是国家治理体系和治理能力现代化的重要组成部分。

如何统一推进现代乡村治理体制建设？浙江省湖州市安吉县做了积极的探索。[1]2018 年 9 月 12 日，浙江省湖州市安吉县召开乡村治理工作地方标准规范新闻发布会，发布了全国首个乡村治理地方标准规范《乡村治理工作规范》（DB330523/T 29—2018）。在立足可操作性基础上，这一《乡村治理工作规范》量化了乡村治理"谁来治理、怎么治理、治理什么、治理效果如何检验"

---

[1] 其他地区如浙江省金华市武义县也有这方面实践。为深入开展农村乡村治理标准化工作，推进武义县农村综合改革标准化试点，加强农村基层基础工作，发挥标准化在推进农村综合改革中的支撑和引领作用，武义县将开展全县域乡村治理标准化试点，总结、提炼农村治理和村级便民服务等方面的工作做法，通过试点开展标准体系运行评估，逐步修改完善标准体系，并在全县域进行推广实施。会议通报了《武义农村乡村治理标准化试点实施方案（建议审批稿）》主要内容，与会人员进行了研究讨论。参见"农村乡村治理标准化试点展开"，载 http://www.zjwy.gov.cn/zwgk/zfzx/zwyw/201901/t20190114_ 3653884.html，2019 年 3 月 18 日最后访问。

四个方面的工作。[1]

安吉县隶属浙江省湖州市，素有"中国第一竹乡、中国白茶之乡、中国椅业之乡"之称，县域面积1886平方公里，户籍人口46万人，下辖8镇3乡4街道208个行政村（社区）和1个国家级旅游度假区、1个省级经济开发区、1个省际承接产业转移示范区。2017年，安吉县实现地区生产总值360.3亿元，完成财政总收入67.3亿元，其中地方财政收入39.5亿元。安吉县是习近平总书记"绿水青山就是金山银山"理念诞生地、中国美丽乡村发源地、全国首个生态县、联合国人居奖唯一获得县。[2]

在实践中，安吉县的乡村治理体系建设坚持以人民为中心，突出村民主体地位，植根乡村实际发展需求，形成了百花齐放的良好局面，取得了丰硕的治理成果，有效地发挥了自治的基础作用、法治的保障作用和德治的引领作用。在总结经验的基础上，2018年5月，由安吉县政法委、浙江省标准化研究院等7个单位组成起草组，[3]启动了《乡村治理工作规范》编制筹备工作。在多轮意见征求、修改后，报批稿于7月9日形成。经公示，《乡村治理工作规范》于2018年8月11日正式发布，9月10日起实施。[4]

---

〔1〕 胡小丽："立足落地量化标准 浙江安吉发布《乡村治理工作规范》"，载 http://www.zj.chin-anews.com/news/2018/0912/18347.html，2018年9月14日最后访问。

〔2〕 "安吉县县情简介"，载 http://www.anji.gov.cn/default.php? mod = article&do = detail&tid = 23542，2018年12月14日最后访问。

〔3〕 本标准的起草单位为安吉县委政法委员会、中共安吉县委安吉县人民政府农业和农村工作办公室、安吉县中国美丽乡村标准化研究中心、安吉县司法局、安吉县民政局、中共安吉县委党校、浙江省标准化研究院。

〔4〕 近几年，随着我国法治国家、法治政府、法治社会建设的推进，我国学术界对治理标准、治理评估、法治标准、法治评估问题进行了比较多的探讨。参见张德淼、李朝："中国法治评估指标体系的生成与演进逻辑——从法治概念到评测指标的过程性解释"，载《理论与改革》2015年第2期；孟涛："法治的测量：世界正义工程法治指数研究"，载《政治与法律》2015年第5期；钱弘道、杜维超："论实验主义法治——中国法治实践学派的一种方法论进路"，载《浙江大学学报（人文社会科学版）》2015年第6期；刘凯、白立士："'法治评价'量化研究的方法论基础"，载《华南师范大学学报（社会科学版）》2016年第2期；周祖成、杨惠琪："法治如何定量——我国法治评估量化方法评析"，载《法学研究》2016年第3期；李朝："法治评估的类型构造与中国应用——一种功能主义的视角"，载《法制与社会发展》2016年第5期；康兰平："法治评估的开放空间：理论回应、实践样态与未来转型"，载《甘肃政法学院学报》2016年第6期；尹奎杰："我国法治评估'地方化'的理论反思"，载《东北师大学报（哲学社会科学版）》2016年第6期；康兰平："法治评估理论的跃升空间：

本章以浙江省安吉县《乡村治理工作规范》文本为主要分析对象，对乡村治理地方标准规范的实践、意义、局限作一初步探讨，以引起学界对这一问题的进一步关注和讨论。

二、乡村治理地方标准规范的实践

安吉县一直重视乡村治理的规范化、标准化建设，先后制定了 45 项美丽乡村系列地方标准规范、提炼 5 项省级地方标准，其中《美丽乡村建设指南》上升为国家标准，积累了许多经验。如安吉县制订、实施了《农村生活污水处理技术规范》《美丽乡村水环境优美村创建标准》《农村生活垃圾处理技术规范》《美丽乡村农村社区公共服务设施设置及管理维护要求》《党群服务中心设置和运行规范》《美丽乡村精品示范村考核验收规范》《农村集体资金、资产、资源管理规范》《美丽党建工作规范》等标准。[1]特别是 2015 年 6 月，安吉县制订、实施了《美丽乡村建设指南》；2017 年 2 月，安吉县制订、实施了《美丽乡村民主法治建设规范》。在此基础上，2018 年 9 月实施了《乡村治理工作规范》。

2015 年 5 月 28 日，原国家质量监督检验检疫总局、国家标准委联合农业部、财政部举行新闻发布会，正式对外发布以安吉县政府为第一起草单位的《美丽乡村建设指南》（GB32000-2015）国家标准，并于 2015 年 6 月 1 日正式实施。据了解，该标准为全国首个指导美丽乡村建设的国家标准，其发布标志着全国美丽乡村建设从方向性概念转化为定性、定量、可操作的工作实

（接上页）实效法治观与我国法治评估实践机制研究"，载《法制与社会发展》2017 年第 4 期等。关于社会治理法治建设指标体系，徐汉明和张新平认为，科学完备的社会治理法治建设指标体系的设计和规范评估，是法治建设的重要内容。其体系的设计既要坚持全面与特色相结合、客观与主观相结合、科学与简便相结合、实用性与适用性相结合、可计量与可比较相结合等基本原则，又需考虑指标体系所应包括的内容及框架体系和各个单项指标的含义、口径及计算方法。指标体系的内容包括党委领导和推进社会治理法治建设、人大加强社会治理法立法和监督、政府主导社会治理法治建设、司法机关维护社会治理公平正义、社会组织自治和参与合作共治、公众有序参与社会治理法治建设等多维指标。社会治理法治建设评估的适时开展，既是社会治理法实施的基本要求，又是加快推进社会治理体系和治理能力现代化的重要途径。参见徐汉明、张新平："社会治理法治建设指标体系的设计、内容及其评估"，载《法学杂志》2016 年第 6 期。

〔1〕 "安吉：标准化助推美丽乡村建设升级"，载《杭州日报》2016 年 9 月 1 日。

践，为全国提供了框架性、方向性技术指导。[1]

《美丽乡村建设指南》国家标准是在总结和提炼安吉县创建美丽乡村标准化试点工作经验的基础上，是经多次修改完善制定而成的。《美丽乡村建设指南》分为12个章节，基本框架为总则、村庄规划、村庄建设、生态环境、经济发展、公共服务、乡风文明、基层组织、长效管理等9个部分。技术内容采取定性和定量相结合的方法，汇集了财政、环保、住建、农业等部委的相关工作要求，明确了美丽乡村建设在总体方向和基本要求上的"最大公约数"，在村庄建设、生态环境、经济发展、公共服务等领域规定了21项量化指标，对美丽乡村建设给予目标性指导。此外，标准还对乡风文明和基层组织建设进行了规定，明确了公众参与和监督两个长效管理机制，鼓励开展第三方村民满意度调查，确保在高标准建设美丽乡村的同时，进一步完善村民自治机制，保障村民合法权益。[2]

2017年2月，安吉县制订、实施了《美丽乡村民主法治建设规范》，这也是全国首个关于民主法治村建设的地方标准。[3]该规范从范围、规范性引用文件、术语和定义等九个方面对标准进行了解释，并列出了基本要求、民主建设、法治建设和社会发展等四条评定办法。在总计100分的评定细则中涵盖着美丽乡村发展的方方面面，比如村务联席会议制度是否健全、村民代表

---

〔1〕 2019年2月，国家市场监督管理总局、国家标准化管理委员会发布了《美丽乡村建设评价》国家标准（GB/T37072-2018），提出了美丽乡村建设评价的评价原则、评价内容、评价程序、计算方法等，便于更好地引导和推进美丽乡村建设，推动乡村振兴战略。《美丽乡村建设评价》国家标准在内容编制上，将美丽乡村建设评价重点放在村庄建设、生态环境、经济发展、公共服务内容方面，有利于引领美丽乡村建设朝着村庄秀美、环境优美、生活甜美、社会和美的方向前进；除对硬件建设提出要求外，还对设施管理、维护、经费，人员配置等软件方面提出了要求；注重以人为本，将编制规划村民参与性作为美丽乡村建设评价指标的一个加强项，规定群众满意度权重不低于10%；在确定定量评价指标时，还考虑了全国各地的水平差异。《美丽乡村建设评价》的公共服务、乡风文明、基层组织等方面涉及乡村治理。参见http://www.agriplan.cn/industry/2019-02/zy-3465_6.htm，2019年3月18日最后访问。

〔2〕 金虎："安吉标准成为国家美丽乡村建设标准"，载http://ajnews.zjol.com.cn/ajnews/system/2015/05/28/019375344.shtml，2018年12月13日最后访问。

〔3〕 标准化规范了美丽乡村建设的质量、流程和责任，使整个美丽乡村建设在具体的实施中更完善、更科学、更合理。同时，标准化对各地美丽乡村建设的通用领域提出了规范性参照，在一定程度上提高了美丽乡村建设效率，降低了探索成本，加快了美丽乡村建设的步伐。参见王甲、邱少春："安吉县推进美丽乡村标准化建设"，载http://theory.people.com.cn/n1/2016/0801/c401815-28601810.html，2018年12月13日最后访问。"安吉实施全国首个《美丽乡村民主法治建设规范》"，载《杭州日报》2017年2月14日。

大会是否按照规定召开、专门的法治宣传栏是否建立等。早在 2004 年，安吉就已着手民主法治村建设工作。当时，安吉县下发了《安吉县民主法治村（社区）创建实施意见》，并明确了民主法治村建设的工作目标和任务。但随着民主法治示范村创建的深入，如何实现安吉县基层民主法治建设更高水平的提升；如何在总结农村民主法治建设成功经验的基础上，将现有的成果进行经验转化，还有许多方面需要进一步提升。为此，安吉县司法局与中国计量大学合作，就地方标准的制定开展了深入调研，最终起草、完成了《美丽乡村民主法治建设规范》，以标准的形式规范指导全域农村民主法治建设，从而实现农村民主法治建设的规范化管理。

在这些指南、规范的基础上，安吉县 2018 年的《乡村治理工作规范》以乡村治理的"余村经验"为蓝本，在充分吸收总结安吉县乡村发展治理经验的基础上，提出乡村治理的具体规范和标准。《乡村治理工作规范》的内容包括"支部带村""发展强村""民主管村""依法治村""道德润村""生态美村""平安护村""清廉正村"等十一节正文部分和六个单元附录部分，囊括组织架构、工作方法、运行流程和负面指标等具体工作要求，内容全面。[1]

安吉县《乡村治理工作规范》的基本原则为：①党建引领。将村党组织的建设贯穿乡村治理体系建设始终，注重发挥村党组织的领导核心作用和政治功能，增强感召力、影响力，使其成为服务群众、凝聚人心、化解矛盾、促进和谐的坚强战斗堡垒；以党建引领乡村振兴。②三治结合。应正确处理好自治、法治、德治三者的协同关系，将三治结合的理念和方法，应用于乡村治理各个环节、各个领域，实现自治、法治、德治有机结合、相互贯通。③群众主体。坚持群众主体，依靠群众解决群众身边的问题，引导群众增强自主意识，激发群众活力与能动性，积极广泛地参与乡村治理。④因地制宜地根据本村村情、民情与人文风俗，注重培育多元治理主体，建立符合本村实际、既有共性又有特色、实用且可操作的乡村治理体制机制和模式。⑤继承创新。继承发展"枫桥经验""后陈经验""余村经验"，顺应时代、把握规律，推动乡村治理理念、方法与体制机制创新。⑥实现路径。以乡村振兴为目标，按支部带村、发展强村、民主管村、依法治村、道德润村、生态美

---

〔1〕　吴静："首创'系统动力学模型'和'静态结构模型'看安吉乡村治理的'章法'"，载 http://ajnews.zjol.com.cn/ajnews/system/2018/09/13/031140614.shtml，2018 年 12 月 14 日最后访问。

村、平安护村、清廉正村的路径开展乡村治理，构建完善的农村公共服务体系、现代的农村社会组织体制、高效的农村社会管理机制体系，通过项目化运作、信息化支撑、网格化管理、社会化协同，提高治理能力和水平，实现治理有效，村强民富景美人和。

《乡村治理工作规范》明确、具体，如"依法治村"部分，除基本要求外，包括"村规民约""法治宣传""法律服务""矛盾纠纷化解""法治创建"五方面。"基本要求"：①秉承以"三治结合"促进乡村治理规范化的理念，将乡村社会生活的基本方面纳入法治轨道，引导村"两委"干部和村民群众树立法治意识，提高其运用法治思维和法治手段解决村庄发展和治理中遇到问题的能力，营造学法、守法、崇法、用法的良好社会氛围。②构建"三规协同"治理模式，充分发挥法规、村规、家规在乡村治理中的重要作用，鼓励社会公众参与乡村治理。③建立村级法治建设领导小组，领导依法治村工作，支持村"两委"、村民依法、依规开展村级事务治理，并制定村级法治建设工作计划和推进措施。法治宣传教育应被纳入村年度工作计划，村"两委"班子成员中有专人负责法治宣传工作，法治宣传教育经费应有保障。④建立便捷的法律服务渠道，引导村民依法维护自身合法权益、表达合理诉求，自觉履行法定义务，正确寻求处理涉法问题的途径。⑤根据法治建设工作要求合理配置法律服务工作队伍，包括法律顾问、法治宣传员和法治文化志愿者等，并明确权利和义务。⑥依法成立人民调解委员会，按需求配备人民调解员，明确其运行机制。

每一方面又有具体的规范，如"村规民约"部分[1]包括：①制修订。村民委员会负责村规民约制修订的具体工作，按照"调查研究—拟定草案—充分收集村民意见—提交乡镇党委政府组织合法性审查—制定承诺书—村民会议审议表决通过"的程序制定和修订村规民约。村级组织换届后应对村规民约进行制修订，并根据经济社会发展情况和中心工作推进需要适时进行修改和调整。②内容。根据"围绕中心、因地制宜、合理合法、务实管用、简

---

〔1〕 村规民约、乡规民约是乡村自治的重要规范形式，在乡村治理中发挥着重要作用。当前，乡规民约在乡村治理中的积极作用集中表现在保障基层民主、管理公共事务、分配保护资产等十一个方面。乡规民约积极作用的产生原因主要有国家法律的确认、社会环境的支持、自治传统的发扬、集体认同心理的支撑、治村强人的推动以及村规民约的变革调适。参见陈寒非、高其才："乡规民约在乡村治理中的积极作用实证研究"，载《清华法学》2018 年第 1 期。

易便行"的原则确定内容。内容应全面，不得与国家法律、法规和政策相抵触，不得侵犯村民的合法权利。应体现社会主义核心价值观要求，又紧贴本村实际，对践行"两山"理念、保护生态环境、诚信经营旅游等方面作出严格规定。将"全面双禁、酒席减负、圈养家畜、餐桌光盘、限药减肥、绿色殡葬、平安建设、放心消费"等重点内容写入村规民约；明确奖惩措施。③执行。成立村执约小组，并明确其权利义务，负责村规民约的宣传与执行，确保村规民约得到有效传播和实施。在村醒目位置张贴村规民约，印成小册子发放到每户，并签订遵规守约承诺书，村规民约入户率和知晓率均达到100%。应建立村规民约奖惩机制，将遵守村规民约与评先评优挂钩，对违反村规民约的村民采取引导、教育、纠正、不予享受村级奖励政策等措施。

　　值得注意的是，《乡村治理工作规范》提出了安吉县乡村治理的静态结构模型和安吉县乡村治理的系统动力学模型。

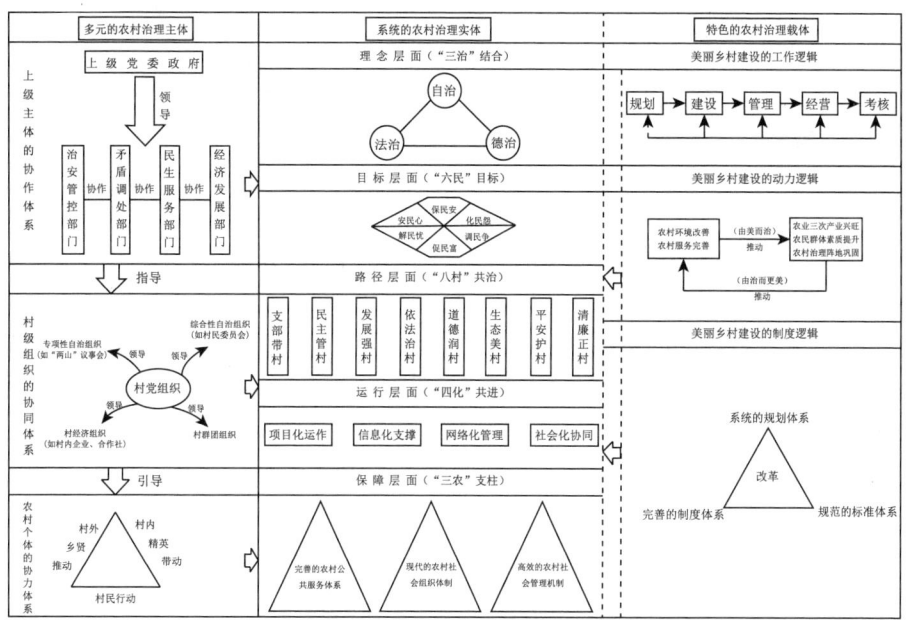

图 37-1　安吉县乡村治理的静态结构模型

　　安吉县乡村治理的静态结构模型是对安吉县乡村治理体系进行结构化展示的工具。该模型以网格图形式展示，由"模型模块"（"系统的农村治理实

体""多元的农村治理主体""特色的农村治理载体")和"模型元素"两部
分组成。其中,"模型模块"用以展示安吉县乡村治理工作体系的结构关系和
层级关系,"模型元素"用以展示安吉县乡村治理工作体系的主要内容和基本
要素。

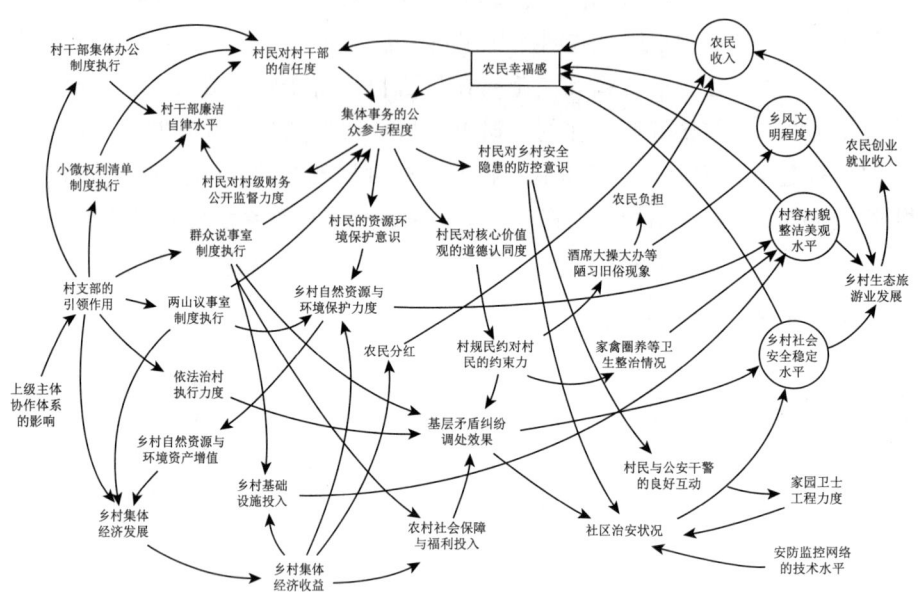

图 37-2 安吉县乡村治理的系统动力学模型

安吉县乡村治理的系统动力学模型旨在描述安吉县乡村治理逻辑的动力
学机制,界定系统的内生与外生变量及其因果反馈机制,识别影响关键指标
变量发展动态的因果回路,由此阐发安吉县乡村治理逻辑的系统效应,并可
在基础数据支持的条件下模拟运行以检验与提升系统的信效度,仿真系统未
来发展的可能情景,为乡村治理系统的可持续优化提供决策支持。乡村治理
的系统动力学模型将乡村治理工作拆解为 35 个具体变量,构造了 44 条"因
果回路",以动态的形式全方位展现安吉县乡村治理经验的系统运行模式和基
本因果关联。

安吉县《乡村治理工作规范》内容系统、标准明确、规范具体,为乡村
治理提出了善治的方向,为浙江省甚至全国的健全自治、法治、德治相结合
的乡村治理体系提供了样本。安吉县组织开展乡村治理标准化试点示范工作,

成立乡村治理标准化专家组，指导创建单位根据乡村治理工作的重点和当地实际制定配套标准。

三、乡村治理地方标准规范的意义

安吉县的《乡村治理工作规范》为全国首个乡村治理地方标准规范，是一项具有探索性的制度创新举措。《乡村治理工作规范》总结了乡村治理的经验，细化了国家和省市的法律法规和规范性文件的要求，有助于推广乡村治理的成功实践，进一步提升乡村治理的精确化水平，有力地推进乡村治理体系和治理能力现代化，促进乡村振兴战略的实施，对于乡村社会的发展和法治建设具有重要意义。

《乡村治理工作规范》是对安吉县以往乡村治理经验和乡村治理规范的全面、系统的总结。在长期的乡村治理实践中，安吉县出现了余村等一批卓有成效的乡村治理典型。以自治方式激发活力，以法治手段维护正义，以道德力量纠正错失，"三治融合"的余村不断提升基层社会治理现代化的能力。[1]《乡村治理工作规范》是对余村经验这样的乡村治理实践的总结。同时，2012 年以来，安吉县发布了各类乡村治理方面的规范性文件。如《关于进一步加强村务公开和民主管理工作的实施意见》（安村办发［2012］2 号）、《关于在全县推行"阳光村务指数"评价工作实施方案的通知》（安民［2014］99 号）、《关于进一步加强基层组织建设保障的通知》（安委组［2015］24 号）、《关于清理和规范村级事务准入工作的实施方案》（安委办发［2014］80 号）、《2018 年度安吉县平安村（社区）考核评审条件》（安平安［2018］号）、《安吉县人民政府关于印发安吉县全国农村社区治理实验区建设的实施意见》（安

---

〔1〕　余村是"绿水青山就是金山银山"理念的发源地。十几年来，余村紧紧围绕"两山"理论，以绿色发展强村致富，"三治融合"创新治理，联动力量构建平安，打造新时代基层社会治理的"余村模式"。余村的民主法治建设、生态文明建设、美丽乡村建设等工作走在全省乃至全国前列。参见"践行'两山'理论 打造'余村模式'"，载《浙江法制报》2018 年 11 月 4 日。余村调解委员会围绕"两山"理念这条主线，结合自治、法治、德治，充分发挥人民调解"第一道防线"的作用，十几年来无一起刑事案件、无一起群体性事件、无一人越级上访、无一起安全责任事故、历任村干部无一人违纪违规，全村发生各类矛盾纠纷的调处率和调解成功均达到 100%，为乡村振兴创造了良好的社会环境。除了以法治为根本，近年来，余村村调委还坚持把村民自治作为推进基层治理的依托。通过修订完善村规民约，实现村民自我教育、自我管理、自我服务；以德治为支撑，借助"两山"议事会，发动乡贤、退休干部、村民代表等充当起调解志愿者，发生邻里、赡养、婚姻等纠纷时主动上门调解。余村村调委获全国人民调解工作先进集体。参见"打造新时代'枫桥经验'余村模式"，载《湖州日报》2018 年 5 月 23 日。

政发［2018］20 号）、《关于成立"村级廉情工作站"加强村级监督工作的通知》（安纪［2018］62 号）、《关于进一步加强和规范乡镇（街道）纪委工作的实施意见》（安委办发［2017］84 号）、《关于印发〈安吉县"清廉乡村"创建实施方案〉的通知》（安清办发［2017］3 号）、《关于印发〈安吉县"清廉乡村"创建量化考评细则〉的通知》（安清办发［2018］1 号）、《中共安吉县委办公室关于印发〈安吉县农村基层作风巡查工作方案〉的通知》（安委办发［2016］35 号）、《中共安吉县委办公室关于在全县党员干部中开展"清廉家风"主题教育活动的通知》（安委办发［2017］71 号）、《关于建设"清廉乡村"的实施意见》（安委发［2017］30 号）、《关于印发〈安吉县村（社区）干部"四诺履职、记实管理"办法〉的通知》（安委组通［2015］28 号）、《关于推行村级"小微权力"清单制度的实施意见》（安吉县城乡社区工作协调小组 2017）等。这些规范性文件对安吉县的阳光村务、平安乡村、清廉乡村等进行了规范，取得了较好的治理成效。如《关于推行"小微权力"清单制度的实施意见》梳理村级权力事项 11 大项 23 小项，制作办事流程图 23 张，对村级权力运行进行了制度约定。《乡村治理工作规范》是对这些有关乡村治理的规范性文件的全面梳理和总结、集成。

《乡村治理工作规范》是对国家和省市有关乡村治理方面的法律法规和规范性文件的进一步细化。在乡村治理规范、文件方面，国家层面有《村民委员会组织法》（2018 年修正）、《农民专业合作社法》（2017 年修订）、《中国共产党章程》（2017 年修改）、《中国共产党农村基层组织工作条例》（2018 年修订）、《农村基层干部廉洁履行职责若干规定（试行）》（2011 年）、中国共产党十九大报告《决胜全面建成小康社会 夺取新时代中国特色社会主义伟大胜利——在中国共产党第十九次全国代表大会上的报告》（2017 年）、《关于实施乡村振兴战略的意见》（2018 年）等。浙江省层面有《浙江省村经济合作社组织条例》（2020 年修正）、《浙江省村务监督委员会工作规程（试行）》（2010 年）、《浙江省村级组织工作规则（试行）》（2005 年）、《浙江省实施〈中华人民共和国村民委员会组织法〉办法》（2020 年修正）、《浙江省农村集体资产管理条例》（2020 年修正）、《中共浙江省委贯彻〈中国共产党党务公开条例（试行）〉实施细则》（2018 年）、《全面实施乡村振兴战略高水平推进农业农村现代化行动计划（2018-2022 年）》《中共浙江省委关于推进清廉浙江建设的决定》（2018 年）、《浙江省全科网格暨网格员队伍建设示范县（市、区）创建工作指导细则》（浙综委办〔2017〕4号）、《关于加强乡镇（街道）综治工作中心标准化建设的指导意见》（浙综委〔2017〕6号）等。湖州市层面有《关于开展"百村示范、千村晋位"专项行动整乡推进农村基层党组织建设的实施意见》（湖委办〔2015〕47号）等。为实施这些高位阶的规范性文件，针对安吉县的实际情况，《乡村治理工作规范》对法律法规等规范性文件的乡村治理规范进行了具体细化，进一步明确了乡村组织、村民的权利义务，更清晰地表述了乡村治理的目标和内容，为乡村善治奠定了制度基础。

《乡村治理工作规范》的发布、实施有助于积极推广安吉县乡村治理的经验和模式，全面提升安吉县的乡村治理水平。通过实践实施，证明行之有效，并有复制推广意义、条件成熟的乡村治理经验和模式，经由《乡村治理工作规范》的确认、吸纳而在全县范围内予以推广。这对于提升乡村治理水平、促进乡村治理的县域平衡发展具有积极意义。就安吉县乃至全国而言，乡村治理存在各村不平衡、不一致的差异现象，治理水平和治理效果不尽相同。实施《乡村治理工作规范》这一地方标准，形成示范效应，发挥典型作用，就能够提高乡村社会治理的整体水平，减少村与村之间的治理参与，使乡村治理从"强人治村"走向"制度治村"的方向。

乡村治理标准化是标准化工作的新领域，《乡村治理工作规范》是运用标准化手段推进乡村治理的精确化、提升乡村社会治理能力的体现。我国现在实行五级标准制度，即国家标准、行业标准、地方标准、团体标准和企业标准。《乡村治理工作规范》为地方标准中的县级标准。党的十八届五中全会提出："加强和创新社会治理，推进社会治理精细化，构建全民共建共享的社会治理格局。"乡村治理精细化以科学、理性、精准为基本特征，主要是指在绩效目标的引导下，通过科学设置组织架构、优化治理运行流程、恰当强调工作方法，推动乡村治理思维和治理方式转变，实现乡村治理的标准化、具体化、精细化。《乡村治理工作规范》构建了从静态到动态、从横向到纵向、从起点到终点可量化执行的制度规范，将乡村治理做小、做细、做精，以科学严密的制度体系为乡村治理精细化提供制度保障。《乡村治理工作规范》重在强调乡村治理的过程性、兼顾日常工作的考核性，有助于及时、准确地把握乡村治理现状、水平和走势，厘清乡村治理的指向和着力点。

乡村治理具有中国社会、历史、文化和心理特点，有着浓郁的中国特色。

《乡村治理工作规范》有助于我们总结中国乡村社会生活、秩序维系中的常规性细节，注意中国乡村治理的表现形式，思考中国的社会规范、中国的社会秩序、中国人的幸福与和谐，[1]对于实现我国的乡村善治、推进我国法治建设具有一定的积极意义。

四、乡村治理地方标准规范的局限

作为乡村治理的一个探索，安吉县的《乡村治理工作规范》为一项新的实践，需要在具体实施中总结其效果，发现其局限，进一步予以完善。

乡村治理是十分复杂的社会行为，如何通过指标设计予以体现、展开具有科学性、严谨性，需要经过长期的实践总结、经验提炼和理论探讨。安吉县的《乡村治理工作规范》从"大治理"角度考虑，现在将乡村治理工作分解为"支部带村""发展强村""民主管村""依法治村""道德润村""生态美村""平安护村""清廉正村"八方面，有一定的合理性。不过，乡村治理工作是否包含这八方面？这些方面的相互关系如何？每一方面所包括的内容又是否恰当和没有遗漏？这些都值得进一步探讨。如发展经济是否为乡村治理的必然内容、生态文明与乡村治理的关系如何，这对乡村治理来说是一个新的论题。《乡村治理工作规范》是围绕乡村振兴的"产业兴旺、生态宜居、乡风文明、治理有效、生活富裕"的总要求，以"着眼于乡村振兴的整体布局及五个目标的实现"为整体基调，最终实现"村强、民富、景美、人和"的乡村振兴目标。这就需要进一步思考乡村治理与乡村振兴的关系，探讨乡村治理对于乡村振兴的意义，并理清乡村治理与乡村振兴的不同。乡村治理服务于乡村振兴，但是不宜简单地将乡村治理与乡村振兴完全等同起来，将乡村治理的标准规范混同于乡村振兴的标准规范。乡村振兴有政府、政策的因素，也有科学技术等因素，无法完全通过乡村治理来实现。

乡村治理是一项人类社会活动，具有一定的差异性。就安吉县而言，虽然各村基本上均为山区村、具有一定的共性，但是各村的历史传统、经济发展、人口规模、风俗习惯等并不相同，而各有与其本土村情相适应的特点。俗语云："十里不同风，百里不同俗。"乡村治理呈现出个性差异，需要因地制宜、因势引导、因村而异、分类指导。因此，乡村治理通过《乡村治理工

---

〔1〕 参见高其才："法社会学中国化思考"，载《甘肃政法学院学报》2017年第1期。

作规范》这一地方标准规范来统一量化、规范就有一定的难度。[1]《乡村治理工作规范》包含了"阳光村务指数"评价与群众测评方法、"清廉乡村"创建量化考评细则等量化、数据的内容。无数事实表明，人类的行为及其结果难以量化，"数据不懂社交、不懂背景，会制造出更多噪音，遗漏真正有价值的东西。大数据无法解决大问题"。[2]乡村社会不是个人的简单集合，而是村民通过各种关系有机地组织起来的。同时，村民是在特定的社会环境中做出各种行为的。因此，村民活动、乡村治理留下的一切痕迹必定蕴含着无限丰富的社会内容。[3]《乡村治理工作规范》可能忽视了乡村具体的社会情境和独有特质，忽略了乡村本土的特色治理。乡村治理是否具有完全一致的治理标准规范，如何容纳各村具有自身特点的乡村治理方式、肯定各村满足自身需要的乡村治理模式是《乡村治理工作规范》需要面对和回应的问题。乡村治理应该是根据村组自身发展状况，结合时代发展要求、因地制宜而形成的有效的、本土的、有特色的社会治理。

同时，乡村治理是否有一成不变的固定模式？作为地方标准规范的《乡村治理工作规范》是否需要定期修订？乡村治理标准中价值的稳定导向或者发展导向、利害维度或者是非维度问题也值得关注。[4]这些问题也影响着《乡村治理工作规范》的有效性、科学性和权威性。

---

〔1〕 针对治理、法治评估存在的问题，康兰平提出立足于这一知识生产的学理背景，通过对国内既有的量化法治评估体系的理论基石、评估指标体系设计、评估数据收集和具体权重、评估结果的统计分析以及结果的信度和效度检验等具体实施环节所关涉的量化评估方法进行反省与重构。我们发现当前量化法治评估领域存在着理论根基的浅薄、技术保障的欠缺、运算过程的不透明以及评估结果的反馈校验机制缺乏等认知层面和实践层面的误区和偏差。参见康兰平："中国法治评估量化方法研究的龃龉与磨合"，载《东北师大学报（哲学社会科学版）》2019年第1期。

〔2〕 转引自刘宏伟、徐翠英："拷问大数据"，载《企业管理》2013年第9期。

〔3〕 潘绥铭："生活是如何被篡改为数据的？——大数据套用到研究人类的'原罪'"，载《新视野》2016年第3期。在人文社会研究中，久已存在对"量化研究"的批评。参见黄盈盈、潘绥铭："社会学问卷调查的边界与限度——一个对'起点'的追问及反思"，载《学术研究》2010年第7期。

〔4〕 在地方治理实践中，地方政府为了解决传统刚性维稳机制成本高昂、末端治理、被动应对等缺陷而创制的社会稳定风险评估机制（以下简称"稳评"）自2005年以来发展迅速。"稳评"最初的运作模式与法治的价值是相背离的，侵蚀和挤压了行政决策的法治空间，并可能导致消极行政和不作为，甚至威胁到司法权威。但是，"稳评"在实际推行过程中为了实现其有用性和可信度，逐步嵌入了公众参与、风险沟通等具体装置，显现了被改造为一种民主决策机制的契机。转型之后的"稳评"在合理设定适用范围、坚持运用参与式方法、赋予评估结果以弹性效力的条件下，有助于增强行政决策的民主性，有助于沟通行政决策中"利害"和"是非"两个价值维度。参见林鸿潮："社会稳定风险评估的法治批判与转型"，载《环球法律评论》2019年第1期。

五、结语

浙江省安吉县的《乡村治理工作规范》服务于实施乡村振兴战略，着眼于综合性的"大治理"，突出共建、共治、共享，以村为实施对象，为每个行政村的乡村治理提供规范、标准和指导，是一项具有前瞻性的积极探索和制度创新，值得肯定。

在总结以往实践经验的基础上，作为地方乡村治理标准规范的《乡村治理工作规范》具有较强的实践操作性，并具有一定的超前性，实现了乡村治理从碎片化治理到系统化治理，从局部性治理到全面性治理，从综合治理到精细治理的转变，对全面提升安吉县的乡村治理水平、推进乡村治理体系和治理能力现代化具有积极意义。

基于乡村治理的复杂性，我国必须避免"一刀切"的乡村治理思维。我们需要看到《乡村治理工作规范》存在着某种局限，需要在实践中予以进一步的总结、克服和完善，以不断增强村民的参与感、获得感、安全感和幸福感，健全自治、法治、德治相结合的乡村治理体系，推动乡村社会走向善治。

第三十八章

智慧治理与乡村治理

——以浙江省衢州市龙游县"村情通"为对象

一、引言

　　党的十九大报告首次提出了"智慧社会"的概念，要提高社会治理智能化水平。[1]中共中央办公厅、国务院办公厅于 2019 年 5 月印发的《数字乡村发展战略纲要》强调立足新时代国情、农情，要将数字乡村作为数字中国建设的重要方面，注重建立灵敏、高效的现代乡村社会治理体系；着力发挥信息化在推进乡村治理体系和治理能力现代化中的基础支撑作用，构建乡村数字治理新体系；明确提出到 2025 年，乡村数字治理体系日趋完善。

　　现代科学技术特别是信息技术、通信技术的发展给社会治理带来了广泛的影响，智慧社会建设中智慧治理样态已经在社会治理中日益显现。[2]乡村治理中的智慧治理也在许多乡村地区创新性地不断呈现，各地乡村在推进乡村治理中的智慧治理方面进行了许多新探索，[3]这极大地提升了乡村社会治

---

　　〔1〕　习近平总书记代表第十八届中央委员会向党的十九大作报告时，提出要"加快建设创新型国家"，要"为建设科技强国、质量强国、航天强国、网络强国、交通强国、数字中国、智慧社会提供有力支撑"；"要更加注重联动融合、开放共治，更加注重民主法治、科技创新，提高社会治理社会化、法治化、智能化、专业化水平"。

　　〔2〕　已知的治理方式（科层、市场、网络）存在局限性，不能有效地解决知识问题，需要通过知识治理来解决现有困境，有效治理主体知识，让主体达成共识，协同行为。参见高国伟、郭琪："大数据环境下'智慧农村'治理机制研究"，载《电子政务》2018 年第 12 期。

　　〔3〕　这些探索包括上海市郊区的"农民一点通"、浙江省建德市下涯镇的"百呼"、湖南省浏阳市高坪镇的"智慧高坪"、湖南省益阳市资阳区长春镇紫薇村的"紫薇云"等。如在上海市郊区，几乎每个村的村委会都有一台被称作"农民一点通"的信息终端机。这一台终端机把现代农民的自治意识与"互联网+"治理监管制度有机地接通了起来。在这一套"互联网+"监管体系中，水稻种植补贴、

理的活力和效率，推进了共建、共治、共享的乡村社会治理格局的打造，促进了乡村善治和乡村治理现代化。浙江省衢州市龙游县的"村情通"即为其中突出的代表，值得认真地总结。[1]

龙游县地处浙江省中西部，县域总面积1143平方公里，辖6镇7乡2街道，人口40.4万，2017年实现生产总值233.4亿元。龙游县历史悠久，春秋时期是姑蔑国都，2230多年前已设县。龙游县为中国竹子之乡、中国观赏石之乡。近年来，龙游县先后获得国家级生态示范区、国家园林城市、全国畜牧业绿色发展示范县、全国平安建设先进县、浙江省文明城市、浙江省卫生城市、浙江省生态县、浙江新魅力城市、浙江省美丽乡村先进县等荣誉，跻身全国中小城市投资潜力百强县市第12位。[2]

2017年4月以来，龙游在全县域推广"村情通"，包括党建、平安、管理、服务、信用五大体系，覆盖全县262个行政村，农村群众关注超过20.23万人（包含实名认证11.62万人），占全县农村人口的72.9%，基本实现了村村通、户户联、人人用。[3]龙游县乡村已实现一户至少一人关注，日均登录办

（接上页）农村村庄改造奖补资金等涉农政策（项目）及资金情况都会在平台上公示。在此基础上，进一步升级至农村集体三资监管平台，包括资金管理、资产管理、资源管理、合同管理、报表分析、预警预报等九大模块，在结构上分为市、区县、乡镇、村四级。此外，还建起了农村土地承包经营信息管理平台。目前，上海全市9个涉农区县、5个中心城区共有122个涉农乡镇（包括相关涉农街道和开发园区）、1677个村的农村集体三资数据录入了平台，涉及的总资产超过5300亿元，净资产1620亿元，查询点击量累计已过122.5万次。参见"乡村治理模式十三：互联网＋"，载http://www.banyuetan.org/chcontent/zx/mtzd/20171212/241777.shtml，2019年5月20日最后访问。浙江省建德市下涯镇人民政府为11个行政村配备了"百呼"智慧治理信息化平台，为"自治、法治、德治"提供了"智治"基础，实现了真正意义上的"连接百姓无死角、服务落地无盲区"。提升了百姓的获得感。经过一个月的使用，受到了很多村干部的认可。参见"建德市乡村智慧治理'百呼'终端助力'最多跑一次'"，载https://baijiahao.baidu.com/s? id=1623867656865117477&wfr=spider&for=pc，2019年5月20日最后访问。2019年以来，湖南省浏阳市高坪镇紧紧围绕"智慧高坪"，探索"党建＋'一中心四平台'"的乡村治理模式，逐步建立镇级公共安全和应急管理指挥中心，构建起"智慧安防""智慧安全监管""智慧旅游管理""智慧乡村治理"等四个平台。参见"'智慧高坪'平台创乡村治理新路"，载http://www.lyrb.com.cn/html/news/lynews/szjj/2019/0517/105609.html，2019年5月20日最后访问。

〔1〕 2018年12月"龙游通"基层智慧管理平台荣获"第五届浙江省公共管理创新案例十佳创新奖"。

〔2〕 参见http://www.longyou.gov.cn/art/2012/4/16/art_1247796_3173869.html，2019年3月31日最后访问。

〔3〕 "全力打造'枫桥经验'网络升级版——关于'龙游通＋全民网络'模式的调研报告"，载《浙江日报》2019年6月4日。

事、投诉、求助、咨询等超 1 万人次。[1]村民通过"村情通"的信箱、随手拍、约办功能反映问题、预约办事等，创新了乡村治理实践，推进了乡村治理中的智慧治理。龙游县的"村情通"来自基层，源于创新、依托网络、依靠群众，实现一网覆盖、一网打通，有效破解了农村基层组织作用发挥难、村情民意掌握难、群众办事诉求难、参与治理难等问题，是可以复制、拓展、推广的"枫桥经验"升级版、"三民工程"智慧版、"网格化管理、组团式服务"提高版。[2]

　　本章以浙江省衢州市龙游县"村情通"为对象，[3]总结乡村治理中智慧

---

　　[1]　"村情通，织密乡村守护网 龙游打造村民共建共治共享新平台"，载 http://zjnews.zjol.com.cn/ztjj/2017sjdzt/gcsjdzt/201711/t20171116_5688736.shtml，2019 年 3 月 25 日最后访问。

　　[2]　参见"全力打造'枫桥经验'网络升级版——关于'龙游通+全民网络'模式的调研报告"，载《浙江日报》2019 年 6 月 4 日。20 世纪 60 年代初，浙江省诸暨市枫桥镇干部群众创造了"发动和依靠群众，坚持矛盾不上交，就地解决。实现捕人少，治安好"的"枫桥经验"。为此，1963 年毛泽东同志在《对谢富治在二届全国人大四次会议上的发言稿的批语（一九六三年十一月二十日）》中批示"要各地仿效，经过试点，推广去做"。"枫桥经验"由此成了全国政法战线的典型。之后，"枫桥经验"不断得到发展，形成了具有鲜明时代特色的"党政动手，依靠群众，预防纠纷，化解矛盾，维护稳定，促进发展"的枫桥新经验。"三民"为"知民情，解民忧，办民事"。"三民工程"以"民"为根本，是以人为本执政理念的生动实践。一是知民情，在民情档案"建、管、用"上下功夫。二是解民忧，在民情沟通"前、中、后"上下功夫，确保沟通前有议题、沟通中有举措、沟通后有反馈。三是办民事，在为民服务"简便、高效、全程"上下功夫。

　　[3]　目前已发表的关于"村情通"的文章多为介绍性之文。如张少华在《政策瞭望》2017 年第 7 期发表了《龙游县："村情通+网格治理"助推"最多跑一次"改革》一文，指出龙游县推广应用"村情通"综合信息服务平台，全面推行"村情通+网格治理"，助推"最多跑一次"改革，在构建农村共建共享治理模式上进行有益探索，取得明显成效。具体为：①创新"互联网+农村党建"，发挥"每村一张榜"的实时监督优势，破解基层党组织核心作用发挥难。②用活"互联网+民情档案"，发挥"每村一张网"的接地气优势，破解农村民情信息掌握难。③开拓"互联网+民情沟通"，发挥"每村一平台"的常态互动优势，破解农村群众参与治理难。④建好"互联网+民情驿站"，发挥"每村一网点"的线上线下协办优势，破解农村群众办事难。⑤记好"互联网+民情日记"，发挥"每村一组团"的网格化管理优势，破解特殊群体服务难。⑥强化"互联网+民情联络"，发挥"每村一个群"的信息化优势，破解农村群众动员组织难。张少华发表在《中国领导科学》2018 年第 2 期的《"指尖办事"让群众"零跑腿"——龙游县"村情通"平台的实践创新和理论逻辑》一文也介绍了龙游县建立"村情通"平台，群众动动手指就可以办事。群众找政府办事，从"跑断腿""跑一次"到"零跑腿"，是坚持以人民为中心，转变思想理念和政府职能的结果，也是推进基层治理制度创新，引进网络科技改进服务方式的结果。这对加快基层治理能力和治理体系现代化具有重要的借鉴意义。在中央党校康晓强主编的《"村情通"——新时代乡村治理新模式》（人民出版社 2018 年版）一书中，作者围绕"村情通"如何强化互联网思维，利用互联网扁平化、交互式、快捷性优势，推进政府决策科学化、社会治理精准化、公共服务高效化，用信息化手段更好地感知社会态势、畅通沟通渠道、辅助决策施政展开论证，注重理论分析与个案实证研究，并对智能化治理走向进行了多维度解读。

治理的缘起,分析乡村治理中智慧治理的功能,探讨乡村治理中智慧治理的特点,对乡村治理中的智慧治理做一初步探讨,以引起学术界对这一论题的进一步关注。[1]

二、乡村治理中智慧治理的缘起

智慧治理是现代社会发展的一个重要趋势。[2]"计划、管理、控制"是传统的管控式科层组织的核心内容。随着时代的发展和进步,这种传统的社会治理方式已经很难适应和满足科技创新以及智慧社会建设的需求。[3]智慧治理的基础是利用互联网和大数据,加快开放共享,推动资源整合,提升治理能力。智慧治理得益于信息、通信和计算机技术的进步。[4]

顺应这一治理发展的趋势,针对村干部与村民之间沟通不畅、村民参与村务渠道有限等问题,龙游县东华街道张王村设计出了一个名为"村情通"的村务信息管理平台,将村里大大小小的事务都搬上了手机,让村级事务更加公开透明,龙游县的"村情通"由此发端。乡村治理中智慧治理起源于互联网时代乡村治理的探索创新。

1. 智慧治理源于村务公开

张王村曾是远近闻名的"上访村"。由于村"两委"班子软弱涣散、村级财务不够公开等问题,村民意见很大。考虑到聘用人员袁平华做过10年协警,是处理乡村纠纷的能手,东华街道于2013年12月委派袁平华兼任张王村党支部书记。街道派他前去张王村化解邻里矛盾,改善干群关系。

---

〔1〕 已有的乡村治理研究主要围绕行政管理体制的研究,包括乡村治理结构、乡村治理体制等(如贺雪峰、董磊明:"中国乡村治理:结构与类型",载《经济社会体制比较》2005年第3期),注重农民组织对于乡村治理的影响(如蔺雪春:"新型农民组织发展对乡村治理的影响:山东个案评估",载《中国农村观察》2012年第1期),将公共物品供给与乡村民主参与联系起来研究(如李冰冰、王曙光:"农村公共品供给、农户参与和乡村治理:基于12省1447农户的调查",载《经济科学》2014年第6期)。学界对乡村社会治理中智慧治理的研究还很薄弱。有学者开始关注包含智慧治理的智慧农村建设问题。(如黄之珏:"发展'互联网+农业'推动智慧农业、智慧农村建设",载《经济论坛》2016年第1期;李新社:"智慧乡村建设绝非智慧城市的简单延伸",载《智慧中国》2016年第5期。)关于国外智慧治理及相关研究,可参见李云新、韩伊静:"国外智慧治理研究述评",载《电子政务》2017年第7期。

〔2〕 葛秀芳:"网络时代呼唤智慧治理",载《人民论坛》2019年第8期。

〔3〕 刘乔阳:"智慧治理在基层单位治理工作中的应用探究",载《管理观察》2019年第6期。

〔4〕 张丙宣、周涛:"智慧能否带来治理——对新常态下智慧城市建设热的冷思考",载《武汉大学学报(哲学社会科学版)》2016年第1期。

　　袁平华既不是创业成功后返乡的能人，也不是土生土长的本村人，而是一名由街道聘用的"临时工"。由于对村"两委"班子的不满，袁平华担任张王村党支部书记后，迎面便是一个"下马威"——有村民用铁链将他锁在了村委办公楼的大门外，甚至连他停在村口的汽车也被人用石子从车头到车尾划了个遍。为了改变村民对村"两委"的态度，袁平华首先从化解村民矛盾做起。自到任以来，袁平华就处于 24 小时待命状态：无论是深夜还是清晨，只要村民一个电话，他一定在几分钟内就赶到。仅在担任张王村党支部书记第一年，袁平华就调解了不下 50 起矛盾。[1]

　　虽然解决了邻里矛盾，可有一件事始终困扰着袁平华：张王村的村民们总觉得村里的财务、事务不够公开，意见不小。干群冲突问题的根源大多出在村务公开不规范、"信息不对称"上。村民反映的问题得不到及时回复，村干部缺少了解村情的有效途径，成了隔在彼此信任之间的一道难以逾越的鸿沟。这是导致张王村干群关系紧张的重要原因之一。为了解决张王村的村务公开问题、消解村民与村干部的关系，袁平华和其他村干部进行了积极的探索。

　　2. 智慧治理本于探索创新

　　在解决村务公开问题的过程中，袁平华和"两委"班子的其他成员认真分析张王村的具体村情，思考实现村务公开之道。大家的共识为村务管理、乡村治理需要用创新的思路进行新的探索，用新的办法解决存在的村务公开难题，推进村务善治、乡村善治。

　　2016 年 2 月的一天，袁平华意外地发现，年过七旬的老母亲也学会了用智能手机上微信、看新闻、听音乐。[2]受此启发，他想到现在处于科技化、信息化时代，村民普遍使用智能手机、普遍有微信、普遍会上网，是否可以尝试把村里的事务、财务都搬到互联网、微信去公开？乡村治理中是否可以探索运用互联网、智能化的手段，让广大村民能够方便、广泛地了解和参与村民自治事务。在袁平华和"两委"班子的其他成员看来，通过新的智慧治理方式，只有做到足够公开、透明，村民才能对村干部心服口服，村民与村干部之间的矛盾才能得到解决。

---

　　〔1〕　"袁平华和他的'村情通'"，载《浙江日报》2018 年 5 月 3 日。
　　〔2〕　"袁平华和他的'村情通'"，载《浙江日报》2018 年 5 月 3 日。

由此,袁平华等张王村的村干部就本着解决问题的目的,以创新的思维积极进行智慧治理探索。

3. 智慧治理基于技术条件

张王村的智慧治理立基于当今科技手段和技术条件,先进的智能设备为智慧治理创造了技术基础,网络时代的到来为智慧治理的实现奠定了基础。

为探索智慧治理方式,袁平华将自己的设想告诉了一位做编程的朋友。这位热心朋友愿意帮着编写乡村治理方面的程序,试着帮袁平华实现智慧治理的设想。

根据村务公开等村务的实际情况,袁平华等张王村的村干部思考智慧治理的智慧平台的构架,商量并提出各项功能设置。那位朋友则根据乡村社会治理的要求,在业余时间进行智慧治理平台的程序开发。经过双方的不断讨论,智慧治理平台的内容逐渐趋于完善。

2016年5月,张王村的村级事务信息管理平台"村情通"正式上线,发布了第一条消息。袁平华将平台命名为"村情通",意为实现村情、民情通达顺畅的平台。在村里开村民代表大会时,袁平华希望全村262户村民每户至少有一人关注"村情通"。这样,即便个别老人上了年纪没有使用智能手机,也可以由在外工作的儿女、孙子孙女来转告村里的通知。[1]

"村情通"使用一段时间后,有村民提出App要下载安装,不如微信方便。袁平华便把"村情通"App连接到了微信上,更便于村民使用。

智能化建设为乡村社会治理提供了有力的技术支撑。利用互联网技术搭建e平台,"村情通"这一新的治理形式(即智慧治理形式)得到了张王村村民的肯定。

4. 智慧治理重于全面推广

张王村的"村情通"App初期设置了"三务公开""村民信箱""随手拍""红黑榜"等板块,虽然内容相对单一,但让张王村村民反映问题有了去处,干部了解民情有了来源,村务公开有了便捷的平台。

"村情通"收获了较好的效果。"过去村里发放各类补助,是最容易产生矛盾的事儿,因为信息不够公开,一些小道消息在私底下传来传去,很容易产生误会和矛盾。"村民李菊连说:"现在好了,谁家有补贴谁家没补贴,打

---

〔1〕 "袁平华和他的'村情通'",载《浙江日报》2018年5月3日。

开手机一查都一目了然。"〔1〕

　　一年后的 2017 年 4 月，龙游县委副书记、政法委书记张少华到张王村调研，无意中发现张王村通过"村情通"管理村务这一新颖、方便、实用的形式，立即将这一"草根创新"向县委主要领导报告。

　　龙游县委、县政府高度重视，在认真调研后进行了深入总结研究，充分肯定了张王村"村情通"这一智慧治理形式，并决定在全县各村进行推广。为此，龙游县对"村情通"系统进行了升级优化，形成了"一号两端"构架，即微信公众号应用前端和 PC、手机钉钉管理后端。通过信息收集发布、网络在线服务、掌上电子办公、线上即时沟通、后台推送流转，实现村级事务信息在前端和后端的动态交互式管理。此后，龙游在全县域各村推广"村情通"，覆盖全县 262 个行政村，农村群众关注超过 20.23 万人（包含实名认证 11.62 万人），占全县农村人口的 72.9%，基本实现了村村通、户户联、人人用。〔2〕

　　总体而言，龙游县的"村情通"源于村务公开、本于探索创新、基于技术条件、重于全面推广，适应了乡村社会治理智能化治理的发展趋势和数字治理体系构建的现代需要，推进了共建、共治、共享的乡村社会治理格局打造。

三、乡村治理中智慧治理的功能

　　智慧治理是在社会治理过程中运用以信息通信技术为主的现代新科技，使得社会基础管理更加智能、多元沟通更加充分、公共决策更加开放、综合调控更加精准和公共服务更加贴心，从而既满足社会运行过程中公平正义的本质需求，又兼顾社会建设、发展的效率与效益要求，应对当前社会治理面临的社会结构分散化、多元化、复杂化的挑战，实现社会公共利益最大化，使社会运行和谐稳定、可持续发展。在物化系统方面，"智慧"可以是更智能地运行、监测、控制；在人的方面，"智慧"可以是更智能地学习、分享、决策、创新。〔3〕总结龙游县"村情通"的实践，乡村治理中智慧治理的功能体

---

〔1〕"袁平华和他的'村情通'"，载《浙江日报》2018 年 5 月 3 日。

〔2〕"全力打造'枫桥经验'网络升级版——关于'龙游通+全民网络'模式的调研报告"，载《浙江日报》2019 年 6 月 4 日。

〔3〕王操："智慧治理开启善治新阶段"，载《上海信息化》2018 年第 12 期。在城市的智慧治理方面，北京市初步构建起了"以智慧促精细、以科技促平安"的智慧治理格局。参见"全面推进智慧治理　不断提升首都社会治理智能化精细化水平"，载《人民法院报》2018 年 11 月 14 日。

现在智慧沟通、智慧参与、智慧监督、智慧服务、智慧党建等方面，全面服务村民的生产和生活，便捷处理村内的公共事务，深入推进村民自治。

1. 智慧沟通

实现乡村社会治理的善治目标，沟通顺畅、民情清楚是基础。作为智慧治理的表现，"村情通"在村情民意的沟通、掌握方面发挥着积极的作用。

"村情通"中的"随手拍"栏目在反映村情方面具有及时、便捷的特点。如2018年7月，张王村有村民发现村民叶某家边上的道路有污水溢出，于是马上拍照、写上地点、发帖。很快就有了回复——"你好，你所反映的叶某某屋旁污水溢流问题，已经确定是管道堵塞，已请专业疏通队进行疏通"。附带一张现场照片。不久后，又有一条新的回复，告知村民疏通队已经前来，并附带一张疏通队的作业照片。2个小时后，回复再度更新，告知村民疏通作业已经完毕，同样附带一张施工完成后的路面图。[1]村民有反映，村里及时处理，村务沟通顺畅、高效。

村民也往往通过"村情通"的"村民信箱"进行村务沟通、交流。2018年9月17日，张王村"村民信箱"中有村民在晚上9点多发帖询问，村里的路灯什么时候才能装好。晚9：42，村委就回帖给出了确认翔实的解释："亲爱的村民您好！您的来信已收悉！我村电网改造1#、2#台区已基本完工，3#台区需选址移位，现在做施工前期工作，线路电杆已定位，正在与沿线农户对接中……"[2]这样的沟通、交流有利于村内事务的处理，有助于建立良好的村民与村干部关系。

"村情通"还设置了紧急信息"一键发布"功能，大大提高了乡村发生重大灾害事件的应急反应和处置效率。

同时，龙游县以村为单位，线上建起"村情通"民情档案库，将村务公开、土地、务工等四十余项信息电子化、掌上化；线下建立健全网格"一长三员"走访巡查制度和群众随手拍信息发布渠道，实时掌握村庄动态。通过"线上+线下""网络+网格""静态+动态"编织成了一张生动、管用的民情网，实现了"基础信息不漏项、社情民意不滞后、问题隐患全掌控"。[3]智

---

〔1〕 "'龙游通+全民网格'，衢州'枫桥经验'的新引擎"，载《钱江晚报》2018年11月4日。

〔2〕 "'龙游通+全民网格'，衢州'枫桥经验'的新引擎"，载《钱江晚报》2018年11月4日。

〔3〕 "全力打造'枫桥经验'网络升级版——关于'龙游通+全民网络'模式的调研报告"，载《浙江日报》2019年6月4日。

慧沟通破解社情民意掌握难，建立了便捷的乡村沟通渠道，明显体现了乡村治理中智慧治理的积极价值。

2. 智慧参与

龙游县的"村情通"破解了组织发动村民难问题，拓展了村民参与乡村治理的渠道，让村民可以更方便地参与乡村社会治理、更愿意参与乡村社会治理。

本着一切工作"为了村民、依靠村民"的精神，龙游县的"村情通"从方便村民出发，发挥智慧治理的特点，通过设置"村民信箱""随手拍"等板块，为广大村民参与乡村社会治理提供便利、创造条件。

龙游县村民通过"村情通"反映环境卫生、矛盾隐患等问题，参与村内公共事务的处理。进行自我管理、自我教育、自我服务。这几年，龙游县的"村情通"日均办理村民举报、反映、建议、求助等事项 1500 余件，办结率100%。〔1〕如 2017 年 11 月，龙洲街道半爿月村一位村民在"村情通"发帖称："一农户把废品堆在院墙外，希望能及时处理。"经过协调，堆放废品的农户依然没有及时清理，该村民再次在网上发帖，受到村民"围观"关注。很快，村干部便到现场督办，并把清理前后的对比照片发到"村情通"上，得到了村民的肯定。〔2〕"村情通"这一乡村社会治理的智慧治理形式得到了村民的认可，激发了村民参与乡村治理的积极性。

"村情通"对村民进行了技术赋权，扩大了他们的政治参与。〔3〕"村情通"让村民反映问题有了去处，让村民参与乡村社会治理有了快捷的途径，智慧参与为村民依法办理自己的事情奠定了坚实的基础，发展了农村基层民主，维护了村民的合法权益。

3. 智慧监督

结合村级重大事项"五议两公开"制度，〔4〕龙游县的"村情通"设立"民主协商"版块，通过实时投票、点赞等形式，请村民参与村级重大事项、

〔1〕 "龙游在全省组织部长会议上交流'龙游通'智慧党建工作经验"，载 http://www.sohu.com/a/297338451_120056394，2019 年 3 月 6 日最后访问。
〔2〕 "村情通，织密乡村守护网 龙游打造村民共建共治共享新平台"，载 http://zjnews.zjol.com.cn/ztjj/2017sjdzt/gcsjdzt/201711/t20171116_5688736.shtml，2019 年 3 月 6 日最后访问。
〔3〕 康晓强主编：《村情通——新时代乡村治理新模式》，人民出版社 2018 年版，第 12 页。
〔4〕 "五议两公开"为村务"五议"，即村"两委"负责人建议、村党支部会提议、村"两委"会商议、党员大会审议、村民代表会议或村民会议决议；"两公开"即决议公开、实施结果公开。

热点问题的事前意见征求、事中进展监督、事后实效评议，强化乡村全民参与、全民监督、全民治理。

龙游县依托"村情通"为村民进行智慧监督提供平台，"自上而下"与"自下而上"相结合，实行民主监督。"自上而下"为创新"三务公开"形式，[1]凝聚人心、提振信心、接受监督；"自下而上"为探索村级民主协商，通过民情信箱等方式让村民对重要事项、热点问题有表达权、参与权、话语权，有效解决了村民参与村务决策和监督难的问题。如2017年底，张王村发布了2018年临时补助的名单，共计6位村民在列。这条讯息一发布，就有300多点击量。"我们全村也不过700来人，按照每户两人来说，这条信息几乎覆盖了所有村民。"袁平华说，信息发布后，村民们一看，都是村里公认的困难户，自然也就心服口服了。[2]

"村情通"的智慧监督功能体现了村民的主人翁地位，村民发现需要村组解决、处理的问题及时反映、督促。如2017年11月，詹家镇山后村村口发生了一起交通事故，路过的村民随手拍下现场照片并在"村情通"上发帖"希望村里多设点警示牌，对部分交通安全意识薄弱的村民进行宣传"。村"两委"接到情况反映后，立即组织力量进行落实。[3]又如2018年8月，横山镇腰塘边村的"村情通"村民信箱栏里，有9条信息反映有人在凌角张自然村放羊影响水质。村干部现场核实后，一键上报"四个平台"。平台立即指派县环保局、疾控中心现场勘查检测，发现水质中的铁、锰等5项指标超标。村"两委"班子重新划定农户养殖范围，帮助该自然村协调使用山门寺水库的自来水。如今水质相较之前有所改善，村民十分满意。[4]

"'村情通'是一个开放的公共平台，村民的一举一动都置于公众监督之下，这有利于村民文明素质的养成。"横山镇镇长张余伟说。[5]如张王村每个月卫生评比时，"红黑榜"上红榜每月有三户洁净家庭，黑榜有三户脏乱家

〔1〕"三务公开"为村级党务、村务、财务公开。
〔2〕"'龙游通+全民网格'，衢州'枫桥经验'的新引擎"，载《钱江晚报》2018年11月4日。
〔3〕"村情通，织密乡村守护网 龙游打造村民共建共治共享新平台"，载http://zjnews.zjol.com.cn/ztjj/2017sjdzt/gcsjdzt/201711/t20171116_5688736.shtml，2019年3月6日最后访问。
〔4〕"便民神器'龙游通'助力乡村治理"，载http://society.zjol.com.cn/201808/t20180829_8138018.shtml，2019年3月6日访问。
〔5〕"打造共治共建共享新平台，龙游'村情通'成了'网上议事厅'"，载《衢州日报》2017年11月14日。

庭。刚开始时，村民老李曾经因为垃圾没有分类、随意堆放上过黑榜："我当时还挺火大的，觉得我垃圾放自家院子，怎么放还要你们管？后来村里的网格员跟我宣传了好几次垃圾分类，再看看人家红榜的，都是熟门熟户的，人家做得好，我做得这么差，我自己心里也不舒服啊！"如今的老李，不仅自家干净了，还经常参加村里的义务劳动，平日里一发现村里和周边哪里脏了，就要"随手拍"："我们自己的村子，我们村里人不好好维护，怎么行？"〔1〕"村情通"是一个监督平台，使村干部和村民能更加自律。村干部工作起来不敢有丝毫马虎大意，村民也更遵守公德。〔2〕

"村情通"的智慧监督破解了村组与村民的对立状态，保障了村民的主人翁地位，村民积极参与乡村社会治理，广泛监督村组建设，有力地促进了乡村的经济社会发展。

4. 智慧服务

为破解村民办事难、诉求难，让村民办事更顺手，"村情通"在服务村民方面显现了乡村治理的智慧服务功能。在龙游县，村民通过"村情通"的信箱、随手拍、约办功能反映问题、预约办事等，按照要求需 3 天内办结。对村级不能办理的事项，通过系统上报到乡镇（街道），乡镇（街道）不能办理的上报到县级，初步实现90%事项村级办结、8%乡镇办结、2%县级办结。

依托"村情通"，龙游县大力发挥"村情通"的智慧服务功能，推动"最多跑一次"改革向乡村延伸，围绕村民实际需求，实施"减证便民"行动，一方面通过"砍掉一批、共享一批、替代一批、代跑一批"的方式，梳理政务服务领域各类证明192项，取消161项，打造全国首个"无证明"县。推出"龙游通+移动办"，制定"零审批""零跑腿""跑一次""全代跑"清单，户籍、计生、残疾证、合作医疗等879个事项实现"指尖办"，一次办成率由原来的60%提高到了95%以上。另一方面，以村党组织为核心，村村设立红色驿站，结合"三服务""周二无会日+组团联村"等，组建网格指导员、专兼职网格员、党员红色代办员等三支队伍，以干部跑、数据跑、快递跑代替村民跑，解决农村村民办事跑路远、环节多、手续烦等问题，实现

---

〔1〕 "'龙游通+全民网格'，衢州'枫桥经验'的新引擎"，载《钱江晚报》2018 年 11 月 4 日。

〔2〕 "村情通，织密乡村守护网 龙游打造村民共建共治共享新平台"，载 http://zjnews. zjol. com. cn/ztjj/2017sjdzt/gcsjdzt/201711/t20171116_ 5688736. shtml，2019 年 3 月 6 日最后访问。

"最多跑一次,跑也不出村"。[1]特别是户籍办证、生育登记等农村村民常办的10件大事","村情通"上线后一次办成率由原来的60%提高到了95%以上。全县326项行政审批服务类事项,绑定快递业务"村村覆盖",快递费用全部由财政承担。[2]如湖镇村民王艳艳刚生二胎后,村干部就告诉她,通过手机"村情通"平台就可在线咨询、网上办理、快递送达新生儿的户籍登记。她尝试性地上传了身份证、户口簿、结婚证、婴儿出生医学证明等材料。没想到申请提交后不到半天,户籍警就为孩子办好了户口,并专程送到她手上。[3]

为服务有特殊困难的村民,"村情通"的"移动办事",还提供"语音约办"或"文字约办"服务,方便年纪大、行动不便或者不方便回来办事的村民。

除了村民诉求上传、解决外,"村情通"的村民信箱中还有许多内容温暖的信件。如2018年8月,龙洲街道白坂村村民周利平通过信箱发送这么一则"温馨提醒":最近高温天气请大家做好防暑降温,同时更应注意电器、煤气的使用安全。无独有偶,兰石村村民在信箱里,也发出了一张老奶奶在风雨中疏通村道积水的暖心图片。照片中,这位老奶奶撑着一把小伞,伛偻着身躯的样子感动了不少村民。[4]

"村情通"为村民的就业创业提供了智慧服务。"村情通"的"务工信息"板块汇集了龙游县全县所有的招聘信息,把就业信息不互通的问题在"指尖"上化解了。"村情通"为村民创业搭建了信息平台、创新了培训模式。[5]

通过"村情通",村干部关心村民、村民之间互相关心更及时。如在2017年10月的一次网格例行巡查中,横山镇上向徐村党员张有松发现78岁

---

〔1〕 "龙游在全省组织部长会议上交流'龙游通'智慧党建工作经验",载 http://www.sohu.com/a/297338451_120056394,2019年3月6日最后访问。

〔2〕 张少华:"'指尖办事'让群众'零跑腿'——龙游县'村情通'平台的实践创新和理论逻辑",载《中国领导科学》2018年第2期。

〔3〕 张少华:"'指尖办事'让群众'零跑腿'——龙游县'村情通'平台的实践创新和理论逻辑",载《中国领导科学》2018年第2期。

〔4〕 "转换时空'龙游通'里的现代版'鸿雁传书'",载 http://lynews.zjol.com.cn/lynews/system/2018/08/10/031067586.shtml,2019年3月6日最后访问。

〔5〕 康晓强主编:《"村情通"——新时代乡村治理新模式》,人民出版社2018年版,第191~194页。

的聋哑老人杜茂松病倒在床上，神情痛苦，便立即将情况上传至"村情通"。村干部张志明闻讯即刻前往，大家合力将其紧急送往县城医院。经诊断，杜茂松因重感冒引起肺气肿压迫心脏，病情危急。入院后，村里还请来护工照顾。没几天，老人就康复出院了。当村民从"村情通"上得知情况后，纷纷点赞。[1]

"村情通"的智慧服务功能极大地方便了村民办事，打通了联系服务村民的"最后一公里"。民政、妇联、残联、团委等的扶助项目都上了平台，村民可以自己在线申请，这样也避免了村民对村干部办事不公的担忧。"村情通"实现了乡村管理变乡村治理的转变，通过智慧服务提升了乡村民生。

5. 智慧党建

农村基层党组织在实现乡村振兴、推进乡村善治方面起着全面的领导作用。龙游县通过"村情通"对党支部、党员进行智慧管理，极大地提高了乡村党组织凝聚力、战斗力。

依托"村情通"平台，龙游县将农村"党支部建在平台上，党小组建在网格上，群团建在'指尖'上"，明确要求各村党支部将"三会一课"、支部主题党日、"三务公开"等开展情况上传到"村情通"，通过定期后台质量检查，倒逼农村基层党组织基本制度落实。农村党员通过学习课件、发布实事图文等"赚取"积分，实时生成"先锋榜"，实现农村在职党员、无职党员、流动党员"一榜统管"。同时，引入村民"点赞"评议机制，把村民评议作为衡量党组织工作的重要标尺。

龙游县依托"村情通"，采用实绩比选、积分晾晒的智慧管理方式，引导农村党员积极参与"五四三"项目推进等重点工作。[2]根据积分评选星级党员，实行贷款优先权等相应激励，切实使农村基层党建"活"起来、党员"动"起来，实现"党建统领活的灵魂，一根红线贯穿始终"，有效破解了农村

〔1〕 "打造共治共建共享新平台，龙游'村情通'成了'网上议事厅'"，载《衢州日报》2017年11月14日。

〔2〕 "五四三"项目是指浙江省的开展的"三改一拆""四边三化""五水共治"等专项重点工作。"三改一拆"是指浙江省政府决定，自2013年至2015年在全省深入开展旧住宅区、旧厂区、城中村改造和拆除违法建筑（简称"三改一拆"）三年行动。"四边三化"行动指浙江省委、省人民政府于2012年5月提出的，在公路边、铁路边、河边、山边等区域（简称"四边区域"）开展洁化、绿化、美化行动（简称"四边三化"行动）。"五水共治"是指2013年11月浙江省委十三届四次全会提出的以治污水、防洪水、排涝水、保供水、抓节水为突破口的大规模治水行动。

基层党建工作中存在的"公共事务缺干将,党员履职缺载体"的难题。[1]

通过"村情通"的智慧管理,龙游村民对村级事务的认可度明显提高,村级党组织和村民委员会的凝聚力、战斗力明显增强。[2]

四、乡村治理中智慧治理的特点

从当代社会智慧化的发展现状和趋势来看,智慧社会具有感知、融合、共享、协同、智能等特点。[3]社会扁平化、媒体大众化、组织虚拟化、信息透明化、产业网络化、资源社会化是智慧社会的发展特点。[4]从龙游县的"村情通",我们可以发现乡村治理中智慧治理具有开放、便捷、互动、合力等特点,有力地推进了乡村善治目标的实现。

1. 开放

遵循现代信息技术、通信技术的规律,依据科学技术的特点,龙游县的"村情通"呈现出了智慧治理的开放特点。

改革开放以来,乡村社会治理随着乡村社会的发展而面临新的情况,以往的封闭治理已不适应村民对村务公开、透明等方面的需求,村民的期待值在不断上升,乡村治理需要探索、寻找新的、正确的路径和方法。"村情通"所体现的智慧治理恰恰适应了乡村社会治理的这一发展趋势。

龙游县的"村情通"将互联网思维运用到乡村治理中,发挥信息化工具公开特点,创新村务、党务、财务这"三务"公开的形式,把涉及村民利益的重要事项和村组热点问题都全面在线发布。凡是"村情通"公开的事项就没有暗箱操作的可能,凡是"村情通"上的办事流程就都有痕迹可查,这就解决了村民参与村务决策难、村务监督难的问题,通过技术手段保障了村民享有知情权、参与权、表达权、监督权,避免了村民在村务决策过程中的被动接受境地。打造"全民参与""全民网格"的乡村社会治理体系,实现村民、村组和政府乡村治理的共管共治、共建共享。

"村情通"所呈现的开放是主动的开放、全面的开放、公平的开放。开放

〔1〕 "全力打造'枫桥经验'网络升级版——关于'龙游通+全民网络'模式的调研报告",载《浙江日报》2019年6月4日。

〔2〕 衢州组工:"龙游在全省组织部长会议上交流'龙游通'智慧党建工作经验",载 http://www.sohu.com/a/297338451_120056394,2019年3月6日最后访问。

〔3〕 王操:"智慧治理开启善治新阶段",载《上海信息化》2018年第12期。

〔4〕 "智慧社会来了,你准备好了吗",载《光明日报》2018年2月1日。

保障了村民在乡村社会治理中的主体地位，落实了村民在乡村治理中的权益，奠定了乡村基层民主的重要基础。

2. 便捷

现代社会人员流动性增强、生活节奏加快、时间观念加强，更加讲求时效，乡村社会治理就需要适应这种变化。龙游县的"村情通"呈现出了智慧治理便捷的特点，解决了乡村社会治理中低效治理的问题，充分满足了乡村社会治理的现代要求。

"村情通"发挥信息化工具实时特点，解决了乡村治理中的耗时长、成本高、效率低问题。如在2017年初的农村村民委员会换届选举中，运用"村情通"的村选民清单确定时间，从以往3天缩减至3小时，准确率为100%。"村情通"建立了紧急发布通道。一旦遇到重大灾害，能够快速反应，第一时间将信息传达至广大村民，避免了以往面对突发状况需要村干部、党员一家一户动员、耗时费力、效率低下的问题。

面对农村人口外流等客观因素，当前村级组织的村民动员能力有所下降。为强化乡村基层组织功能，龙游县依托"村情通+网格治理"，推行"每村一个群"的信息化组织模式，打造"15分钟紧急动员圈"，通过建立健全网格"一长三员"走访巡查制度，[1] 依托群团组织优势，将农村青年、妇女群众、寓外人士、乡贤等作为农村网格力量的重要补充，常态化巡查防火防汛、地质灾害等重点安全隐患，高频走访服务对象等有特殊困难的村民，极大地提高了乡村事务处理和解决的效率，推进了乡村善治。

依托科技手段的"村情通"，来自农村基层，服务乡村群众，密切联系村民，随时处理村务，方便、及时、高效地参与乡村社会治理，有力地发挥了智慧治理的优势。

3. 互动

当代乡村社会表现出了某种从熟人社会向陌生人社会转变的趋势，村民之间的隔膜有所增强，村民与村组织、村干部的关系也有疏离的迹象。龙游县的"村情通"呈现出智慧治理的互动特点，克服了单向治理的弊端，为乡村社会治理奠定了联络、团结、共识的基础。

在互联网时代产生的"村情通"，凸显了村民在乡村治理中的主体地位，

---

〔1〕 网格"一长三员"是指网格长、网格员、巡查员、监督员。

体现出了乡村治理"以人民为中心"的目标。通过"村情通",村民在乡村治理中从单向参与转化为双向互动。村民可以不受时间、地点、人员数量的限制,及时向村组、乡镇等政府部门报送安全隐患、矛盾纠纷信息,提出合理村务建议,表达正当、合法利益诉求,监督乡村组织和干部,真正推动乡村社会治理的全民参与。而村组组织则通过"村情通"及时回答村民的咨询,认真倾听村民生产、生活中遇到的各种困难和需要解决的问题,尽快尽力完善网上办事工具,让数据多"跑腿",让村民少跑路。通过双向互动,村民与村组组织和干部、乡镇县在乡村治理中相互依赖、相互沟通、相互作用、相互理解、相互促进,在乡村治理中共商共建、共治、共享。

"村情通"所呈现的互动特点,反映出村民在当代乡村社会治理中不仅仅是被管理、服务的对象,更是自我管理、自我服务的主体。村民是乡村社会和国家的主人,"村情通"的智慧治理保障了村民的主体地位的确立和实现,走出了一条新时代"从群众中来,到群众中去"的网上群众路线。通过乡村多主体之间的相互学习、相互沟通,最终达成乡村治理的共识。

4. 合力

融合发展是互联网时代社会发展的一个重要特征和规律。在当今社会信息化、智能化发展的时代契机中,智慧治理的意义在于通过治理的智慧、辩证的思维实现人文价值智慧整体框架中科学技术智慧的运用,包容效率、民主、回应、公平、开放、协同、合作等一系列治理价值。[1]适应乡村社会的发展,龙游县的"村情通"呈现出了智慧治理的合力特点,解决了乡村社会治理中散零治理的不足问题。

基于乡村社会治理全局层面的统一规划和部署,"村情通"把乡村治理资源在一线真正整合到位,实现资源和力量的合力共治,强化村民自治和服务型、数字型政府的有效结合,推动线上管理和线下服务的深度结合、智慧治理和"三民工程"的深度结合、[2]基层组织和基层网格的深度结合、党建和群建的深度结合。

---

〔1〕 宋君:"智慧治理:公共行政治理模式变迁中的价值整合",载《领导科学》2018年第8期。

〔2〕 在讨论智慧城市以及智慧城市治理方面的研究时,荷兰学者阿尔伯特·梅耶等强调协同合作,指出智慧城市治理是通过使用信息通信技术来创建人类协同合作的新形式,从而获取更好的结果和更为开放的治理过程。参见〔荷兰〕阿尔伯特·梅耶等:"管理智慧城市:关于智慧城市治理的文献综述",载《国际行政科学评论(中文版)》2016年第2期。"三民"为知民情、解民忧、办民事。

"村情通"的网络+网格、线上+线下、制度+技术、公转+自转、共性+个性的特点,发挥了智慧治理的优势,推进了治理平台整合、治理资源融合,构建了统一高效、整体融通、协同参与的乡村社会治理大系统,在协商、合作的基础上实现了乡村公共服务效率和质量的提升,呈现了人防、技防、物防、心防"四防齐抓",共建、共治、共享"三共并推"的乡村社会治理新格局。

五、乡村治理中智慧治理的完善

在"村情通"的基础上,通过不断完善、升级,龙游县开发了面向社区的"社情通"、面向工业园区的"企情通","村情通""社情通""企情通"三通合一,融合成覆盖全县域的"龙游通"。[1]

乡村治理中智慧治理需要重塑治理格局、构建参与平台、完善共治设施、建立通用标准、推进数据融合。[2]龙游县的"村情通"乃至"龙游通"在实践推广过程中仍处于逐步完善阶段,需要不断总结以进一步解决、完善,更好地发挥智慧治理的作用。需要对照"有没有动起来、有没有做扎实、有没有村民点赞"三个标准,深入查问题、找不足、补短板,切实改变"村情通"使用推广不平衡、相关干部思想不重视、认证情况不理想等局面,[3]促进乡村治理中的智慧治理的进一步完善。

就村级层面而言,村组有关智慧治理的条件有待加强,村干部和村民对乡村治理中智慧治理的认识和能力有待提高。龙游县每个村的经济条件、基

---

〔1〕　2018年,龙游县成立"龙游通"工作专班,推动优化这一乡村治理中智慧治理的创新模式,并通过政府购买服务的方式,由第三方提供技术服务。袁平华作为"龙游通"工作专班成员,主要负责与公司沟通,确保"龙游通"的正常运行、产品开发和技术升级。参见"'软弱涣散村'的当家人——记东华街道张王村支书袁平华",载《衢州日报》2018年11月23日。衢州市也已全面推广"村情通+全民网格"这一乡村治理中智慧治理模式,打通乡村治理"最后一公里"。参见"'村情通'创始人袁平华:村情通了,人心齐了",载《浙江日报》2018年11月7日。

〔2〕　傅昌波:"全面推进智慧治理　开创善治新时代",载《国家行政学院学报》2018年第2期。

〔3〕　2018年11月2日上午,在"农商银行"杯"龙游通+全民网格"大比武总决赛结束后,龙游县召开"龙游通"周比月评季赛活动第二次颁奖大会。县委书记刘根宏出席会议并讲话。在听取发言后,刘根宏指出,要肯定成绩,形成合力,把"龙游通"改革这件大事办好。从"村情通"到"龙游通",其功能不断完善、覆盖面越来越广,在加强基层治理、推动地方发展、惠及广大群众等各方面的作用越来越明显。可以说,"龙游通"已经成为我们深化各项改革、提升龙游知名度的"金名片",成为打造营商环境最优县、推动产业发展的"助推器",成为打造基层治理最优县、增强群众获得感幸福感的"聚宝盆"。参见"刘根宏参加'龙游通'周比月评季赛活动颁奖大会",载http://lynews.zjol.com.cn/lynews/system/2018/11/05/031241801.shtml,2019年3月6日最后访问。

础设施等方面都存在着差距，村级代办服务建设不平衡，还受村干部和村民个体年龄、文化程度等因素的影响，他们对"村情通""龙游通"的软件推广应用还存在跟不上的问题。[1]特别是常年在家的村民中以年龄大的老年村民为主体，他们中有的不使用手机；有的使用老年手机而非智能手机，手机的功能基本为接打电话；有的即便使用智能手机也从节约角度，考虑话费、耗电量等经济因素而经常处于关闭状态。加之受思想观念、接受新事物能力等因素的影响，村民在接受"村情通"的覆盖率、活跃度方面还存在不足。如何针对不同年龄、不同文化程度、不同经济条件、不同认识水平的村民，使"村情通"更广泛地为村民所接受和使用，这需要因地制宜地予以分析并提出有针对性的措施。

就人员情况而言，乡村相关人员有关智慧治理的素质有待加强、队伍稳定性有待增强。由于龙游县各村条件的不同，村网格员的年龄结构、文化程度都存在着较大的差异，有些村网格员的接受能力较差，对于"村情通"App 的操作、系统的应用不熟练；有的年纪轻的网格员，因为个人追求、工作压力、工资待遇等原因，想退出网格队伍。村网格员队伍素质和稳定性问题直接影响着"村情通"在乡村社会治理中作用的发挥。同时，乡镇人员因工作调动等因素，在新老交替、业务能力方面对"村情通"作用的发挥有些影响。

就平台技术而言，乡村治理中智慧治理的硬件有待提高、软件有待改进，紧跟信息技术、网络技术、智能技术的最新进展，形成智慧治理的技术支撑体系。[2]包含"村情通"在内的"龙游通"还存在着系统不稳定性、板块设置功能不明确等问题，软件本身还缺乏稳定性，大有潜力可挖。如何针对乡村社会治理的特点、如何根据各村特点进行既有一般性、共同性的内容又满

[1] 参见"模环乡 2018 年龙游通推广应用总结及 2019 年计划"，载 http://www.longyou.gov.cn/art/2019/1/13/art_ 1243634_ 29395008. html，2019 年 3 月 6 日最后访问。

[2] 张丙宣、周涛认为，需要思考智慧治理带来了两极分化还是社会包容、公共信息公开和个人隐私保护、智慧治理是碎片化的还是整体性的、智慧治理是技术问题还是政治问题、智慧治理激发了社会活力还是导致了计算机官僚主义等问题。智慧治理仅仅强调技术管理主义是不够的，必须用人本主义、智慧心智和新的想象力弥补技术的缺陷，开发更安全的技术，让公民参与智慧治理，深化大部门体制改革，实行整体性智慧治理，培育社会企业家，让社会机制在城市智慧治理中发挥基础性作用。参见张丙宣、周涛："智慧能否带来治理——对新常态下智慧城市建设热的冷思考"，载《武汉大学学报（哲学社会科学版）》2016 年第 1 期。

足每村具体特色和需要的功能设计，这是需要进一步思考和改进的。需要建设村民"用得来、用得着、用得好、用得安"的民情数据库，用村民个人信息的绝对安全提升群村民对"村情通"的内心接受度。在全面总结实践经验、广泛征求乡村干部和村民意见的基础上，"村情通"需要精细化设计，进一步完善功能，在来源于乡村基层的基础上更好地服务于乡村社会治理，促进乡村振兴，实现共治、共享的乡村善治。

六、结语

在中共中央、国务院《关于实施乡村振兴战略的意见》提出实施数字乡村战略、弥合城乡数字鸿沟的背景下，运用现代科技手段，适应乡村社会治理变化的需要，浙江省龙游县的"村情通"这一乡村治理中智慧治理方式源于村务公开、本于探索创新、基于技术条件、重于全面推广，具有鲜明的时代色彩。乡村治理中智慧治理的功能体现在智慧沟通、智慧参与、智慧监督、智慧服务、智慧党建等方面。

作为乡村数字治理体系中智慧治理的形式，"村情通"具有参与度广泛、沟通效率高、超越村庄实体空间、方便易用等优势，体现了开放治理、互动治理、便捷治理、合力治理等特点，能够有效地凝聚起村民关心村务、关注村庄发展的共识，激发村民的主人翁意识，更有效地实行民主选举、民主决策、民主管理、民主监督，实现村民的自我管理、自我教育、自我服务，有助于打造共建、共治、共享的乡村社会治理格局。

"村情通"体现了多元的乡村治理主体、协同的乡村治理机制、精细的乡村治理方式、规范的乡村治理手段、高效的乡村治理过程。这一智慧治理形态是乡村社会治理的发展方向，有助于乡村数字治理体系的构建、乡村治理水平的提升。

就具体实践观察，"村情通"存在使用推广不平衡、相关干部思想不重视、认证情况不理想等局限，需要提高乡村干部的认识，加强智慧治理的条件，完善智慧治理的软硬件，开发适应乡村治理特点的信息技术、产品、应用和服务，进一步完善乡村治理中的智慧治理。

作为乡村社会治理中智慧治理的一个新生事物，"村情通"尚在实践探索中，需要不断地完善。但是，乡村社会治理需要构建乡村数字治理体系、推进智慧治理，这是毋庸置疑的一个方向。乡村社会治理中智慧治理并不仅仅是一个技术问题，而应是一个制度变革的复杂过程。构建智能化乡村社会治理平台体系、构建乡村数字治理体系，实行乡村治理中的智慧治理，实现精确、高效、便捷的新型乡村社会服务和乡村社会治理体系，是党的十九大报告强调的"打造新时代共建共治共享的社会治理格局""健全自治、法治、德治相结合的乡村治理体系"，建设"智慧社会"提高社会治理智能化水平不可或缺的基础环节和重要路径，也是建立灵敏、高效的现代乡村社会治理体系，构建和完善乡村数字治理体系，实现乡村善治的基本方式。

第三十九章

纠纷解决与乡村治理

——分级与分流视角的思考

一、引言

（一）研究与分析范式

21 世纪以来，中国社会结构和治理方式发生深刻变革，引发纠纷解决的国家政策、社会观念和诉讼制度发生一系列转变。世纪之交，受美日"替代性纠纷解决""非诉纠纷解决"运动的启发，学者将多元化纠纷解决概念引入中国。经过近二十年的发展，多元化纠纷解决已经上升为国家政策、成为当下我国最主要的纠纷解决制度。2014 年，十八届四中全会提出完善多元化纠纷解决机制以后，中共中央和国务院办公厅、最高人民法院先后出台了推进多元化纠纷解决的政策性文件。[1]随即，多省均出台了推动多元化纠纷解决制度建设的政策。[2]

但当下多元化纠纷解决仍面临实践困境，甚至出现了"叫好不叫座"的问题。究其原因，首先，多元化纠纷解决制度发展方向与路径模糊不清。理论和实务界对多元化纠纷解决发展模式存在两种不同的观点：一是认为多元化纠纷解决是传统人民调解、行政调解对新类型纠纷的适用与完善，其机制

---

[1]《关于完善矛盾纠纷多元化解机制的意见》（中办发〔2015〕60 号）；《最高人民法院关于人民法院进一步深化多元化纠纷解决机制改革的意见》（法发〔2016〕14 号）。

[2]《江苏省高级人民法院印发〈关于深入推进矛盾纠纷多元化解和案件繁简分流的实施意见（试行）〉通知》（2017 年）、《安徽省多元化解纠纷促进条例》（2018 年）、《福建省多元化解纠纷条例》（2017 年）、《黑龙江省社会矛盾纠纷多元化解条例》（2017 年）、《山东省多元化解纠纷促进条例（2016）》。

仍是"大调解",党委政府为协调主体。[1]二是认为多元化纠纷解决是由法律、医学、金融、工程等专家运用专业知识化解纠纷，与诉讼相衔接（Access to Justice）、以司法为主导，[2]还应健全三方评估、[3]在线平台、分流平台、[4]仲裁平台等机制，[5]更加呈现为市场化、知识化和利益理性的纠纷解决。[6]二者的分歧导致多元化纠纷解决制度资源配置的摇摆、耗散与失衡，使多元化纠纷解决的网络建构漏洞重重。其次，多元化纠纷解决制度的本土性不足。当下，多元化纠纷解决起源于欧美国家的代替性纠纷解决方式（Alternative Dispute Resolution，ADR）运动，而 ADR 是在其社会结构、法治结构基础上内生形成的纠纷解决制度，在许多方面并不契合于中国。例如，美国社区是陌生人社会、人口流动性高，也缺乏政权或准政权性质的基层组织，[7]因此才会成立近邻调解中心；而中国则十分注重基层组织建设，基层组织自主化解纠纷能力强。美国法律社会化服务程度高，民众行为利益理性取向程度高，各类社会组织活跃，因而才有了律师等群体的"法律合作社团"[8]积极进行非诉纠纷化解；而中国社会仍延存"松软而极尽人情"的属性，法律职业相对不发达，民众更依赖基层组织和政府化解纠纷。

因此，推动中国多元化纠纷解决制度的发展，须以国情社情为背景，以

〔1〕 梁利华":乡村多元化纠纷解决实践及其社会治理功能——以河北 D 县为例"，载《广西民族大学学报（哲学社会科学版）》2018 年第 1 期；马树同:"'现代熟人社会'背景下乡村纠纷解决的策略选择与证成"，载《湖北社会科学》2018 年第 2 期。也有文章基于统计数据，认为传统调解组织、党政部门在纠纷化解中发挥着重要作用。朱景文:"中国诉讼分流的数据分析"，载《中国社会科学》2008 年第 3 期。

〔2〕 王亚新教授和范愉教授探讨了"调解前置程序"可以取得较好的社会效果。"展望多元化纠纷解决机制的新发展"，载《人民法院报》2017 年 7 月 4 日；"以多元化纠纷解决机制保障司法改革整体目标的实现"，载《人民法院报》2016 年 1 月 20 日。

〔3〕 陈柳波:"首宗涉港案件中立第三方评估案例体现的制度创新和意义——多元化纠纷解决机制和香港法查明机制交叉创新的探索"，载《法律适用（司法案例）》2018 年第 4 期。

〔4〕 邓少君:"依法治国视域下多元化纠纷解决机制重构——基于广东省实践经验的分析"，载《广东社会科学》2016 年第 1 期。

〔5〕 如主张在农村成立金融纠纷仲裁院。参见程琳:"我国农村小额信贷纠纷解决经济分析及完善路径"，载《求索》2017 年第 1 期。

〔6〕 胡仕浩、龙飞、马骁:"多元化纠纷解决机制的中国趋势"，载《人民司法（应用）》2018 年第 1 期；江苏省泰州市中级人民法院课题组，徐军:"矛盾纠纷多元化解机制的实践困境与路径探析"，载《中国应用法学》2017 年第 3 期。

〔7〕 只有一个社区中心（Community Center），提供社区服务。

〔8〕 [美]唐·布莱克:《社会学视野中的司法》，郭星华等译，法律出版社 2002 年版，第 65 页。

既有纠纷解决机制体制为资源。本章将以当下中国乡村基层纠纷解决体系的实践形态为对象，深描其运行结构、建构其运行框架、指出其存在的问题，为多元化纠纷解决的制度细化和完善提供基础。当下，我国解纷体系可分为分级谱系和分流谱系：分级解纷是以基层为主体的"纵向到底"，基层无法化解溢出到上面层级的重大复杂纠纷以党委政府的协调为化解保障，以"基层积极，上层消极"为运行逻辑，既注重基层解纷的自主性，也以党委政府、司法机关的体制资源和权威为后盾；分流解纷是以纠纷的"集散分流中心"为枢纽，将星罗棋布的专业性、行业性纠纷解决组织或机构串联成网，注重司法的兜底性权威。二者虽然在形式上有部分耦合交叉，但根本机制不同。分流与分级纠纷解决的优化性配置组合共同构成了我国多元化纠纷解决的完整网络。

　　本章运用实证研究方法，文内的部分材料来源于在浙江宁海 Q 镇、南京市 L 区 M 镇、贵州石阡县 B 镇等地的调查材料。贵州石阡县 B 镇为传统农业乡镇，浙江宁海 Q 镇、南京市 L 区 M 镇是东部沿海的发达乡镇。[1]

　　（二）基层纠纷解决制度"横纵"趋向变迁

　　中华人民共和国纠纷解决制度可追溯至中国共产党根据地时期基于"群众路线"的政治实践。中国共产党创设的纠纷解决超越技术性个案化解而成为动员和组织群众的活动，同时构建了国家规则扩散系统。改革开放后，中央以社会治安综合治理统摄纠纷解决。20 世纪 80 年代初，中央就已提出社会治安综合治理的方针，但到 20 世纪 90 年代初政法委复建和治安责任制建立才使其正式制度化。[2]社会治安综合治理是"政法传统"的当代诠释[3]，形成专门机关与群众路线相结合的工作方法。[4] 社会治安综合治理推动了人

---

　　〔1〕 其中，浙江宁海 Q 镇调研时间为 2018 年 11 月 9 日至 17 日，感谢一同参与调研的刘超、冷波、舒丽瑰、袁明宝、朱静辉、魏小焕；贵州石阡县 B 镇调研时期为 2018 年 5 月 17 日至 27 日，感谢一同参与调研的王海娟、刘景琦、陈文琼、贺苏园；南京市 L 区 M 镇的调研时间为 2018 年 7 月 5 日至 25 日，感谢一同参与调研的桂华、褚明浩、黄丽芬等；云南武定县调研时间为 2017 年 7 月 5 日至 25 日，感谢一同参与调研的陈辉、谢小芹、雷烨等。调研材料由大家共同搜集，特此感谢。

　　〔2〕 "中共中央关于维护社会稳定加强政法工作的通知（1990 年 4 月 2 日）"，载中共中央文献研究室编：《十三大以来重要文献选编（中）》，人民出版社 1991 年版，第 921 页。

　　〔3〕 它也丰富了当代中国政法工作的内容。此后，政法工作主要分为司法、检察、公安、司法行政和综合治理四个方面。

　　〔4〕 参见 "1990 年 2 月 28 日乔石在全国政法工作会议上的讲话"，载中共中央文献研究室编：《十三大以来重要文献选编（中）》，人民出版社 1991 年版，第 921 页。

民调解的蓬勃发展和"两所一庭"的建设。[1]至2000年全国已建立起遍布城乡的人民调解网络体系，调解纠纷数量相当于同期全国人民法院一审民事案件收案总数的5.3倍。[2]21世纪以来，伴随着法治国家建设，法律逐渐从纠纷解决的总体性支配机制中剥离出来，成了"调节社会关系的重要手段"，政法工作成了"调节社会矛盾的主要渠道"，[3]形成了"大调解"解纷体系。[4]2004年，人民法院《二五改革纲要》首次以政策文件形式对"多元化的纠纷解决机制"进行了确认，2014年十八届四中全会提出完善多元化纠纷解决机制以后，多元化纠纷解决整体制度化铺开。[5]

从我国纠纷解决发展历程来看，分级、综合性纠纷解决在早期一直是占主导地位。2000年以后，分流式纠纷解决逐渐兴起，尽管在纠纷解决体系中只是作为"选择性涵摄"（selective incorporation）[6]而存在。2014年以后，分流式的纠纷解决逐渐占据主导地位，体现为将因综合治理式纠纷解决转型式微而碎片化散落的社会纠纷重组到法治化解纷体系中。

二、分级：乡村纠纷"攀爬"与法治进退的空间

甄别纠纷大小轻重而作不同层级的纵向度化解，是理性设计制度的国家之共同路径。古希腊、古罗马的城邦国家已有层级性解纷体系，[7]拜占庭帝国和西欧教会层级解纷体系已非常严密。[8]只有在非理性设计的完全社会网络中，纠纷化解体系才为闭合平铺结构。比如，源于化解部落间争执的英格

〔1〕 2003年中央综治委和中央编办下发的《关于加强乡镇、街道社会治安综合治理基层组织建设的若干意见》明确要求，加强公安派出所、人民法庭、司法所等基层政法机构建设，担纲基层纠纷调解重任的司法所在全国范围内"立户列编"问题得以解决。

〔2〕 中国法律年鉴编辑部：《中国法律年鉴（2000年）》，中国法律年鉴出版社2000年版，第203页。

〔3〕 罗干："政法机关在构建社会主义和谐社会中担负重大历史使命和政治责任"，载中共中央文献研究室编：《十六大以来重要文献选编》，中央文献出版社2008年版，第765页。

〔4〕 至2012年，有16家政府部门加入了大调解协作单位。参见中央社会治安综合治理委员会、最高人民法院、司法部等16个部门联合印发《关于深入推进矛盾纠纷大调解工作的指导意见》。

〔5〕 《关于完善矛盾纠纷多元化解机制的意见》（中办发〔2015〕60号）；《关于人民法院进一步深化多元化纠纷解决机制改革的意见》（法发〔2016〕14号）。

〔6〕 ［美］布鲁斯·阿克曼：《我们人民：奠基》，汪庆华译，中国政法大学出版社2013年版，第125页。

〔7〕 ［德］乌维·维瑟尔：《欧洲法律史：从古希腊到〈里斯本条约〉》，刘国良译，中央编译出版社2016年版，第37页。

〔8〕 ［德］乌维·维瑟尔：《欧洲法律史：从古希腊到〈里斯本条约〉》，刘国良译，中央编译出版社2016年版，第147、148页。

兰盎格鲁-撒克逊"以牙还牙"兄弟会、[1]索马里"通赔群体"的解纷体系[2]就是扁平式环网。

分级化解乡村纠纷是公共权力理性化、制度化的方式，它与空间大小无关，而与公共权力的理性化程度有关。分级化解乡村纠纷以基层为重心，基层有两个层面的含义：其一，基层是国家权力末梢；其二，基层是社会生活的载体，由民众的日常与琐碎来填充。[3]"分级"以社会秩序自发为基础，以国家权力/法治自上而下运行为框架，以"识别-瞄准"灵活技术为支撑，形成解纷体系的"金字塔"结构。

（一）通过基层自治的乡村社会控制

社会秩序是由社会控制实现的。唐纳德·布莱克、庞德强调政府和法律的社会控制。[4]埃里克森将社会控制系统分解为五个子系统：自我控制、受诺者执行的合约、非正式控制、组织控制、法律控制，并认为非法律的社会控制在社会秩序形成中发挥更基础作用。[5]费孝通也指出，主体行为不仅由法律规定，长期的交往预期会对行为选择产生关键影响。[6]

任何内生互助合作需求与实践的社群都会产生基于交往的权力体系。个体必须依靠社会支持系统完成生活。在贵州驻村调研时笔者常听农民说"谁家也不能挂无事牌"因而"相互扶持着过日子"。江浙发达农村也存在广泛的经济互助。在社会交往中，强者需要社会资本，弱者需要社会保障，零和博弈提供主体合作的结构性条件，产生将他人统摄社会秩序的个体权力或集体权力，为纠纷解决构建涵摄性网络，提供民间调解的土壤。

社会性质上，中国乡村基层"去古未远，遗俗尚存"，熟人/半熟人社会仍内生出基于地缘的自发秩序，但乡村并不特指稼穑为业，集体土地所有制基

---

〔1〕　[英]大卫·休谟：《英国史》（第1卷），刘仲敬译，吉林出版集团股份有限公司2016年版，第161页。

〔2〕　[美]唐·布莱克：《社会学视野中的司法》，郭星华等译，法律出版社2002年，第49页。

〔3〕　费孝通："乡土中国"，载《费孝通全集》（第6卷），内蒙古人民出版社2009年版，第105页。

〔4〕　[美]罗斯科·庞德：《通过法律的社会控制》，沈宗灵译，商务印书馆2010年版，第39页。

〔5〕　[美]罗伯特·C.埃里克森：《无需法律的秩序》，苏力译，中国政法大学出版社2003年版，第159页。

〔6〕　费孝通："乡土中国"，载《费孝通全集》（第6卷），内蒙古人民出版社2009年版，第153页。

础上的工商业集群共同体亦可成就乡村形态。〔1〕因此，秩序意义上的"乡村"强调"地方性/地域性"（即社区凝聚力）而不是"乡土性"。"地方性"纠纷在生产生活中产生，主要包括家务事、婚姻赡养、田地边界及灌溉、生产、财产债务和斗殴侵权等纠纷。〔2〕伊桑·迈克尔逊（Ethan Michelson）对3000件中国乡村纠纷进行分析后发现，纠纷不是因市场商业或经济活动产生，而是社会调整转型过程中村民各式"不满"的表达。〔3〕在社会组织上，乡村基层还密布着各类影响公共资源配置的微组织，如作为治理单位的村民小组、自然村以及家族、各类理事会和协会（起会）〔4〕等。乡村微组织无论是在合意的纠纷解决中还是在强力私力救济中皆发挥作用，是乡村整合和秩序维持的机制。

乡村形成的以地缘信息守卫的隐秘和排异地带，〔5〕成了外来力量进入的盲区，即便是基于法治的纠纷解决也须重回乡村空间。乡村纠纷的地方性知识、历史渊源、前因后果只有当地的村民最为熟悉。通过下例说明：

案例一

2017年云南武定县C镇建设中国移动塔基时，工程队在N村施工时遭到村民阻拦。村民凤某以塔基所占土地下有自己的祖坟且塔基破坏祖坟风水为由要求巨额赔偿。镇司法所长和村干部遂找来对村庄历史极为熟悉的三位八九十岁高龄的老人询问，老人们都证明该祖坟是无主祖坟，在中华人民共和国成立前就已存在，纠纷才得以解决。〔6〕

（二）法治输送的国家权力叠进

国家权力运行为层级式纠纷解决提供支配框架。首先，国家权力遵循等级

〔1〕 比如，浙江省宁波市宁海县上浦村300余户人口中有70多家个体企业，其中有上千万的企业数家，但村庄仍保持乡村共同体的治理形态和社会结构。

〔2〕 参见董磊明统计的河南宋村15年的村委会档案记录的调解纠纷（1992年至2006年）。董磊明：《宋村的调解：巨变时代的权威与秩序》，法律出版社2008年版，第101页。

〔3〕 Ethan Michelson, "Climbing the Dispute Pagoda: Grievances and Appeals to the Official Justice System in Rural China", *American Sociological Review*, 2007, Vol. 72, p. 481.

〔4〕 罗昶、高其才："当代中国捐会习惯法与关系——以浙江省慈溪市附海镇蒋家丁自然村为对象的考察"，载《现代法学》2010年第1期。

〔5〕 王启梁："进入隐秘与获得整体：法律人类学的认识论"，载《江苏社会科学》2017年第2期。

〔6〕 对村妇女主任（女，52岁）的访谈。

组织理性化运行，并且同上诉渠道原则一起确立上下隶属关系。[1]其次，层级式纠纷解决注重每一层级的整合，在每一层级，"大调解"都是其主要模式，[2]形成党政主导、综治协调、"多位一体"的各方面共同参与、齐抓共管的解纷格局。法治是国家权力实施的实在法秩序，是制定法自上而下或"中心-边缘"穿透而实施的制裁。国家权力配置既有依据司法、立法、行政、监察等职权的分衡，也有层级式叠进。中央没有执行法律的全权，"下属政府能够管理那些可以分别予以考虑的其他事物，并将保持其应有的权力和活动"。[3]中国法院"四级两审制"、农地产权争议"先复议后诉讼"、行政执法权"大队-中队"的分解等都是以基层为中心的分级解纷制度保障。乡镇"七站八所"中的综治办、派出所、司法所建设，将基于国家权力的纠纷解决输送至乡镇一级。

根据"纠纷攀爬宝塔"理论，[4]分级设置的目标是将纠纷主要化解在基层。"小事不出村、大事不出镇、矛盾不上交"的"枫桥经验"即是典型表达。在"村治-乡政"体制下，除村（社）调解委员会外，乡镇政府也承担着重要的化解纠纷功能。乡镇是我国政权的基层，为基层解纷的兜底层级。乡镇仍普遍沿寻"包村""联村"制，乡镇干部分派到不同的村，在"做作业"同时也指导、监督和参与村干部调处纠纷。[5]乡镇、街道的调解组织占据相当比重，如苏南Y（县级）市共有535个调解组织，[6]其中村和社区调

〔1〕［德］马克斯·韦伯：《经济与社会》（第2卷·下），阎克文译，上海人民出版社2010年版，第1096页。

〔2〕中央社会治安综合治理委员会、最高人民法院、司法部等16部门联合印发《关于深入推进矛盾纠纷大调解工作的指导意见》，指出通过县、乡、村工作平台，建立矛盾纠纷排查调处联动机制，建立由各级政府负总责、政府法制机构牵头、各职能部门为主体的行政调解工作体制，并纳入同级大调解工作平台。部门受理的矛盾纠纷，实行首问责任制；各级党委、政府加强对矛盾纠纷大调解工作的组织领导。党政一把手是大调解工作的第一责任人，要落实领导责任制，亲自指导协调和包案化解重大矛盾纠纷。还对人民调解、诉调对接进行了规定。

〔3〕［美］汉密尔顿、杰伊、麦迪逊：《联邦党人文集》，程逢如、在汉、舒逊译，商务印书馆1980年版，第78页。

〔4〕Ethan Michelson, "Climbing the Dispute Pagoda: Grievances and Appeals to the Official Justice System in Rural China", *American Sociological Review*, 2007, Vol. 72, p. 459.

〔5〕欧阳静：《策略主义：桔镇运作的逻辑》，中国政法大学出版社2011年版，第43页。

〔6〕调解组织不同于调解委员会，调解委员会是调解组织的上级单位，比如Y市的244个村、社区调解委员会内设329个调解组织；调解组织处于变动之中，本书的数据是2018年的统计。

解组织、乡镇和街道调解组织（包括派出所的公调对接室）、[1]市级职能部门调解组织（包括法院、派出法庭调解室和检察调解室）的数量分别为：

表 39-1　苏南 Y 市各类调解组织数量

调解组织名称	数量
村、社区调解组织	329
乡镇、街道调解组织	173
市职能部门调解组织	33

在快速城镇化尤其是精准扶贫和乡村振兴推进过程中，乡村涌现了大量新型纠纷，亟须政府法治介入化解。第一类新型纠纷是因项目建设、公共品供给产生的土地征收和房屋拆迁补偿、环境污染、违建等纠纷，涉及的国家征收补偿和土地确权会引发行政行为。其中，环境污染纠纷主要来源于工业企业或垃圾焚烧厂等公益项目，具有群体性、突发性，需乡镇政府联动协调调解。基层政府在解决这些纠纷时也不能以法律命令而必须要说服当事人，因为农民也在争夺"政策/法律解释权"。自精准扶贫的"二级"公路网建设以来，贵州某乡镇司法所受理的 80% 的纠纷都是土地补偿争议纠纷；南京 L 区 2017 年以来土地确权纠纷猛增。下以浙江省宁波市宁海县 L 村公墓建设纠纷为例：

案例二

2018 年 Q 镇建公墓引发纠纷。宁海乡村人多地少矛盾突出，如果不修公墓，农民只能把骨灰放家里，把牌位放祠堂。在 L 村，因为山林两侧都是高速公路，公墓建设无法通过规划局审批。村民因此去乡镇政府反映，还要去北京上访。综治办主任去规划局 4 次并提出在山脚种植大量绿化树、公墓建在山腰的方案以避免影响高速公路景观。规划局批准后，综治办和村干部一起调整被公墓所占的农户土地。综治办干部共走访了 70% 的农户，开了 4 次村民代表会议，去民政局、林业跑了 3 个多月。没有乡镇干部的奔走，村庄公墓纠纷就很难化解。正如综治办主任所说："身为干部，对县里

---

[1]　根据《宪法》《村委会组织法》《人民调解法》的规定，村委会成立人民调委会，在实践中，乡镇也参照该规定设立人民调解委员会，由乡镇司法所所长担任调委会主任。

的部门都熟悉，也能够协调镇村人员，如果仅靠村干部和村民，他们怎么能解决呢？"

第二类新型纠纷是结构转型下的离婚、借贷和集资纠纷等纠纷。由于涉及子女抚养问题，离婚纠纷一般由诉讼解决，许多派出法庭因此被称为"离婚法庭"，部分夫妻达成合意、协议离婚的纠纷才由司法所解决。此外，赌博、盗抢、人身伤害等治安纠纷和劳资纠纷也多由基层政府解决。

（三）交叉机制的"识别-瞄准"解纷

纠纷解决是实现权利救济的方式，因而"迟延"就是"非正义"。"分级"提供以"块块"为单位的纠纷识别及解决方式瞄准的空间场域。层级具有纠纷解决方式的综合性，而非"条条"业务性和职能性，且层级越低，涵纳的纠纷识别能力和解纷方式就越多元，提供"识别-瞄准"解纷优化体系。

乡村基层纠纷解决最常见的场景是"一把钥匙开一把锁"。在基层纠纷化解中，识别纠纷比供给多元化解决机制更为关键。纠纷具有社会性，纠纷各要素（诸如当事人的生活经历、心理及相互关系，纠纷类型，纠纷场合及社会条件，解纷者能力等）差异化组合形成错综复杂的纠纷网，任何线条理不顺就会导致一团乱麻。[1]特别是乡村纠纷具有细小琐碎、不规则、季节性、偶然性、综合性属性，任何社会变量的微观变化都影响纠纷解决的方式与效果。仅有多元化纠纷解决机制并不够，还必须有效识别纠纷才能有效化解。在纠纷"金字塔"中，层级越低，纠纷成因越错综复杂、[2]识别难度越高，而乡村基层提供了最灵活、最综合的纠纷解决场域。

在识别纠纷基础上适用"瞄准"的解决机制才能实现"当事人-规范-解纷者-解纷方式"四者的匹配对接，形成高效、权威的纠纷解决。一般而言，层级越高，正式和规范化的纠纷解决机制/主体越能发挥作用；层级越低，灵活、简约的纠纷解决机制就越有效。因此，基层纠纷解决机制更多元、更洽契，更能实现合意的纠纷解决，更容易恢复和睦的社会关系，并发挥德行教化在纠纷解决中的作用，促进当事方把冲突作为道德升华的机

---

〔1〕　范愉：《纠纷解决的理论与实践》，清华大学出版社 2007 年版，第 17、73 页。

〔2〕　比如，初步识别纠纷的性质：情感性与利益性、一次性与积累性、可终局性与持续调整性、体系性与群体性等。

会加以利用。

案例三

云南武定县 H 村向来以民风彪悍闻名地方。2015 年，某外村老板拉石头从 H 村过路，压坏路障。村民倾巢而出扣车、围司机，冲突过程中，司机打了村干部一巴掌，村民因此要求赔偿"一百万"。冲突持续到深夜，县公安局 4 辆警车、乡镇派出所 5 辆警车都守在 H 村，县领导亲自下村调解，直到夜间 2 点半司法所长赶到才得以解决。司法所长之所以能够顺利化解冲突，原因在于领头的韩某对他颇为敬畏。2013 年所长在镇小学做法律宣讲时，韩某的儿子突发疾病，所长及时将其送至医院并付了医药费。2014 年胡某被外地车辆撞伤，所长对交通事故纠纷进行了圆满的调解。经过数次事件，韩某颇为感激和敬佩所长。因此，司法所长一到现场，带头者韩某就觉得"不好意思"，动员村民回家了。[1]

这场纠纷的发生和解决都颇为戏剧化，颇具状况性、偶然性。正是因为解纷者能够识别纠纷的本地文化关联和"领头者"的关键作用，才得以瞄准化解。

三、分流：乡村纠纷集散与法治协同的维度

乡村纠纷化解的"分流体系"不同于"分级体系"：分流是由正式部门对案件在机构内外进行分配并解决，包括对内繁简程序分流，也包括向其他机构、基层组织、社会组织等分流进行多元化解决。分流体系是以行政部门或者法院为解纷中心的"横向到边"体系，旨在促进法治资源优化配置、拓展体制资源后勤。分级则是指以基层为重心，在行政层级间自下而上"纵向到底"的解纷体系，旨在恢复和睦的社会秩序。就纠纷解决而言，目前我国的分流体系主要包括：由法院引导的与诉讼相衔接的多元化纠纷解决机制，由司法行政部门牵头的矛盾纠纷调处，及以综合性分流平台为枢纽的纠纷解决。

（一）诉讼分流牵引的多元化解

诉讼分流包括内部分流和外部分流。内部分流包括诸如依据繁简差异而

---

〔1〕 2017 年 7 月 20 日对云南省武定县 C 镇司法所长（男，40 岁）的访谈。

构建的支付令程序、小额诉讼、简易诉讼、普通程序以及立案调解 、诉中调解等；外部分流是指法院的附设调解、专职调解、特邀调解、委托调解，以及非诉的仲裁、行政调解、民间调解等多元化解决。现代诉讼分流的多元化纠纷解决由美国创制。20 世纪 60 年代以来，美国联邦和州法院迎来持续近30 年的案件增长，[1]1985 年联邦法院民事审判数量达到高峰。[2]为了应对"诉讼爆炸""律师过剩""司法迟延"等问题，[3]在联邦和州法院、司法部、律师协会、仲裁协会以及 CPR 争端解决协会等多方的共同推动下，替代性纠纷解决方式（ADR）在全美迅速推广，并被多项立法确认。美国联邦和州法院担纲建立 ADR 分流体系（diversion to ADR）[4]，《1998 年 ADR 法案》规定每个地区法院根据当地规则在所有民事案件都必须运用 ADR 程序，为当事人提供至少一种 ADR（court-sponsored ADR）[5]，建立由法院指导的附设调解，设置一名专职法院人员推进、指导、监督和评估 ADR 的实施。该法案还对诉讼分流的 ADR 程序和适用规范、中立第三人（Neutrals）的选任和义务、和解协议效力作了详细规定。[6]ADR 相关立法在诸联邦和州法院得以实践，如加州中心地区法院为所有民商事案件提供三种 ADR 方案[7]，加州北部地区法院要求民商事案件在立案时就分配 ADR 多选项方案。[8]ADR 在诉讼分流上作用显著，1962 年，联邦法院民事案件的审判率是 11.5%，到 2002 年则下降到了1.8%。[9]

---

〔1〕　［美］理查德·A. 波斯纳：《联邦法院挑战与改革》，苏力译，中国政法大学出版社 2002 年版，第 86 页。

〔2〕　Marc Galanter，"The Hundred-Year Decline of Trials and the Thirty Years War"，*Stanford Law Review*，2005，4，p. 1264.

〔3〕　"法治社会的多元化纠纷解决"，载《人民法院报》2016 年 8 月 31 日。

〔4〕　Marc Galanter，"The Hundred-Year Decline of Trials and the Thirty Years War"，*Stanford Law Review*，2005，4，p. 1268.

〔5〕　"Purpose and Scope of Rules"，https://www. cand. uscourts. gov/news/227，2018-12-12.

〔6〕　See "It's a New Day for ADR：From Boilerplate to Professional Responsibility"，*Business Law*，1999（1/2），pp. 11~15.

〔7〕　由治安法官或者法官召开的调解会议；由法院调解中心挑选的中立第三方进行的调解；其他调解方式：除非由法官排除，每个案件当事人必须参加三个 ADR 中的一个。

〔8〕　参见 https://www. cand. uscourts. gov/news/227，2018 年 12 月 12 日最后访问。

〔9〕　Patricia Lee Refo，"Opening Statement"，*Litigation Winter* 2004，Volume30，Number 2，p. 1.

20世纪90年代后期，经范愉、李浩、章武生、徐昕等学者介绍，[1]立法和政策的鼓励以及法院系统的实践探索，美日等国的ADR漂洋过海，并结合本土经验培育形成多元化纠纷解决制度。我国诉调对接的多元解纷发展可分为两个阶段：一是2004年至2014年的初步探索、局部实践及诉调主导阶段。2004年《二五改革纲要》提出了建立多元化纠纷解决机制的改革任务，法院成为早期主要推动者。不过，最高人民法院并没有制定具体的、系统的改革意见，而是让各地法院根据实际情况进行探索[2]，并且以加强人民调解和诉讼调解为主。[3]2012年修改的民事诉讼法增加了先行调解及调解协议司法确认等内容，为诉调对接的多元解纷提供立法保障。这一阶段，法院之外的多元化纠纷解决体制仍较空白，[4]矛盾纠纷由"分级负责、归口调处、牵头负责"的社会治安综合治理和大调解统筹化解。[5]二是2014年后的系统整合和赋能联动阶段。党的十八届四中全会提出"完善调解、仲裁、行政裁决、行政复议、诉讼等有机衔接、相互协调的多元化纠纷解决机制"，拉开了全面制度化的序幕，司法行政、行政职能部门相继在相关政策规章中确认和推动多元化纠纷解决。诉调对接更是一改之前碎片、零散和各自为政的状况。2015年，最高人民法院确定50个法院为"多元化纠纷解决机制改革示范法院"。同年，全国法院多元化纠纷解决机制改革工作推进会在四川眉山召开。2016年，最高人民法院出台《进一步深化多元化纠纷解决机制改革的意见》，旨在充分发挥司法在多元化纠纷解决机制建设中的引领、推动和

---

〔1〕 参见范愉："代替性纠纷解决方式（ADR）研究——兼论多元化纠纷解决机制"，载《法哲学与法社会学论丛》1999年第0期；范愉："浅谈当代'非诉讼纠纷解决'的发展及其趋势"，载《比较法研究》2003年第4期；徐昕："迈向社会和谐的纠纷解决"，载《司法》2006年第0期；李浩："调解的比较优势与法院调解制度的改革"，载《南京师大学报（社会科学版）》2002年第4期；章武生、吴泽勇："简易程序与民事纠纷的类型化解决"，载《法学》2002年第1期；章武生、吴泽勇："论我国法院调解制度的改革"，载《诉讼法论丛》2000年第2期。

〔2〕 龙飞："论国家治理视角下我国多元化纠纷解决机制建设"，载《法律适用》2015年第7期。

〔3〕 《关于进一步贯彻"调解优先、调判结合"工作原则的若干意见》《关于人民法院民事调解工作若干问题的规定》《人民调解法》吸收了法院探索司法确认改革取得的成果，首次以立法形式确定了调解协议司法确认制度。

〔4〕 参见《厦门市人民代表大会常务委员会关于完善多元化纠纷解决机制的决定》。

〔5〕 参见中共中央综合治理委员会《关于进一步加强矛盾纠纷排查调处工作的意见》，2011年4月中央社会治安综合治理委员会、最高人民法院等联合发布《关于深入推进矛盾纠纷大调解工作的指导意见》。

保障作用。

司法多元化解纷以"分流"为转介枢纽，以附设调解和委托/特邀调解为运行衔接，以司法确认为效力保障。诉讼服务中心的立案分流占据了纠纷外部分流主要部分，最高人民法院 2015 年《关于人民法院推行立案登记制改革的意见》明确规定在立案程序中加强诉前调解后，纠纷前置分流得到运用，如北京市高级人民法院出台了《北京法院立案阶段多元调解工作的规定》，苏北 H 区法院在立案程序中引入诉外调解，登记后根据案件具体情况将案件材料送交调解工作室或其他调解组织、调解员。[1]附设调解是指在法院内设立单独的组织和程序，既依附和受控于法院，又强调调解人、规范和程序严格区分于审判。委托/特邀调解与附设调解的不同之处在于，附设调解兼具诉讼调解和非诉讼调解的性质，并可在诉讼程序内外进行转换，委托/特邀调解的调解机构和人员多属于被授权的社会组织。[2]

就乡村基层纠纷而言，司法委托调解比附设调解更有效，因为委托调解有传统纠纷化解资源的支撑。将诉讼案件指派乡绅、乡保、族长等自行调查、处理一直是传统纠纷调解的方式。[3]当下，派出法庭在审理土地承包权纠纷、农地产权纠纷上仍广泛使用委托/特邀调解。[4]比较而言，附设调解在人民法院内部机制运行上更成熟，在应对城市纠纷上适用性更强。早在 2009 年，江苏省 111 个基层人民法院和 257 个人民法庭便全部设立了人民调解工作室。[5]调解工作室在调解婚姻家庭、民间借贷、物业合同、交通事故上发挥了重要作用，主要委托调解则以传统为资源，在派出法庭、农村土地纠纷上发挥的作用更大。

（二）司法行政指导的人民调解分流

人民调解是我国最主要的非诉纠纷解决方式。《人民调解法》第 5 条规定："国务院司法行政部门负责指导全国的人民调解工作，县级以上地方人民政府司法行政部门负责指导本行政区域的人民调解工作。基层人民法院对人

---

〔1〕　2017 年 11 月笔者与吉林大学法学院蔡舒眉博士在苏北 H 区法院进行了为期 14 日的调研。

〔2〕　范愉："委托调解比较研究——兼论先行调借"，载《清华法学》2013 年第 3 期。

〔3〕　黄宗智：《清代以来民事法律的表达与实践：历史、理论与现实》（卷一），法律出版社2014 年版，第 93 页。

〔4〕　《农村土地承包经营纠纷调解仲裁法》（2009 年 6 月 27 日）规定了村委会、乡镇政府的调解相关纠纷的责任。

〔5〕　《人民法院工作年度报告（2009 年）》。

民调解委员会调解民间纠纷进行业务指导。"人民调解组织的设置、调解员的遴选、调解补贴、调解协议的制作等都由司法行政部门监管和指导。

司法行政部门指导人民调解的内容包括：①指导基层人民调解组织建设。根据《人民调解法》第 8 条，基层人民调解组织包括村（居）社区、企事业单位的调委会；实践中，乡镇、街道也参照成立调委会，由司法所长兼任调委会主任。[1]②指导行政部门附设的人民调解、行业调解等专业性行业性调解组织建设。③指导与警诉检访对接的人民调解组织建设（如图 39-1）。其中，基层人民调解组织建设历史渊长，早在抗日根据地时期，《晋察冀边区施政大纲》就规定成立村级调解委员会。[2]当下，乡镇基层人民调解基本都引入了专职调解员；在村（居）调解组织中，东部地区建立了律师兼职驻村调解和服务。

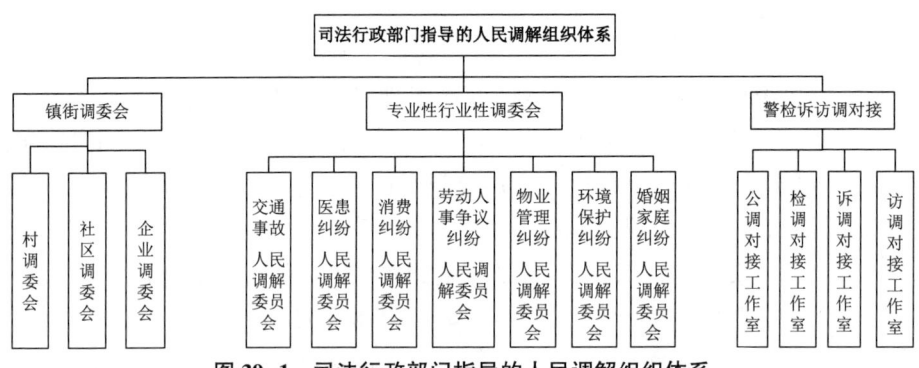

图 39-1 司法行政部门指导的人民调解组织体系

近年来，专业性行业性调解组织和警诉检访工作室成了人民调解组织建设的中心。承担着社会服务职能的司法行政部门与政府职能部门联合，成立了附设

---

〔1〕 司法所出具的调解协议都是以乡镇人民调解委员会的名义作出的。

〔2〕 晋察冀边区抗日民主政权是由中国共产党首创的敌后抗日民族统一战线的民主政权，它创造了崭新的完整政权体系和民主制度。六届六中全会以后，晋察冀边区完善了政权建设，从边区至村都建立了民政、财政、教育、实业和司法等五个工作部门，从上到下地建立起了完整的工作系统。村级成立民政、财政、教育、生产和调解五个委员会，改变了国民政府村级只有一个村长，区级只有区长和少数助理员的模式。参见彭真：《关于晋察冀边区党的工作和具体政策报告》，中共中央党校出版社 1981 年版，第 25 页；谢忠厚、居之芬、李铁虎：《晋察冀抗日民主政权简史》，河北人民出版社 1985 年版，前言第 1 页。

在各行政机关或行业协会的调委会,如在交警大队、住建、劳动、环境和卫生[1]等部门设立调解工作室,在消协、装饰城等行会成立调委会。虽然各省市早有推动成立专业性行业性调委会的举措,但真正系统设立附设调解工作室和派驻专职调解员,却是从近几年才开始的。如南京市 L 区于 2012 年成立交通事故纠纷调解工作室,于 2013 年成立公调对接工作室,于 2017 年成立独立的医调委,该年调解医疗纠纷 35 件。[2]专业性行业性调解组织的调解员比基层组织的调解员更专业,面向社会招聘、通过考试录用、每年考核,倾向于年轻化和知识化。

专业性行业性调解组织资源不足的短板限制了其效能发挥。除交调委之外,一般调解组织只有 1 名至 2 名调解员,其中还包括兼职调解员,难以满足解纷需求。比如,设在住建部门的物业调委会一般只有 1 名调解员,许多地区还是兼职调解员,根本无法应对急速增长的物业纠纷。专业性行业性人民调解仅架构起了一张多元化纠纷解决的"薄网"。以华东 S 省为例,S 省 2017 年上报司法部的人民调解纠纷数量为全国第一,占全国人民调解纠纷数量的 10%,S 省 11 万人民调解员中,只有 1/4 是专职调解员。S 省规定专职调解员每年调解纠纷数量不低于 16 件,兼职调解员不低于 8 件,各县、镇、村的专职调解员数量按照 5:2:1 配备。[3]

司法行政部门派驻公、检、法的对接调解工作室体系渐趋完善。警检诉调对接的人民调解特色在于,由于附属于公、检、法机关,案源更稳定,调解员一般由退休的司法人员专职担任、调解效力高。其中,公调对接调解员人数最多,因每个乡镇都设派出所,各有 2 名以上的专职调解员。比如,苏南 Y(县级)市有 51 个公调对接室、8 个诉调对接室、5 个检调对接室。南京 L 区某公调对接室半年调解纠纷 69 件,与调解员访谈显示:人身损害纠纷最多,常见邻里打架纠纷,调处难度高。例如,2018 年 7 月刚发生的,两妇女因自留地种植的蔬菜打架,其中妇女甲的金项链在打斗中丢失,乙被打伤,住院花 13 000 多元医疗费,加上伙食费、营养费、交通费、误工费等。在调解过程中,甲仅同意赔偿 10 000 元,并称"大不了去坐牢"。两家有几十年的

---

[1] 为了保障医疗纠纷调解的中立性、方便当事人调解,医疗纠纷人民调解委员会一般设立在医院附近。

[2] 2018 年 7 月 21 日对南京市 L 区司法局工作人员(男,45 岁)的访谈。

[3] 2018 年 12 月对华东 S 省某司法行政工作人员(男,49 岁)的访谈。

矛盾，20年前还打过官司，积怨颇深。调解员同村干部、双方亲朋好友反复做工作，才达成赔偿医疗费的协议。另一纠纷为：司机从福建开出的大巴车中途载了乘客，该乘客在行车中猝死，其子女要求赔偿60万元，因双方都有责任，最后调解员按照死亡赔偿标准的一半调解成功。"我和家属说，就算是法院也是以相同的标准判决，诉讼的话不仅要来回奔波，还要鉴定费、律师费、诉讼费，不如调解成本低。"

（三）综合平台的"派单式"纠纷解决

在分流解纷体系中，综合平台的作用日益凸显。"12345"政务热线平台、"12358"价格热线[1]和各地正在建设中的综治工作平台[2]都是代表。下以"12345"政务热线平台为例说明综合分流平台的纠纷化解机制及运行。

"12345"政务热线平台（以下简称"'12345'平台"）由市长热线整合其他市民服务热线形成的综合性政务热线平台，主要受理群众咨询、建议、求助、投诉、解纷等诉求，将市、县、乡三级政府全部纳入管理平台，统一调度。"12345"平台按照"统一接听、按责转办、限时办结、统一督办、评价反馈、统一考核"，即"受理—派单—办理—回访"的方式分流和化解纠纷。通过平台搜集的纠纷首先进入一级平台，然后由一级平台派单给镇（街）二级平台，村（居）作为具体办理单位实行专人负责。如图39-2：

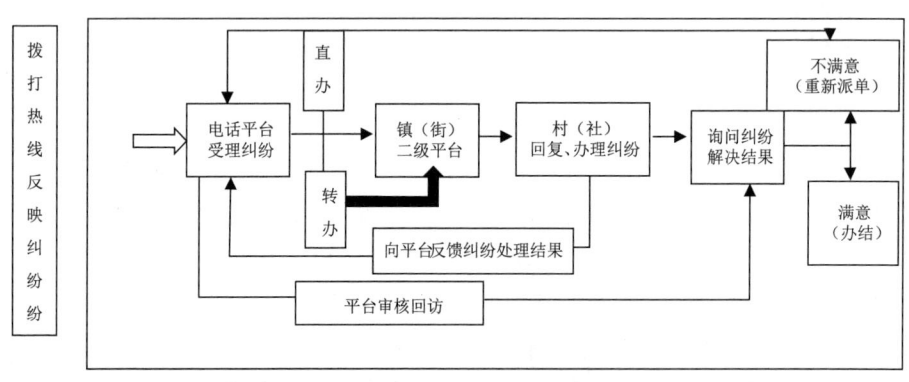

图39-2 "12345"平台处理纠纷流程图

---

〔1〕 "开展价格争议调解，有效化解价格矛盾"，载 http://jgrz.ndrc.gov.cn/gzyt/201502/t20150205_663416.html，2019年1月20日最后访问。

〔2〕 "'四个平台'是什么？深度科普文"，载 http://www.qdh.gov.cn/art/2017/11/17/art_1293454_13111854.html，2019年1月20日最后访问。

由于村级工单都是解纷类诉求，派单实际上成了统摄村干部化解纠纷的机制。以南京市 L 区为例，普通村庄每年都会收到 100 份左右的工单。其中，1/2 是邻里、土地等日常纠纷，1/10 是难以处理的纠纷，[1] 还有近一半的不合理工单，[2] 当村庄有大工程项目或者大范围征地拆迁时工单数量就会增加。[3] L 区 M 镇于 2015 年开始受理"12345"工单，下辖的 B 村 2015 年有几十条工单，2016 年受理 100 条工单，2017 年受理 105 条工单，2018 年约有100 条工单，而相邻的征地拆迁村庄一年有 400 条工单。

综合分流平台通过监督、考核督促村（社）处理纠纷。一是考核工单处理的及时率。村（社）收到的工单须在 8 个工作小时内回复办理意见、在 3 个至 5 个工作日内办结。二是考核工单处理的民众满意率。村（社）干部是否第一时间联系当事人，处理态度、结果都是"满意"的标准。根据"12345"平台绩效考核，村（社）干部处理纠纷的结果会影响村干部的收入。南京市 L 区对村干部的工单处理结果实行千分制考核，根据考核成绩，将全镇村干部分别评定为一、二、三类村，三类村比一类村的村支书年收入少 1.5 万元，其他村干部少 8 千元。因此，村干部都尽及时化解工单反映的纠纷。

综合平台"派单"式纠纷分流与解决，在以下方面改变了乡村纠纷解决方式：

第一，纠纷解决资源配置机制发生变化。在"工单"的调度下，纠纷解决资源配置中心由村社公共利益调整或整体治理转向"打电话反映纠纷的少部分人"。如南京市 L 区 Z 村按照人口集中程度安排道路硬化先后顺序，某户村民独自居住在偏远的山上，平时全家外出务工，只有逢年过节时才会回村，按照村庄规划，其家门前道路硬化要轮到 2020 年。2017 年春节该村民回家，因道路泥泞，车胎陷到泥土里，他拨打"12345"要求解决道路问题，村干部只能先修了这条只有一户居住的路。Z 村实施环境整治工程、建设绿化带时占用村民土地，在土地附着物补偿时，村干部按照程序要求请第三方评估，村民都表示无异议。项目结束后，某在外读书的女大学生因觉得自己家的树木补偿少了，就打"12345"要求重新评估，村干部不得不重新请来第三方评

---

〔1〕　比如，村民在村内被过路的汽车撞倒，肇始司机逃跑了，村民打"12345"要求村干部帮忙找到肇事司机。

〔2〕　比如，某村民在农业税时期为了逃税明确表示将土地给他人耕种并由耕种者交税，在土地确权时也明确放弃土地，现在又想以一轮承包人为自己为由要回土地。

〔3〕　2018 年 7 月 9 日与南京 L 区 S 村"12345"热线工单处理专门负责人访谈（女，40 岁）。

估公司，与该女学生一起，重新评估并专门出具评估报告。

第二，村干部解纷能动性降低。"派单式"纠纷解决程序复杂，即使是一般的日常纠纷，也要先进入系统答复，处理纠纷时还要拍照、留证、上传材料。以工单纠纷解决及时率和满意度为指向的考核也影响了村干部的积极性。正如某村干部所说，"政府对我们的回复及时率考核按秒排名，而且态度必须要好，让当事双方都满意，无论如何，满意度不能低于85%，否则考核就不合格。"有工程建设项目和征地拆迁的村，工单数量是普通村的4倍，处理纠纷的及时性和满意度也会受影响。因此，许多村干部抱怨"多做了事情，工资反而少得太多"。压力传导也使村干部的治理工作在政府和群众之间进退触篱。

第三，干群互动式纠纷解决机制式微。村干部受"派单"动员，必须及时且投入主要精力解决工单纠纷，而那些直接找到村干部要求解决的纠纷就只能靠后排，村民只能打"12345"电话去倒逼村干部解决纠纷。这样，干群互动式纠纷解决方式会受到冲击，"工单是镇书记一支笔负责的，影响到各村和乡镇干部的考核排名，所以，只能拼命往前冲。通过派单去解决问题，村民就会以为，村干部不是为他们服务、不是对他们负责的，而是怕上面的压力，所以，他们越来越少找村干部反映问题，直接打电话，通过上面给村干部施加压力"。基层纠纷解决是实质、当面的"事本性"，但综合平台分流的纠纷存在着当事人在外地、在线甚至匿名等问题。

四、"横纵"相辅的乡村纠纷解决体系

(一) 机制洽契性与域合谱系

以专业性为导向的分流式解纷和"基层为主、党政统筹"的分级式解纷容纳不同机制、对应不同纠纷域。受当代 ADR 运动的影响以及市场经济的催化，中国多元化纠纷解决以推动分流式纠纷解决发展为目标，尤其倾向于推动专业型、法律型、知识型纠纷解决机制的发展。这体现为鲜明的立法导向，在已经颁布的中央法律法规中，以"多元化纠纷解决"为内容的"中央法规"共有26项，全部是关于构建专业性、行业性多元化纠纷解决机制的，包括：知识产权、金融、投资、国际商事、税务、"互联网+"电商等纠纷。[1]

---

[1] 参见《首次公开发行股票并在创业板上市管理办法》(已失效)、《中国人民银行、工业和信息化部、公安部等关于促进互联网金融健康发展的指导意见》(已失效)、《人力资源社会保障部关于全面推进人力资源社会保障部门法治建设的指导意见》等。

分流式多元化纠纷解决的社会基础是市场经济下的要素流动、信息碎片化和利益关系为主的城市社区。在市场经济的陌生人社会中，人与人之间较少发生直接人身关系，主要以权利或物为媒介发生关系，相互间形成"一方承担义务必须以另一方承担义务为基础"的协作关系，这是专业型法律型多元化纠纷解决的社会载体。正如涂尔干所说，社会分工越是高级，国家和社会的服务职能就越显得五花八门。[1]城市社会中，综合信息分流平台可以解决纠纷当事人面临的信息不对称和碎片化问题。如厦门市纠纷解决服务平台就是为了"针对群众不易辨别的特别是涉及政府部门管理事项范围内的纠纷，明确机构和责任主体，防止群众投诉无门，避免推诿扯皮，能快速地按照法定职责分流处理和跟踪落实"而建立的。[2]在要素流动性大的城市社区，分流式解纷机制提供了更精细、负责的解纷服务。

不过，市场经济和社会分工的发展也不应导致层级式纠纷解决方式的消失。层级式解纷具有"基层厚重、层级突破"的特点，这是"分散与专门"的薄网式分流解纷所不具有的。层级式纠纷解决依托基层社区解纷的同时，在每一层级也借助党委政府的综合协调。因此，与层级式解纷相匹配的是，基层社区纠纷或者重大、复杂以及群体维稳性纠纷。首先，层级式解纷依托地域合作，解纷责任主体（如村、居委员会）也明确，而专业性、知识性解纷则更加悬浮。如曾经在 ADR 运动中发挥点火作用的美国近邻调解中心，由于脱离了所在地域，因而只能依赖法院移送案件并逐渐被纳入法院的纠纷处理系统。[3]再如，2009 年《农村土地承包经营纠纷调解仲裁法》虽然规定了农村土地纠纷可申请仲裁或调解，但在实践中，农地纠纷申请仲裁解决的寥寥无几，这是由土地在地化、地权集体性和村社性所决定的。其次，在每一级政府中，纠纷化解资源的整合与提升都必须由该形成层级的党委政府统筹协调，这也是"大调解"的机制所在。"大调解"的发源地南通市将社会矛盾纠纷调处服务中心设立为由政法委领导的正科级建制单位。

---

〔1〕　[法] 埃米尔·涂尔干：《社会分工论》，渠敬东译，生活·读书·新知三联书店 2017 年版，第 179 页。

〔2〕　李明哲："厦门市构建多元化纠纷解决机制的探索与实践"，载《司法改革评论》2008 年第 0 期。

〔3〕　[日] 棚濑孝雄：《纠纷的解决与审判制度》，王亚新译，中国政法大学出版社 2004 年版，第 48 页。

层级式与分流式纠纷解决的功能、社会基础和权力运行不同，在市场经济推进过程中，也不应是以后者替代前者，而应是二者分别加强、相互补充、分工协作，共同构筑我国基层乃至整体纠纷解决体系。有的城区街道司法所化解纠纷数量是乡镇司法所的几十倍正是由于村级调委会化解了大量纠纷。[1]问题是，作为层级式解纷基础的基层纠纷解决一直在式微。2004年以村（居）委会为主要构成的人民调解纠纷数量已经从20世纪80年代初的800万件左右下降到了2004年的441万件，下降了近50%。近年来人民调解在数量上的增加主要得益于诉讼和行政附设的调解工作室的建设，以及部分地区的村（居）人民调解的档案规范化。层级式解纷的弱化值得注意。

（二）制度限度与公共选择

专业分流式多元化解纷以社会化法律服务的蓬勃发展为基础。代替性纠纷解决方式（ADR）在美国的出现，受其司法制度和法治文化的深刻影响。普通法对抗式程序的技术性、复杂性程度高，[2]对专业律师的依赖等亦使诉讼成本高昂。[3]20世纪60年代以来的长期案件负担导致的积案又引发了诉讼迟延问题。因而美国ADR产生的直接原因是弥补普通法诉讼的缺陷和抑制盛行的律师健讼文化。ADR运动是美国法律职业共同体合力推动的结果。美国以法律立国、法律职业文化发达，55位宪法之父中的32位是律师，迄今为止的44位总统中有26位是律师，由此可见律师在美国社会与政治生活中的影响。法律职业的社会化发展是专业性ADR得以推行的基础，美国法学院开设了ADR课程，以满足ADR的实践需求。[4]美国律师不仅代理开庭和诉讼，还在房产计划、税务咨询、专利商标等社会经济事务处理上划定广泛的垄断

---

〔1〕 2018年10月对苏南Y（县级）市某街道司法所人员的访谈（男，44岁）："村委会调解和社区调解就不同，社区就有点像小机关了，社区工作人员行政事务多，又是聘用制的，他们不像村干部土生土长，外来聘用的年轻人不愿意干调解的事，因此，城市社区的矛盾纠纷要么是司法所要么就是法院解决了。比如，他们乡司法所一年30件的指标有时候都完不成，我们社区司法所一年保底2000多起。"

〔2〕 参见李猛："除魔的世界与禁欲者的守护神：韦伯社会理论中的'英国法'问题"，载李猛编：《韦伯：法律与价值》，上海人民出版社2001年版，第113页。

〔3〕 ［日］棚濑孝雄：《纠纷的解决与审判制度》，王亚新译，中国政法大学出版社2004年版，第282页。

〔4〕 代表性的教材是 Stephen B. Goldberg, Frank E. A. Sander, & Nancy H. Rogers, *Dispute Resolution：Negotiation，Mediation，and Other Processes.*

性执业范围，严格限制业外人士的涉足。〔1〕20 世纪 80 年代以后蓬勃发展的法律诊所（Legal Clinics）更是通过日常法律服务挖潜了工人群体和中产阶层的律师服务需求。〔2〕法律诊所 2/3 的业务是在法庭外解决纠纷，85%的起诉案件是在诉讼前开始解决的，〔3〕利用律师即购买律师所拥有的专门知识和技术，包括法律知识和有效处理纠纷的特殊信息和技术。〔4〕美国 ADR 的发展不仅是法院的推动，更是法律服务社会发展、当事人理性选择的自然结果。

与美国不同，一方面，中国诉讼不仅不昂贵，还以严格的审限保证纠纷裁决的及时性；另一方面，法律服务型纠纷解决机制的不健全使得诉讼对于纠纷当事人而言更便捷有效。中国律师在多元解纷中作用有限，就服务供给对比，中国律师人口比远低于美国。1900 年，美国律师占总人口数的 0.14%，1998 年，该比例上升为 0.39%；2017 年，中国律师占总人口数的 0.027%，律师和基层法律服务者（共 7 万）占总人口数的 0.032%。〔5〕我国仲裁也不像美国仲裁机构——在非诉纠纷化解中发挥着中流砥柱作用，在已经颁布的三部仲裁法律即《仲裁法》《农村土地承包经营纠纷调解仲裁法》《劳动争议调解仲裁法》中，〔6〕不仅农地纠纷主要由村镇调解组织调解而极少选择仲裁，劳动争议仲裁的运用也是举步维艰。正如苏北 H 区人民法院所总结的："由于目前我国劳动争议案件处理机制为'一裁终局'或者'一裁两审'，实践中'一裁终局'的案件数量很少，导致很多当事人对劳动仲裁抱着'走过场'的心态要求仲裁委不受理。有相当一部分当事人出于节约时间的考虑，主动要求仲裁委不受理。只要劳动者提供的材料不符合法律规定的要求，仲裁委

〔1〕〔美〕理查德·L. 埃贝尔：《美国律师》，张元元、张国锋译，中国政法大学出版社 2009 年版，第 150 页。

〔2〕〔美〕理查德·L. 埃贝尔：《美国律师》，张元元、张国锋译，中国政法大学出版社 2009 年版，第 180~181 页。

〔3〕〔美〕理查德·L. 埃贝尔：《美国律师》，张元元、张国锋译，中国政法大学出版社 2009 年版，第 180~181 页。

〔4〕〔日〕棚濑孝雄：《纠纷的解决与审判制度》，王亚新译，中国政法大学出版社 2004 年版，第 313 页。

〔5〕参见 https://en. wikipedia. org/wiki/Demography_ of_ the_ United_ States#Structure, http://www. abajournal. com/news/article/lawyer_ population_ 15_ higher_ than_ 10_ years_ ago_ new_ aba_ data_ shows.

〔6〕《仲裁法》于 1994 年经八届全国人大第九次会议审议通过，到 2017 年共经历了两次修正；《农村土地承包经营纠纷调解仲裁法》于 2009 年通过；《劳动争议调解仲裁法》于 2007 年通过。

就可直接下达不予受理通知书，不必履行化解劳动争议的职能。2016年，我院受理劳动争议类案件800件，其中680件系当事人收到劳动人事争议仲裁委作出不予受理通知书后，向法院起诉，占比85%。"[1]数据显示，对于日常纠纷化解，农村村干部、城区警察或社区工作人员为民众首选的解纷主体。[2]

总之，专业型、法律型、知识型分流式多元化纠纷解决的行之有效倚赖于公共服务社会化发展。分流式多元解纷要成为我国民众"用脚投票"的公共选择还有很长的路要走。法院、司法行政等推动的专业性多元化纠纷解决只能编织制度"薄网"，而多元解纷机制的枝叶扶疏立基于社会性资源充盈，离不开社会化法律服务、专业服务的发展，离不开法律职业共同体的参与。

（三）分流下沉与基层调解式微

分级式乡村解纷层级叠进、纵向到底，以基层为重心；分流式解纷点状分散、连点成网，以正式部门/平台为枢纽。在运行方式上，分流式解纷因与平台/正式部门牵连，由其考核、向其反馈，因而更加专业化、规范化。当下分流式解纷的运行方式越来越扩散到分层式解纷中，尤其是冲击并替代基层村社纠纷解决。

首先，专业解纷的规范化、文档化、台账化成了村社纠纷解决的考评标准。我国基层纠纷解决具有机动灵活、日常简约的优势。《论语·雍也》讲道，"居敬而行简"，[3]意即"事不烦而民不扰"，正可以用来形容基层社区纠纷解决这一特点。村级调解的很多纠纷并不以形式化的台账规范为中心[4]，部分纠纷甚至只要村干部或者村庄权威人士"到场"晓之以情理就可以化解。但村社纠纷解决逐渐被分流式解纷的文牍台账等规范运行方式吸纳，如南京L区村干部调解纠纷后还要花一倍的时间用于上传照片、完善文档记录等工作。

---

〔1〕《H法院劳动争议审理情况汇报》。

〔2〕2018年10月，中国法治现代化研究院研究人员在苏南Y（县级）市进行"法治政府"评估调研，发放1000份调研问卷，并有效回收了572份。问卷有一题为：发生纠纷时，您通常会找哪个机关部门协调？找警察处理的占53%，找社区、街道和村委会处理的占32%，自己处理的占12%，诉至法院占2%，找政府处理的占1%。

〔3〕杨伯峻译注：《论语译注》（简体字本），中华书局2017年版，第77页。

〔4〕这也使得村社实际调解的纠纷数量高于各级司法行政部门统计的人民调解中村社调解纠纷的数量。

其次，综合分流平台统摄村社解纷消解了层级式解纷的筛滤和治理功能，且将纠纷解决拘挛于技术服务化。作为纠纷集散中心，分流平台虽然也"自办"解纷，但它更多的是通过"转办"督促政府或基层组织化解纠纷。综合平台根据属地原则统合纠纷分流，加重了基层组织负担，"12345"平台将所有汇集而来的村民民纠纷工单都分派到村委会，导致许多原本应分流式化解的纠纷也必须由基层解纷组织处理，如交通事故责任纠纷、医疗赔偿纠纷等。在层级式纠纷解决中，层级越高，解纷者需要付出的成本就越高。比如，信访就需要付出一定的成本。根据《信访条例》（2005 年）（已失效）等文件，信访要通过合法渠道和形式、符合受理事项范围，遵守逐级上访的程序和三级终结制度。[1]对于民众而言，信访要承担行为成本和心理成本。而"12345"等综合平台受理范围广泛，除了电话反映之外无需成本。正是这种成本递增才保证了"基层积极、高层消极"的层级式解纷的机制有效性，而纠纷分流平台则破坏了"高级积极，基层被动"的层级分流机制。

五、结语

任何优良的制度都包含内源自发性要素，在制度生成上受历史影响、由时代创造。多元化纠纷解决被从海外引入中国已有近二十年的时间，虽然吸收了一些中国的纠纷化解理念和形式，但实现真正本土化的制度再造仍须厚重实践推进、嵌入内生结构。

本章就旨在为此做些微努力，并以若干并不全面的建议作为结束：其一，加强基层组织建设，基层人民调解是基层组织的衍生品，亦可反构强化基层组织；推进基层组织建设下沉，强化村民小组的纠纷化解能力；设立村级专职调解员，建立法律宣传和法律服务进村常态化机制。其二，在城郊村、转社村以及城中村所在乡镇司法所增设专职人民调解员，增强快速城市化转型的村社纠纷化解能力。其三，重视各类人民调解员制度化建设，加大财政资金补助支持力度，并通过制定多元纠纷化解规范予以保证。对专业性行业性人民调解，培育律师、医疗工作者、工程专家等的社会服务功能；优化基层人民调解员的遴选标准，放宽其学历和专业要求而以经验丰富、热心社区建设、保证时间为标准，并加强对基层人民调解的培训。其四，健全专业性

---

〔1〕　如根据《信访条例》（2005 年）第 34 条规定，信访申请人可以通过申请复查、请求复核、举行听证的方式对不服的信访处理意见进行再申请。

行业性调解组织网络，利用各单位妇联、民政、工会等资源，因地制宜地完善专业行业调解组织建设。其五，减轻基层组织纠纷调解的行政负担，激活强化其纠纷调解的自主性，减少纠纷解决中的形式性事务性工作，设计更加人性化、简便的档案系统和更契合基层组织的考核指标。

附　录

新时代乡村治理的探索：实践和理论

——健全自治、法治、德治相结合的乡村治理体系研究综述

乡村命运与国家发展休戚相关。乡村治理历来都是国家治理的基础，是国家治理体系的重要组成部分，事关党的执政合法性。作为国家治理现代化的重要环节，基层治理直接反映并检验着国家治理体系的有效程度。桐乡市率先发起"三治结合"的乡村治理创新实践，而后中央于2018年十九大报告正式提出"健全自治、法治德治相结合的乡村治理体系"，这一创新治理体系是在转型时期促进乡村振兴，推动城乡融合，解决乡村治理难题的基本方略。此方略具有整体性和系统性，兼具多重内涵，既是治理理念、治理制度，还需落到民众参与治理的实践中。目前，学界针对"三治结合"模式的乡村治理体系已取得一定的研究成果，但还存在诸多不足，需要更为深入研究。

截至2018年9月26日，以"三治结合、三治合一、三治融合、自治法治德治、桐乡三治"五个词汇为"主题",[1]在中国知网数据库"期刊"条目下分别进行检索，共筛得期刊论文47篇（五个词汇分别得：3篇、11篇、16篇、12篇、5篇），硕士论文1篇，未见会议论文等其他文献。通过中国国家图书馆的"文津搜索"，未能找到相关中文著作。虽然近年来中国的乡村治理研究成果颇丰，但目前对"三治结合"模式的乡村治理体系的研究还远远不够，学界对新时代下乡村治理的新探索反应迟缓。此外，从五个关键词分别所得的论文数量来看，学界较为认可"三治合一、三治融合、自治法治德治"三种说法。其中缘由在于，"三治合一、三治融合"是桐乡市"三治结合"模式经验的通常说法，而"自治、法治、德治"是中央文件中的表述，考虑到三治自发于乡土实践，后被采纳为中央乡村治理的方略，本书选择以"三治结合"为题，阐明其实践和理论的双重面向。

---

〔1〕 在中国知网上通过"关键词"筛选，除报纸文章外，只得文献共5篇，通过"全文"筛选，所得文献虽多，但内容过于宽泛，不具有针对性。因而，从文献的质、量两方面考虑，选择"主题"筛选更为合适。

一、"自治、法治、德治相结合的乡村治理体系"的研究缘起

"三治结合"的实践肇始于浙江省桐乡市高桥镇，逐步产生了全国范围内的影响。2013 年始，桐乡市率先开展自治、法治、德治的建设试点，在镇级层面成立"百姓参政团"、村级成立"百事服务团"以推动自治，创立"依法行政指数"考核制度、组建三级法律服务团以确保法治，组建道德评议组织，并将道德模范评选常态化以深化德治，形成了"三治结合"的乡村治理格局。

如今，发端于桐乡市的"三治结合"在浙江全省逐步推广。宁波市制定了《自治、法治、德治"三治融合"基层社会治理体系建设推广工程实施方案》，发布了《"三治融合"村（社区）建设指导标准》，为"三治结合"治理体系建设提供方案和指导标准。2018 年 6 月召开的浙江全省"三治结合"基层社会治理体系建设现场推进会表示，浙江省将新建省级民主法治村（社区）400 个，"三治结合"村（社区）示范村 2000 个。同时，上海、江苏、四川、广东、湖南、河南等省份也在陆续开展对"三治合一"乡村治理实践的探索。

以桐乡市"三治结合"模式为主，学者对"三治结合"模式开始了关注、总结和探讨。有学者对浙江省湖州市德清县、浙江省绍兴市上虞区祝温村、上海市 D 社区的三治融合经验进行研究。此外，中共嘉善县政法委员会课题组以嘉善县探索"三治结合"的经验为对象进行了分析。

（一）"三治结合"的经验借鉴

有学者认为，桐乡市"三治结合"模式下，民众和政府实现了协同作用。民众构成直接的参与性主体，提升了公共决策的科学性及民众对治理过程的认同；地方政府发挥民意主导性的作用，通过有效赋权于民，发动群众服务群众，提升治理绩效。[1]其中，地方精英的关键性角色和开明的地方党委政府的支持为深化创新提供了重要条件。治理工具的结构化。在工具方面，通过百姓参政团、道德评议团和百事服务团三个载体构成无缝对接的实践操作平台，使地方治理结构化。在治理过程方面，将跟进式和动态化紧密结合，根据客观情况和发展状况进行动态研判。治理逻辑的现代化。何显明认为，

---

〔1〕 胡洪彬："乡镇社会治理中的'混合模式'：突破与局限——来自浙江桐乡的'三治合一'案例"，载《浙江社会科学》2017 年第 12 期。

桐乡市"三治结合"模式具有样本意义。从治理逻辑来讲,"三治结合"模式引入民主、公开、参与等现代治理要素;在基本准则方面,视有效性为首要原则,引入各种治理资源、技术和要素,通过试错进行创新探索。[1]

（二）"三治结合"模式的困境

桐乡市"三治结合"模式虽然提供了诸多有益的经验,解决了当前乡村治理面临的困境,但由于仍然存在治理行政化的问题。根据"二十字方针",乡村治理体系应当是"社会协同、公众参与",即国家虽然把权力分享给公众和社会,但由于设定了"党委领导、政府负责"的基本前提,在理论上分享给公众和社会的治理权力可以随时被收回,而即便是公众和社会在治理中发挥主要作用,也仍然难以抵挡党委的强势主导和行政压力的强大力量。当治理有效的目标无法通过漫长、烦琐的协商机制得到实现时,"三治结合"很容易沦为形式主义式的创新治理。

张丙宣对再行政化的发生路径及可能面临的合法性风险的剖析直指关键。在他看来,桐乡市"三治结合"虽然在短期内释放了社会活力,解决了农村社会的诸多矛盾,但制度设计滞后以及选择性、策略性、运动型的治理困境仍然存在,进而有造成再行政化的风险。"三治结合"模式的制度设计仍然滞后,为了治理绩效,当地政府倾向于运用技术化的工作方法替代总体性治理制度进行设计。在主体方面,政府角色并未退场,而只是隐藏,实质上继续通过政法干警下乡驻村、聘用专职网格管理员的方式为村民提供服务和指导,这一举措是另类的行政化。在培育农村社会组织时,侧重扶持官方背景的社会组织,严格限制维权类社会组织,实质上削弱了乡村自主治理的能力,并不利于以自治为基础的乡村治理的发展。治理的策略性和运动性特征难以缓解国家和社会的张力,并未实质放权于社会,因而难以实现两者的良性互动。在关键的财政方面,由于乡村治理的财政资金被乡镇政府把持,当资金不足时综合性治理只能侧重于短期效率,将难以长期支撑基层政权的合法性。[2]

（三）"三治结合"模式的改进路径

针对"三治结合"模式中的行政化难题,目前学界提出加强法治的办法,

---

〔1〕　何显明:"'三治合一'探索的意蕴及深化路径",载《党政视野》2016年第7期。

〔2〕　张丙宣、苏舟:"乡村社会的总体性治理——以桐乡市的'三治合一'为例",载《中共杭州市委党校学报》2016年第3期。

主张依法行政、严格执法，通过党委、政府及分别建立权力清单，明确权责划分，限制"微权力"干预村民自治。[1]但周庆智基于功利主义的视角，提出"权力清单"乃是控制权力的方式，并不触动基本的权力结构，而只是权力的范围和职责的调整，因而不具有限制和规范行政权力的能力。[2]至于行政化造成的碎片化治理，如何梳理上面千条线，在向下输入资源时避免治理的形式主义是亟待探讨的重要问题。

在如何深化三治方面，卢海燕基于对浙江省湖州市德清县"三治合一"经验的总结，从强化法治、提升德治、完善自治和注重科学治理四个方面提出了完善治理体系的改进路径。[3]何阳、孙萍则认为全口径探讨"三治合一"模式并不具有科学性，而应当根据贺雪峰对中国农村的二元划分，将传统农村和城市化了的农村区别考察，对症下药。针对传统农村德治强、法治弱的问题，应强化法治建设；针对城市化了的农村法治强、德治弱的问题，应强化德治建设。[4]

总体而言，学界对以桐乡市"三治结合"模式为主的经验进行了总结和反思，并提出了改进路径，但仍存在较多不足。首先，经验总结不够精细、全面。如桐乡市"三治结合"模式中社会组织在乡村治理中扮演了重要的角色，而且在一定程度上已经通过载体的创新融合法治和德治，进而激活自治体系，但目前关于该方面的研究还不够充分。[5]其次，对于关键问题的深入研究不足。如对于如何理解"三治结合"的行政化问题，学者提出加强法治、约束权力的机制在实践中的作用效果如何尚未可知。最后，研究方法单一。目前的研究大多是对静态状况的总结分析，缺乏生动的案例透析以及对治理过程和治理事件的动态分析。

---

〔1〕 王木森："构建乡村有效治理体系的成功实践——对宁海实施村级小微权力清单'36条'的解读"，载《宁波经济（三江论坛）》2018年第8期。

〔2〕 周庆智："控制权力：一个功利主义的视角——县政'权力清单'辨析"，载《哈尔滨工业大学学报（社会科学版）》2014年第3期。

〔3〕 卢海燕："论发展和完善地方治理体系——浙江省德清县'三治一体'的经验及其改进路径"，载《中国行政管理》2017年第5期。

〔4〕 何阳、孙萍："'三治合一'乡村治理体系建设的逻辑理路"，载《西南民族大学学报（人文社科版）》2018年第6期。

〔5〕 何显明："'三治合一'探索的意蕴及深化路径"，载《党政视野》2016年第7期。

二、"自治、法治、德治相结合的乡村治理体系"的背景探讨

"三治结合"作为乡村自发的实践探索得到中央的肯定经过了 4 年的时间。中共中央、国务院于 2017 年 6 月《关于加强和完善城乡社区治理的意见》规定："充分发挥自治章程、村规民约、居民公约在城乡社区治理中的积极作用，弘扬公序良俗、促进法治、德治、自治有机融合。"而后党的十九大报告中强调："加强农村基层基础工作，健全自治、法治、德治相结合的乡村治理体系。"中共中央、国务院于 2018 年中央一号文件《关于实施乡村振兴战略的意见》中规定："必须把夯实基层基础作为固本之策，建立健全党委领导、政府负责、社会协同、公众参与、法治保障的现代乡村社会治理体制，坚持自治、法治、德治相结合，确保乡村社会充满活力、和谐有序。"2018 年 9 月出台的《乡村振兴战略规划（2018-2022 年）》规定："坚持自治为基、法治为本、德治为先，健全和创新村党组织领导的充满活力的村民自治机制，强化法律权威地位，以德治滋养法治、涵养自治，让德治贯穿乡村治理全过程。"

2017 年的"三治"的表述顺序为"法治、德治、自治"，而在此后的文件中均为"自治、法治、德治"，无论是"体系、体制"还是"机制"，由此，"自治、法治、德治相结合"的乡村实践经验成了中央的乡村治理方略，而这一从具体实践到理论的飞跃既是新时代国家治理现代化的内在要求，也是解决乡村治理困境的必然选择。

（一）治理体系的现代化

十九大报告指出，国家发展进入新时代，面临的社会基本矛盾已经转变为人民日益增长的美好生活需要和不平衡不充分的发展之间的矛盾。在治理体系方面，深化改革的目标包括推进国家治理体系和治理能力的现代化。乡村治理体系作为国家治理体系的重要部分，创新乡村治理体系，通过治理创新重构乡村与城市的关系是治理现代化面临的重要课题。这一必然要求得到了国家城乡发展新战略的呼应，目前执政党和国家基层组织已经完成建设并发挥主导作用，且国家经济战略转变为城乡一体化和新农村建设，国家可以为乡村治理提供良好的外部条件。[1]

（二）乡村社会的结构巨变

当前的乡村治理体制无法回应乡村社会变迁的困境。张天佐和李迎宾认

---

〔1〕　徐勇："拓展村民自治研究的广阔空间"，载《东南学术》2016 年第 2 期。

为，当前农村的社会结构处于深刻变动时期，人口结构、社会阶层、组织结构都发生了重大的变化。原本传统村庄的封闭性、稳定性被空心化、流动性取代，原本单一的务农阶层分化为依赖不同经济来源的多重群体，新型组织和原本以人际关系为纽带的非正式组织发挥着不同的作用。如今的农村呼吁制度创新以解决制度失灵、社会失范的问题。[1]

（三）乡村治理的理念落后

传统的乡村治理存在治理理念不健全，治理手段行政化、碎片化的问题。在治理理念方面，周庆智通过对权威、资源和秩序三方面的考察，认为基层社会秩序不稳定的原因在于传统的权力经济和社会控制的政治逻辑并未针对基层社会的分化、社会力量的多样化、利益群体的多元作出适应性的改变。[2]相应地，郎友兴提出乡村治理的根本问题在于缺乏总体性治理的理念和思路，总体性治理不但要靠包括地方政府、乡镇政府及政府各部门在内的合作，也需要农村、社会及市场的参与。[3]

（四）乡村治理的制度缺陷

在村财乡管、项目制治理以及评比竞赛式的背景下，基层自治机制弱化，村委会实质上成了乡镇政府的行政工具。易承志、李涵钰认为，在分税制改革和农村税费改革后，乡村治理存在基层权力的严重行政化、城镇化背景下资源配置失衡的问题。[4]类似地，胡洪彬指出，除了治理理念不健全、治理内卷化等问题外，公共服务供给的供需矛盾也较为突出。[5]

（五）乡村治理的实践困境

从治理者的角度来看，乡村治理所面临的问题是更为直观的实践问题，核心是如何更好地推行政府决策。当乡村治理面临社会道德滑坡、民众信访不信法以及治理水平不足、工作依赖政府而造成政府万能论的困境下，搭建民众与政府理解沟通的桥梁，充分激发民众的积极性。

---

〔1〕 张天佐、李迎宾："强化'三治'结合健全乡村治理体系"，载《农村工作通讯》2018年第8期。

〔2〕 周庆智：《县政治理：权威、资源、秩序》，中国社会科学出版社2014年版，第1页。

〔3〕 郎友兴："走向总体性治理：村政的现状与乡村治理的走向"，载《华中师范大学学报（人文社科版）》2015年第2期。

〔4〕 "健全'三治合一'的乡村治理体系"，载《中国社会科学报》2018年2月14日。

〔5〕 胡洪彬："乡镇社会治理中的'混合模式'：突破与局限——来自浙江桐乡的'三治合一'案例"，载《浙江社会科学》2017年第12期。

"三治结合"的乡村治理体系的提出背景贯穿国家治理体系和治理能力现代化的推进、乡村社会变迁带来的治理难题的解决，以及乡村振兴和城乡融合的实现。无论是国家发展目标、乡村未来走向，还是政府在基层实践中的角色，乡村治理的根本问题都是如何将乡村和城市置于一个命运共同体中，以一套逻辑、一套话语去解释国家的发展，以一套行动消除城乡二元隔阂，弥合日趋扩大的分裂和矛盾。

三、"自治、法治、德治相结合的乡村治理体系"的理论研究

关于"三治结合"的理论研究涵盖概念、关系、内容和功能四个方面的内容。学界认为"三治结合"的治理体系具有整体性、多元治理的基本内涵，自治、德治和法治之间的关系既相辅相成，又相互制约。"三治结合"以多元主体、多元规范为主要内容，在新时代背景下可推动国家治理的现代化、社会转型和促进乡村发展。目前仍然存在概念界定缺乏整体性、关系尚未厘清、内容研究忽略乡村德治、功能研究淡化冲突等问题。

（一）"三治结合"的概念

对"三治结合"的概念的理解首先应当从中央文件的表述中展开。如前文所述，"三治"为"自治、法治、德治"，属于"治理体系、治理体制、治理机制"。这一乡村治理体系的实现方式是"党委领导、政府负责、社会协同、公众参与、法治保障"。当前学界并未区分治理体系、体制和机制三种提法的不同，而是分别从治理理念、治理制度和治理实践三个方面展开对"三治结合"的理解。在治理理念上，"三治结合"属于"总体性治理、全观型治理、多元治理"，具有政府与市场、民众共享权力、协商治理的内涵。如郎友兴所言，这一总体性的治理方式是以农村发展和农民生活为核心的运作方式，区别于之前解决政府自身的问题或利益为核心。[1]在治理制度上，区别于政府通过短期政策进行碎片化治理、运动式治理，"三治结合"的治理体系具有规范性、程序性和稳定性的特点。在治理实践方面，"三治结合"通过政府的治理技术，调动村民对共治的积极参与，使三治浸透于民众的生活方式之中。

概念的界定是研究的基础，但目前学界对"三治结合"的概念并无深入

---

〔1〕　胡洪彬："乡镇社会治理中的'混合模式'：突破与局限——来自浙江桐乡的'三治合一'案件"，载《浙江社会科学》2017年第12期。

的探讨，并未将"三治结合"视为具有系统性和整体性的"乡村治理体系"，因而存在理解片面化、缺乏整体性的问题。理解的片面化体现在多数学者仅将"三治结合"视为中央政策，考虑在现实中如何推进，缺乏对于制度设计和理念层面的深刻理解。缺乏整体性表现在与治理方式相结合的研究较少。虽然关于乡村自治、法治的研究颇丰[1]，也有大量从乡规民约、习惯法的角度探讨基层治理中自治和法治如何结合，少量基层治理中法治与德治相结合的研究（如崔文博对德法兼济视角下的中国乡村治理的研究），[2]但总体而言，将三治作为一个具有独立性的整体系统，专门澄清"三治结合的治理体系"的本质、概念的研究极为欠缺。

（二）"三治"之间的关系

作为治理体系，体系内部最为重要的三个治理要素的内涵和三者之间的关系是研究的基本问题。2018年中央一号文件的表述可被概括为"坚持自治为基、法治为本、提升德治水平"。2018年9月《乡村振兴战略规划（2018-2022）》明确表示"坚持自治为基、法治为本、德治为先"。根据中央文件，多数学者将三治视为和谐的一体，认为三者相辅相成，呈现出三位一体的格局。而对于如何相辅相成又存在两种观点：其一是三者为平行并列式；其二是一体两翼式，即三者以自治为主体，法治和德治为两翼。也有学者认为三者之间并不是无缝契合，也存在相互制约和冲突之处。

平行并列式。此模式并不特别强调三治中的某一治，而是概而言之，三者缺一不可、紧密联系。陈荣文从健全乡村治理体系、达成善治的角度强调三者相辅相成，将"三治"之间的关系概括为："自治是健全乡村治理体系的核心内容，法治是健全乡村治理体系的应有之义，德治是健全乡村治理体系的

---

[1] 关于村民自治的研究不胜枚举，如徐勇所著的《中国农村村民自治》、罗平汉所著的《村民自治史》、宋耀武主编的《村民自治的理论与实践》，另有民政部基层政权和社区建设司所编的《村民自治案例选评》等。关于农村法治的研究较少，具有影响力的著作包括苏力所著的《送法下乡》、高其才所著的《乡土司法：社会变迁中的杨树人民法庭实证分析》及中国政法大学出版社的"送法下乡"系列丛书。专门研究农村德治的成果更少，如张婷婷的论文《新时代我国农村道德治理研究——以安徽省六安市为例》。

[2] 崔文博："'德法兼济'视域下的中国乡村治理研究"，中共四川省委党校2018年博士学位论文。

情感支撑。"〔1〕龙文军从建设中国特色社会主义的角度将之解释为："自治是实行社会主义民主的基本要求，法治是建设社会主义现代化的基本要求，德治是传承中国传统文化的基本要求。"〔2〕

一体两翼式。此模式强调自治在乡村治理中的重要地位，意在激活乡村力量。桐乡市市委书记卢跃东在接受专访时从治理实践的角度强调"德治是基础，法治是保障，自治是目的"。"三治"的关键目的在于构建自治的社会秩序，让民众不再成为党委政府政策的被动执行者甚至是反抗者，而是让社会力量自己运转起来，成为社会治理体系中的重要主体。何阳、孙萍持类似观点，认为自治是主要内容、法治是保障、德治是辅助，三者并非平行并列的关系，而是一体两翼。〔3〕

制约和冲突。此模式关注三治之间的差异化和可能的冲突，杨开峰认为，三者不仅可以结合，也存在制约和冲突。因而在考虑三者之间的关系时，需要秉持一个实事求是的态度。〔4〕

"三治"之间的关系结构的澄清依赖于对乡村治理中的"三治"内涵的透彻理解，三者无论是在理论上还是在实践中，都并非具有明确边界的独立角色，而是存在着模糊的重合、交叠以及冲突。村民自治制度本身便具有法律地位，而自治的实行也必然以德治为有利条件。法治的内涵中何尝不包含人们对于良善生活的诉求？如范愉认为自治是法治与德治相融合的治理，我国当前的社会自治是在宪法和法律的框架下展开的——乡规民约、社会组织章程、行业标准及商业惯例等民间规范，均受到法律的制约，并且必须符合核心价值观和主流道德。法治和德治既是自治的保障，也是自治的目标和指引。〔5〕目前在三者内涵尚未厘清的情况下，对其复杂关系的论述概括多、分析少；关注和谐互促多，分析冲突和制约少；阐释中央政策的内容多，以问

---

〔1〕　郎友兴："走向总体性治理：村政的现状与乡村治理的走向"，载《华中师范大学学报（人文社会科学版）》2015 年第 3 期。

〔2〕　龙文军："构建自治、法治、德治相结合的乡村治理体系"，载《农村工作通讯》2017 年第22 期。

〔3〕　何阳、孙萍："'三治合一'乡村治理体系建设的逻辑理路"，载《西南民族大学学报（人文社科版）》2018 年第 6 期。

〔4〕　杨开峰："桐乡'三治'实践的解读"，载《党政视野》2016 年第 7 期。

〔5〕　何阳、孙萍："'三治合一'乡村治理体系建设的逻辑理路"，载《西南民族大学学报（人文社科版）》2018 年第 6 期。

题为导向的论述少。

（三）"三治结合"的内容

根据治理要素，"三治结合"的内容可被分为主体、规范两大方面。主体是乡村治理的主要力量，规范是乡村治理的依据。"三治结合"主张多元主体、多元规范的相互作用，以确保乡村治理的有效运行。

多元主体。"三治结合"不再是政府控制型治理，而是多元主体、多种力量共同参与型治理。多元主体包括自治主体、法治主体、德治主体。自治主体主要为《村民委员会组织法》规定的村委会及互助会、乡贤理事会、红白理事会等其他自治组织，依赖自治规范进行治理。法治主体则包括以派出法庭为代表的司法主体和法律服务主体，依赖法治规范进行治理。德治主体包括新乡贤、乡村精英以及由其组成的道德评判团，依据道德规范进行治理，另有非政府组织、律师事务所等以其发挥作用的方式参与到自治、法治、德治之中。多元主体之间如何发挥作用是"三治结合"需要解决的重要问题，针对治理主体的多元，张丙宣主张借鉴桐乡市"三治结合"模式的经验，建立权力清单，倡导"微自治"，发挥基层自治组织和村民的主体地位，激活多元主体参与的积极性。[1]

对具体主体的研究。关于自治主体，田先红认为成都平原上的村民小组作为相对独立的实体治理单位，具有较强的治理能力，曾经在公共品供给、土地产权改革等方面发挥了国家政策的攻心作用，未来有必要重新发掘村民小组的治理传统和治理功能。[2]关于法治主体，对于人民法庭推进法治乡村建设的途径，周立提出应当在化解矛盾时注意尊重当地的风俗习惯、灵活运用多种审判方式。[3]针对法院在推进"三治结合"中的职能定位和具体的推进策略，李章军提出了具体的意见。[4]此外，尤其应当注重乡土法杰作为法治主体在乡村治理中的重要作用。高其才认为乡土法杰在国家法的实施、习惯法的弘扬、社会秩序的重构以及文化传承方面具有独特的价值，是乡村治

〔1〕 张丙宣、苏舟："乡村社会的总体性治理——以桐乡市的'三治合一'为例"，载《中共杭州市委党校学报》2016 年第 3 期。

〔2〕 田先红："村民小组治理：传统与变迁——基于成都平原 W 村的案例研究"，载《中国法律评论》2018 年第 4 期。

〔3〕 周立："新时代人民法庭推进法治乡村建设的路径"，载《人民司法》2018 年第 14 期。

〔4〕 "推进'三治融合'助力乡村振兴"，载《人民法院报》2018 年 9 月 12 日。

理中守望相助、情感关联的核心力量。[1]在国家法律实施中，乡土法杰既带动了村民守法，促进了国家法在乡村适用、执行的积极作用，也对其偏重实践理性、滥用权威的问题表示了隐忧。[2]在乡村治理中，乡土法杰一方面作为乡村纠纷解决的主体，维护乡土秩序。[3]同时也在解决纠纷的过程中灵活适用习惯法，推动了村规民约的"生长"，由此形成新的乡村治理规范。[4]王丽惠侧重乡土法杰作为乡民自治的代表，在国家法治与乡约民治之间的衔接机制。[5]关于德治主体，王斌通对新乡贤参与治理的传统、途径、特征和价值进行了分析，并厘清了新乡贤参与治理与乡贤治理、基层党委政府行使治权、基层自治之间的关系与区别。[6]关于其他主体，张立荣、冉鹏程通过对律师事务所参与乡村的实证研究从社会资本的视角分析了乡村治理的困境和出路，主张按照"三治结合"的总要求和认知维、结构维、关系维相联动的路径，再造乡村社会资本。[7]胡放对以乡村教师、医生为代表的知识分子在自治、法治和德治中可能发挥的作用进行了分析。[8]

多元规范。"三治结合"的乡村治理体系依赖多元规范的共同作用，包括国家法律法规政策、村规民约、习惯法、自治章程及礼俗道德规范等。多元规范之间构成了完整的体系，规制乡村治理的多元主体。目前学界的主要关注点在于国家法规和政策，尤其是对修改《村民委员会组织法》的建议，多数学者认为应当规范行政对乡村自治的干预，使自治制度落到实处。如秦小建坚持村民自治立法应当以尊重村民的自治权为村民自治制度逻辑起点的立场，对村委会组织法的结构予以必要的完善。[9]肖金明认为应当在立法中反映村民自治的本质属性，以村民自治法替代先行的村民委员会组织法，在制度

〔1〕 高其才："全面推进依法治国中的乡土法杰"，载《学术交流》2015年第11期。

〔2〕 柳海松："乡土法杰在国家法律实施中的作用"，载《学术交流》2015年第11期。

〔3〕 魏小强："通过乡土法杰的乡村纠纷解决"，载《学术交流》2015年第11期。

〔4〕 陈寒非："乡土法杰与村规民约的'生长'"，载《学术交流》2015年第11期。

〔5〕 王丽惠："作为乡村领袖的'乡土法杰'"，载《学术交流》2015年第11期。

〔6〕 王王斌："新乡贤参与治理的'枫桥经验'"，载《人民司法》2018年第4期。

〔7〕 张立荣、冉鹏程："社会资本视角下乡村治理的困境分析与出路探寻——以恩施州利川市律师事务所参与乡村治理为例"，载《华中师范大学学报（人文社会科学版）》2018年第4期。

〔8〕 胡放："新时代乡村知识分子在乡村治理体系中的作用探究"，载《中共乐山市委党校学报》2018年第4期。

〔9〕 秦小建："村民自治立法的定位、现实检讨及未来走向——以2010年新《村民委员会组织法》为对象"，载《四川师范大学学报（社会科学版）》2011年第7期。

体系、结构和内容上突破现行村民委员会组织法的限制。[1]在具体的问题上，学界主要关注乡镇政府与基层自治组织的模糊关系、村民委员会任期、村民资格的认定、委托投票的限制、对政务公开的监督机制以及司法救济的现实可能性。

对于非国家法规范的研究主要集中在村规民约和习惯法。村规民约作为乡村治理的工具，促进了国家法与公序良俗的有机连接，[2]对于完善乡村自治、法治、德治相结合具有启发性意义。在自治方面，高其才通过对贵州省锦屏县魁胆村村规民约的研究，认为村规民约在社会治安维护方面形成了完备的规范、制度和执行机制。[3]通过对贵州省锦屏县石引村村规民约的研究，发现村规民约作为习惯法具有积极能动性，能够引导社会行为，改变红白喜事大操大办、攀比铺张、燃放鞭炮等不良习惯，为建设文明乡村、美丽乡村奠定基础。[4]应当肯定乡规民约在乡村治理中既发挥着保障民主、管理公共事务等多重积极作用，同时也应注意到乡村社会结构、行政权干预以及村规民约自身的问题三方面对乡规民约发挥作用的限制。[5]从着力于解决村规民约自身的问题来看，应首先突破地方规范对村规民约制定的不当限制。我国乡村正处于从传统的控制到现代治理的转型期，地方规范关于村规民约的规范不应当是命令性的，而应当以建设性、倡导、鼓励和引导为主。[6]其他学者对村规民约在自治、德治中可能发挥的重要功能进行了阐述。如付微明探究了习惯法精神中的和睦、合约及和谐三大精神及其所蕴含的协商一致、利益均衡、义务互负等基本原则对乡村良善秩序的形成、乡村社会的稳定的作用。[7]王丽惠对乡规民约研究的范式进行了反思，认为虽然个性化范式注重

---

〔1〕 肖金明发表的论文《建构和完善农村社会民主治理体系与制度——兼议〈中华人民共和国村民委员会组织法〉的修改》，收录于 2010 年，载《中国法学会行政法学研究会论文集》。

〔2〕 池建华："从村规民约看乡土社会规范的多元性"，载《学术交流》2017 年第 5 期。

〔3〕 高其才："规范、制度、机制：村规民约与社会治安维护"，载《学术交流》2017 年第 5 期。

〔4〕 高其才："通过村规民约改变不良习惯探析——以贵州省锦屏县平秋镇石引村为对象"，载《法学杂志》2018 年第 9 期。

〔5〕 陈寒非、高其才："乡规民约在乡村治理中的积极作用实证研究"，载《清华法学》2018 年第 1 期。

〔6〕 高其才："通过村规民约的乡村治理——从地方法规规章角度的观察"，载《政法论丛》2016 年第 4 期。

〔7〕 付微明："习惯法精神及其对中国传统乡村治理的作用和影响"，载《暨南学报（哲学社会科学版）》2013 年第 8 期。

地理差异和民族多元，但却缺乏对个性化乡村民约的普遍化和通则化的努力，而行动中法范式虽关注村民民约在维风易俗、资源保护等方面起到重要作用，但忽略了乡治的整体性。[1]文新宇就乡村治理中出现的民族习惯法和国家法冲突的情况进行了论述，主张从法律多元和公序良俗的理念促进习惯法和国家法的良性互动。[2]

关于"三治结合"的内容的研究，成果较为丰富，在对象上涵盖了乡村治理的主体和规范的大部分内容，尤其是关于自治、法治的主体和规范的研究较多，对德治主体和德治规范的研究则较少。问题在于，当前的研究成果漠视多元主体及多元规范的冲突，而冲突是重构主体之间关系的关键。如果无法发现并解决主体、规范之间的冲突，和谐便只能是表面的、短暂的，遇到冲突，表面上的和谐即刻瓦解。"三治结合"的治理体系面临的核心问题就是主体、规范之间的协调，而当前学界未能为主体之间的权责划分设定框架和标准。仅仅重复阐述"二十字方针"，而不回答"如何领导、如何负责、如何协同、如何参与、如何保障"，对于建构"三治结合"的体系是远远不够的。

（四）"三治结合"的功能

"三治结合"的治理体系于国家、社会、乡村和民众都具有重要的意义。以多元主体参与治理、依赖多元规范为核心内容，有助于推进国家治理现代化、促进社会转型、促进乡村建设。

推进国家治理现代化。党的十八届三中全会通过的《中共中央关于全面深化改革若干重大问题的决定》提出"推进国家治理体系和治理能力现代化"。国家治理体系和治理能力的现代化区别于"国家统治、国家管理"，要求治理主体多元化、权力生成民主化、权力运行法治化、利益表达制度化、绩效考核科学化的现代化。[3]"三治结合"的乡村治理模式切合国家治理体系现代化的要求，鼓励多元主体，尤其是民众参与治理，注重充分调动市场。

---

〔1〕　王丽惠："乡规民约与村治：研究范式的综述与反思"，载《湘潭大学学报（哲学社会科学版）》2017年第3期。

〔2〕　文新宇："贵州少数民族地区乡村治理相关法律问题及其分析——基于国家法与民族习惯法的关系分析"，载毛公宁、戴小明主编：《民族法学评论》（第8卷），中央民族大学出版社2012年版，第375页。

〔3〕　范拥军："乡级治理现代化研究"，河北师范大学2016年博士学位论文。

同时依赖多元规范，以法治为保障，在治理过程中追求制度化、规范化和程序化，促进自治制度的切实运行。

推动社会转型。从发展的角度来看，当前中国正处于转型期，"三治结合"作为基层治理模式，经过实践的验证，是治理有效的方式。社会将持续变迁，"三治结合"作为变迁的催化剂，一方面可以通过调动社会资本和社会力量进入乡村，加速城乡一体化，缩小城乡在社会事业和公共服务上的差距，改变社会结构；另一方面，在实施过程中有助于开发和培养现代公民意识、法治意识、现代精神，以及未来地方自我管理的能力和构建未来基层治理体系。[1]

促进乡村发展。乡村治理的行政化被学界认为是阻碍乡村发展的关键，因其控制的管理思维压抑乡村自身的活力和资源，使村民处于被动和消极的地位，乡村发展缺乏动力。如张丙宣所言，通过将"三治结合"模式所设计的参政、评议制度将乡民纳入治理体系，将被治理者转变为治理者，提高乡民参与公共事务的积极性，释放乡村社会的活力，提升乡村自治的能力。[2]与之类似，郑晓华将乡村治理放在社会建设的视角内，通过采用社会建设的分析框架，对浙江省桐乡市"三治结合"模式的个案进行研究，从社会建设的四个维度展开分析，认为三治模式区别于传统的网格化治理和大联动模式，跳出了"建设社会"的思维模式，切实实现了社会主体之间的良性互动，提升了社会主体的社会参与权利，在参与过程中各社会阶层的利益诉求得到表达和回应的机会，有效提高了社会凝聚力，从根本上推进了社会建设。[3]

"三治结合"的治理体系的功能不仅仅在于静态体系构建完成之时权力和资源的重新配置，更在于构建的动态过程对村民、乡村、社会和国家关系的重塑。多元主体和多元规范在构建过程中角逐、博弈和合作，以维护村民的利益、维护农村秩序为基本导向，完成以城乡融合一体为目标的乡村改造。然而，当前学界多从结构-功能的视角研究"三治"静态意义下的价值，较少将"结合"视为一个动态的过程，研究多元主体和多元规范之间的冲突以及冲突解决中的关系重塑。而后者对于避免"三治结合"的形式化，从而使

---

〔1〕 蓝志勇："桐乡'三治'经验的现代意义"，载《党政视野》2016 年第 7 期。

〔2〕 张丙宣、苏舟："乡村社会的总体性治理——以桐乡市的'三治合一'为例"，载《中共杭州市委党校学报》2016 年第 3 期。

〔3〕 郑晓华、沈旗峰："德治、法治与自治：基于社会建设的地方治理创新"，载《马克思主义与现实》2015 年第 4 期。

"三治"真正发挥解决乡村问题、促进乡村振兴具有更深远的意义。

四、通向系统性的"自治、法治、德治相结合的乡村治理体系"研究

"三治结合"的乡村治理体系作为中央提出的具有实践和理论双重面向的新方略，具有系统性、整体性，是针对目前中国发展所处的新时期和新问题的应对方案，具有重要的指导价值。通过梳理当前关于"三治结合"乡村治理模式的研究成果，可见目前的研究成果大多是对桐乡市"三治结合"模式的重复性描述和对中央文件的重复性阐释。

为健全党组织领导的自治、法治、德治相结合的乡村治理体系，澄清这一方略的内涵，完善相应的制度设计，使之在乡村治理中落到实处，或可针对前文中提到的各方面的研究不足，通过以下方式进行拓展深化。

（一）研究范式的转变

学界对自治、法治、德治的研究多持"三治分离"的视角，从"结合"的整体视角出发的研究极少。经过长期的乡村治理实践可知乡村治理的问题本身并不是通过小缝小补、哪里出现问题治理哪里的被动应对就可以解决的，因而呼吁具有系统性、整体性的解决方案，以统筹多元权威主体、多元规范、多方资源促进乡村治理转型，引导乡村发展。"三治结合"的治理体系强调"结合、融合"，本身具有整体性和系统性，将"三治结合"本身作为研究范式，取代"三治分离"及其他乡村治理研究范式。这一新范式以系统论为理论支撑，构建乡村治理的宏观系统和子系统，通过系统运作形成制度和规范，将乡村治理问题消化在内部，引导城乡发展一体化，实现乡村治理的现代化。

（二）研究内容的深化

目前"三治结合"的研究内容涵盖较广，但研究内容的深度不够。"三治"作为具有整体性的概念，其内涵并未界定清楚，"三治"之间如何结合的问题仍然需要解释，"三治"的顶层设计和体系构架仍不清晰，"三治"的"二十字方针"在制度安排中的实现机制仍待探索。进一步的研究应当在"三治结合"的研究范式之下，探索多元主体的合作共治、多元规范的结构优化以及保证"三治结合"体系完备的运行基础。

（三）研究领域的拓展

乡村治理体系不仅仅旨在治理秩序的维护，更是我国经济发展、政治文明、社会建设和文化传承的重要基础。目前针对"三治"的研究集中在政府

管理学的范围内，即"治理者主位"的视角，经济学、社会学、法学以及伦理学的研究较少。仅有少数学者对乡村治理的多元规范的研究是从法学视角展开的。将"三治结合"纳入多个学科的研究领域、鼓励交叉学科的研究是健全"三治结合"的治理体系的内在需求。

（四）研究方法的多样

目前大部分研究为文献研究，缺少田野调查、个案研究、比较研究等多种研究方法。乡村治理是一个复杂的体系，本质上呼吁多种研究方法，尤其乡村治理是鲜活的正在进行的实践，参与其中的各主体的行为塑造着乡村治理体系的形态，理解自治、法治、德治不同治理主体的行动和利益考量是观察治理体系走向的关键，开展田野调查将会为乡村治理体系的研究提供具有说服力的研究材料。此外，"三治结合"的研究既要对基层社会治理展开国内外比较研究，同时也需对国内不同区域之间"三治结合"的乡村治理进行比较研究，形成纵横交错的比较研究成果。

总体而言，当前的"三治结合"乡村治研究缺乏将三治视为系统的研究范式，缺乏明确的整体性的研究框架和研究体系，缺乏精细的、有深度的研究，研究方法也较为单一，研究领域还待扩展。学界应合力构建"三治结合"的理论体系、总结"三治结合"的现实实践，发现"三治结合"在治理理念、制度设计和实践中存在的矛盾和问题，推动精细化的个案研究和比较研究的深入，为乡村治理体系促进乡村善治、推动乡村振兴提供智识资源。

从村民自治到"三治融合"

——浙江省桐乡市的乡村治理探索[1]

一、引言

桐乡市隶属于浙江省嘉兴市,因古时遍栽梧桐树,寓意"梧桐之乡"而得名。桐乡市地处浙北杭嘉湖平原腹地,地处上海、杭州之间,区位条件优越,交通体系发达,境内地势平坦,河网密布,环境优美,是典型的江南水乡,素有"鱼米之乡、丝绸之府、百花地面、文化之邦"的美誉。桐乡市全市总面积727平方公里,下辖3个街道、8个镇。2018年,户籍人口约70万、外来人口约55万。

在经济社会建设高速发展的同时,桐乡市也受到了社会问题增多、社会矛盾多发等困扰。2013年开始,桐乡市率先开展了"三治融合"的基层社会治理探索实践,取得了诸多成效,逐渐形成了以"一约两会三团"[2]的基本载体形式、以"大事一起干、好坏大家判、事事有人管"为基本目标的治理新格局。桐乡市在基层治理特别是乡村治理方面的经验后来被写入党的十九大报告之中。党的十九大报告明确指出:"加强农村基层基础工作,健全自治、法治、德治相结合的乡村治理体系。"[3]关于自治、法治、德治这"三治"的具体排列表达,桐乡市在乡村治理探索实践中也经历了一个演变发展过程。

本章主要是根据相关规范性文件,结合实地调研过程中搜集到的访谈记录、相关资料,梳理和分析桐乡市在乡村治理方面从村民自治最终到"三治

---

[1] 根据学术研究惯例,除特别说明之外,文中村名、人名皆做化名处理。2019年1月17日至1月20日,调研团队以桐乡市乡村治理探索历程为主体进行了实地调研,访谈了相关当事人,搜集了相关资料。调研团队成员包括池建华、田一岑、刘献阳、刘贤春、马成勇。

[2] "一约两会三团","一约"即村规民约,"两会"即百姓议事会、乡贤参事会,"三团"即道德评判团、百事服务团、法律服务团。下文有详细论述。

[3] 习近平:《决胜全面建成小康社会 夺取新时代中国特色社会主义伟大胜利——在中国共产党第十九次全国代表大会上的报告》,人民出版社2017年版,第41页。

融合"的探索、发展过程。

二、从"村民自治"到"德治、法治、自治"

村民自治是我国《宪法》和《村民委员会组织法》明确规定的基层群众自治制度的重要组成部分。1982 年 12 月 4 日通过的《宪法》确定在农村地区建立村民委员会，办理乡村地区的公共事务和公益事业，调解乡村纠纷，协助维护乡村社会治安秩序。后来，我国又相继制定了《村民委员会组织法（试行）》《村民委员会组织法》等专门性法律法规，并根据治理需要进行了修改和完善。村民自治的主要事项可被概括为民主选举、民主决策、民主管理、民主监督，具体包括召开村民会议、村民代表会议、建立村民委员会、制定自治章程、村规民约等内容。从 20 世纪 80 年代开始，浙江省桐乡市乡村地区也建立了村民委员会进行村民自治，发展农村基层民主，促进经济社会发展。

桐乡市地理位置优越，随着经济社会的发展，矛盾纠纷也不可避免地产生，乡村治理面临着新的社会环境。下文将主要结合桐乡市高桥镇（现高桥街道）丰收村的治理实践，对桐乡市"三治融合"进行梳理，因为丰收村是三治融合早期探索实践地，基本上反映了桐乡市乡村治理的大致演变过程。2009 年，沪杭高铁开始动工建设，丰收村需要进行第一期征迁，涉及 30 户村民，工作比较顺利。而到了 2012 年，丰收村大规模征迁工作开始，各种利益冲突集中爆发，特别是在补偿标准和方式上与 2009 年第一期也存在差别。高桥镇和丰收村为了妥善解决矛盾纠纷，必须积极探索乡村治理新路径。时任丰收村党支部书记的蔡明德建议在村民委员会之外组建了一个协商组织，其成员有村委会成员、部分村民代表、经济合作社股东代表、"三小组长"和有威望的老党员等。当时的组织名称是"村民议事会"，不是后来的"百姓议事会"。丰收村依靠村民议事会与村民协商，最终拿出了一个得到绝大多数村民认可的补偿方案，并被镇政府接受。

与此同时，桐乡市还积极开展探索实践基层治理的新路径，这主要体现为推进社会管理领域的"德治、法治、自治"建设。2013 年 5 月，虽然没有正式的政策文件出台，桐乡市就已经在全市选取三个镇进行"德治""法治""自治"的分开试点。在高桥镇（现高桥街道）以"德治"为主，建立道德评判团；在濮院镇以"法治"为主，建立法律服务团；在梧桐街道则是以

"自治"为主，建立了百姓参政团。据时任桐乡市委办公室主任的李时兴介绍，濮院镇以"法治"为主，是因为该镇有同一个大型市场，外来人口比较多，人员状况比较复杂，需要通过法治来规范。高桥镇以"德治"为主，因为该镇有德治的基础，曾举办过多次道德评选活动，因此预期效果比较好。梧桐街道则以"自治"为主，因为相较于农村，其整体经济社会发展程度要高一些，利于"自治"试点的开展。

但是，试点进行了1个月后，桐乡市委市政府注意到分开试点存在许多问题，有必要进行合一试点，否则难以取得预期效果。据李时兴介绍："本身是想'自治''法治''德治'分三个镇分开试点，但是这'三治'是要融合在一起，当时提出的概念是'三治合一'。"〔1〕后来，"三治合一"的试点就全部在高桥镇进行，并且以丰收村为主要试点村庄。

根据试点情况，桐乡市对试点经验也及时进行总结。中共桐乡市委、桐乡市人民政府于2013年9月30日发布《关于推进社会管理"德治、法治、自治"建设的实施意见》，〔2〕在全市开展社会管理"德治、法治、自治"三治合一实践探索，切实转变社会管理方式，将社会管理中的政府管理社会与社会自我管理、公民自治管理有机结合，建设社会主义和谐社会。在"三治合一"的总体目标方面，则是进一步建立以评立德、以文养德、以规促德的德治建设体系，进一步强化严格执法、公正司法、全民守法的法治建设体系，进一步完善自我管理、自我服务、自我监督的自治建设体系，同时探索德治、法治、自治的融合创新，建立健全"党委领导、政府负责、社会协同、公众参与、法治保障"的社会管理格局，促进社会管理方式由防范控制向服务与管理并重、有序与活力统一的多元治理转变，使社会服务更完善、社会关系更协调、社会秩序更规范、社会风尚更文明、社会大局更稳定，为经济发展社会进步提供有力支撑和保障。关于"三治合一"的排列顺序，此时是将德治放在首位，法治次之，自治居尾。但这种排列并不意味着自治不重要，而是将其作为"目标"，强调"德治为基础、法治为保障、自治为目标"的社会管理"三治"建设。

---

〔1〕　李时兴访谈录，2019年1月19日，梧桐街道办事处。

〔2〕　2013年11月12日，党的十八届三中全会通过《关于全面深化改革若干重大问题的决定》，用"社会治理"代替"社会管理"，并提出全面深化改革的总目标是完善和发展中国特色社会主义制度、推进国家治理体系和治理能力现代化。

在具体措施方面,《关于推进社会管理"德治、法治、自治"建设的实施意见》提出加强"德治"专项建设、加强"法治"专项建设、加强"自治"专项建设。在"德治"方面,围绕党的十八大提出的社会主义核心价值观,积极打造"四型"社会、建设"四好"家庭、培育"五有"市民,提高公民道德素质,明确公民权利和义务,激发公民履行家庭责任、社会责任的自觉性,使公民主动成为社会管理实践创造者和维护者。[1]在"法治"方面,以树立社会主义法治理念为目标,深入开展法制宣传教育,强化法治保障合力,努力提升领导干部运用法治思维和法治方式的能力,增强广大群众在法治框架内维护自身合法权益的能力,在全社会形成依法行政、公正司法、全民守法的良好法治环境,积极维护社会主义法律威严,促进社会公平正义。[2]在"自治"方面,进一步完善基层民主自治,探索行政准入,激发社会组织活力,强化各类经济组织的社会责任,健全社会协同机制,拓宽公众参与渠道,提升群众自我管理、自我服务、自我教育、自我监督的水平,实现社会自治

---

[1] 具体包括三个方面:①提升公民道德。通过选树道德模范、建设"文化礼堂"等方式,结合经济社会发展对公民道德的要求,注重弘扬优秀传统美德,加强社会公德、职业道德和个人品德建设,教育引导公民做到"有爱心、有正义、有礼节、有知识、有诚信"。②推进家庭建设。开展星级家庭创建、弘扬德孝文化,推进家庭道德建设,注重家庭亲情、促进家庭和睦,关注青少年健康成长、关注单亲家庭,倡导家庭实现"孝顺好、恩爱好、家教好、勤俭好"目标,并积极帮扶困难星级家庭,让他们得到社会的肯定与关注。③发挥社会作用。广泛征集群众意见,修订完善村规民约,建立道德评议组织,开展群众性评议活动,发挥舆论影响,强化规范约束,弘扬真善美,贬斥假恶丑。加大对公共文体服务资源的整合利用,组织内容丰富、形式多样、寓教于乐的文体活动,繁荣群众精神文化生活。

[2] 具体包括四个方面:①提升依法执政。深化党务公开,推进"一把手"权力阳光行动,健全完善重大事项通报等制度,促进权力公开透明运行。加强党的自身建设和党员队伍建设,发挥党委统揽全局、协调各方的领导核心作用,落实发展人民民主各项措施,夯实党的执政基础。②深化依法行政。进一步理顺行政管理体制,深化行政审批制度改革,强化对依法行政工作的监测、引导和规范,提高行政运行效率。各行政执法部门以保障经济社会发展作为重要使命,充分吸收社情民意,用足用好各种资源,密切配合形成合力,努力解决人民群众最关心的公共安全、权益保障等问题。③强化公正司法。以实行阳光司法和打造高素质政法队伍为载体,要求并督促政法机关严格依法履行职责,从维护公民生命财产安全和维护市场经济秩序出发,确保每一起案件的办理、每一件事情的处理都成为维护社会公平正义的具体实践。④实现全民守法。深入开展"六五"普法教育,全面加强领导干部和公务人员运用法治思维和法治方式推动发展、化解矛盾、维护稳定的能力。健全集司法调解、行政调解、人民调解为一体的矛盾纠纷化解体系,引导广大人民群众充分相信法律、依靠法律、使用法律。

的目标。[1]这些内容基本奠定了以后桐乡市乡村治理探索的框架，明确了乡村治理的前进方向。

　　根据上述实施意见，2013年10月，高桥镇建立了百姓参政团、百事服务团、道德评判团三个组织，百姓参政团设立在镇一级，百事服务团和道德评判团则是设立在村一级。因此，当时在丰收村主要是建立了百事服务团和道德评判团这两个组织，与村民委员会一起参与乡村治理，而它们的功能存在明显区别。百事服务团以服务为主，包含法律服务、用车服务、红白喜事服务、理发服务等与村民日常生活密切相关的事项。此时法律服务是百事服务团的一项功能，还没有独立出来。而道德评判团是一个辅助村民委员会进行乡村治理的组织，其成员既不是村党支部成员，也不是村民委员会成员，强调其独立性，这样更能够发挥其说服功能，解决矛盾纠纷。在报酬方面，百事服务团和道德评判团成员没有报酬，纯属义务性质。据时任丰收村村党支部书记的周治介绍："如果村委会给他们发放多少钱，他们下去做工作、做调解的说服力、公信力就大打折扣。老百姓认为你们拿着村里的工资就为村里面说话，效果肯定会大打折扣。但如果他们没有拿工资下去做工作，这个时候，他们的效果完全不一样。"[2]因此，桐乡市重视民间力量在乡村治理中的作用，与党支部、村民委员会形成功能互补的关系。

　　在"一约两会三团"方面，从2014年开始，桐乡市全市范围内的村也对村规民约进行了梳理和修订，丰收村亦是如此。2014年，桐乡市也成立了市、镇、村三级"法律服务团"，整合公、检、法司及行政执法部门的法律资源，组建了100个法律服务团，实现法律服务团直接下沉到每个村，为村民提供法律咨询，作为专业力量参与村里矛盾纠纷的调解工作，并不断提升村民的

────────────

〔1〕　具体包括三个方面：①巩固基层自治。健全党组织领导下的村（社区）自治机制，探索政社分开和村（社区）有偿承接政府职能转移。整合基层资源，打造公共服务平台，激发群众参与服务的主体意识，保障群众的知情权、参与权、表达权、监督权，实现政府行政管理与基层群众自治有效衔接和良性互动。②畅通群众诉求。深入开展群众路线教育和"四联四强"等活动，探索建立群众参政议政平台，广泛吸收社会各界代表特别是基层党员和群众代表意见建议，凝聚各方共识，提高决策的科学性和民主性。进一步健全社情民意收集网络，加强分析研究，落实解决反馈机制，使群众诉求和矛盾纠纷解决在基层，化解在萌芽状态。③发展社会组织。加强社会组织服务平台建设，努力培育一批有影响力的社会组织，打造一批示范性强的公益服务项目和便民服务品牌，发挥社会组织在公共服务供给方面的有益补充。倡导"人人为我、我为人人"理念，强化"政府推动、民间运作"的志愿服务，在互助服务、公益慈善方面发挥重要作用。
〔2〕　周治访谈录，2019年1月20日，丰收村。

法律意识。法律服务团从百事服务团中独立出来，独立运作。丰收村初步建立了村规民约、道德评判团、百事服务团、法律服务团等载体，来具体推动乡村治理的探索。

三、从"德治、法治、自治"到"法治、德治、自治"

经过一年多的探索，桐乡市积极总结高桥镇的试点经验，并形成政策文件，向全市其他乡村推广。2015年6月23日，中共桐乡市委办公室、桐乡市人民政府办公室联合印发《关于进一步健全完善"三治"建设长效机制的实施意见》，建立了18项长效机制。该意见总结了2013年以来的基层社会治理模式探索，认为要建立依法行政、公正司法、全民守法的法治建设体系，强化以规立德、以文养德、以评促德的德治建设体系，完善基层民主、群众参与、社会协同的自治建设体系，倡导"大事一起干、好坏大家判、事事有人管"的良好社会风气，形成了具有时代特征、桐乡特色的"法治、德治、自治"建设。此时，"三治"的排列顺序方面，从"德治、法治、自治"演变为"法治、德治、自治"。关于"法治""德治"的顺序变化，其主要背景是2014年10月20日至10月23日，党的十八届四中全会在北京召开，会议通过《中共中央关于全面推进依法治国若干重大问题的决定》，法治在国家治理中的作用愈发突出。

关于"三治"建设长效机制的基本框架，意见分法治建设、德治建设、自治建设三个方面进行了规定。在法治建设方面，提出在依法行政指数评估与发布机制、科学民主的行政决策机制、阳光司法机制、过硬政法队伍建设机制、普法宣传教育机制、矛盾纠纷多元化解机制、公共法律服务供给机制等七个方面进行全面推进。此处主要介绍矛盾纠纷多元化解机制和公共法律服务供给机制。矛盾纠纷多元化解机制的主要内容是建立健全以市、镇（街道）、村（社区）三级调解平台和行业性、专业性调解组织为核心的大调解工作网络，完善人民调解、行政调解、司法调解联动工作体系，不断推进矛盾纠纷化解责任主体多元化、对接渠道多元化、资源整合多元化和保障机制多元化。具体推进措施包括完善矛盾纠纷的"统一受理、统一分流、统一协调、统一监督、统一归档"的工作流程，大力培育和发展"民生三伯伯""和事佬""老娘舅"、法律诊所等民间调解组织，着力打造市级层面调解品牌。公共法律服务供给机制则主要是建立法律服务团这一专门性组织，也是"三团"

的组成部分，这是对 2014 年法律服务团建设实践的再次规范化和制度化。以三级法律服务团建设为重点，全面推进法律顾问制度，健全完善市、镇（街道）、村（社区）三级公共法律服务网络，有效构建覆盖城乡、惠及全民的基本公共法律服务体系，努力提升公共法律服务水平。

在德治建设方面，意见强调构建和完善道德模范激励关爱机制、道德实践教育机制、家庭建设评创机制、道德评议机制、文化育人机制等机制。其中，道德评议机制与道德评判团密切相关，以建立健全市、镇（街道）、村（社区）三级道德评议组织为重点，以法律法规、社会公德和村规民约、社区公约为准则，有效发挥道德评议和社会舆论的力量来革除陋习，促进文明和谐社会风尚的形成。各级评议组织每年开展评议活动不少于 2 次。全市各村（社区）全面建立光荣榜和曝光台。

在自治建设方面，意见要求建立健全城乡社区工作事项准入机制、城乡社区社会服务管理机制、基层协商民主机制、社情民意联络机制、社会组织培育发展机制、志愿服务常态化运作机制。其中，基层协商民主机制与百姓参政团、百姓议事会密切相关，以组建百姓参政团、百姓议事会为重点，按照协商于民、协商为民的要求，把协商民主纳入重大公共事务决策程序，进一步规范基层协商民主的内容、主体、形式和基本程序，不断推进基层协商民主广泛、多层、制度化发展。据此，2016 年 2 月，丰收村把原设于镇级层面上的百姓参政团延伸到村，建立了百姓参政团和百姓议事会，丰富了"一约两会三团"的载体形式，但仍缺乡贤参事会这一组织形式。

四、从"法治、德治、自治"到"自治、法治、德治"

根据《关于进一步健全完善"三治"建设长效机制的实施意见》，桐乡市继续探索和完善三治融合乡村治理模式。2017 年，在桐乡官方术语的表达中，"三治融合"取代了之前的"三治合一"，其乡村治理模式也被概括为"三治融合"的桐乡经验。更为重要的是，"三治融合"桐乡市经验也被党的十九大报告吸收。2017 年 10 月 18 日至 10 月 24 日，中国共产党第十九次全国代表大会在北京召开。习近平在《决胜全面建成小康社会 夺取新时代中国特色社会主义伟大胜利》报告中正式提出健全自治、法治、德治相结合的乡村治理体系，此处"三治"的排列顺序是自治、法治、德治。根据党的十九大报告，桐乡市也将"法治、德治、自治"调整为"自治、法治、德治"，并强调"三治融合",桐乡乡村治理也进入了一个新的历史阶段。简言之，"三治融合"是指"在党委、政府领导下，城乡基层以自治为基础，以法治、德治为手段，实现民意、法律和道德相辅相成，形成政府治理和社会调节、居民自治良性互动的基层社会治理模式"。[1]

与此同时，桐乡市也根据党的十九大报告提出的新要求，积极完善"三治融合"。2017年11月30日，桐乡市在屠甸镇荣星村成立第一家村级乡贤参事会，充分发挥村里德高望重的老党员、老干部，以及热心家乡建设的商界精英，复退军人、经济文化能人等参与到乡村治理之中，发挥他们在社会治理、公共服务中的作用，为新农村建设出力。[2]乡贤都是当地的"能人"以及从当地走到城市的精英。接着全市范围内的乡村地区也建立了自己的乡贤参事会，高桥街道丰收村也建立了相应的村级组织。自此，在载体形式上，包含丰收村在内的桐乡市各地乡村都建立了"一约两会三团"，桐乡市的乡村治理模式探索逐渐形成，并开始不断完善。

2018年5月9日，中共桐乡市委、桐乡市人民政府联合印发《关于深化自治、法治、德治融合基层治理"桐乡经验"的实施意见》，进一步深化"三治融合"的桐乡经验。该意见要求坚持以党建为引领，以人民为中心，以善治为目标，以预防为基点，以村规民约（社区公约）、百姓议事会、乡贤参事会和百事服务团、法律服务团、道德评判团为抓手，进一步深化"三治融合"桐乡经验，推动高水平平安建设，以治理有效保障乡村振兴战略实施，加快推进基层治理体系和治理能力现代化，确保社会既充满活力又和谐有序。可以看出，"三治融合"桐乡经验不局限于乡村社会，也适用于城镇社区。关于"三治"的关系，该意见概括为："自治是基层社会治理的基础和目标，法治是自治、德治的边界和保障，德治是自治、法治的促进和补充。"关于进一步深化"三治融合"的桐乡经验，该意见指出要健全完善自治建设，提升社会治理"内生力"；健全完善法治建设，提升社会治理"硬实力"；健全完善德治建设，提升社会治理"软实力"；健全完善"三治融合"体系，提升社会治理"融合力"。与之前不同，此政策文件开始增加"三治融合"的相关机制，提出健全三项机制。一是健全生动实践新机制，注重培育社会治理多

---

〔1〕潘川弟："深化三治融合'桐乡经验'的实践与思考"，载《政策瞭望》2018年第11期。
〔2〕贺佳雯："浙江桐乡'三治'试验 德治、法治、自治"，载《南方周末》2018年1月25日。

元主体，解决"谁来治"的主体问题，推动基层社会治理从"自上而下"向"上下互动"转变。二是健全智慧治理新机制，运用"互联网+"思维，大力推进智慧治理工作。进一步推进"雪亮工程"建设，加快推进智慧安防小区全覆盖，增强技防应用能力和水平。三是健全理论深化新机制。更加注重理论与实践相结合，不断总结来源于基层的生动实践，深化提升"三治融合"桐乡经验的理论成果。要积极稳妥、循序渐进，因地制宜、注重实效，从桐乡市实际出发，总结三治融合工作法。

为了加强对"三治融合"工作的领导，桐乡市随后成立了桐乡市自治、法治、德治融合基层治理"桐乡经验"工作领导小组，建立了专门的办公室。2018年5月15日，桐乡市自治、法治、德治融合基层治理"桐乡经验"工作领导小组同时发布《关于深化村规民约（社区公约）、百姓议事会、乡贤参事会和百事服务团、法律服务团、道德评判团工作的实施方案》《关于深化三治融合"桐乡经验"自治工作实施方案》《关于深化三治融合"桐乡经验"法治工作实施方案》《关于深化三治融合"桐乡经验"德治工作实施方案》4份文件。2018年12月24日，中共桐乡市委、桐乡市人民政府进一步制定发布《关于加强和完善城乡社区治理的实施意见》，推动全域深化"三治融合"桐乡经验，完善城乡社区治理体制，高标准建设和谐有序、绿色文明、创新包容、共建共享的幸福家园。

《关于深化村规民约（社区公约）、百姓议事会、乡贤参事会和百事服务团、法律服务团、道德评判团工作的实施方案》是对"桐乡经验"的总结和归纳，对"一约两会三团"的基本框架进行了总安排。该实施方案从功能定位、职责任务、工作要求、组织架构、责任单位等方面对做好村规民约（社区公约）、百姓议事会、乡贤参事会和百事服务团、法律服务团、道德评判团工作提出了明确要求。同时，实施方案还规定村社在"一约两会三团"的基础上，各地可以根据实际和自治主体要求，组建乌镇管家、新居民协会、企业主社会责任促进会等基层社会组织。实施方案还对镇级百姓参政团、市、镇两级法律服务团，市、镇两级道德评议机构等组织建设提出了明确要求。

具体而言，"一约"，即村规民约（社区公约），是根据法律、法规和相关政策，适应村（居）民自治要求，由村（居）民共同遵守的行为规范，是基层群众进行自我管理、自我教育、自我服务的重要形式，具有汇集民意、聚集民智、化解民忧、维护民利的独特作用，是推进依法治村、村民自治的有效载体。其内容主要包括维护生产秩序、维护社会治安、履行法律义务、精神文明建设、履行权利和义务。

"两会",一是百姓议事会;二是乡贤参事会。百姓议事会,其功能定位是基层在制定公共政策、作出重大决策时,要根据有关规定和实际需要,先通过百姓议事会进行民主协商(征询民意),最后再决定决策和组织实施,以此推动群众参与村社事务管理,提高村居凝聚力和自治能力。百姓议事会主要以通过专题会议、个别访谈等方式,组织百姓议事会成员参加村社事务协商。主要内容包括:①百姓议事章程的制订及修改;②村级集体资产资源处置方案,宅基地安排使用,村民承包土地变更调整、征用征收补偿费分配使用等方案制订;③住宅小区拆迁整治改造、物业管理的确定,村社公共设施和公益事业经费筹集方案的制订,公共福利和公共服务事项的安排落实;④村(居)民意见比较集中的重点、难点、热点问题,其他涉及多数村(居)民利益的重大公共事务;⑤村社认为需要进行协商的其他事项。在组织架构方面,百姓议事会由村社党组织书记担任召集人。协商主体包括村社班子成员、部分村(居)民代表、村经济合作社股东代表、户籍在辖区内的"两代表一委员""三小组长"、有威望的老党员、企业负责人和社会组织代表等组成的固定成员,以及涉及协商议题的利益相关村(居)民代表组成的非固定成员。固定成员人数一般控制在 15 人左右,以聘任的方式无偿开展工作,两年一聘;非固定成员人数一般控制在固定成员的 50%左右。乡贤参事会,其功能定位是以参与农村经济社会建设,提供决策咨询、民情反馈、监督评议及开展帮扶互助服务为宗旨的公益性、服务性、联合性、地域性、非营利性的基层社会组织。按发展要求,以问题为导向,根据村级组织提议,组织乡贤参事会成员参加解决乡贤所能或更为适宜的村务事项。主要内容包括:①弘扬优秀传统文化,促进奖教助学和乡风文明;②组织慈善公益活动,开展扶贫济困等活动;③积极引智引才引资,助推农村经济社会发展;④参与公共事务管理,为村"两委"提供决策咨询;⑤推动健全、实施村规民约,维护公序良俗;⑥收集、了解村情民意,反馈群众意见建议;⑦参与涉及村民的重大决策事项的监督和评议,提出意见建议;⑧协调邻里纠纷,促进基层社会和谐;⑨承办政府和主管部门委托的其他事项。在组织架构方面,乡贤参事会按章程行事,设会长、副会长、秘书长,任期 3 年,改选可与村民委员会换届同步进行。秘书长原则上由村党组织书记或村委会主任兼任。会员由本地乡贤、外地本村籍乡贤和新居民乡贤组成，主要为本村的老党员、老干部、复退军人、经济文化能人，出生地、成长地或姻亲关系在本村的"返乡走亲"机关干部、企业法人、道德模范、持证社会工作者、教育科研人员，在外经商、就业的本村能人智士，以及在农村投资创业的外来生产经营管理人才等。会员入会前须经村党组织审核确认并经选举产生。人员构成上体现能人、名人、有威望的人和有影响力的人，力求管用、有效。

"三团"是百事服务团、道德评判团、法律服务团。百事服务团以基层服务型党组织建设为抓手，以志愿服务为基础，依托村便民服务中心，整合各类服务资源，公开发放《服务联系卡》，为辖区群众免费或低成本提供个性化服务项目，切实提升基层党组织的精准服务和社区 96345 便民服务功能。在组织结构方面，百事服务团在村社党组织的统一领导下，整合社会志愿服务、专业技术服务，为村民提供更贴心的组团式服务。社会志愿服务是指以党员志愿者、青年志愿者、巾帼志愿者、民兵志愿者为主体的各类志愿者，开展无偿志愿服务；专业技术服务是指能提供农技指导、家电维修等，开展有偿专业服务。同时，整合基层各类服务力量，将平安、民生、人文等服务团队统一纳入百事服务团，进一步拓宽基层社会服务渠道，提升基层党组织服务水平。法律服务团以法律服务咨询、矛盾纠纷化解、困难群众维权、法治宣传教育为重点，着力做好基层法律服务工作，积极完善"以事前防范和事中控制为主、事后补救为辅"的法律风险、社会稳定风险化解机制，努力推动形成办事依法、遇事找法、解决问题用法、化解矛盾靠法的良好法治环境，在法治轨道上推动各项工作。村社法律服务团全年提供法律服务不少于 12 次，法律顾问常态化服务，同时建立服务内容登记制度。在组织架构方面，每个法律服务团均由律师和法院、检察院、公安局、司法局的工作人员以及政府工作部门的法制工作人员或基层法律服务工作者等人员组成，村社法律服务团由 4 名~5 名人员组成，每个法律服务团联系服务 2 个~3 个村社，实现全覆盖。道德评判团以法律法规、社会公德和村规民约、社区公约、市民公约为准则，有效发挥道德评议和社会舆论的力量来革除陋习，褒扬真善美、鞭挞假恶丑，促进文明和谐社会风尚的形成。在活动形式方面，道德评判团依托农村文化礼堂、道德讲堂、道德馆和道德实践基地等基层阵地，注重利用互联网、移动通信、社交媒体等传播载体，充分展示优秀传统文化、道德文明新风和先进人物事迹，经常性开展道德宣传教育和文化礼仪活动。在组织架构方面，道德评判团可以与百姓议事会整合组建。各村社全面建立光荣榜和曝光台。道德评判团经常性开展道德评议活动，协调人由村社党组织书记担任，联络人由一名村社干部担任。成员由村社两委班子成员、三小组长代表、党员代表、道德模范代表、乡贤或村民骨干代表等组成，人数为10人~15人。道德评判团成员名单进行公示。

根据桐乡市关于"三治融合"的要求，丰收村也建立了"一约两会三团"的载体形式。[1]2017年5月9日，丰收村村民会议表决通过了现行有效的《丰收村村规民约》，其中明确涉及"坚持法治、德治、自治相结合"。由于该村规民约在党的十九大召开之前制定，故如此表述。党的十九大召开后，丰收村又根据需要制定了一个简化版村规民约，分"自治篇""法治篇""德治篇"三部分。关于"自治篇"，其内容是："爱国爱家心向党，村民自治要提倡。村中大事共商量，乡贤群策来帮忙。租房租地有规章，拆违措施必须强。护林治水优环境，乡村振兴美名扬。"关于"法治篇"，其内容是"党纪国法不能忘，多学善思要宣讲。村民富裕千条路，勤劳生财方可长。酒后驾车违法纪，邪教赌博要严打。帮困解忧应互助，村强家富树榜样"。关于"德治篇"，其内容是："诚实守信丰收人，文明友善最应当。妇孺老幼相互帮，家庭和谐子孙强。婚丧嫁娶从简办，邻里互助热心肠。是非曲直大家判，喜看农村新气象。"丰收村百姓议事会由9人组成，成员包含村党总支书记、村委会成员、小组长、妇女组长、党员、群众等。乡贤参事会由38人组成，主要是与本村有关的经济文化能人、老党员等。百事服务团既有水务集团、国家电网、高桥派出所、村卫生服务中心、广电集团等企业、政府机关和医疗服务单位，也有具体承担法律顾问、供电维修、家电维修等服务内容的人员。道德评判团由11人组成，成员包含村委会主任、村党支部委员、小组长、妇女组长、村民代表等。法律服务团由5人组成，成员包括：1名街道司法所工作人员、1名检察院工作人员、1名派出所民警、2名律师。"一约两会三团"的载体形式在丰收村也具体发挥着积极作用，涉及纠纷调解、社会治安、道德评议、村庄建设等众多事项，治理有效、乡村善治的目标基本实现，并在实践中继续不断予以完善。

---

〔1〕 2019年1月17日丰收村调研搜集，故目前具体组成人员可能有变动，特此说明。

五、结语

从 2013 年开始，桐乡市根据城乡基层治理中出现的问题，积极探索实践"三治融合"的乡村治理新体系。

根据不同时期侧重点的不同和我国国家治理、乡村治理的发展，在"三治"的表述方面，桐乡市也大致经历了一个从"德治、法治、自治"到"法治、德治、自治"，再到"自治、法治、德治"的演变过程。

通过多年探索实践，桐乡市逐渐走出了一条以"一约两会三团"为基本载体、以"大事一起干、好坏大家判、事事有人管"为基本目标的乡村善治之路。

新时代"枫桥经验"中的乡村治理

一、引言

"枫桥经验"产生于浙江省诸暨市枫桥区社教运动中开展对敌斗争的经验。20 世纪 60 年代初,在"四类分子"改造中,根据本地实际情况,浙江省诸暨市枫桥镇干部群众提倡"一个不杀,少捕人",形成了"发动和依靠群众,坚持矛盾不上交,就地解决。实现捕人少,治安好"的"枫桥经验"。1963 年 11 月 20 日毛泽东同志亲笔批示"要各地仿效,经过试点,推广去做"。[1]1964 年 1 月 14 日,中共中央发出了《关于依靠群众力量,加强人民民主专政,把绝大多数"四类分子"改造成新人的指示》,把"枫桥经验"推向全国。"枫桥经验"由此成了全国社会治安管理的典型。

五十多年来,"枫桥经验"不断得到发展,形成了具有鲜明时代特色的"党政动手,依靠群众,预防纠纷,化解矛盾,维护稳定,促进发展"的新时代"枫桥经验",成了新时代乡村治理的典范。[2]

2018 年 4 月 9 日至 13 日,我们随中国法学会调研组赴浙江省开展了专题调研。调研采取实地考察和专门座谈相结合的形式,到绍兴市柯桥区、诸暨市、桐乡市、德清县、安吉县、杭州市拱墅区、杭州市西湖区等的基层单位进行了实地调研,具体包括 4 个村、2 个社区、5 个综合信息指挥中心、2 个法院、3 个派出所、2 个社会组织服务中心(孵化中心)、2 个公共法律服务中心(服务站)、3 个调解工作室、1 个心理服务指导中心、1 个心理工作室、

---

〔1〕 具体出自《对谢富治在二届全国人大四次会议上的发言稿的批语(一九六三年十一月二十日)》:"富治、彭真同志:此件看过,很好。讲过后,请你们考虑,是否可以发到县一级党委及公安局,中央在文件前面写几句介绍的话,作为教育干部的材料。其中应提到诸暨的好例子,要各地仿效,经过试点,推广去做。毛泽东十一月二十日。"参见中共中央文献研究室编:《建国以来毛泽东文稿》(第 10 册),中央文献出版社 1988 年版,第 416 页。

〔2〕 2003 年 11 月,习近平同志在浙江纪念毛泽东同志批示"枫桥经验"40 周年大会上提出,要牢固树立"发展是硬道理、稳定是硬任务"的政治意识,充分珍惜"枫桥经验",大力推广"枫桥经验",不断创新"枫桥经验",切实维护社会稳定。

3 个居住出租房屋服务站、3 个村（社区）文化礼堂、1 个市场，入户访谈 3 家。同时，在杭州市和诸暨市召开两场调研座谈会，浙江省、杭州市、诸暨市、枫桥镇各相关部门、长期研究"枫桥经验"的专家学者及基层代表近 30 人发言。

以调查材料为依据，本文将总结新时代"枫桥经验"中乡村治理的内容，分析新时代"枫桥经验"中乡村治理的效果，对新时代"枫桥经验"中的乡村治理经验进行初步探讨。[1]

二、新时代"枫桥经验"中乡村治理的内容

新时代"枫桥经验"中乡村治理的内容具体包括党建引领乡村社会治理、深化村民自治、社会组织积极参与乡村社会治理、构建乡村多元化纠纷解决体系等方面。

（1）党建引领乡村社会治理。新时代"枫桥经验"中的乡村治理将加强基层党组织建设贯穿于乡村社会治理全过程，在基层党组织的领导统筹下，引导村民自治组织和各类社会组织共建互融、协同推进。全面加强基层党组织和基层政权建设，提升乡村社会治理的组织领导能力。如枫桥镇实施党建引领基层自治提升工程，开展干部"进村赶考"专项行动，机关干部返乡走亲、乡镇干部驻村连心、党员干部结对交心。所有机关干部定期定时返乡访民情、释民惑、解民忧，带着感情、带着责任深入到自己的祖籍地，深入到村民家里去，参与村级事务，走访联系户，建言献策乡村振兴。

（2）深化村民自治。自治具有基础性作用，是加强和创新乡村社会治理的"内生力"。浙江省注重发挥村民在乡村社会治理中的主体作用，积极创新村民民主自治的方式方法，取得了良好的效果。如枫桥镇枫源村创造了"三上三下"民主议决事制度：收集议题阶段群众意见上（村"两委"根据党员、村民代表和群众意见建议研究提出议题）、干部征求下（党员、群众针对议题提出意见建议），酝酿方案阶段初步方案上（村"两委"研究提出建议方案）、民主恳谈下（党员议事会、民主恳谈会酝酿讨论），审议决策阶段党

---

[1]　关于"枫桥经验"的研究作品，主要有：中国法学会"枫桥经验"理论总结和经验提升课题组所著的《"枫桥经验"的理论构建》（法律出版社 2018 年版）、汪世荣主编的《"枫桥经验"：基层社会治理的实践》（法律出版社 2018 年版）、汪世荣和褚宸舸所著的《"枫桥经验"：基层社会治理体系和能力现代化实证研究》（法律出版社 2018 年版）等。

员审议上（村"两委"讨论，党员会议审议）、代表决策下（村民代表会议表决通过），表决结果、实施方案、测评情况"三公开"。通过最广泛动员群众参与村级决策，源头预防矛盾发生，枫源村连续 15 年未发生越级信访和严重刑事案件。

发挥村规民约在乡村治理中的积极作用。村规民约具有汇聚民意、聚集民智、化解民忧、维护民利的独特作用，是增强村民主体意识、责任意识，在新时代预防化解乡村矛盾的有效途径。2015 年起浙江全省 2.8 万个行政村、3300 多个社区全面开展村规民约、市民公约的制定修订工作。

发挥乡贤在新农村建设和治理中的示范引领作用。不少乡村充分挖掘乡贤资源，在镇一级成立乡贤联合会，在村一级成立乡贤参事会，以"村事民议、村事民治"为宗旨，弘扬优秀传统文化，涵育文明乡风；组织慈善公益活动，开展扶贫济困；引智、引才、引资，助推农村经济社会发展；参与公共事务管理，为村"两委"提供决策咨询；推动实施村规民约，维护公序良俗；了解村情民意，反馈群众意见建议。乡贤参事会作为农村基层自治的重要平台，发挥了乡村精英在基层治理、公共服务中的作用，又是对优秀传统文化的继承和弘扬，传递了温暖、凝聚了乡情。

（3）社会组织积极参与乡村社会治理。社会组织是现代基层社会治理中最活跃的元素。培育、支持社会组织积极参与乡村社会治理，是推动乡村"社会管理"向"社会治理"转变的内在要求，是实现乡村善治的有效途径。从实践中看，主要是群众性、社会性、公益性、服务性的公共职能，由政府向社会分离和转移，集中在心理疏导、就业培训、文化卫生、社会服务、纠纷调解、养老助困、社会帮扶等领域，以政府购买服务、资助公益创投等方式实现。同时，乡村民间志愿服务活动可以弥补政府或准政府组织在提供公共服务过程中的空白和失灵，对于提高乡村公共服务的覆盖范围、质量和效率均有明显效果。

（4）构建乡村多元化纠纷解决体系。乡村矛盾纠纷化解是"枫桥经验"的传统强项。近年来，针对矛盾纠纷主体多元、诉求多元、类型多元的新特点，浙江省在乡村多元化纠纷解决体系方面又有许多新的探索。一是各种矛盾纠纷化解模式的相互补充、共同发展，专业人士和优秀调解员、各种专业调解委员会、行业协会商会调解各显其能。二是各类矛盾纠纷化解平台的有机融合、互联互通，既包括覆盖县（市、区）、乡镇（街道）、村（居）三级的矛盾纠纷调处实体平台，又包括矛盾纠纷网上化解平台。三是各种矛盾纠纷解决方式之间的有效对接、无缝衔接，在诉调对接、检调对接、警调对接等方面都有许多创新做法。

三、新时代"枫桥经验"中乡村治理的效果

新时代"枫桥经验"中乡村治理取得了实实在在的效果，形成了治理有效、村民满意、经济发展、社会和谐的乡村善治社会状态。

（1）乡村治理格局发生改变。由传统的党政一元乡村治理，转变为更加突出党政主导、社会共治的乡村合作治理，更加突出固本强基的基础治理，更加突出基层协商民主的协商治理。在乡村治理中，最大限度地整合了各种社会资源，充分发挥各类社会组织作用，大力引导村民参与共建、共治、共享，形成政府有效治理、社会自我调节、村民广泛参与的良好局面。各级基层党组织领导乡村社会治理的能力大大提高，自觉协同各类社会力量共商、共治乡村社会治理难题的意识大大增强，"大事一起干、好坏大家评、事事有人管"。

（2）村民自治活力得到释放。通过完善村民主选举、民主决策、民主管理、民主监督机制，有效推动了村民自治组织更好地发挥作用。特别是村减负后，有了更多时间来参与自治事务，进一步提升了自治能力和服务村民的水平。同时，各类社会组织积极参与乡村社会治理，协调利益、化解矛盾、服务群众，既激发了乡村社会自治活力，又解决了许多政府难以解决的社会问题。

（3）乡村治理中法治思维渐入人心。浙江全省97.5%的村（社区）开展了"民主法治村（社区）"创建活动，93%的村（社区）配备了法律顾问，95%的村（社区）达到村务公开民主管理规范化建设标准，营造了全社会尊法、学法、守法、用法的良好氛围。如枫桥镇的公共法律服务站为百姓提供了法律宣传、法律援助、人民调解等各方面的服务。枫源村的法律顾问每周有半天时间到村里解答村民法律问题，每个季度至少办一场法治宣讲。

（4）道德教化在乡村治理中发挥引领作用。乡村普遍利用道德讲堂、文化礼堂等载体广泛开展社会主义核心价值观宣传教育、德孝主题文化活动，立家规、传家训，引导人们讲道德、遵道德、守道德，繁荣群众精神文化生活，使公民道德内化于心、外化于行。通过新乡贤文化的传播和志愿者精神

的倡导，村民文明素质大大提升。通过村规民约的规制，红白喜事大操大办和封建迷信有所改善。如枫桥镇香林村组织评选好公公、好婆婆、好媳妇、好青年，以评树德，涌现出了一大批近在身边的道德模范，可亲、可敬、可信、可学，起到了很好的示范引领作用。

（5）基层政权更加巩固有力。"枫桥经验"的实践进一步加强了党的全面领导，在乡村治理过程中不断夯实基层基础。各地大力加强基层党组织建设，狠抓基层干部队伍建设，集中解决基层基础保障问题，全力打通联系服务村民的"最后一公里"，强化党建对乡村治理的引领作用、基层党组织和党员在乡村社会治理中的战斗堡垒和先锋模范作用。同时，在基层党组织的领导下，乡贤参事会、百姓议事会等基层协商民主形式得到了大力发展，推进乡村治理由"为民做主"向"由民做主""与民共治"转变，畅通了基层民主渠道，使基层党组织和基层政权更加适应治理体系和治理能力现代化的要求。

（6）生态更优环境更美。新时代"枫桥经验"在生态环境保护、美丽乡村建设方面取得显著效果，推动绿色发展理念深入人心。几乎所有村都将环境保护、节水护水、垃圾分类等环保内容写入村规民约，许多村成立了环保志愿者的社会组织，环境保护已经成为人们共同的理念和日常行为模式。安吉县余村作为习近平总书记"绿水青山就是金山银山"理念的发源地，十余年来践行"两山"理念，实现"村强、民富、景美、人和"。全村发展生态旅游、生态农业，植被保护得非常好，环境空气质量指数（AQI）评价优良天数为322天。2017年全村实现GDP 2.776亿元，农民人均收入41 378元，村集体经济收入达到410万元。

四、结语

新时代"枫桥经验"极大地丰富和发展了乡村治理理论。在乡村治理过程中逐渐形成了多元治理、系统治理、源头治理、精准治理、嵌入治理，治理主体多元和治理规范多元，注重乡村治理的系统性、整体性，重视寻找乡村矛盾爆发的根源，改变了传统的依靠个人经验和主观臆断来进行乡村治理的思维定式，将正式治理资源嵌入非正式治理资源中发挥作用。

浙江省新时代"枫桥经验"的乡村治理，正确处理变与不变的辩证关系，坚持以人民为中心、践行党的群众路线、就地解决问题的基本精神不动摇，并根据不同时期的乡村形势任务，不断赋予"枫桥经验"新的内涵，使其功能效果不断拓展。具体表现在"三个不变"和"六个变"。坚持党的领导、发动和依靠群众、就地化解矛盾，这三点是"枫桥经验"的核心内涵，没有变也不能"变"主要体现在：一是基本理念在变，从以维稳为重点向以人民为中心转变；二是基本定位在变，从乡村预防化解矛盾的做法向乡村社会治理模式转变；三是基本路径在变，从群防群治向构建自治、法治、德治"三治融合"的乡村社会治理机制转变；四是基本手段在变，从过去的人防、物防、技防为主向现在的人防、物防、技防、心防"四防并举"的乡村社会风险防控体系转变；五是基本方式在变，从传统方式向传统方式加乡村智慧治理转变；六是基本目标，从"小治安"到乡村"大平安"转变。

需要思考的是，新时代"枫桥经验"中乡村治理需要由主要重视"枫桥经验"的治理功能向乡村治理与经济社会发展相互促进的功能拓展。新时代"枫桥经验"要把推动经济社会协调发展作为重要目的，研究完善乡村治理与经济社会发展相互促进的制度机制，依靠新时代"枫桥经验"预防化解全面建成小康社会中经济、政治、文化、社会、生态各个领域的矛盾，将稳定与发展辩证统一起来，创造平等发展、安居乐业、和谐稳定的社会环境。

同时，实施新时代"枫桥经验"，有待进一步转变乡村社会治理观念。在乡村社会治理中"重后端维稳，轻前端解纷""重矛盾纠纷解决，轻矛盾根源化解"的观念依然存在。这突出表现在维稳经费开支远远大于解纷经费开支方面。新时代"枫桥经验"下的乡村治理需要树立整体治理观，更突出全局性、系统性、整体性的乡村治理。

后 记

Postscript

2018 年，我作为首席专家承担了研究阐释党的十九大精神国家社科基金专项课题"健全自治、法治、德治相结合的乡村治理体系研究"，批准号为18VSJ064，资助金额为 60 万元，研究起止日期为 2018 年 2 月至 2019 年 12月。我们于 2019 年 12 月 26 日按期报送了结项申请，经审核于 2020 年 12 月15 日准予结项，证书号为 2020VJ021。这一课题的调查、研究工作顺利完成。

由于我一直从事乡村习惯法的调查、研究，近些年又较多地关注村规民约。因此在 2017 年研究阐释党的十九大精神国家社科基金专项课题招标开始时，我注意到有乡村治理方面的课题，与我原来的兴趣点较为接近，乡村治理也非常值得思考，于是在与陈寒非、高成军、池建华等进行商量之后开始准备申报材料，并于 2017 年 11 月 26 日报送了投标申请书。

2018 年 3 月 1 日国家哲学社会科学规划办公室下发了立项通知书。由此，课题组即着手开始课题研究。在经费正式到账后，课题组于 2018 年 7 月 6 日在清华大学法学院召开了课题开题会，清华大学文科处、法学院领导出席了开题会，有关专家学者和课题组成员参加了开题报告会。课题组理清了课题研究思路，制定了具体的研究计划，进行了课题研究任务的分工，使课题的研究有序展开、循序渐进。

在课题研究过程中，课题组广泛搜集和整理了有关乡村治理的国家法律法规规章、地方性法规规章、国家政策、党的规范性文件、民间习惯法、村规民约、典型事例案例等，在此基础上对我国乡村治理的现状、乡村治理存在问题、乡村治理的进一步发展等问题，进行了分析和思考。

　　为做好课题研究工作，课题组十分重视田野调查。我们从 2018 年 6 月至 2019 年 11 月，先后进行了 30 多次田野调查。如 2019 年 3 月 11 日至 14 日，高其才、陈寒非、池建华、李亚冬到河南省信阳市平桥区赫堂村、光山县大苏山管理区敖洼村、蓝天茶业、晏河乡帅洼村、诚信公司、文殊乡东岳村、砖桥镇桦昌生态园、凉亭乡马山岭茶园、白雀园镇、孙铁铺镇江湾村、寨河镇杜岗村等地进行调查，与中共光山县政法委员会、光山县信访局、司法局、公安局、民政局、人民法院、人民检察院等相关工作人员进行座谈。2018 年 7 月 14 日至 15 日，高其才、高成军、马敬到甘肃省兰州市安宁区桃林村进行调查。2018 年 8 月 15 日至 16 日，高其才、陈寒非到青海省西宁市城中区总寨镇新庄村、塘马坊村，湟中县拦隆口镇卡阳村进行调查。2019 年 8 月 27 日至 30 日，池建华、李亚冬到安徽省投集团、金寨县古碑镇水坪村、宋河村进行调查。2018 年 8 月 13 日至 14 日，陈寒非到青海省海东市乐都区碾伯镇八里桥村、西岗村、高庙镇寺磨庄村、脱贫攻坚指挥部、区人民法院、汉庄人民法庭进行调查。2019 年 1 月 17 日至 20 日，池建华到浙江省桐乡市高桥街道越丰村、屠甸镇荣星村梧桐街道杨家门社区进行调查。2019 年 4 月 1 日至 4 日，池建华到浙江省象山县墙头镇溪里方村、方家岙村、鹤浦镇小百丈村、石浦镇小湾村、沙塘湾村、茅洋乡花墙村，丹西街道北门村，象山农村产权交易服务中心，西周镇夏叶村、土下村，宁海县跃龙街道北山股份经济合作社，宁海县乡村治理培训中心，宁海县力洋乡海头村进行调查。2019 年 8 月 17 日至 8 月 23 日，池建华到四川省昭觉县日哈乡觉呷村、四开乡梭梭拉打村、昭觉县脱贫攻坚指挥部进行调查。2019 年 10 月 18 日，池建华到北京市顺义区龙湾屯镇柳庄户村，通州区西集镇儒林村进行调查。2019 年 10 月 19 日，池建华到北京市延庆区刘斌堡乡下虎叫村、大庄科乡铁炉村进行调查。2019 年 12 月 16 日至 12 月 19 日，池建华到浙江省台州市温岭市大溪镇桃夏村、流庆村、沈岙村进行调查。

　　我本人于 2018 年 6 月 19 日至 20 日，到湖北省京山市孙桥镇沙岭村、罗店镇马岭村进行调查；于 2018 年 7 月 19 日至 22 日，到广西壮族自治区金秀县金秀镇六仁村进行调查；于 2018 年 7 月 23 日至 25 日，到吉林省延边朝鲜族自治州和龙市东城镇光东村、西城镇金达莱村、头道镇龙门村、崇善镇上天村进行调查；于 2018 年 11 月 4 日，到贵州省锦屏县河口乡文斗村进行调查；于 2018 年 11 月 24 日，到湖北省利川市东城街道长堰村、交椅台村、杨柳村进行调查；于 2018 年 12 月 17 日，到江西省赣州市寻乌县人民法院、寻乌县镇太湖新村、南桥镇金桥村、留车人民法庭、留车镇庄干村进行调查；于 2018 年 12 月 19 日，到江西省赣州市寻乌县吉潭镇圳下村、澄江人民法庭、澄江镇周田村；会昌县周田人民法庭、站塘乡官村村进行调查；于 2018 年 12 月 19 日，到江西省赣州市瑞金市叶坪人民法庭进行调查；于 2018 年 12 月 24 日，到山东省泰安市宁阳县人民法院、泗店县人民法庭、东疏镇刘茂村、东疏镇胡茂村、东疏镇耿庄村进行调查；于 2018 年 12 月 25 日，到山东省泰安市宁阳县葛石人民法庭、葛石镇刘庄村进行调查；于 2019 年 1 月 15 日，到北京市石景山区北明软件公司进行调查；于 2019 年 1 月 21 日至 22 日，到广东省广州市增城区增江街道大埔围村、石滩镇水龙村、石滩镇下围村进行调查；于 2019 年 4 月 3 日至 5 日，到浙江省慈溪市附海镇海晏庙村进行调查；于 2019 年 4 月 21 日，到江苏省徐州市贾汪区耿集镇、贾汪区潘安湖街道办事处马庄村进行调查；于 2019 年 5 月 23 日，到云南省澄江市龙街街道立昌社区进行调查；于 2019 年 7 月 10 日，到贵州省贵阳市花溪区高坡乡云顶村进行调查；于 2019 年 7 月 12 日，到贵州省毕节市黔西县杜鹃街道大兴社区、黔西县人民法院、人民检察院、司法局进行调查；于 2019 年 7 月 13 日，到贵州省安顺市平坝区乐平镇塘约村进行调查；于 2019 年 7 月 21 日至 22 日，到宁夏回族自治区吴忠市农业农村局、红寺堡区农业农村局、利通区高闸镇高闸村、朱闸村、波浪渠村、杨渠村、红寺堡区新庄集乡杨柳村进行调查；于 2019 年 8 月 4 日至 9 日，到江西省赣州市寻乌县人民法院、澄江镇凌富村、丹溪乡岑峰村、菖蒲乡五丰村进行调查；于 2019 年 9 月 20 日，到陕西省西安市长安区东大街道大寺新村进行调查；于 2019 年 11 月 29 日，到浙江省慈溪市附海镇海晏庙村进行调查。

我们到村组、乡镇政府、县人民政府、县人民法院等处广泛搜集乡村治理方面的材料，实地观察乡村治理的具体状况，与村组干部、村民、政府官员等进行深入的访谈，全面了解各地乡村治理的实践，深化了我们对乡村治理体系的认识。

在课题研究过程中，课题组于 2018 年 9 月 12 日、2018 年 11 月 28 日、2019 年 1 月 6 日、2019 年 6 月 17 日、2019 年 10 月 8 日举行课题组会议，确定调查重点和研究思路，交流课题调查和研究进展情况，分享调查和研究心得，讨论相关文章初稿，进一步落实研究计划，不断推进课题研究。

在近一年半的时间里，我集中精力和时间，各位成员也高度重视课题研究，全力投入时间和精力承担课题研究任务，严格按照研究计划进行课题研究，保障了课题调查和研究任务的顺利完成。

课题组的不少成果以专题形式在刊物发表，如以"实施乡村振兴战略专题"在《学术交流》2018 年第 11 期、第 12 期发表了 4 篇论文；以"法社会学视域中乡村治理体系的多元建构"专题在《甘肃政法学院学报》2019 年第 3 期发表了 4 篇论文；以"基层治理研究"专题在《贵州大学学报（社会科学版）》2019 年第 3 期、2019 年第 4 期分别发表了 3 篇论文；以"社会治理法"专题在《上海政法学院学报》2019 年第 5 期发表了 3 篇论文。我们的一些成果还发表在《光明日报》《法学杂志》《政法论丛》《广西民族研究》《中国农业大学学报》《法治现代化研究》《农业经济问题》《西部法学评论》《西昌学院学报（社会科学版）》《人大法律评论》等报刊。这些专题研究成果在学术界引起了较为广泛的关注。

课题组的一些成果被转载、摘载，如高其才、池建华发表在《学术交流》2018 年第 11 期的论文"改革开放 40 年来中国特色乡村治理体制：历程·特质·展望"，被中国人民大学复印报刊资料《中国政治》等全文转载。陈寒非发表在《学术交流》2018 年第 11 期的论文《乡村治理中多元规范的冲突与整合》被《高等学校文科学术文摘》2019 年第 1 期转摘。

课题研究过程中还培育出三项国家社科基金课题，分别是陈寒非主持的国家社科基金青年项目"乡村振兴战略下乡贤治村问题的法律对策研究"（18CFX006）、池建华主持的国家社科基金青年项目"乡规民约在健全乡村治理新体系中的功能研究"（19CFX015）、王丽惠主持的国家社科基金青年项目"乡治体系变迁中的村规民约实施机制与困境应对研究"（19CFX014）。课题的阶段性研究成果分别荣获了第十三届中国法学青年论坛"新枫桥经验与社会治理创新"主题征文一等奖（2018 年）、第十三届"中国法学家论坛征文奖"优秀奖（2018 年）、中国农业农村法治研究会一等奖（2019 年）、中华司法研究会民族法制文化研究专业委员会 2019 年学术年会一等奖（2019 年）、第五届法治社会·长江（国际）论坛优秀奖（2019 年）等奖励。这超过了预期目标，我们对此较为满意和欣慰。

本书为这一课题研究的最终成果，集纳了我们关于乡村治理的主要思考，个别章节为我们课题组成员前期的研究心得。我们认为走向乡村善治的核心在于建构科学的、完善的、协调的乡村治理体系，而乡村治理体系主要包括"谁来治理""依何治理"以及"如何治理"三个方面，其中"谁来治理"指向主体维度、"依何治理"指向规范维度、"如何治理"指向运行维度。因此，本书除导论外，主要由上篇"多种主体合作共治"、中篇"多元规范优化合治"、下篇"多重环节系统融治"构成。全书包括导论、正文四十章、附录三篇，作者如下：

高其才：导论、各篇导言、第一章、第二章、第三章、第四章、第六章、第七章、第八章、第九章、第十章、第十三章、第十五章、第十六章、第十七章、第二十四章、第二十七章（与陈寒非合作）、第二十八章、第二十九章、第三十章、第三十一章、第三十二章、第三十三章、第三十四章、第三十六章、第三十八章、第三十九章、附录3（与陈寒非合作）。

池建华：第五章、第十八章、第十九章、第二十二章、第二十五章、第二十六章、第三十五章、附录2。

王丽惠：第十一章、第四十章。

陈寒非：第十二章、第二十一章、第二十七章（与高其才合作）、附录3（与高其才合作）。

李亚冬：第二十章、第二十三章、第三十七章、附录1。

高成军：第十四章。

全书由我最后修改、定稿。池建华、高成军阅看了部分初稿，提出了一些修改意见。作为第一作者，全书由我负责。

本书阐释了乡村治理体系的理论内涵，描述了乡村治理的现实运行场景，系统总结了各地乡村的治理实践，合理构建了乡村治理体系的制度安排。本书意在打通乡村治理体系中主体、规范及运行相互阻隔的状态，实现乡村治理各要素融合发展，为乡村善治提供理论思考和对策建议。

按照学术惯例，本书中的一些地名、人名进行了化名处理。敬请诸位读者理解。

由于实际研究时间仅为一年半，影响了田野调查的广度和思考的深入；

由于乡村治理体系为一个复杂的实践，特别是欠缺有深度的研究，可供参考的材料较为有限；由于课题组成员能力和水平的局限，因此本书存在总结提炼不够、理论分析较弱等不足，需要在以后的研究中进一步深入思考，也期待方家的批评指正。

本书为《乡土法学文丛》的第一本，我们期望以此为开端，较集中地展示我们在乡土法学方面的思考和探索。

从课题申请、课题调查、文稿撰写、论文发表到本书出版，我们得到了许多人的关心、支持和帮助，他们给予的温暖激励着我们前行。

作为课题首席专家和本书第一作者，我特别要向下列机构和个人表达敬意：

感谢何海波教授、聂鑫教授、蒋传光教授在课题申报阶段的大力支持，感谢陈寒非、高成军、池建华、李亚冬、吕川在课题申报阶段付出的辛勤劳动。

感谢梁上上教授、崔国斌副教授对本课题研究的关心和支持。

陈寒非、池建华、高成军、李亚冬、王丽惠、吕川、马敬、魏小强、任志军等各位课题组成员积极参加课题调查，踊跃参与讨论，认真撰写文稿；沈玉慧等积极参与课题调查。我向他们的支持、努力和合作表示由衷的谢意。本书凝聚了我们全体课题组成员的心血，是我们共同努力的结果。

本书的完成需要感谢诸多机构和个人在课题调查期间给予的关心和帮助。特别要感谢河南省光山县人民政府、河南省光山县司法局、吉林省和龙市人民政府、江西省寻乌县人民法院、宁夏回族自治区吴忠市农业农村局、贵州省锦屏县启蒙镇人民政府、锦屏县茅坪镇上寨长生会等机构对我们课题调查的支持。感谢孔凡文、忻思忠、魏明超、陈垣、张立、张翀、郭庆东、黄贤青、王奎、王亨相、杨培群、邓文炳、陆显彬、刘光环、吴化元、蔡恩恒、杨从书、庞贵赵、邹宇平、吕纲翔、徐俊、潘伯尘、刘慧鹏、罗国红、张磊、宿方瑞等朋友在田野调查中给予的理解、配合和各种帮助。

感谢车丕照教授、史玉成教授、孙培福教授、王明雯教授、方乐教授、刘宇琼编审、徐雨衡主任、杜娟主任、汤月仙主任、王珊博士、王勤美博士、罗柳宁编审、李广德博士等编辑朋友对我们课题组成果的充分肯定。他们认真的审阅和中肯的意见、建议进一步完善了我们的有关认识。

　　中国政法大学出版社一直以来都十分支持我们的学术研究。丁春晖主任为本书的出版付出了辛勤的劳动,他支持学术发展的情怀令我十分感动。

　　本书的出版意味着这一课题的完成,但我们对乡村治理的关注和思考并不会终结。期待我们有更多乡村治理、乡土法学领域作品的面世,进一步表达我们对中国问题的学术关怀,为推进乡村治理能力和治理体系的现代化做出我们的努力,为法学的中国化、为乡民的幸福、乡村社会的发展作出我们的贡献。

高其才

2020 年 12 月 27 日于京西明理楼